Daniel-Philipp Häret

Sachverständigenhaftung im Kunsthandel in den Rechtsordnungen Deutschlands, Frankreichs und Englands

Daniel-Philipp Häret

Sachverständigenhaftung im Kunsthandel in den Rechtsordnungen Deutschlands, Frankreichs und Englands

Tectum Verlag

Daniel-Philipp Häret

Sachverständigenhaftung im Kunsthandel in den Rechtsordnungen Deutschlands, Frankreichs und Englands.

Zugl. Diss. Johann Wolfgang Goethe-Universität Frankfurt 2012
ISBN: 978-3-8288-3761-4

D 30

Druck und Bindung: CPI buchbücher.de, Birkach
Printed in Germany

Besuchen Sie uns im Internet
www.tectum-verlag.de

MIX
Papier aus verantwortungsvollen Quellen
FSC www.fsc.org FSC® C083411

Bibliografische Informationen der Deutschen Nationalbibliothek
Die Deutsche Nationalbibliothek verzeichnet diese Publikation in der Deutschen Nationalbibliografie; detaillierte bibliografische Angaben sind im Internet über http://dnb.ddb.de abrufbar.

„Golden times and happy news of price.“ *

---

* Nach *Shakespeare*, Heinrich IV, Teil 2, V, III, zitiert nach: Illustrated catalogue of the distinguished collection of works of art and vertû from the byzantine period to that of Louis seize collected by the late Ralph Bernal, Esq., sold by Auction by Messrs. Christie and Manson with the Purchasers´ names and Prices, London 1855, dort zitiert im Anhang: Names of Purchasers and Prices to the illustrated sale catalogue of the choice collections of art and vertû formed by the late Ralph Bernal, Esq., S. 3.

Vorwort

Die ursprüngliche Idee zum Thema dieser Arbeit geht zurück auf eine Tätigkeit bei einem internationalen Auktionshaus in London. Der Wirkungsbereich von Experten stellt ein äußerst interessantes und komplexes Gebiet dar, welches sowohl im Hinblick auf die Kunst als auch das Recht von besonderer Bedeutung ist.

Mein herzlichster Dank gilt meinem verehrten Doktorvater und Lehrer, Herrn Prof. Dr. Manfred Wandt, für die Betreuung meines Promotionsvorhabens und seine vielfach gewährte Unterstützung. Herrn Prof. Dr. Rainer Freise danke ich sehr für die zügige Erstellung des Zweigutachtens.

Dem Institut für ausländisches und internationales Privat- und Wirtschaftsrecht in Heidelberg sei an dieser Stelle ein herzlicher Dank für die großzügig gewährten Möglichkeiten zum Forschen und Arbeiten ausgesprochen, insbesondere Herrn Prof. em. Dr. Dr. h.c. mult. Erik Jayme, ihm sei obendrein für den anregenden Austausch herzlich gedankt. Dank gilt auch Herrn Prof. Norman Palmer und Herrn Emmanuel Marty de Cambiaire für aufschlussreiche Gespräche.

Die vorliegende Arbeit wurde vom Fachbereich Rechtswissenschaft der Johann Wolfgang Goethe-Universität Frankfurt am Main im Wintersemester 2012/13 als Dissertation angenommen.

Die Arbeit ist neben meiner intensiven Berufstätigkeit als Rechtsanwalt entstanden. Ich möchte daher meinen Eltern und all jenen sehr herzlich danken, die mir während der Entstehung der Arbeit mit vielfältiger Unterstützung und vor allem mit großem Verständnis beiseite standen und damit zum Gelingen dieser Arbeit beigetragen haben. Für die Mühen mit dem Korrekturlesen des Textes danke ich Herrn Werner Krug sehr herzlich. Ein ganz besonderer Dank gilt meiner lieben Frau Dr. Katinka Häret-Krug.

Daniel-Philipp Häret

Inhaltsverzeichnis

Zweiter Teil: Die Rechtslage in England 119

Abkürzungsverzeichnis

a.A.	anderer Auffassung
A.C.	Appeal Cases (Law Reports, 3rd Series, 1891 ff.)
a.E.	am Ende
a.F.	alte Fassung
AA&L	Art, Antiquity and Law
aaO	am angegebenen Ort
ABl.	Amtsblatt
ABl.EG	Amtsblatt der Europäischen Gemeinschaften
AcP	Archiv für die civilistische Praxis
AG	Amtsgericht
AGB	Allgemeine Geschäftsbedingungen
AGBG	Gesetz zur Regelung des Rechts der Allgemeinen Geschäftsbedingungen
al.	alinéa (Absatz)
All E.R	All England Law Reports
Alt.	Alternative
Am.J.Comp.L.	American Journal of Comparative Law
Anm.	Anmerkung
Annales ESC	Annales d'histoire économique et sociale
AnwK-BGB	AnwaltKommentar BGB
App. Cas.	Law Reports, Appeal Cases
Art., Artt.	Artikel
ArtArchLaw	Art, artifact, architecture & museum law
AT	Allgemeiner Teil
Aufl.	Auflage
AUR	Agrar- und Umweltrecht
Az.	Aktenzeichen
B.C.L.C.	Butterworths Company Law Cases
BauR	Zeitschrift für das gesamte öffentliche und zivile Baurecht
BB	Betriebsberater
Bd.	Band
Bearb.	Bearbeiter
Begr.	Begründer
Beschl.	Beschluss
BewG	Bewertungsgesetz in der Fassung der Bekanntmachung v. 01. 02. 1991
BGB	Bürgerliches Gesetzbuch
BGBl.	Bundesgesetzblatt
BGH	Bundesgerichtshof
BGHZ	Entscheidungen des Bundesgerichtshofes in Zivilsachen
BOCCRF	Bulletin Officiel de la Concurrence, de la Consommation et de la Répression des Fraudes
BRAO	Bundesrechtsanwaltsordnung
BT-Drucks.	Bundestags-Drucksache
Bull./Bull. civ.	Bulletin des arrêts de la Cour de cassation (chambres civiles)

Bus. L.R.	Business Law Review
BVerfG	Bundesverfassungsgericht
BVerwG	Bundesverwaltungsgericht
BVK	Bundesverband öffentlich bestellter und vereidigter Kunstsachverständiger sowie qualifizierter Kunstsachverständiger e.V.
BVS	Bundesverband öffentlich bestellter und vereidigter sowie qualifizierter Sachverständiger e.V.
C.ass.	Code des assurances
C.civ.	Code civil (Frankreich)
C.com.	Code de commerce
C.consom.	Code de la consommation
C.A.	Court of Appeal
C.C.P.A.	Court of Customs and Patent Appeals Reports
C.E.D.E.A.	Conféderation Européene des Experts Professionnels d´Art
C.L.P.	Current Legal Problems
C.L.R.	Construction Law Reports
C.N.E.	Compagnie Nationale des Experts
C.N.E.S.	Chambre Nationale des Experts Spécialisés en Meubles, Tableaux, Estampes, Livres, Objets d´Art et de Collection
C.P.D.	Law Reports, Common Pleas Division
CA	Cour d'appel
Cass.	Cour de cassation
Cass. civ., ass. plén.	Cour de cassation, Assemblée plénière
Cass., ch. mixte	Cour de cassation, Chambre mixte
Cass., ch.com.	Cour de cassation, Chambre commerciale
CCC	Contrats, concurrence, consommation
CCE	Communication - Commerce électronique
CCV	Conseil de ventes de meubles aux enchères publiques (frz. „Versteigerungsrat")
Ch.D.	Chancery Division (Law Reports)
chron.	Chronique
CLJ	Cambridge Law Journal
Colum.-VLA J.L.	Columbia-VLA Journal of Law & the Arts
Conv.	Conveyancer and Property Lawyer
CPI	Code de la propriété intellectuelle
CPLR	Civil Practice Law Reports
CPP	Code de Procédure Pénale
CRTPA 1999	Contracts (Rights of Third Parties) Act 1999
D.	Recueil Dalloz périodique et critique de jurisprudence, de législation et de doctrine
DB	Der Betrieb
ders.	derselbe
dies.	dieselbe
DIHK	Deutsche Industrie- und Handelskammer
DiskE	Diskussionsentwurf eines Schuldrechtsmodernisierungsgesetzes vom 4. August 2000
DJ	Deutsche Justiz
DS	Der Sachverständige
DStR	Deutsches Steuerrecht

DStRE	Deutsches Steuerrecht-Entscheidungsdienst
E.M.L.R	Entertainment and Media Law Report
E.G.	Estates Gazette
EGBGB	Einführungsgesetz zum Bürgerlichen Gesetzbuche
EGLR	Estates Gazette Law Reports
EGV	Vertrag zur Gründung der Europäischen Gemeinschaft vom 25. 03. 1957 in der Fassung des Vertrages über die Europäische Union vom 07. 02. 1992 („Maastrichter Fassung"), in Kraft seit 01. 11. 1993
Einl.	Einleitung
E.M.L.R	Entertainment and Media Law Report
engl.	englisch
E.R.	English Reports
ERPL	European Review of Private Law
EStG	Einkommensteuergesetz
EuGH	Europäischer Gerichtshof
EuZW	Europäische Zeitschrift für Wirtschaftsrecht
EWCA Civ.	England & Wales Court of Appeal (Civil Division)
EWCA	England and Wales Court of Appeal
EWG	Europäische Wirtschaftsgemeinschaft
EWHC	England & Wales High Court
Ex.	Exchequer Reports
f., ff.	folgende, ferner folgende
F.S.R.	Fleet Street Reports
Fasc./fasc.	Fascicule
FAZ	Frankfurter Allgemeine Zeitung
Fla. L. Rev.	Florida Law Review
Fn.	Fußnote
frz.	französisch
FS	Festschrift
Gaz. Pal.	Gazette du Palais
GBP	Britisches Pfund
GewA	Gewerbearchiv, Zeitschrift für Verwaltungs- und Gewerberecht
GewO	Gewerbeordnung
GRUR	Gewerblicher Rechtsschutz und Urheberrecht
HGB	Handelsgesetzbuch
Hk-BGB	Handkommentar
HKK	Historisch-kritischer Kommentar zum BGB
Hrsg.	Herausgeber
Hs.	Halbsatz
IR	Informations rapides
I.R.L.R.	Industrial Relations Law Report
i.V.m.	in Verbindung mit
idF	in der Fassung
IFAR-Journal	International Foundation for Art Research (IFAR) - IFAR-Journal
Ifs	Institut für Sachverständigenwesen
Inf. rap.	Informations rapides
InsO	Insolvenzordnung

ISWA	International Sales of Works of Art
iVm	in Verbindung mit
J.	Judge, Justice
J.B.L.	Journal of Business Law
J.-CI. civ.	Jurisclasseur, Civil Code
J.-CI. Resp. civ. et Ass.	Jurisclasseur, Responsabilité civile et Assurances
J.-CI. Com.	Jurisclasseur, Commercial
J.-CI. Conc. consom.	Jurisclasseur, Concurrence consommation
J.I.B.L.	Journal of International Banking Law
JA	Juristische Ausbildung
JBI.	Juristische Blätter
JCP	Jurisclasseur périodique (La Semaine Juridique)
JCP A	La Semaine Juridique, Administrations et Collectivités Territoriales
JCP G	La Semaine Juridique, Edition Générale
JO	Journal Officiel de la République Française
Journ. des C.-P.	Journal des commissaires-priseurs
JR	Juristische Rundschau
Jura	Juristische Ausbildung
JurisData	französische Online-Datenbank Lexis-Nexis
jurisPK-BGB	juris Praxiskommentar zum BGB
JuS	Juristische Schulung
JVEG	Gesetz über die Vergütung von Sachverständigen, Dolmetscherinnen, Dolmetschern, Übersetzerinnen und Übersetzern sowie die Entschädigung von ehrenamtlichen Richterinnen, ehrenamtlichen Richtern, Zeuginnen, Zeugen und Dritten (Justizvergütungs- und -entschädigungsgesetz)
JW	Juristische Wochenschrift
JZ	Juristenzeitung
K.B.	Law Reports, King´s Bench
KAb	Kunsthistorische Arbeitsblätter
KG	Kammergericht Berlin
KompaktKom-BGB	Kompaktkommentar zum BGB
KUR	Kunst- und Urheberrecht (1999-2005), dann: Kunst und recht, Journal für Kunstrecht, Urheberrecht und Kulturpolitik
L	loi
L.J.	Lord Justice
L.R.	Law Reports
LG	Landgericht
LJCh	Law Journal Chancery Division
Lloyd's Rep.	Lloyd's List Law Reports (1951-1967), Lloyd's Law Reports (seit 1968)
LM	Lindenmaier-Möhring, Nachschlagewerk des Bundesgerichtshofs
LPA	Les Petites Affiches
LQR	Law Quarterly Review
LT	Law Times Report
m.Anm.	mit Anmerkung
M.L.R.	Modern Law Review

MDR	Monatsschrift für Deutsches Recht
Mot.	Motive zum Bürgerlichen Gesetzbuch
MSVO	Mustersachverständigenordnung des deutschen Industrie- und Handelskammertages
MüKo	Münchener Kommentar zum BGB
MüKo-HGB	Münchener Kommentar zum Handelsgesetzbuch
MSVO	Mustersachverständigenordnung des DIHK v. 30.11.2009 in der Fassung v. 15.02.2010
mwN	mit weiteren Nachweisen
n.F.	neue Fassung
NCPC	Nouveau Code de procédure civile
New L.J.	New Law Journal
NJOZ	Neue Juristische Online Zeitschrift
NJW	Neue Juristische Wochenschrift
NJWE-WettbR	Neue Juristische Wochenschrift, Entscheidungsdienst Wettbewerbsrecht
NJW-RR	Neue juristische Wochenschrift, Rechtsprechungs-Report Zivilrecht
Nr.	Nummer
NZG	Neue Zeitschrift für Gesellschaftsrecht
NZV	Neue Zeitschrift für Verkehrsrecht
OFT	Office of Fair Trading
OLG	Oberlandesgericht
OLGE	Die Rechtsprechung der Oberlandesgerichte auf dem Gebiete des Zivilrechts
OLGR	OLG-Report
OLGZ	Entscheidungen der Oberlandesgerichte in Zivilsachen
OxJLS	Oxford Journal of Legal Studies
P.N.	Professional Negligence
P.N.L.R	Professional Negligence and Liability Reports
Prot.	Protokolle der Kommission für die zweite Lesung des Entwurfs des Bürgerlichen Gesetzbuches
PWW	Prütting/Wegen/Weinreich, BGB Kommentar
QB	Queen's Bench Division (Law Report)
R.	règlement
r+s	recht und schaden
RabelsZ	Rabels Zeitschrift für ausländisches und internationales Privatrecht
RDC	Revue des contrats
RdC	Revue des contrats
RegE	Regierungsentwurf eines Gesetzes zur Modernisierung des Schuldrechts vom 9. Mai 2001, BT-Drs. 14/6040
Resp. civ. et Ass.	Responsabilité Civile et Assurances, Zeitschrift
Rev. crit.	Revue critique de législation et de jurisprudence
Rev. écon. pol.	Revue d´économie politique
Rev. int. crim pol. tech.	Revue international de criminologie et de police technique et scientifique
RG	Reichsgericht
RGZ	Entscheidungen des Reichsgerichts in Zivilsachen

RICS	Royal Institution of Chartered Surveyors
RIW	Recht der internationalen Wirtschaft
RL	Richtlinie
Rn	Randnummer
RTD civ.	Revue trimestrielle de droit civil
S.	Seite, Satz
s.	siehe
S.F.E.P.	Syndicat Français des Experts Professionnels en Œuvres d´Art et Objets de Collection
S.L.T.	Scots Law Times
SchadÄndG	Zweites Gesetz zur Änderung schadensersatzrechtlicher Vorschriften (SchadÄndG v. 19.07.2002, BGBl. I, 2674)
SchuldR	Schuldrecht
Seattle U.L.Rev.	Seattle University Law Review
sect.	Section
SGSA 1982	Supply of Goods and Services Act 1982
SJ	Solicitors´ Journal
Slg.	Sammlung der Rechtsprechung des Gerichtshofes und des Gerichts erster Instanz der Europäischen Gemeinschaften
SMG	Schuldrechtsmodernisierungsgesetz
Somm.	Sommaire
StBerG	Steuerberatungsgesetz
StPO	Strafprozessordnung
st. Rspr.	ständige Rechtsprechung
TGI	Tribunal de Grande Instance
TI	Tribunal d'instance
TLR	Times Law Reports (1884-1952)
Tr.L.R.	Trading Law Review
Trib. civ.	Tribunal Civil
u.a.	unter anderem
U.F.E.	Union Française des Experts
UCLA L. Rev.	University of California at Los Angeles Law Review
UCTA	Unfair Contract Terms Act 1977
UFITA	Archiv für Urheber- und Medienrecht
UKHL	(United Kingdom) House of Lords
Urt.	Urteil
UTCCR 1994	Unfair Terms in Consumer Contracts Regulations 1994
UTCCR 1999	Unfair Terms in Consumer Contracts Regulations 1999
UWG	Gesetz gegen den unlauteren Wettbewerb
v.	von/vom/versus
VersR	Zeitschrift für Versicherungsrecht
VG	Verwaltungsgericht
VGH	Verwaltungsgerichtshof
vgl.	vergleiche
Vol.	Volume
Vorbem.	Vorbemerkung
VuR	Verbraucher und Recht
VVG	Versicherungsvertragsgesetz
W.A.R.	Western Australian Reports

W.L.R.	Weekly Law Reports
Wis. L. Rev.	Wisconsin Law Review
WM	Wertpapier-Mitteilungen (1947 ff.)
WPO	Wirtschaftsprüferordnung
WPK-Mitteilungen	Mitteilungen der Wirtschaftsprüferkammer
WRP	Wettbewerb in Recht und Praxis
z.B.	zum Beispiel
ZEuP	Zeitschrift für Europäisches Privatrecht
ZfRV	Zeitschrift für Rechtsvergleichung
ZGR	Zeitschrift für Unternehmens- und Gesellschaftsrecht
ZGS	Zeitschrift für das gesamte Schuldrecht
ZHR	Zeitschrift für das gesamte Handelsrecht und Wirtschaftsrecht
ZIP	Zeitschrift für Wirtschaftsrecht
zit.	zitiert
ZPO	Zivilprozessordnung
ZVglRWiss	Zeitschrift für vergleichende Rechtswissenschaft

Einleitung

„Kunst = Kapital“ - diese Formel entwickelte *Joseph Beuys* (1921-1986) Ende der siebziger Jahre, versah mit ihr und zugleich seiner Signatur Banknoten verschiedenster Nationen.[1] *Beuys* setzt sich dabei unter anderem kritisch und provozierend mit dem Wesen des Geldes auseinander und vergleicht vor diesem Hintergrund auch den geldlichen und kulturellen Wert seines eigenen Oeuvres.[2] Der Begriff des „Kapitals“, der unweigerlich Assoziationen mit seinem meist ökonomischen Verwendungskontext hervorruft, wird dabei von *Beuys* mit dem Begriff der „Kunst“ und dem der „menschlichen Fähigkeiten“ verknüpft.[3] Dabei geht es unter anderem um Kreativität als das eigentliche menschliche „Kapital“.[4] *Beuys* zeigt ferner auch die Unterscheidung zwischen dem „Warencharakter“ und dem „wahren Charakter“ von Kunstwerken auf.[5] Doch der Kunstmarkt hat sich von diesen tiefgreifenden Fragen unbeeindruckt, seit jeher vorwiegend dem ökonomischen Verwendungskontext des Begriffes „Kapital“ zugewendet: gerade das Werk von *Joseph Beuys* wurde von einer außergewöhnlichen Vermarktung durch den Kunstmarkt ergriffen und hat darüber hinaus für viele Jahre die vom Wirtschaftsmagazin „Capital“ seit 1970 jährlich im sog. „Kunstkompass“ veröffentlichte Liste der weltweit bedeutendsten Künstler angeführt.[6]

Nicht nur aus der Sicht des Kunstmarktes sind Kunstwerke also ein überaus wertvolles Gut; sie stellen in vielerlei Hinsicht „Kapital“ dar, und dies nicht nur im *Beuysschen* Sinn, denn sie verfügen in der Regel sowohl über einen materiellen und als auch einen ideellen Wert.[7] Der Erwerb von Kunstwerken oder Antiquitäten bietet die Chance einer ökonomischen Wertschöpfung, während Kunstwerke oder Antiquitäten zugleich aber auch ein ideelles und ästhetisches Kapital verkörpern, das seine Zinsen in Form von real erlebbarem Kunstgenuss zur Verfügung stellt.[8] Im Rahmen dieser verschiedenen „Renditemöglichkeiten“ kann obendrein, je nach Bedarf des Eigentümers im Rahmen der Auseinandersetzung mit dem *objet d'art*, ein Interesse am Künstler, seiner Arbeitsweise, der entsprechenden Epoche und den vielfältigen

---

1 Siehe *Stüttgen*, in: Raussmüller-Sauer, S. 88 (103); *Kramer*, S. 210.

2 *Kramer*, S. 210.

3 *Kramer*, S. 209 ff., eingehend zum „Kapital“-Begriff; auch *Stüttgen*, in: Raussmüller-Sauer, S. 88 ff.

4 *Kramer*, S. 209. Siehe *Beuys*, in: Rappmann, Kunst = Kapital: Achberger Vorträge, S. 41 ff. (54).

5 Siehe *Kramer*, S. 210, unter Bezugnahme auf das Werk „DAS KAPITAL RAUM 1970-1977“.

6 Siehe *Herchenröder*, Die neuen Kunstmärkte, S. 184 ff.; hierzu auch *Kramer*, S. 210. Der „Kunstkompass“ erscheint seit 2008 jährlich im „manager magazin“.

7 Siehe exemplarisch die Ausführungen bei OLG Frankfurt, NJW 1982, 651.

8 *Schenk*, Weltkunst 2005, Heft 1, S. 30 (31 f.); siehe auch *Boll*, S. 90, 112.

fachübergreifenden kunsthistorischen, philosophischen oder soziologischen Fragestellungen aufkommen.[9] Denn mit dem Kauf eines Kunstwerkes oder einer Antiquität erwirbt man nicht nur eine in materieller Sicht werthaltige Sache, sondern vor allem auch ein Objekt mit kulturellem Hintergrund, mit einem über den materiellen Wert hinausgehenden zugleich ideellen Wert, der sich in einer Bereicherung des Lebensumfeldes niederschlagen kann.[10] In einem Satz gesagt: Ein Kunstwerk oder eine Antiquität ist eine Form von Lebensqualität mit dem Vorteil eines darin verkörperten wirtschaftlichen Sachwertes, welcher sich – natürlich stets abhängig vom konkreten Objekt, am Markt in der Regel relativ schnell realisieren lassen kann.[11]

Aufgrund der kulturgeschichtlichen Entwicklung wird oftmals geäußert, dass Kunst und Kapital, letzteres hier im rein ökonomischen Verwendungszusammenhang, streng auseinanderzuhalten sind; die Kunst liefe sonst Gefahr, ihre Glaubwürdigkeit zu verlieren und ihren hohen Rang auf der bürgerlichen Werteskala einzubüßen.[12] Aber Kunst und Kapital haben seit jeher ein enges Verhältnis, und Kunst und Antiquitäten sind, wie die hohen Umsätze im weltweiten Kunsthandel im inzwischen zweistelligen Milliardenbereich[13] eindrucksvoll dokumentieren, seit jeher eine wirtschaftlich bedeutende Handelsware.[14] Dies zeigt sich besonders am Wert eines Kunstwerkes, der sich auch nach Angebot und Nachfrage richtet, in gewisser Hinsicht ähnlich wie Wertpapiere.[15] An dieser Stelle muss man allerdings klar differenzieren: Kunsterwerb ist keinesfalls mit dem Erwerb von Wertpapieren

---

9 Siehe schon das RG, welches im sog. „Ruisdael-Fall" formulierte: „Der „nach dem Vertrage vorausgesetzte" Gebrauch besteht beim Erwerb von Bildern eines bestimmten Meisters darin, dass dem Käufer die Möglichkeit verschafft wird, sich des Besitzes eines Werkes gerade dieses Meisters zu erfreuen, sich in die Malweise und sonstige Eigenart dieses Künstlers zu vertiefen und sie sich jederzeit vor Augen zu halten.", RGZ 135, 339 (342).

10 Siehe *Boll*, S. 90; *Schenk*, Weltkunst 2005, Heft 1, S. 30 (31 f.). Etwa *Utermann* bezieht sich in diesem Zusammenhang auf *Hilmar Frank*, der von dem „wunderbaren täglichen „Glück des Schauens" (...)" spricht, in: Pues/Quadt, S. 118 (124).

11 *Schenk*, Weltkunst 2005, Heft 1, S. 30 (32); *Würtenberger*, Kampf gegen das Kunstfälschertum, S. 15.

12 *Schenk*, Weltkunst 2005, Heft 1, S. 30; siehe auch *Bongard*, S. 67.

13 Siehe etwa die umfangreichen Statistiken bei *Gaillard*, S. 5 ff., 233 ff.; sowie zum Auktionshandel im *Rapport Nr. 3019* des Abgeordneten *Philippe Houillon*, Assemblée Nationale, v. 08.12.2010, S. 13 ff., verfügbar unter www.assemblee-nationale.fr/13/rapports/r3019.asp (Stand: 11/2011).

14 *Czöppan*, S. 16; *Schenk*, Weltkunst 2005, Heft 1, S. 30 ff.; *Herchenröder*, Die neuen Kunstmärkte, S. 10; *Ressler*, S. 123, auch *Friedländer* spricht schon von „Spekulationsobjekten", Jahrbuch f. Kunstsammler, 1921, S. 7.

15 Siehe auch bei *Ressler*, S. 124; *Schenk*, Weltkunst 2005, Heft 1, S. 30 (31); *Andreae/Keuschnigg*, in: Andreae/Andreae, S. 23 (24 ff.).

vergleichbar.[16] Der Wert von Kunstwerken bemisst sich an einer Vielzahl besonderer Faktoren, wie etwa dem Renommee eines Künstlers und der Bedeutung des konkreten Werkes in seinem Oeuvre, aber auch die Qualität und der Zustand des jeweiligen Werkes sind von erheblicher Bedeutung.[17] Überdies hat die Investition in Kunst im Unterschied zu Wertpapieren meist einen sehr langfristigen Zeithorizont.[18] Ferner unterliegen Kunstwerke und Antiquitäten an sich nicht dem Risiko eines vollständigen Wertverlusts, auch nicht in Krisenzeiten.[19] Allerdings nehmen die Entwicklungen der Wirtschaft und der Finanzmärkte auch Einfluss auf den Kunstmarkt, denn eine beispielsweise in ertragsreichen Zeiten meist steigende Kunstnachfrage wirkt sich entsprechend positiv auf die Preisentwicklung des Kunstmarkts aus, während in rückläufigen Phasen sich entsprechende Auswirkungen auch im Handel mit Kunstwerken und Antiquitäten zeigen.[20] Neben diesen ökonomisch beeinflussten Marktentwicklungen und -zyklen muss man außerdem berücksichtigen, dass der Kunstmarkt davon ungeachtet stets auch Moden[21] bzw. Trends unterliegt, die zum Teil auch von spekulativ handelnden Marktteilnehmern zielstrebig mit kommerziellen Absichten beeinflusst werden.[22]

Die Jahre bis zur Wirtschaftskrise in 2008 waren für die Kunstmärkte die erfolgreichsten seit der letzten Krise des Kunstmarktes zu Beginn der Neunziger Jahre. Weltweit strömen stetig große Geldmengen unter anderem auch aus Russland, Indien und China in den Kunstmarkt und eine neue Generation von oft sich auf dem internationalen Kunsthandelsparkett bewegenden Großsammlern betrachtet den Erwerb teurer und meist einzigartiger Spitzenstücke sowohl als ultimativen Konsummarkt

---

16 Siehe *Herchenröder*, Die neuen Kunstmärkte, S. 36. In diese Richtung, wenngleich auch kritisch schon *Glaser*, Kunst und Künstler, 1928, S. 291.

17 Siehe *Czöppan*, S. 54 ff. Zur Frage von „Kunst als Investment" siehe *Boll*, S. 99 ff. Siehe etwa auch die investitionsanalytischen und kunstmarktorientierten Beiträge zur „Investition" in Kunst der Zeitschrift „ArtInvestor: Kunst und Markt", Finanzen Verl.-Ges. f. Kapitalmarktinformat., München. Kritisch gegenüber der Rentabilität der Geldanlage in Gemälden etwa *Pommerehne/Frey*, S. 128 ff.; anders nun aber *Bernhard*, S. 105 ff.; siehe auch instruktiv bei *Sladeczek*, Weltkunst 2004, Heft 9, S. 65.

18 *Boll*, S. 103 f.

19 Siehe *Boll*, S. 105.

20 Siehe *Czöppan*, S. 16ff., 21 ff.

21 Siehe *Goodwin*, in: Goodwin, The international art markets, S. 1 (12); *Czöppan*, S. 26, 71 f.

22 Siehe *Schenk*, Weltkunst 2005, Heft 1, S. 30 (31); *Jürgen-Fischer* formuliert insoweit treffend: „Der Fetischismus von Kunstanlegern, die den Markt bestimmen, ist weit entfernt von der Passion von Kunstkennern. Wo sich beides einmal deckt (öfter bei der fern gerückten alten als bei der neuen Kunst), hat man es mit dem glücklichen, aber wenig tröstlichen Umstand zu tun, dass manchmal, wie zufällig, auch echte Qualität (...) in ihrem Wert erkannt und angemessen honoriert wird", *ders.*, S. 518.

als auch als Höhepunkt gesellschaftlicher Selbstverwirklichung.[23] Mit einer bemerkenswerten Kontinuität werden auf dem internationalen Kunstmarkt Höchstpreisrekorde aufgestellt, die in den letzten Jahren mit geradezu atemberaubender Geschwindigkeit stets von neuen preislichen Superlativen übertroffen wurden.[24] Während etwa ein einzelner Sessel, ein sog. *Fauteuil à dossier plat* der Epoche *Louis XV*, aus der Sammlung des *Comte d'Artois* im *Palais du Temple*, gestempelt von *N. Heurtaud*, um 1755, im Dezember 2004 bei Sotheby's in Paris für ca. 1,35 Mio. EUR inklusive Aufgeld versteigert wurde, fand im gleichen Monat das sog. „Badminton Kabinett", ein sehr bedeutender Barockschrank, mit dem Liechtenstein-Museum für ca. 27,2 Millionen EUR einen Käufer und ging damit (vorerst) als teuerstes Möbelstück aller Zeiten in die Geschichte ein.[25] Mit diesem Ergebnis erreichte er mehr als das Doppelte seines knapp anderthalb Jahrzehnte zuvor erzielten Kaufpreises von rund 12,5 Mio. EUR.[26]

Ab dem zweiten Halbjahr 2008 haben jedoch erhebliche Umsatzrückgänge die Bilanzen der meisten Kunstmarktteilnehmer verhagelt. Vor allen Dingen das untere Ende des Marktes musste durch die Wirtschaftskrise erhebliche Einbrüche hinnehmen, während am oberen Ende, vermutlich auch wegen bestehender Inflationsängste, noch hohe Zuschläge verzeichnet werden konnten.[27] Insbesondere auf dem Markt zeitgenössischer Kunst brachen die Umsätze allerdings teilweise über 70% gegenüber dem Vorjahr ein.[28]

Aufgrund der verbesserten wirtschaftspolitischen Grundstimmung seit Ende 2009 zeigt der Trend nun wieder nach oben.[29] So hat beispielsweise die „Jahrhundertauktion"[30] der Sammlung von *Yves Saint Laurent* und *Pierre Bergé* mit einem Umsatz von 342 Mio. EUR in 2009 einen Superlativ gesetzt. Außerdem wurde ein neuer

---

23 Siehe treffend *Herchenröder*, Weltkunst 2005, Heft 3, S. 82 (83); hierzu auch *Hollein*, in: Pues/Quadt, S. 125 (127 ff.).

24 Siehe „Die teuersten Kunstwerke in internationalen Auktionen 2009", Kunstmarkt, FAZ v. 02.01.2010, S. 35; „Die teuersten Kunstwerke in internationalen Auktionen 2008", Kunstmarkt, FAZ v. 20.12.2008, S. 53; *Gropp*, „Devise bleibt: Hohe Preise für Spitzenwerke", Kunstmarkt, FAZ v. 22.12.2007, S. 41.

25 Siehe „Das Badminton Cabinet ist der teuerste Schrank der Welt", Feuilleton, FAZ v. 11.12.2004, S. 37; *Herchenröder*, Weltkunst 2005, Heft 3, S. 82 (83 f.).

26 *Spiegler*, „Kräftners großer Streich", art – Das Kunstmagazin, Mai 2005, Heft 5, S. 120.

27 Siehe etwa „Hoffnung in London – Manchmal kommt es nicht so schlimm wie man denkt, Kunstmarkt, FAZ v. 07.02.2009, S. 41; „Erst die Kunstauktion und dann die Entlassungen", Finanzmarkt, FAZ v. 25.02.2009, S. 19; siehe auch bei *Herchenröder*, Weltkunst 2009, Heft 1, S. 57 ff.

28 Siehe „Christie's gibt Pläne für einen Kunstfonds auf", Finanzmarkt, FAZ v. 21.08.2009, S. 23.

29 *Schmid*, „Ein Banksy für 1,7 Millionen Dollar", Weltkunst 2010, Heft 7, S. 131 ff.

30 *Heinick*, „Wie Paris plötzlich zur Welthauptstadt des Kunstmarkts wurde", Kunstmarkt, FAZ v. 08.08.2009, S. 40.

Höchstpreisrekord für das teuerste Kunstwerk aller Zeiten im Mai 2010 bei der Versteigerung von *Pablo Picassos* (1881-1973) Gemälde *Nude, Green Leaves and Bust* aus dem Jahr 1932 in New York mit ca. USD 106.482.500,00 aufgestellt, nachdem erst kurz zuvor im Februar *Alberto Giacomettis* (1901-1966) Bronze *L'homme qui marche I* aus dem Jahr 1961 mit ca. USD 104.168.000,00 *Picassos* Gemälde *Garçon à la pipe* von 1905 als gegenwärtig teuerstes Kunstwerk abgelöst hatte.[31] Die gegenwärtige positive Entwicklung des Kunstmarktes ist eine Stimmung auf solider Basis und kündet von weiterem konstantem Wachstum.[32]

Angesichts dieser teilweise fulminanten Entwicklungen des Kunstmarktes in der letzten Dekade drängt sich nicht nur dem Kunstsammler die Frage auf: In welche Kunstwerke oder Kunstgegenstände soll man „investieren"?[33] Dem muss man wohl erst einmal die Frage entgegenhalten, warum die konkreten Kunstwerke oder Antiquitäten erworben werden sollen. Denn hier steht beispielsweise der Kauf eines Kunstwerkes ohne jegliche „Spekulationsabsicht", allein weil man an diesem persönlich großen Gefallen gefunden hat, einer rein spekulativen Investition in einen Kunstgegenstand oder eine Antiquität gegenüber.[34] Diese konträren Positionen sind an sehr spezifische Voraussetzungen geknüpft, die es nicht zulassen, eine allgemeingültige Grundlage zu bilden, von der aus konkrete Aussagen getroffen werden könnten. Exemplarisch ist hier etwa der Markt für zeitgenössische Kunst, der besonders stark verschiedensten Trends unterliegen kann. Aber entsprechende zukünftige Entwicklungen sind kaum vorhersehbar.[35] Beim Kunstkauf kommt es daher in erster Linie vor allem immer auf die Qualität an.[36] Diese erschließt sich aber erst durch Anschauung, Erfahrung und Kenntnis, so dass der Laie sich in der Regel nicht gut zurechtfinden wird und auf externe Beratung eines Experten angewiesen ist. Neben der „künstlerischen" Qualität eines Kunstwerkes oder der „kunsthandwerklichen" Qualität einer Antiquität sind etwa bei Malerei, Skulptur oder Möbelstücken auch Zustand, Provenienz und die auf dem Markt bestehende Angebots-Nachfrage-Situation wichtige wertbildende Faktoren, wobei der Eigenschaft „echt" die größte Bedeutung zugemessen wird.[37] Dabei geht es um die zentrale Frage, ob das zum Verkauf stehende *objet d'art* wirklich ein Original ist oder es sich beispielsweise „nur" um eine Arbeit aus dem Studio eines berühmten Künstlers oder eine Kopie handelt

---

31 *Reimers*, „Die Dekade beginnt mit Rekorden", Kunstmarkt, FAZ v. 06.02.2010, S. 37; *Gropp*, „Der Sieg des dünnen Mannes", FAZ v. 05.02.2010, S. 31.

32 Siehe Interview *Ressler*, in: Rosner, S. 34 f.

33 Siehe zu diesem Thema etwa die Handelsblatt-Konferenz 10./11.09.2007 „Kunstmärkte – Chancen und Risiken, Die Kunst, mit Kunst Geld zu verdienen: Märkte-Investments-Perspektiven".

34 Siehe *v.Faber-Castell*, Weltkunst 2005, Heft 8, S. 80 ff.

35 Siehe beispielhaft bei OLG Düsseldorf, NJW 1999, 1973 f.

36 Eingehend *Czöppan*, S. 54 ff.; *Picker* (2000), S. 64 (69 f., 74); *Ressler*, S. 134.

37 Siehe zu den verschiedenen Faktoren bei *Boll*, S. 157 ff.; *Czöppan*, S. 55 ff., 60 ff.

oder schlimmstenfalls gar eine Fälschung vorliegt.[38] Das Auge schulen, Kenntnisse vertiefen und Erfahrung vermehren muss daher das Credo eines jeden wahren Sammlers sein, auch und gerade weil er sein eigenes Vermögen für dieses Faible einsetzen muss.[39] Aber nur wenige Kunstmarktteilnehmer haben entsprechende Möglichkeiten, sowohl zur eingehenden Recherche als auch in wirtschaftlicher Hinsicht, die ihnen etwa auch gestatten, beim Kauf gewisse finanzielle „Risiken" einzugehen, denn das Gros verfügt nicht über ausreichende „Kennerschaft" und diese schützt auch nicht generell vor einem „Fehlkauf".[40]

Dies ist der Augenblick, in dem die „Kunstexperten" im weiteren Sinne die Bühne des Kunstmarktes betreten. Das Expertenurteil dient der Kompensierung dieser Defizite[41] auf Seiten der verschiedenen Kunstmarktteilnehmer und kann zugleich auch eine gewünschte Verschiebung der Risiken auf die Experten zur Folge haben, wenn diese für ihr Urteil einstehen müssen.[42] Es gibt verschiedene typische Konstellationen, bei denen Expertenrat im Kunsthandel Grundlage für Entscheidungen mit signifikanter wirtschaftlicher Bedeutung ist und ein entsprechendes Haftungspotential in sich birgt.

Nimmt man einmal zur Veranschaulichung die Gemälde alter Meister, so kann es auch mit großer Erfahrung und exzellentem Fachwissen höchst schwierig sein, zu bestimmen, wessen Oeuvre ein bestimmtes Kunstwerk zuzuordnen ist. Imposantes Beispiel hierfür ist das berühmte Gemälde „Der Mann mit dem Goldhelm" in der Gemäldegalerie der Staatlichen Museen zu Berlin, das bis Mitte der achtziger Jahre als Werk von *Rembrandt Harmenszoon van Rijn* (1606-1669) galt.[43] Die Erforschung des Gemäldes hat knapp 90 Jahre nach seinem Erwerb durch das Museum ergeben, dass dieses Porträt nicht aus der Hand Rembrandts stammen kann, sondern eine Werkstattarbeit sein dürfte.[44] Derartige Erkenntnis hat auch unmittelbaren Ein-

---

38 *Czöppan*, S. 60 mit umfangreichen Beispielen.

39 Siehe Interview *Ressler*, in: Rosner, aaO, S. 34 f.; *Lindemann*, Weltkunst 2010, Heft 7, S. 48 ff. (52).

40 Siehe zu den „Gurus" der Kennerschaft *Lindemann*, Weltkunst 2010, Heft 7, S. 48 ff.; siehe auch *Friedländer*, Von Kunst und Kennerschaft, Leipzig 1992.

41 Vgl. *Köndgen*, S. 401: „Die Unsicherheit unter den interessierten Käuferkreisen ist notorisch (...)".

42 *v.Hoyningen-Huene*, in: FS-Jayme, S. 1461; auch schon *Friedländer*, Jahrbuch für Kunstsammler, 1921, S. 7 (8).

43 *Schack*, Rn. 39; *Czöppan*, S. 61. Siehe eingehend *Kelch* [Hrsg.], Der Mann mit dem Goldhelm: Dokumentation der Gemäldegalerie Berlin, 1986.

44 *Schütte*, Weltkunst 2000, 2546 (2547 f.). Zur Museumspraxis der Gemäldeuntersuchung vgl. den Katalog zur Ausstellung „Close Examination: Fakes, Mistakes & Discoveries" der National Gallery, London: *Wieseman* „A Closer Look: Deceptions and Discoveries", London 2010.

fluss auf den pekuniären Wert eines Kunstwerks, wenngleich dieser Aspekt für dieses konkrete museale Gemälde von untergeordneter Bedeutung sein dürfte.[45] Trotz seiner möglicherweise hohen künstlerischen Qualität ist der Wert eines Kunstwerks auf dem Markt oftmals im Wesentlichen durch den Name seines Urhebers bedingt.[46] Für einen Käufer kann sich hieraus ein erhebliches Schadensrisiko realisieren, wenn er im Vertrauen auf eine Expertenmeinung ein Kunstwerk kauft, das sich später etwa als nicht „echt“ herausstellt.

Aber es gibt auch umgekehrte Fälle, bei denen ein verkanntes, verschollenes oder vergessenes Kunstwerk zufällig (wieder-)entdeckt wird. So wurde beispielsweise ein englisches Ehepaar durch eine Routineschätzung ihres Hausrates von einem Sachverständigen darauf aufmerksam gemacht, dass eine alte Vase, die von ihnen jahrelang als Schirmständer gebraucht worden war, ein höchst wertvolles Stück aus der Ch'ien-lung Periode (1736-1795) ist.[47] Diese Vase wurde daraufhin auf einer Versteigerung im Frühjahr 2010 bei GBP 625.000,00 zugeschlagen.[48] In einem anderen englischen Fall fanden die Erben bei der Auflösung des Haushaltes ihrer Eltern eine Vase, ebenfalls aus der Ch'ien-lung Periode, die kurz darauf im Herbst 2010 für 51,6 Millionen englische Pfund inklusive Aufgeld einem chinesischen Ersteigerer zugeschlagen wurde, zugleich der höchste bislang bekannte Preis für ein chinesisches Kunstwerk.[49] Doch wie demgegenüber der Fall *Luxmoore-May v. Messenger May Baverstock* aus der englischen Rechtsprechung eindrucksvoll dokumentiert, auf welchen unten im englischen Länderteil näher eingegangen wird, findet die Entdeckung eines sog. „*sleepers*“, also eines unentdeckten bedeutenden Kunstwerks, manchmal auch erst bei dem bzw. durch den Käufer selbst statt.[50] Dies führt dann meist zum

---

45 *Czöppan*, S. 61. *Lindemann*, Weltkunst 2010, Heft 7, S. 48 ff. (52) weist treffend darauf hin, dass die „Frage nach der Autorschaft das breite Publikum mehr zu interessieren scheint, als die dem wahren Connaisseur wichtigste Frage: Ist dies denn, Rembrandt hin oder her, wirklich ein gutes Bild?“.

46 *Czöppan*, S. 61.

47 „Vase used as an umbrella stand in spare room is a 270-year-old Chinese masterpiece worth £500,000“, in: Daily Mail v. 28.01.2010, S. 26.

48 „Vase used as an umbrella stand in spare room is a 270-year-old Chinese masterpiece worth £500,000“, in: Daily Mail v. 28.01.2010, S. 26. Siehe auch die „Entdeckung“ eines fatimidischen Bergkristallkruges aus dem 11. Jhd., der zunächst als französische Dekantierflasche aus dem 19. Jhd. auf 200 Pfund geschätzt, für GBP 220.000,00 zugeschlagen und schließlich für 3,17 Mio. GBP auf einer weiteren Auktion im Oktober 2008 bei Christie's versteigert wurde, *Herchenröder*, Großsammler investieren in das kulturelle Erbe, Handelsblatt v. 19.02.2010, S. 84.

49 Erst ein externer Experte, der mit der Bewertung der Vase beauftragt worden war, erkannte die Bedeutung der Vase, die sich schon viele Jahrzehnte unerkannt im Besitz der Familie befand, *Burns*, „Quing Dynasty Relic Yields Record Price at Auction“, in: The New York Times v. 13.11.2010, New York edition, S. A 4.

50 *Luxmoore-May v. Messenger May Baverstock* [1990] 1 W.L.R. 1009, hierzu unten Seite 164.

Resultat, dass den ursprünglichen Eigentümern des Kunstwerks, im konkreten Fall *Luxmoore-May v. Messenger May Baverstock*, den Eigentümern zweier kleiner Gemälde von *George Stubbs* (1724-1806), die sie in Unkenntnis für einen geringen Preis veräußert hatten, selten aussichtsreiche Möglichkeiten zur Verfügung stehen, den entstandenen Verlust geltend zu machen.[51]

Experten und Sachverständige sind daher eine zentrale Komponente des Kunsthandels, nicht nur für die Auktionshäuser und Kunsthändler, sondern auch für den privaten Marktteilnehmer.[52] Es ist fundiertes Wissen auf dem jeweiligen Gebiet der Kunst und den einzelnen Bereichen des Kunstmarktes notwendig, um erfolgreich Kunst zu kaufen oder zu verkaufen. Nicht umsonst lautet eine der zentralen Maximen des Kunstsammelns: „Nur gute Qualität macht sich bezahlt".[53] Die allgemein zunehmende Komplexität in einer hochspezialisierten Welt erfordert daher die Inanspruchnahme von unabhängigen Spezialisten.[54] Für den Kunstmarkt sind dies insbesondere die Kunstsachverständigen. Mit der Notwendigkeit der Inanspruchnahme von sachverständigen Spezialisten geht meist allerdings auch eine Angewiesenheit auf deren Fachkompetenz mangels eigener Spezialkenntnisse einher, vorliegend etwa auf Käufer- oder Verkäuferseite.[55] Daher stellt sich in Konsequenz die Frage nach der Haftung dieser Spezialisten, wenn diese trotz ihrer umfangreichen Kenntnis und ihres Erfahrungsschatzes ein fehlerhaftes Gutachten anfertigen, das in einem Schaden auf Käufer- oder Verkäuferseite eines zuvor begutachteten Kunstwerks resultiert, da im Vertrauen auf das Gutachten gehandelt worden ist und sich später herausstellt, dass nur die Arbeit eines Schülers, eine Kopie oder etwa eine Fälschung vorliegt.[56]

Darüber hinaus haben Sachverständigengutachten nicht nur für den Kunsthandel, sondern auch für den Bereich der Versicherung von Kunstwerken Bedeutung.[57] Sowohl für Ausstellungen, Kunsttransporte, Galerien und Museen als auch für Privatsammler bieten verschiedene Kunstversicherer inzwischen individuelle Policen mit Allgefahren-Deckung an.[58] Im Versicherungsfall, etwa bei einem während des Transports teilweise beschädigten Kunstwerk, kann dann beispielsweise die Höhe

---

51 *Luxmoore-May v. Messenger May Baverstock* [1990] 1 W.L.R. 1009.

52 *Drinkuth*, S. 53.

53 Siehe *Czöppan*, S. 54; *Sladeczek*, Weltkunst 2004, Heft 9, S. 65 (66); *Schroeter-Herrel*, in: González/Weis, S. 68 (77); *Boll*, S. 157; *Aschenborn*, Weltkunst 2004, Heft 3, S. 58 ff.

54 Siehe schon *Friedländer*, Kunst und Künstler, 1928, S. 171 (172).

55 *Herchenröder* spricht respektive der Bedeutung von Kunstgutachten sogar von einer „Expertisenhörigkeit", in: Kunstmärkte 1979, S. 313.

56 Aber nicht nur Kunstwerke werden gefälscht, sondern auch Gutachten selbst, siehe bei *Schack*, Rn. 142; auch *Locher*, Recht der bildenden Kunst, S. 164; *Braunfels*, S. 99 mwN.

57 Zur Kunstversicherung *Mierisch*, in: Veith/Gräfe, S. 322 ff.; *Armbrüster*, ZVersWiss, 2004, 303 ff.; vgl. *Zeitz*, „Die Versicherung, die Kunst und ihre Beschützer", FAZ v. 25.09.2005, S. 69; *Wolf*, S. 32 ff.

58 Siehe *Corboud*, VW 2005, 126 ff. (128).

der Wertminderung strittig sein und ein Gutachten von Relevanz werden.[59] Kunstsachverständigengutachten können überdies auch im Erb- und Familienrecht, etwa bei der Ermittlung von Pflichtteils- oder Zugewinnausgleichsansprüchen, aber auch im Steuerrecht, beispielsweise im Erbschaftssteuerrecht eine wichtige Rolle spielen.[60]

A. Der Kunstmarkt in Europa – Überblick über die nationalen Kunstmärkte Frankreichs, Englands und Deutschlands

Der Kunsthandel ist in den letzten Jahrzehnten, auch aufgrund der ständig steigenden weltweiten Mobilität seiner Marktteilnehmer, in den meisten Bereichen grenzüberschreitend geworden. Geographische Schwerpunkte lassen sich dabei nicht pauschal festlegen. Man findet vielmehr an den jeweiligen internationalen Kunsthandelsplätzen eine bestimmte Klientel, die beim Verkauf bestimmter Kunstwerke eine größere Nachfrage und damit auch höhere Preise erwarten lässt, als dies an anderen Orten möglich wäre. Kunstwerke und Antiquitäten, für die eine internationale Nachfrage besteht, lassen sich daher beispielsweise in London oder Paris besser verkaufen, wohingegen nationale oder regionale Kunst sich dagegen in der Regel gewinnbringender im Kontext ihrer Herkunft vor Ort veräußern lassen wird.

In Frankreich schlägt das Herz des Kunstmarktes vor allem im Zentrum der *République*, in Paris.[61] Neben den international agierenden Auktionshäusern gibt es eine Vielzahl von Galerien und Händlern. Aber auch weit über das Land verstreut findet ein reger Kunsthandel statt. Der Kunstmarkt ist in Frankreich stark reglementiert, wobei die gesetzlichen Regelungen sehr protektionistisch zugunsten der Käufer ausgestaltet sind, was oftmals als ökonomisches Handicap für den französischen Markt angesehen wird.[62] Die jüngeren und gegenwärtigen gesetzlichen Reformen sollen den Markt weiter dynamisieren und seiner international bedeutenden Stellung gerecht werden.[63]

---

59 *Corboud*, VW 2005, 126 ff. (128).

60 Ausführlich *Heuer*, NJW 2008, 689 ff.; *ders*., DStR 1995, 438 ff.

61 *Angeneyndt*, Weltkunst 2009, Heft 5, S. 31 ff.; vgl. bei *Heinick*, „Alle Welt will wieder nach Paris“, in: FAZ v. 08.01.2011, S. 35; *Czöppan*, S. 47.

62 *Rudden*, RTD civ. (84) 1985, 91 ff. (99 ff.); *Honlet/de Baecque*, D. 2001, 141 f.

63 Siehe etwa im *Rapport Nr. 3019* des Abgeordneten *Philippe Houillon*, Assemblée Nationale, v. 08.12.2010, S. 1 ff., verfügbar unter www.assemblee-nationale.fr/13/rapports/r3019.asp (Stand: 11/2011).

Der englische Kunstmarkt konzentriert sich vorwiegend auf die Metropole London, die gleichzeitig neben Paris ein wesentliches Zentrum des internationalen Kunsthandels ist.[64] So ist und bleibt London beispielsweise weiterhin die erste Adresse für Auktionen altmeisterlicher Gemälde.[65] Die Käuferklientel des Altmeistermarkts kann gerade in London auf namhafte Experten für derartige Gemälde zurückgreifen, die sie „durch das Minenfeld der Probleme führen, das mit dem Erwerb eines kapitalen Altmeistergemäldes verbunden ist".[66]

Der deutsche Kunstmarkt ist vorwiegend durch kleine und mittelständische Auktionshäuser und Kunsthändler geprägt, teilweise mit lokalen Konzentrationen vor allem in Berlin, Düsseldorf, Köln oder München.[67] In der reinen Zahl der Galerien, Museen, Kunstmärkte, Kunstmessen nimmt Deutschland hinter den USA weltweit sogar die zweite Stelle ein.[68] Im Vergleich der Zahl der Transaktionen befindet sich Deutschland global betrachtet hinter Frankreich, den Vereinigten Staaten und England an vierter Stelle, hinsichtlich des Umsatzes weltweit jedoch nur an sechster Stelle.[69] Die Wirtschaftskrise seit 2008 hat zwar weltweit ihre Spuren durch entsprechende Umsatzrückgänge hinterlassen, aber auch der deutsche Kunstmarkt verzeichnet wieder gute Zuwächse und macht durch Zuschläge im Millionenbereich auch international auf sich aufmerksam: Man denke an *Max Beckmanns* (1884-1950) „Blick auf Vorstädte am Meer bei Marseille" von 1937, das für 2,2 Millionen Euro im November 2009 zugeschlagen wurde, oder *Ernst Ludwig Kirchners* (1880-1938) „Kinderköpfchen" von 1906, das für 1,45 Millionen Euro im Dezember 2010 zugeschlagen wurde.[70]

---

64 Siehe *Barker*, in: Goodwin, The international art markets, S. 328.

65 *Herchenröder*, Weltkunst 2005, Heft 3, S. 82 (84); siehe auch *Azimi*, in: Goodwin, The international art markets, S. 134 (138).

66 So treffend *Herchenröder* (2000), S. 62, dort zit. nach Alexis Gregory, „The Market for Old Masters" in: Art & Auction, April 1992, S. 98; siehe auch *Thomas*, „Van Dyck, Francken, Gandolfi, Guercino, Rubens...", FAZ v. 03.07.2010, S. 39.

67 Siehe auch bei *Kräussl*, in: Goodwin, The international art markets, S. 141 f.

68 *Kräussl*, in: Goodwin, The international art markets, S. 141 ff.

69 *Kräussl*, in: Goodwin, The international art markets, S. 141 (144).

70 Siehe „Die teuersten Kunstwerke in deutschen Auktionen 2010", Kunstmarkt, FAZ v. 24.12.2010, S. 41; „Die teuersten Kunstwerke in deutschen Auktionen 2009", Kunstmarkt, FAZ v. 24.12.2009, S. 41.

B. Ziel der Untersuchung und Gang der Darstellung

Die vorliegende Untersuchung konzentriert sich aufgrund der herausragenden Bedeutung der europäischen Handelsplätze Paris und London auf einen Vergleich der Rechtsordnungen Frankreichs, Englands und Deutschlands.

Die Internationalität des Kunstmarktes zu Beginn des 21. Jahrhunderts wirft vor dem Hintergrund der eingangs erläuterten allgemeinen praktischen Relevanz die Frage nach den jeweiligen Haftungsvoraussetzungen von Kunstsachverständigen in ihrem konkreten rechtlichen Kontext auf. Herauszustellen ist dabei, dass der französische Gesetzgeber in den letzten Jahrzehnten mit einer eigenen kunstmarktspezifischen Gesetzgebung, die auch mit besonderen Normen für die Kunstsachverständigenhaftung und -tätigkeit aufwartet, zu einer weitreichenden Regulierung des französischen Kunstmarktes beigetragen hat. Die vorliegende Arbeit untersucht, angesichts der gerade dargelegten Bedeutung der verschiedenen Kunstmärkte, die in den Rechtsordnungen Frankreichs, Englands und Deutschlands bestehenden Haftungsvoraussetzungen des materiellen Rechts von Kunstsachverständigen für fehlerhafte Gutachten und die Möglichkeiten zur Beschränkung der Haftung.[71] Die Untersuchung konzentriert sich dabei auf die Fälle reiner Vermögensschäden.[72]

Ein bedeutender und zugleich herausragender Aspekt ist dabei zugleich die Haftung von Kunstsachverständigen gegenüber Dritten, also solchen Personen, die nicht Vertragspartner des Kunstsachverständigen sind, aber beim Kauf oder Verkauf von Kunstwerken einen reinen Vermögensschaden erleiden können. Dies kann etwa der Fall sein, wenn im Vertrauen auf das vorgelegte Gutachten ein Kunstwerk als eigenhändiges Werk eines bedeutenden Künstlers erworben wird, es sich aber tatsächlich nur um eine minderwertige zeitgenössische Kopie handelt, was der Käufer dann später herausfindet. Die Dritthaftung im Bereich der sog. „Expertenhaftung" stellt vor allem in der deutschen Rechtsordnung eine dogmatisch komplexe und umstrittene Haftungskonstellation dar.[73] Dies nimmt seinen Anfang in der Frage nach ihrer

---

[71] Zur Haftung von Kunstsachverständigen im schweizer Recht: *Thévenoz*, in: Byrne-Sutton/Renold, L'Expertise, S. 36 ff.; *Glaus*, KUR 2004, 112 ff.; *Chappuis*, in: Gabus/Renold/de Werra, S. 49 ff.; auch *Honsell*, in: FS-Nobel (2005), S. 939 ff.; ferner schon *Gottwald*, Haftung, S. 38 ff.; allgemein *Tarman*, S. 84 ff.; zum US-amerikanischen Recht siehe *Lerner/Breseler*, Art Law, Vol. 1, S. 553 ff.; *Darraby*, ArtArchLaw, Vol. 1, S. 111 ff.

[72] Zum Begriff des reinen Vermögensschadens siehe *van Gerven*, S. 68; *v.Bar*, Gemeineurop. Deliktsrecht, Bd. 1, S. 425, 431 f., 493 ff; *ders.*, Gemeineurop. Deliktsrecht, Bd. 2, S. 30 ff. Dieser Begriff ist der französischen Rechtskultur kaum geläufig, siehe *Zweigert/Kötz*, S. 621; *Wagner*, in: Zimmermann, Grundstrukturen, S. 189 (225).

[73] Sie hat entsprechend eine umfangreiche Berücksichtigung in der rechtswissenschaftlichen Literatur erfahren, siehe etwa nur die Nachweise bei Staudinger-*Martinek* [2006], bei § 675 vor Rn. C 1; MüKo-*Emmerich*, vor § 311 Rn. 253 ff. Zum Begriff der „Expertenhaftung"

Grundlage im Recht und erstreckt sich auf die Frage nach der Bestimmung des Kreises der Anspruchsberechtigten und die Grenzen der Haftung. Denn zugleich wirft der Aspekt der Haftungsbeschränkung gegenüber Dritten gerade im Hinblick auf eine notwendige Kalkulierbarkeit und Versicherbarkeit dieser Haftung Fragen auf. Rechtsprechung und vielfältige Literaturansichten stehen sich insoweit zum Teil mit diametralen Positionen gegenüber. In rechtsvergleichender Hinsicht soll die französische und englische Rechtslage auch insoweit untersucht und der deutschen Rechtslage gegenübergestellt werden.

Die vorliegende Arbeit befasst sich mit einer Darstellung der jeweiligen Haftungskonzepte der drei Rechtsordnungen. Sie beschränkt sich dabei auf die Haftung von Kunstsachverständigen als von privater Seite beauftragte Sachverständige für reine Vermögensschäden.[74] Aus Gründen der Überschaubarkeit konzentriert sich die Arbeit im Wesentlichen auf Gutachten zur Echtheit von Gemälden, wobei soweit möglich am Rande auch auf andere Arten von Kunstwerken eingegangen werden soll.[75] Mit der Untersuchung sollen zugleich auch Erkenntnisse zur Dritthaftungsproblematik der deutschen Rechtsordnung gewonnen werden, die der Präzisierung der durch das Schuldrechtsmodernisierungsgesetz zum 01. Januar 2002 neu geschaffenen Haftungsgrundlage des § 311 Abs. 3 S. 2 BGB dienen können. Zugleich sollen die in den drei betrachteten Rechtsordnungen bestehenden Möglichkeiten zur Beschränkung und zum Ausschluss der Haftung sowohl gegenüber dem Auftraggeber eines Gutachtens als auch gegenüber Dritten erarbeitet werden.

Die Arbeit gliedert sich in drei Länderteile zum französischen, englischen und deutschen Recht und einen vierten, rechtsvergleichenden Teil. Nachdem in der Einleitung die Kunstsachverständigentätigkeit umrissen wird, werden in den jeweiligen Länderteilen zunächst die rechtlichen Rahmenbedingungen der Sachverständigentätigkeit in den drei Rechtsordnungen als Ausgangsbasis aufgegriffen. Die Darstellung beschränkt sich insoweit auf die Grundlagen, insbesondere zum Zugang und zur Berufsausübung, auch im Hinblick auf ihre Relevanz für die hier betrachteten Haftungsfragen. Im Anschluss an diese Darstellung der rechtlichen Rahmenbedingungen werden in den Länderteilen jeweils die Haftungsgrundlagen und zugleich die bestehenden Sorgfaltspflichten der Kunstsachverständigentätigkeit und ihr Einfluss auf die Haftung untersucht und dabei den Besonderheiten der jeweiligen Rechtsordnung

---

siehe etwa bei *Sprenger*, S. 1 ff., der diese allerdings nur auf den Bereich der „Dritthaftung" eingrenzt; siehe demgegenüber etwa *Büttner*, S. 35 f.

74 Die Haftung gerichtlicher Sachverständiger findet keine Berücksichtigung. Es wird insoweit auf die Darstellungen zum deutschen Recht verwiesen, etwa bei *Ulrich*, Der gerichtliche Sachverständige, Köln 2007; *Blankenhorn*, S. 24 ff., 50 ff.; *Stillig*, S. 25 ff.; rechtsvergleichend zum englischen Recht etwa *Tiwisina*, S. 39 ff.

75 Zu den Begriffen sogleich ab Seite 25. Am Rande wird auch zu Wertgutachten Stellung genommen.

Rechnung getragen. Dabei werden auch die in den einzelnen betrachteten Rechtsordnungen bestehenden dogmatischen Ansätze für die Dritthaftung von Kunstsachverständigen von Rechtsprechung und Literatur beleuchtet. Ferner werden auch die Rechtsfolgen im Kontext der Kunstsachverständigenhaftung berücksichtigt. Schließlich werden im Anschluss daran jeweils die Möglichkeiten des Ausschlusses und der Beschränkung der Haftung betrachtet.

Im vierten und letzten Teil werden die gefundenen Ergebnisse rechtsvergleichend gegenübergestellt. Im Lichte der Befunde soll dabei auch §§ 311 Abs. 3 S. 2, 280 Abs. 1, 241 Abs. 2 BGB als Haftungsgrundlage der Dritthaftung von Kunstsachverständigen gewürdigt und der Frage nach Haftungsbeschränkungen gegenüber Dritten nachgegangen werden.

C. Terminologie und Überblick über die Kunstexpertentätigkeit

Die Kunstmärkte in den Rechtsordnungen Frankreichs, Englands und Deutschlands verfügen über eine unterschiedliche Terminologie. Daher ist der Betrachtung des jeweiligen Sachrechts eine Differenzierung und Konkretisierung der relevanten Begriffe vorangestellt.

I. Kunstexperten und Kunstsachverständige

Die Mannigfaltigkeit des Kunstmarktes schlägt sich in verschiedensten Tätigkeitsbereichen und Spezialisierungen von Kunstsachverständigen und Kunstexperten nieder, für deren Bezeichnung in den hier betrachteten Rechtsordnungen unterschiedliche Begriffe zum Teil mit synonymem Bedeutungsgehalt Verwendung finden.

In Frankreich wird als Kunstexperte („*expert*") im Allgemeinen eine Person definiert, deren Tätigkeit darin besteht, aufgrund ihrer Fähigkeiten die Authentizität eines Kunstwerks oder Sammlerstückes zu beurteilen und eine Schätzung des Wertes vorzunehmen („*l'expert est la personne, dont la profession consiste à reconnaître l'authenticité et à apprécier la valeur des objets d'art et des pièces de collection*").[76] Der Begriff des „*expert*" findet in Frankreich gleichermaßen für die Sachverständigentätigkeit Anwendung.

Im englischen Kunsthandel wird oftmals der allgemeine Begriff des „*(fine art) expert*"[77] verwendet, der ihn als „*person who is very knowledgeable about or skilful in*

---

[76] *Moulin/Quemin*, Annales ESC 1993, 1421.

[77] Siehe etwa *Karlen*, in: ISWA 1985, S. 219 ff.; *Levy*, 1991 Wis. L. Rev. 1991, 595 ff.; *Sanig*, SJ 2008, 16 (17); *Stebbins*, in: Spencer, Expert, S. 135 ff.

a particular area" charakterisiert.[78] Neben dieser Definition wird vor allem von den größeren Auktionshäusern auch der Begriff des „*specialist*" als Bezeichnung für den in einer Abteilung des Auktionshauses tätigen, angestellten und etwa auf eine bestimmte Epoche spezialisierten Kunstexperten verwendet. Als „*specialist*" gilt allgemein: „*a person who concentrates primarily on a particular subject or activity; a person highly skilled in a specific and restricted field*".[79] Für die Kunstsachverständigentätigkeit werden in England oftmals die Begriffe „*appraiser*",[80] „*attributer*", „*surveyor*" oder „*valuer*"[81] synonym gebraucht. Dabei wird der Begriff des „*surveyor*" vorwiegend für Landvermesser bzw. Grundstückssachverständige gebraucht.[82] Er findet aber auch auf Kunstsachverständige Anwendung, die etwa als „*(fine) art surveyor*" bezeichnet werden.[83] Die *Royal Institution of Chartered Surveyors* (RICS)[84] verfügt über einen Bereich der sog. „*chartered art and antiques surveyors*".[85]

In Deutschland finden die Begriffe des „(Kunst-)Experten" und des „Kunstsachverständigen" Verwendung. Während der Begriff des (Kunst-)Experten eine weitläufige Anwendung auf verschiedene Fachleute und Sachkenner im Kunsthandel findet, werden mit dem Begriff des Kunstsachverständigen alle Gutachter bzw. Sachverständigen und öffentlich bestellten und vereidigten Sachverständigen bezeichnet.[86] Da die vorliegende Untersuchung aus dem Blickwinkel der deutschen Rechtsordnung durchgeführt wird, wurde als genereller Oberbegriff für diese Arbeit der Begriff des (Kunst-)Sachverständigen gewählt.

---

78 Siehe in: Oxford Dictionary of English, „expert", S. 616.

79 Siehe in: Oxford Dictionary of English, „specialist", S. 1713.

80 „*An appraiser is a person, appointed and sworn to estimate the value of property*", vgl. *Halsbury's*, Bd. 4 (3), Rn. 283. Siehe etwa bei *Sandrock*, in: ISWA 1990, S. 611 (625); *Palmer*, in: Byrne-Sutton/Renold, L'Expertise, S. 19 ff.; *Homer*, Colum.-VLA J.L. & Arts 1984, 457 ff.; *Beale/Hartkamp/Kötz*, Contract Law, S. 893.

81 „*A valuer, while invariably concerned with the extent and condition of the subject matter of the valuation exercise, is primarily concerned with the exercise of estimation and advising the worth of property*", *Jackson & Powell*, Professional Liability Precedents, Surveyors and Auctioneers, Nr. 3-02; *Kok*, in: ISWA 1990, S. 707 ff.

82 „*A surveyor inspects and reports upon the extent and condition of land and buildings*", vgl. *Jackson & Powell*, Professional Liability Precedents, Surveyors and Auctioneers, Nr. 3-02. Aber auch: „*an official inspector of something, especially for measurement and valuation purposes*", siehe in: Oxford Dictionary of English, „surveyor", S. 1792. Vgl. *Nieberding*, S. 15.

83 Siehe z.B. RICS Arts Surveyor, Juli 2009, 4; August 2008, 5 (6).

84 Siehe zur RICS unten Seite 124.

85 *Jackson & Powell*, Rn. 10-004.

86 Differenzierend *Blume Huttenlauch*, KUR 2004, 118 (119).

Kunstsachverständige, die objektive und unabhängige schriftliche Privatgutachten anfertigen, und Kunstexperten im weiteren Sinne, zu denen unter anderem auch Auktionatoren, Händler, Kuratoren, Kunsthistoriker oder Autoren von Werkverzeichnissen zählen, finden sich an den verschiedensten Positionen der Kunstwelt.[87]

1. Die Generalisten

Ein erheblicher Anteil der Kunstsachverständigen zählt zu den Generalisten, in Frankreich vorwiegend als „*experts généralistes*", in England meist schlicht als „*experts*" bezeichnet.[88] Dies sind Kunstsachverständige, deren Tätigkeitsfeld sich beispielsweise nicht nur auf einen bestimmten Künstler beschränkt, sondern mehrere verschiedene Epochen unter Einschluss aller in dieser Zeit tätigen bedeutenden Künstler eines bestimmten Genres umfassen kann, man denke an einen Kunstsachverständigen mit dem Tätigkeitsgebiet „Antiquitäten".[89] Ihre Kenntnisse umfassen dabei in der Regel die wesentlichen künstlerischen Entwicklungen einer Epoche und die darin tätigen wichtigen Künstler, so dass man terminologisch von einem „allgemeinen" Kunstsachverständigen sprechen kann. Ihr breites Tätigkeitsfeld folgt etwa einer Tätigkeit in einem Auktionshaus.[90]

2. Die Spezialisten

Demgegenüber gibt es spezialisierte Kunstsachverständige, in Frankreich „*experts specialistes*" und in England „*specialists*" genannt. Diese beschränken sich meist ausschließlich auf einen einzigen Künstler oder eine bestimmte Art von Kunstwerken in einer konkreten, eng umrissenen Periode der Kunst bzw. Kunstgeschichte. Aufgrund dieser Einschränkung ihrer Tätigkeit auf einen Künstler haben diese spezialisierten Kunstexperten ein umfassendes Spezialwissen, welches ihre Meinungen bzw. Gutachten auf dem Kunstmarkt zum Teil auch aufgrund internationaler Reputation besonders wertvoll macht.[91]

---

87 *Schack*, S. 144; *Schütte*, Weltkunst 2000, 2546; *Zilkens*, KAb 2004, 55 (56 ff.).

88 *Daulte*, in: ISWA 1993, S. 353 (355).

89 Siehe bei *Duret-Robert*, Rn. 61.00 ff. *Zilkens*, KAb 2004, 55 (59). Zur Sachgebietseinteilung bei öffentlicher Bestellung des Kunstsachverständigen, siehe unten Seite 204.

90 *Drinkuth*, S. 53 f.

91 *Duret-Robert*, Rn. 70.05; *Daulte*, in: ISWA 1993, S. 353 (358). Zur Rechtslage bei der Verweigerung der Erteilung einer Expertise eingehend *v.Brühl*, S. 210 ff.

3. Die Experten in öffentlichen Museen

Zu den Kunstexperten im weiteren Sinne zählen auch die Konservatoren öffentlicher Museen.[92] In Frankreich werden sie seit 1963 durch einen aufwändigen *Concours* (Auswahlverfahren) ausgewählt, so dass man sie teilweise sogar als „*oligopoleurs de la connaissance*" bezeichnet.[93] Der Zugang zu diesem *Concours* setzt als Minimum einen fachspezifischen Universitätsabschluss voraus. Außerdem unterliegen die Kuratoren unter anderem einer Kontrolle durch die *Association générale des conservateurs en France*.[94] Allerdings ist es den Konservatoren von Museen in Frankreich aufgrund expliziter Regelungen in den Verordnungen vom 16. Mai 1990[95] verwehrt, Kunstwerke direkt oder indirekt aus rein kommerziellen bzw. privaten Hintergründen zu begutachten und zu bewerten.[96] In Deutschland und England bieten manche Museen an, im Rahmen eines Gesprächstermins ein Kunstwerk unverbindlich zu beurteilen.[97] Das nur dem französischen Recht eigene gesetzliche Verbot für die Konservatoren begründet sich auf ihrer besonderen Stellung. Als Konservatoren des nationalen Kulturgutes sollen sie gleichzeitig die Unabhängigkeit staatlicher Stellen vom Kunstmarkt sichern.[98] In Frankreich kann das Ministerium für Kultur aber aufgrund einer Verfügung eines Gerichts eine Ausnahmegenehmigung erteilen, etwa wenn eine staatliche Behörde ein Gutachten im Rahmen des Ankaufes von Kunst benötigt oder ein Konservator als Sachverständiger vor einem Gericht auftreten soll.[99] Teilweise haben Museen in den übrigen hier betrachteten Rechtsordnungen einzelvertragliche Abreden mit ihren Konservatoren geschlossen, die Begutachtungen untersagen. Die Begründung ist mit der im französischen Rechtsraum vergleichbar: Zwar bestehen für Museen als öffentliche Institutionen in der Regel keine direkten Interessenskonflikte, ein solcher kann sich aber etwa dann ergeben, wenn das Museum auf der Käuferseite stünde oder das Werk später dem Museum gestiftet

---

92 *Rosenberg*, in: ISWA 1993, S. 715 (716).

93 *Mercillon*, Rev. écon. pol. 1977, 632; *Lequette-de Kervenoaël*, S. 169.

94 *Moulin/Quemin*, Annales ESC 1993, S. 1421 (1424), mit ausführlicher Darstellung der Tätigkeitsvoraussetzungen; vgl. Art. 10 ff. des *décret* Nr. 90-404 v. 16.05.1990 idF v. 22.08.2007.

95 Art. 8 des *décret* Nr. 90-404 v. 16.05.1990 idF v. 22.08.2007; Art. 4 des *décret* Nr. 90-405 v. 16.05.1990; Art. 4 des *décret* Nr. 86-1369 v. 30.12.1986.

96 *Dictionnaire permanent epargne*, Marché de l'Art, S. 506, Rn. 270; siehe auch *Lemoine*, in: Byrne-Sutton/Renold, L'Expertise, S. 69; ausführlich bei *Jean-Pierre*, JCP A 2002, 1341.

97 Siehe bei *Simons*, S. 17.

98 Siehe auch die Einschränkungen über die Anfertigung von Echtheitsnachweisen und Schätzungen in Nr. 5.2 der Ethischen Richtlinien des Internationalen Museumsrates (ICOM); vgl. zum französischen Recht *Moulin/Quemin*, Annales ESC 1993, S. 1421 (1427).

99 *Duret-Robert*, Rn. 70.05; vgl. Nr. 5.2 der Ethischen Richtlinien des Internationalen Museumsrates (ICOM).

werden soll, was unter Umständen aus rein steuerlichen Erwägungen des Eigentümers erfolgt.[100] Es soll überdies vermieden werden, dass sich ein Museum einer Haftung für das Expertenurteil eines Konservators ausgesetzt sieht.[101]

Für die Praxis bedeutet dies, dass die Kuratoren im Rahmen der Organisation von Ausstellungen, in denen Werke aus dem Eigentum Dritter gezeigt werden, deren Echtheit gegenüber den Besuchern der Ausstellung gesicherte Erkenntnis sein soll, diese mit ihrem Expertenwissen überprüfen, dabei jedoch keine Gutachten anfertigen.[102] Kuratoren bzw. Konservatoren öffentlicher Museen unterfallen daher nicht der vorliegenden Untersuchung. Soweit diese dennoch als „Sachverständige" auftreten und selbstständig Gutachten erstellen, gelten die gleichen Voraussetzungen und Anforderungen wie an die in dieser Untersuchung dargestellten Kunstsachverständigen.

4. Die Autoren von Werkverzeichnissen

Eine besondere Stellung unter den Kunstexperten nehmen die Autoren von Werkverzeichnissen bzw. *catalogues raisonnées* ein.[103] Diese Publikationen geben das Leben und Wirken eines Künstlers wieder und verzeichnen alle zum Zeitpunkt der Drucklegung bekannten Werke aus seinem Oeuvre u.a. mit ihrer Thematik, Technik, teilweise auch Zustand und Restaurierungen, gegebenenfalls vorhandenen Signaturen, Datierungen, Abmessungen und soweit bekannt auch ihrer Provenienz.[104] Aufgrund der fachlichen Kompetenz des Autors und angesichts der umfassenden Bearbeitung des Oeuvres eines Künstlers haben diese Werkverzeichnisse einen sehr großen Einfluss auf dem Kunstmarkt.[105] Sie werden im Kunsthandel als Referenzliteratur herangezogen und sind daher eine entscheidende Größe.[106] In den Werkverzeichnissen werden zum Teil vom Autor Klassifizierungen der enthaltenen Werke vorgenommen: authentische Werke, nicht authentische Werke und schließlich solche, deren Urheberschaft durch den beschriebenen Künstler vom Autor als zweifelhaft eingestuft wird.[107] Eine derartige Klassifizierung kann für den Eigentümer eines als „nicht authentisch" oder „zweifelhaft" eingestuften oder gar überhaupt nicht enthaltenen Werkes ein erhebliches Problem darstellen, denn es kann sein Werk nahezu

---

[100] *Homer*, Colum.-VLA J.L. & Arts 1984, 457 (467).

[101] *Phelan*, S. 207; *Simons*, S. 18.

[102] *Frier*, in: ISWA 1993, S. 369 (371).

[103] Ausführlich *v.Brühl*, S. 23 f.

[104] Siehe *Jornod*, in: Renold/Gabus/de Werra, S. 19 ff. (22); *Findlay*, in: Spencer, The Expert, S. 55 ff.

[105] *Jayme*, in: Reichelt, Original und Fälschung, S. 23 (37); *v.Brühl*, S. 23 f.

[106] *Tancock*, in: Spencer, The Expert, S. 49.

[107] *Schütte*, Weltkunst 2000, 2546 (2547); *v.Brühl*, S. 23.

unverkäuflich machen bzw. seinen Verkehrswert erheblich reduzieren.[108] Werkverzeichnisse haben daher für bestimmte Bereiche des Kunstmarkts eine besondere Bedeutung, die sich in ihrem Zusammenhang ergebenden Rechtsfragen sind jedoch nicht Gegenstand dieser Untersuchung, da es sich nicht um Kunstsachverständigentätigkeit im hier untersuchten Sinne handelt.[109]

5. Sonstige Kunstexperten

Neben den Kunstsachverständigen gibt es eine Vielzahl von „Kunstexperten", die jedoch, obwohl ihre Tätigkeit in vielerlei Hinsicht Überschneidungspunkte mit der Sachverständigentätigkeit hat, nicht als Sachverständige tätig und daher auch nicht Gegenstand dieser Untersuchung sind.

Hier sind zunächst in Auktionshäusern und als Kunsthändler tätige Kunstexperten zu nennen. In den letzten Jahren bieten vermehrt überregionale Auktionshäuser an, auf sog. „Expertentagen" die ihnen vorgelegten Kunstwerke zu beurteilen. Diese kurzen mündlichen Einschätzungen erfolgen normalerweise unentgeltlich und werden von den Auktionshäusern daher in der Regel unter Hinweis auf ihre Unverbindlichkeit angeboten.[110] Darüber hinaus beraten und bewerten Auktionshäuser und Kunsthändler auch teilweise individuell bei Kauf oder Verkauf von Kunstwerken.[111]

Daneben hat die „Expertentätigkeit" der Rechtsnachfolger verstorbener Künstler[112] eine eigene Bedeutung, die sich meist durch die persönliche Nähe der Angehörigen, Erben und naher Verwandtschaft zum Oeuvre des Künstlers auszeichnet.[113] Dennoch

---

108 *Duret-Robert*, Rn. 71.21; siehe dazu eingehend bei *v.Brühl*, S. 4 mwN.

109 Siehe hierzu weiterführend bei *Jayme*, in: Reichelt, Original und Fälschung, S. 23; *v.Brühl*, S. 73 ff.; zur Rechtslage bei der Verweigerung der Aufnahme in ein Werkverzeichnis eingehend *v.Brühl*, S. 210 ff.; hierzu auch bereits schon *Chevalier*, Weltkunst 2002, 1753 ff.; zum US-amerikanischen Recht siehe etwa *Spencer*, IFAR Journal 2006, 70.

110 *Frier*, in: ISWA 1993, S. 369 (371); *Simons*, S. 17.

111 Nach dem OLG Köln soll etwa für den Bewertungsanspruch eines Pflichtteilsberechtigten statt eines herkömmlichen Sachverständigengutachtens eine Bewertung durch die Auktionshäuser Christie´s und Sotheby´s genügen, OLG Köln NJW 2006, 625; dazu kritisch *Heuer*, NJW 2008, 689 (690).

112 Allerdings haben aber auch schon lebende Künstler Beurteilungen ihrer Werke zum Teil generell verweigert oder sogar die Echtheit eigener Bilder negiert – man denke etwa an *de Chirico*, *Utrillo* oder *Vlaminck*; siehe *Schüller*, Fälscher, Händler und Experten, S. 127; *Daulte*, in: ISWA 1993, S. 353 (354).

113 *Duret-Robert*, Rn. 81.11 ff.; *Simons*, S. 19; *Dupuis-Toubol/Bengana*, in: ISWA 1993, S. 379 (381). Siehe exemplarisch etwa im Fall Cass., 1ère civ., 30.03.1999, Az. 97-11.009, JurisData 1999-001415 (*Kees van Dongen*); siehe auch CA d´Aix, 1ère ch., 05.06.1979, Journ. des C.-P. 1980, 3 (4 f.).

werden ihre Urteile auch kritisch betrachtet, da sie zum Teil aufgrund fehlender persönlicher Distanz nicht immer über die ausreichende Objektivität verfügen oder etwa als Erben von Werk und Urheberrechten[114] eigene Interessen verfolgen.[115]

Der Beruf des Restaurators liegt vorwiegend in der Konservierung, also der Sicherung des materiellen Bestands und damit dem Erhalt des Kunstwerks, sowie ihrer Restaurierung, die in der Wiederherstellung des ästhetischen, künstlerischen und historischen Werts besteht.[116] Ein Restaurator wird daher regelmäßig kein Gutachten über die Echtheit eines Kunstwerkes oder seines pekuniären Wertes in einem schriftlichen Gutachten abgeben.[117]

Kunstwerke weisen oftmals Eigenheiten auf, die nur durch weiterführende Untersuchungen mit naturwissenschaftlichen Methoden aufgeklärt werden können. So können beispielsweise Unterzeichnungen durch Röntgenuntersuchungen sichtbar gemacht werden, Pigmente und Zeichenmittel durch Spektroskopie unterschieden werden, oder eine Altersbestimmung von Holz durch dendrochronologische Untersuchungen erfolgen.[118] Aufgrund des hohen technischen Aufwandes verfügen in der Regel nur hochspezialisierte Institute oder Museen über entsprechende Gerätschaften und einschlägiges Know-How für kunsttechnologische Untersuchungen. Exemplarisch lassen sich das 1937 gegründete und an die Bayerischen Staatsgemäldesammlungen angegliederte *Doerner-Institut* nennen, das Berliner *Rathgen-Forschungslabor*, das *Laboratoire de Recherche des Musées de France (LRMF)*[119], bis 1968 sog. *Institut Mainini*, im *Louvre* oder die auf die Untersuchung von antiker Keramik spezialisierte *Oxford Authentication Ltd.*, die aufgrund ihrer besonderen technischen

---

114 Im französischen Urheberrecht ist nach Art. L. 121-1 *Code de la propriété intellectuelle* (CPI) das Recht auf Anerkennung der Urheberschaft und Werkintegrität vererbbar, vgl. Cass., 1ère civ., D. 1997, jur. 445 (*Picabia*). Vgl. Cass., 1ère civ., D. 2001, jur., 541 (*Utrillo*) mit Anm. *Dreyer*. Zum deutschen Recht siehe etwa BGHZ 107, 384 (390 f.) (*Nolde*), welches einen Schutz durch das allgemeine Persönlichkeitsrecht zur Verfügung stellt, siehe *Bullinger*, in: Wandtke/Bullinger, § 13 Rn. 16.

115 Siehe etwa den „Fall Jawlensky", ausführlich bei *Fäthke*, Weltkunst 1996, Beilage v. 01.03.1996, 3 ff. und *ders.*, Weltkunst 1998, 1502 ff. Auch *Schütte* dokumentiert eingehend die Problematik des weitgehend von den Jawlensky-Erbinnen herausgegebenen Werkverzeichnisses, in welchem eine Vielzahl von Fälschungen enthalten sind, in: Weltkunst 2000, 2546 (2549). Auf einem parallel zur Ausstellung des Essener Folkwang-Museums „Jawlensky - Das Auge ist der Richter" im Jahre 1998 stattfindenden Symposium sollte eine Diskussion über die umstrittenen ausgestellten Aquarelle erfolgen. In der Folge stellte sich heraus, dass es sich bei einer große Zahl der Aquarelle um Fälschungen handeln dürfte, *Wolf*, in: Anna/Dörstel, Wertwechsel, S. 169 ff.; *Fäthke*, Weltkunst 1998, 1502 (1507).

116 Hierzu *Häret*, DS 2008, 169 (170).

117 Zur öffentlichen Bestellung von Restauratoren siehe *Schaefer*, DS 2006, 173; *Simons*, S. 19.

118 Hierzu sogleich unter Seite 39.

119 Siehe hierzu etwa bei *Tomasini*, S. 31 f.

Ausstattung, die einem Sachverständigen in der Regel nicht zur Verfügung steht, spezialisierte Untersuchungen mit naturwissenschaftlichen Methoden vornehmen können.[120] Die dort erzielten Untersuchungsergebnisse können dann beispielsweise in ein Gutachten einbezogen werden.

Angesichts der Fokussierung der vorliegenden Untersuchung werden die sich bei der Tätigkeit der sonstigen Kunstexperten ergebenden Rechtsfragen hier nicht näher betrachtet.

II. Das Spektrum der Begriffe Original, Kopie, Fälschung und Verfälschung

Im Folgenden sollen die Begriffe von Original, Kopie, Verfälschung und Fälschung einer überblicksweisen Betrachtung vor dem Hintergrund der Sachverständigentätigkeit unterzogen werden. Die Arbeit des Kunstsachverständigen wird stets durch den jeweiligen Gutachtenauftrag geprägt. Sie erschöpft sich daher nicht in der alleinigen Feststellung, ein Kunstwerk sei „echt" oder „nicht echt", sondern befasst sich, wenn beispielsweise ein konkreter Künstler nicht feststellbar ist, mit den Fragen der lokalen Herkunft und Datierung eines Kunstwerks.[121] Die Frage nach der Herkunft bzw. dem Künstler und damit implizit auch die Frage nach der „Echtheit" eines Kunstwerkes zählt allerdings meist zu den im Mittelpunkt stehenden Fragen. Das Merkmal der „Echtheit" (engl. *authenticity* bzw. frz. *authenticité*) schlägt die Brücke zum Künstler und weist ein Kunstwerk etwa als eigenhändiges Werk und damit als authentisch aus.[122] Der Begriff der „Echtheit" an sich ist jedoch wenig konturiert, so dass er seine konkrete Klassifizierung im jeweiligen Untersuchungskontext erkennen lassen muss.[123] Diese Klassifizierung betrifft beispielsweise seine Eigenschaft als eigenhändiges Werk eines konkreten Künstlers, seine Herkunft aus einer bestimmten Werkstatt oder einer Schule.[124] Als „echt" kann ein Kunstwerk dann angesehen werden, wenn es aufgrund seiner individuellen Eigenschaften der jeweiligen spezifischen Klassifizierung zugeordnet werden kann.[125] Auch der vielfach mit dem Begriff

---

120 *Kirchmaier*, in: Ebling/Schulze, Rn. 271; *Simons*, S. 20.

121 So geht es beispielsweise bei Antiken um die Frage der lokalen Herkunft und Datierung.

122 *Lugt* etwa konzentriert beispielsweise die Frage „echt oder unecht?" auf „eigenhändig oder nicht eigenhändig?", in: Festschrift Trauscholdt, S. 11.

123 *Gerlach*, S. 17; *Simons*, S. 31; siehe differenzierend zwischen werkimmanentem oder kontextbezogenem Maßstab bei der Bestimmung der Echtheit *Gerlach*, S. 16 ff.; *Goepfert*, S. 26 f.; *v.Brühl*, S. 8 f.; siehe auch *Würtenberger*, Kampf gegen das Kunstfälschertum, S. 8 ff.; *Tietze*, Zeitschrift für Ästhetik und allgemeine Kunstwissenschaft, Bd. 27, 1933, 209 (210).

124 Siehe dazu bei *Schack*, Rn. 39; *Chevalier/Viehweger*, Weltkunst 2002, 191; *Henaff*, CCE 2007, Nr. 9, 18 ff.

125 *Gerlach*, S. 18 mwN; *v.Brühl*, S. 7 f. Siehe auch *Duret-Robert*, Rn. 92.11.

der „Echtheit“ synonym[126] verwendete Begriff des „Originals“ eines Kunstwerks muss in entsprechenden kontextbezogenen Ausprägungen gesehen werden.[127] Dabei können die Begriffe „Echtheit“ bzw. „Original“ aber auch inhärente Grenzen finden.[128] Man denke beispielsweise an ein altmeisterliches Werk von *Peter Paul Rubens* (1577-1640) oder aber an ein Werk der zeitgenössischen Kunst etwa von *Takashi Murakami* (geb. 1962), die Ergebnis verschiedener Teilleistungen einer Künstlerwerkstatt sein können. Als Originale im urheberrechtlichen Sinne gelten auch Werke, die unter der Aufsicht des Künstlers und mit seiner Billigung erschaffen wurden.[129] Bei diesen kommt es daneben darauf an, dass die Beiträge Dritter nur untergeordnete Bedeutung haben.[130] In urheberrechtlichen Sinne findet der Begriff des „Originals“ seine Bedeutung in der Abgrenzung eines Werkoriginals als Ergebnis eines persönlichen geistigen Schaffensprozesses eines bestimmten Urhebers von Nichtoriginalen, wohingegen er im Kaufrecht[131] und im Bereich des Kunsthandels, wie auch vorliegend, weitreichender etwa auch zur Beschreibung von stilistischen oder zeitlichen Klassifizierungen Anwendung findet, beispielsweise für die Bezeichnung der Zugehörigkeit zu einer bestimmten Epoche (etwa in Form einer Datierung).[132]

---

[126] Siehe bei *Goepfert*, S. 22; *Chevalier/Viehweger*, Weltkunst 2002, 191; *ders.*, Weltkunst 2002, 402; *ders.*, Weltkunst 2002, 560; *Würtenberger*, Kampf gegen das Kunstfälschertum S. 9; *Bloch*, Zeitschrift für Ästhetik und Allgemeine Kunstwissenschaft, 1978, Bd. 23/1, 52 (53).

[127] *Gerlach*, S. 18; *Glaus*, KUR 2004, 112 (114); *v.Brühl*, S. 16.

[128] Zum Problem der „Originalität“ in der Photographie siehe bei *Merker*, in: Reichelt, Original und Fälschung, S. 61 (67 ff.). Zur Frage der Echtheit eines der sog. *tableaux pièges* (Fallenbilder) von *Daniel Spoerri*, welches vom elfjährigen *Guy Marzarguil* gefertigt wurde und auf dessen Rückseite eine Bestätigung von *Spoerri* angebracht wurde, mit welcher *Spoerri* das Werk, obwohl nicht eigenhändig gefertigt, als echt bestätigt, Cass., 1ère civ., 05.02.2002, Az. 99-21444, Bulletin 2002, Nr. 46, S. 36 und Cass., 1ère civ., 15.11.2005, Az. 03-20597, CCC 2006, mit Anm. *Leveneur*; siehe auch *Henaff*, CCE 2007, Nr. 9, 18 ff.

[129] Siehe bei *Bullinger*, in: Wandtke/Bullinger, § 26 Rn. 7.

[130] Siehe etwa *Merker*, in: Völcker, S. 34 f. Die Frage nach der Eigenhändigkeit eines Kunstwerkes unterliegt bei Beteiligung Dritter einer Betrachtung im Einzelfall. Dieser Aspekt von partiellen Beiträgen zu einem Kunstwerk, beispielsweise durch die Werkstatt eines Künstlers, öffnet ein weites Feld verschiedener Fragestellungen, deren Erörterung den vorliegenden Rahmen überschreiten würde. Siehe weiterführend etwa bei *Jayme*, in: Reichelt, Original und Fälschung, S. 23 (31 f.), sowie auch die Nachweise in der folgenden Fußnote Nr. 132.

[131] Siehe zum kaufrechtlichen Aspekt der „Echtheit“ von Kunstwerken bei *Czychowski*, in: Loewenheim, § 70 Rn. 21 ff.; auch bei *Wrede*, S. 34 ff. (36 ff.); eingehend schon *Heinbuch*, NJW 1983, 15 (16 ff.).

[132] Siehe *Bullinger*, Kunstwerkfälschung, S. 26; *ders.*, KUR 2006, 106 (108 f.): „In Kunstkreisen ist der Originalbegriff (...) schillernd.“; OLG Hamm, NJW 1987, 1028; vgl. *Duret-Robert*, Rn. 92.23 zur Originalität am Beispiel von Bronzen; auch *v.Brühl*, S. 11 f. Zum Begriff der „Original“-Graphik, *Heinbuch*, NJW 1983, 15 (18). Zum urheberrechtlichen

Auch Restaurierungen können Bedeutung für die entsprechende Beurteilung eines Kunstwerks haben. Aufgrund des Verfalls von Kunstwerken, der durch natürliche Alterungsprozesse der verwendeten Materialien entsteht, aber auch durch Beschädigung oder teilweise Zerstörung verursacht worden sein kann, haben Kunstwerke im Lauf der Zeit oftmals Veränderungen ihrer ursprünglichen Substanz erfahren. Restauratorische Maßnahmen können gerade im bewegten Leben sehr alter Kunstwerke umfangreiche Rekonstruktionen beinhalten.[133] Ist beispielsweise die ursprüngliche Substanz eines Kunstwerks nur noch in Bruchstücken vorhanden und das Werk überwiegend ergänzt bzw. rekonstruiert oder gar aus verschiedenen Werken zusammengesetzt, hat dieses im Einzelfall mit „Echtheit" nichts mehr gemein.[134]

Die Bedeutung von „Echtheit", einem „empfindlichsten Kern der Kunst",[135] dokumentieren exemplarisch die vielbeachteten Entwicklungen um das um 1610 entstandene Gemälde „Bethlehemitischer Kindermord" von *Peter Paul Rubens*.[136] Dieses wurde über anderthalb Jahrhunderte dem Rubensschüler *Jan van den Hoecke* (1611-1651) zugeschrieben und mit einem Wert von ca. 500.000 GBP geschätzt. Später als eigenhändiges Werk *Rubens* von einem Experten des Auktionshauses Sotheby´s erkannt, wurde es im Juli 2002 auf einer Auktion in London 49,5 Mio. GBP incl. Aufgeld zugeschlagen.[137] Das Gemälde hat sich weder in seiner physischen Substanz noch in seiner Ästhetik bzw. Qualität verändert, doch alleine die Zuschreibung in das Werk *Rubens* bedeutete eine außergewöhnliche Vervielfachung seines Wertes.[138]

Diese Bedeutung der Eigenhändigkeit eines Gemäldes machen sich Fälscher zunutze, die Kunstwerke zum „Zwecke der Täuschung anfertigen (fälschen) oder nachträglich verändern (verfälschen)" [139] und als „echt" bzw. „Original" ausgeben.

Begriff des Originals auch *Hamann*, S. 87 ff.; *Schulze* in: Loewenheim, § 70 Rn. 55; *Wandtke*, in: Wandtke/Bullinger, § 44 Rn. 17 mwN.

133 Siehe hierzu *Breidenstein*, KUR 2006, 34 ff. (36).

134 Siehe hierzu etwa OLG Hamm, NJW 1987, 1028, am Beispiel einer vermeintlich 150 bis 200 Jahre alten Standuhr, die aus „verschiedenen, nicht zueinander gehörenden Einzelteilen unterschiedlicher Stilelemente und Stilepochen zusammengesetzt" war.

135 *Benjamin*, Das Kunstwerk im Zeitalter seiner technischen Reproduzierbarkeit, S. 13.

136 *Seipel*, in: Reichelt, Original und Fälschung, S. 5 (17).

137 *Thomas*, „Rubens triumphiert, Rembrandt fällt durch, Bruegel enttäuscht", FAZ v. 13.07.2002, S. 47; „Wenn Frauen zu Furien werden - Sotheby´s identifiziert den falsch zugeschriebenen „Bethlehemitischen Kindermord" als echten Rubens", FAZ v. 09.03.2002, S. 59.

138 *Seipel*, in: Reichelt, Original und Fälschung, S. 5 (17); vgl. *Scheffler*, Kunst und Künstler, 1928, S. 251 f., der dieses Phänomen mit „der Suche nach dem Einmaligen bzw. dem Persönlichen" erklärt. Zum Verhältnis von Schönheit und Echtheit siehe auch bei *Bätschmann*, in: Gaehtgens/Schuster, S. 87 (97 ff.).

139 *Bloch*, Zeitschrift für Ästhetik und Allgemeine Kunstwissenschaft, 1978, Bd. 23/1, 52 (54). Nach *Burton* sind mindestens 40% aller auf dem Kunstmarkt gehandelten werthaltigen Kunstwerke entweder Fälschungen oder falsch zugeschrieben, 59 Fla. L. Rev. [2007], 531

Jean-Baptiste-Camille Corot (1796-1875) etwa gehört zu den am häufigsten gefälschten Künstlern.[140] Darüber hinaus malte er einen Teil seiner Werke nur zur Hälfte oder sogar zu einem geringeren Umfang, mit der Folge, dass diese unvollendeten Werke nach seinem Tode von Dritten vollendet, teilweise mit seiner Signatur versehen und dann als Originale in den Handel gebracht wurden.[141] Fälschungen (engl. *forgery*; frz. *contrefaçon* bzw. *falsification*) von Kunstwerken kommen also in den verschiedensten Formen daher.[142] Auch werden Originale detailgetreu ganz oder zum Teil kopiert, also nachgebildet, oder es werden aus verschiedenen Werken bzw. Vorlagen Werkteile oder Details entlehnt und in einem neuen Ganzen zusammengesetzt (sog. Pasticcio) und schließlich das Resultat mit Täuschungsabsicht als „echt" bzw. „Original" ausgegeben.[143]

Kopien eigener Werke können aber auch aus der Hand des Künstlers selbst (sog. Reprise) oder seiner Werkstatt stammen. So haben etwa Schüler die Werke ihres Meisters zu Übungszwecken kopiert oder die Werkstatt hat marktgängige Motive unter Aufsicht des Künstlers selbst dupliziert.[144] Künstler haben aber auch die Werke anderer Künstler kopiert, wie die nachfolgenden Beispiele illustrieren. *Delacroix* kopierte beispielsweise ein Werk von *Rubens*: seine Motivation hierzu war der Wunsch von *Delacroix*, die Malerei von *Rubens* zu verstehen.[145] Dabei handelt es sich als solches aber nach allgemeinem Verständnis freilich um einen echten *Delacroix*.[146] *Rubens* wiederum kopierte beispielsweise mehr als 30 Werke *Tizians* (*Tiziano Ve-*

---

(533). *Picker* geht sogar von 40 bis 60% aus, in: *Picker* (1994), S. 134. Zur Fälschung von Kunstwerken siehe auch bei *Brandi*, Theorie der Restaurierung, in: Schädler-Saub/Jakobs, S. 95 ff. Siehe die umfangreichen Beispiele bei *Herchenröder*, Die Kunstmärkte, S. 316 ff.; auch *Hebborn*, Kunstfälschers Handbuch, Köln 2003; *Arnau*, Kunst der Fälscher - Fälscher der Kunst, 2. Aufl., Düsseldorf 1969; *Kilbracken*, Van Meegeren - a case history, London 1967. Siehe ferner exemplarisch jüngst *Holm*, „Falsches Mädchen? Vekselberg und die Odaliske", FAZ v. 24.07.2010, S. 32.

140 *Reitz*, S. 49; vgl. *Döhmer*, Zeitschrift für Ästhetik und Allgemeine Kunstwissenschaft, 1978, Bd. 23/1, S. 76 (83).

141 *Reitz*, S. 49 f. (51).

142 Zur den strafrechtlichen Aspekten vgl. *Sandmann*, Die Strafbarkeit der Kunstfälschung, Baden-Baden 2004; sowie bei *Almeroth*, S. 23 ff. Siehe die Beispiele aus dem Kunstmarkt bei *Boll*, S. 222 ff.

143 *Tietze*, Zeitschrift für Ästhetik und allgemeine Kunstwissenschaft, Bd. 27, 1933, 209 (227 ff.). Siehe die anschauliche Darstellung zur Herstellung von Fälschungen von *Friedländer*, Kunst und Künstler, 1928, S. 371 ff.; sowie *Purrmann*, Kunst und Künstler, 1928, 292 f.

144 Beispielsweise *Gustave Courbet* kopierte seine Bilder selbst oder fertigte Pasticci von diesen an und ließ angestellte Maler ganze Bilder vorbereiten, die er dann teilweise nur noch finalisierte und dann signierte, siehe *Ten-Doesschate Chu*, IFAR Journal 2004, Vol. 7 Nr. 1, 19 ff.

145 Beispiel bei *Rosenberg*, in: ISWA 1993, S. 715 (717).

146 *Rosenberg*, in: ISWA 1993, S. 715 (717).

celli(o) 1476/77 oder 1489/90-1576), als er in den Jahren 1628/29 am Hof des spanischen Königs *Philipp IV.* (1605-1665) tätig war.[147] *Tizian* dagegen kopierte unter anderem *Raffael* (*Raffaello Santi* 1483-1520). Die Anfertigung von Kopien vor allem zu Studienzwecken und zur Auseinandersetzung mit dem Werk anderer Künstler und vergangener Epochen ist weit verbreitet und durchzieht die gesamte Kunstgeschichte bis heute.[148] Falsch wird ein solches kopiertes Gemälde nur dann, wenn es, unter Umständen obendrein auch noch mit einer gefälschten Signatur versehen, als eigenhändiges Werk desjenigen Künstlers ausgegeben wird, von dessen Original die spätere Kopie angefertigt worden ist.[149] Entsprechendes gilt freilich auch für sonstige Reproduktionen.[150]

Von einer Verfälschung[151] wird dann gesprochen, wenn ein Kunstwerk substantielle Veränderungen erfährt, indem beispielsweise eine falsche Signatur auf ein zeitgenössisches Gemälde aus dem 18. Jahrhundert angebracht wird, um einen bestimmten Künstler als Urheber vorzutäuschen oder wenn etwa zu Täuschungszwecken ein Kunstwerk zielgerichtet übermalt, ergänzt oder anderweitig manipuliert wird.[152]

---

147 *Pophanken*, in: Lenz, Adolf Friedrich Graf von Schack, S. 27 (28).

148 *Pophanken*, ebenda, eingehend mit weiteren Beispielen: *Adolf Friedrich Graf von Schack* etwa baute eine berühmte Kopiensammlung auf, da viele Werke, die er auf seinen Reisen sah, unverkäuflich waren und er sich auch nicht dem Risiko aussetzen wollte, Fälschungen zu erwerben. Er ließ diese Kopien etwa von *Franz von Lenbach*, *Hans von Marées* oder *August Wolf* anfertigen. Siehe hierzu auch *Siehr*, Was ist eine Fälschung?, S. 10.

149 *Scheffler*, Kunst und Künstler, 1928, 251 (252).

150 Zur „berühmtesten Fälschungsaffäre des 18. Jahrhunderts" siehe eingehend bei *Lehmann*, in: Baumann/Becker/Steiner-Weber, S. 327 ff.: im Wettstreit um Kritikkompetenz schoben verschiedene Künstler dem Johann Joachim Winckelmann (1717-1768) verschiedene Fälschungen unter.

151 *Bloch* differenziert zwischen objektiven Verfälschungen, die etwa eine andere Zuschreibung vortäuschen wollen und subjektiven Verfälschungen, die in gefälschten Gutachten bzw. Provenienzen bestehen, in: Zeitschrift für Ästhetik und Allgemeine Kunstwissenschaft, 1978, Bd. 23/1, 52 (62 f.).

152 Siehe eingehend und differenzierend *Würtenberger*, Kampf gegen das Kunstfälschertum, S. 3; eingehend *Almeroth*, S. 131 ff.; vgl. auch bei *Jayme*, Nationales Kunstwerk, S. 237 (249 f.). Exemplarisch ist etwa die Umarbeitung zweier *Louis XV bergères* in seltene *Louis XV marquises*, siehe bei CA Reims v. 25.06.1974, Journ. des C.-P. 1974, 71 ff. mit Anm. *Gaultier*. Siehe *Tietze*, Zeitschrift für Ästhetik und allgemeine Kunstwissenschaft, Bd. 27, 1933, 209 (218 f.); siehe auch bei *Blume Huttenlauch*, S. 26 ff.

III. Expertise und Gutachten

Die gutachterliche Leistung wird in der juristischen Diktion vorwiegend synonym mit „(Kunst-)Gutachten" oder „(Kunst-)Expertise" bezeichnet.[153] Im Sprachgebrauch der Kunstwelt wird der Begriff der „Expertise" gleichwohl besonders für zuschreibende Gutachten bzw. Echtheitsbestätigungen verwendet.[154] Sie finden sich oft in der Form eines Kurz- bzw. Pauschalgutachtens.[155] Die Bezeichnung „Gutachten" wird häufig auch im Zusammenhang mit Wertgutachten verwendet, welche eine pekuniäre Bewertung des Kunstwerkes beinhalten. Die Echtheit des zu begutachtenden Kunstwerks ist dabei ein wesentlicher Aspekt, der primär der Aufklärung bedarf, woraufhin die sonstigen Eigenschaften des Kunstwerks, beispielsweise Provenienz, Marktfrische, Zustand oder die Qualität des Werks als weitere wertbildende Faktoren Berücksichtigung bei der Wertermittlung finden.[156] Der Begriff des Gutachtens wird daneben auch für naturwissenschaftliche Gutachten verwendet, die die aufgrund von naturwissenschaftlichen Analysen und Untersuchungen wie etwa Röntgenaufnahmen, UV-Fluoreszenzaufnahmen, Infrarotreflektographie, Streiflichtaufnahmen, Pigment- oder Bindemittelanalysen gewonnenen Ergebnisse interpretieren.[157]

Im englischen Sprachgebrauch wird für ein Gutachten vorwiegend die Bezeichnung als *expert's certificate* und *certificate of authenticity*[158] verwendet. Wertgutachten werden zum Teil auch als *appraisal*[159] oder *certificate of value* bezeichnet.[160] Es findet sich aber auch die Bezeichnung als *certificate of authenticity and value.*[161] Im französischen Sprachgebrauch finden sich die in der Regel synonym verwendeten Bezeichnungen *certificat d'authenticité,*[162] *expertise*[163] oder

---

153 Siehe *Blume Huttenlauch*, KUR 2004, 118 (119 f.); siehe etwa BGH NJW 1972, 1658; OLG Hamburg, OLGR Hamburg 2003, 59; OLG München, OLGR München 2002, 97; *Schack*, Rn. 142 ff.; *Heinbuch*, NJW 1984, 15; *Locher*, Recht der bildenden Kunst, S. 164 ff.; ausführlich *Wolf*, S. 16 ff.; siehe auch österr. OGH JBl. 2006, 178 ff.; *Löhr* GRUR 1976, 411 (412); *Schütte*, Weltkunst 2000, 2546. Siehe die synonyme Verwendung der Begriffe etwa bei *Canaris*, S. 211; *Brüggemeier*, S. 388 ff.; *Quiring*, S. 167; *Kersting*, S. 318 ff.

154 *Blume Huttenlauch*, KUR 2004, 118 (119); auch *Neugass*, Weltkunst 1966, 955.

155 Bayerlein-*Roeßner*, § 8 Rn. 6; *Simons*, S. 1.

156 Hierzu eingehend *Heuer*, NJW 2008, S. 689 (694 ff.). Siehe auch *Blume Huttenlauch*, KUR 2004, 118 (120).

157 Siehe *Blume Huttenlauch*, KUR 2004, 118 (120).

158 Siehe *Crewdson*, in: ISWA 1993, S. 361 (362).

159 Siehe *Homer*, Colum.-VLA J.L. & Arts 1984, 457 ff. (481).

160 Siehe *Pinkerton*, in: ISWA 1993, S. 365 (366).

161 Siehe bei *H.R.H. Maharanee Seethadevi Gaekwar of Baroda v. Wildenstein* [1972] 2 W.L.R. 1077; s. zur internationalprivatrechtlichen Dimension dieser Entscheidung *Siehr*, RdC 243 (1993-VI), S. 48 ff.; *ders*., in: Reichelt, Vorlesungen und Vorträge, S. 46 ff.

162 Siehe *Duret-Robert*, Rn. 64.11. ff., 71.11. ff.

163 Siehe *Lemoine*, in: Byrne-Sutton/Renold, L'Expertise, S. 73; *Daulte*, in: ISWA 1993, S. 353 (357).

certificat d'expert.[164] Vorliegend soll der Begriff „(Kunst-)Gutachten" als einheitlicher Begriff Verwendung finden, mit dem die Leistung des Sachverständigen bezeichnet wird. Von diesem werden sowohl Gutachten, die alleine zur „Echtheit" eines Kunstwerks erstellt werden, als auch Wertgutachten umfasst.

IV. Kunstsachverständigentätigkeit

Grundsätzlich legen Auftraggeber und Sachverständiger in der der Begutachtung zugrundeliegenden Vereinbarung fest, welche Tätigkeit nach Art und Umfang der Sachverständige zu entfalten hat, zum Teil mit einer konkreten Zweckverbindung des Gutachtens. So kann der Auftrag etwa in der Anfertigung eines Gutachtens über die Echtheit des Kunstwerks liegen, aber auch in einer pekuniären Bewertung des Kunstwerks. Neben konkreten vertraglichen Vereinbarungen richtet sich die Tätigkeit eines Kunstsachverständigen im Wesentlichen nach drei zentralen Faktoren „dem fraglichen Kunstwerk, dem Künstler und dem „*Pedigree*" des Kunstwerks".[165]

Im Folgenden werden überblicksweise die zur Verfügung stehenden Untersuchungsmethoden und -verfahren umrissen, um die hier relevanten Rechtsfragen weiter in ihren tatsächlichen Hintergrund einzubetten. Dabei muss berücksichtigt werden, dass Art und Umfang der Untersuchung und die Heranziehung der zur Verfügung stehenden Methoden und Verfahren vor allem durch die Individualität des Kunstwerks, aber auch durch den Gegenstand der Begutachtung bedingt werden. Prinzipiell können sich auf kunsthistorischen Betrachtungen basierende Untersuchungsmethoden, gegebenenfalls ergänzt um Recherchen zur Provenienz, und naturwissenschaftlich gestützte Untersuchungsverfahren unterscheiden lassen.[166]

1. Kunstwissenschaftliche Untersuchungsmethoden

Zu Beginn einer Begutachtung erfolgt eine allgemeine eingehende visuelle Untersuchung (*visual inspection*) des Werkes im Original nach Material und Technik, Zustand sowie stilistischen Eigenschaften.[167] Die (systematische) Vorgehensweise ist dabei stark durch das *objet d'art* bedingt: handelt es sich um ein Gemälde, eine Skulptur oder ein Möbel. Ein Gemälde etwa wird in der Regel zunächst auf der Vorderseite von unten nach oben betrachtet, dann seine Rückseite, dann gefolgt von einer

---

164 Siehe *Frier*, in: ISWA 1993, S. 369 (372).

165 So *Thévenonz*, in: Byrne-Sutton/Renold, L'Expertise, S. 36 (45).

166 *O'Connor*, in: Spencer, The Expert, S. 1 (6); vgl. ferner *Jauregui*, 44 (1997) UCLA L. Rev., 1947 (1968); *Gerlach*, S. 34 f.; *Tomasini*, S. 28 ff.; *Lequette-de Kervenoaël*, S. 228 ff. Insoweit begrifflich differenzierend zwischen subjektiven und objektiven Methoden: *DuBoff/Caplan*, in: Art Law, K-18 ff.; ihm folgend *v.Brühl*, S. 44.

167 *Tietze*, S. 44 ff.

eingehenderen Betrachtung der Details wie etwa einer vorhandenen Signatur oder einer Analyse der Bildkomposition oder der zur Anwendung gebrachten Arbeitstechnik, um nur einige Aspekte exemplarisch zu benennen. Das Wissen und die subjektiven Erfahrungswerte des Sachverständigen spiegeln sich in seiner professionellen Wahrnehmung und Urteilskraft, seinem geschulten „Auge“[168] wider, mit welchem er das Kunstwerk subjektiv erfasst, analysiert und einordnet.[169] Hierbei kommen zunächst bewusst oder auch unterbewusst verschiedene kunsthistorische Methoden zum Einsatz, auf die nun kursorisch eingegangen werden soll.[170] Zur Veranschaulichung soll im Folgenden das Augenmerk vorwiegend auf die Bildkünste gelegt werden.

a) Ikonographie

Bei der Erfassung eines gegenständlichen Gemäldes kann eine ikonographische Analyse erste Erkenntnisse liefern.[171] Die Ikonographie befasst sich mit dem Dargestellten in seiner Bedeutung oder seinem Inhalt.[172] Ausgehend von einer detaillierten Erfassung des Kunstwerks und seiner Inhalte wird in einem weiteren Schritt das „Sujet“ bestimmt, also eine wechselseitige Inbezugsetzung und Entschlüsselung alles Dargestellten, etwa von allegorischen, mythologischen oder religiösen Inhalten, woraufhin schließlich der Inhalt im Wege der Interpretation sachlich gedeutet und klassifiziert wird.[173]

Die Formen, Bildgegenstände, Themen, Motive und ihre Ausdruckscharakteristika ermöglichen eine Einordnung in den kulturgeschichtlichen Kontext und damit eine Zuordnung des Kunstwerks in eine bestimmte Zeit oder eine genauere Datierung, seine Lokalisierung und gegebenenfalls in das Oeuvre eines bestimmten Künstlers. Die Ikonographie vermag jedoch nur eine Basis für die Analyse eines Kunstwerkes

---

[168] *Annesley*, in: Spencer, The Expert, S. 79 (80).

[169] Dabei kann er zugleich die physikalischen Eigenschaften des Kunstwerkes festhalten, etwa im Sinne des Objekt ID Standards des *Getty Information Institutes* von 1997. Siehe die Richtlinien zur Objekt ID unter http://icom.museum/objectid/guide/guide_index.html.

[170] Siehe schon die Beschreibung der „Methode“ des bedeutenden französischen Experten und Kunsthändlers *Pierre Rémy* (1715-1797), bei *Michel*, S. 225.

[171] Siehe hierzu auch bei *v.Brühl*. S. 34.

[172] *van Straten*, S. 15; grundlegend *Panofsky*, Sinn und Deutung in der bildenden Kunst, Köln 1975.

[173] *van Straten*, S. 16. Neben der Ikonographie besteht die von *Erwin Panofsky* begründete Wissenschaft der Ikonologie als kunst- und kulturwissenschaftlich orientierte Analysemethode zur Ergründung der ideellen Bedeutung des Dargestellten („Sinnverstehen“), die für die gutachterliche Tätigkeit jedoch keine Bedeutung hat; vgl. weiterführend bei *Gombrich*, Ziele und Grenzen der Ikonologie, in: *Kaemmerling*, S. 377 ff.; siehe schon bei *Warburg*, Italienische Kunst und internationale Astrologie im Palazzo Schifanoja zu Ferrara, in: *ders.*, Gesammelte Schriften, Band II, Leipzig 1932, S. 459 ff., 627 ff.

sein. Auf Grundlage der durch sie gewonnenen Erkenntnisse lassen sich beispielsweise keine Aussagen darüber treffen, ob es sich um ein „echtes“ Werk aus der Hand eines bestimmten Künstlers handelt oder welche Qualität es hat.

b) Stilkritische Untersuchung

Die Analyse eines Kunstwerkes fordert umfangreiche Kenntnisse des Kunstsachverständigen über die besonderen Charakteristika des Werks eines Künstlers oder einer Epoche - ein Künstler hat meist eine eigene und unverwechselbare „Handschrift“, eine Epoche hat beispielsweise ihren eigenen Stil.

Auf den Grundlagen der Analyse der Kunst- und Bauformen der Antike hat sich die Stilkritik ab dem 19. Jahrhundert als Methode der Kunstwissenschaft etabliert. Durch stilkritische Untersuchungen werden etwa Formen, Inhalte, Komposition und Gestaltung eines unbekannten Kunstwerks ergründet und im Wege des Vergleichs mit Werken aus der fraglichen Epoche oder bestimmter Künstler gegenübergestellt, um dieses aufgrund „individueller Formgebung“ zeitlich und geographisch, gegebenenfalls aber auch in das Oeuvre einer bestimmten Person, einordnen zu können.[174] Aufgrund der stilistischen Eigenschaften der in einer bestimmten Epoche tätigen Künstler lassen sich Zeitstile ermitteln, die zugleich Ausdruck der geistigen Haltung ihrer Zeit sind.[175] Auch aufgrund regionaler Herkunft können sich besondere stilistische Merkmale einer Schule oder Werkstatt bzw. Merkmale lokaler oder nationaler Gemeinsamkeiten eines Landes charakterisieren lassen.[176]

Schließlich gibt die Stilkritik auch Aufschluss über den persönlichen Stil, den ein konkreter Künstler aufweist, der sich letztlich in seiner unverwechselbaren „Handschrift“ widerspiegelt.[177] Die „künstlerische Handschrift“ zeigt sich in seinem individuellen Stil, dessen Analyse anhand von konkreten Anhalts- und Vergleichspunkten mit anderen Werken seines Oeuvres Aufschluss über das vorgelegte Kunstwerk geben kann. Schwierigkeiten bei der Analyse können sich daraus ergeben, dass ein Werk unter Umständen als ein Gemeinschaftsprodukt mehrerer Schüler in einer Werkstatt unter Aufsicht und Anleitung eines Meisters entstanden ist und der Meister nur teilweise oder sogar nur finalisierend Hand anlegte.[178] Ob ein Werk als aus der

---

174 *Almeroth*, S. 222; *Wölfflin*, S. 13 ff.; *v.Brühl*, S. 36 f.; *Schreiner*, in: Schreiner, Naturwissenschaften in der Kunst, S. 9. Siehe dazu exemplarisch bei *Riegl*, Stilfragen, S. 1 ff.

175 *Bloch*, Zeitschrift für Ästhetik und Allgemeine Kunstwissenschaft, 1978, Bd. 23/1, S. 52.

176 *Wölfflin*, S. 20 ff.

177 *Strauss/Olbrich*, Lexikon der Kunst, Band VII, S. 62, Stichwort: „Stilkritik“.

178 Werkstattarbeiten, die gar nicht oder nur teilweise vom Künstler selbst ausgeführt wurden, finden sich sehr häufig bis in die Moderne, z.B. bei *Lucas Cranach* oder *Pieter Paul Rubens* oder *Anthonis van Dyck*. Zur Rubens-Werkstatt siehe etwa bei *Kirchmaier*, KUR 2010, 175 ff.

Hand des Meisters einzuordnen ist oder die Arbeit eines Schülers darstellt, ist dann oftmals nur schwerlich ermittelbar. Andere bekannte Künstler verfügten dagegen über besondere malerische Fähigkeiten, der eine war etwa Spezialist für Tierdarstellungen, der andere für Landschaften, weshalb diese ihre Talente jeweils dem anderen zur Verfügung stellten, so dass Gemeinschaftswerke entstanden, deren Zuschreibungen entsprechende Schwierigkeiten verursachen.[179] Beispielhaft ist auch das Werk des französischen Malers *Gustave Courbet* (1819-1877): Zum einen wurden seine Bilder schon zu Lebzeiten kopiert und mit einer gefälschten Signatur versehen auf den Markt gebracht, zum anderen hat er selbst zur Maximierung seiner Produktivität Landschaftsmaler eingestellt, die Bilder für ihn „vorbereiteten", welche er dann fertig stellte und signierte.[180]

In der historischen Entwicklung der Stilkritik ist in diesem Zusammenhang der von *Giovanni Morelli* (1816-1891) entwickelte Ansatz anzusprechen.[181] Die sog. „Morellische Methode" analysiert durch detaillierte vergleichend-empirische Untersuchung charakteristische anatomische Details bzw. Eigenarten eines Künstlers (z.B. die Form von Händen, Füßen, Ohren, Fingernägeln).[182] Nach *Morelli* tritt die Handschrift eines Künstlers gerade in solchen wenig bedeutsamen, sich aber konstant wiederholenden Details zutage, während im Gegensatz dazu gerade die besonders auffälligen Merkmale, wie etwa die in den Himmel gerichteten Augen der Figuren *Peruginos* (*Pietro Vannucci*, 1145/8-1523), häufig kopiert würden.[183] Aufgrund seines morphologischen Ansatzes konnte er die „Schlafende Venus" der Dresdner Gemäldegalerie, in der man lange eine Kopie eines verlorenen Tizian-Gemäldes aus der Hand *Sassoferratos* (*Giovanni Battista Salvi*, 1609-1685) erblickte, als Werk von *Giorgione* (*Giorgio da Castelfranco*, 1477/8-1510) entschlüsseln.[184] Die „Morellische-Methode" ist bei zunehmender Abstraktion in der Kunst nur eingeschränkt brauchbar, kann aber zur Präzisierung der Stilkritik beitragen.

Neben der „Morellischen Methode" hat *Arthur P. Laurie* aufgrund des technischen Fortschritts durch detaillierte Photographien entsprechende Detailvergleiche

---

179 Hier sind etwa *Frans Snyders* (1579-1657) und *Paul de Vos* (1590/2-1678) zu benennen, siehe *Funk*, Frans Snyders oder Paul de Vos?, in: FS-Redslob, S. 316 ff. Daneben arbeitete *Snyders* etwa auch für *Rubens* und *van Dyck*, siehe *Kattinger*, in: Original - Kopie, S. 8 (12); *Deecke*, S. 15.

180 *Ten-Doesschate Chu*, IFAR Journal 2004, Vol. 7 Nr. 1, 19 ff., zu diesen Landschaftsmalern zählten u.a. *Francois Cornu* (1819-1876), *Marcel Ordinaire* (1848-1896), *Alexandre Rapin* (1839-1889).

181 Siehe etwa bei *Lermolieff, Ivan* (unter diesem Pseudonym veröffentlichte *Giovanni Morelli*), Kunstkritische Studien über italienische Malerei, 3 Bände, Leipzig 1890-93.

182 Siehe *Anderson*, in: Gaehtgens/Schuster, S. 107 (109 ff.); *Gerlach*, S. 35.

183 Siehe *Zerner*, Giovanni Morelli et la science de l'art, in: Revue de l'art, Nr. 40/41, 1978, S. 209 ff.

184 *Anderson*, Giorgione, S. 307.

angestrengt.[185] *Maurits van Dantzig* verdichtete dann die Befunde besonderer künstlerspezifischer Details in seiner Methode der Piktologie. Mit zum Teil über einhundert verschiedenen Merkmalen im Oeuvre eines Künstlers, wie z.B. anatomischen Details, Verwendung von Farbe, Komposition, Licht und Schatten, sollte eine Zuschreibung auf Vergleichsbasis mittels quantitativer Übereinstimmungen ermöglicht werden.[186] Aufgrund ihres zu schematischen Ansatzes vermögen diese Methoden jedoch nicht für sich alleine zu stehen.

In der Praxis vereint Stilkritik viele der in ihrer historischen Entwicklung ausgebildeten Einzelmethoden enthaltenen Aspekte. Stilistische Eigenschaften, Formen, Inhalte, Komposition, Anatomie und Perspektive, Farbpalette und Lichtführung und die zur Anwendung gebrachten Techniken, wie etwa die Art des Farbauftrages, Strichrichtungen sowie besondere Arbeitstechniken, die etwa eine dem Künstler charakteristische Dynamik und Prägnanz widerspiegeln und die Hand eines Künstlers zeigen können, all dies wird in die stilkritische Untersuchung einbezogen.[187] Die aus der ikonographischen Analyse gewonnenen Erkenntnisse ergänzen die stilkritische Untersuchung und vermögen diese unter Umständen zu stützen.

2. Naturwissenschaftlich-technische Untersuchungsverfahren

Neben diesen kunsthistorischen Untersuchungsmethoden kann je nach Art des Kunstwerkes ergänzend auf verschiedene naturwissenschaftliche Verfahren (engl. *scientific analysis* bzw. frz. *méthodes d'analyse scientifiques*) zurückgegriffen werden, deren Ergebnisse im Unterschied zum subjektiven Urteil des Sachverständigen eine von Dritten reproduzierbare Objektivität besitzen.[188] Allerdings kommen diese Verfahren regelmäßig nur bei hochwertigen oder musealen Kunstwerken zur Anwendung, was in der Regel auch auf ihren Kosten beruht, aber auch durch das Kunstwerks selbst bedingt wird, da nicht jedes Verfahren sich für jedes Kunstwerk eignet.[189] Darüber hinaus ist für die Anwendung der nachstehend übersichtsweise und

---

185 *Sutton*, in: Spencer, The Expert, S. 29 (35 f.); *Gerlach*, S. 36. Siehe bei *Laurie*, A study of Rembrandt and the paintings of his school by means of magnified photographs, London 1930.

186 *Gerlach*, S. 36; zur Piktologie *van Dantzig*, Pictology: an analytical method for attribution and evaluation of pictures, Leiden 1973; hierzu *Storm van Leeuwen*, in: Jaffé/Storm van Leeuwen/Tweel, S. 57 ff.

187 *Gerlach*, S. 36 f. Siehe exemplarisch die Analyse von *van Meegreens* Fälschungen bei *Rousseau*, The Metropolitan Museum of Art Bulletin, Vol. 26, Nr. 6, Feb. 1968, 247 (250 ff.).

188 *DuBoff/Caplan*, in: Art Law, K-18 ff.; *v.Brühl*, S. 44; vgl. *Ebitz*, Artibus et Historiae, Vol. 9, Nr. 18 (1988), 207 (210).

189 *Glaus*, KUR 2004, 112 (113).

nicht abschließend, hauptsächlich am Beispiel von Gemälden dargestellten Verfahren das dem Einzelfall zugrundeliegende *objet d'art* ausschlaggebend, und über den Sinn und Zweck ihrer Anwendung wird jeweils individuell entschieden.[190]

Naturwissenschaftliche, zerstörungsfreie Untersuchungsverfahren liefern verschiedenste materielle Befunde, die in ihrer Gesamtschau entscheidende Indikatoren darstellen, etwa für die Datierung oder Autorschaft, und können die aufgrund der kunsthistorischen Untersuchungen gewonnenen Erkenntnisse sichern.[191] Die naturwissenschaftlichen Untersuchungsverfahren lassen sich zunächst in Flächen- und Punktuntersuchungen differenzieren.[192]

a) Flächenuntersuchungen

Flächenuntersuchungen umfassen die gesamte Oberfläche eines Gemäldes. Dabei lassen sich Oberflächen- und Tiefenuntersuchungen unterscheiden.[193]

aa) Oberflächenuntersuchungen

Mit relativ einfachen Mitteln lassen sich Oberflächenuntersuchungen durchführen. Eine Untersuchung der Oberfläche kann bei Ölgemälden mit UV-Licht bzw. Fluoreszenzuntersuchung bzw. Lumineszenzanalyse (engl. *ultraviolet examination* bzw.

---

190 Neben den dargestellten naturwissenschaftlichen Untersuchungsmethoden gibt es beispielsweise noch das Verfahren der Thermolumineszenzanalyse, welches über den Zeitraum seit dem letzten Brennvorgang Auskunft gibt und daher für Kunstgegenstände aus Ton Anwendung findet, siehe ausführlich bei *DuBoff/Caplan*, in: Art Law, K-23 ff. Daneben gibt das Verfahren der (Gas- oder Hochleistungsflüssigkeits-)Chromatographie Aufschluss über einzelne Bestandteile der untersuchten Substanzen, etwa von Malfarben und Bindemitteln. Ferner kann mit den Verfahren der digitalen Radioskopie und der Computertomographie ein Kunstgegenstand in seiner Dreidimensionalität erfasst und durchgängig untersucht werden, siehe bei *Berg/Berg*, in: Weller/Kemle/Dreier/Lynen, S. 163 (167 ff.); *Mairinger*, Strahlenuntersuchung, S. 198 ff. Weiterhin werden Untersuchungen mit Röntgenbeugungsanalyse, energiedispersiver Röntgenspektroskopie, Fourier-Transform-Infrarotspektroskopie, Neutronenautoradiographie, opt. Emissionsspektroskopie, Lasermikroanalyse, Emmissionspektralanalyse etc. durchgeführt. Hierzu übersichtsweise etwa bei *Almeroth*, S. 212 ff.; *Picker* (2000), S. 311; *Riederer*, S. 154 ff.; *Wolf*, S. 83 ff.; *Kühn*, Maltechnik/Restauro (80), 1974, 149 ff.

191 Siehe die anschauliche Darstellung einer Untersuchung am Beispiel des Gemäldes „Amor mit Bogen, auf einer Mauerbrüstung sitzend", Tizian-Werkstatt, um 1530-40, der Gemäldegalerie der Akademie der bildenden Künste, Wien, von *Fleischer/Mairinger*, in: FS-Straub, S. 148 ff. (157 ff.); eingehend zu den Methoden *Kühn*, Maltechnik/Restauro (80), 1974, 149 ff.

192 Siehe *Mairinger*, in: Original - Kopie, S. 20 (21 ff.).

193 *Taubert*, S. 16; *Mairinger*, in: Original - Kopie, S. 20 (24 ff.); so auch *Gerlach*, S. 39 ff.

frz. *examen aux rayons ultraviolets*) erfolgen.[194] Mit Hilfe einer Quarzlampe (engl. *ultraviolet light* bzw. frz. *lampe de wood*) können sich spätere Veränderungen beispielsweise aufgrund von Übermalungen oder Retuschen sichtbar machen lassen.[195] Unter UV-Licht entsteht abhängig vom Status der Oxidation ein Leuchten vor allem des Firnisses in Form verschiedenfarbiger sog. Fluoreszenzen, die sich meist in einem Farbspektrum von grünlichem Gelb bis zu einem dunklen Violett bewegen. Restaurierungen, Retuschen oder Übermalungen können in Form dunklerer Flecken sichtbar werden, da diese stärker fluoreszierende Partien überdecken.[196] Zeichnet sich eine Signatur dunkel ab, kann dies ein Indiz sein, dass sie beispielsweise nachträglich aufgebracht worden ist.[197] Mit einer UV-Fluoreszenzuntersuchung lassen sich jedoch nur Indikationen für die Oberfläche eines Gemäldes gewinnen, da beispielsweise ein alter Firnis noch ältere Übermalungen überdecken kann, so dass diese nicht erkennbar sind.[198] Daher kann eine Fluoreszenzuntersuchung alleine für eine Beurteilung des Zustandes eines Gemäldes nicht ausreichend sein, sie stellt aber ein wichtiges praktisches Hilfsmittel dar.

Auch Untersuchungen mit sog. „Auflicht“, „Durchlicht“ oder sog. „Streiflicht“ sind technisch einfach zu realisieren und geben mit bloßem Auge nicht erkennbare Details der Bildoberfläche zu erkennen.[199] Bei einer Streiflichtuntersuchung wird die Gemäldeoberfläche einseitig mit einem gebündelten schmalen Lichtstrahl beleuchtet, der in einem flachen Winkel auf die Bildoberfläche fällt. Hierdurch entsteht eine starke Schattenbildung, die die Oberfläche reliefartig betont und etwa die besonderen Details einer pastosen Malweise hervorhebt, aber auch durch Sichtbarmachung von Niveauunterschieden Hinweise auf Pentimenti, Restaurierungen oder Übermalungen gibt, sowie Ausbrüche, Craquelé und Blasen-, Riss- oder Schollenbildung in allen Details erkennbar werden lässt.[200]

Durch den Einsatz eines sog. Stereomikroskopes, welches aus zwei fest miteinander verbundenen, stereometrisch angeordneten Mikroskopen besteht, kann der Effekt der Streiflichtuntersuchung bis in kleinste Details räumlich betrachtet werden. Derartige mikroskopische Untersuchungen sind gleichzeitig auch eine Voraussetzung für die

---

[194] Ausführlich bei *Levenson*, in: Spencer, The Expert, S. 111 (117).

[195] *Bayerer*, S. 1.; *Verougstraete-Marq*, Annales de droit de Louvain: Revue trimestrielle du Droit Belge, 1988, 415 (420).

[196] *Kühn*, Maltechnik/Restauro (80), 1974, 149. Siehe etwa im Fall *de Balkany v. Christie, Manson & Woods Ltd.* [1997] 16 Tr.L.R., 163.

[197] *Levenson*, in: Spencer, The Expert, S. 111 (118); *Gerlach*, S. 40.

[198] *Mairinger*, Strahlenuntersuchung, S. 62 ff. (81); *Kühn*, Maltechnik/Restauro (80), 1974, 149; *Taubert*, S. 17.

[199] *Mairinger*, Strahlenuntersuchung, S. 34; *Kühn*, Maltechnik/Restauro (80), 1974, 149.

[200] *Mairinger*, in: Original - Kopie, S. 20 (22); *Taubert*, S. 16.

sog. Punktuntersuchungen, welche mit einer Materialprobenentnahme[201] einhergehen, da sie Aufschluss über die geeigneten Stellen geben, an denen die Entnahmen erfolgen können.[202] Denn bei stark restaurierten oder überarbeiteten Werken müssen originale Stellen lokalisiert werden.

Mit mikroskopischen Untersuchungen kann generell eine detaillierte und eingehende Oberflächenbetrachtung erfolgen. So können etwa jüngere Übermalungen auf sehr feinem Craquelé sichtbar werden, aber auch die Tiefe des vorhandenen Craquelés kann Aufschluss darüber geben, ob es authentisch ist oder etwa mittels Reißlack künstlich erzeugt wurde.[203] Aber auch schon mit einer einfachen Lupe lassen sich Eigenschaften der Oberfläche beobachten.

Mit entsprechenden Oberflächenuntersuchungen konnten etwa auf verschiedenen Tafelbildern von *Hans von Kulmbach* (um 1480-1522), einem Schüler *Albrecht Dürers* (1471-1528), Fingerabdrücke in der Malschicht identifiziert werden, so dass aufgrund von weiteren kriminaltechnischen Untersuchungen die Gemälde jeweils als aus dem Werk des Künstler selbst zugeordnet werden konnten.[204]

bb) Tiefenuntersuchungen

Durch sog. Tiefenuntersuchungen können die tieferliegenden Schichten eines Gemäldes oder beispielsweise auch der innere Aufbau einer Skulptur sichtbar gemacht werden.[205] Zu diesen meist strahlendiagnostischen Untersuchungsverfahren von Gemälden zählen vorwiegend Infrarot- und Röntgenuntersuchungen.

(1) Untersuchung mit infraroten Strahlen

Infrarotuntersuchungen (engl. *infrared examination* bzw. frz. *examen aux rayons infrarouges*) können einen Blick „in die Tiefe" bis auf eine unter den Malschichten auf der Grundierung verborgene Unterzeichnung erlauben. Die Infrarotstrahlung wird von den in der Malschicht enthaltenen Farben absorbiert, wobei der Grad der Absorption von den jeweiligen Farben abhängt.[206] Rottöne werden beispielsweise besonders stark absorbiert und erscheinen schwarz auf der Infrarotaufnahme.[207] Liegt allerdings eine farbige Grundierung vor, und wurden Unterzeichnungen mit

---

201 Siehe hierzu bei *Kühn*, Maltechnik/Restauro (80), 1974, 149 (155).

202 *Taubert*, S. 16; hierzu auch *Kühn*, Maltechnik/Restauro (80), 1974, 149 (151).

203 Weiterführend bei *Mairinger*, Strahlenuntersuchung, S. 43 ff.

204 *Hubel*, in: Hellwig, Vom Umgang mit dem Original, S. 7 (21 f.).

205 *Mairinger*, Strahlenuntersuchung, S. 43 ff.

206 *Taubert*, S. 18.

207 *Taubert*, S. 18.

Bleiweiß oder Kreide ausgeführt, wie dies bei Werken aus der Zeit des Barock gängig war, können diese durch Infrarotuntersuchung aufgrund der geringen Absorption nicht sichtbar gemacht werden.[208]

Die Betrachtung der Unterzeichnung[209] gestattet eine Analyse in Kombination von kunstwissenschaftlichen und naturwissenschaftlichen Methoden, da die Unterzeichnung die grundlegende Vorzeichnung auf dem Bildträger ist, die mit den Mitteln der Stilkritik analysiert werden kann, weil sie etwa den Vergleich mit Unterzeichnungen anderer Gemälde des Künstlers ermöglicht.[210] Zugleich können auch vom Künstler verwendete technische Übertragungsmittel wie Fluchtlinien, Raster, Lochpausen oder Quadratnetze sichtbar werden und in der Analyse Berücksichtigung finden.[211]

Die Veränderung der Hell-Dunkel-Werte durch die Betrachtung mit infraroten Strahlen kann auch stark nachgedunkelte Inschriften oder Signaturen, die auf einem dunklen, dennoch aber gleichzeitig helleren Hintergrund als die Farbe der Inschrift oder Signatur selbst aufgebracht worden sind, wieder sichtbar machen.

Die Infrarotreflektographie (engl. *infrared reflectography* bzw. frz. *réflectographie à l'infrarouge*) vermag auch deckende, insbesondere blaue und grüne Schichten zu durchdringen, aufgrund der zunehmenden Wellenlänge der Strahlung bis 2000 nm, wohingegen bei der Infrarotphotographie Strahlung nur mit einer Wellenlänge bis etwa 850 nm registriert wird.[212] Mit Hilfe der Infrarotreflektographie wurde beispielsweise bei dem einstmals *Rembrandt* zugeschriebenen Gemälde „Der Mann mit dem Goldhelm" eine Unterzeichnung entdeckt – da *Rembrandt* jedoch niemals Unterzeichnungen machte, spricht dieser Befund gegen eine Eigenhändigkeit des Werkes.[213]

Durch die Infrarotfluoreszenz lassen sich, ähnlich wie bei der Untersuchung mit UV-Licht, in gewissen Grenzen Retuschen und Übermalungen aufgrund der verschiedenen Absorptionsgrade der Infrarotstrahlung feststellen.[214]

---

208 *Mairinger*, in: Original - Kopie, S. 20 (26).

209 Zum Begriff der Unterzeichnung *Mairinger*, Strahlenuntersuchung, S. 127.

210 Exemplarisch etwa bei *Buck*, Comparing drawings and underdrawings: the possibilities and limitations of a method, in: *Van Schoute/Verougstraete*, S. 201 ff.

211 *Gerlach*, S. 40; vgl. *Matthaes*, Weltkunst 1996, 2986.

212 *Mairinger*, Strahlenuntersuchung, S. 127; *Kühn*, Maltechnik/Restauro (80), 1974, 149 (151). *Ainsworth* etwa beschreibt, wie u.a. aufgrund der Resultate von Untersuchungen mit Infrarotreflektographie ein einstmals *Rogier van der Weyden* (1399-1464) zugeschriebenes Werk in der Sammlung des *Metropolitan Museum of Art* nunmehr keine sichere Zuschreibung mehr zulässt, sondern als Kopie anzusehen ist, in: Metropolitan Museum Journal, 27.1992, 59 ff.

213 *Schütte*, Weltkunst 2000, 2546 (2548).

214 *Mairinger*, Strahlenuntersuchung, S. 151 f.; *Kühn*, Maltechnik/Restauro (80), 1974, 149 (151).

(2) Untersuchung mit Röntgenstrahlen

Untersuchungen mit Röntgenstrahlen (engl. *x-ray* bzw. frz. *radiographie*) stellen ein wichtiges Untersuchungsverfahren dar.[215] Da die Strahlung das Kunstwerk im Ganzen durchdringt, wird seine gesamte Struktur sichtbar: bei einem Gemälde etwa der Bildträger, die Grundierung und die Malschichten.[216] Auf dem Röntgenfilm bilden sich diejenigen Bestandteile ab, die die Röntgenstrahlung verschieden stark absorbieren.[217] Vor allem Pigmente, die metallhaltig sind, wie etwa Zinnober oder Bleiweiß, absorbieren besonders stark und bilden sich daher besonders deutlich ab; aus der Art und Weise ihrer Verwendung lässt sich auf die Handschrift des Künstlers schließen.[218] Durch Röntgenaufnahmen werden auch Änderungen von Aufbau und Formen durch den Künstler, sog. Pentimenti, sichtbar.[219] Diese Eigentümlichkeiten finden sich nur bei eigenhändigen Werken, wohingegen Kopien ein bestehendes Werk übernehmen. Nicht sichtbar werden demgegenüber Unterzeichnungen, also Vorzeichnungen auf dem Bildträger, die unter Verwendung kohlenstoffhaltiger Mittel angefertigt wurden, da sie sich aufgrund schwacher Absorbierung nicht abbilden.[220] Demgegenüber sind besonderes frühe Formen der Unterzeichnung, die mit einer Nadel in die Grundierung geritzt worden sind, mit Röntgenuntersuchungen erfassbar, da die Ritzungen sich mit Farbe füllten und damit eine stärkere Schichtdicke aufweisen.[221] Röntgenuntersuchungen können auch zur Entlarvung von Fälschungen beitragen, wie der Fall des Kunstfälschers *Han van Meegeren*[222] dokumentiert. Dieser hatte unter anderem das Gemälde „Christus und die Jünger in Emmaus" im Stile *Jan Vermeer van Delft* (1632-1675) gefälscht, welches 1937 für 550.000,00 Gulden als vermeintlich authentisches Gemälde Vermeers an das Museum *Boijmans van Beuningen* in Rotterdam verkauft wurde.[223] *Van Meegeren* hatte zeitgenössische Gemälde aus dem 17. Jahrhundert erworben, um über einen historisch korrekten Bildträger für die von ihm gefertigten Fälschungen zu verfügen. Die später durchgeführten Röntgenuntersuchungen, nachdem die Fälschungen öffentlich bekannt geworden

---

215 Siehe hierzu grundlegend *Wolters*, Die Bedeutung der Gemäldedurchleuchtung mit Röntgenstrahlen durch die Kunstgeschichte: dargestellt an Beispielen aus der niederländischen und deutschen Malerei des 15. und 16. Jahrhunderts, Frankfurt 1938.

216 *Mairinger*, in: Original - Kopie, S. 20 (27); *Taubert*, S. 18.

217 *Kühn*, Maltechnik/Restauro (80), 1974, 149 (150).

218 *Gerlach*, S. 44; *Kühn*, Maltechnik/Restauro (80), 1974, 149 (150).

219 *Kühn*, Maltechnik/Restauro (80), 1974, 149 (150).

220 *Mairinger*, in: Original - Kopie, S. 20 (27).

221 *Mairinger*, in: Original - Kopie, S. 20 (27), diese Technik findet sich vorwiegend nur in der Renaissance.

222 Zu *van Meegeren* etwa *Schüller*, Falsch oder echt? Der Fall van Meegeren, Bonn 1953.

223 *Rousseau*, The Metropolitan Museum of Art Bulletin, Vol. 26, Nr. 6, Feb. 1968, 247 ff.; *Reitz*, S. 102 ff. (106).

waren, brachten die Reste der auf den alten Leinwänden vorhandenen Gemälde zum Vorschein, welche *Van Meegeren* nicht gänzlich entfernt hatte.[224]

Aufgrund der Durchdringung des gesamten Gemäldes durch die Röntgenstrahlung lässt sich mit diesem Untersuchungsverfahren auch der Zustand des Gemäldes sichtbar machen. Neben den angesprochenen Pentimenti lassen sich Übermalungen und restaurierte Fehlstellen erkennen, aber auch Details des Bildträgers selbst, wie zum Beispiel Änderungen seiner Größe oder Beklebungen von Leimfugen des Bildträgers mit Leinwand oder Pergamentstreifen, Werg oder Tierhaaren, die sich aufgrund verschieden starker Absorption auf dem Röntgenfilm erkennen lassen.[225]

Durch die Röntgenstrahlung entsteht eine Fluoreszenzstrahlung, die gemessen und analysiert werden kann. Durch diese Röntgenfluoreszenzanalyse (kurz „XRF") sind Schlussfolgerungen auf die in der Probe enthaltenen Elemente und ihre Konzentration möglich, womit etwa anorganische Pigmente zerstörungsfrei, also ohne Entnahme von Proben ermittelt werden können.[226]

b) Punktuntersuchungen

Mit dem Begriff der Punktuntersuchungen werden vorwiegend Untersuchungen von Materialproben[227] bezeichnet, wozu etwa Bindemittel oder Farbmittel zählen.[228] Die aus einer Punktuntersuchung erzielten Ergebnisse geben Aufschluss beispielsweise über eine bestimmte Abfolge in der Malschicht während die Ergebnisse dieser punktuellen Untersuchung dann zugleich auf den Zustand einer bestimmten Fläche des Bildes bezogen werden können.[229]

aa) Pigmentanalyse

In der Regel besteht die Malschicht aus Bindemitteln und farbgebenden Pigmenten, unter ihr kann sich eine Grundierung befinden, die wiederum bestimmte Füllstoffe enthält.[230] Die Untersuchung der Malschicht erlaubt, bei der Analyse der Pigmente

---

[224] *Almeroth*, S. 215 f.; *Gerlach*, S. 41; *v.Brühl*, S. 40; *Seipel*, in: Reichelt, Original und Fälschung, S. 5 (14).

[225] *Mairinger*, Strahlenuntersuchung, S. 207. Zur Untersuchung von Skulpturen *ders*., ebenda, S. 230 ff.; *Kühn*, Maltechnik/Restauro (80), 1974, 149 (150) mit weiterführenden Hinweisen.

[226] *Mairinger*, Strahlenuntersuchung, S. 163 f.

[227] Eine Probenentnahme am Kunstwerk kann die Einwilligung des Eigentümers voraussetzen; vgl. bei *Raft*, in: FS-Straub, S. 36 (42).

[228] *Mairinger*, in: Original - Kopie, S. 20 (22).

[229] *Taubert*, S. 13.

[230] *Taubert*, S. 14.

auf eine bestimmte Entstehungszeit des Werkes zu schließen.[231] Da verschiedene Pigmente erst im Laufe der Zeit entwickelt wurden und teilweise andere ablösten, die dann keine Verwendung mehr fanden, kann die Pigmentanalyse (engl. *pigment analysis* bzw. frz. *analyse des pigments*) wichtige Befunde für eine Datierung liefern.[232] Man spricht hier vom sog. *terminus post* und vom sog. *terminus ante*, also einem frühestmöglichen oder spätestmöglichen Zeitpunkt für die Entstehung des Werks.[233] Waren Pigmente also erst ab einem konkreten Zeitpunkt im Gebrauch, wie etwa Preußischblau, kann damit ein sog. *terminus post* festgelegt werden, da dieses Pigment erst um 1704 entwickelt worden ist.[234] Ein Gemälde, dessen Malschicht dieses Pigment enthält, dürfte daher erst nach diesem Zeitpunkt entstanden sein oder ist gegebenenfalls restauriert worden. Demgegenüber wurden manche Pigmente ab einer bestimmten Zeit nicht mehr verwendet, so beispielsweise das Bleizinngelb, welches seit Mitte des 18. Jahrhunderts keine Verwendung mehr fand und erst ab ca. 1940 eine Renaissance erlebte.[235] Somit könnte hier als *terminus ante* ein Zeitraum vor der Mitte des 18. Jahrhunderts angegeben werden.[236] Dennoch muss berücksichtigt werden, dass beispielsweise gerade die Bestimmung eines *terminus ante* in vielerlei Hinsicht durch tatsächliche Begebenheiten Unwägbarkeiten ausgesetzt sein kann, etwa wenn ein Künstler einen nach Jahren aufgefundenen Restbestand verwendet und so Pigmente erheblich nach dem *terminus ante* verwendet werden.[237] Und Pigmente die über lange Zeit uneingeschränkt im Gebrauch sind, erlauben zum Teil kaum eine Festlegung von *terminus post* bzw. *terminus ante*, so dass auf andere Untersuchungsverfahren zurückgegriffen werden muss.[238] Bei Pigmenten, die schon viele Jahrhunderte im Gebrauch sind, lässt sich zumindest beobachten, dass diese aufgrund anderer Herstellungsverfahren früher viel gröbere Körnungen mit unterschiedlichem Durchmesser hatten als die heutigen Produkte.[239] Die Vielfalt moderner Malfarben besitzt dabei nur noch wenige Gemeinsamkeiten mit ihren traditionellen Vorläufern. Die chemische Komplexität heutiger synthetischer Pigmente macht Analysen bei zeitgenössischer Malerei besonders aufwändig.

---

231 Siehe bei *Kühn*, Maltechnik/Restauro (80), 1974, 149 (151 f.).

232 Siehe etwa die tabellarische Übersicht der verschiedenen Pigmente und ihrer Verwendungszeit bei *Riederer*, S. 129 ff. mwN. Siehe auch bei *Hebborn*, S. 88 ff.

233 Siehe *Kühn*, Maltechnik/Restauro (80), 1974, 149 (152 f.); *v.Brühl*, S. 42 mwN.

234 *Mairinger*, in: Original - Kopie, S. 20 (22); eingehend *Kühn*, Maltechnik/Restauro (80), 1974, 149 (153); *v.Brühl*, S. 42.

235 *Mairinger*, in: Original - Kopie, S. 20 (22).

236 Siehe weiterführend bei *Kühn*, Maltechnik/Restauro (80), 1974, 149 (153).

237 Vgl. bei *Kühn*, Maltechnik/Restauro (80), 1974, 149 (153).

238 *Kühn*, Maltechnik/Restauro (80), 1974, 149 (153 f.).

239 *Mairinger*, in: Original - Kopie, S. 20 (22).

bb) Bindemittelanalyse

Neben der Pigmentanalyse kann die Analyse der verwendeten Bindemittel (engl. *binding media analysis* bzw. frz. *analyse des liants*) Aufschluss über die Herkunft und zeitliche Einordnung eines Gemäldes geben.[240] Bei den Bindemitteln handelt es sich um diejenigen Medien, die eine Verbindung zwischen den Farbmitteln (Pigmenten), der Malschicht und der Grundierung herstellen. Sie bestehen bis Anfang des 20. Jahrhunderts ausschließlich aus Naturstoffen, wie etwa Hühnereiweiß, Leim oder Ölen, beispielsweise Lein-, Mohn- oder Walnussöl.[241] Synthetische Bindemittel stehen erst seit der Mitte des 20. Jahrhunderts zur Verfügung, insofern ließe sich ein *terminus post* festlegen.[242]

Bei der Analyse von Bindemitteln wird heute aufgrund der Komplexität ihrer Mischungen sowie der Vermischung verschiedener Bindemittel und der natürlichen Alterung ablaufender Veränderungsprozesse auf Gas- und Dünnschichtenchromatographie zurückgegriffen.[243]

Die Zusammensetzung der Bindemittel können Rückschlüsse auf die Herkunft wegen ihrer besonderen lokalen oder zeitlichen Verwendung erlauben.[244] Wegen der Zusammensetzung von Bindemitteln alter Gemälde allein aus Naturstoffen können sich allerdings gewisse Unwägbarkeiten dadurch einstellen, dass fremdes organisches Material auf oder in die Schichten gelangt ist, wodurch eine Ergebnisverfälschung verursacht werden kann.[245]

cc) Grundschichtenanalyse

Die zwischen Malschicht und Bildträger befindlichen Grundierungsschichten (engl. *ground layer* bzw. frz. *couche du fond*) können ebenfalls Indizien zur Herkunft und Datierung liefern.[246] Eine Grundierung dient verschiedenen Zwecken: Sie kann der Herstellung einer plastischen, aber auch einer besonders glatten Oberfläche dienen, sie schafft eine Trennschicht zwischen Malschicht und Bildträger, der durch die in den Malschichten enthaltenen Stoffe angegriffen werden kann und sie hat darüber

---

240 Siehe exemplarisch *Koller/Fiedler/Baumer*, Die Bindemittel auf Dürers Tafelgemälden, in: Albrecht Dürer. Die Gemälde der Alten Pinakothek, München 1998, S. 102 ff.

241 Siehe eingehend *Kühn*, Maltechnik/Restauro (80), 1974, 149 (159 f.).

242 *Kühn*, Maltechnik/Restauro (80), 1974, 149 (159).

243 Siehe *Mairinger*, in: Original - Kopie, S. 20 (23); *Kühn*, Maltechnik/Restauro (80), 1974, 149 (159).

244 *Kühn*, Maltechnik/Restauro (80), 1974, 149 (159).

245 *Kühn*, Maltechnik/Restauro (80), 1974, 149 (159 f.).

246 *Hans Purrmann* (1880-1966) etwa grundierte bei seinen Ölgemälden immer selbst mit weißer Farbe, siehe bei OLG Zweibrücken NJW 1998, 1409 (1411).

hinaus auch Bedeutung für das Erscheinungsbild, indem sie die Leuchtkraft und den Charakter des Gemäldes beeinflusst.[247]

Die Art und Zusammensetzung der aufgebrachten Grundierungsschichten hat sich im Laufe der Jahrhunderte erheblich verändert. Bis in das 16. Jahrhundert finden sich etwa überwiegend weiße Grundierungen aus Gips oder Kreide. Während in Italien vorwiegend gipshaltige Grundierungen nachgewiesen werden können, bevorzugte man nördlich der Alpen meist Grundierungen aus wasserhaltigem Gips.[248] In der venezianischen Malerei des 16. Jahrhunderts wurden dann hellgraue bis schwarze Imprimituren eingesetzt, die aus farblich getönten Überzügen der Grundierung bestehen.[249] Mehrschichtige Grundierungen mit verschiedener Farbigkeit wurden im Barock bevorzugt, während im Rokoko vorwiegend rote Grundierungen Verwendung fanden. Ende des 18. Jahrhunderts wurd wieder weiße Grundierung bevorzugt, insbesondere ab dem späten 19. Jahrhundert, letztere mit einer Zusammensetzung von Kreide und Zinkweiß.[250]

dd) Bildträgeruntersuchung

Eine Untersuchung des Bildträgers ermöglicht anhand seiner Eigenschaften, Rückschlüsse zur Absicherung seiner Datierung vornehmen zu können.[251] Bereits eine rein visuelle Untersuchung der Gemälderückseite bietet aufschlussreiche Hinweise etwa durch ihre Art (z.B. Kupfer, Holz oder Leinwand)[252] und Qualität, aber auch die Spuren ihrer Be- und Verarbeitung, und schließlich ihres gegenwärtigen Zustandes, für den auch konservatorische und restauratorische Maßnahmen eine Rolle spielen.[253]

Für Bildträger aus Holz kann die Bestimmung der Holzart für eine Einordnung von lokaler Herkunft und Alter signifikant sein, denn Bildträger und die aufgebrachte Malerei fallen zeitlich in der Regel nicht auseinander.[254] Bei der Bestimmung eines *terminus post* ist allerdings zu berücksichtigen, ob etwa aus restauratorischen Gründen eine Übertragung der Malschicht und des Malgrundes auf einen neuen Bildträger vorgenommen worden ist.[255]

---

247 *Mairinger*, Strahlenuntersuchung, S. 14 ff.
248 *Mairinger*, in: Original - Kopie, S. 20 (23); *ders.*, Strahlenuntersuchung, S. 15.
249 *Taubert*, S. 66; *Mairinger*, Strahlenuntersuchung, S. 15 f. (16).
250 *Mairinger*, Strahlenuntersuchung, S. 15.
251 *Mairinger*, in: Original - Kopie, S. 20 (24).
252 Hierzu *Levenson*, in: Spencer, The Expert, S. 111 (113 f.).
253 Siehe ausführlich *Schaefer*, DS 2004, 210.
254 Eingehend etwa *Marette*, Connaissance des Primitifs par l'étude des bois, Paris 1961; *Kühn*, Maltechnik/Restauro (80), 1974, 149 (160).
255 Siehe *Kühn*, Maltechnik/Restauro (80), 1974, 149 (160).

Zur Bestimmung der Holzart kann vor allem bei beidseitig bemalten Bildträgern die auf einem Röntgenbild ersichtliche Struktur des Holzes (Maserung) dienen.[256] Alter und Herkunft der verwendeten Hölzer werden in der Regel mit dendrochronologischen Untersuchungen (engl. *dendrochronolgy* bzw. frz. *dendrochronologie*) bestimmt.[257] Mit diesem Verfahren werden die Jahresringe eines Baumes analysiert, deren individuelle Ausprägung von den jeweiligen klimatischen Wachstumsvoraussetzungen in jedem einzelnen Jahr abhängen, und erlauben aufgrund des Vergleiches mit sog. Standardchronologien[258] eine Bestimmung des Alters des Holzes, welches z.B. bei Eichenholz auf einen Zeitraum von ca. 10 Jahren genau eingegrenzt werden kann.[259] Das etwaige Fälldatum eines Baumes und damit das frühestmögliche Datum einer Bemalung kann als *terminus post* bestimmt werden.[260] Allerdings sind für eine Datierung des Gemäldes weitere Faktoren, wie eine spätere erneute Bemalung oder eine unbekannte Lagerdauer des Bildträgers ohne Bemalung, zu berücksichtigen.[261] Auch ist in Betracht zu ziehen, dass Kopien eines aus der Hand eines Meisters stammenden Werkes in unmittelbarem zeitlichen Zusammenhang gefertigt wurden, so dass eine Bestimmung des Alters eines Bildträgers nur bedingte Aussagekraft hat.[262]

Darüber hinaus kann auch mit der Radiokarbonmethode bzw. ^{14}C-Methode (*radiocarbon dating* bzw. *datation radiocarbone*) eine Altersbestimmung von organischem Material wie zum Beispiel Holz, Textilien oder Elfenbein vorgenommen werden.[263] Daher findet die Radiocarbonmethode verbreitet Anwendung. Aufgrund der Konzentration des radioaktiven Kohlenstoffisotopes ^{14}C, welches von einem Organismus nur zu Lebzeiten aufgenommen wird und nach dessen Tod zerfällt, kann auf das Alter einer Probe geschlossen werden.[264] Mit der Radiokarbonmethode können Datierungen in einem Zeitraum bis zu 50.000 Jahren ermittelt werden, weshalb diese Methode vor allem für die Archäologie ihre herausragende Bedeutung hat

---

[256] *Mairinger*, Strahlenuntersuchung, S. 204; *Berg*, in: *Weller/Kemle/Dreier/Lynen*, S. 163 (165).

[257] Zu den Analysemethoden ausführlich *Levenson*, in: Spencer, The Expert, S. 111.

[258] Diese Standardchronologien werden mit dem Holz von Bäumen mit bekanntem Fälldatum erstellt und umfassen viele Jahrhunderte. Sie ermöglichen eine Datierung durch Vergleich. Siehe bei *Verougstraete-Marq*, Annales de droit de Louvain: Revue trimestrielle du Droit Belge, 1988, 415 (421).

[259] *Kattinger*, in: Original - Kopie, S. 8 (10); *Kühn*, Maltechnik/Restauro (80), 1974, 149 (160); ausführlich auch *Schweingruber*, S. 20 ff. (162 ff.); *Rombock*, S. 10 ff. mwN.

[260] *Mairinger*, in: Original - Kopie, S. 20 (24); *Wolf*, S. 84.

[261] *Gerlach*, S. 46.

[262] *Mairinger*, in: Original - Kopie, S. 20 (24).

[263] *Mairinger*, in: Original - Kopie, S. 20 (24); *Kühn*, Maltechnik/Restauro (80), 1974, 149 (160).

[264] Eingehend *Kühn*, Maltechnik/Restauro (80), 1974, 149 (160) mit Hinweisen zu Fehlerquellen.

und für den Kunsthandel etwa bei der Untersuchung ägyptischer Kunstgegenstände Anwendung finden kann.

3. Provenienz

Das Gros der Kunstwerke verfügt über keine greifbare Provenienz.[265] Schon der Voreigentümer wird im Regelfall beim Erwerb im Kunsthandel meist nicht genannt. Provenienz betrifft die chronologisch nachvollziehbare Herkunft eines Kunstwerks etwa über eine Kette von vormaligen Eigentümern, Sammlern, Museen oder sonstigen Besitzern, im Idealfall zurück bis zum Künstler selbst.[266] Sie kann Rückschlüsse auf die Authentizität eines Kunstwerks erlauben. Bei ihr geht es aber auch um das „Pedigree".[267] Kunstwerke, die einer bekannten Sammlung zugehörten oder aus lange zurückverfolgbarem, zum Teil adeligen Besitz stammen, haben im Kunstmarkt meist eine größere Glaubwürdigkeit ob ihrem „Pedigree" und so auch bessere Marktchancen.[268] Allerdings finden sich nur in den wenigsten Fällen bis in das Atelier des Künstlers zurückverfolgbare Dokumentationen, die ein wichtiges Indiz für die Authentizität eines Kunstwerkes sein können.[269] Meist handelt es sich dabei nur um sehr hochwertige Kunstwerke, die etwa direkt aus der Werkstatt eines Künstlers erworben wurden und seitdem z.B. im Inventarverzeichnis eines Schlosses verzeichnet sind oder etwa bei zeitgenössischen Kunstwerken etwa mit einem persönlichen Herkunftsnachweis des Künstlers an den jeweiligen Eigentümer gelangt sind. Eine ausgezeichnete Provenienz kann sich auf ein Kunstwerk durchaus werterhöhend auswirken, wohingegen gerade bei hochwertigen Kunstwerken der Mangel an Provenienz eher Fragen und Zweifel aufwirft.[270]

Hinweise auf die Herkunft eines Kunstwerkes können sich meist bei Gemälden auf der Rückseite finden, beispielsweise durch dort angebrachte Siegel, (Inventar-)Stempel oder Aufkleber, die auf die ehemalige Zugehörigkeit zu einer Sammlung oder auf

---

265 Zum Aspekt der Provenienzrecherche bei Beutekunst weiterführend etwa *Siehr*, IJCP 2002, 2, 342 ff.; *Jackson*, KUR 2006, 123 ff.; *Kardel*, KUR 2006, 128 ff. Zur Provenienzerforschung siehe auch *Anton*, S. 1116. Siehe zur Provenienzrecherche auch die Anmerkung von *Crevel* zu Cass., 1ère civ., 18 janv. 2000, D. 2000, 901 ff. (*Pigafetta*). Siehe aus US-amerikanischer Perspektive *Cutting*, 32 Seattle U. L. Rev. [2009], 943 (960 ff.).

266 *Spencer*, in: Spencer, The Expert, S. 189 (199); hierzu auch bei *v.Klitzing*, in: Völcker, S. 47 (51 ff.).

267 *Cailleux*, in: The Burlington Magazine, Vol. 104, Nr. 714 (Sept. 1962), S. I ff.

268 Siehe etwa den Fall des BGH mit Kunstwerken aus angeblichem „Hohenzollernbesitz", BGH WM 1969, 36 (37), dazu näher unten Seite 242. Vgl. bei *Rosner*, S. 30 (31).

269 Exemplarisch etwa zu den Schwierigkeiten mit der Provenienz im Oeuvre *Gustave Courbets* (1819-1877) *Ten-Doesschate Chu*, IFAR Journal 2004, Vol. 7 Nr. 1, 19 ff. (24).

270 *Spencer*, in: Spencer, The Expert, S. 189 (200).

eine frühere Versteigerung hinweisen können. Aber auch das Kunstwerk begleitendes Archivmaterial, Korrespondenz oder Rechnungen können wichtige Informationen zur Provenienz beinhalten. Daneben können Recherchen in Ausstellungs- und Auktionskatalogen relevante Informationen erbringen. Neben beispielsweise der *Frick Art Reference Library*[271] in New York, die über eine weltweit einzigartige Sammlung von Auktions- und Ausstellungskatalogen verfügt, können auch in Online-Datenbanken[272] entsprechende Recherchen durchgeführt werden.[273] Auch ein zu einem Künstler verfügbarer *catalogue raisonné* kann Informationen zur Provenienz enthalten.

Provenienz gereicht jedoch nicht zur Authentifizierung eines Kunstwerks.[274] Zwar kann ein Inventarverzeichnis ein Gemälde verzeichnen und neben seinen Abmessungen auch Daten über seinen Zustand und Restaurierungen enthalten, aber es könnte sich dennoch um ein Substitut oder eine Kopie und nicht um das Original handeln.[275] Es ist außerdem die Möglichkeit von Provenienzfälschung zu berücksichtigen. Im Jahre 2005 wurde in den USA der Kunsthändler *Ely Sakhai* durch den *Federal District Court* in New York verurteilt.[276] Er hatte Originale bedeutender Künstler vom Impressionismus bis zum Anfang des 20. Jahrhunderts, wie etwa *Bernard Buffet*, *Marc Chagall* und *Paul Gaugin*, erworben und von diesen völlig übereinstimmende Kopien fertigen lassen. Diese Kopien wurden dann zum Teil mit der Expertise des Originals oder gefälschten Expertisen an eine vorwiegend asiatische Klientel veräußert.[277] Doch der wohl bedeutendste Fall von Kunst- und vor allem Provenienzfälschung wurde Mitte der Neunziger Jahre in England aufgedeckt.[278] Über ein Jahrzehnt fälschte *John Myatt* Werke zum Beispiel von *Ben Nicholson* (1894-1982), *Georges Braque* (1882-1963), *Henri Matisse* (1869-1954) und *Nicolas de Staël* (1914-1955). Der Absatz der Gemälde im Kunstmarkt gelang dabei nur durch *John Drewe*, der in extensivem Maße Briefe, Rechnungen und Belege über Restaurierungen fälschte, um den Fälschungen eine Provenienz zu verschaffen.[279]

---

271 Siehe unter: http://www.frick.org/library/auction.htm.

272 Etwa bei Art Sales Catalogues Online: http://asc.idcpublishers.info.

273 Siehe den *Getty Provenance Index* unter: www.getty.edu/research/conducting_research/provenance_index.

274 *Daulte*, in: ISWA 1993, 353 (356). Siehe hierzu den Bericht aus dem 18. Jhd. über den Ankauf einer Werkstattwiederholung eines *Rubens*-Gemäldes im Glauben ein Original zu erwerben bei *Spenlé*, S. 189.

275 *Spencer*, in: Spencer, The Expert, S. 189 (199).

276 *United States v. Ely Sakhai and Houshi Sandjaby*, No. 04 Cr 583 (S.D.N.Y.).

277 Siehe ausführlich bei *Flescher*, IFAR-Journal 2004, Vol. 7, Nr. 3&4, 12 ff.; *dies.*, IFAR-Journal 2004, Vol. 7, Nr. 1, 2 ff.

278 Siehe *Thomas*, Fälscherskandal – Ein Jahrhundertbetrug, FAZ v. 15.02.1999, S. 45; *Crüwell*, Kunstköpenickade in England, FAZ v. 20.02.1999, S. 51.

279 Siehe *Thomas*, Fälscherskandal – Ein Jahrhundertbetrug, FAZ v. 15.02.1999, S. 45; *Crüwell*, Kunstköpenickade in England, FAZ v. 20.02.1999, S. 51.

Diese Provenienzfälschungen gipfelten schließlich sogar in Veränderungen der Archive der renommierten *Tate Gallery* und der *National Art Library* des *Victoria and Albert Museums* in London, in welchen unter anderem alte Auktionskataloge verfälscht wurden, indem von *Drewe* reproduzierte Katalogseiten mit den Fälschungen *Myatts* in die Kataloge integriert wurden. Beim Verkauf der Gemälde wurde dann zur „Provenienz" auf diese jeweiligen veränderten Quellen verwiesen.[280]

Der jüngste Skandal mit internationaler Dimension spielte sich vorwiegend in Deutschland ab und wurde ab 2011 auch vor deutschen Gerichten verhandelt. Eine Vielzahl von Werken berühmter Künstler wurden gefälscht, zu denen etwa auch ein angeblicher *Heinrich Campendonk* (1889-1957) zählt, der im Jahre 2006 für 2,4 Mio. EUR, betitelt mit „Rotes Bild mit Pferden" von 1914, bei einem Auktionshaus in Köln zugeschlagen wurde. Die gefälschten Werke stammten alle aus einer vermeintlichen „Sammlung Jägers" die als angebliche Provenienz vorgegeben wurde, ebenso wie etwa ein auf der Rückseite des angeblichen *Campendonks* aufgebrachter gefälschter Klebezettel der *Galerie Alfred Flechtheim*.[281] Der Katalog der *Galerie Flechtheim* enthielt 1920 tatsächlich einen Eintrag zu einem mit „Rotes Bild mit Pferden" betitelten, allerdings bis heute verschollenen Gemälde von *Campendonk*, jedoch ohne Angabe von dessen Abmessungen, Signatur und auch ohne Abbildung, was womöglich Ansatzpunkte für die Fälschung bot.[282]

4. Zustand

Gerade auch für die pekuniäre Bewertung spielt der Zustand des Kunstwerkes eine wichtige Rolle. Nicht nur eine belebte Historie eines Kunstwerkes nimmt Einfluss auf seinen Zustand und das Ausmaß von Patina oder materiellen Substanzbeeinträchtigungen. Bei Gemälden können auch schlechte Restaurierungen die ursprüngliche Ästhetik beeinträchtigen und schlimmstenfalls ein Werk irreversibel schädigen.[283] Derartige Eingriffe lassen sich zum Teil nur mit naturwissenschaftlichen Verfahren sichtbar machen, wenn das Werk bei einfacher visueller Betrachtung keine sichtbaren Schäden oder Veränderungen zu erkennen gibt.

Ein nur noch in Resten vorhandenes Werk, welches unter Umständen umfangreich wieder hergestellt worden ist, kontrastiert hier mit einem hervorragenden, unberührten Originalzustand. Nur letzterer wird am Markt belohnt. Aber auch eine sehr gute Restaurierung kann, je nach ihrem Ausmaß und ihrer Qualität, sich positiv auf den

---

[280] *Spencer*, in: Spencer, The Expert, S. 189 (199).

[281] *Gropp*, „Die Heilige Kuh heißt Provenienz", in: FAZ v. 11.09.2010, S. 41.

[282] *Zeitz*, „Das Titanweiß verrät den Fälscher", in: FAZ v. 04.09.2010, S. 35.

[283] *Verougstraete-Marq*, Annales de droit de Louvain: Revue trimestrielle du Droit Belge, 1988, 415 (422).

Wert eines Kunstwerkes auswirken.[284] Substanzielle Beeinträchtigungen wirken sich dagegen meist wertmindernd aus, man denke etwa an Porzellan, hier können schon kleine Beschädigungen den Wert erheblich nach unten korrigieren.[285]

5. Zusammenfassung

Wie aus den genannten Methoden und Verfahren hervorgeht, stellt ein Kunstwerk immer individuelle Anforderungen an die Sachverständigentätigkeit. Während in manchen Fällen das geschulte Auge des Sachverständigen das *objet d'art* mit einem Blick sicher einordnen und bewerten kann, stellen andere Werke hohe Anforderungen an die Sachverständigentätigkeit, werfen komplexe Fragen auf und machen umfangreiche Untersuchungen, gegebenenfalls die Anwendung naturwissenschaftlicher Untersuchungsverfahren erforderlich.

In der täglichen Kunsthandelspraxis wird in der Regel allein aufgrund des geschulten und erfahrenen Auges eines Kunstsachverständigen eine eingehende visuelle stilkritische Untersuchung des vorgelegten Werkes als ausreichend empfunden, um gegebenenfalls einen konkreten Künstler, eine Schule, einen Umkreis oder eine lokale Herkunft zu benennen, und darüber hinaus eine Datierung sowie die zur Anwendung gebrachte Technik und den Zustand festzuhalten und erforderlichenfalls eine Bewertung vornehmen zu können.[286] Die Bestimmung von Art und Umfang der Untersuchung eines Kunstwerkes und der zur Anwendung zu bringenden Methoden und Verfahren bleibt dabei aber eine Frage des Einzelfalls und der vertraglichen Vereinbarung. Sie wird entsprechend ergänzt durch Recherchen zur Provenienz und schließlich im konkreten Einzelfall durch weitere Untersuchungen mit naturwissenschaftlichen Verfahren.[287]

Die Befunde von Untersuchungen mit naturwissenschaftlichen Verfahren bzw. Materialanalysen vermögen trotz der durch sie ermittelbaren objektiven Befunde jedoch auch keinen sicheren Beweis über die Autorschaft eines bestimmten Künstlers zu erbringen.[288] Sie können die stilkritische Analyse eines Kunstwerkes absichern oder vereinzelt präzisieren, wenn die objektiven Befunde die vorgenommene

---

284 *Karlen*, in: ISWA 1990, S. 667 (677 f.).

285 Zur Bewertung von Schäden an Porzellan siehe eingehend *v. Wallwitz*, DS 2010, 175 ff.

286 *Spencer*, in: Spencer, The Expert, S. XI.

287 *Lerner/Bresler*, Art Law, Vol. 1, S. 262; siehe auch bei *Herchenröder*, Die Kunstmärkte, S. 316.

288 *Schütz*, in: Original - Kopie, S. 16 (19). Ohnehin müssen alle Befunde naturwissenschaftlicher Verfahren gemeinsam berücksichtigt werden, um Zufälligkeiten auszuschalten und die Befunde im Lichte der Resultate anderer Verfahren zu beurteilen, vgl. *Mairinger*, Strahlenuntersuchung, S. 127.

Bestimmung seiner Herkunft bzw. des Künstlers und einer Datierung stützen.[289] Sie können bei abweichenden Resultaten aber auch widerlegen. Befunde naturwissenschaftlicher Verfahren müssen daher immer eingehend und im Gesamtkontext beurteilt werden. Ob ein Gemälde aus der Hand des Meisters selbst oder seiner Werkstatt stammt, kann meist aus naturwissenschaftlichen Untersuchungsergebnissen nicht geschlossen werden, etwa wenn die Werkstatt gleiches Material und Technik wie der Meister selbst verwendet hat. Hier ist letztlich wieder allein das subjektive kennerschaftlich geschulte und erfahrene Auge des Experten gefragt.[290]

Letztlich bleibt festzuhalten, dass sich angesichts aller Methodik die Frage nach der Echtheit eines Kunstwerkes kaum mit absoluter Sicherheit beantworten lassen wird, so dass ihre Beantwortung nur auf das maximal mögliche Maß mit verhältnismäßiger Sicherheit angenähert werden kann.[291] In gewisser Hinsicht von „Sicherheit" sprechen lässt sich bei der Beantwortung dieser Fragen in der Regel nur für die Resultate der Untersuchungen mit naturwissenschaftlichen Verfahren, allerdings erfahrungsgemäß meist nur für jene, die klare Befunde gegen die Echtheit zum Ergebnis haben.[292]

---

289 Am praktischen Beispiel bei *Mairinger*, in: FS-Straub, S. 148 (150).

290 *Schütz*, in: Reichelt, Original und Fälschung, S. 3 (4); *Heuer*, in: Weller/Kemle/Dreier/Lynen, S. 121 (122).

291 Siehe *v. Westerholt*/*Graupner*, NJW 1978, 794 (795).

292 *Heuer*, in: Weller/Kemle/Dreier/Lynen, S. 121 (122).

Erster Teil: Die Rechtslage in Frankreich

A. Einführung in das französische Kunstsachverständigenwesen

Der Kunsthandel in Frankreich hat, wie schon eingangs dargelegt, einen hohen gesellschaftlichen und vor allem wirtschaftlichen Stellenwert.[293] Daraus ergibt sich eine besonders exponierte Stellung des französischen Kunstsachverständigen, welche sich in expliziten gesetzlichen Regelungen und einer umfangreichen französischen Rechtsprechung im Bereich des Kunsthandels widerspiegelt. Aus diesem Grunde soll zum besseren Verständnis der französischen Sonderstellung im folgenden Abschnitt zunächst die rechtshistorische Entwicklung der Kunstexpertentätigkeit in Frankreich und die verschiedenen im Markt tätigen Arten von Sachverständigen dargestellt werden. Im Anschluss daran folgt eine Betrachtung der besonderen Voraussetzungen der Kunstsachverständigentätigkeit im französischen Kunsthandel.

I. Die Kunstsachverständigen in Frankreich

1. Die historische Entwicklung der Kunstsachverständigentätigkeit in Frankreich

Die Tätigkeit von Kunstexperten im weiteren Sinne ist in der französischen Geschichte eng mit dem Auktionshandel verknüpft.[294] Bereits im Jahre 1556 schuf *Heinrich II.* (1519-1559), König von Frankreich, mit einem Edikt im Februar 1556 ein *office de maîtres priseurs vendeurs de biens meubles*, welches zugleich die Bewertung von beweglichen Sachen und öffentliche Versteigerungen monopolisierte.[295] Mit einem Edikt aus dem Jahre 1691 reformierte dann *Louis XIV.* (1638-1715) die öffentlichen Versteigerungen, begrenzte die Zahl der „*huissiers-priseurs*" auf 108 und machte ihren Titel vererbbar.[296] Im 18. Jahrhundert entwickelte sich Paris zum Zentrum des französischen Kunsthandels.[297] Öffentliche Versteigerungen

---

[293] Siehe etwa bei *Heinick*, „Alle Welt will wieder nach Paris", in: FAZ v. 08.01.2011, S. 35.

[294] Siehe zur historischen Entwicklung des französischen Auktionshandels eingehend *Vigneron*, S. 38 ff.; *Mauger-Vielpeau*, Ventes aux enchères, S. 2.

[295] *Michel*, S. 216; *Rapport Nr. 3019* des Abgeordneten *Philippe Houillon*, Assemblée Nationale, v. 08.12.2010, S. 12, verfügbar unter www.assemblee-nationale.fr/13/rapports/r3019.asp (Stand: 11/2011).

[296] *Michel*, S. 216.

[297] Siehe *Rapport Nr. 3019* des Abgeordneten *Philippe Houillon*, Assemblée Nationale, v. 08.12.2010, S. 12, verfügbar unter www.assemblee-nationale.fr/13/rapports/r3019.asp.

fanden ab Mitte des 19. Jahrhunderts vorwiegend im *Hôtel Drouot*[298] statt, welches bis heute zu einem der wichtigsten Auktionsplätze des französischen Kunsthandels zählt.[299]

Frühe Teilregelungen zur Tätigkeit von Kunstsachverständigen finden sich in den von *Napoléon I.* (1769-1821) erlassenen Vorschriften zu den sog. *commissaires-priseurs*, den französischen Versteigerern.[300] Diese sehr strikte Reglementierung, die vom Anfang des 19. Jahrhunderts datiert, berücksichtigte bereits die sehr wichtige Rolle der Kunstsachverständigen im Rahmen von Kunstauktionen, den sog. *ventes aux enchères*.[301]

Weitere Regelungen zur Tätigkeit der Kunstsachverständigen erfolgten später im *décret* (Verordnung) vom 11. Dezember 1945[302] und im *décret* vom 21. November 1956[303]. Diese beinhalteten u.a. Regelungen zur Art und Weise der Tätigkeit im Rahmen von Versteigerungen, als auch zur gesamtschuldnerischen Haftung von Sachverständigem und Versteigerer für fehlerhafte Katalogbeschreibungen.[304] Neuerungen erfolgten durch das *décret* vom 29. März 1985.[305] Dieses schaffte u.a. die gesamtschuldnerische Haftung ab.[306] Daneben war auch bereits die Abschaffung von Art. 16 des *décrets* vom 11. Dezember 1945 für die Sachverständigentätigkeit von Relevanz. Danach durften nur solche Kunstsachverständige von einem Versteigerer hinzugezogen werden, die auf einer bei den neun *Chambres régionales de commissaires-priseurs* (regionale Kammern der Versteigerer) bestehenden Liste eingetragen waren.[307] Weitere jüngere gesetzliche Regelungen der Kunstsachverständigentätigkeit finden sich im *loi* (Gesetz) vom 10. Juli 2000[308] und im *loi* vom 20. Juli 2011[309]. Eine eigens hervorzuhebende Gesetzesänderung mit besonderer Relevanz

---

298 Zum *Hôtel des ventes Drouot* in Paris siehe etwa unter www.drouot.fr. Siehe zur Bedeutung des *Hôtel des ventes Drouot* für den französischen Kunstmarkt bei *Gaillard*, S. 121 ff., siehe auch im *Rapport Nr. 3019* des Abgeordneten *Philippe Houillon*, Assemblée Nationale, v. 08.12.2010, S. 46, verfügbar unter www.assemblee-nationale.fr/13/rapports/r3019.asp (Stand: 11/2011).

299 *Tomasini*, L´Art et la Loi, S. 13.

300 Zum sog. „*Traité de la Crûë des meubles au-dessus de leur Prisée*" siehe etwa *Gordon*, in: Warren/Turpin, S. 69 ff.

301 *Tomasini*, L´Art et la Loi, S. 13.

302 *Décret* Nr. 45-607, v. 11.12.1945, *JO*, v. 12.12.1945, S. 8222 = D. 1945, lég., 343 f. Die Mehrzahl der französischen Gesetze und untergesetzlichen Normen, sowie auch obergerichtliche Rechtsprechung kann unter www.legifrance.gouv.fr eingesehen werden.

303 *Décret* Nr. 56-1181, v. 21.11.1956, *JO*, v. 23.11.1956, S. 11200 = D. 1956, lég., 487 f.

304 *Thomsen*, S. 132 f., 159.

305 *Décret* Nr. 85-382, v. 29.03.1985, *JO*, v. 31.03.1985, S. 3770 = D. 1985, lég., 250 ff.

306 *Lequette-de Kervenoaël*, S. 174 f., 493 ff. (498).

307 Siehe *Duret-Robert*, Rn. 61.21.

308 *Loi* Nr. 2000-642 v. 10.07.2000, *JO*, 11.07.2000, S. 10474 = D. 2000, lég., 318 ff.

309 *Loi* Nr. 2011-850 v. 20.07.2011, *JO*, 21.07.2011, S. 12441.

für die Kunstsachverständigentätigkeit findet sich im Gesetz vom 11. Februar 2004[310], welches zu einer Änderung der Artt. 321-1 bis 321-38 des *Code de Commerce* (frz. Handelsgesetzbuch, folgend: *C.com.*) geführt hat. Es enthält umfangreiche Regelungen zur Haftung des Versteigerers und des Kunstsachverständigen und zu den allgemeinen Voraussetzungen für die Tätigkeit als Kunstsachverständiger. Auf die Einzelheiten wird im Folgenden in den einzelnen Kapiteln noch näher eingegangen werden.

Diese kurze Chronologie zeigt, dass die historische Entwicklung der Kunstsachverständigentätigkeit auch immer im Zusammenhang mit der historischen Entwicklung der *commissaires-priseurs* gesehen werden muss. Der französische Gesetzgeber hat die beiden Tätigkeiten aus Gesichtspunkten der Praxis oftmals miteinander verknüpft und beide Bereiche in gemeinsamen Regelungen zusammengefasst.

Jüngere Tendenzen zeigen, dass das Bestreben einer einheitlichen gesetzlichen Regelung der Kunstsachverständigentätigkeit gilt.[311] Sie soll vor allem einheitliche Voraussetzungen für den Zugang und die Ausübung dieses Berufs schaffen und damit zugleich auch dem Verbraucherschutz dienen.[312]

2. Die Voraussetzungen der Kunstsachverständigentätigkeit im französischen Kunsthandel

Innerhalb der französischen Rechtsordnung lassen sich verschiedene Kategorien von Kunstsachverständigen unterscheiden. Diese weitere Unterscheidung hat ihren wesentlichen Anknüpfungspunkt in den rechtlichen Voraussetzungen der außergerichtlichen Sachverständigentätigkeit (sog. *expert privée*[313]). Grundsätzlich unterliegt die Tätigkeit des Kunstsachverständigen in Frankreich keinen Zugangsvoraussetzungen, so dass prinzipiell jeder diese Tätigkeit aufnehmen kann.[314] Daher charakterisiert sich die Praxis des Kunstsachverständigenberufes in Frankreich oft durch Personen, die in irgendeiner Relation zur Kunstwelt stehen, aber über keine offizielle Anerkennung bzw. Zulassung verfügen. Diesen „freien" Sachverständigen standen bis zur

310 *Loi* Nr. 2004-130, v. 11.02.2004, in: *JO*, 12.02.2004, S. 2847 = D. 2004, lég., 542 ff.

311 Siehe Actes du Colloque 2004, S. 78 ff.

312 Hierzu sogleich unten. Siehe zu den Entwicklungen auch *Duret-Robert*, CCC Dezember 2004, Nr. 12, 4.

313 Der Begriff des *expert privée* umfasst all diejenigen Experten bzw. Sachverständigen, die von einer Privatperson beauftragt werden, außergerichtlich tätig zu werden. Damit grenzt dieser Begriff den Bereich des *expert judiciaire* ab, der den gerichtlichen Sachverständigen bezeichnet.

314 *Tomasini*, S. 11.

Reform durch das Gesetz vom 20. Juli 2011 die „zugelassenen“[315] Kunstsachverständigen gegenüber. Letztere, die sog. *experts agréés*, hatten eine Zulassung durch den Rat der Versteigerer erhalten. Hierauf wird nun im Anschluss näher eingegangen.

Hinsichtlich der Ausübung der Sachverständigentätigkeit gibt es im Übrigen nur für den Bereich des Auktionshandels vereinzelte konkrete Regelungen, im Übrigen sind die Kunstsachverständigen in der Ausübung ihrer Tätigkeit frei.

a) Unabhängige Sachverständige (sog. „experts indépendants“)

Da die französische Rechtsordnung keine Zulassungsvoraussetzungen an „freie“ bzw. „private“ Kunstsachverständige stellt, kann prinzipiell jedermann als „freier“ Kunstsachverständiger innerhalb der französischen Rechtsordnung tätig werden und die nicht geschützte Bezeichnung „*expert*“ führen.[316] Es ist weder ein Nachweis der Kenntnisse in Form eines Studiums, Diploms oder einer Zulassungsprüfung notwendig.[317] Dagegen sind die Tätigkeiten in bestimmten Bereichen der Verwaltung, wie beispielsweise als Gerichtssachverständiger oder Sachverständiger bei den Zollbehörden, an Auswahl- und Zulassungsverfahren geknüpft.[318]

Die überwiegende Zahl der im französischen Kunsthandel tätigen Sachverständigen sind unabhängige Sachverständige, die sog. „*experts indépendants*“, die diese Tätigkeit freiberuflich oder gewerbsmäßig ausüben.[319] Ein Teil dieser unabhängigen Sachverständigen ist als Händler von Antiquitäten tätig, ein anderer Teil ist in Gesellschaften organisiert, die sich ausschließlich mit der Begutachtung von Kunstgegenständen beschäftigen. Daneben sind Sachverständige auch im Rahmen eines Anstellungsverhältnisses für eines der großen Auktionshäuser tätig.[320]

---

[315] Mit „zugelassen“ sind hier die „*experts agréés par le Conseil des ventes volontaires*“ gemeint.

[316] *Maket*, in: Actes du Colloque 2004, S. 13 (15); *Vigneron*, AA&L October 2008, 297 (304); *Ghestin*, in: ISWA 1985, S. 131 (150).

[317] *Dictionnaire permanent epargne*, Marché de l´Art, S. 506, Rn. 269 f.

[318] Zur Tätigkeit als Zollsachverständiger siehe bei *Duret-Robert*, Rn. 61.41. Vgl. Art. 442 ff. *Code des douanes*, sowie *décret* Nr. 89-315 v. 11. Mai 1989.

[319] *Dictionnaire permanent epargne*, Marché de l´art, S. 507, Rn. 274; *Maket*, in: Actes du Colloque 2004, S. 13 (15); *Duret-Robert*, Rn. 61.11.

[320] Siehe etwa bei *Lemoine*, in: Byrne-Sutton/Renold, L´Expertise, S. 68 f.

b) „Anerkannte“ Sachverständige (sog. „experts agréés par le Conseil des ventes volontaires de meubles aux enchères publiques“)

Mit der Reform durch das Gesetz vom 20. Juli 2011[321] wurde die unter bestimmten Voraussetzungen mögliche Zulassung (sog. „*agrément*“)[322] von Kunstsachverständigen durch den Rat der Versteigerer, dem sog. *Conseil des ventes volontaires de meubles aux enchères publiques (CVV)*[323] abgeschafft.[324] Hintergrund der Reform durch das Gesetz vom 20. Juli 2011 war die Umsetzung europäischen Rechts, insbesondere die Umsetzung der „Richtlinie des Europäischen Parlaments und des Rates über Dienstleistungen im Binnenmarkt“ vom 12. Dezember 2006 in das französische Recht.[325]

Die Zulassung als „*expert agréé*“ bewirkte die Aufnahme in eine durch den *Conseil* geführte Liste. Diese hatte allerdings bloß informativen Charakter, da die genannten offiziellen Stellen in ihrer Wahl eines Kunstsachverständigen frei blieben und auch Sachverständige wählen durften, die nicht in dieser Liste enthalten waren.[326] Sie diente nur der Publikation von Namen verschiedener Sachverständiger und gab in

321 *Loi* Nr. 2011-850 v. 20.07.2011, in: *JO*, 21.07.2011, S. 12441.

322 Zur früheren Rechtslage siehe etwa *Duret-Robert*, CCC März 2004, Nr. 3, 8 f. (10). Vgl. auch *Fenoll-Trousseau/Prest*, JCP 2009, 1232, 16 (19).

323 Der *Conseil* wurde auf Bestreben der französischen Justizministerin *Elisabeth Guigou* durch das Gesetz vom 10. Juli 2000 geschaffen. Seine durch das Gesetz vom 20. Juli 2011 beschränkten Aufgaben liegen u.a. in der Registrierung und Überwachung der Auktionshäuser in Frankreich sowie in der disziplinarrechtlichen Sanktionierung von Verstößen gegen die versteigerungsrechtlichen Vorschriften, siehe Art. L. 321-18 *C.com.* Siehe informativ zur Entwicklung des *Conseil des ventes volontaires de meubles aux enchères publiques (CVV)* das *Projet de Loi* Nr. 555 v. 23.07.1998, verfügbar unter www.senat.fr/leg/pjl97-555.html (Stand 11/2011) sowie im *Rapport Nr. 3019* des Abgeordneten *Philippe Houillon*, Assemblée Nationale, v. 08.12.2010, S. 30 ff., verfügbar unter www.assemblee-nationale.fr/13/rapports/r3019.asp.

324 Im Jahre 2009 lag die Zahl der *experts agréés par le CVV* bei 58, im Jahre 2002 waren es 75, vgl. den *Rapport d'activité 2009* des *CVV*, S. 25, verfügbar unter www.conseildesventes.fr/actualites/rapport-2009.html (Stand 11/2011).

325 Richtlinie 2006/123/EG, Abl. Nr. L 376, S. 36. Siehe hierzu *Häret*, Bulletin 2/2012, S. 5 f.

326 *Duret-Robert*, Rn. 61.21. Dagegen war im Gesetzesentwurf des Artikels L. 321-29 des *Code de Commerce* noch der Zusatz enthalten: „(...) *à l'éxclusion de tous autres* (...)“. Damit entsprach diese Regelung des Gesetzesentwurfs der früheren Verordnung v. 21. November 1956 (*décret* Nr. 56-1181, in: *JO*, 23. Nov. 1956). Allerdings wurde auch hier dieser Zusatz per Verordnung v. 29. März 1985 (*décret* Nr. 85-382, *JO*, 31 März 1985) aufgehoben.

gewisser Hinsicht eine offizielle Anerkennung, die die Eignung des Sachverständigen auswies.[327] Der Gesetzgeber wollte ein Gütesiegel[328] schaffen, welches die Kunstsachverständigen annehmen würden, um eine verständliche qualitative Kategorisierung gegenüber Dritten zu ermöglichen.[329] Aus der Zulassung als *„expert agréé“* ergaben sich für die Kunstsachverständigen außerdem verschiedene Verpflichtungen, u.a. zur Abführung eines jährlichen Mitgliedsbeitrages[330] in Höhe von 0,75% der im Rahmen öffentlicher Versteigerungen vereinnahmten Honorare an den *Conseil*, sowie die Möglichkeit zur Sanktionierung des Sachverständigen durch den *Conseil* bei Verstößen gegen Gesetze oder sich aus dem *agrément* ergebenden Pflichten.[331]

Die Praxis hat allerdings gezeigt, dass vor allem meist bekannte und renommierte Sachverständige keine Anerkennung durch den *Conseil* beantragt hatten, vorwiegend wohl aus dem Unwillen, sich weiteren Verpflichtungen zu unterwerfen, ohne daraus einen wesentlichen Vorteil zu ziehen.[332] Bis zur Reform durch das Gesetz vom 20. Juli 2011 hatte nur eine geringe zweistellige Zahl Kunstsachverständiger das *agrément* beantragt.[333] Die aktuelle Novelle des französischen Gesetzgebers aus dem Jahre 2011 hat den Status des *expert agréé* auch aus diesem Grund abgeschafft.[334]

c) Sonderregelungen für im Rahmen von Versteigerungen tätige Kunstsachverständige

Für Kunstsachverständige, die im Rahmen von Versteigerungen tätig werden, sehen die gesetzlichen Regelungen der Artt. L. 320-1 ff. *C.com.* verschiedene Sonderregelungen vor.

---

327 *Duret-Robert*, Rn. 61.21.

328 Zum Wunsch nach wirksamer Kontrolle und Zulassungsvoraussetzungen siehe etwa bei *Duret-Robert*, CCC Dezember 2004, Nr. 12, 4. So wurde beispielsweise unter dem ehemaligen französischen Minister für Kultur *Jack Lang* vorgeschlagen, eine einheitliche Liste „empfehlenswerter“ Experten aufzustellen; zu den politischen Entwicklungen weiterführend bei *Lequette-de Kervenoaël*, S. 181 f.; siehe die Diskussion über die Einführung eines *„statut de l'expert“* in: Actes du Colloque 2004, S. 77 ff.

329 *Honlet/de Baecque*, D. 2001, 141 (143).

330 *Duret-Robert*, CCC März 2004, Nr. 3, 8 f. (10).

331 *Duret-Robert*, 61.25. Siehe auch eingehend *Duret-Robert*, CCC März 2004, Nr. 3, 8 f. (10) mit Überblick über die historische Entwicklung.

332 *Duret-Robert*, CCC März 2004, Nr. 3, 8 f. (10).

333 *Honlet/de Baecque*, D. 2001, 141 (143). Siehe zu den Zahlen oben Fn. 324.

334 Siehe den *Rapport Nr. 3019* des Abgeordneten *Philippe Houillon*, Assemblée Nationale, v. 08.12.2010, S. 30 ff. (104 f.), verfügbar unter www.assemblee-nationale.fr/13/rapports/r3019.asp.

So ist zunächst die Öffentlichkeit über die Beteiligung des Kunstsachverständigen im Rahmen der Auktion zu informieren, Art. L. 321-29 *C.com.*[335] Ferner ist es einem *expert* nicht gestattet, in Versteigerungen, in deren Rahmen er tätig wurde, Objekte zu beschreiben, zu präsentieren, zu bewerten oder zu verkaufen, die in seinem Eigentum stehen oder Objekte direkt oder indirekt zu erwerben.[336] Nach Art. L. 321-32 *C.com.* kann der Sachverständige unter engen Voraussetzungen jedoch eigene Objekte veräußern, wenn er die Eigentumslage vorher eindeutig offenlegt.[337] Ferner sieht Art. L. 321-30 *C.com.* eine besondere Versicherungspflicht vor, worauf im Folgenden eingegangen wird. Außerdem sehen die Artt. L. 321-17 und L. 321-30 *C.com.* besondere Haftungsregelungen für die im Rahmen einer öffentlichen Versteigerung tätigen Kunstsachverständigen vor, was Gegenstand der später folgenden Darstellung der Haftungsvoraussetzungen ist.

d) Expertenorganisationen und Verbände

Ein Teil der Kunstsachverständigen haben sich in einem Berufsverband bzw. einer Expertenvereinigung zusammengeschlossen.[338] Durch ihre Zugehörigkeit zu diesen Organisationen unterliegen diese Sachverständigen zum Teil einer verbandseigenen Berufsordnung und der Kontrolle des Verbandes.[339] Unter den französischen Expertenorganisationen sind etwa die *Chambre Nationale des Experts Spécialisés en Meubles, Tableaux, Estampes, Livres, Objets d'Art et de Collection* (*C.N.E.S.*)[340], die *Compagnie Nationale des Experts* (*C.N.E.*)[341], das *Syndicat Français des Experts Professionnels en Œuvres d'Art et Objets de Collection* (*S.F.E.P.*)[342] und die *Union*

---

335 Nach Art. L. 321-29 *C.com.* gilt: „*Le public est informé de l'intervention d'experts dans l'organisation de la vente.*".

336 Art. L. 321-32 *C.com.* lautet in seiner novellierten Form: „*L'expert mentionné à l'article L. 321-29 ne peut décrire, présenter, estimer ni mettre en vente un bien lui appartenant, ni se porter acquéreur directement ou indirectement pour son propre compte d'un bien dans les ventes aux enchères publiques auxquelles il apporte son concours. A titre exceptionnel, l'expert peut cependant vendre, par l'intermédiaire d'un opérateur mentionné à l 'article L. 321-4 un bien lui appartenant à condition qu'il en soit fait mention dans la publicité de manière claire et non équivoque.*".

337 Siehe den Wortlaut von Art. L. 321-32 *C.com.* oben Fn. 336.

338 Siehe die umfangreichen Nachweise zu weiteren entsprechenden Organisationen bei *Dictionnaire permanent epargne*, Marché de l'Art, S. 534-22, Rn. 485.

339 *Delvolve*, in: ISWA 1990, S. 725 (726).

340 C.N.E.S., 75015 Paris, www.expertscnes.fr (Stand 11/2011).

341 C.N.E., 75006 Paris, www.cne-experts.com (Stand 11/2011).

342 S.F.E.P., 75009, Paris, www.sfep-experts.com (Stand 11/2011).

Française des Experts (*U.F.E.*)[343] zu benennen.[344] Die Zugehörigkeit zu den Verbänden ist an verschiedene Zugangsbeschränkungen, wie etwa einem teilweise vorgeschriebenen Mindestalter und nachgewiesener Berufserfahrung[345] gekoppelt.[346]

e) Gesetzliche Versicherungspflichten

Der französische Gesetzgeber hat für einige Bereiche konkrete Versicherungspflichten festgelegt, so beispielsweise im Bereich der Arzthaftung oder in der Bauwirtschaft.[347] Auch Kunstsachverständige, die an einer öffentlichen Versteigerung mitwirken, unterliegen nach Art. L. 321-30 *Code de Commerce* der gesetzlichen Verpflichtung zum Abschluss einer privaten Berufshaftpflichtversicherung.[348] Die Position derer, die durch ein fehlerhaftes Gutachten einen Schaden erleiden, soll durch die Möglichkeit der Schadensabwicklung über den Versicherer des Sachverständigen verbessert werden.[349] Seit dem Gesetz vom 20. Juli 2011 hat der Versteigerer nach Art. L. 321-31 *C.com.* dafür Sorge zu tragen, dass die Versicherungspflicht durch den für ihn tätigen Kunstsachverständigen auch eingehalten wird.[350]

---

343 U.F.E., 75009 Paris, www.ufe-experts.com (Stand 11/2011).

344 *Vigneron*, AA&L October 2008, 297 (305); *Duret-Robert*, Rn. 61.51; *Lequette-de Kervenoaël*, S. 180, die ersten drei der genannten Organisationen haben im Jahre 1988 die *Confédération Européenne des Experts d'Art* (*C.E.D.E.A.*) gegründet, zu welcher auch die *Chambre Belge des Experts en Œuvres d'Art* zählt, u.a. um eine supranationale Interessenvertretung der einzelnen Verbände zu bilden. Diese verfügt über einen eigenen *Code de Déontologie*, der den sachverständigen Mitgliedern verschiedene Verpflichtungen auferlegt, wie etwa Verschwiegenheit oder Wettbewerbsverbote.

345 Die *S.F.E.P.* verlangt etwa eine Berufserfahrung von fünf Jahren, die *C.N.E.S.* und die *C.N.E.* jeweils zehn Jahre, wobei der Nachweis bestimmter Universitätsabschlüsse das Erfordernis der Berufserfahrung auf sieben Jahre verringert; vgl. *Duret-Robert*, 61.51.

346 *Lequette-de Kervenoaël*, S. 180; *Moulin/Quemin*, Annales ESC 1993, 1421 (1428 f.).

347 *Le Tourneau*, Nr. 1053.

348 Art. L. 321-30 *C.com.* lautet: „*Tout expert intervenant à titre onéreux à l'occasion d'une vente de meubles aux enchères publiques est tenu de contracter une assurance garantissant sa responsabilité professionnelle.* (…)". Vgl. *Duret-Robert*, Rn. 61.23; *Maket*, in: Actes du Colloque 2004, S. 13 (19); *Honlet/de Baecque*, D. 2001, 141 (143).

349 Siehe etwa bei *Lequette-de Kervenoaël*, S. 192; *Quemin*, Code des ventes volontaires et judiciaires, S. 440.

350 Art. L. 321-31 *C.com.* lautet: „*L'organisateur de la vente veille au respect par l'expert dont il s'assure le concours des obligations et interdictions respectivement prévues au premier alinéa de l'article L. 321-30 et à l'article L. 321-32. Il en informe le public.*".

II. Das Kunstgutachten

Der folgende Abschnitt untersucht die Anforderungen, die die französische Rechtsordnung an Kunstgutachten stellt. Auf die tatsächliche Kunstsachverständigentätigkeit, ihre Methodik und naturwissenschaftliche Verfahren wurde bereits oben eingegangen. In der praktischen Anwendung bestehen keine Unterschiede zur Tätigkeit von deutschen oder englischen Kunstsachverständigen, so dass eine weitere Differenzierung nicht erforderlich ist.

1. Voraussetzungen und Anforderungen an ein Kunstgutachten

Art und Umfang einer Begutachtung werden im Vertragsverhältnis zwischen Auftraggeber und Sachverständigen festgelegt. In der Gestaltung von Form und Umfang seines Kunstgutachtens unterliegt der Sachverständige keinen gesetzlichen Anforderungen.[351] In der Literatur werden vereinzelte Hinweise zum Inhalt eines Gutachtens gegeben, wonach etwa der Name des Künstlers, ggf. der Titel des Werks, eine Beschreibung des Werkes, eine Datierung, Angaben zu einer Signatur oder sonstigen Kennzeichnungen, Angaben zur Technik und den verwendeten Materialien, Angaben zu den Abmessungen sowie Name, Anschrift, Datum und Unterschrift des Autors des Gutachtens enthalten sein sollen.[352] Seine Darstellungen sollen sorgfältig und so präzise wie möglich erfolgen.[353]

2. Das Honorar des Kunstsachverständigen

Der Kunstsachverständige kann, ausgenommen sind die gerichtlichen Sachverständigen (*experts judiciaires*), sein Honorar frei vereinbaren.[354] Dagegen war in den Verordnungen von 1945 und 1956 noch geregelt, dass ein im Zusammenhang mit einer Versteigerung tätiger Kunstsachverständiger sein Honorar entsprechend den Festlegungen der *Chambre nationale des commissaires-priseurs* mit einem festen prozentualen Satz des Wertes des begutachteten Objektes zu berechnen hatte.[355]

---

351 Zur persönlichen Durchführung der Begutachtung durch den Sachverständigen vgl. Cass., 3ème civ., 26.11.2008, Bull. civ., III, Nr.189 = JCP G 2009, IV, 1007, S. 48.

352 Siehe vereinzelt etwa bei *Duret-Robert*, Rn. 62.11 f.; 64.11 ff.

353 Siehe *Lequette-de Kervenoaël*, S. 475; TGI Paris, 19.02.1987, Journ. des C.-P. 1987, 185 (188).

354 *Dictionnaire permanent epargne*, Marché de l'Art, S. 508, Rn. 282. Die Höhe der Vergütung eines gerichtlichen Sachverständigen (siehe Art. 263 ff. *NCPC*) wird durch das Gericht festgelegt, Art. 269 *NCPC*; *Bourgeois/Julien/Zavaro*, S. 150 ff.; *Bastien*, J.-Cl. civ., Annexes, Propriété Littéraire et Artistique, Fasc. 1090, Nr. 10.

355 *Lequette-de Kervenoaël*, S. 183; *Duret-Robert*, Rn. 63.11. f.

Aber obgleich seit 1985 das Honorar frei gestaltet werden kann, rechneten verschiedene im Zusammenhang mit einer Versteigerung tätige Kunstsachverständige weiterhin nach diesem System ab, wobei andere ihr Honorar erheblich nach unten korrigiert haben.[356]

B. Die Haftung des Kunstsachverständigen: Dogmatische Grundlagen und Haftungsvoraussetzungen

I. Die Haftung des Kunstsachverständigen gegenüber dem Auftraggeber

Die Haftung des Kunstsachverständigen richtet sich im französischen Recht grundsätzlich nach den allgemeinen Vorschriften des *Code civil* und daneben unter konkreten Voraussetzungen nach besonderen Vorschriften des *Code de Commerce*, auf die später in der Darstellung zur Haftung des Kunstsachverständigen für seine Tätigkeit im Zusammenhang mit Versteigerungen eingegangen wird. Die gegenüber dem Kunstsachverständigen bestehenden Ansprüche nach dem *Code civil* ergeben sich sowohl aus allgemeinem Vertragsrecht, der sog. *responsabilité contractuelle,* als auch aus Deliktsrecht, der sog. *responsabilité délictuelle*.[357] Dabei unterliegt die Haftung des Sachverständigen besonderen, dem französischen Recht eigenen Voraussetzungen, auf die in der folgenden Darstellung im Einzelnen eingegangen wird.

1. Vertragliche Ansprüche

Das Verhältnis zwischen Auftraggeber und Kunstsachverständigen richtet sich nach der zugrundeliegenden vertraglichen Vereinbarung. Daraus resultiert, dass sich die

---

356 *Duret-Robert*, 63.11. Zu den wettbewerbsrechtlichen Aspekten dieser Praxis *Lequette-de Kervenoaël*, S. 183 f.

357 In den neueren Ansichten der französischen Rechtslehre finden sich inzwischen einige Vertreter, die diese Zweiteilung in *responsabilité contractuelle* und *responsabilité délictuelle* kritisch diskutieren. Der Begriff der *responsabilité contractuelle* sei in seiner Verwendung nicht zutreffend. Man müsse vielmehr von einer *inexécution contractuelle* (vertragliche Nichterfüllung) zu sprechen. Dies begründe sich darauf, dass die deliktsrechtliche Haftung unabhängig sei und zwischen zwei voneinander unabhängigen Personen bestehe. Dagegen seien die Rechtsfolgen der Nichterfüllung von vertraglichen Pflichten ein Substitut der Erfüllung und durch den Vertragsinhalt bestimmt. Da die Folgen der Nichterfüllung vertraglicher Pflichten ein Äquivalent für die versprochenen Leistungen darstellen, können diese Folgen nicht als *responsabilité contractuelle* verstanden werden, siehe zur Diskussion: *Le Tourneau*, Rn. 802 ff.; *Leturmy*, RTD civ. 1998, 839 (867 ff.); *Rémy*, RTD civ. 1997, 323 (346 ff.); *Savaux*, RTD civ. 1999, 1 ff.; *Radé*, J.-Cl. civ., Art. 1146-1156, fasc. 170, Nr. 1; hierzu *Duret-Robert*, Nr. 142.11; auch *Brieskorn*, S. 16 ff.

Ansprüche des Auftraggebers gegenüber dem Sachverständigen grundsätzlich aus dessen *responsabilité contractuelle* nach den Artt. 1147 ff. *Code civil* (*C.civ.*), d.h. seiner vertraglichen Haftung ergeben. Eine deliktsrechtliche Haftung, die sog. *responsabilité délictuelle* nach den Artt. 1382 ff. *C.civ.* kommt dagegen nur in Betracht, wenn ein Schaden außerhalb eines vertraglichen Schuldverhältnisses (*rapport d'obligation*) entsteht. Dies beruht auf dem das französische Zivilrecht charakterisierenden Prinzip des *non-cumul*, nach dem Ansprüche aus Vertrag und solche aus Delikt grundsätzlich nicht nebeneinander stehen können.[358]

a) Der vertragliche Rahmen der Kunstsachverständigentätigkeit

Bevor im Einzelnen auf die vertraglichen Ansprüche des Auftraggebers gegenüber dem Sachverständigen eingegangen wird, soll zunächst ihr vertragsrechtlicher Rahmen definiert werden. Die Ansichten zur Frage, welcher Natur das Vertragsverhältnis zwischen dem Auftraggeber des Gutachtens und dem Kunstsachverständigen entspricht, weichen voneinander ab. Innerhalb der französischen Rechtsordnung wird einerseits eine Einordnung als Auftrag (*mandat*) im Sinne der Artt. 1984 ff. *C.civ.* und andererseits als Werkvertrag (*contrat d'entreprise*) im Sinne der Artt. 1779 ff. *C.civ.* angenommen.[359] Vereinzelt wird die Auffassung vertreten, das Vertragsverhältnis des Auftraggebers mit dem Sachverständigen entspreche einem *mandat*[360] im Sinne des Artt. 1984 *C.civ.*, welcher im weiteren Sinne mit dem Auftrag gemäß §§ 670 ff. BGB nach deutschem Recht vergleichbar[361]

---

[358] *v.Bar*, Gemeineurop. Deliktsrecht, Bd. 1, S. 429 ff. Zur Konkurrenz vertraglicher und deliktsrechtlicher Ansprüche und dem sog. Prinzip des *non-cumul*, siehe ausführlich unten Seite 79.

[359] Siehe zur grds. Abgrenzung der beiden Vertragsarten des *C.civ.*: *Gibirila*, J.-Cl. civ., Art. 1787, fasc. 40, Nr. 23 ff.; *Malaurie/Aynès/Gautier*, Contrats Spéciaux, Rn. 709 ff.

[360] Art. 1984 Abs. 1 *C.civ.*: „*Le mandat ou procuration est un acte par lequel une personne donne à une autre le pouvoir de faire quelque chose pour le mandant et en son nom. Le contrat ne se forme que par l'acceptation du mandataire.*"

[361] Diese Vergleichbarkeit des *mandat* findet aber beispielsweise schon in der dem deutschen Recht innewohnenden Abgrenzung des Auftrages von einem Werkvertrag hinsichtlich der Unentgeltlichkeit eines Auftrages ihre Grenzen, denn das Kriterium der Unentgeltlichkeit hat im französischen Recht keine vergleichbare Bedeutung, *Ferid/Sonnenberger*, Bd. 2, Rnrn. 2 K 108 und 2 K 208. Die Unentgeltlichkeit des Auftrages ist im Zweifel anzunehmen und stellt im französischen Recht keine Qualifizierung eines Vertrages als Auftrag dar, siehe *Leclerc*, Rn. 868. Die Rechtsprechung hat das Vorliegen eines *mandats* nur für den Fall angenommen, wenn der Beauftragte rechtsgeschäftliche Akte für den Auftraggeber vornimmt, wogegen ein Werkunternehmer ein materielles oder intellektuelles Werk erbringt, vgl. *Ferid/Sonnenberger*, Bd. 2, Rn. 2 K 108; zur Abgrenzung *Bertolaso*, J.-Cl. Resp. civ. et Ass., Fasc. 375, Nr. 15 f.; siehe zum im Rahmen eines *mandat* tätigen Kunstexperten etwa bei *Dictionnaire permanent epargne*, Marché de l'Art, S. 510, Rn. 286. Vgl. zu einem KFZ-Sachverständigen CA Nancy, Urt. v. 12.01.1984, Gaz. Pal. 1984, 2, Jur.

ist.[362] Demgegenüber wird das Vertragsverhältnis zwischen dem Kunstsachverständigen und dem Auftraggeber überwiegend als „*contrat d'entreprise*"[363] nach Art. 1787 *C.civ.* klassifiziert, der dem Werkvertrag nach deutschem Recht ähnelt.[364] Auch wenn das Gesetz nicht mit einer Legaldefinition des *contrat d'entreprise* aufwartet, so besteht Einigkeit, dass es sich um einen gegenseitigen konsensualen Vertrag handelt, bei dem sich ein Unternehmer gegenüber einem Auftraggeber gegen ein Entgelt verpflichtet, ein bestimmtes Werk zu erbringen.[365] Dieses kann in Form eines körperlichen oder aber auch immateriellen bzw. intellektuellen Werkes erbracht werden.[366]

b) Voraussetzungen für das Zustandekommen des Vertrages

Für das Zustandekommen des *contrat d'entreprise* gelten die allgemeinen vertragsrechtlichen Voraussetzungen nach dem *C.civ.*, welche in dieser Untersuchung vorausgesetzt werden.[367] Nach den Artt. 1108 ff *C.civ.* bedarf es zweier übereinstimmender Willenserklärungen, Angebot (*offre*) und Annahme (*acceptation*), über ein Rechtsgeschäft, das sog. *consentement*. Zwar verlangt Art. 1341 *C.civ.*, dass bei einem Übersteigen eines Vertragswertes von gegenwärtig EUR 1.500,00 ein Schriftstück über den Vertragsschluss angefertigt wird.[368] Wird jedoch entgegen dieser Norm eine schriftliche Fixierung des Vertrages nicht vorgenommen, so hat dies keinen Einfluss auf dessen Gültigkeit, sondern wirkt sich lediglich als Beschränkung

---

623, mit Anm. *Fray*.

362 Siehe bei *Sandrock*, in: ISWA 1990, S. 611 (632, dort Fn. 55).

363 Er wird auch als *contrat de louage d'industrie* bezeichnet. Entsprechend der römischen Tradition finden sich Miet-, Dienst- und Werkvertrag im französischen *C.civ.* noch unter einer gemeinsamen Überschrift: dem sog. *contrat de louage*; dieser wird als ein Unterfall der *locatio conductio* verstanden, *Ferid/Sonnenberger* Bd. 2, Rn. 2 K 101; *Hübner/Constantinesco*, S. 173.

364 Siehe bei *Caron*, LPA 2009, 8 (14); *Baillet Bouin*, D. 2007, 2288 (2290); *Le Tourneau*, Rn. 4868; *Sandrock*, in: ISWA 1990, S. 611 (632, Fn. 55); *Delvolve*, in: ISWA 1990, S. 725 (728); wohl auch *Labarthe/Noblot*, Rn. 745 a.E. Vgl. CA Rouen, Urt. v. 19.05.1987, Gaz. Pal. 1987, 2, Jur. 517 (519), mit Anm. *Guittard*.

365 Ausführlich bei *Gibirila*, J.-Cl. civ., Art. 1787, fasc. 40, Nr. 5 ff.

366 Vgl. auch Cass., 3ème civ., Bull. civ., III, Nr. 51, S. 39, wonach auch intellektuelle Tätigkeiten dem *contrat d'entreprise* unterfallen; *Ferid/Sonnenberger*, Bd. 2, Rn. 2 K 102.

367 Nach der französischen Dogmatik sind dies die folgenden vier Elemente: *Capacité* (Geschäftsfähigkeit), *Consentement* (Einigung), *Cause* (Rechtsgrund) und *Objet* (Gegenstand), vgl. *Terré/Simler/Lequette*, Rn. 79 ff.

368 Seit dem *décret* Nr. 2004-836 v. 20.08.2004, veröffentlicht in: *JO*, v. 22.08.2004, liegt der Betrag bei 1.500,00 EUR, früher lag dieser bei 5.000,00 FF, gem. *décret* Nr. 80-533 v. 15.07.1980; vgl. *Hübner/Constantinesco*, S. 164; *Sonnenberger/Dammann*, Rn. II 15 ff.

der Beweismöglichkeit für den Abschluss eines Vertrages aus.[369] Im Rahmen eines Rechtsstreits können sich insoweit Schwierigkeiten ergeben, als dass der Zeugenbeweis ausgeschlossen ist und der Anspruchsteller seine Ansprüche dann grundsätzlich nur durchsetzen kann, wenn der Anspruchsgegner den Vertragsschluss nicht substantiiert bestreitet.[370] Zwischen Kaufleuten dagegen ist jede Form der Beweisführung gestattet, so dass auch der Zeugenbeweis für diesen Fall in Frage kommt.[371] Das zur Begründung eines Haftungsanspruches gegenüber dem Sachverständigen notwendige wirksame Vertragsverhältnis muss vom Anspruchsteller bewiesen werden. Gibt ein Kunstsachverständiger nur eine einfache Meinung zu einem Kunstwerk ab, ohne ein schriftliches Gutachten zu erstellen oder nachweisbar ein Honorar dafür erhalten zu haben, so kann der Anspruchsteller in Beweisschwierigkeiten kommen.[372]

c) Voraussetzungen der vertraglichen Haftung

In der Einleitung zu diesem Abschnitt wurde bereits angedeutet, dass die Unterscheidung zwischen der vertraglichen Haftung, der sog. *responsabilité contractuelle* und der deliktsrechtlichen Haftung, der sog. *responsabilité délictuelle ou quasi-délictuelle*, für das französische Zivilrecht charakterisierend ist. Der dabei verwendete Begriff der *responsabilité* entspricht der französischen Rechtstradition von Generalklauseln und weiten Rechtsbegriffen.[373] Er soll in seiner Universalität den Fall beschreiben, in dem eine Person aufgrund einer Zuwiderhandlung gegen vertragliche oder andere zivilrechtliche Verpflichtungen entsprechend der dafür gesetzlich vorgesehenen Folgen einstehen muss.[374] Für die *responsabilité contractuelle* des Kunstsachverständigen setzt dies eine Zuwiderhandlung gegen die vertraglichen Verpflichtungen (sog. *obligations contractuelles*) voraus, welche eine gesetzliche Verpflichtung zum Ersatz des aus diesem schädigenden Ereignis fließenden Schadens auslöst.[375] Damit lässt sich der Begriff der *responsabilité* als umfassender, die jeweilige vertrags- und deliktsrechtlich bestehende Haftungssystematik umschreibender

---

[369] Siehe *Renault-Brahinsky*, S. 47; *Calais-Auloy/Steinmetz*, Rn. 165; *Hübner/Constantinesco*, S. 164; *Sonnenberger/Autexier*, S. 126. Art. 1341 *C.civ.* kann auch stillschweigend abbedungen werden, *Leveneur*, Art. 1341, Nr. 2.

[370] Siehe bei *Ferid*, Bd. 1, Rn. 1 E 140.

[371] Vgl. Art. L. 110-3 *C.com.*, siehe *Labarthe/Noblot*, Rn. 456; *Ferid*, Bd. 1, Rn. 1 E 146; *Sonnenberger/Dammann*, Rn. II 15.

[372] Siehe bei *Duret-Robert* Nr. 64.22 mwN.

[373] Siehe etwa bei *Ferid*, Bd. 1, Rn. 2 M 43 ff.

[374] Zu den Bedeutungen des Begriffes der *responsabilité* siehe auch bei *Saint-Pau*, J.-Cl. civ., Art. 1146-1155, Fasc. 175, Nr. 1 ff.; *Le Tourneau*, Rn. 803 ff.

[375] Hierzu im Folgenden.

Terminus charakterisieren.[376] Aufgrund der Weite dieses Begriffes der *responsabilité* erscheint daher eine synonyme Anwendung des deutschen Begriffes „Haftung" im Sinne einer Einstandspflicht gestattet. Der folgende Abschnitt wird nun auf die einzelnen Voraussetzungen der vertraglichen Haftung, der sog. *responsabilité contractuelle* eingehen.

aa) Der Begriff der „inexécution de l´obligation contractuelle" des Art. 1147 C.civ.

Im französischen Recht der Leistungsstörungen bilden die Artt. 1146 ff *C.civ.* die Basis für den vertragsrechtlichen Schadensersatz.[377] Die Generalklausel des Art. 1147 *C.civ.* ist die zentrale Norm der Vertragshaftung und grundsätzlich auf alle Vertragsarten anwendbar.[378] Dort heißt es:

> *Le débiteur est condamné, s´il y a lieu, au paiement de dommages et intérêts, soit à raison de l´inexécution de l´obligation, soit à raison du retard dans l´exécution, toutes les fois qu´il ne justifie pas que l´inexécution provient d´une cause étrangère qui ne peut lui être imputée, encore qu´il n´y ait aucune mauvaise foi de sa part.*

Danach ist der Schuldner (*débiteur)* verpflichtet, im Falle der *inexécution*, der vertraglichen „Nichterfüllung" seiner vertraglichen Verpflichtungen, oder des Verzuges[379] (*retard dans l´exécution*) Schadensersatz (*dommages et intérets*) zu leisten, soweit er sich nicht mit einem von ihm nicht zu vertretenden Umstand (*cause étrangère*) entlasten kann.[380] Der zentrale Begriff der *inexécution* erfasst dabei als „vertragliche Nichterfüllung" alle Formen der nicht ordnungsgemäßen Vertragserfüllung, also wenn eine Vertragspartei ihre Pflichten etwa nicht zum vereinbarten

---

376 Zu den Begriffen *Brieskorn*, S. 26 ff.

377 *Brieskorn*, S. 182; *Schneider*, Abkehr, S. 34; *Gibirila*, J.-Cl. civ., Art. 1787, fasc. 40, Nr. 57. Siehe hierzu auch bei *Niggemann*, RIW 1998, 192 (195).

378 Ausnahmen von diesem Grundsatz bestehen beispielsweise in Sonderregeln, die primär anzuwenden sind. So z.B. der Vorrang der kaufrechtlichen Regelungen zum Gewährleistungsrecht in den Art. 1641 ff. *C.civ.* Zu kaufrechtlichen Ansprüchen beim Kunstkauf nach französischem Recht, *Olsburgh*, S. 22 ff.

379 Eine Verzugsproblematik mag durchaus auch für die Haftung von Kunstsachverständigen eine Rolle spielen, sie soll hier jedoch nicht Gegenstand der auf Schadensersatzansprüche konzentrierten Darstellung sein. Siehe weiterführend etwa bei *Ferid*, Bd. 1, Rn. 2 C 74 ff.

380 Zum vertraglichen Haftungskonzept des *Code Civil* siehe etwa *Sutschet*, Garantiehaftung, S. 183 ff.

Zeitpunkt, nur teilweise bzw. mangelhaft oder gar nicht erfüllt.[381] Eine gesetzlich niedergelegte Einteilung der verschiedenen Leistungsstörungen wie im deutschen Recht kennt die französische Systematik dagegen nicht.[382] Der Begriff der *inexécution* gestattet eine umfassende Subsumtion sämtlicher Leistungsstörungen, auch wenn das Gesetz in Art. 1147 *C.civ.* nur allgemein von der *inexécution de l'obligation* spricht.[383] Aus dem umfassenden Begriff der *inexécution* folgt allerdings auch, dass eine Haftung aus Art. 1147 *C.civ.* einen wirksamen Vertrag auf eine mögliche Leistung voraussetzt, im Falle eines nichtigen Vertrages stehen dem Geschädigten dann ausschließlich die deliktsrechtlichen Anspruchsgrundlagen gegenüber dem Kunstsachverständigen zur Verfügung.[384]

bb) Vertragliche Pflichten

Der Begriff der *inexécution de l'obligation* nach Art. 1147 *C.civ.* wirft zunächst die Frage nach den vertraglichen Leistungspflichten (*obligations contractuelles*) des Kunstsachverständigen gegenüber seinem Auftraggeber auf.[385] Grundsätzlich werden die Pflichten durch den Inhalt der zwischen den Parteien getroffenen Vereinbarung bestimmt. Soweit der genaue Inhalt dieser Leistungspflichten zwischen den Vertragsparteien streitig ist, muss ihr tatsächlicher Wille im Wege der Auslegung entsprechend den gesetzlichen Regelungen der Artt. 1156 ff. *C.civ.* ermittelt werden.[386] Für das Vertragsverhältnis mit dem Kunstsachverständigen gilt insoweit grundsätzlich, dass er als Hauptleistungspflicht ein inhaltlich richtiges Gutachten schuldet, seinem Auftraggeber demgegenüber die Pflicht zur Vergütung obliegt. Ob eine Abweichung von den geschuldeten vertraglichen Leistungspflichten besteht, ist eine in einem weiteren Schritt für den konkreten Einzelfall zu bemessende Tatfrage.

---

381 *Le Tourneau*, Rn. 1006 f.; *Terré/Simler/Lequette*, Rn. 567 ff.; vgl. bei *Hübner/Constantinesco*, S. 179; *Schneider*, Abkehr, S. 47; *Ohler*, S. 31; etwa auch bei positiver Forderungsverletzung; *Ranieri*, S. 575; schon eingehend *Sonnenschein*, S. 8 ff.

382 *Ferid*, Bd. 1, Rn. 2 C 1; *Hübner/Constantinesco*, S. 179.

383 Siehe *Ferid*, Bd. 1, Rn. 2 C 4. Der Begriff der *inexécution* erfasst nicht nur die Verletzung von Hauptleistungspflichten (*obligations principales*), sondern auch die von Nebenpflichten (*obligations accessoires*), *Le Tourneau*, Rn. 1008.

384 *Le Tourneau*, Rn. 814 ff. Dies gilt auch für die Verletzung von Rechten der anderen Partei im Vorfeld eines Vertragsschlusses, die sich nach französischem Recht nach Deliktsrecht bemisst, *Le Tourneau*, Rn. 824 ff.; zur ausschließlich deliktsrechtlichen Haftung im Falle eines nichtigen Vertrages, siehe *ders.*, Rn. 961 ff.

385 *Dictionnaire permanent epargne*, Marché de l'Art, S. 510, Rn. 286.

386 Siehe *Simler*, J.-Cl. civ., Art. 1156-1164, fasc. 30, Nr. 6 ff.

cc) Unterscheidung zwischen „obligation de résultat“ und „obligation de moyens“

Der Inhalt und Umfang der vertraglichen Pflichten bemisst sich im französischen Zivilrecht vom Grundsatz her danach, ob der Kunstsachverständige die Herbeiführung eines konkreten Erfolges, einer sog. *obligation de résultat*,[387] oder die Vornahme einer geeigneten sorgfältigen Leistungshandlung, einer sog. *obligation de moyens*,[388] schuldet.[389] Die Unterscheidung zwischen *obligation de moyens*[390] und *obligation de résultat*[391] wurde zum ersten Mal von *René Demogue* in den zwanziger Jahren des letzten Jahrhunderts publiziert.[392] Sie wurde von der französischen Recht-

---

387 Definition: „(...) *le débiteur peut promettre au créancier de lui procurer un résultat déterminé, de faire le nécessaire, coûte que coûte, per fas et nefas*“, vgl. etwa bei *Le Tourneau/Poumarède*, Juris-Cl., Art. 1136-1145, fasc. 19, Nr. 23.

388 Definition: „*Tantôt le débiteur ne promet rien d'autre que de mettre au service du créancier les moyens dont il dispose, tous ses moyens, de faire toute diligence pour exécuter le contrat, de faire « tout son possible ».*“, *Le Tourneau/Poumarède*, J.-Cl. civ., Art. 1136-1145, fasc. 19, Nr. 13.

389 Mit dem sog. „*Avant-projet Catala*“ wurde im Jahre 2005 ein Entwurf für eine Reform des französischen Schuldrechts vorgelegt, hierzu ausführlich *Ancel*, in: Remien, Schuldrechtsmodernisierung, S. 45 ff. Der Entwurf enthält in Art. 1149 eine gesetzliche Definition der Kategorien von *obligation de résultat* und *obligation de moyens*: „*L'obligation est de résultat lorsque le débiteur s'engage à atteindre le but défini par le contrat. L'obligation est de moyens lorsque le débiteur s'engage seulement à fournir les soins et diligences normalement nécessaires à la réalisation de ce but. Cette obligation est plus ou moins étendue relativement à certains contrats dont les effets à cet égard sont expliqués sous les titres qui les concernent (Cette dernière phrase est reprise de l'article 1137 actuel du Code civil).*“, siehe bei *Ranieri*, S. 601, Fn. 84. Zum „*Projet de la Chancellerie de réforme du droit des contrats*“ etwa *Leveneur*, CCC 2008, Nr. 11, Repère 10, 1.

390 Als Paradebeispiel einer *obligation de moyens* wird in der französischen Literatur die ärztliche Tätigkeit genannt, die sich nicht auf einen Erfolg, sondern auf sorgfältige Erfolgsbemühungen bezieht, da ein Arzt keine Heilung verspricht, siehe bei *Le Tourneau*, Rn. 3215.

391 Ist der Erfolgseintritt für den Schuldner in der Art und Weise sicher, dass das Ausbleiben unweigerlich einer Nichterfüllung entspricht, so liegt in der Regel eine *obligation de résultat* vor. Eine *obligation de résultat* besteht etwa bei einem Transportvertrag, *Malaurie/Aynès/Stoffel-Munck*, Obligations, Rn. 949.

392 Die Unterscheidung findet ihren Ursprung im Widerspruch der beiden Art. 1137 und 1147 des *C.civ.* Gemäß Art. 1147 *C.civ.* gilt ein strenges Haftungsregime. Nach dem Wortlaut führt jede *inexécution* unweigerlich zu einer Haftung des Schuldners, seine konkreten Leistungspflichten bleiben jedoch indifferent. Dagegen gilt nach Art. 1137 ein leichteres Haftungsregime, da der Schuldner nur die Sorgfalt eines *bon père de famille* anzuwenden hat und nicht unweigerlich bei jeder Vertragsverletzung haften muss. Vielmehr muss der Gläubiger das Vertretenmüssen des Schuldners nachweisen. Siehe bei *Malaurie/Aynès/Stoffel-Munck*, Obligations, Rn. 939. Nach *Demogue* besteht jedoch gar kein Widerspruch zwischen beiden Vorschriften, sondern beide haben nur eine andere *obligation* zur Grundlage.

sprechung und Lehre übernommen und prägt diese, wenn auch fort- und weiterentwickelt, bis heute. Ob für den konkreten Vertrag die Leistungspflicht in Form einer *obligation de résultat* oder einer *obligation de moyens* besteht, ist eine Rechtsfrage, die der gerichtlichen Kontrolle unterliegt.[393] Sie ist primär immer eine Frage der Auslegung des Vertrages[394] und wurde für einen großen Teil von Vertragskategorien durch die französische Rechtsprechung typisiert.[395]

Folgt man den Kriterien der französischen Rechtsprechung, so gilt für die Herstellung körperlicher Werke in der Regel, dass die vertragstypische Verpflichtung des Werkunternehmers in einer sog. *obligation de résultat* besteht, da die vertragliche Leistungspflicht in einem konkreten festgelegten Ergebnis besteht.[396] Dagegen gilt für die Herstellung nichtkörperlicher Werke, dass es sich bei der vertragstypischen Verpflichtung um eine sog. *obligation de moyens* handelt, da sich der Schuldner vertraglich nur zu einem sorgfältigen Einsatz seiner Fähigkeiten und nicht zu einem bestimmten Ergebnis verpflichtet hat.[397] Die vertragliche Leistungspflicht eines Kunstsachverständigen liegt, abgesehen von den durchzuführenden physischen Untersuchungen, vorwiegend in einer geistigen Leistung: bei der Begutachtung und Bewertung von Kunstwerken hat sich der Kunstsachverständige vertraglich zum Einsatz seiner persönlichen Fähigkeiten und Kenntnisse verpflichtet. Das Leistungsversprechen liegt damit also nicht in der Herbeiführung eines konkreten Erfolges, sondern in einer Tätigkeit des Schuldners, bei welcher dieser alle seine Erfahrungen und Kenntnisse einsetzen muss, um das vertraglich vereinbarte Ziel zu erreichen.[398] Abgesehen von konkreten vertraglichen Vereinbarungen zwischen dem Auftraggeber des Gutachtens und dem Kunstsachverständigen besteht die Leistungspflicht des Kunstsachverständigen daher in einer *obligation de moyens*.[399]

Aufgrund verschiedener Inhalte führen diese u.a. zu einer anderen Beweislastverteilung; vgl. *Demogue*, Traité des obligations en général, Bd. V., Nr. 1237; Bd. VI, Nr. 599.

393 *Le Tourneau*, Rn. 3212 mwN: etwa Cass., 1ère civ., 11.02.1975, D. 1975, 533; eingehend zur Bestimmung schon bei *Frossard*, S. 27 ff., 123 ff.

394 *Zweigert/Kötz*, S. 500. Zu den einzelnen Auslegungskriterien siehe *Le Tourneau/Poumarède*, J.-Cl. civ., Art. 1136-1145, fasc. 19, Nr. 65 ff.

395 *Voirin/Goubeaux*, Nr. 1006.

396 Siehe etwa bei *Le Tourneau/Poumarède*, J.-Cl. civ., Art. 1136-1145, fasc. 19, Nr. 24 ff.

397 *Ferid/Sonnenberger*, Bd. 2, Rn. 2 K 132; z.B. der *expert-comptable*, der Standards entsprechend der Grundsätze einer ordnungsmäßigen Berufsausübung walten lassen muss, Cass., ch. com., Urt. v. 02.06.1987, D. 1987, jur., 500 ff. mit Anmerkung *Viandier*; vgl. *Duret-Robert*, Rn. 142.22 f.

398 *Bertolaso*, J.-Cl. Resp. civ. et Ass., Fasc. 375, Nr. 24; *Lequette-de Kervenoaël*, S. 461 f.

399 CA Bordeaux, 1ère ch. civ., 28.09.2009, D. 2010, 749; CA Paris, 1ère ch., 05.04.1996, Az. 94-24103, JurisData Nr. 1996-021523; CA Paris, 7ème ch., Urt. v. 27.02.1982, Journ. des C.-P. 1983, 92 (94) mit Anmerkung *Gaultier*, S. 97 (98) (zu einem sog. „Nero-Sesterz“);

dd) Der Begriff der „faute“

Nach dem Wortlaut des Art. 1147 *C.civ.* begründet allein das Vorliegen der *inexécution de l'obligation* eine Haftung des Schuldners, ohne dabei ein Verschuldenserfordernis zu formulieren.[400] Dennoch ist für die vertragliche Haftung das Vorliegen der sog. *faute contractuelle* als verschuldensbezogene Haftungsvoraussetzung erforderlich.[401] Der einzige direkte Hinweis hierfür findet sich in Art. 1137 *C.civ.*[402], welcher auf einen objektiven Haftungsmaßstab des „*bon père de famille*“ als Kriterium der verkehrsüblichen Sorgfalt hindeutet.[403] Eine dogmatische Identität zwischen *inexécution* und *faute* besteht dabei prinzipiell nicht.[404] Da der französische Gesetzgeber den Begriff der *faute* weder bei einschlägigen Spezialnormen noch in allgemeinen Regelungen des Schuldrechts konkretisiert hat, blieb es daher bislang Rechtsprechung und Lehre überlassen, eine Definition zu entwickeln.[405] Das Merkmal der *faute* beschreibt „die zurechenbare Nichterfüllung einer an der geschuldeten Herbeiführung eines Vertragserfolges oder an dem Verbot „neminem laedere“ ausgerichteten Verhaltensschuld“.[406] Über keine klare Trennung zwischen dem objektiven Un-

---

Duret-Robert, Rn. 142.23; *Lequette-de Kervenoaël*, S. 462; *Kendérian*, D. 2010, 749 (750 f.); *Dictionnaire permanent epargne*, Marché de l'Art, S. 510, Rn. 287; *Lamarque*, Droit et fiscalité du marché de l'art, S. 109; *Tomasini*, S. 45; auch *Vigneron* AA&L October 2008, 297 (306 f.), welche jedoch in der jüngeren Rechtsprechung eine Tendenz hin zu einer *obligation de résultat* ausmacht – siehe hierzu unten Seite 92 ff. mwN; auch bei *Duret-Robert*, Rn. 142.31 und 143.26; siehe hierzu die Kritik von *Baillet Bouin*, D. 2007, 2288 (2291); *Bertolaso*, J.-Cl. Resp. civ. et Ass., Fasc. 375, Nr. 25. Eine *obligation de moyens* findet sich i.d.R. bei den freien Berufen wie z.B. Rechtsanwälten, Buchprüfern – zu den vertraglichen Leistungspflichten eines *expert-comptable* siehe etwa *Lemaignan*, J.-Cl. civ., Art. 1383, Fasc. 376, Nr. 20 ff.

400 *Wester-Ouisse*, RTD civ. 2010, Nr. 3, 419 (423).

401 *Ferid*, Bd. 1, Rn. 2 C 15; *Ranieri*, S. 572 ff.; *Terré/Simler/Lequette*, Rn. 570 f.; *Brieskorn*, S. 150 f.; kritisch *Sutschet*, S. 183; *Schneider*, Abkehr, S. 35 ff. Siehe auch schon *Constantinesco*, S. 217 ff.; *Ohler*, S. 46 ff.

402 Art. 1137 *C.civ.*: „*L'obligation de veiller à la conservation de la chose, soit que la convention n'ait pour objet que l'utilité de l'une des parties, soit qu'elle ait pour objet leur utilité commune, soumet celui qui en est chargé à y apporter tous les soins d'un bon père de famille. Cette obligation est plus ou moins étendue relativement à certains contrats, dont les effets, à cet égard, sont expliqués sous les titres qui les concernent.*“.

403 *Ferid*, Bd. 1, Rn. 2 C 14 f.; siehe auch *Ranieri*, S. 578 f.

404 *Saint-Pau*, J.-Cl. civ., Art. 1146-1155, fasc. 171-20, Nr. 4; *Knetsch*, S. 34 f.

405 Ausführlich *Viney/Jourdain*, Rn. 440 ff. Siehe etwa die Definition von *Planiol*: „*La faute est une contravention à une obligation préexistante.*“, in: Rev. crit. 1905, S. 277 ff. (287), siehe *Ferid/Sonnenberger*, Bd. 2, Rn. 2 O 105 mwN. Siehe auch Art. 1352 des Entwurfs des „*Avant-projet Catala*“ von 2005, hierzu *Ranieri*, S. 1460 ff.

406 So definiert von *Knetsch*, S. 36 mwN; siehe auch bei *Gotthardt*, in: v.Bar, Deliktsrecht in Europa, Frankreich, S. 17 ff.

werturteil über das schädigende Verhalten und dem subjektiven Schuldvorwurf verfügt der Begriff der *faute* dabei nicht.[407] Hinsichtlich des Schuldvorwurfes lassen sich verschiedene Stufen differenzieren.[408] Prinzipiell kann zwar jede Form der *faute* eine Haftung begründen.[409] Die Differenzierung hat vorliegend jedoch Relevanz für die Haftungsbeschränkung des Art. 1150 *C.civ.* und die Wirksamkeit haftungsbeschränkender Klauseln, worauf jeweils noch gesondert eingegangen werden wird. Während mit *dol* die schwerste Stufe, die der Schädigungsabsicht, gekennzeichnet wird, werden mit *faute lourde* Fälle der bewussten Fahrlässigkeit, aber auch des bedingten Vorsatzes umfasst.[410] Mit *faute légère* werden Fälle einfacher Fahrlässigkeit gekennzeichnet.[411]

Wesentlich für das Kriterium der *faute* ist ferner die dargelegte, von *Demogue* entwickelte Unterscheidung zwischen Erfolgs- und Verhaltenspflichten, in *obligation de moyens* und *obligation de résultat*. Wird bei einer *obligation de résultat* der geschuldete Erfolg nicht erbracht, liegt im Ausbleiben dieses Erfolges die haftungsbegründende *inexécution*.[412] Das Vorliegen von *faute* wird bei der *obligation de résultat* vermutet.[413]

Demgegenüber liegt bei einer *obligation de moyens* die Verpflichtung des Schuldners nur in sorgfältigen Bemühungen, um die Erreichung eines angestrebten Erfolges zu fördern.[414] Die Beweislast für den Nachweis der Verletzung einer vertraglichen Verhaltenspflicht liegt hier beim Gläubiger.[415] Erst der Nachweis des Vorliegens von *faute* resultiert in einer Nichterfüllung vertraglicher Pflichten, also der *inexécution*.

---

407 *Gotthardt*, in: v.Bar, Deliktsrecht in Europa, Frankreich, S. 17 mwN; siehe auch bei *Ferid*, Bd. 1, Rn. 2 C 14; *Ferid/Sonnenberger*, Bd. 2, Rn. 2 O 104 f.; *Brieskorn*, S. 128 ff. Teilweise wird die *faute* rein objektiv verstanden, vgl. etwa *Sonnenberger/Autexier*, S. 131, die sich für eine Übersetzung des Begriffes mit „Pflichtwidrigkeit" statt „Verschulden" aussprechen.

408 Siehe eingehend bei *Ferid*, Bd. 1, Rn. 2 C 31 ff.

409 Siehe bei *Viney/Jourdain*, Rn. 599.

410 *Le Tourneau*, Responsabilité civile professionelle, Rn. 1.13 ff. Die *faute lourde* wird *dol* gleichgesetzt, *ders.*, Rn. 1.21; *Schneider*, Abkehr S. 353, 394 ff.

411 *Le Tourneau*, Responsabilité civile professionelle, Rn. 1.22.; *Ferid*, Bd. 1, Rn. 2 C 38.

412 *Saint-Pau*, J.-Cl. civ., Art. 1146-1155, fasc. 171-20, Nr. 61 ff.; *Ranieri*, S. 582; *Schneider*, Abkehr, S. 39.

413 Vgl. etwa *Saint-Pau*, aaO; *Terré/Simler/Lequette*, Rn. 580; *Brieskorn*, S. 140. Zur Haftungsbefreiung steht dem Schuldner dann nur der Nachweis von *cause etrangère* (Art. 1147 *C.civ.*), *force majeure* oder *cas fortuit* (Art. 1148 *C.civ.*) offen, *Sonnenberger/Autexier*, S. 131.

414 *Malaurie/Aynès/Stoffel-Munck*, Obligations, Rn. 941; vgl. *Ranieri*, S. 583.

415 *Terré/Simler/Lequette*, Rn. 579; *Saint-Pau*, J.-Cl. civ., Art. 1146-1155, fasc. 171-20, Nr. 33 ff.

Inexécution und *faute* stellen bei der *obligation de moyens* zwar grundsätzlich voneinander abzugrenzende Voraussetzungen dar, die hier aber als identisch angesehen werden.[416]

Wendet man sich von diesem Standpunkt nun dem Begriff der *faute* in inhaltlicher Hinsicht zu, so bemisst sich dieser grundsätzlich an den vertraglichen Vereinbarungen und im Übrigen am abstrakten Maßstab des *bon père de famille*.[417] Für den Bereich der Haftung für die Verletzung von Berufspflichten, der sog. *responsabilité professionnelle*, wie bei der hier betrachteten Haftung von Kunstsachverständigen findet eine Konkretisierung des sich aus Art. 1137 *C.civ.* ergebenden objektiven Maßstabes des *bon père de famille* durch den sog. *bon professionnel* statt.[418] Dieser Vergleichsmaßstab berücksichtigt etwa die besonderen Eigenheiten des beruflichen Metiers, berufsrechtliche Regelungen und Normen und die bei der Berufsausübung zur Anwendung zu bringenden Methoden und Arbeitsmittel hinsichtlich eines durchschnittlichen Standards der konkreten Berufsgruppe.[419] Für den als Generalisten tätigen Kunstsachverständigen bemisst sich der Standard des *bon professionnel* an einem durchschnittlichen Mitglied seiner Berufsgruppe.[420] Besondere Spezialkenntnisse eines Sachverständigen, etwa bei einer Spezialisierung auf einen bestimmten Künstler (*expert spécialiste*), können im Vergleich zu einem Sachverständigen mit einem weiten allgemeinen Tätigkeitsfeld (*expert généraliste*) eine den Standard des Spezialisten verschärfende Wirkung haben.[421]

Bei einer Begutachtung hat ein Sachverständiger fachgerecht unter Berücksichtigung des gegenwärtigen Standes von Wissenschaft und Technik mit der durchschnittlichen Sorgfalt eines *bon professionnel de sa specialité*[422] vorzugehen.[423] Zur Art und Weise der Tätigkeit eines Kunstsachverständigen und den verschiedenen Untersu-

---

416 *Malaurie/Aynès/Stoffel-Munck*, Obligations, S. 501, vor Rn. 939; *Schneider*, Abkehr, S. 136 (141), dort auch zur Fortentwicklung im Entwurf des „*Avant-projet Catala*" von 2005, S. 142; siehe hierzu auch *Brieskorn*, S. 129 mwN; kritisch *Ferid*, Bd. 1, Rn. 2 C 18 f.; differenzierend *Saint-Pau*, J.-Cl. civ., Art. 1146-1155, fasc. 171-20, Nr. 4.

417 *Malaurie/Aynès/Stoffel-Munck*, Obligations, Rn. 939 ff.

418 *Le Tourneau*, Nr. 3790 ff.; *ders.*, Responsabilité civile professionnelle, Rn. 1.10; *Duret-Robert*, Rn. 142.22; vgl. *Viney/Jourdain*, Rn. 498 mwN. Vgl. auch *Le Tourneau*, Nr. 3792.

419 *Saint-Pau*, J.-Cl. civ., Art. 1146-1155, fasc. 171-20, Nr. 9.

420 *Viney/Jourdain*, Rn. 464 mwN; siehe auch bei *Sprenger*, S. 56.

421 *Viney/Jourdain*, Rn. 471 mwN; TGI Paris, 1ère civ, 16.01.1991, Journ. des C.-P. 1991, 42 (45), mit Anmerkung *Gaultier*, S. 47 (48); *Duret-Robert*, Nr. 143.25.

422 *Viney/Jourdain*, Rn. 464 mwN; *Le Tourneau*, Responsabilité civile professionelle, Rn. 1.10.

423 *Dictionnaire permanent epargne*, Marché de l´Art, S. 510, Rn. 287; siehe dahingehend auch bei *Duret-Robert*, Rn. 143.27; *Lequette-de Kervenoaël*, S. 462 mwN; auch *Bertolaso*, J.-Cl. Resp. civ. et Ass., Fasc. 375, Nr. 24 f. Vgl. schon Trib. civ. de la Seine, 22.05.1951, Gaz. Pal. 1951, II, 277, „*recourir aux méthodes scientifiques modernes*".

chungsmethoden wird auf die allgemeinen Darstellungen oben in der Einleitung verwiesen. Grundsätzlich sollen Untersuchungen des Kunstwerkes durch den Sachverständigen am Original erfolgen.[424] Ein Foto allein gestattet keine eingehende Untersuchung des Kunstwerkes, wie etwa eine Untersuchung der zur Anwendung gebrachten Malweise oder der verwendeten Materialien.[425] Bei der Untersuchung des Kunstwerkes sind alle erforderlichen und üblicherweise zur Anwendung zu bringenden Untersuchungen und Recherchen durchzuführen.[426]

Eine unrichtige Zuschreibung bedeutet aber nicht notwendigerweise ein haftungsbegründendes Fehlverhalten des Kunstsachverständigen.[427] Nach dem *Tribunal de Grande Instance* von Paris ist es etwa für eine Begutachtung des Gemäldes eines Künstlers mit nur wenig bekanntem Oeuvre ausreichend, wenn objektive und ernstzunehmende Indizien bestehen, auf deren Grundlage sich das Sachverständigenurteil gebildet hat, eine an absolute Sicherheit grenzende Wahrscheinlichkeit ist nicht erforderlich.[428] Erlauben die Befunde des Sachverständigen jedoch nicht mit einem ausreichenden Maß an Sicherheit ein Kunstwerk als aus der Hand eines bestimmten Künstlers zu bezeichnen, darf der Sachverständige nur auf die mögliche Zuschreibung hinweisen.[429] Seine Angaben hat er präzise und sorgfältig zu machen, damit aufgrund seiner schriftlichen Ausführungen ein Laie nicht in die Irre geführt wird.[430] Im Einzelfall kann es einem Sachverständigen auch obliegen, soweit er nicht selbst Spezialist für das Oeuvre des Künstlers des begutachteten Werkes ist, die Meinung

---

424 Siehe *Duret-Robert*, Nr. 62.21; *Vray*, Anm. zu CA Paris, v. 14.03.1997, Gaz. Pal. 1997, 2, 482 (483); *Lequette-de Kervenoaël*, S. 463.

425 *Vray*, Anm. zu CA Paris, v. 14.03.1997, Gaz. Pal. 1997, 2, 482 (483).

426 *Lequette-de Kervenoaël*, S. 462 mwN; *Dictionnaire permanent epargne*, Marché de l'Art, S. 510, Rn. 287.

427 *Duret-Robert*, S. 399 mwN; TGI Paris, 1ère ch., 29.06.1992, Journ. des C.-P. 2000, 16, zu einer fehlerhaften Zuschreibung eines Gemäldes in das Oeuvre von *Amédée Ozenfant* (1886-1966), mit Anmerkung *Gaultier*, ebenda, 19; vgl. *Lequette-de Kervenoaël*, S. 461.

428 TGI Paris, 1ère ch., 29.06.1992, Journ. des C.-P. 2000, 16 (18): „(...) *leur compétence générale pour le commissaire priseur, et plus spécialisée pour l'expert, ne leur permet pas d'avoir des certitudes absolues dans un domaine qui consiste à authentifier l'œuvre d'un peintre dont l'œuvre n'est pas très bien connue; qu'il suffit qu'ils se soient fondés pour établir leur opinion, sur des indices sérieux et objectifs, à partir des connaissances disponibles à une époque donnée, pour avoir rempli normalement leurs obligations* (...)".

429 Cass., 1ère civ, 04.10.1988, Bull. civ., I, Nr. 273, 187 (188); Vorinstanz CA Bordeaux, 1ère ch. 10.03.1986, Journ. des C.-P. 1986, 3 (18), mit Anmerkung *Gaultier*, S. 9 ff. Nach *Duret-Robert* könne der Sachverständige auch darauf hinweisen, bestimmte Untersuchungen mit naturwissenschaftlichen Verfahren nicht durchgeführt zu haben, so dass deren Resultate ein anderes Gutachtenergebnis zur Folge haben könnten, *Duret-Robert*, Rn. 142.32; vgl. auch CA Paris, 1ère ch., 08.01.1990, D. 1990, IR 48.

430 TGI Paris, 19.02.1987, Journ. des C.-P. 1987, 185 (186).

einer anerkannten Autorität auf diesem Gebiet einzuholen, wie etwa dem Autor eines Werkverzeichnisses.[431]

ee) Versuch einer inhaltlichen Konkretisierung unter Berücksichtigung von Rechtsprechung und Literatur

Im Unterschied zu den im Anschluss an diesen Teil untersuchten Rechtsordnungen Englands und Deutschlands liegt für die hier betrachtete französische Rechtsordnung vielfältige Rechtsprechung zur Haftung von Kunstsachverständigen vor. Im Folgenden wird unter Auswertung der ersichtlichen Rechtsprechung und Literatur versucht, eine inhaltliche Konkretisierung vorzunehmen. Dabei kann hier keine abschließende Darstellung angestrebt werden, sondern nur eine näherungsweise Betrachtung. Weiter vorauszuschicken ist, dass für die vom Sachverständigen geschuldete Leistung stets die jeweiligen vertraglichen Vereinbarungen und tatsächlichen Gegebenheiten mit ihrer jeweiligen Aufgabenstellung von primärer Relevanz sind. Neben den Voraussetzungen des individuellen Rechtsverhältnisses muss der konkreten Konstellation des Einzelfalles Rechnung getragen werden. Die Art und Weise, wie der Kunstsachverständige seine Tätigkeit auszuführen hat, bestimmt sich daher von Fall zu Fall, denn sie ist vom zu begutachtenden Objekt abhängig, da jedes Kunstwerk eigene Anforderungen an die Begutachtung stellt. Einen Schwerpunkt bei der folgenden Darstellung bilden die Begutachtungen von Gemälden, da sie auch die Gerichtspraxis beherrschen.

(1) Kunstwissenschaftliche Untersuchung des Kunstwerks

Bei der eingehenden Untersuchung eines Kunstwerks durch den Sachverständigen macht zunächst die stilkritische Untersuchung einen wesentlichen Teil aus.[432] Bei Gemälden kann die Komposition, etwa wegen Fehlern in der Perspektive, Hinweise darauf geben, dass es sich nicht um ein Original handelt.[433] Auch eine Maltechnik, die nicht der gewöhnlicherweise vom fraglichen Künstler genutzten entspricht, kann ein Indiz sein, dass kein Original vorliegt, vor allem, wenn das Werk „nachlässig und

---

[431] TGI Paris, 08.07.1993, Journ. des C.-P. 2000, 26 (28, 31); TGI Paris, 25.02.1987, Journ. des C.-P. 1987, 193 (194, 197); *Duret-Robert*, Rn. 62.21.

[432] *Lequette-de Kervenoaël*, S. 197 ff. mit umfangreichen Nachweisen. Zur stilkritischen Untersuchung allgemein siehe bereits oben Seite 28.

[433] Siehe etwa bei Cass., 1ère civ., 26.05.1965, Bull. civ., I, Nr. 347, 256 f., das im Streit stehende Gemälde wies Fehler in der Perspektive auf, die in einem originalen Werk aus der Hand *Adolphe Monticellis* (1824-1886) nicht enthalten gewesen wären; *Lequette-de Kervenoaël*, S. 198.

inkohärent" ausgeführt ist.[434] „Mangelnde Spontanität und unbeholfene Ausführung" ließ die Sachverständigen in einem Rechtsstreit vor dem *Tribunal de Grande Instance* von Paris zu dem Urteil kommen, dass es sich bei dem streitgegenständlichen Werk nicht um ein eigenhändiges von *Paul Gaugin* (1838-1904) handeln könne.[435] Die verwendete Farbpalette, die Farbnuancierung und die „Qualität des pointilistischen Stils", die im Werk von *Maximilien Luce* (1858-1941) eine „besondere Finesse" haben, deklassifizierte das in einem Rechtsstreit des *Tribunal de Grande Instance* von Le Havre zugrundeliegende Gemälde aufgrund seiner entsprechenden Defizite als nicht aus seiner Hand.[436] Stilkritische Untersuchungen können auch bei der Untersuchung von Mobiliar spätere Veränderungen, Modifikationen oder Restaurierungen aufdecken.[437] Eine stilkritische Analyse gestattet in einer Vielzahl der Fälle, mit den Worten der *Cour de cassation* ausgedrückt, die „Aufdeckung von Fehlern, die der Künstler selbst nicht gemacht hätte".[438]

Ferner finden sich oftmals Kennzeichnungen des Künstlers als den Urheber bzw. die Herkunft des Werkes aus einer bestimmten Werkstatt bezeichnende Merkmale. Bei Gemälden kann dies eine Signatur oder ein Monogramm sein, bei hochwertigem französischem Mobiliar etwa wurden im 18. Jahrhundert Stempel eingeschlagen.[439] Das Vorhandensein von Kennzeichnungen kann ein Indiz für die Echtheit eines Wer-

---

434 CA Paris, 1ère ch., 25.02.1994, D. 1994, som. com 233, mit Anmerkung *Tournafond*, 233 f.

435 TGI Paris, 03.12.1976, Gaz. Pal. 1977, 1, Jur., 161 (162). Vgl. auch bei CA d'Aix, 1ère ch., 05.06.1979, Journ. des C.-P. 1980, 3 (6), nach den Sachverständigen könne das streitgegenständliche Werk nur aus der Hand eines mittelmäßigen Künstlers ohne Technik und Persönlichkeit stammen und stelle daher kein Original *Amédéo Modiglianis* (1884-1920) dar; *Lequette-de Kervenoaël*, S. 198.

436 TGI du Havre, 1ère ch., 23.03.1978, Journ. des C.-P. 1979, 32 (35); *Lequette-de Kervenoaël*, S. 198.

437 CA Paris, 1ère ch., 20.11.1992, Journ. des C.-P. 2000, 21 (22 f.), der Prozess betraf einen Schreibtisch, der aus der Epoche der *Régence* (ungefähr 1700 bis 1720, während der Regentschaft von *Philipp von Orléans* (1715-1723), einer Übergangszeit vom Barockstil *Louis XIV.* zum Rokokostil *Louis XV.*) stammen sollte, dessen Beine aber aufgrund ihrer Länge und Form allerdings nicht dem Régencestil entsprachen. Daraus ergab sich die Schlussfolgerung, dass sich das betreffende Möbel nicht mehr in seinem Originalzustand befinden konnte. Vgl. *Lequette-de Kervenoaël*, S. 199.

438 Cass., civ. 1ère ch., 26.05.1965, Bull. civ., I. Nr. 347, S. 256: „(...) *il existent des fautes (de perspective) que (Monticelli) ne peut avoir commises*"; *Lequette-de Kervenoaël*, S. 199.

439 In Frankreich beispielsweise der Stempel des Meisters (des sog. *maître-ébéniste*) und ggf. der Stempel *JME* (für: *Jurande des Menuisiers-Ébénistes* – Zunftmeisteramt der Holztischlermeister), zur historischen Stempel-Pflicht von Mobiliar im 18. Jhd. siehe *Pradère*, Die Kunst des französischen Möbels, München 1990, S. 12 f. Diese Stempel können allerdings mit geringem Aufwand reproduziert werden, es finden sich überdies auch originale Stempel im Umlauf, was im Einzelfall besondere Aufmerksamkeit bei der Untersuchung des *objet d'art* erforderlich machen kann.

kes sein. Daher ist die Tatsache von erheblicher Bedeutung, ob es sich bei einer Signatur um eine originale oder erst nachträglich an- oder aufgebrachte Kennzeichnung handelt. Gerade bei Gemälden treten problematische Konstellationen auf, die aus den tatsächlichen Gegebenheiten bei der Entstehung eines Werkes resultieren können. So gibt es beispielsweise Werke aus der Werkstatt eines namhaften Künstlers, die zum Teil oder vollständig von einem (unbekannten) Schüler ausgeführt und später durch den Meister signiert wurden.[440] Aber es finden sich auch Gemälde von Schülern, deren Signatur entfernt wurde, um ihr Gemälde als aus der Hand ihres Meisters zu verkaufen, wie dies das Beispiel eines Gemäldes von *Johann König* (1586-1642), eines Schülers von *Adam Elsheimer* (1578-1610) illustriert.[441] Eine vergleichende Gegenüberstellung mit weiteren Signaturen auf anderen Werken des relevanten Künstlers kann Aufschluss über ihre verschiedenen Merkmale und bestehende Abweichungen bringen.[442] Indizien können sich etwa aus Größenunterschieden oder abweichende Linienführungen im Vergleich mit den Signaturen des Künstlers aus einem bestimmten Zeitraum ergeben, aber auch daraus, dass die Farbe der Signatur sich nicht mit der Farbe des Gemäldes verbunden hat und so der Eindruck einer nachträglichen Aufbringung entsteht.[443] Im Einzelfall kann eine Gegenüberstellung des fraglichen Werkes mit einem oder mehreren Originalen des betreffenden Künstlers für eine Zuordnung in sein Oeuvre erforderlich sein, auch um das Vorhandensein von weiteren Vergleichspunkten untersuchen zu können.[444]

Von Bedeutung für die durchgeführte Begutachtung ist auch der Zeitpunkt, in dem diese durchgeführt wurde. Späterer wissenschaftlicher Fortschritt kann einem älteren Gutachten, welches unter Zugrundelegung der zum Zeitpunkt seiner Anfertigung üblichen Untersuchungsmethoden und des entsprechenden wissenschaftlichen Kenntnisstandes erstellt wurde, nicht zum Vorwurf gemacht werden. Voraussetzung hierfür ist allerdings, dass das Ergebnis der damaligen Begutachtung auf objektiv nachvollziehbaren Grundlagen basiert.[445]

---

440 Siehe hierzu bereits oben Seite 20 ff.

441 Siehe bei *Kurz*, Fakes, S. 45 mwN.

442 Siehe die eingehende Betrachtung von *Ionescu*, Rev. int. crim. pol. tech. 1985, 349 (351).

443 Siehe bei CA Paris, 1ère ch., 25.02.1994, D. 1994, som. com., 233; TGI Paris, 10.11.1982, Journ. des C.-P. 1982, 180 (182); TGI du Havre, 1ère ch., 23.03.1978, Journ. des C.-P. 1979, 32 (35); *Lequette-de Kervenoaël*, S. 204.

444 *Duret-Robert*, Rn. 62.21 der auf eine nicht veröffentliche Entscheidung des TGI Paris, 1ère ch., 1ère sect., v. 23.03.1994 verweist; *ders.*, auch Rn. 143.02.

445 *Duret-Robert*, Rn. 143.24 mwN; CA Paris, 27.10.1976, Journ. des C.-P. 1977, 97, mit Anm. *Gaultier*.

(2) Untersuchungen des Zustands und Untersuchungen mit naturwissenschaftlichen Verfahren

Das Kunstwerk ist vom Sachverständigen „akribisch zu untersuchen" („*examen méticuleux*").[446] Dabei hat er alle zum Zeitpunkt der Begutachtung üblichen und notwendigen Untersuchungsmethoden heranzuziehen, wobei der erforderliche Umfang durch die konkreten Eigenschaften des Kunstwerks bedingt wird.[447] Einschränkungen können sich zunächst aus dem Inhalt der Vereinbarung mit dem Auftraggeber der Begutachtung ergeben, etwa wenn bestimmte Untersuchungen nicht gestattet sind, weil beispielsweise das Werk in seiner Integrität unberührt bleiben soll. Darf der Sachverständige beispielsweise aufgrund des Begutachtungsvertrages den Firnis eines Gemäldes nicht ablösen, um zu prüfen, ob die vorhandene Signatur mit der Malschicht des Gemäldes verbunden oder erst später angebracht worden ist, so kann ihm hieraus kein haftungsbegründender Vorwurf gemacht werden.[448] Er hat aber auch generell keine Pflicht, Untersuchungen vorzunehmen, die das Kunstwerk in seiner Integrität beeinträchtigen oder beschädigen können bzw. seinen Wert mindern, auch wenn diese zur Ergebnisfindung notwendig wären.[449] Unterlässt der Sachverständige aus diesen Gründen bestimmte Untersuchungen, kann ihm aber der Nachweis obliegen, dass die konkret unterlassenen Untersuchungen tatsächlich zu einer Beschädigung geführt hätten.[450] Darüber hinaus wären bei derartigen Voraussetzungen die bestehenden Unwägbarkeiten vom Sachverständigen aufzuzeigen und entsprechende Vorbehalte und Hinweise auf die Notwendigkeit weitergehender Untersuchungen zu formulieren.[451]

---

446 *Dictionnaire permanent epargne*, Marché de l'Art, S. 510, Rn. 287; *Duret-Robert*, Rn. 62.21, 143.24; TGI Paris, 19.02.1987, Journ. des C.-P. 1987, 185 (188).

447 *Dictionnaire permanent epargne*, Marché de l'Art, S. 510, Rn. 287; *Duret-Robert*, Rn. 62.21; *Lequette-de Kervenoaël*, S. 462 mwN. Ein Sachverständiger muss nicht notwendigerweise heikle und schwierige Untersuchungen („*délicates et difficiles*") vornehmen, vgl. Cass., 1ère civ., Bull. civ., 1995, I, Nr. 401, 279.

448 Siehe etwa bei CA Bordeaux, 10.03.1986, Journ. des C.-P. 1986, 3 ff. (8), mit Anmerkung *Gaultier* mwN; *Duret-Robert*, Rn. 143.21 f. mwN.

449 *Duret-Robert*, Rn. 143.22 mwN.

450 *Duret-Robert*, Rn. 143.22 mit Hinweis auf CA Paris, 09.11.1994, Journ. des C.-P. 2000, 64 (67); siehe demgegenüber allerdings etwa bei Cass., 1ère civ., 23.02.1970, Bull. civ., I, Nr. 66, 52 (53), „(...) *le décapage et le dégarnissage qui se sont avérés nécessaires en la cause pour vérifier l'authenticité des sièges vendus, est une opération courante ne pouvant considérée comme détérioration* (...)".

451 Siehe insoweit bei CA Paris, 09.11.1994, Journ. des C.-P. 2000, 64 (67); vgl. auch bei Cass., 1ère civ., 04.10.1988, Bull. civ., I, Nr. 273, 187 (188).

Bei der Untersuchung kann es dem Sachverständigen obliegen, das Werk aus dem Rahmen zu nehmen.[452] So begründete die *Cour d'appel* von Paris eine Haftung des Sachverständigen, dass der Sachverständige bei seiner übereilten Untersuchung einer Tuschezeichnung auf Papier von *Nicolas de Staël* (1914-1955), das Werk nicht aus dem verglasten Rahmen entnommen hatte, wodurch er zu dem fehlerhaften Schluss gelangte, dass es sich um ein Werk „Öl auf Papier" handelte.[453]

Wie bereits eingangs dargelegt, sind die „üblicherweise zur Verfügung stehenden technischen Untersuchungsmethoden" („*les moyens techniques utilisés habituellement en la matière* ") anzuwenden.[454] In einem Fall der *Cour d'appel* von Rouen begründete das Gericht eine Haftung des Sachverständigen darauf, dass er durch die Untersuchung mit einer UV-Lampe hätte erkennen können, dass Signatur und Datierung auf einer übermalten Stelle des Gemäldes angebracht waren.[455] Grenzen findet die zur Anwendung zu bringende Untersuchungsmethodik jedoch darin, dass eine Untersuchung mit aufwendigen naturwissenschaftlichen Verfahren nicht zum Pflichtenprogramm des Sachverständigen zu zählen ist, hierunter fallen etwa Röntgen- oder Thermolumineszenzuntersuchungen.[456] Bestehen bei einem untersuchten Kunstwerk konkrete Anhaltspunkte bzw. Indizien, die etwa eine Zuschreibung oder Datierung in Zweifel ziehen können, die jedoch nur durch die Anwendung von eingehenden naturwissenschaftlichen Untersuchungsmethoden weiterführend geprüft werden können, muss der Sachverständige diese nicht durchführen, hat aber den Auftraggeber seines Gutachtens hierauf hinzuweisen und entsprechende Vorbehalte zu formulieren.[457]

---

452 Siehe bei *Duret-Robert*, Rn. 62.21 mwN, etwa TGI Paris, 19.02.1987, Journ. des C.-P. 1987, 185 (188). Siehe exemplarisch zur Reichweite von Untersuchungen auch bei TGI Paris 14.11.1985, Journ. des C.-P. 1985, 153 (155).

453 CA Paris, 19.01.1996, Gaz. Pal. 1996, 2, somm. 553 (554): „*Un expert en procédant à un examen d'une œuvre incriminée dans des conditions qu'il reconnaît lui-même avoir été précipitées et beaucoup trop rapides, - „j'ai fait une erreur étant pressé par le temps et n'ayant pu désencadrer l'œuvre sous verre" – l'expert a commis une négligence fautive qui a été à l'origine du litige.* ".

454 CA Rouen, 01.03.1995, JCP G 1996, IV, Nr. 405, 52; *Duret-Robert*, Rn. 62.21.

455 CA Rouen, 01.03.1995, JCP G 1996, IV, Nr. 405, 52: „*En ne procédant pas à un simple examen à la lampe de Wood qui lui aurait permis de se rendre compte immediatement que la date et la signature étaient apposées sur une partie repeinte du tableau, ce qui l'aurait amené à procéder à des investigations complémentaires, il a commis une faute.*"; vgl. *Lequette-de Kervenoaël*, S. 462.

456 *Duret-Robert*, Rn. 143.22, der auf CA Paris, 05.04.1996, JurisData Nr. 021523, verweist.

457 Siehe etwa bei *Baillet Bouin*, D. 2007, 2288 ff. auch im Hinblick auf die Entwicklung der jüngeren Rechtsprechung zur Haftung im Rahmen von Versteigerungen, hierzu im Folgenden.

(3) Provenienz und Dokumentation

Ein Sachverständiger muss sich auch mit bestehender Referenzliteratur auseinandersetzen. In einer Entscheidung der *Cour d'appel* von Paris kommt zum Ausdruck, dass bei der Untersuchung einer vermeintlichen *Rembrandt*-Zeichnung eine Konsultation des Werkverzeichnisses von *Otto Benesch*[458] hätte erfolgen müssen.[459]

Daneben kommen Recherchen zur Provenienz des Kunstwerks in Betracht.[460] In einer Entscheidung des *Tribunal de Grande Instance* von Paris wird etwa ausgeführt, dass es entsprechender Recherchen bedarf, um das „Pedigree" des im Streit stehenden, zweifelhaften vermeintlichen Gemäldes von *Paul Gaugin* zu klären.[461]

(4) Gutachten Dritter

Liegt bereits ein früheres Gutachten eines anderen Sachverständigen vor, so darf dessen Inhalt keinen Einfluss auf die spätere Begutachtung durch einen weiteren Sachverständigen nehmen,[462] soweit nicht etwa bestimmte Gründe für eine Auseinandersetzung mit dem Inhalt des früheren Gutachtens bestehen. Dies gilt auch für Beschreibungen des betreffenden Kunstwerkes etwa in Katalogen früherer Versteigerungen, mit denen sich der Sachverständige kritisch auseinandersetzen soll.[463]

(5) Die Bewertung von Kunstwerken

Die Begutachtung kann auch die Bestimmung seines pekuniären Wertes umfassen, meist des Verkehrswerts (*valeur commerciale*).[464] Bei der Wertbestimmung sind die individuellen Eigenschaften des konkreten Kunstwerkes von Relevanz, beispielsweise dessen Qualität, Seltenheit, Bedeutung im Oeuvre des betreffenden Künstlers und sein Zustand. Aber auch die Provenienz kann eine bedeutende Rolle spielen.

---

458 Siehe etwa *Benesch*, Rembrandt: Werk und Forschung, Luzern 1970; *ders.*, Rembrandt als Zeichner, Köln 1963.

459 *Duret-Robert*, Rn. 62.21; CA Paris, 25.06.1990, Journ. des C.-P. 1991, S. 117 (118).

460 Eingehend bei *Lequette-de Kervenoaël*, S. 229 ff.

461 TGI Paris, 25.02.1987, Journ. des C.-P. 1987, 193 (197): „(...) *les défendeurs ne possédaient que des renseignements limités sur la filiation de cette œuvre dont aucun n'était antérieur à l'exposition de la Galerie Charpentier, alors qu'il leur appartenait, s'agissant d'un tableau moderne, de recueillir toutes informations utiles sur le «pedigree de ce tableau*"; *Duret-Robert*, Rn. 62.21.

462 *Duret-Robert*, Rn. 62.21 mwN.

463 Siehe bei *Bertolaso*, J.-Cl. Resp. civ. et Ass., Fasc. 375, Nr. 25 a.E.

464 Zum Versicherungswert von Kunstwerken im schweizer Recht vgl. bei *Gabus*, in: L'expertise et l'authentification, S. 75 (85).

Schwierigkeiten können sich bei der Wertbestimmung aus den tatsächlichen Gegebenheiten des Kunstmarktes ergeben. Während es einerseits Objekte gibt, die beispielsweise aufgrund ihrer Seltenheit nicht oder nur sehr gelegentlich auf dem Kunstmarkt gehandelt werden, können bei anderen Objekten gerade der zeitgenössischen Kunst Preisschwankungen durch allgemeine ökonomische Entwicklungen oder „Moden" bestehen, die eine Bewertung erschweren.[465]

In der Rechtsprechung ist bislang kein konkretisierter Beurteilungsspielraum (*marge d'appréciation*) ersichtlich, innerhalb dessen sich die Bewertung bewegen darf, ohne dass sie als fehlerhaft und damit haftungsbegründend anzusehen ist.[466] In der Rechtsprechung wird meist nur pauschal darauf gestützt, dass eine „grobe" („*grossièrement*") Abweichung in der Bewertung vorliegt, jedoch ohne dabei einen Beurteilungsspielraum einzugrenzen.[467]

ff) Sachverständigenbezogene Normen im Nouveau Code de Procédure Civile

Neben den durch die Rechtsprechung entwickelten Konkretisierungen des Sorgfaltsmaßstabes des *bon professionnel* eines Kunstsachverständigen bestehen konkrete Anforderungen für die Tätigkeit von gerichtlichen Sachverständigen (*expert judiciaire*) aufgrund der Artt. 233 ff. *Nouveau Code de Procédure Civile* (*NCPC*). Diese gelten unmittelbar zwar nur für den gerichtlichen Sachverständigen, sie können aber indiziell auch zur Ergänzung des Pflichtenkanons bei der Anfertigung privater Gutachten herangezogen werden.[468] Aus diesen Vorschriften folgt insbesondere die Pflicht zur persönlichen Erbringung des Gutachtens (Art. 233 *NCPC*) und die Pflicht zu Gewissenhaftigkeit, Objektivität und Unparteilichkeit (Art. 237 *NCPC*) des gerichtlichen Sachverständigen.[469]

---

465 Siehe etwa im Falle eines Gemäldes von *Jean Fautrier* (1898-1964), Cass. civ., 06.03.1996, Az. 94-12.925, JurisData 1998-000868; *Duret-Robert*, Rn. 143.31.

466 Siehe auch bei *Maurice*, J.-Cl. Resp. civ. et ass., Fasc. 345, Nr. 148 ff., zu den *commissaires-priseurs.*

467 Siehe etwa bei *Kendérian*, Anm. zu CA Bordeaux, 28.09.2009, in: D. 2010, 749 (751) zur Bewertung von Kunstgegenständen; siehe bei Cass., 2ème civ., 08.07.1998, Bull. civ. 1998, II, Nr. 240, 143: „*L'expert qui se trompe grossièrement dans l'évaluation d'un bien* (...) *commet une faute* (...) *de nature à engager sa responsabilité quasi délictuelle* (...)." zur Bewertung einer Immobilie; hierzu auch Cass., 2ème civ., 19.06.2003, Bull. civ. 2003, II, Nr. 204, 172; vgl. bei *Duret-Robert*, Rn. 143.31; *Le Tourneau*, Rn. 6793 a.E. Siehe auch bei *Dictionnaire permanent epargne*, Marché de l'art, S. 510, Rn. 287. Zu einer fehlerhaften Bewertung eines Sachverständigen vor einer Auktion CA Paris, 24.11.1992, Az. 9I/I2/075, JurisData 1992-024041.

468 So *Dictionnaire permanent epargne*, Marché de l'art, S. 507, Rn. 278.

469 *Dictionnaire permanent epargne*, Marché de l'art, S. 507, Rn. 278 mit Hinweis auf Cass., 2ème civ. 08.10.1986, Bull. civ., II, Nr. 146, 99 f.

d) Haftung für Hilfskräfte

Soweit der Sachverständige bei der Anfertigung des Gutachtens Hilfskräfte (*préposé*) einsetzt, richtet sich seine Haftung nach den allgemeinen Regeln.[470] Das französische Recht enthält nur im Deliktsrecht mit Art. 1384 Abs. 5 *C.civ.* eine Regelung zur Haftung für Verrichtungsgehilfen, eine mit § 278 BGB vergleichbare Normierung für Erfüllungsgehilfen gibt es im *C.civ.* nicht.[471] Die französische Rechtsprechung bejaht aber seit den sechziger Jahren eine Erfüllungsgehilfenhaftung, meist gestützt auf ein allgemeines Prinzip der vertraglichen Haftung oder sie differenziert insoweit nicht hinsichtlich der Verantwortlichkeit des Schuldners und der Hilfskraft.[472] Aufgrund der regelmäßig personenbezogenen Sachverständigentätigkeit hat die Tätigkeit von Hilfskräften bei der Anfertigung von Gutachten für diese Untersuchung keine besondere Relevanz.

e) Rechtsfolgen

Fehler eines Gutachtens werden meist erst zu einem späteren Zeitpunkt offenbar, etwa nachdem das *objet d'art* an einen Dritten verkauft worden ist. Zum Zeitpunkt der Fehlerentdeckung nach Kaufvertragsschluss ist dann ein Schaden bereits eingetreten. Auf Seiten des Geschädigten stehen dann zunächst meist kaufrechtliche Rechtsbehelfe zur Diskussion.[473] Ist eine Rückabwicklung des Kaufvertrages jedoch nicht möglich, ist der Verkäufer des Kunstwerks nicht mehr erreichbar, schlimmstenfalls sogar insolvent oder bestehen anderweitige Hemmnisse für eine Geltendmachung kaufrechtlicher Rechtsbehelfe, so wird sich das Interesse des Geschädigten auf Geltendmachung des gesamten, durch das fehlerhafte Gutachten entstandenen Schadens gegenüber dem Sachverständigen richten.

Es ist Voraussetzung des Schadensersatzanspruches nach Art. 1147 *C.civ.*, dass dem geschädigten Auftraggeber durch die *inexécution* des Sachverständigen ein Schaden (*dommage*)[474] entstanden ist.[475] Der *Code civil* spricht in Art. 1147 von *dommage-*

---

470 *Duret-Robert*, Rn. 141.21 ff. (141.22).

471 *Constantinesco*, FS-Lange, S. 416 (421 ff.); *Hübner/Constantinesco*, S. 180.

472 *Viney/Jourdain*, Nr. 819 ff.; vgl. etwa Cass., 1ère civ., 09.10.1984, Bull. civ., I, Nr. 251, S. 214; *Constantinesco*, FS-Lange, S. 416 (421).

473 Zu den Gewährleistungsrechten siehe etwa bei *Ferid/Sonnenberger*, Bd. 2, Rn. 2 K 127 ff.; ausführlich auch bei *Kaschefi*, S. 23 ff. unter Berücksichtigung der Umsetzung der Richtlinie 1999/44/EG zu bestimmten Aspekten des Verbrauchsgüterkaufes und der Garantien für Verbrauchsgüter im französischen Recht durch *Ordonnance* Nr. 2005-136 vom 17.02.2005, aaO, S. 75 ff. Zu den Verjährungsfristen, *ders.*, S. 121 ff.

474 Die Begriffe *dommage* und *préjudice* werden in der Regel synonym verwendet, vgl. bei *Le Tourneau*, Nr. 1304 ff.; siehe auch bei *Viney/Jourdain*, Conditions, Nr. 246-1.

475 *Bertolaso*, J.-Cl. Resp. civ. et Ass., Fasc. 375, Nr. 34.

intêrets[476], ohne dort oder an anderer Stelle eine Definition des Schadensbegriffes zu geben.[477] Nach allgemeiner Ansicht stellt ein Schaden jede Form der nachteiligen Veränderung der materiellen oder ideellen Rechtsgüter des Geschädigten dar, welche aus der Verletzung eines rechtlich geschützten Interesses folgt.[478] Ein ersatzfähiger Schaden muss die folgenden Voraussetzungen erfüllen: er muss sicher (*certain*) sein, als unmittelbare Folge der *inexécution* (*direct*) auf Seiten des Schuldners (*personnel*) eintreten, sowie vorhersehbar (*prévisible*) sein (Art. 1150 *C.civ.*).[479] Zur Beurteilung der Vorhersehbarkeit wird der Maßstab eines durchschnittlichen Sachverständigen im Zeitpunkt des Vertragsschlusses zugrunde gelegt.[480] Eine Ausnahme von diesem haftungsbeschränkenden Prinzip des Art. 1150 *C.civ.* ergibt sich dann, wenn vorsätzliches Handeln auf Seiten des Sachverständigen vorliegt oder dieser sich – in erweiterter Auslegung durch die Rechtsprechung – grobe Fahrlässigkeit vorwerfen lassen muss, er haftet dann auch für nicht vorhersehbare Schäden.[481]

aa) Kausalität

Vertragliche Schadensersatzansprüche gegenüber einem Sachverständigen sind grundsätzlich an die Voraussetzung eines Kausalzusammenhangs (*lien de causalité*) zwischen der *inexécution* und dem Schaden (*dommage*) geknüpft.[482] Er kann sich durch einen nicht zu vertretenden Umstand, einer sog. *cause étrangère* ganz oder zumindest teilweise entlasten.[483] Diese kann in höherer Gewalt (*force majeure*), einer schädigenden Handlung eines Dritten (*fait d'un tiers*) oder des Vertragsgläubigers selbst liegen (*fait du créancier*).[484]

---

476 Der Begriff der *dommage-intérêts* hat römische Vorbilder: danach besteht Schadensersatz zugleich aus *dommage*, d.h. dem Entwertungsschaden (damnum emergens, sog *perte éprouvée*) und *intérêts*, also dem entgangenen Gewinn (lucrum cessans, sog. *gain manqué*), *Sonnenschein*, S. 105; *Radé*, J.-Cl. Resp. civ. et Ass., Fasc. 170, Nr. 12; *Larroumet*, Nr. 651 f.

477 *Le Tourneau*, Rn. 1303; *Sonnenschein*, S. 105.

478 *Viney/Jourdain*, Conditions, Nr. 246-1 ff., 248 ff. mwN; vgl. *Gotthardt*, in: v.Bar, Deliktsrecht in Europa, Frankreich, S. 22; siehe auch Art. 1343 des „*Avant-projet Catala*", zu diesem siehe oben Fn. 389.

479 *Le Tourneau*, Responsabilité Civile Professionnelle, Rn. 1.59 ff.; *Malaurie/Aynès/Stoffel-Munck*, Obligations, Rn. 241.

480 *Le Tourneau*, Responsabilité Civile Professionnelle, Rn. 1.69.

481 Cass., ch. com., 19.01.1993, Bull. civ., IV, Nr. 24, S. 14; *Radé*, J.-Cl. Resp. civ. et Ass., Fasc. 170, Nrn. 20 ff., 34 ff. mwN.

482 *Bertolaso*, J.-Cl. Resp. civ. et Ass., Fasc. 375, Nr. 44 mwN; vgl. auch bei *Brieskorn*, S. 200 ff.

483 *Voirin/Goubeaux*, Nr. 1007; *Zweigert/Kötz*, S. 498.

484 *Saint-Pau*, J.-Cl. civ., Art. 1146-1155, Fasc. 171-30, Nr. 5 ff., 48 ff.

bb) Art und Umfang des Schadensersatzes

Wie eingangs bereits ausgeführt, können Schadensersatzansprüche gegenüber dem Sachverständigen in verschiedenen Konstellationen entstehen; man denke hier an eine Beauftragung durch den Eigentümer eines Kunstwerkes, der dieses im Nachgang der Begutachtung dann an einen Dritten veräußert, und so aufgrund eines fehlerhaften Gutachtens beispielsweise ein Original zum Preis einer Kopie veräußert wird oder einen Käufer, der vor Ankauf eines Kunstwerkes einen Sachverständigen mit einer Begutachtung beauftragt hatte und aufgrund eines fehlerhaften Gutachtens eine Fälschung erwirbt und diese mit dem Preis eines Originals bezahlt. Bei der Schadensermittlung sind die Umstände des Einzelfalles zu berücksichtigen. Der durch die *inexécution* des Sachverständigen erlittene Schaden kann sowohl in einer Vermögensminderung (*dommage patrimonial*), als auch in entgangenem Gewinn (*gain manqué*) liegen.[485]

Der zu ersetzende Schaden kann die entstandenen Kosten einer Versteigerung und des Transportes umfassen, welche im Falle eines richtigen Gutachtens nicht durchgeführt worden wären.[486] Für den Umfang des Schadens kann zu berücksichtigen sein, dass beispielsweise ein geschädigter Käufer, der eine zeitgenössische Kopie mit dem Preis eines Originals aus der Hand eines Meisters bezahlt hat, diese Kopie behält, welche selbst einen bestimmbaren Wert hat, so dass der Schaden nicht notwendigerweise in Höhe des gesamten gezahlten Kaufpreises liegt, da der Wert der beim Geschädigten verbleibenden Kopie anzurechnen ist.[487]

f) Beweislast

Da die vertragliche Verbindlichkeit des Kunstsachverständigen in einer *obligation de moyens* besteht, obliegt dem Geschädigten der Nachweis, dass eine *faute* des Sachverständigen und damit *inexécution* vorliegt.[488]. Außerdem obliegt dem Anspruchsteller der Nachweis für den Kausalzusammenhang zwischen *faute* und dem eingetretenen Schaden.[489] Ferner hat der geschädigte Auftraggeber auch den eingetretenen Schaden zu beweisen.[490]

---

485 *Bertolaso*, J.-Cl. Resp. civ. et Ass., Fasc. 375, Nr. 38.

486 *Dictionnaire permanent epargne*, Marché de l'Art, S. 512, Rn. 294; vgl. *Chatelain*, Œuvres d'Art, S. 179; *Duret-Robert*, Rn. 144.32; CA Paris, 25.06.1990, Journ. des. C.-P. 1991, 117 (120).

487 Siehe etwa CA Rouen, 01.03.1995, JCP G 1996, IV, Nr. 405, 52.

488 Aufgrund der damit einhergehenden Schwierigkeiten wird meist der Weg über kaufrechtliche Rechtsbehelfe gegenüber dem Verkäufer bevorzugt, *Duret-Robert*, Rn. 144.42.

489 *Lemaignan/Nechelis*, J.-Cl. Resp. civ. et Ass., Fasc. 376, Nr. 52; *Maistre du Chambon*, J.-Cl. Resp. civ. et Ass., Fasc. 223, Nr. 153, 183.

490 *Maistre du Chambon*, J.-Cl. Resp. civ. et Ass., Fasc. 223, Nr. 176 ff.

g) Verjährung

Die Vorschriften zur Verjährung des *Code civil* in den Artt. 2219 bis 2279 wurden durch das Gesetz Nr. 2008-561 vom 17. Juni 2008 umfangreich reformiert.[491] Nach Art. 2224 *C.civ.* beträgt die regelmäßige Verjährung für vertragsrechtliche Schadensersatzansprüche im Unterschied zum deutschen Recht fünf Jahre.[492] Die Frist beginnt ab dem Zeitpunkt, ab dem der Anspruchsinhaber Kenntnis der anspruchsbegründenden Tatsachen hat oder hätte haben müssen. Zu beachten sind im Einzelfall auch die besonderen Regelungen des *Code de Commerce* zu den öffentlichen Versteigerungen. In Art. L. 321-17 Abs. 3 *C.com.*[493] ist die Verjährungsfrist von ehemals 10 Jahren für Haftungsansprüche aus Versteigerungen (*ventes volontaires*) und Schätzungen (*prisées*) durch die Reform des Verjährungsrechts auch auf nunmehr fünf Jahre festgelegt worden.[494] Die Frist beginnt jeweils mit dem Tag des Zuschlags oder der Schätzung zu laufen, Art. L. 321-17 Abs. 3 *C.com.*[495]

2. Deliktsrechtliche Ansprüche

a) Allgemeine Voraussetzungen

Im französischen Zivilrecht herrscht wie im deutschen Zivilrecht eine Dualität von vertraglicher und deliktsrechtlicher Haftung. Dabei baut die französische Deliktshaftung auf ähnliche Basiselemente auf: *faute* als *fait générateur de responsabilité* (haftungsbegründende Handlung), *lien de causalité* (Kausalität) *entre ce fait et le dommage* und *dommage* (Schaden).[496] Im Unterschied zu den übrigen beiden hier be-

---

491 Gesetz Nr. 2008-561 vom 17.06.2008, *JO*, v. 18.06.2008, S. 9856, siehe den Überblick bei *Fauvarque-Cosson/Francois*, D. 2008, 2512 ff. Zur Anwendung des neuen Rechts siehe die Übergangsvorschrift des Art. 26 des Gesetzes Nr. 2008-561 vom 17.06.2008.

492 *Malaurie/Aynès/Stoffel-Munck*, Obligations, Rn. 1204. Es besteht insoweit auch Einheitlichkeit mit Art. L. 110-4 *C.com*, siehe aaO, Rn. 1208. Im Übrigen verjähren Ansprüche wegen Personenschäden nach Art. 2226 *C.civ.*in zehn bzw. zwanzig Jahren. Nach Art. L. 137-2 *C.consom.* verjähren bei Vorliegen eines Verbrauchervertrages die Ansprüche des *professionnel* gegenüber dem *consommateur* aufgrund der erbrachten vertraglichen Leistungen bereits in zwei Jahren.

493 Geändert durch Art. 30 Abs. 3 des Gesetzes vom 10 Juli 2000.

494 *Fenoll-Trousseau/Mauger-Vielpau*, D. 2008, 2232 (2233).

495 Seit Inkrafttreten des Gesetzes Nr. 2011-850 vom 20.07.2011 besteht eine Hinweispflicht auf die Verjährungsfrist, siehe Abs. 3 des Art. L. 321-17 *C.com.*: „*Mention de ce délai de prescription doit être rappelée dans la publicité prévue à l'article L. 321-11.*".

496 *v.Bar*, Gemeineurop. Deliktsrecht, Bd. 1, S. 18, Rn. 15; ausführlich *Ferid/Sonnenberger*, Bd. 2, Rn. 2 O 23 ff.; 2 O 101.

trachteten Rechtsordnungen weist die Dualität von Ansprüchen aus Vertrag und Delikt in der französischen Rechtsordnung jedoch ein besonderes Prinzip im Umgang mit der Anspruchskonkurrenz auf.

b) Das Verhältnis zwischen deliktischem und vertraglichem Anspruch

Durch die Struktur des französischen Deliktsrechts ist eine Gefahr der Überlagerung der vertraglichen Haftung durch die deliktsrechtliche Haftung und damit der Zurückdrängung der vertraglichen Haftungsregeln gegeben, unter anderem weil das französische Deliktsrecht in den Artt. 1382, 1383 *C.civ.* jede Form einer schuldhaften Handlung, die einem anderen Schaden zufügt, mit einer Verpflichtung zum Schadensersatz belegt.[497] Aufgrund der Weite der das französische Deliktsrecht charakterisierenden Generalklauseln kann eine Vertragsverletzung zugleich auch einen Haftungstatbestand aus dem Deliktsrecht erfüllen. Daher wurde das Prinzip des *non-cumul* entwickelt, wonach Ansprüche aus Delikt und Vertrag nicht nebeneinander bestehen können.[498] Die als spezieller angesehene Vertragshaftung verdrängt grundsätzlich die konkurrierende Deliktshaftung.[499] Es besteht also kein Wahlrecht des Geschädigten.[500] Folgt der Schaden allerdings aus einer fehlerhaften Ausführung eines nichtigen Vertrages, so kommt nur eine Haftung nach Deliktsrecht in Betracht.[501]

Das Prinzip des *non-cumul* führt nicht durchgängig zu einem gänzlichen Ausschluss der Deliktshaftung. Ausnahmen von dieser Regel können dann bestehen, wenn die Vertragsverletzung vorsätzlich (*dol*) erfolgt ist,[502] bei Vorliegen einer Straftat, wenn

---

497 v.Bar-*Gotthardt*, Deliktsrecht in Europa, Frankreich, S. 14.

498 Vgl. etwa Cass., 1ère civ., 11.06.1989, D. 1989, inf. rap. p. 34; Cass., 2ème civ., 09.06.1993, JCP G 1993, IV, Nr. 38, S. 245, Nr. 2028; *Espagnon*, J.-Cl. civ., Art. 1146-1155, Fasc. 176-10, Nr. 61 mwN; *Malaurie/Aynès/Stoffel-Munck*, Obligations, Rn. 1010; siehe eingehend *Knetsch*, S. 78 ff.; *Schlechtriem*, S. 63 ff.

499 *Terré/Simler/Lecquette*, Rn. 875; *Ferid/Sonnenberger*, Bd. 2, Rn. 2 O 43. Das Prinzip des „*non-cumul*" soll verhindern, dass das „weite" Deliktsrecht des *C.civ.* das Vertragsrecht „absorbiert", MüKo-*Wagner*, Vorbem. §§ 823 ff., Rn. 68, Fn. 1.

500 Ist die Rechtslage eines Sachverhaltes nicht eindeutig, so kann der Kläger seine Ansprüche gleichzeitig auf vertragsrechtliche und deliktsrechtliche Anspruchsgrundlagen stützen. Aus der *régle de non-cumul* folgt entsprechend Art. 12 Abs. 1 *NCPC* die Ermächtigung des Tatrichters, den vorgetragenen Sachverhalt rechtlich zu qualifizieren, *Espagnon*, J.-Cl. civ., Art. 1146-1155, Fasc. 176-10, Nr. 75 ff.

501 *Espagnon*, J.-Cl. Resp. civ. et Ass., Fasc. 176-10, Nr. 24 ff.

502 Vgl. *Ferid/Sonnenberger*, Bd. 2, Rn. 2 O 49; *Malaurie/Aynès/Stoffel-Munck*, Obligations, Rn. 1008.

der Verletzte seine Ansprüche vor einem Strafgericht geltend macht,[503] oder in besonderen Konstellationen bei Verträgen zugunsten Dritter, letztere haben für die vorliegende Untersuchung jedoch keine Relevanz.[504]

Die vertragsrechtliche Haftung des Kunstsachverständigen begründet sich, wie die obigen Ausführungen zeigen, nach Art. 1147 *C.civ.* auf der *inexécution*. Eine deliktsrechtliche Haftung gegenüber dem Auftraggeber des Sachverständigen käme daher nur unter den gerade genannten Bedingungen in Betracht, insbesondere bei Nichtbestehen einer wirksamen vertraglichen Vereinbarung. Es gelten dann die nun im folgenden Abschnitt dargestellten Voraussetzungen der deliktsrechtlichen Haftung des Sachverständigen gegenüber Dritten entsprechend, so dass auf eine separate Darstellung der Voraussetzungen einer deliktsrechtlichen Haftung gegenüber dem Auftraggeber des Gutachtens an dieser Stelle verzichtet werden kann.

II. Die Haftung des Kunstsachverständigen gegenüber Dritten

1. Vertragsrechtliche Anspruchsgrundlagen

Eine Haftung des Sachverständigen gegenüber einem Dritten, zu dem er keine direkten vertraglichen Beziehungen hat, kann sich in der Regel dann ergeben, wenn ein Kunstwerk vom Auftraggeber des Gutachtens an einen Dritten weiterveräußert wird und dieser Dritte auf das tatsächlich fehlerhafte Gutachten vertrauend, einen Schaden erleidet. Abgesehen von etwaigen kaufvertraglichen Ansprüchen gegenüber dem Verkäufer hat der Dritte die Möglichkeit, deliktsrechtliche Ansprüche gegenüber dem Sachverständigen geltend zu machen. Letzteres wird besonders dann von Relevanz, wenn der Verkäufer nicht mehr auffindbar ist, wie etwa in der Entscheidung des französischen Kassationsgerichtshofes über eine Fälschung eines Gemäldes von *Jean Dufy* (1888-1964).[505]

Eine Haftung über das Vertragsrecht nach Art. 1147 *C.civ.* scheidet grundsätzlich aus, wenn zwischen dem Dritten und dem Kunstsachverständigen keine vertraglichen Verbindungen bestehen. Das französische Zivilrecht geht nämlich in Art. 1165 *C.civ.*[506] davon aus, dass das Vertragsrecht nur Wirkungen zwischen den Vertragsparteien entfaltet (sog. Grundsatz der *relativité des contrats*), so dass prinzipiell außerhalb der vertragsrechtlichen Haftung nur deliktsrechtliche Anspruchsgrundlagen

[503] *Espagnon*, J.-Cl. civ., Art. 1146-1155, Fasc. 176-10, Nr. 70 f.

[504] *Ferid/Sonnenberger*, Bd. 2, Rn. 2 O 50; *Espagnon*, J.-Cl. civ., Art. 1146-1155, Fasc. 176-10, Nr. 72 f.

[505] Cass., 1ère civ., 03.04.2007, Az. 05-12.238, D. 2007, 1201 mit Anm. *Gallmeister*.

[506] Art. 1165 *C.civ.*: „*Les conventions n'ont d'effet qu'entre les parties contractantes; elles ne nuisent point au tiers, et elles ne lui profitent que dans le cas prévu par l'article 1121.*“

zur Anwendung kommen können.[507] Eine Ausnahme vom Grundsatz der *relativité des contrats* bildet der Vertrag zugunsten Dritter nach den Artt. 1119, 1121 *C.civ.*[508]

a) Der Vertrag zugunsten Dritter

Das Rechtsinstitut des Vertrages zugunsten Dritter (sog. *stipulation pour autrui bzw. stipulation au profit d'un tiers*)[509] gestattet in engen Grenzen den unmittelbaren Rechtserwerb eines Dritten. Voraussetzung dafür ist, dass der Versprechende seinem Vertragspartner zugleich eine Leistung an den Dritten verspricht oder die Leistung an den Dritten die Auflage einer Schenkung an den Dritten darstellt.[510] Ausreichend ist aber entgegen dem Wortlaut von Art. 1121 *C.civ.* auch ein rein immaterielles Interesse des Versprechensempfängers, was auf einer Fortentwicklung der Rechtsprechung insbesondere aufgrund des Versicherungswesens basiert.[511] Eine Anspruchsgrundlage für eine Dritthaftung für Kunstsachverständige lässt sich aus dem Vertrag zugunsten Dritter im französischen Recht jedoch nicht herleiten.[512]

b) Verträge mit Drittschutzwirkung

Vom Vertrag zugunsten Dritter ausgehend, hat die Rechtsprechung für Schädigungen Dritter durch schuldhafte Vertragsverletzungen den Vertragsschutz auf Dritte erweitert und einen Drittschutz in sehr engen Voraussetzungen anerkannt.[513] Im Bereich des Transportrechts beispielsweise wurde den Nachkommen eines während der Beförderung zu Tode gekommenen Fahrgastes ein direkter vertraglicher Anspruch

---

507 *Ferid*, Bd. 1, Rn. 2 E 1; vgl. etwa Cass., 1ère. civ., 09.10.1952, RTD civ. 1963, 333 (334).

508 Zu den Ausnahmen vom Grundsatz der *relativité des contrats* zählen beispielsweise auch die Durchbrechung gegenüber den Rechtsnachfolgern der Parteien (sog. *ayants-cause*) oder Bereicherungsansprüche unter Nichtvertragspartnern, siehe ausführlich bei *Ferid*, Bd. 1, Rn. 2 E 2.

509 Anerkennung des Vertrages zugunsten Dritter über den Wortlaut des Art. 1121 S. 1 *C.civ.* seit Cass. civ., 16.01.1888, D. 1888, I, 177, zitiert nach *Planiol/Ripert*, Bd. VI, S. 455.

510 Staudinger-*Jagmann* [2009], Vorbem. zu §§ 328 ff. Rn. 18; vgl. *Ferid*, Bd. 1, Rn. 2 E 21.

511 *Ferid*, Bd. 1, Rn. 2 E 23.

512 Siehe allerdings CA Paris, 1ère ch., 18.06.1957, JCP G 1957, II, 10134, 2ème espèce (*Double de Genève*) mit Anmerkung *Lindon*, siehe hierzu im Folgenden unter b).

513 Vom Vertrag zugunsten Dritter abzugrenzen ist dagegen die sog. *action directe*, die einem vertragsfremden Dritten, der ein besonderes Interesse an der Erfüllung des Vertragsverhältnisses zweier Parteien hat, ein eigenes Klagerecht einräumt. So z.B. im Versicherungsrecht, welches dem Geschädigten gestattet seinen Schaden unmittelbar bei dem Haftpflichtversicherer geltend machen zu können; *Zweigert/Kötz*, S. 462 mwN; vgl. auch *Hübner/Constantinesco*, S. 185.

gegen den Transporteur zugebilligt.[514] Dieser Sonderweg begründete sich darauf, dass den Opfern die Vorteile aus der vertraglichen *obligation de sécurité de résultat*[515] des Transporteurs zugute kommen sollten, da eine deliktsrechtliche Haftung für durch Sachen verursachte Schäden zu diesem Zeitpunkt noch nicht bekannt war.[516] Eine Ausnahme in der sonst deliktsrechtlichen Dritthaftung von Sachverständigen ist das Urteil des *Cour d'appel* von Paris vom 18. Juni 1957 geblieben.[517] Ein *expert* für Philatelie wurde von einem Händler beauftragt, eine wertvolle Briefmarke zu begutachten, und im Vertrauen auf dieses Gutachten erwarb dann ein Dritter die Briefmarke von dem Händler.[518] Bei einem später beabsichtigten Weiterverkauf durch den Dritten stellte sich heraus, dass sich die Briefmarke entgegen dem Gutachten nicht mehr im Originalzustand befand, sondern restauriert worden war.[519] Da der Verkäufer für den Käufer nicht mehr greifbar war, blieb diesem nur, den *expert* selbst in Anspruch zu nehmen. Das Gericht nahm einen auf eine *stipulation pour autrui* gestützten Anspruch gegen den *expert* an und begründete dies dahingehend, dass aufgrund der Tatsache, dass das Gutachten von dem Händler zugunsten des Käufers in Auftrag gegebenen worden sei, eine direkte vertragliche Verbindung zwischen Käufer und dem *expert* bestehe.[520]

Eine Erstreckung des vertraglichen Schutzes auf Dritte hat wegen der weitreichenden deliktsrechtlichen Haftung nach den Artt. 1382 ff. *C.civ.* aber für eine Dritthaftung von Sachverständigen keine praktische Bedeutung erlangen können.[521] Für Dritte, die außerhalb der vertraglichen Verbindung zwischen dem Sachverständigen und seinem Auftraggeber stehen und durch schuldhafte Vertragsverletzungen des Sach-

---

[514] Cass., 06.12.1932, D. 1933, 1, S. 137, mit Anm. *Josserand*; vgl. *Mignot*, J.-Cl. civ., Art. 1121-1122, Fasc. 7-3, Nr. 140 ; vgl. bei *Ferid*, Bd. 1, Rn. 2 E 43; *Dammann*, S. 113.

[515] Die *obligation de sécurité* ist eine vertragliche Schutz- und Obhutspflicht, deren Schutzzweck vorrangig die Integrität einer Person ist, die von der jüngeren Rechtsprechung zum Teil auch auf Sachen erstreckt wird, vgl. *Saint-Pau*, J.-Cl. civ., Art. 1146-1155, Fasc. 171-10, Nr. 58 ff. (61) mwN.

[516] *Espagnon*, J.-Cl. civ., Art. 1146-1155, Fasc. 176-20, Nr. 50 mwN; *Ferid*, Bd. 1, Rn. 2 E 44.

[517] CA Paris, 1ère ch., 18.06.1957, JCP G 1957, II, 10134, 2ème *espèce* (*Double de Genève*) mit Anmerkung *Lindon*; vgl. *Sprenger*, S. 51; *Land*, S. 150.

[518] Die Briefmarke, eine „*Double de Genève*" von 1843 wurde als „*timbre de belle présentation, authentique et non-réparé*" (echt und im Originalzustand) dargestellt, vgl. CA Paris, 1ère ch., 18.06.1957, JCP G 1957, II, 10134, 2ème *espèce* (*Double de Genève*).

[519] Aufgrund des Gutachtens hatte der Dritte einen Kaufpreis von FF 300.000,- bezahlt, obwohl der tatsächliche Wert der restaurierten Marke nur bei ca. FF 100.000,- lag.

[520] *Dammann*, S. 151. Nach der *Cour d'Appel de Paris* handelte der Händler zugleich auch als *mandataire* des Käufers, womit direkte vertragliche Verbindungen weiter begründet wurden, CA Paris, 1ère ch., 18.06.1957, JCP G 1957, II, 10134, 2ème *espèce*, siehe auch die Anmerkung *Lindon*, aaO.

[521] *Ferid*, Bd. 1, Rn. 2 E 40; *Hübner/Constantinesco*, S. 185.

verständigen einen Schaden erleiden, stellt das Deliktsrecht ausreichende Anspruchsgrundlagen zur Verfügung, die im Unterschied zur deutschen Rechtsordnung auch eine Geltendmachung reiner Vermögensschäden erlauben.[522] Es besteht für das französische Recht grundsätzlich keine Notwendigkeit, einen direkten vertraglichen Anspruch gegenüber dem Sachverständigen zu konstruieren. Außerdem wird die Konstruktion des Vertrags mit Schutzwirkung zugunsten Dritter mit dem Argument abgelehnt, dass sie rein fiktiven Charakter habe und in den seltensten Fällen auch dem wirklichen Willen der Vertragsparteien entspräche.[523] Im Ergebnis kommen daher nur deliktsrechtliche Ansprüche in Frage, die nun Gegenstand des folgenden Abschnitts sind.[524]

2. Deliktsrechtliche Anspruchsgrundlagen

Im französischen Recht wird eine Dritthaftung von Kunstsachverständigen gegenüber vertragsfremden Dritten im Wege des Deliktsrechts begründet.[525] Das französische Deliktsrecht enthält in der Systematik der Artt. 1382-1386 *C.civ.* verschiedene Generalklauseln, so dass die sog. *résponsabilité civile délictuelle* in großem Umfang durch Richterrecht ausgestaltet wurde.[526] Ihre lückenhafte Struktur ohne Legaldefinitionen ermöglichte Anpassungen an die Veränderungen des tatsächlichen und rechtlichen Umfelds.

a) Allgemeine Haftungsvoraussetzungen im Rahmen der Artt. 1382 f. C.civ.

Kern der französischen Deliktshaftung ist die Generalklausel der Artt. 1382, 1383 *C.civ.* Sie statuiert den Grundsatz, dass jedes Handeln eines deliktsfähigen Menschen, durch das ein Dritter einen Schaden erleidet, denjenigen zum Ersatz des Schadens verpflichtet, der diesen Schaden verschuldet hat:

---

522 Im sog. „*arrêt Besse*" wurde durch eine Plenarentscheidung der *Cour de Cassation* vom 12.07.1991, D. 1991, 549, mit Anm. *Ghestin*, konstatiert, dass zwischen den Parteien eines Vertrages und außenstehenden Dritten nur eine deliktsrechtliche Haftung in Betracht kommt, auch dann, wenn der Geschädigte und der Haftende in einer Gruppe von Verträgen miteinander verbunden sind; vgl. eingehend *Espagnon*, J.-Cl. civ., Art. 1146-1155, Fasc. 176-20, Nr. 17 ff. (20) mwN.

523 *Espagnon*, J.-Cl. priv., Art. 1146-1155, Fasc. 176-2, Nr. 50 mwN.

524 Zur vertraglichen Dritthaftung siehe die Darstellung bei *Dammann*, S. 31 ff.

525 *Duret-Robert*, Rn. 142.24 f.; *Vigneron*, AA&L October 2008, 297 (307, 310); *Lequette-de Kervenoaël*, S. 436; *Dictionnaire permanent epargne*, Marché de l'Art, S. 510, Rn. 286; *Siehr*, in: Weller/Kemle/Dreier/Lynen, S. 145 (159); *ders.*, in: Reichelt, Vorlesungen und Vorträge, S. 38; *Schack*, Rn. 150; siehe auch bei *Lemaignan/Nechelis*, J.-Cl. Resp. civ. et Ass., Art. 1382-1386, Fasc. 376, Nr. 41 zum *expert-comptable.*

526 *Zweigert/Kötz*, S. 620; *v.Bar*, Gemeineurop. Deliktsrecht, Bd. 1, S. 18.

Tout fait quelconque de l'homme, qui cause à autrui un dommage, oblige celui par la faute duquel il est arrivé, à le réparer.

Die gesetzliche Regelung des Art. 1383 *C.civ.* präzisiert die des Art. 1382 *C.civ.* dahingehend, dass nicht nur eine vorsätzliche (*délit*)[527], sondern auch eine fahrlässige Schadenszufügung (*négligence, imprudence*)[528] eine Schadensersatzpflicht begründet.[529] Wendet man die allgemeinen Voraussetzungen des deliktischen Schadensersatzanspruches auf die hier vorliegende Untersuchung an, so ist ein Kunstsachverständiger dann zum Schadensersatz verpflichtet, wenn sein Verhalten die Voraussetzungen einer Pflichtwidrigkeit (*faute*) erfüllt, welche ursächlich (*lien de causalité*) für die Herbeiführung eines Schadens (*dommage*) war.[530]

b) Das haftungsbegründende Fehlverhalten

Voraussetzung einer deliktsrechtlichen Haftung ist eine haftungsbegründende Handlung (*fait générateur*): das Vorliegen einer *faute délictuelle* auf Seiten des Kunstsachverständigen. Ebenso wie für die oben bereits dargestellte *faute contractuelle* gibt es für sie keine gesetzliche Definition im *Code civil*.[531] In der rechtsgeschichtlichen Entwicklung wurde vielfach versucht, die *faute* abstrakt zu definieren.[532] In der gegenwärtigen Literatur und Rechtsprechung wird sie überwiegend objektiv als „*transgression d'un devoir préexistant qui résulte d'une source formelle ou non et*

527 Eine vorsätzliche Schadenszufügung im Sinne des Art. 1382 *C.civ.* (*faute intentionnelle*) setzt das Vorliegen des subjektiven Tatbestandsmerkmals eines Schädigungswillens auf Seiten des Schädigers für eine Haftung nach den Art. 1382 ff. *C.civ.* voraus, vgl. v.Bar-*Gotthardt*, Deliktsrecht in Europa, Frankreich, S. 20 f. Im Falle von *faute intentionelle ou dolosive* ist der Versicherer nach Art. L. 113-1 Abs. 2 leistungsfrei; zu den Voraussetzungen siehe bei *Lambert-Faivre/Leveneur*, Droit des assurances, Rn. 384 ff.

528 Grundsätzlich ist jede Form der Fahrlässigkeit zur Auslösung einer Haftung für eine Haftung nach Art. 1382, 1383 *C.civ.* ausreichend, so dass die Abstufungen des Fahrlässigkeitsbegriffs vorliegend keine weitergehende Betrachtung erfahren, vgl. *Ferid/Sonnenberger*, Bd. 2, Rn. 2 O 145 ff.

529 Art. 1383 *C.civ.*: „*Chacun est responsable du dommage qu'il a causé non seulement par son fait, mais encore par sa négligence et son imprudence.*".

530 Siehe zu den Haftungsvoraussetzungen allgemein bei *Ferid/Sonnenberger*, Bd. 2, Rn. 2 O 101 ff. Vgl. *Lammel*, AcP 179 (1979), S. 337 (354).

531 Der Begriff der *faute délictuelle* erfasst die schadensstiftende Handlung als solche, sowie die Pflichtwidrigkeit und die Vorwerfbarkeit des Verhaltens, *Ferid/Sonnenberger*, Bd. 2, Rn. 2 O 113; v.Bar-*Gotthardt*, Deliktsrecht in Europa, Frankreich, S. 17 f. Vertiefend bei *Ferid/Sonnenberger*, Bd. 2, Rn. 2 O 103 ff.; siehe auch *Viney/Jourdain*, Nr. 440 ff.

532 Siehe den Überblick über die historische Entwicklung der Definitionen des Begriffes der *faute* in der Literatur etwa bei *Jourdain*, J.-Cl. civ., Art. 1382-1386, Fasc. 120-10, Nr. 7 ff.; *Ferid/Sonnenberger*, Bd. 2, Rn. 2 O 105 ff. Vgl. auch bei *Wurmnest*, S. 121 f.

impose tantôt une conduite ou un résultat déterminé, tantôt une conduite prudence et diligente." definiert.[533] Zugleich findet sich nun auch in Art. 1352 des „*Avant-projet Catala*"[534] von 2005 eine Definition der *faute*: „*Constitue une faute la violation d'une règle de conduite imposée par une loi ou un règlement ou le manquement au devoir général de prudence ou de diligence.*"[535] Die Weite dieser Definitionen dokumentiert, dass als *faute* im Sinne der Generalklausel von Artt. 1382, 1383 *C.civ.* „letztlich jedes Verhalten eingestuft werden kann, das vom Verhalten eines ordentlichen, anständigen und sorgfältigen Durchschnittsmenschen abweicht".[536]

Es stellt sich somit die Frage nach Art und Umfang dieser Verhaltenspflichten in Bezug auf den Kunstsachverständigen.[537] Für die Haftung von Kunstsachverständigen gilt auch im Rahmen des Deliktsrechts als Maßstab die Sorgfalt des *bon professionnel,* konkret also die Sorgfalt eines ordentlichen Sachverständigen in der konkreten Lage.[538] Er unterliegt entsprechend auch einer *obligation de moyens.*[539] Der Sorgfaltsmaßstab eines *bon professionnel* kann sich individuell verschärfen, wenn die Begutachtung im Einzelfall besondere Spezialkenntnisse erfordert, die von einem Generalisten im Einzelfall nicht erwartet werden können; jedoch kann dann die Hinzuziehung eines Spezialisten erforderlich

---

533 *Gotthardt*, in: v.Bar, Deliktsrecht in Europa, Frankreich, S. 17 ff.; *Jourdain*, J.-Cl. civ., Art. 1382-1386, Fasc. 120-10, *Points-clés* Ziff. 1 und Nr. 7 ff. (17) mwN; vgl. auch bei *Malaurie/Aynès/Stoffel-Munck*, Obligations, Rn. 47 ff.

534 Das sog. „*Avant-projet Catala*" ist ein Vorentwurf für eine Reform des französischen Schuldrechts, welcher im Jahre 2005 dem Justizminister vorgelegt wurde, siehe zur Entwicklung und den Hintergründen eingehend bei *Fauvarque-Cosson*, ZEuP 2007, 428 ff. Eine deutsche Übersetzung von *Sonnenberger* findet sich in ZEuP 2007, 633 ff. Der französische Text mit den Motiven findet sich unter www.justice.gouv.fr/art_pix/RapportCatalaSeptembre2005.pdf

535 Im Entwurf des „*Avant-projet Catala*" ist in den Art. 1340 bis 1386 ein unter der Leitung von *Geneviève Viney* erarbeiteter Entwurf novellierter deliktsrechtlicher Bestimmungen des *Code Civil* enthalten, hierzu *Ranieri*, S. 1460 ff. Hierzu *Viney/Jourdain*, Nr. 446 ff. Siehe auch bei *Brieskorn*, S. 129 f.

536 So treffend *Gotthardt*, in: v.Bar, Deliktsrecht in Europa, Frankreich, S. 18; *Ferid*, Bd. 1, Rn. 2 M 65; siehe hierzu auch *v.Bar*, Gemeineurop. Deliktsrecht, Bd. 1, S. 18, *Wurmnest*, S. 113.

537 Diese können sich etwa aus kodifiziertem Recht ergeben, vgl. *Jourdain*, J.-Cl. civ., Art. 1382-1386, Fasc. 120-10, Nr. 31 ff., aber auch im Verstoß gegen außergesetzliche Verhaltensregeln wie etwa Berufsordnungen (*codes déontologiques*) oder Regeln der Technik liegen, *Ferid/Sonnenberger*, Bd. 2, Rn. 2 O 116 ff; vgl. zum *expert-comptable*, Cass., ch. com., 29.04.1997, D. 1997, jur., 459, mit Anm. *Serra*.

538 *Vigneron*, AA&L October 2008, 297 (310); *Duret-Robert*, Rn. 142.25; *Lequette-de Kervenoaël*, S. 436.

539 Siehe die Nachweise der vorstehenden Fußnote.

werden.[540] Ein Verstoß gegen Regeln der Technik begründet eine *faute*, wobei der jeweilige Stand der Technik zum Zeitpunkt der Begutachtung von Relevanz ist.[541] Ob im konkreten Fall ein haftungsbegründendes Fehlverhalten im Sinne von *faute* vorliegt, ist an der individuellen Begutachtung zu bemessen.[542] Für die inhaltliche Konkretisierung der Standards kann auf die obige Darstellung verwiesen werden.[543]

In einer jüngeren Entscheidung der *Cour de cassation* aus dem Jahre 2006 hat diese eine deliktsrechtliche Haftung eines Vertragspartners gegenüber einem vertragsfremden Dritten bejaht, die sich auf einer vertraglichen Nichterfüllung des Vertragspartners (*inexécution de l'obligation contractuelle*) und einem dem Dritten daraus entstandenen Schaden begründete.[544] Mit dieser Entscheidung nahm die *Assemblée plénière* der *Cour de cassation* eine Positionierung zu den bislang divergierenden Ansichten der Rechtsprechung zur Wirkung von Verträgen gegenüber Dritten (*opposabilité*)[545] vor, unter welchen Voraussetzungen eine *inexécution contractuelle* eine deliktsrechtliche Haftung gegenüber vertragsfremden Dritten begründen kann.[546] Ein Teil der Rechtsprechung hat bislang vertreten, dass in jeder Vertragsverletzung auch zugleich unmittelbar eine deliktische *faute* gegenüber Dritten liege.[547] Demgegenüber wurde es bisher von einem anderen Teil der Rechtsprechung als erforderlich angesehen, dass die *inexécution* unabhängig vom Vertrag die Voraussetzung der Verletzung einer Verhaltenspflicht im Sinne einer *faute délictuelle* erfüllen müsse.[548] Nach der Entscheidung der *Assemblée plénière* der *Cour de cas-*

---

540 Für einen *commissaire-priseur* etwa *Maurice*, J.-Cl. Resp. civ. et ass., Fasc. 345, Nr. 162; siehe hierzu auch bei CA Versailles, 1ère ch., 13.05.1993, Gaz. Pal. 1995, 1, somm., 56.

541 *Ferid/Sonnenberger*, Bd. 2, Rn. 2 O 120.

542 Hierbei kommt es auf den Zeitpunkt der schädigenden Handlung an, vgl. *Ferid/Sonnenberger*, Bd. 2, Rn. 2 O 147.

543 Siehe hierzu oben Seite 68 ff.

544 Cass. civ., ass. plén., 06.10.2006, Az. 05-13.255, D. 2006, 2484 mit Anmerkung *Gallmeister*; D. 2006, 2825 mit Anmerkung *Viney*.

545 Zum Begriff und den Voraussetzungen siehe bei *Becqué-Ickowicz*, Art. 1165, Fasc. 37-2, Nr. 1 ff.

546 *Jourdain*, J.-Cl. civ., Art. 1382-1386, Fasc. 130-10, Nr. 85 mwN; *Sprenger*, S. 60 ff. Siehe die Nachweise der sich anschließenden Rechtsprechung bei *Jourdain*, aaO, Nr. 87.

547 Cass., 1ère civ., 18.05.2004, CCC 2004, comm. Nr. 121 mit Anm. *Leveneur*; Cass., 1ère civ., 18.07.2000, Bull. civ. 2000, I, Nr. 221, 144 f.; *Jourdain*, J.-Cl. civ., Art. 1382-1386, Fasc. 130-10, Nr. 86 mwN; *ders.*, RTD civ. 2007, S. 123 mwN; siehe auch die Nachweise bei *Viney*, D. 2006, 2825 (2826).

548 Cass., 3ème civ., 17.11.1993, Bull. civ. 1993, III, Nr. 146, 96; Cass., 2ème civ., 19.02.1997, Bull. civ. 1997, II, Nr. 53, 30; *Jourdain*, J.-Cl. civ., Art. 1382-1386, Fasc. 130-10, Nr. 85 mwN.

sation wird die *faute contractuelle* mit der *faute délictuelle* gegenüber den vertragsfremden Dritten gleichgestellt.[549] Diese Rechtsprechung sieht sich Kritik ausgesetzt, als mit ihr eine Erweiterung des Kreises der anspruchsberechtigten Dritten einhergeht: So ist etwa der vertragsfremde Dritte nicht an etwaige vertragliche Haftungsbeschränkungen zwischen den Vertragsparteien gebunden und die Haftungsvoraussetzung der Vorhersehbarkeit des Schadens nach Art. 1150 *C.civ.* findet keine Anwendung.[550] Soweit ersichtlich hat diese Rechtsprechung der *Cour de cassation* bislang keine Berücksichtigung im Bereich der Dritthaftung von (Kunst-)Sachverständigen erfahren. In der einschlägigen Rechtsprechung und Literatur findet sich hierzu bislang auch keine dogmatische Diskussion. In den Urteilsbegründungen zur Dritthaftung von Kunstsachverständigen werden die Schadensersatzansprüche regelmäßig nur mit einem Hinweis auf die Artt. 1382, 1383 *C.civ.* begründet, ohne dass eine entsprechende rechtsdogmatische Auseinandersetzung und Stellungnahme zu den verschiedenen Aspekten der Dritthaftung erfolgt.[551] Da die Pflichten eines Kunstsachverständigen sowohl im vertraglichen als auch im deliktischen Bereich vornehmlich in einer *obligation de moyens* bestehen, dürfte dies auch weiterhin von geringer Relevanz bleiben.[552]

In Art. 1342 des „*Avant-projet Catala*" findet sich zwar nunmehr ein Wahlrecht des Geschädigten, Schadensersatzansprüche aufgrund von *inexécution contractuelle* nach den Artt. 1362 - 1366 des *Avant-projets*, also auf vertragsrechtlichen Anspruchsgrundlagen, oder den Artt. 1352 - 1362 des *Avant-projets*, also auf deliktsrechtlichen Anspruchsgrundlagen, geltend zu machen.[553] Der Geschädigte unterliegt dabei den jeweiligen Anspruchsvoraussetzungen, er muss sich demzufolge allen Schranken und Voraussetzungen unterwerfen, denen ein Vertragsgläubiger unterliegt, oder er muss Beweis für das haftungsbegründende *fait générateur* erbringen.[554] Art. 1342 stellt eine Ausnahme vom Prinzip des *non-cumul* dar.[555] Inwieweit jedoch vertragliche Anspruchsgrundlagen de lege ferenda auch für den Bereich der bislang allein deliktsrechtlichen Dritthaftung von Sachverständigen Bedeutung erlangen werden, bleibt abzuwarten, die weitere Entwicklung ist hier noch lange nicht abgeschlossen.[556]

---

549 *Gallmeister*, Anmerkung zu Cass. civ., ass. plén., 06.10.2006, Az. 05-13.255, D. 2006, 2484.

550 Kritisch *Jourdain*, RTD civ. 2007, 123 (124 f.); *Viney*, D. 2006, 2825 (2831); siehe auch bei *Brieskorn*, S. 109 ff. mwN.

551 Siehe auch *Sprenger*, S. 63 f.

552 Siehe *Sprenger*, S. 62.

553 Siehe bei *Becqué-Ickowicz*, J.-Cl. civ., Art. 1165, Fasc. 37-2, Nr. 64 ff. Siehe hierzu auch bei *Ranieri*, S. 1460 ff.; *Sonnenberger*, ZEuP 2007, 421 (424).

554 *Brieskorn*, S. 112.

555 *Becqué-Ickowicz*, Art. 1165, Fasc. 37-2, Nr. 66.

556 Zu Art. 1342 des *Avant-projets* etwa *Jourdain*, RTD civ. 2007, 123 (125 f.).

3. Sonderfall der französischen Rechtsordnung: Kunstsachverständigenhaftung im Rahmen von öffentlichen Versteigerungen

Der Auktionshandel hat für den französischen Kunstmarkt schon immer eine sehr hohe Bedeutung.[557] Die Hinzuziehung von externen selbstständigen Sachverständigen, die im Rahmen von öffentlichen Versteigerungen tätig werden, hat im Auktionshandel Frankreichs eigenständige Bedeutung.[558] Innerhalb der umfangreichen kunstmarktbezogenen Gesetzgebung finden sich besondere, nur der französischen Rechtsordnung eigene Bestimmungen, die die Tätigkeit von Kunstsachverständigen im Rahmen von Versteigerungen betreffen und sogar diesbezügliche besondere Haftungsnormen beinhalten. Seit den fünfziger Jahren des letzten Jahrhunderts haben verschiedene Novellierungen zu umfangreichen Änderungen und Entwicklungen dieser Bestimmungen geführt, die im Folgenden in zunächst einem kurzen einführenden historischen Überblick wiedergegeben werden sollen, gefolgt von einer Darstellung der gegenwärtigen Rechtslage.

a) Die Entwicklung der Gesetzgebung zu den Kunstsachverständigen und Kunstversteigerern in Frankreich

Der gesetzliche Rahmen für die Tätigkeit von Versteigerern (*commissaires-priseurs*) bei öffentlichen Versteigerungen ist früh eigenen Regelungen zugeführt worden, was bereits in der Einleitung thematisiert worden ist. Seit dem Jahre 1801 wurden unter anderem ein territoriales Ausschließlichkeitsmonopol für die Versteigerer in ihrer Gemeinde festgelegt und einheitliche Gebührensätze fixiert.[559] Die Monopolstellung der *commissaires-priseurs* wurde durch das Gesetz Nr. 2000-642 vom 11. Juli 2000[560] überwiegend abgeschafft; ihre Tätigkeit durften die *commissaires-priseurs*

557 Siehe *Gaillard*, S. 17 f., 170 f. Siehe etwa *Rapport Nr. 3019* des Abgeordneten *Philippe Houillon*, Assemblée Nationale, v. 08.12.2010, S. 12 ff., verfügbar unter www.assemblee-nationale.fr/13/rapports/r3019.asp (Stand: 11/2011); siehe die Statistiken bei *Duret-Robert*, Rn. 4.11 ff.

558 Siehe etwa bei *Caron*, LPA 2009, Nr. 250, 8 (10).

559 Siehe unter anderem das *loi du 22 Pluviôse an VII* (Zeitangabe entsprechend der Zeitrechnung nach dem „*nouveau calendrier*“, dem sog. „Revolutionskalender“, der nach der französischen Revolution eine neue, am 05.10.1793 gesetzlich geregelte Zeitrechnung eingeführt hatte, die in „Jahren der Freiheit“ zählte und bis zum 31.12.1805 galt, siehe etwa *Meinzer*, Der französische Revolutionskalender, München 1992, S. 10 ff.), entspricht dem 10.02.1799 (nach dem gregorianischen Kalender Papst Gregors XIII. von 1582), das *loi du 27 Ventôse an IX*, entspricht dem 18.03.1801, das *loi du 28 avril 1816* und die *ordonnance du 28 juin 1816* sowie das *loi du 25 juin 1841*; zur historischen Entwicklung eingehend *Vigneron*, S. 38 ff. (44 ff.); *Tomasini*, S. 105 ff.; *Le Tourneau*, Rn. 4862; *Quemin*, Code des ventes volontaires et judiciaires, S. 335 f.; *Mauger-Vielpeau*, S. 2.

560 *Loi* Nr. 2000-642 v. 11.07. 2000, *JO*, 11.07.2000, S. 10474; D. 2000, *Lég.*, 318.

nach Art. L. 321-2 *C.com.* seitdem nur noch in Form von Handelsgesellschaften ausüben, die der Zulassung und Aufsicht durch den sog. *Conseil de ventes de meubles aux enchères publiques* („Versteigerungsrat"), folgend kurz „CVV", unterlagen.[561] Seit der Reform durch das Gesetz vom 20. Juli 2011 gestattet das französische Recht nun natürlichen und juristischen Personen, die im Gesetz einheitlich als *„opérateurs de ventes volontaires de meubles aux enchères publiques"* bezeichnet werden, die Durchführung von Versteigerungen.[562] Die kleinen und mittelständischen französischen Auktionshäuser verfügen üblicherweise über keine festangestellten Sachverständigen, so dass verbreitet externe Sachverständige für die jeweilige Auktion hinzugezogen werden, die die Kunstwerke begutachten und bewerten.[563] Die französische Rechtsordnung hatte seit 1945 meist eine gesamtschuldnerische Haftung des Kunstsachverständigen mit dem *commissaire-priseur* gesetzlich vorgesehen. Eine Ausnahme davon war jedoch der Zeitraum von 1985 bis zur Gesetzesnovelle im Jahre 2000, worauf nachstehend im Einzelnen eingegangen wird.

aa) Die Verordnung vom 11. Dezember 1945

Bereits im *décret* Nr. 45-607 vom 11. Dezember 1945[564] wurde in Art. 20 eine gesamtschuldnerische Haftung (*responsabilité solidaire*)[565] des Kunstsachverständigen

561 *Le Tourneau*, Rn. 4862; auch ausführlich *Honlet/de Baeque*, D. 2001, 141 ff.: Auslöser der Novellierung war u.a. die durch die Europäische Kommission festgestellte Unvereinbarkeit der französischen Regelungen mit Art. 59 EGV a.F. (Art. 49 EGV n.F.) zur Dienstleistungsfreiheit. Vgl. auch bei *Graveleau*, Gaz. Pal. 2004, jur., 1267; *Maurice*, J.-Cl. Resp. civ. et ass., Fasc. 345, Nr. 4 f. Mit der Umsetzung der Richtlinie 2006/123/EG des Europäischen Parlaments und des Rates vom 12.12.2006 über Dienstleistungen im Binnenmarkt, ABl. EG L 376 v. 27.12.2006, S. 36 ff., in das französische Recht ist durch die Reformierung des französischen Auktionsrechts es zukünftig auch natürlichen Personen gestattet, Auktionen durchzuführen, siehe hierzu das *Projet de Loi* Nr. 210 *tendant à modifier la loi Nr. 2000-642 du 10 juillet 2000 portant réglementation des ventes volontaires de meubles aux enchères publiques, enregistrée à la présidence du Sénat le 12 février 2008 (2007-2008)*, verfügbar unter www.senat.fr/leg/ppl07-210.html (Stand 11/2011).

562 Siehe dazu *Häret*, Bulletin 2/2012, S. 5 (6).

563 Es kann einem Versteigerer im Einzelfall obliegen, dem Verkäufer eines Gemäldes zu empfehlen, einen Sachverständigen hinzuzuziehen, um das Gemälde begutachten zu lassen, siehe Cass., 1ère civ., 26.01.1982, D. 1982, IR, 176 f.; *Maurice*, J.-Cl. Resp. civ. et ass., Fasc. 345, Nr. 145.

564 *Décret* Nr. 45-607, v. 11.12.1945, *JO*, v. 12.12.1945, 8222 = D. 1945, lég., 343 f.

565 Die *responsabilité solidaire* ähnelt der deutschen gesamtschuldnerischen Haftung, vgl. *Hübner/Constantinesco*, S. 186 f. Sie kann vertraglich vereinbart oder gesetzlich angeordnet sein; der Gläubiger kann von jedem Gesamtschuldner die gesamte Forderung verlangen, Art. 1200 *C.civ.*, vgl. *Gotthardt*, in: v.Bar, Deliktsrecht in Europa, Frankreich, S. 49.

mit dem *commissaire-priseur* für Fehler in den Angaben des Auktionskataloges festgelegt.[566] Zur Begründung eines Schadensersatzanspruches war dem *commissaire-priseur* oder dem Kunstsachverständigen *faute* nachzuweisen.[567]

bb) Die Verordnung vom 21. November 1956

Diese in Art. 20 des *décrets* Nr. 45-607 vom 11. Dezember 1945[568] angeordnete gesamtschuldnerische Haftung (*responsabilité solidaire*) für Fehler in den Angaben des Auktionskataloges wurde in Art. 23 des *décrets* Nr. 56-1181 vom 21. November 1956 beibehalten.[569] Ein neuer Art. 29 präzisierte darüber hinaus, dass der *commissaire-priseur* persönlich für die „*faute*" der im Zusammenhang mit der Versteigerung tätigen Sachverständigen haftet.[570] Der jeweilige Anteil der Haftung des *commissaire-priseur* und des Sachverständigen wurde zum Teil von den Gerichten nach den Voraussetzungen des konkreten Einzelfalles bemessen.[571]

cc) Die Verordnung vom 29. März 1985

Diese gesetzlich angeordnete gesamtschuldnerische Haftung (*responsabilité solidaire*) von Kunstsachverständigem und *commissaire-priseur* wurde durch das *décret* Nr. 85-382 vom 29. März 1985[572] abgeschafft.[573] Die Haftung des Kunstsachverständigen und des *commissaire-priseur* war fortan allein nach den allgemeinen Regeln,

---

566 *Thomsen*, S. 156. Bis zum Inkrafttreten des *décrets* vom 11.12.1945 war die Haftung weniger strikt, vgl. etwa Trib. civ. de la Seine, 25.05.1938, Gaz. Pal. T.Q. 1935-1940, Commissaire-priseur, Nr. 4.

567 Trib. civ. de la Seine, 22.05.1951, Gaz. Pal. 1951, II, S. 277 (278); CA Paris, 12.02.1954, D. 1954, 337 (338); *Lequette-de Kervenoaël*, S. 494 f.

568 *Décret* Nr. 56-1181, v. 21.11.1956, *JO*, v. 23.11.1956, 11200 = D. 1956, lég., 487 f.

569 Vgl. *Maurice*, J.-Cl. Resp. civ. et ass., Fasc. 345, Nr. 144. Mit einer Entscheidung vom 23.06.1969, stellte die *Cour de cassation* klar, dass es keiner vorherigen *demande de nullité* der Versteigerung bedarf, sondern ein Geschädigter sich direkt an den Versteigerer und den Sachverständigen wenden konnte, JCP G 1969, II, 16035 (sog. „*arrêt Neger*").

570 *Tomasini*, S. 43. Vgl. etwa bei TGI Lyon, 03.07.1974, Journ. des. C.-P. 1978, 15 ff. mit Anmerkung *Gaultier*, 17 ff.; auch bei TGI Paris, 07.07.1976, Journ. des C.-P. 1978, 9 ff.

571 Siehe etwa TGI Paris, 07.07.1976, Journ. des C.-P. 1978, 9 ff., welches folgende Haftungsverteilung annahm: 2/3 der Sachverständige und 1/3 der Versteigerer: „(...) *en sa qualité de spécialiste, l'expert a engagé sa responsabilité pour une part plus importante que le commissaire-priseur* (...)"; *Duret-Robert*, Rn. 141.42 mwN. Siehe etwa noch CA Paris, 12.02.1954, D. 1954, 337 (338): 9/10 die beiden Sachverständigen und 1/10 der *commissaire-priseur*. Zum Regress unter Gesamtschuldnern siehe bei *Gotthardt*, in: v.Bar, Deliktsrecht in Europa, Frankreich, S. 51 f.

572 *Décret* Nr. 85-382, v. 29.03.1985, *JO*, v. 31.03.1985, 3770 = D. 1985, lég., 250 ff.

573 *Le Tourneau*, Rn. 4868.

also nach den Artt. 1382 ff. *C.civ.*, zu beurteilen.[574] Eine gemeinsame Haftung von Sachverständigem und *commissaire-priseur* wurde jedoch dann angenommen, wenn dem *commissaire-priseur* und dem Sachverständigen *faute* vorzuwerfen war und diese gemeinsam denselben Schaden verursacht hatten.[575] Diese Haftung „*in solidum*", wurde von der Rechtsprechung entwickelt und greift unabhängig von der Haftungsgrundlage ein, wenn ein und derselbe Schaden von mehreren gemeinschaftlich verursacht wurde, sie entspricht in ihren wesentlichen Wirkungen der gesetzlich geregelten gesamtschuldnerischen Haftung.[576]

b) Die Haftung des Kunstsachverständigen und des Versteigerers nach der gegenwärtigen Rechtslage

aa) Das Gesetz vom 10. Juli 2000

Mit Art. 33 Abs. 2 des Gesetzes Nr. 2000-642 vom 10. Juli 2000[577] wurde die gesetzlich angeordnete gesamtschuldnerische Haftung (*responsabilité solidaire*) des Kunstsachverständigen mit dem *commissaire-priseur* wieder ausdrücklich eingeführt, allerdings zunächst beschränkt auf die *experts agréés*.[578] Vor dem Hintergrund der bereits nach dem *décret* Nr. 56-1181 vom 21. November 1956 angeordneten, gesamtschuldnerischen Haftung wurde bereits in den Vorarbeiten zum Gesetz vom 10. Juli 2000 zum Ausdruck gebracht, dass die haftungsbegründende *faute* sowohl vom *commissaire-priseur* als auch vom *expert agréé* herrühren kann und auch nur jeweils diesem nachgewiesen werden muss.[579] Der ursprüngliche Entwurf des Gesetzes Nr. 2000-642 vom 23. Juli 1998[580] präzisierte noch nicht, für was der Kunstsachverständige grundsätzlich gesamtschuldnerisch haften soll, also ob beispielsweise die Zahlung des Kaufpreises und die Lieferung des Kunstwerkes hierunter zu

---

574 *Duret-Robert*, Ventes d'œuvres d'art, S. 217.

575 CA Paris, 14.03.1997, Gaz. Pal. 1997, 2, 482, mit Anm. *Vray* 482 (483); *Duret-Robert*, Rn. 141.43 mwN; *Le Tourneau*, Rn. 4868.

576 *Henaff*, CCE 2008, Nr. 4, S.10, Rn. 7; *Duret-Robert*, Rn. 141.43 f.; *Gotthardt*, in: v.Bar, Deliktsrecht in Europa, Frankreich, S. 51; vgl. *Hübner/Constantinesco*, S. 187. Ausführlich zu den Voraussetzungen bei *Mestre/Cayron*, J.-Cl. civ. Art. 1197–1216, fasc. 30, Nr. 2 ff., 20 ff. Siehe zu den kritischen Positionen gegenüber der Haftung „*in solidum*" etwa bei *Malaurie/Aynès/Stoffel-Munck*, Rn. 1375 ff. Siehe nun Art. 1378 des „*Avant-projet Catala*".

577 *Loi* Nr. 2000-642 v. 10.07.2000, *JO*, 11.07.2000, 10474 = D. 2000, lég., 318 ff.

578 *Honlet/de Baecque*, D. 2001, 141 (143).

579 Siehe *Rapport* von *M. Luc Dejoie*, *Commission des Lois* des *Sénat*, Nr. 366 (*Session ordinaire de* 1998-1999), 19.05.1999, S. 80, verfügbar unter http://www.senat.fr/rap/l98-366/l98-3660.html (Stand 11/2011).

580 Siehe Art. 30 des *Projet de Loi* Nr. 555 (*Session ordinaire de* 1997-1998) vom 23.07.1998, verfügbar unter www.senat.fr/leg/pjl97-555.html (Stand 11/2011).

subsumieren sind.[581] Dies führte zu weiterer Konkretisierung des Gesetzes: der Kunstsachverständige soll nur für seinen Beitrag im Rahmen der Versteigerung gesamtschuldnerisch haften, also für die Begutachtung und Bewertung, nicht jedoch beispielsweise für *faute* im Rahmen der Organisation der Versteigerung.[582] Damit näherte sich die gesetzliche Regelung wieder der Rechtslage vor 1985 an, allerdings zunächst mit dem Unterschied zweier verschiedener Haftungsregime, das der *experts agréés* und das der *experts-non agréés*.[583] Nur für erstere galt die nach dem Gesetz Nr. 2000-642 ausdrücklich angeordnete gesamtschuldnerische Haftung. Für letztere war die Haftung weiterhin nach der Rechtslage unter dem *décret* Nr. 85-382 vom 29. März 1985 zu bemessen. Bei Vorliegen von *faute* sowohl des *commissaire-priseur* als auch des *expert-non agréé*, die gemeinsam den Schaden verursacht haben, wurde von der Rechtsprechung auch ohne eigene gesetzliche Grundlage eine Haftung „*in solidum*" angenommen.[584]

bb) Das Gesetz vom 11. Februar 2004 und das Gesetz vom 20. Juli 2011

Dieses Haftungsregime mit seiner Differenzierung zwischen den *experts agréés* und den *experts non-agréés* wurde durch Art. 58 des Gesetzes vom 11. Februar 2004[585] abgeschafft. Auch nach der Abschaffung des *agrément* für Kunstsachverständige durch das Gesetz vom 20. Juli 2011[586] gilt nach Art. L. 321-30 *C.com.* ausdrücklich eine generelle gesamtschuldnerische Haftung der Kunstsachverständigen.[587]

Die Haftung der externen, hinzugezogenen Sachverständigen bemisst sich nach den allgemeinen, oben beschriebenen Voraussetzungen gemäß den Artt. 1382 ff. *C.civ.* und Art. L. 321-17 *C.com.*,[588] wobei Art. L. 321-30 *C.com.* ausdrücklich die gesamtschuldnerische Haftung von Kunstsachverständigem und Versteigerer anordnet:

---

581 Siehe *Rapport* von *M. Luc Dejoie*, *Commission des Lois* des *Sénat*, Nr. 366, (*Session Ordinaire* 1998-1999), 19.05.1999, S. 80, verfügbar aaO; *Lequette-de Kervenoaël*, S. 494 f.

582 *Quemin*, Code des ventes volontaires et judiciaires, S. 440; *Duret-Robert*, Rn. 141.41.

583 *Maurice*, J.-Cl. Resp. civ. et ass., Fasc. 345, Nr. 146.

584 *Maurice*, J.-Cl. Resp. civ. et ass., Fasc. 345, Nr. 52; *Duret-Robert*, Rn. 141.43 mwN; *ders.*, Ventes d´œuvres d´art, S. 219; siehe etwa CA Paris, 14.03.1997, Gaz. Pal. 1997, 2, 482, mit Anm. *Vray* 482 (483); *Le Tourneau*, Rn. 4868.

585 *Loi* Nr. 2004-130, v. 11.02.2004, in: *JO*, 12.02.2004, S. 2847 = D. 2004, lég., 542 ff.

586 *Loi* Nr. 2011-850 v. 20.07.2011, in: *JO*, 21.07.2011, S. 12441.

587 Zur Entwicklung des französischen Auktionsrechts siehe etwa bei *Fenoll-Trousseau/Mauger-Vielpeau*, D. 2008, 2232 ff.

588 Art. L. 321-17 *C.com.*: „*Les opérateurs de ventes volontaires de meubles aux enchères publiques mentionnés à l´article L. 321-4 et les officiers publics ou ministériels compétents pour procéder aux ventes judiciaires et volontaires ainsi que les experts qui les assistent dans la description, la présentation et l´estimation des biens engagent leur responsabilité*

Tout expert intervenant à titre onéreux à l'occasion d'une vente de meubles aux enchères publiques est tenu de contracter une assurance garantissant sa responsabilité professionnelle. Il est solidairement responsable avec l'organisateur de la vente pour ce qui relève de son activité.[589]

Als haftungsbegründende Voraussetzung der deliktsrechtlichen Haftung des Sachverständigen ist grundsätzlich „*faute*" nachzuweisen.[590] Allerdings wurde in der jüngeren Rechtsprechung des französischen Kassationsgerichtshofes eine gesamtschuldnerische Haftung des Sachverständigen und des *commissaire-priseur*, wenn sich das Werk im Nachhinein etwa als Fälschung herausstellte, allein damit begründet, dass die Echtheit eines Werkes ohne Einschränkungen gegenüber dem Ersteigerer bestätigt wurde.[591] Alleine die fehlerhafte Angabe im Auktionskatalog war dabei nach dem Kassationsgerichtshof bereits haftungsbegründend.[592] Damit hat sich die Rechtsprechung der *Cour de cassation* zur Haftung von Sachverständigen und *commissaire-priseur* bei Versteigerungen hin zu einer verschuldensunabhängigen Haftung bewegt.[593]

Die traditionell übersichtlichen Urteilsbegründungen der *Cour de cassation* beinhalten insoweit kaum entsprechende dogmatische Darlegungen und Begründungen. In der Literatur wird die Vermutung geäußert, dass eine Erklärung für diese Entwicklung der Rechtsprechung etwa in der gesetzlichen Pflicht des Sachverständigen, eine Berufshaftpflichtversicherung abschließen zu müssen, liegen könne.[594] An anderer Stelle wird in der Literatur zur Begründung auf die Verordnung Nr. 81-255 vom

---

au cours ou à l'occasion des prisées et des ventes de meubles aux enchères publiques, conformément aux règles applicables à ces ventes.".

589 *Le Tourneau*, Rn. 4868; *Vigneron*, S. 283.

590 *Lequette-de Kervenoaël*, S. 501 f.; vgl. die Anmerkung *Gallmeister* zu Cass., 1ère civ., 03.04.2007, Az. 05-12.238, D. 2007, 1201; sowie Anmerkung *Baillet Bouin*, zu Cass., 1ère civ., 03.04.2007, Az. 05-12.238, D. 2007, 2288 (2289). Siehe auch schon bei *Thomsen*, S. 159.

591 Der Kassationsgerichtshof formuliert „(...) *vis-à-vis de la victime de l'erreur, le commissaire-priseur ou l'expert qui affirme l'authenticité d'une œuvre d'art sans assortir son propos de réserves engage sa responsabilité sur cette assertion.*", Cass., 1ère civ., 03.04.2007, Az. 05-12.238, D. 2007, 2288; siehe auch Cass., 2ème civ., 06.03.2008, Resp. civ. et ass., Mai 2008, Comm. 167, 29.

592 *Baillet Bouin*, Anmerkung zu Cass., 1ère civ., 03.04.2007, Az. 05-12.238, D. 2007, 2288 (2290).

593 *Mauger-Vielpeau*, D. 2009, 990 (993); *Baillet Bouin*, Anmerkung zu Cass., 1ère civ., 03.04.2007, Az. 05-12.238, D. 2007, 2288 (2290).

594 *Vigneron*, AA&L 2008, 297 (307 f.); *Mauger-Vielpeau*, D. 2009, 990 (993).

3. März 1981, sog. „*décret Marcus*“,[595] hingewiesen.[596] Mit dieser Verordnung zur Bekämpfung von Fälschungen im Kunsthandel hat der französische Gesetzgeber unter anderem geregelt, welche rechtlichen Wirkungen an die Beschreibung von Kunstwerken bei jeder Form von Veräußerung, also etwa auch bei Katalogbeschreibungen in Versteigerungskatalogen, geknüpft wird.[597] Das *décret* Nr. 81-255 ordnet insoweit unter anderem beispielsweise an, dass etwa die Angabe von konkreten Herstellungs- bzw. Entstehungszeiträumen, die mit der Bezeichnung des Werkes einher gehen (Art. 2),[598] oder die Beschreibung des Vorhandenseins einer Signatur oder eines Stempels eines Künstlers ohne ausdrückliche Vorbehalte zur Echtheit des Werkes (Art. 3),[599] jeweils die Wirkung einer Garantie gegenüber dem Käufer in Bezug auf die Eigenschaften des Kunstwerkes als aus dieser Zeit oder aus der Hand des bestimmten Künstlers stammend haben.[600] Gleiches gilt für die Bezeichnung „*par*“ oder „*de*“ (von), wenn der Name des Künstlers unmittelbar darauffolgend genannt oder ohne weitere Kennzeichnung vor der unmittelbar im Anschluss folgenden Beschreibung bzw. dem Werktitel angegeben wird. Mit der Angabe „*attribué à*“ (zugeschrieben), wird dagegen nicht die Echtheit, sondern lediglich das Entstehen des Werkes in der Schaffensperiode des fraglichen Künstlers garantiert (Art. 4).[601] Fer-

---

[595] *Décret* Nr. 81-255 *sur la répression des fraudes en matière de transactions d'œuvres d'art et d'objets de collection*, v. 03. März 1981, in: *JO*, 20.03.1981, S. 825, geändert durch art. 69 des *décret* Nr. 2001-650, v. 19.07.2001, in: *JO*, 21.07.2001, 11760 = D. 1981, 157, benannt nach seinem Initiator *Claude-Gérard Marcus*.

[596] *Vigneron*, S. 271; *Baillet Bouin*, Anmerkung zu Cass., 1ère civ., 03.04.2007, Az. 05-12.238, D. 2007, 2288 (2290); *Nevejans*, LPA 2010, Nr. 32, 8 (14).

[597] Siehe ausführlich zum *décret* Nr. 81-255 *sur la répression des fraudes en matière de transactions d'œuvres d'art et d'objets de collection*, v. 03. März 1981, bei *Duret-Robert*, Rn. 101.34 ff. Eine Zuwiderhandlung gegen die Vorschriften des *décrets* ist strafbewehrt (Art. 10). Eine vertragliche Abbedingung des *décrets* ist nicht zulässig.

[598] Art. 2 des *décret* Nr. 81-255: „*La dénomination d'une œuvre ou d'un objet, lorsqu'elle est uniquement et immédiatement suivie de la référence à une période historique, un siècle ou une époque, garantit l'acheteur que cette œuvre ou objet a été effectivement produit au cours de la période de référence. Lorsqu'une ou plusieurs parties de l' œuvre ou objet sont de fabrication postérieure, l'acquereur doit en être informé*“. Siehe exemplarisch bei Cass., 1ère civ., 27.02.2007, D. 2007, 1632 ff. mit Anm. *Gaultier*; sowie Cass., 1ère civ., 30.10.2008, D. 2009, 990 ff. mit Anm. *Mauger-Vielpeau*.

[599] Art. 3 des *décret* Nr. 81-255: „*A moins qu'elle ne soit accompagnée d'une réserve expresse sur l'authenticité, l'indication qu'une œuvre ou un objet porte la signature ou l'estampille d'un artiste entraîne la garantie que l'artiste mentionné en est effectivement l'auteur. Le même effet s'attache à l'emploi du terme „par“ ou „de“ suivie de la désignation de l'auteur. Il en va de même lorsque le nom de l'artiste est immédiatement suivi de la désignation ou du titre de l'œuvre.*“ Siehe etwa Cass., 1ère civ., 07.03.2006, JCP G 2006, IV, 1737.

[600] Siehe bei *Thomsen*, S. 144.

[601] Art. 4 des *décret* Nr. 81-255: „*L'emploi du terme „attribué à“ suivi d'un nom d'artiste garantit que l'œuvre ou l'objet a été exécuté pendant la période de production de l'artiste*

ner enthält das *décret* Nr. 81-255 etwa Regelungen zur Rechtsfolge von Objektbeschreibungen wie z.B. „*atelier de*" (aus dem Atelier von) deren Angabe die Wirkung einer Garantie dahingehend hat, dass das Werk im Atelier des betreffenden Künstlers bzw. unter seiner Leitung angefertigt worden ist (Art. 5).[602] Die Verwendung der Angabe „*école de*" (Schule), gefolgt von dem Namen eines Meisters, bewirkt etwa eine Garantie dahingehend, dass der Autor des fraglichen Werkes Schüler des genannten Meisters war (Art. 6).[603] Bezeichnungen wie etwa „*dans le goût de*", „*style*", „*manière de*", „*genre de*", „*d'après*" oder „*façon de*" haben dagegen eine lediglich deskriptive Wirkung ohne jegliche Garantien hinsichtlich des Künstlers, einer Datierung oder Schule (Art. 7).[604]

Die Katalogangaben haben entscheidende Bedeutung für die vereinbarten Eigenschaften des Kunstwerks etwa respektive der Rechte des Ersteigerers wegen Eigenschaftsirrtums.[605] Das *décret* Nr. 81-255 zielt jedoch nicht auf die Sachverständigen ab und ist von der Rechtsprechung bisher auch nicht ausdrücklich zur Begründung der jüngeren haftungsverschärfenden Judikatur entsprechend herangezogen worden.[606] Auch werden dem *décret* Nr. 81-255 grundsätzlich keine „Garantiewirkungen" respektive der auf Art. 1382 C.civ. begründeten Sachverständigenhaftung beigemessen.[607] Die jüngere Rechtsprechung des französischen Kassationsgerichtsho-

---

mentionné et que des présomptions sérieuses désignent celui-ci comme l'auteur vraisemblable.".

[602] Art. 5 des *décret* Nr. 81-255: „*L'emploi des termes „atelier de" suivis d'un nom d'artiste garantit que l'œuvre a été exécutée dans l'atelier du maître cité ou sous sa direction. La mention d'un atelier est obligatoirement suivie d'une indication d'époque dans le cas d'un atelier familial ayant conservé le même nom sur plusieurs générations.*".

[603] Art. 6 des *décret* Nr. 81-255: „*L'emploi des termes „école de" suivis d'un nom d'artiste entraîne la garantie que l'auteur de l'œuvre a été l'élève du maître cité, a notoirement subi son influence ou bénéficié de sa technique. Ces termes ne peuvent s'appliquer qu'à une œuvre exécutée du vivant de l'artiste ou dans un délai inférieur à cinquante ans après sa mort. Lorsqu'il se réfère à un lieu précis, l'emploi du terme „école de" garantit que l'œuvre a été exécutée pendant la durée d'existence du mouvement artistique désigné, dont l'époque doit être précisée et par un artiste ayant participé à ce mouvement.*" Siehe exemplarisch bei Cass., 1ère civ., 16.10.2008, JCP G 2009, II, 10015, 25, mit Anm. *Barbieri*.

[604] Art. 7 des *décret* Nr. 81-255: „*Les expressions „dans le goût de", „style", „manière de", „genre de", „d'après", „façon de", ne confèrent aucune garantie particulière d'identité d'artiste, de date de l'œuvre ou d'école.*".

[605] Siehe hierzu bei *Mauger-Vielpeau*, D. 2009, 990 ff. (994); *Gautier*, D. 2007, 1632 ff.; *Duret-Robert*, Rn. 101.00 ff.; *Thomsen*, S. 66 ff.; siehe auch bei *Malaurie/Aynès/Gautier*, Rn. 386, dort Fn. 1 mwN. Siehe auch jüngst Cass., 1ère civ., 30.10.2008, D. 2009, 990, mit Anm. *Mauger-Vielpeau*.

[606] *Baillet Bouin*, Anmerkung zu Cass., 1ère civ., 03.04.2007, Az. 05-12.238, D. 2007, 2288 (2290) mit entsprechender Kritik.

[607] *Nevejans*, LPA 2010, Nr. 32, 8 (14).

fes mit einer verschuldensunabhängigen gesamtschuldnerischen Haftung des Sachverständigen und des *commissaire-priseur* muss sich durchaus in kritischem Licht betrachten lassen, insoweit sie gerade angesichts der Besonderheiten bei der Begutachtung und Bewertung von Kunstwerken eine Haftung alleine aufgrund des objektiven Vorliegens eines Fehlers in der Beschreibung anordnet. Durch Voranschreiten von Forschung und Wissenschaft können die tatsächlichen Grundlagen einer Begutachtung jedoch nach einiger Zeit gänzlich anderen Interpretationen unterliegen, da neue naturwissenschaftliche Untersuchungsmethoden oder etwa weitere historische Erkenntnisse ein anderes Licht auf die bestehenden tatsächlichen Befunde werfen können.[608] Dem vermag eine Haftungsverschärfung zu Lasten des Sachverständigen, die geradezu Garantiehaftung gleichkommt, nicht gerecht zu werden.[609] Denn nach der jüngeren Rechtsprechung des französischen Kassationsgerichtshofs müssen beide auch dann haften, wenn sie allen Sorgfaltserfordernissen genüge getan haben.[610]

Die zwischen dem Kunstsachverständigen und dem Versteigerer im Falle einer gesamtschuldnerischen Haftung bestehende Ausgleichspflicht im Innenverhältnis bemisst sich dann nach der Lage des individuellen Sachverhaltes und dem sich daraus ergebenden Haftungsanteil.[611]

cc) Der „recueil des obligations déontologiques“

Aufgrund des Gesetzes vom 20. Juli 2011[612] wurde in Art. L. 321-18 *C.com.* geregelt, dass der *Conseil des ventes volontaires de meubles aux enchères publiques* damit beauftragt ist, eine Sammlung berufsständischer Pflichten für die Versteigerer zu erarbeiten, den sog. „*recueil des obligations déontologiques*“.[613] Dieser *recueil* wurde am 29. Februar 2012 vom *Conseil* vorgelegt.[614] Neben allgemeinen Pflichten für die

---

608 Vom *Tribunal de grande instance* von *Paris*, wird dem Rechnung getragen, wonach den Ausführungen des gerichtlichen Sachverständigen zufolge „*au regard des connaissances de l'époque de la vente il était tout à fait concevable de conclure à l'authenticité* (...)“, siehe Cass., 1ère civ., 03.04.2007, Az. 05-12.238, D. 2007, 2288.

609 Kritisch *Baillet Bouin*, Anmerkung zu Cass., 1ère civ., 03.04.2007, Az. 05-12.238, D. 2007, 2288 (2292); *Mauger-Vielpeau* D. 2009, 990 ff. (994).

610 *Gallmeister*, Anmerkung zu Cass., 1ère civ., 03.04.2007, Az. 05-12.238, D. 2007, 1201, wirft insoweit die Frage nach einer allgemeinen Tendenz hin zu einer *obligation de résultat* auf, siehe oben mwN.

611 *Nevejans*, LPA 2010, Nr. 32, 8 (16 f.); *Duret-Robert*, Rn. 141.41 mwN; *Gaultier*, LPA 2005, Nr. 149, 25 (28 f.).

612 *Loi* Nr. 2011-850 v. 20.07.2011, *JO*, 21.07.2011, S. 12441.

613 Siehe hierzu bei *Häret*, Bulletin 2/2012, S. 5 (12 f.).

614 *Arrêté du 21 février 2012 portant approbation du recueil des obligations déontologiques des opérateurs de ventes volontaires de meubles aux enchères publiques*, in: *JO* v. 29.02.2012, S. 3572.

Versteigerer, wie etwa zur Sorgfalt, Unabhängigkeit oder Diskretion, beinhaltet der *recueil* auch besondere Pflichten die die Durchführung von Versteigerungen betreffen, sowie die interne Organisation der Versteigerer.[615] Vereinzelte Regelungen betreffen dabei auch die im Rahmen einer Versteigerung tätigen Kunstsachverständigen. So hat sich der Versteigerer nach Ziffer 1.3.2. des *recueil* jeder Einflussnahme auf die Beschreibung, Präsentation und Bewertung des eingelieferten Werkes gegenüber dem Sachverständigen zu enthalten. Ferner hat der Versteigerer nach Ziffer 1.3.2. des *recueil* den Sachverständigen über das Mindesgebot zu informieren und dessen Vertraulichkeit sicherzustellen.[616] Darüber hinaus sieht der *recueil* nach Ziffer 1.3.2 die öffentliche Mitteilung durch den Versteigerer über die Beteiligung eines Kunstsachverständigen im Rahmen der Versteigerung vor, sowie die Mitteilung von dessen Kontaktdaten und die Benennung der Werke, für welche er tätig geworden ist.

Da es sich bei dem *recueil* um einen einfachen Erlass (*arrêté*) handelt, der keine ausdrücklichen gesetzlichen Pflichten wiedergibt, hat er vorwiegend disziplinarrechtliche Bedeutung.[617] Im Hinblick darauf, dass der *recueil* die Beteiligung von Kunstsachverständigen im Zusammenhang mit Versteigerungen nur punktuell erfasst, bleibt abzuwarten, ob seine Inhalte auf die Rechtsprechung zur zivilrechtlichen Haftung von Kunstsachverständigen Einfluss nehmen werden.

4. Haftung für Verrichtungsgehilfen

Wie bereits oben angesprochen ist eine Begutachtung durch einen Sachverständigen regelmäßig eine rein persönliche Tätigkeit des Sachverständigen, der gerade in seiner Person die erforderlichen Kenntnisse und Erfahrung versammelt. Für haftungsbegründende Beiträge eines Angestellten bei der Begutachtung haftet der Sachverständige im Bereich des Deliktsrechts nach Art. 1384 Abs. 5 *C.civ.*, ohne sich auf ein fehlendes Auswahlverschulden berufen zu können.[618] Dies hat für die hier betrachtete Haftung von Kunstsachverständigen jedoch keine besondere Bedeutung.

615 Siehe *Häret*, Bulletin 2/2012, S. 5 (12 f.).

616 Siehe insoweit auch die Regelung in Ziffer 1.6.2. des *recueil*.

617 Siehe *Häret*, Bulletin 2/2012, S. 5 (13).

618 Siehe bei *Duret-Robert*, Rn. 141.21 ff. am Beispiel angestellter Experten der großen Auktionshäuser. Zur Haftung auch bei *Le Tourneau*, Responsabilité civile professionnelle, Rn. 2.53 ff. (2.74).

5. Rechtsfolgen

Der deliktsrechtliche Schadensersatz lässt sich zum vertragsrechtlichen Schadensersatz im Wesentlichen hinsichtlich seiner unterschiedlichen Zwecksetzung differenzieren. Letzterer dient dem Ersatz des aufgrund einer *inexécution* entstandenen Schadens und ist damit eng mit dem Inhalt des zwischen den Parteien bestehenden Vertragsverhältnisses verbunden. Daraus folgt eine Beschränkung des vertragsrechtlichen Schadensersatzes auf den vorhersehbaren Schaden (*dommage prévisible*), wogegen der deliktsrechtliche Schadensersatz zum Ersatz des gesamten aus der schädigenden Handlung folgenden Schadens dient, mit dem Ziel, den Geschädigten so zu stellen, wie er ohne das Schadensereignis stünde.[619] Dabei gilt das Prinzip der *réparation* intégrale (Totalreparation).[620] Da das französische Deliktsrecht den uneingeschränkten Ersatz von Drittschäden zulässt, sind auch reine Vermögensschäden Dritter aufgrund fehlerhafter Sachverständigengutachten ersatzfähig.[621]

Voraussetzung für den Schadensersatzanspruch gegenüber dem Kunstsachverständigen nach der Generalklausel der Artt. 1382, 1383 *C.civ.* ist das Vorliegen eines ersatzfähigen Schadens (*préjudice*).[622] Im Rahmen des Deliktsrechts ist ein Schaden nur dann ersatzfähig, wenn sein Eintritt sicher (*certain*) ist und er als Folge der *faute* des Kunstsachverständigen (*direct*) auf Seiten des Geschädigten (*personnel*) bereits eingetreten ist (*actuel*).[623] Das Kriterium der Direktheit entspricht der Regelung des Art. 1151 *C.civ.*, welche dieses auch für die Ersatzpflicht im Rahmen von Vertragsverhältnissen anordnet.[624] Mit dem weiteren Erfordernis des bereits erfolgten Schadenseintrittes (*actuel*), wird eine Beschränkung hinsichtlich zukünftiger Schäden vorgenommen.[625] Schließlich muss ein rechtmäßiges Interesse des Geschädigten (*intérêt legitime*) verletzt worden sein.[626] Dieses Kriterium ist u.a. für die Fälle von Relevanz, in denen der Ersatz von entgangenem Gewinn aus rechtswidrigen

---

[619] *Le Tourneau*, Responsabilité civile professionnelle, Rn. 2.10; *Ferid/Sonnenberger*, Bd. 2, Rn. 2 O 29; *Radé*, J.-Cl. civ., Art. 1146-1155, Fasc. 170, Nr. 20; v.Bar-*Gotthardt*, Deliktsrecht in Europa, Frankreich, S. 67.

[620] *Wurmnest*, S. 230.

[621] *Zweigert/Kötz*, S. 621; v.Bar-*Gotthardt*, Deliktsrecht in Europa, Frankreich, S. 25. Vgl. auch bei *van Gerven*, S. 57 ff.; *Bussani/Palmer*, S. 126 ff.

[622] Der *Code civil* enthält auch im Deliktsrecht keine Definition des Schadensbegriffes, vgl. *Wurmnest*, S. 202.

[623] *Rétif*, J.-Cl. civ., Art. 1382-1386, Fasc. 101, Nr. 17 ff. mwN, auch zur Abgrenzung der Kriterien „*certain*" und „*actuel*".

[624] *Voirin/Goubeaux*, Droit Civil, Rn. 949; *Rétif*, J.-Cl. civ., Art. 1382-1386, Fasc. 101, Nr. 65.

[625] *Rétif*, J.-Cl. civ., Art. 1382-1386, Fasc. 101, Nr. 91 ff. mwN; *Le Tourneau*, Nr. 1413 ff.

[626] *Galand-Carval*, in: Magnus, S. 80; v.Bar-*Gotthardt*, Deliktsrecht in Europa, Frankreich, S. 23; *Brun*, S. 122 ff.; *Wurmnest*, S. 204.

Geschäften verlangt wird, so dass auch dieses Merkmal für die vorliegende Untersuchung nicht von Bedeutung ist.[627] Mit den vorgenannten Kriterien nimmt die Rechtsprechung Beschränkung der weiten deliktsrechtlichen Haftung aufgrund der Generalklausel der Artt. 1382, 1383 *C.civ.* vor, unterstützt durch die Möglichkeit des Tatrichters, eine eigene Würdigung des Schadens vornehmen zu können.[628]

a) Kausalzusammenhang

Zwischen der *faute* des Kunstsachverständigen und dem eingetretenen Schaden muss ferner ein Kausalzusammenhang (*lien de causalité*) bestehen.[629] Für die Bestimmung des Ursachenzusammenhanges greift die Rechtsprechung sowohl auf die Äquivalenztheorie (*théorie de l'équivalence des conditions*) als auch auf Adäquanztheorie (*causalité adéquate*) zurück.[630] Zur Entlastung kann der Nachweis erbracht werden, dass eine nicht aus dem Bereich des Sachverständigen resultierende Ursache (*cause etrangère*) kausal für das Geschehen war.[631] Dies gilt allgemein für Zufall (*cas fortuit*) und höhere Gewalt (*force majeure*)[632] oder aufgrund des Verhaltens eines Dritten (*fait d'un tiers*) bzw. des Schädigers selbst (*fait de la victime*).[633] Das Kriterium der Kausalität eröffnet den Gerichten weitere Spielräume, mit denen der weiten Haftung aufgrund der deliktsrechtlichen Generalklausel des französischen Deliktsrechts Grenzen gezogen werden können.[634] Der haftungsrechtliche Kausalzusammenhang liegt in den Fällen der Kunstsachverständigenhaftung für reine Vermögensschäden im Allgemeinen vor und wird soweit ersichtlich bislang von der Rechtsprechung regelmäßig ohne weitere Ausführungen in den Urteilsbegründungen angenommen.[635]

---

627 Siehe weiterführend zur *légitimité* bei v.Bar-*Gotthardt*, Deliktsrecht in Europa, Frankreich, S. 24 f.

628 v.Bar-*Gotthardt*, Deliktsrecht in Europa, Frankreich, S. 25.

629 *Bertolaso*, J.-Cl. Resp. civ. et Ass., Fasc. 375, Nr. 45; *Viney/Jourdain*, Nr. 333 ff. Vgl. *Zweigert/Kötz*, S. 624.

630 *Malaurie/Aynès/Stoffel-Munck*, Obligations, Rn. 91 ff. (96). Vgl. bei *Viney/Jourdain*, Nr. 341 ff.; anders v.Bar-*Gotthardt*, Deliktsrecht in Europa, Frankreich, S. 28.

631 *Viney/Jourdain*, Nr. 383 ff. ; v.Bar-*Gotthardt*, Deliktsrecht in Europa, Frankreich, S. 30.

632 Die Verwendung der beiden Begriffe *force majeure* und *cas fortuit* erfolgt meist synonym, vgl. v.Bar-*Gotthardt*, Deliktsrecht in Europa, Frankreich, S. 30.

633 *Jourdain*, J.-Cl. civ., Art. 1382-1386, Fasc. 161, Nr. 1 ff.

634 v.Bar-*Gotthardt*, Deliktsrecht in Europa, Frankreich, S. 29; *Sprenger*, S. 58 f. Siehe auch *Malaurie/Aynès/Stoffel-Munck*, Obligations, Rn. 96.

635 Siehe etwa im Falle der Haftung eines Immobilien-Sachverständigen (*expert en immobilier*) für *faute* bei Cass., 2ème civ., 19.06.2003, JurisData 2003-019623, Resp. civ. et ass. 2003, comm. 242, 18 f.; im Falle der Haftung eines KFZ-Sachverständigen Cass., 1ère civ., 17.10.2000, JurisData 2000-006390, Resp. civ. et ass. 2001, comm. 19, 18. Anders im Fall einer Entscheidung der CA Paris, 2ème ch., 17.09.2010, Az. 09/09376, nicht veröffentlicht, zur Haftung eines Kunstsachverständigen.

b) Art und Umfang des Schadensersatzes

Der Schadensersatz umfasst die auf Seiten des Geschädigten eingetretenen Einbußen und entgangenen Gewinn.[636] Nimmt etwa der Ersteigerer den im Rahmen einer Versteigerung tätigen, unabhängigen Kunstsachverständigen zusammen mit dem *commissaire-priseur* in Anspruch, weil er im Vertrauen auf die Begutachtung und den Katalogeintrag ein vermeintlich echtes Werk ersteigert hat, was sich im Nachhinein nur als Kopie erweist, wird ihm von der Rechtsprechung bei Vorliegen der haftungsbegründenden Voraussetzungen Ersatz für den gezahlten Zuschlagspreis[637] und das Aufgeld[638] zugesprochen.[639] Auch gezahlte Versicherungsprämien können Ersatz finden.[640] Soweit sich dem Ersteigerer als sorgfältig handelnde Person aufgrund der Beschreibung und bei näherer Betrachtung des von ihm ersteigerten Kunstwerkes allerdings berechtigte Zweifel an dessen Qualität hätten aufdrängen müssen, muss er sich dies unter Umständen entgegenhalten lassen. Abhängig vom Einzelfall kann der Wert des beim Ersteigerer verbliebenen Objekts von Relevanz werden. Handelt es sich etwa um eine zeitgenössische Kopie statt eines vermeintlichen echten Werkes aus der Hand eines Meisters, die jedoch selbst einen bestimmbaren Wert verkörpert, findet dieser bei der Schadensberechnung durch den Tatrichter entsprechende Berücksichtigung.[641] Ferner kann auch ein Nichtvermögensschaden (*préjudice moral*)

---

636 v.Bar-*Gotthardt*, Deliktsrecht in Europa, Frankreich, S. 25. Vgl. bei *Leduc*, J.-Cl. civ., Art. 1382-1386, Fasc. 201, Nr. 8 ff.; *Lequette-de Kervenoaël*, S. 509 ff.; *Duret-Robert*, Nr. 144.34 mwN.

637 Siehe hierzu bei CA Paris, 14.03.1997, Gaz. Pal. 1997, 2, 482 ff. mit Anm. *Vray*.

638 *Dictionnaire permanent epargne*, Marché de l´Art, S. 512, Rn. 294. Das TGI von Lyon hat dem Geschädigten auch Ersatz der bei einem angestrebten Weiterverkauf einer Kopie einer Zeichnung von Picasso entstandenen Kosten in Höhe von 1.000 Francs zugesprochen, siehe TGI Lyon, 03.07.1974, Journ. des C.-P. 1978, 15 (17), mit Anm. *Gaultier*.

639 Die Geltendmachung von Schadensersatzansprüchen gegenüber dem Sachverständigen oder dem *commissaire-priseur* ist von einer (vorherigen) Geltendmachung kaufrechtlicher Ansprüche unabhängig, hierzu Cass., 1ère civ., 23.04.1969, JCP G 1969, II, 16035; folgend TGI Paris, 25.02.1987, Journ. des C.-P., 1987, 193, mit Anm. *Gaultier*, 198 (199 f.). In der Regel wird sich der Nachweis für einen *erreur* jedoch leichter führen lassen, als für *faute*, siehe *Duret-Robert*, Nr. 144.41 ff.; siehe etwa TGI Paris, 16.01.1991, Journ. des C.-P., 1991, 42; TGI Paris, 25.05.1988, Journ. des C.-P. 1989, 126 ff.

640 Siehe TGI Paris, 25.02.1987, Journ. des C.-P. 1987, 193 (194 f.) mit Anmerkung *Gaultier*, 198 ff.

641 Der *Cour d´Appel* von Paris hatte in einer Entscheidung über die Versteigerung des steinernen Kopfes einer Statue aus dem Alten Ägypten zu befinden, der nach der dabei vom Gericht zu beurteilenden, fehlerhaften Begutachtung aus der 26. Dynastie (Ägypten), der sog. Saïtendynastie (664-525 v. Chr.), stammen sollte, nach dem gerichtlichen Sachverständigengutachten jedoch aus dem 19. oder 20. Jahrhundert stammt: das Gericht beurteilten den Wert dieses dem Kläger verbleibenden Objekts mit 3.000 Francs, CA Paris, 20.01.1986, Journ. des C.-P. 1986, 77 (78), mit Anm. *Gaultier*. Siehe auch bei *Cass.*, 1ère civ., 03.06.1997, D. 1998, jur., 148, mit kritischer Anm. *Crevel*, 148 (150).

ersetzt werden. Dieser kann nach der Rechtsprechung etwa in der Beeinträchtigung der Reputation durch den Kauf eines unechten Gemäldes, aber etwa auch in der Enttäuschung wegen des Kaufes einer Fälschung liegen.[642]

6. Beweislast

Die Beweislastverteilung weist im Vergleich mit dem Vertragsrecht Unterschiede auf. Grundsätzlich liegt die vertragliche Verpflichtung des Kunstsachverständigen gegenüber dem Auftraggeber in einer *obligation de moyens*, so dass der geschädigte Auftraggeber bei der Geltendmachung von Schadensersatzansprüchen dem Sachverständigen *faute* nachzuweisen hat.[643] Liegt diese jedoch in einer *obligation de résultat* trifft den Sachverständigen die Beweislast für entlastende Umstände.

Dagegen hat im Deliktsrecht der Geschädigte grundsätzlich immer die Beweislast für das Vorliegen von *faute*.[644] Ferner obliegt ihm der Nachweis für den Kausalzusammenhang zwischen schädigender Handlung und dem Schaden, sowie dem Schaden selbst.[645]

7. Verjährung

Die regelmäßige Verjährungsfrist (*délai de prescription*) für deliktsrechtliche Ansprüche ist in Art. 2224 *C.civ.* niedergelegt.[646] Seit der Reform des Verjährungsrechts beträgt sie fünf Jahre. Die Frist beginnt ab dem Zeitpunkt, ab dem der Anspruchsinhaber Kenntnis der anspruchsbegründenden Tatsachen hat oder hätte haben müssen. Im Falle von Versteigerungen, Art. L. 321-17 *C.com.*, beträgt die Verjährungsfrist ebenfalls einheitlich 5 Jahre, ab der Versteigerung.

---

642 In einer Entscheidung der *Cour d'appel* von Paris betrug der *„dommage moral de l'amateur abusé*" 20.000,00 FF, CA Paris, 25.06.1990, Journ. des. C.-P. 1991, 117 (120); siehe auch bei TGI Paris, 08.07.1993, Journ. des C.-P. 2000, (30): *„réparation de sa déconvenue* (...) *et qu'une somme de 30.000,00 F apparaît suffisante* (...)". Siehe nun Art. 1343 des *„Avant-projet Catala*", nach welchem auch der Nichtvermögensschaden in der allgemeinen Schadensdefinition enthalten ist. Zum Ersatz von Nichtvermögensschäden siehe allgemein bei *Leduc*, J.-Cl. civ., Art. 1382 – 1386, Fasc. 201, Nr. 66.

643 Siehe hierzu oben Seite 59 ff.

644 *Ferid/Sonnenberger*, Bd. 2, Rn. 2 O 110.

645 Siehe etwa bei CA Paris, 09.11.2004, Gaz. Pal. 2005, somm. jur. 1461 mit Anm. *Vray*.

646 *Le Tourneau*, Responsabilité Civile Professionnelle, Rn. 2.25.

8. „Action civile“ und strafrechtlicher Adhäsionsprozess

In der französischen Rechtsordnung spielt der strafrechtliche Adhäsionsprozess eine im Vergleich zur deutschen Rechtsordnung erheblich bedeutendere und damit hier berücksichtigenswerte Rolle.[647] Dies beruht vornehmlich auf der Wahlmöglichkeit des Verletzten, entweder vor einem Strafgericht oder einem Zivilgericht Klage auf Schadensersatz zu erheben.[648] Vorzüge des Adhäsionsprozesses können im Einzelfall etwa in geringeren Prozesskosten bestehen sowie im Einzelfall aufgrund von Amtsermittlungsbefugnissen bestehenden Vorteilen für den Geschädigten bei der Beweisführung liegen.[649] Die Wahlmöglichkeit besteht allerdings nur, solange noch keine Klage vor einem Zivilgericht eingereicht wurde und über die öffentliche Strafklage noch nicht entschieden ist, so Art. 5 des *Code de Procédure Pénale*.[650] Reicht der Geschädigte seine Klage bei einem Strafgericht ein, so löst dies gleichzeitig eine öffentliche Strafklage aus.[651] Aus der Identität des Klagegegenstandes folgt dann, dass das Strafurteil gleichzeitig Rechtskraftwirkung auch für die Zivilklage entfaltet.[652] Zwangsläufiges Erfordernis für einen strafrechtlichen Adhäsionsprozess ist aber, dass nur Klagen über Sachverhalte Gegenstand dieses Verfahrens werden können, die zugleich einen Straftatbestand erfüllen.[653] Aus diesem Grund hat der strafrechtliche Adhäsionsprozess nur dann praktische Relevanz, wenn eine Straftat (*infraction*) vorliegt, der Kunstsachverständige also beispielsweise vorsätzlich ein falsches Gutachten für seinen Auftraggeber erstellt, damit dieser eine Fälschung an einen Dritten unter Beifügung des Gutachtens veräußern kann.

---

647 v.Bar-*Gotthardt*, Deliktsrecht in Europa, Frankreich, S. 15. Siehe zum Adhäsionsprozess bei *Ferid/Sonnenberger*, Bd. 2, Rn. 2 O 52 ff.; *Koch*, ZEuP 2007, 735 (741).

648 v.Bar-*Gotthardt*, Deliktsrecht in Europa, Frankreich, S. 15. Siehe zu den Voraussetzungen im Einzelnen bei *Bouloc*, Rn. 283 ff.

649 *Le Tourneau*, Rn. 598; *Brun*, Rn. 54.

650 Von den in Art. 5 CPP zum Ausdruck gebrachten Grundsatz „*electa una via non datur recursus ad alteram*“ bestehen unter engen Voraussetzungen Ausnahmen, etwa wenn der Geschädigte erst im Laufe eines Zivilprozesses und in Unkenntnis der strafrechtlichen Relevanz des Sachverhaltes Kenntnis davon erlangt, dass ein Strafverfahren gegen den Schädiger eingeleitet worden ist, weiterführend bei *Bouloc*, Rn. 295.

651 *Brun*, Rn. 52; *Ferid/Sonnenberger*, Bd. 2, Rn. 2 O 56.

652 v.Bar-*Gotthardt*, Deliktsrecht in Europa, Frankreich, S. 16; *Ferid/Sonnenberger*, Bd. 2, Rn. 2 O 62.

653 *Ferid/Sonnenberger*, Bd. 2, Rn. 2 O 57.

C. Möglichkeiten des Ausschlusses und der Beschränkung der Haftung

Nach der Darstellung der Haftungsvoraussetzungen und Rechtsfolgen richtet sich nun das Augenmerk auf die Möglichkeiten des französischen Kunstsachverständigen zur Beschränkung und dem Ausschluss seiner Haftung durch sog. *clauses limitatives de responsabilité* bzw. *clauses exonératoires.*[654] Aufgrund der in den konkreten fallspezifischen Verhältnissen zwischen dem Kunstsachverständigen und dem jeweiligen Anspruchsteller, also entweder dem Auftraggeber des Gutachtens oder einem vertragsfremden Dritten, bestehenden rechtlichen Beziehungen sind unterschiedliche Haftungsregime zugrunde zu legen, was sich in erheblich differierenden Möglichkeiten zum Ausschluss oder der Beschränkung dieser Haftung innerhalb der französischen Rechtsordnung niederschlägt. Den Darstellungen dieses Abschnittes sei vorausgeschickt, dass Auftraggeber des Gutachtens und der Sachverständige den Inhalt der vertraglich geschuldeten Leistung individuell etwa bis hin zur Vereinbarung konkreter Garantien bestimmen können und sich dies entsprechend auf den haftungsbegründenden Tatbestand innerhalb ihrer vertraglichen Beziehung auswirken kann.[655]

Der *Code civil* enthält keine den §§ 305 ff. BGB vergleichbare Vorschriften hinsichtlich der Zulässigkeit oder der Inhaltskontrolle von haftungsbeschränkenden Vertragsklauseln. Lediglich in Einzelnormen wie dem für die vorliegende Betrachtung relevanten Art. 1150 *C.civ.*, der unter bestimmten Voraussetzungen eine Beschränkung auf den vorhersehbaren Schaden anordnet, werden partielle Regelungen getroffen. Das französische Recht ist für den deutschen Juristen insoweit vertraut, als es ebenfalls zwischen individualvertraglichen Vereinbarungen und vorformulierten Vertragsbedingungen (sog. *contrats d'adhésion*)[656] unterscheidet.[657] Es weicht je-

---

[654] Vgl. zum Begriff etwa bei *Aynès*, in: Ghestin, Les Clauses Limitatives, S. 5 ff.; *Le Tourneau*, Rn. 1175; *Delebecque*, in: Mestre, Principales Clauses, S. 177 ff.; *Laithier*, RDC 2010, 1091 f.

[655] Siehe hierzu etwa bei *Malaurie/Aynès/Stoffel-Munck*, Rn. 977 ff.; *Terré/Simler/Lequette*, Rn. 609 ff.; *Delebecque*, J.-Cl. civ., Art. 1146-1155, Fasc. 210, Nr. 9; *Labarthe/Noblot*, Rn. 746 ff. Vgl. auch bei Cass., 3ème civ., 27.09.2006, JCP 2006, I, 115, 22 mit Anm. *Stoffel-Munck*.

[656] Als *contrat d'adhesion* werden einseitig vorformulierte Vertragsbedingungen bezeichnet, welche von einer Vertragspartei gestellt werden und von der anderen Vertragspartei nur angenommen oder abgelehnt werden können, ohne dass letztere Einfluss auf ihren Inhalt nehmen kann; vgl. bei *Terré/Simler/Lequette*, Rn. 73, 196 ff.; siehe auch schon bei *Schmidt-Salzer*, AcP 167 (1967), 504 (506).

[657] *Witz*, in: FS-Sandrock, S. 1045.

doch dahingehend ab, als diese Unterscheidung zwischen Individualvertrag und Allgemeinen Geschäftsbedingungen nicht von derselben Relevanz ist, wie etwa im deutschen Recht hinsichtlich der Anwendung der §§ 305 ff. BGB. Dies liegt darin begründet, dass die gesetzlichen Schutzregelungen gegen missbräuchliche und unbillige Vertragsklauseln[658] im französischen Recht gleichermaßen für jegliche Art von Verträgen anwendbar sind, unter der Voraussetzung, dass die andere Partei des Vertrages mit dem Sachverständigen die Eigenschaft als Verbraucher (*consommateur*) erfüllt.[659] Der Aspekt der Verbraucherbeteiligung stellt daher für die nachfolgende Betrachtung ein zentrales Differenzierungskriterium für die Beurteilung der vertraglichen Möglichkeiten zum Ausschluss und der Beschränkung der Haftung des Kunstsachverständigen dar. Darüber hinaus machen das Prinzip des *non-cumul* und Besonderheiten des französischen Deliktsrechts eine Differenzierung zwischen vertraglichen und deliktsrechtlichen Ansprüchen erforderlich. Das Verhältnis zwischen haftungsbeschränkenden Klauseln und deliktsrechtlichen Ansprüchen sowie der Dritthaftung findet daher im Folgenden unter III. besondere Berücksichtigung.

I. Vertragliche Haftungsbeschränkungen mit Verbraucherbeteiligung

Die gegenwärtige französische Rechtslage zum Schutz gegen missbräuchliche und unbillige Vertragsklauseln in Verbraucherverträgen ist Ergebnis der Umsetzung der Richtlinie Nr. 93/13/EWG[660] vom 05. April 1993, in Form des Gesetzes Nr. 95-96 vom 01. Februar 1995.[661] Durch dieses wurden die Regelungen in die Artt. L. 132-1 ff. des im Jahre 1993 geschaffenen *Code de la consommation (C.consom.)*[662] integriert.[663] Dieser Sonderweg des französischen Gesetzgebers erklärt sich dadurch, dass der Verbraucherschutz bzw. der Schutz der schwächeren Partei ein zentrales Element auch der Gesetzgebung gegen missbräuchliche und unbillige Vertragsklauseln war und ist.[664] Dieser gesetzliche status quo unterliegt, soweit ersichtlich, auch

---

658 Zum Begriff der „*clauses abusives*“ etwa *Ghestin*, in: Jamin/Mazeaud, S. 3.

659 *Le Tourneau*, Nr. 1079; *Hübner/Constantinesco*, S. 168, 170.

660 ABl. EG Nr. L 95 v. 21.04.1993, S. 29 ff.

661 *Loi* Nr. 95-96 v. 01.02.1995 *concernant les clauses abusives et la présentation des contrats et régissant diverses activités d'ordre économique et commercial*, in: *JO*, v. 02.02.1995, S. 1755. Bis zu diesem Datum galt zum Schutz vor missbräuchlichen Vertragsklauseln das sog. „*Loi Scrivener*“, *Loi* Nr. 78-23 v. 10.01.1978 *sur la protection et l'information des consommateurs des produits et services*, in: *JO*, v. 11.01.1978, S. 301 ff., vgl. *Davo*, ERPL 1997, Nr. 2, 157 ff.; *Nobis*, S. 69 ff.; *Brock*, S. 5 f.

662 *Loi* Nr. 93-949 v. 26.07.1993 *relative au code de la consommation*, in: *JO*, 27.07.1993, 10538 ff.

663 *Vigneron*, [2007] CIL 8 (2/3), 105 (106); zur Umsetzung der Richtlinie eingehend *Witz*/Wolter, ZEuP 1995, 885 ff.

664 *Witz*/Wolter, ZEuP 1995, 885 (886); *Vigneron*, [2007] CIL 8 (2/3), 105 (109).

keinen Änderungsbestrebungen durch das „*Avant-projet Catala*“, welches die Vorschriften zu den missbräuchlichen Klauseln nicht behandelt.[665]

1. Anwendungsbereich des *Code de la Consommation*

Der durch den *C.consom.* zur Verfügung gestellte Schutz gegen missbräuchliche und unbillige Klauseln bedarf zunächst der Bestimmung seines persönlichen und sachlichen Anwendungsbereiches in Bezug auf die hier betrachtete Haftung von Kunstsachverständigen.[666]

a) Persönlicher Anwendungsbereich

In persönlicher Hinsicht beschränkt sich der Anwendungsbereich, wie bereits eingangs angedeutet, auf Sachverständigenverträge mit Verbraucherbeteiligung.[667] Eine Legaldefinition des Verbraucherbegriffes stellen aber weder der *Code civil* noch der *Code de la consommation* zur Verfügung.[668] Außerdem ist in Art. L. 132-1 *C.consom.* gleichzeitig sowohl vom „*consommateur*“ (Verbraucher) als auch vom „*non-professionnel*“ (Nichtunternehmer) die Rede.[669] Diese beiden Begriffe gehen auf das *Loi Scrivener*[670] zurück und wurden durch die Rechtsprechung und Literatur näher konturiert.[671] Als *consommateur* wird allgemein eine natürliche Person

[665] *Sonnenberger*, ZEuP 2007, 421 (423).

[666] Siehe ausführlich bei *Coßmann*, S. 132 ff., 164 ff.

[667] *Malaurie/Aynès/Stoffel-Munck*, Rn. 988.

[668] Auch der Begriff des sog. „*professionelle*“ ist gesetzlich nicht geregelt, er wird als eine natürliche oder juristische Person definiert, die zum Zwecke der eigenen geschäftlichen Aktivitäten im Sektor der Produktion, des Verkaufes oder der Dienstleistungen tätig ist und hierfür vertragliche Verbindungen mit Dritten eingeht, vgl. *Calais-Auloy/Steinmetz*, Rn. 3 f.; vgl. *Ghestin/Marchessaux-van Melle*, JCP 1995, Doctr. 3854, 275 (276 f.); *Nobis*, S. 461.

[669] *Witz/Wolter*, ZEuP 1995, 885 (886).

[670] *Loi* Nr. 78-23 v. 10.01.1978 *sur la protection et l'information des consommateurs des produits et services*, in: *JO*, v. 11.01.1978, S. 301 ff.

[671] Die fehlende gesetzliche Definition dieser Begriffe hatte weitreichende dogmatische Diskussionen zur Folge, so dass die Rechtsprechung sich mehrfach mit der Definition des Verbraucherbegriffes zu befassen hatte, siehe jeweils die umfangreichen Nachweise hierzu bei *Denkinger*, S. 208 ff., 350 ff.; *Calais-Auloy/Steinmetz*, Nr. 3 ff.; vgl. etwa Cass., 1ère civ., 28.04.1987, JCP 1987, II, 20893, mit Anm. *Paisant*; Cass., 1ère civ., 25.05.1992, D. 1993, jur. 87, mit Anm. *Nicolau*; Cass., ch. com., 10.05.1994, D. 1995, somm. 89, mit Anm. *Mazeaud*; Cass 1ère civ., 24.01.1995, D. 1995, jur. 327, mit Anm. *Paisant*; siehe auch bei *Paulmann*, S. 115 ff.; *Nobis*, S. 462 ff.

angesehen, „*qui contracte pour des besoins sans rapport direct avec sa profession*“[672], die also für ihre eigenen, privaten oder familiären Belange Gegenstände oder Dienstleistungen beschafft.[673] Unter den Begriff des *non-professionnel* wird dagegen diejenige Person gefasst, die als Unternehmer einen Vertrag abschließt, der aber nicht in direktem Bezug zu ihrer beruflichen Spezialisierung steht („*sans rapport direct avec l'activité professionnelle*“).[674] Mit dieser Pluralität des französischen Verbraucherbegriffs geht das französische Recht über die Vorgaben der Richtlinie Nr. 93/13/EWG hinaus.[675] In einem Urteil aus dem Jahre 2005 wies die *Cour de cassation* darauf hin, dass es sich bei den Begriffen *consommateur* und *non-professionnel* nicht um identische Begriffe handele.[676] Mit dieser begrifflichen Differenzierung und zugleich Abgrenzung, die die *Cour de cassation* zwischen dem europäischen und dem französischen Recht vorgenommen hat, begründet sie weiterhin die teilweise Einbeziehung auch juristischer Personen in den Verbraucherschutz über den dem französischen Recht eigenen Begriff des *non-professionnel*.[677] Der Schutz gegen missbräuchliche und unbillige Klauseln erfasst daher im französischen Recht vorwiegend natürliche Personen, er erstreckt sich aber auch auf Unternehmer und juristische Personen, soweit diese die Voraussetzungen als „*non-professionnel*“ erfüllen.[678] Der weite französische Verbraucherbegriff zugleich in seiner Ausformung des „*non-professionnel*“ kann daher im Einzelfall eine Anwendung von verbraucherschützenden Vorschriften gegen missbräuchliche Klauseln auch zwischen dem Sachverständigen und einem Unternehmer zur Folge haben, etwa wenn der Unternehmer

---

672 *Claret*, J.-Cl. civ., App. Art. 1109, Fasc. 10, Nr. 3 mwN. *Terré/Simler/Lequette*, Rn. 73 mwN. *Le Tourneau*, Rn. 1078. In der Literatur finden sich weitere Definitionen wie etwa von *Ghestin*: „*La personne qui, pour ses besoins personnels, non professionnels, devient partie à un contrat de fournitures de biens ou de services*“, Formation, Nr. 77 mwN. Siehe auch bei *Calais-Auloy/Steinmetz*, Nr. 7.

673 *Sonnenberger/Dammann*, Rn. II 30.

674 *Terré/Simler/Lequette*, Rn. 74-1 mwN, 322; Cass., 1ère civ., 24.01.1995, D. 1995, 327; siehe auch schon Cass., 1ère civ., 28.04.1987, JCP 1987, II, 20893, mit Anm. *Paisant*; *Sonnenberger/Dammann*, Rn. II 30. Zur Entwicklung des Begriffes des „*non-professionnel*“ siehe ausführlich bei *Denkinger*, S. 349 ff.

675 *Vigneron*, [2007] CIL 8 (2/3), 105 (108); Wolf/Lindacher/Pfeiffer-*Pfeiffer*, Einl., Rn. 54.

676 Cass., 1ère civ., 15.03.2005, D. 2005, Act. Jur. 887 f., mit Anm. *Rodney*, die *Cour de Cassation* setzte sich mit einem Urteil des EuGH, Urt. v. 22.11.2001, Rs. C-541/99 und C-542/99, Slg. 2001, I-9049 – *Cape*, auseinander, welcher zum Verbraucherbegriff geurteilt hatte, wonach nur natürliche Personen Verbraucher sein können, juristische Personen jedoch nicht. Der Kassationsgerichtshof sah keine Bindungswirkung für den sich außerhalb der Definition des Verbrauchers des EuGH und der Richtlinie 93/13/EWG bewegenden französischen Begriff des *non-professionnel*; vgl. *Vigneron*, [2007] CIL 8 (2/3), 105 (108); *Sonnenberger/Dammann*, Rn. II 30.

677 Auch schon Cass., 1ère civ., 28.04.1987, JCP 1987, II, 20893, mit Anm. *Paisant*.

678 Kritisch *Vigneron*, [2007] CIL 8 (2/3), 104 ff. (109 f.); siehe die Nachweise auch bei *Nobis*, S. 462 ff.

ein Gutachten über ein Kunstwerk in Auftrag gibt und er zugleich die vorstehend genannten Voraussetzungen eines *non-professionnel*, also *sans rapport direct* mit seiner *activité professionnelle*, erfüllt.[679]

Vertragsverhältnisse zwischen *professionnels* im Sinne des *C.consom.* unterfallen nicht dem Anwendungsbereich der Normen zum Schutz gegen missbräuchliche Klauseln und sind Gegenstand der nachfolgenden Betrachtung von vertraglichen Haftungsbeschränkungen ohne Verbraucherbeteiligung.

b) Sachlicher Anwendungsbereich

Hinsichtlich des sachlichen Anwendungsbereiches ist bemerkenswert, dass dieser nicht auf eine Kontrolle vorformulierter Vertragsbedingungen beschränkt ist, sondern auch sämtliche Individualklauseln in Vertragsverhältnissen mit Beteiligung eines *consommateur* bzw. *non-professionnel* erfasst, Art. L. 132-1 Abs. 4 *C.consom.*[680] Grund hierfür ist die Gewährleistung eines effektiven Verbraucherschutzes, der auch bei der Verwendung von individuell ausgehandelten Klauseln eingreifen soll, um den typischen einseitigen Missbrauch der Verhandlungsstärke durch die überlegene Partei (*abus de la puissance économique*) sanktionieren zu können.[681] Es ist daher für die Anwendung der hier relevanten verbraucherschützenden Normen auf den Vertrag mit dem Sachverständigen unerheblich, ob dieser individuell ausgehandelt oder vorformuliert und einseitig gestellt wird, der persönliche Anwendungsbereich ist hierfür vorliegend von entscheidender Relevanz.[682]

c) Einbeziehung in den Vertrag

Der *Code de la consommation* enthält keine Bestimmungen zur wirksamen Einbeziehung von Vertragsbedingungen. Daher richtet sich diese für die hier betrachtete Sachverständigenhaftung nach den allgemeinen Vorschriften des *Code civil* und den

---

679 „(...) *le professionnel agissant en dehors de sa spécialité* (...)", vgl. *Le Tourneau*, Rn. 1078 mwN. Zum Kriterium des „*rapport direct*" eingehend *Paisant*, JCP G 2003, I, 121, Nr. 13, S. 549.

680 Siehe. Cass., 1ère civ., 25.01.1989, Bull. civ., I, Nr. 43, nun gesetzlich in Art. L. 132-1 *C. cons.* geregelt: „*applicable aux contrats contenant des stipulations librement négociées ou non ou des références à des conditions générales préétablies*"; *Calais-Auloy/Steinmetz*, Nr. 179; *Bénabent*, ERPL 1995, 211 (215); *Witz*, FS-Sandrock, S. 1045 (1048).

681 *Le Tourneau*, Nr. 1079.

682 Art. L. 132-1 *C.consom.* kennt keine dem § 310 Abs. 4 BGB vergleichbare Regelung mit ausdrücklichen Bereichsausnahmen. Diese ergeben sich im französischen Recht als Folge aus der Definition des Verbraucherbegriffes, wodurch arbeitsrechtliche, erbrechtliche, familienrechtliche und gesellschaftsrechtliche Verträge ausgenommen werden, *Vigneron*, [2007] CIL 8 (2/3), 104 ff. (109).

durch die Rechtsprechung konkretisierten Einbeziehungsvoraussetzungen.[683] Art. 1108 *C.civ.* trifft Regelungen zum Abschluss eines Vertrages, zu denen auch eine Einigung der Vertragsparteien über den Inhalt des Vertrages zählt.[684] Konkrete Einbeziehungsvorschriften für Vertragsklauseln ähnlich wie in den §§ 305 ff. BGB kennt das französische Recht nicht, was sich auch darauf gründet, dass die Differenzierung zwischen Individualvereinbarung und Allgemeinen Geschäftsbedingungen keine dem deutschen Recht vergleichbare Bedeutung hat.

Voraussetzung ist, dass der Auftraggeber des Sachverständigen mit der Geltung der fraglichen Vertragsbedingungen einverstanden ist.[685] Dabei ist nicht erforderlich, dass die Klauseln Inhalt der Vertragsurkunde sind.[686] Es bedarf dann aber zum einen eines hinreichend deutlichen Hinweises auf die entsprechenden Bedingungen, soweit diese etwa auf der Rückseite des Vertrags zwischen dem Sachverständigen und dem Auftraggeber abgedruckt sind und der Auftraggeber auf der Vorderseite eine Unterschrift unter diesen Hinweis auf die Klauseln leistet, und zum anderen Möglichkeit ihrer Kenntnisnahme.[687]

Art. L. 133-2 *C.consom.*[688] stellt seit Umsetzung der Richtlinie Nr. 93/13/EWG die ausdrückliche Anforderung, dass die Klauseln klar und verständlich sein müssen.[689] Das durch die Umsetzung der Richtlinie geschaffene Transparenzgebot stellt ein Novum für das französische Recht dar.[690] Sind die Klauseln nicht verständlich oder

---

683 Siehe bei *Höfer*, S. 44. Siehe die umfangreichen Nachweise zur Rechtsprechung etwa bei *Nobis*, S. 488 ff. Nach *Nobis* wird die Einbeziehungskontrolle von der Rechtsprechung teilweise sogar als „verdeckte Inhaltskontrolle" gebraucht, *Nobis*, S. 494 mwN; siehe auch schon bei *Brock*, S. 61.

684 *Terré/Simler/Lequette*, Rn. 122; *Malaurie/Aynès/Stoffel-Munck*, Rn. 455 ff.; *Nobis*, S. 488; eingehend auch bei *Brock*, S. 55 ff.

685 *Terré/Simler/Lequette*, Rn. 200.

686 *Hellwege*, S. 361 mwN. Siehe auch die Entscheidung des *Cour d'appel* von Bordeaux, 1ère ch. civ. B, 28.09.2009, D. 2010, 749, mit Anm. *Kendérian*, 749 (750) zur Einbeziehung einer Klausel in einen Vertrag über die Begutachtung von Kunstwerken.

687 Siehe etwa Cass., 1ère civ., 03.05.1979, Bull. civ., I, Nr. 128, 103; vgl. *Cour d'appel* de Bordeaux, 1ère ch. civ. B, 28.09.2009, D. 2010, 749 mit Anm. *Kendérian*, 749 (750); siehe auch bei *Nobis*, S. 491; *Hellwege*, S. 361 mwN; *Coßmann*, S. 267.

688 Art. L. 133-2 *C.consom.*: „*Les clauses des contrats proposés par les professionnels aux consommateurs ou aux non-professionnels doivent être présentées et rédigées de façon claire et compréhensible.*".

689 *Coßmann*, S. 264 f.; *Paisant*, D. 1995, chr. 99 (106 f.). Siehe schon Cass., 1ère civ., 14.05.1974, D. 1975, jur., 97 mit Anmerkung *Berr/Groutel*; Cass., ch. com., 14.04.1992, Bull. civ., IV, Nr. 166, 116.

690 *Vigneron*, [2007] CIL 8 (2/3), 105 (111 f.) mit Hinweis auf Cass., 1ère civ., 21.01.2003, Bull. civ., I, Nr. 19, 14; hierzu Anm. *Mestre/Fages*, RTD civ. 2003, 292 ff.; *Nobis*, S. 488 ff. (495 ff.).

nicht leserlich abgefasst, können sie der anderen Partei des Sachverständigenvertrags nicht entgegengehalten werden.[691]

2. Auslegung

Die Auslegung unbestimmter Vertragsklauseln richtet sich grundsätzlich nach den allgemeinen Vorschriften.[692] Bei der Auslegung hat der Tatrichter den gemeinsamen Willen der Vertragsparteien des Sachverständigenvertrages zu erforschen. Dabei wird ihm jedoch nur ein begrenzter Auslegungsspielraum zugestanden.[693] Nach Art. L. 133-2 Abs. 2 *C.consom* ist im Rahmen von Verbraucherverträgen eine an Verbraucherschutzgesichtspunkten orientierte Auslegung zur Anwendung zu bringen.[694] Danach hat im Zweifel die für den Verbraucher günstigste Auslegung zu erfolgen.[695]

3. Die Inhaltskontrolle

Im Mittelpunkt der Inhaltskontrolle steht die Generalklausel des Art. L. 132-1 *C.consom*.[696] Der *Code de la consommation* enthält infolge des *Loi de modernisation d'économie* (sog. „*LME*")[697] aus dem Jahr 2008 und dem *décret* Nr. 2009-302[698] nun einen erweiterten Klauselkatalog mit sog. *clauses abusives*.[699] Dieser umfasst zwei Listen: eine sog. „*liste noire*", die zwölf ausdrücklich verbotene Klauseln enthält und in Art. R. 132-1 *C.consom.* geregelt ist, und eine sog. „*liste grise*", die zehn Klauseln

691 *Sonnenberger/Dammann*, Rn. II 20; *Hellwege*, S. 361; *Brock*, S. 67 ff., 70 ff.

692 *Laithier*, RDC 2010, 1091 (1092); *Hellwege*, S. 502; siehe auch bei *Witz/Wolter*, ZEuP 1995, 885 (890 f.); *Brock*, S. 108.

693 Cass., 3ème ch., 18.06.1980, Bull. civ., III, Nr. 121, S. 89; *Le Tourneau*, Rn. 1074.

694 Der dogmatisch problematische Rückgriff auf Art. 1162 *C.civ.* mit seinem eingeschränkten Anwendungsbereich ist wegen dieser nun in Art. L. 133-2 *C.consom.* enthaltenen Auslegungsregel nicht mehr erforderlich, vgl. *Paisant*, D. 1995, chr. 99 (107); *Brock*, S. 118.

695 *Lamoureux*, D. 2006, 2848 ff. mwN; *Calais-Auloy/Steinmetz*, Rn. 166; vgl. Cass., 1ère civ., 21.01.2003, Bull. civ., I, Nr. 19; *Mestre/Fages*, RTD civ. 2003, S. 293. Durch die Richtlinienumsetzung hat sich der Schutz des Verbrauchers insoweit verbessert, da nach der contra preferentem-Regel die Klausel zwar zu Lasten des Verwenders auszulegen war, allerdings nicht zwingend die für den Verbraucher günstigste Auslegung erfolgen musste; vgl. *Bénabent*, ERPL 1995, 211 (216); *Brock*, S. 117.

696 Art. L. 132-1 Abs. 7 *C.consom.* enthält Schranken für die Inhaltskontrolle von Klauseln der Leistungsbeschreibung und der Angemessenheit der Vergütung, soweit diese Klauseln klar und verständlich formuliert sind.

697 Loi Nr. 2008-776 v. 04.08.2008, *JO*, v. 05.08.2008, 12471.

698 *Décret* Nr. 2009-302 v. 18.03.2009; *JO*, v. 20.03.2009, 5030; hierzu etwa *Sauphanor-Brouillaud*, JCP G 2009, Nr. 14, 5.

699 Art. R. 132-2-1 *C.consom.* enthält konkrete Bereichsausnahmen, etwa für bestimmte Finanzdienstleistungen.

enthält, deren Missbräuchlichkeit vermutet wird, wobei der die fraglichen Klauseln verwendende Sachverständige als *professionnel* jedoch die Möglichkeit hat, den Gegenbeweis zu dieser Vermutung zu führen, was in Art. R. 132-2 *C.consom.*[700] niedergelegt worden ist.[701]

In Rechtsprechung[702] und Literatur war seit den Neunziger Jahren des letzten Jahrhunderts eine richterliche Inhaltskontrolle ohne zuvor erlassenes Verbotsdekret überwiegend anerkannt, was nun auch in Art. L. 141-4 *C.consom.* eine Regelung gefunden hat.[703] Die Beurteilung, ob eine Klausel in einem Sachverständigenvertrag missbräuchlich ist oder nicht, ist an Art. L. 132-1 *C.consom.* zu bemessen.[704] Danach ist von Relevanz, ob die Klausel ein sog. „*déséquilibre significatif*"[705], d.h. ein erhebliches Missverhältnis zwischen den Rechten und Pflichten des Sachverständigen zu Lasten des *consommateur* oder *non-professionnel*, mit welchem er in vertraglicher Beziehung steht, bezweckt oder bewirkt.[706] Das Gericht kann bei der Interpretation

---

700 Bislang hatte der Verbraucher Nachweis über den missbräuchlichen Charakter der Klausel zu erbringen, vgl. bei *Delpech*, D. 2008, 2220.

701 *Paisant*, JCP G 2009, Nr. 28, 48; *Rajot*, Resp. civ. et ass. 2009, Nr. 4, Alertes 7, S. 3. Die seit 1995 im Anhang zu Art. L. 132-1 *C.consom.* befindliche „*liste blanche*" ist mit dem Gesetz Nr. 2008-776 abgeschafft worden. Den in dieser Liste enthaltenen Klauseln kam nur indizieller Charakter für die Annahme der Missbräuchlichkeit zu: „*Une annexe au présent code comprend une liste indicative et non exhaustive de clauses qui peuvent être regardées comme abusives si elles satisfont aux conditions posées au premier alinéa.*", so Art. L. 132-1 Abs. 3 *C.consom.* a.F.; vgl. hierzu *Calais-Auloy/Steinmetz*, Rn. 184; *Davo*, REDC 1995, 215 ff.

702 Siehe etwa Cass., 1ère civ., 06.01.1994, CCC 1994, Nr. 3, Nr. 58, S. 10; Cass., 1ère civ., 14.05.1991, Bull. civ., I, Nr. 153.

703 Zu Art. L. 141-4 *C.consom. Poissonnier*, CCC 2009, Nr. 5, 10 ff.; *Kamara/Roth*, D. 2009, 1872. Siehe zur Prüfungskompetenz der Gerichte bei *Paisant*, JCP G 2009, Nr. 28, 48 (50); *ders.*, D. 1995, 99 (104); *Sauphanor-Brouillaud*, JCP G 2009, Nr. 14, 5; *Ghestin/Marchessaux-van Melle*, JCP G 1995, I, 275 (282). Zur historischen Entwicklung siehe bei *Nobis*, S. 536 ff.; *Brock*, S. 145 ff. mwN.

704 Nach Art. R. 534-4 *C.consom.* kann ein Gericht im Rahmen eines Rechtsstreits die *Commission des Clauses Abusives* anrufen, die daraufhin innerhalb von einer Frist von drei Monaten eine Stellungnahme zum *caractère abusif* der im Streit stehenden Klausel abzugeben hat (*décret* Nr. 2010-1221 v. 18.11.2010).

705 Vgl. bei *Sauphanor-Brouillaud*, CCC 2008, Nr. 6, 7 (10 ff.). Zu den früheren Kriterien „*avantage excessif*" und „*abus de puissance économique*" siehe etwa bei *Brock*, S. 171 ff.; *Picod/Davo*, Rn. 259 ff.

706 Art. L. 132-1 *C.consom.*: „(…) (*clauses*) *qui ont pour objet ou pour effet de créer, au détriment du non-professionnel ou du consommateur, un déséquilibre significatif entre les droits et les obligations des parties au contrat.*"; vgl. *Calais-Auloy/Steinmetz*, Rn. 182; *Sonnenberger/Dammann*, Rn. II 30; *Lagarde*, JCP G 2006, I, 110, Nr. 6, 255.

der Klauseln auf die allgemeinen Regeln des *Code civil* zurückgreifen.[707] Bei der Beurteilung der Klauseln hat das Gericht auch die genauen Umstände bei Vertragsschluss zu berücksichtigen, um eine adäquate Beurteilung der Missbräuchlichkeit einer Klausel vornehmen zu können.[708] Nach Art. L. 132-1 Abs. 5 *C.consom.* ist der missbräuchliche Charakter einer Klausel zum Zeitpunkt des Vertragsschlusses unter Berücksichtigung aller Umstände, die den Vertragsschluss begleiten sowie aller anderen Vertragsklauseln zu bestimmen.[709]

Die in Art. L. 133-2 *C.consom.* enthaltene Voraussetzung, wonach Vertragsklauseln eine klare und verständliche Formulierung erfordern, ist zwar nicht Teil der Regelungen über missbräuchliche Klauseln nach Art. L. 132-1 *C.consom.* Dennoch hat die Rechtsprechung ein Missverhältnis im Sinne eines „*déséquilibre significatif*" auch darauf begründet, dass eine Klausel nicht klar und verständlich formuliert ist.[710]

a) Haftungsbeschränkende und haftungsausschließende Klauseln

Das *décret* Nr. 2009-302 hat auch für haftungsbeschränkende Klauseln in Sachverständigenverträgen entscheidende Neuerungen zur Folge. Das bisher in Art. R. 132-1 *C.consom.* enthaltene, sich bislang aber nur auf Kaufverträge erstreckende Verbot von Klauseln, welche die Beschränkung oder den Ausschluss von Ersatzansprüchen des *non-professionnels* bzw. *consommateurs* im Falle der Verletzung von vertraglichen Pflichten des *professionnel* bezwecken oder bewirken, wird nun ausdrücklich auf alle Arten von Verträgen zwischen *professionnels* und *non-professionnels* bzw. *consommateurs* erstreckt, Art. R. 132-1 Ziff. 6 *C.consom.* n.F.[711] Die Vereinbarung von Haftungsbeschränkungen oder Haftungsausschlüssen im Rahmen von Vertragsverhältnissen des Sachverständigen mit Verbraucherbeteiligung ist daher ausgeschlossen.[712]

---

707 Also Art. 1156-1161, 1163 und 1164 *C.civ.*, vgl. *Sauphanor-Brouillaud*, CCC 2008, Nr. 6, 7 (10).

708 *Le Tourneau*, Rn. 1080; *Calais-Auloy/Steinmetz*, Rn. 188.

709 *Vigneron*, [2007] CIL 8 (2/3), 105 (115 f.).

710 Cass., 1ère civ., Bull. civ., I, Nr. 181, S. 116; Anm. *Paisant*, JCP G 2001, II, 10631, 2160 ff.; *Vigneron*, [2007] CIL 8 (2/3), 105 (116 f.); vgl. *Sauphanor-Brouillaud*, CCC 2008, Nr. 6, 7 (8 f.).

711 *Paisant*, JCP G 2009, Nr. 28, 48 (51 f.); *Carval*, RDC 2009, 1055 f. Vgl. auch *Leroyer/Rochfeld*, RTD civ. 2009, 373 (384). Vgl. zur bisherigen Rechtslage hinsichtlich Art. R. 132-1 *C.consom.* bei Kaufverträgen siehe *Viney/Jourdain*, Rn. 765; *Calais-Auloy/Steinmetz*, Rn. 183; *Paulmann*, S. 116.

712 Der französische Gesetzgeber ist damit nicht dem Vorschlag der *Commission des Clauses Abusives* gefolgt, welche empfahl die haftungsbeschränkenden Klauseln (*clauses limitatives de responsabilité*) in die *liste grise* aufzunehmen, wodurch dem *professionnel* die Mög-

b) Verkürzung der Verjährungsfristen

Seit der Novelle des Verjährungsrechts durch das Gesetz Nr. 2008-561[713] legt Art. L. 137-1 *C.consom.* fest, dass abweichend von Art. 2254 *C.civ.* eine Änderung der Dauer der gesetzlichen Verjährungsfristen, ihres Beginns und Laufs von den Parteien eines Sachverständigenvertrages mit Verbraucherbeteiligung auch nicht in ihrem gegenseitigen Einvernehmen wirksam vereinbart werden kann.[714]

4. Rechtsfolgen unwirksamer Klauseln in Verträgen mit Verbraucherbeteiligung

Für missbräuchliche Klauseln eines Sachverständigenvertrages ordnet Art. L. 132-1 Abs. 6 *C.consom.* ihre Nichtigkeit an: „*Les clauses abusives sont reputées non écrites.*“.[715] Sind eine oder mehrere Klauseln nichtig, so gilt nach Art. L. 132-1 Abs. 8 *C.consom.*, dass der Vertrag im Übrigen bestehen bleibt, soweit er ohne die missbräuchlichen Klauseln fortbestehen kann.[716]

II. Vertragliche Abreden zum Ausschluss oder zur Beschränkung gesetzlicher Rechte ohne Verbraucherbeteiligung

Im Folgenden werden nun vertragliche Haftungsbeschränkungen ohne Verbraucherbeteiligung untersucht.

1. Voraussetzungen vertraglicher Haftungsbeschränkungen und Haftungsausschlüsse ohne Verbraucherbeteiligung

Das französische Recht gestattet in Verträgen zwischen *professionnels* den Vertragsparteien grundsätzlich die parteiautonome Vereinbarung von Haftungsausschlüssen und Haftungsbeschränkungen im Rahmen der Vertragsfreiheit (sog. *principe de la liberté contractuelle*), was Eingang in Art. 1382 des „*Avant-projet Catala*“ gefunden

lichkeit eröffnet geblieben wäre, den Gegenbeweis zur Vermutung ihrer Missbräuchlichkeit zu führen, siehe BOCCRF Nr. 3 vom 05.03.2009, *Rapport d'activité de la Commission des Clauses Abusives pour l'année 2008*, S. 29 ff., abrufbar unter www.dgccrf.bercy.gouv.fr/boccrf/index.htm; vgl. *Paisant*, JCP G 2009, Nr. 28, 48 (52).

713 Gesetz Nr. 2008-561 v. 17.06.2008; siehe dazu schon oben Seite 78.

714 *Raymond*, CCC 2008, Nr. 7, 36. Siehe etwa auch die entsprechende Regel für Versicherungsverträge in Art. L. 114-3 *C.assur.*

715 *Raymond*, J.-Cl. Com., Clauses Abusives, Fasc. 906, Nr. 40. Siehe auch *Cottereau*, JCP G 1993, I, 3691, 315 ff.; *Sonnenberger/Dammann*, Rn. II 34.

716 *Calais-Auloy/Steinmetz*, Rn. 187.

hat.[717] Unerheblich ist dabei, ob dies in einer individualvertraglichen Vereinbarung oder in Allgemeinen Geschäftsbedingungen erfolgt.[718] Liegt ein Vertragsverhältnis ohne Verbraucherbeteiligung vor, was beispielsweise der Fall wäre, wenn ein Kunstsachverständiger ein Kunstwerk für einen Antiquitätenhändler begutachtet, sind die haftungsbeschränkenden Vertragsklauseln nach den allgemeinen Vorschriften[719] zu beurteilen, da die verbraucherschützenden Vorschriften des *Code de la consommation* (*C.cons.*) auf Verträge zwischen *professionnels*, die diese im *rapport direct avec l'activité professionnelle* schließen, wie oben dargelegt, keine Anwendung finden.[720]

a) Haftungsbeschränkende und haftungsausschließende Klauseln

Ein vertraglicher Haftungsausschluss oder eine Beschränkung der Haftung für Vorsatz (*dol*) und grobe Fahrlässigkeit (*faute lourde*) sind nach den allgemeinen Vorschriften nicht möglich.[721] Ein Haftungsausschluss für leichte Fahrlässigkeit (*faute*

---

717 Siehe bei *Malaurie/Aynès/Stoffel-Munck*, Rn. 980; *Le Tourneau*, Rn. 1136, 1176. Vgl. etwa bei Cass., ch. com., 23.11.1999, CCC 2000, Nr. 40, S. 12 f. mwN; vgl. *Sonnenberger/Dammann*, Rn. II 27.

718 Vgl. dahingehend etwa Cass., 1ère civ., 19.01.1982, D. 1982, jur., 457, mit Anm. *Larroumet*, 459 (460). Siehe hierzu bereits oben. Vgl. etwa bei *Sonnenberger/Dammann*, Rn. II 20.

719 Mit der Novelle durch das *Loi de modernisation d'économie*, Loi Nr. 2008-776 v. 04.08.2008, *JO*, v. 05.08.2008, S. 12471, wurde Art. L. 442-6 *C.com.* erweitert: „*Engage la responsabilité de son auteur et l'oblige à réparer le préjudice causé le fait, par tout producteur, commerçant, industriel ou personne immatriculée au répertoire des métiers: (...) 2. De soumettre ou de tenter de soumettre un partenaire commercial à des obligations créant un déséquilibre significatif dans les droits et obligations des parties.*“. Haftungsbeschränkende Klauseln könnten daher ähnlich den Verträgen mit Verbraucherbeteiligung ein *déséquilibre significatif* nach Art. L. 442-6, I, Ziff. 2 *C.com.* darstellen, siehe etwa bei *Laithier*, RDC 2010, 1091 (1093, 1098); *Utzschneider/Lamothe*, RDC 2009, 1261 (1263); siehe auch *Paisant*, JCP G 2009, Nr. 28, 48 (56); kritisch *Saint-Esteben*, RDC 2009, 1275 ff.; zu Art. L. 442-6, Ziff. 2 *C.consom.* allgemein *Nicolas-Vuillerme*, J.-Cl. Conc. consom., Fasc. 290, Nr. 40 ff.; siehe auch *Chagny*, D 2011, 392 ff. Allerdings ist bislang keine einschlägige Rechtsprechung ersichtlich.

720 Cass., ch. com., 23.11.1999, CCC 2000, comm., Nr. 40, mit Anm. *Leveneur*; *ders.*, CCC 1996, Nr. 4, chron. 4, 1 ff. mwN; vgl. etwa bei *Gibirila*, J.-Cl. civ., Art. 1787, fasc. 40, Nr. 62; *Paulmann*, S. 117 ff. (123). Siehe zu beschränkenden Klauseln nach den allgemeinen Vorschriften auch bei *Niggemann*, RIW 1998, 192 (199).

721 *Terré/Simler/Lecquette*, Rn. 615 mwN; *Malaurie/Aynès/Gautier*, Rn. 753. Dies gilt auch für einen Erfüllungsgehilfen, siehe Cass., 1ère civ., 31.03.1981, Bull. civ., I, Nr. 112, S. 95. Siehe zur Entwicklung bei *Paulmann*, S. 99 ff. Zum Begriff der *faute lourde* vgl. Cass., ch. com., 29.06.2010, JCP G 2010, II, 787 mit Anm. *Houtcieff*; *Mazeaud*, D. 2010, 1832 (1836); *Bloch*, Resp. civ. et ass. 2010, Nr. 10, 6 (8); *Le Tourneau*, Rn. 1139-1; *Malaurie/Aynès/Stoffel-Munck*, Rn. 986.

legère) ist dagegen grundsätzlich zulässig; zu den Ausnahmen im Folgenden.[722] Im Bereich der Haftung von Kunstsachverständigen nicht von praktischer Relevanz ist der Ausschluss oder die Beschränkung der Haftung für Körperschäden, welcher nicht gestattet ist.[723] Eine entsprechende Regelung ist auch in Art. 1382-1 des „*Avant-projet Catala*" enthalten.

Im Übrigen ist allerdings unabhängig vom Verhalten des Schuldners bei *inexécution* der wesentlichen Vertragspflicht (*obligation essentielle*) des Schuldners seit der Entscheidung „*Chronopost*" der *Cour de cassation* ein Haftungsausschluss grundsätzlich und eine Haftungsbeschränkung unter bestimmten Voraussetzungen unwirksam.[724] In der Entscheidung *Chronopost* begründete die *Cour de cassation* die Unwirksamkeit einer haftungsbeschränkenden Klausel damit, dass sie im Widerspruch zur Bedeutung der eingegangenen Verpflichtung steht.[725] Nach der *Cour de cassation* vereitelt die Nichterfüllung einer *obligation essentielle* durch den Schuldner mangels entsprechender Sanktionierung den Vertragszweck, was einen Wegfall der *cause* bedeute.[726] Die *Cour de cassation* hatte in der Begründung der Entscheidung *Chronopost* die *théorie de la cause* (vgl. Art. 1131 *C.civ.*) herangezogen: Die *cause* der vertraglichen Verpflichtung der einen Vertragspartei liegt in einem synallagmatischen Vertrag in der entsprechenden vertraglichen Gegenleistung der anderen Vertragspartei.[727] Führt eine Haftungsbeschränkung den Grund der vertraglichen

---

[722] *Labarthe/Noblot*, Rn. 786; *Malaurie/Aynès/Stoffel-Munck*, Rn. 986; *Le Tourneau*, Rn. 1147 mwN, 1177; *Lemaignan/Nechelis*, J.-Cl. Resp. civ. et ass., Art. 1382 – 1386, Fasc. 376, Nr. 48.

[723] Siehe zu den Grenzen etwa bei *Niggemann*, RIW 1998, 192 (199); *Le Tourneau*, Rn. 1137 mit Hinweisen auf Ausnahmebereiche.

[724] *Le Tourneau*, Responsabilité civile professionnelle, Rn. 1.91; *Paulmann*, S. 111 ff. Im konkreten Fall hatte das Transportunternehmen *Chronopost* sich verpflichtet, Briefe in einem bestimmten Zeitraum an den Zielort zu transportieren, wofür erhöhte Versandkosten berechnet wurden. Eine pünktliche Lieferung wurde jedoch nicht bewerkstelligt. Hierdurch kamen Ausschreibungsunterlagen eines Versenders nicht mehr pünktlich am Zielort an, weshalb der Versender Schadensersatz verlangte. *Chronopost* hatte für den Fall der Verspätung der Lieferung der Briefe in seinen Geschäftsbedingungen die Haftung auf die Erstattung der Versandkosten begrenzt. Der *Cour de Cassation* sah in der Verspätung eine *inexécution* der *obligation essentielle* des Vertrages und bejahte die Unwirksamkeit dieser Klausel, Cass., ch. com., 21.10.1996, Bull. civ., IV, Nr. 261, S. 223 = RTD civ. 1997, 418 mit Anm. *Mestre*. Eingehend *Sonnenberger*, in: FS-Lorenz, S. 595 ff.

[725] Cass., ch.com., 21.10.1996, Bull. civ., IV, Nr. 261, 223 = D. 1997, jur., 121 (122), mit Anm. *Sériaux*, („(...) *contredisait la portée de l'engagement pris.*"). *Sonnenberger*, in: FS-Lorenz, S. 595 (597).

[726] Vgl. *Laithier*, RDC 2010, 1091 (1094); *Mazeaud*, D. 2008, 1776 (1777 f.); *Ghestin*, in: Jamin/Mazeaud, S. 4 f. mwN; *Sonnenberger*, in: FS-Lorenz, S. 595 (597).

[727] *Sonnenberger/Dammann*, Rn. II 29; *Paulmann*, S. 108 ff. Siehe die Kritik bei *Sonnenberger*, in: FS-Lorenz, S. 595 (605 ff.). Zum Begriff der *cause* siehe bei *Malaurie/Aynès/Stoffel-Munck*, Rn. 603 ff.

Verpflichtung ad absurdum, ist die Klausel „*reputée non écrite*".[728] Mit der Entscheidung „*Chronopost*" hat die *Cour de cassation* einer mittelbaren Inhaltskontrolle haftungsbeschränkender Klauseln im allgemeinen Vertragsrecht auch für Verträge zwischen *professionnels* den Weg geebnet.[729] In der Kadenz der Folgerechtsprechung des folgenden Jahrzehnts hat die *Cour de cassation* die Wirksamkeit von haftungsbeschränkenden Klauseln weiter erheblich eingeschränkt und die Unwirksamkeit einer Klausel bereits generell bei Vorliegen eines *manquement à une obligation essentielle* angenommen.[730] Seit einer Entscheidung aus dem Jahre 2010 schwingt das Pendel wieder zurück.[731] Nach der *Cour de cassation* setzt die Unwirksamkeit einer haftungsbeschränkenden Klausel nunmehr voraus, dass die Klausel im Widerspruch zur Bedeutung der *obligation essentielle* steht und bewirkt, dass der *obligation essentielle* jegliche Substanz genommen wird („*seule est réputée non écrite la clause limitative de réparation qui contredit la portée de l'obligation essentielle souscrite par le débiteur (...) que la clause limitative de réparation vidait de toute substance l'obligation essentielle.*").[732] Bei der Beurteilung ist der vertragliche Kontext von Relevanz, wobei die vertraglich vereinbarte Verteilung von Haftung und Risiko, das Verhältnis zur vereinbarten Vergütung und die Klausel vor dem wirtschaftlichen Hintergrund des Vertrages zu bewerten sind.[733]

Im Übrigen sind von den Vertragsparteien vereinbarte haftungsausschließende und haftungsbeschränkende Klauseln wirksam, die nicht die *obligation essentielle* erfassen, sowie die Haftung für Vorsatz (*dol*) und grobe Fahrlässigkeit (*faute lourde*) sowie für Körperschäden unberührt lassen.[734]

---

728 *Sonnenberger/Dammann*, Rn. II 29.

729 *Ranieri*, S. 393 mwN; *Malinvaud*, Rn. 736.

730 Cass., ch. mixte, 22.04.2005, D. 2005, 1864 = CCC 2005, comm. 150, mit Anm. *Leveneur*; siehe die weiteren Nachweise bei *Mazeaud*, D. 2008, 1776 ff.; *ders.*, D. 2010, 1832 (1834); *Bloch*, Resp. civ. et ass. 2010, Nr. 10, 6 f.; krit. *Stoffel-Munck*, JCP G 2007, I, 185, Nr. 10, 24 f.

731 Siehe zuvor schon Cass., ch. com., 13.02.2007, 2007, 654 mit Anm. *Delpech*; Cass., ch. com., D. 2006, 717 mit Anm. *Chevrier*; hierzu *Mazeaud*, D. 2008, 1776 ff.

732 Cass., ch. com., 29.06.2010, D. 2010, 1707 („*Oracle/Faurecia*") mit Anm. *Delpech*; vgl. *Mazeaud*, D. 2010, 1832 (1835); *Bloch*, Resp. civ. et ass. 2010, Nr. 10, 6 ff.; *Fages*, RTD civ. 2010, 551 (555 f.); *Houtcieff*, JCP G 2010, 1450 ff.

733 *Mazeaud*, D. 2010, 1832 (1835). Eine einschlägige Rechtsprechung zur Haftung von (Kunst-)Sachverständigen ist soweit nicht ersichtlich.

734 *Laithier*, RDC 2010, 1091 (1095).

b) Summenmäßige Haftungsbeschränkungen

Für die Zulässigkeit von summenmäßigen Haftungsbeschränkungen gelten die gleichen Voraussetzungen wie voranstehend dargestellt.[735]

c) Verkürzung der Verjährungsfristen

Unter Berücksichtigung der oben unter (1) dargestellten Voraussetzungen können die Parteien des Sachverständigenvertrages nach Art. 2254 *C.civ.* die Verjährungsfrist vertraglich auf das Minimum von einem Jahr verkürzen.[736] Ausgenommen hiervon sind, wie bereits dargestellt, nach Art. L. 137-1 *C.consom.* Verträge mit Beteiligung eines *consommateur* oder *non-professionnel.*[737]

2. Rechtsfolgen unwirksamer Klauseln in Verträgen ohne Verbraucherbeteiligung

Rechtsfolge der gegen die vorstehenden Grundsätze verstoßenden haftungsbeschränkenden Klauseln ist ihre Unwirksamkeit, sie sind „*réputées non écrites.*"[738] Der Vertrag bleibt im Übrigen wirksam.[739]

III. Haftungsbeschränkende Klauseln und Deliktsrecht

Die vorangegangenen Ausführungen zu haftungsbeschränkenden Klauseln betreffen ausschließlich vertragliche Ansprüche des Auftraggebers des Gutachtens gegenüber dem Kunstsachverständigen. Eine Beschränkung der deliktsrechtlichen Haftung des Sachverständigen nach den Artt. 1382 ff. *C.civ.* ist grundsätzlich unwirksam, da diese zum sog. *ordre public* zählen, also als unabdingbare Rechtsnormen jegliche vertragliche Disposition ausschließen.[740] Aufgrund dieser Unwirksamkeit haftungsbe-

---

735 Siehe auch bei *Brun/Gout*, D. 2011, 35 (42).

736 *Malaurie/Aynès/Stoffel-Munck*, Rn. 1226; *Mestre/Pancrazi*, Rn. 83. Zur generellen Zulässigkeit siehe auch bei Cass., ch. com., 12.07.2004, D. 2004, 2296 mit Anm. *Delebecque.*

737 Siehe hierzu bereits oben Seite 112. Ausgenommen sind etwa auch Versicherungsverträge gem. Art. L. 114-3 *C.assur.*

738 Cass., ch. com., 29.06.2010, D. 2010, 1707 mit Anm. *Delpech*; Cass., ch. com., 21.10.1996, Bull. civ., IV, Nr. 261, S. 223; *Laithier*, RDC 2010, 1091 (1094); *Ranieri*, S. 393.

739 *Calais-Auloy/Steinmetz*, Rn. 191.

740 *Duret-Robert*, Rn. 142-11 mwN; *Le Tourneau*, Rn. 1057, 1136; vgl. Cass., 2ème civ., 17.02.1955, D. 1956, jur., 17 mit Anmerkung *Esmein*; Cass., 2ème civ., 28.11.1962, D. 1963, jur., 465 mit Anmerkung *Borricand*; *Lorenz*, in: FS-Larenz (1973), S. 575 (606); *Ferid/Sonnenberger*, Bd. 2, Rn. 2 O 19; *v.Bar*, Gemeineurop. Deliktsrecht, Bd. 2, S. 575, Rn.

schränkender Klauseln folgt eine generelle Unwirksamkeit von Haftungsbeschränkungen des Sachverständigen gegenüber Dritten. Daher haben auch in einem Gutachten enthaltene Klauseln gegenüber Dritten keine Wirkung.[741]

IV. Sonderfall: Haftungsbeschränkende Klauseln und öffentliche Versteigerungen

Nach Art. L. 321-17 al. 1, 2 *C.com.* ist es dem Sachverständigen und dem *commissaire-priseur* untersagt, sich im Rahmen einer Versteigerung ihre Haftung zu beschränken oder auszuschließen.[742] Entgegen dieser gesetzlichen Regelung vereinbarte Klauseln sind nichtig.

V. Haftungsbeschränkende Wirkung des Inhalts des Gutachtens

Aufgrund der vorgenannten gesetzlichen Anforderungen und Voraussetzungen ist es dem Kunstsachverständigen in der französischen Rechtsordnung damit praktisch so gut wie verwehrt, seine Haftung zu erleichtern.[743] Er kann jedoch durch die Formu-

---

540; *Deutsch*, VersR 1974, 301 (302 ff.); *Sprenger*, S. 64. Zur vereinzelt gebliebenen Kritik an der Freizeichnungsfestigkeit des Deliktsrechts siehe die Nachweise bei *Le Tourneau*, Rn. 1058 mwN; *Land*, S. 171.

741 *Lemaignan/Nechelis*, J.-Cl. Resp. civ. et Ass., Art. 1382 - 1386, Fasc. 376, Nr. 48.

742 Art. L. 321-17 Abs. 1, 2 *C.com.*: *Les opérateurs de ventes volontaires de meubles aux enchères publiques mentionnés à l'article L. 321-4 et les officiers publics ou ministériels compétents pour procéder aux ventes judiciaires et volontaires ainsi que les experts qui les assistent dans la description, la présentation et l'éstimation des biens engagent leur responsabilité au cours ou à l'occasion des prisées et des ventes de meubles aux enchères publiques, conformément aux règles applicables à ces ventes. Les clauses qui visent à écarter ou à limiter leur responsabilité sont interdites et réputées non écrites.*

743 Beachtenswert ist aber eine Entscheidung der *Cour d'Appel* von Paris. In dem zugrundeliegenden Sachverhalt hatte ein „Experte für Malerei" auf der Rückseite einer Photographie des betreffenden Gemäldes ausgeführt, dass das betreffende Werk „nach seiner Meinung" ein Werk von *Salvador Dali* (1904-1989) sei („*Selon mon opinion, l'œuvre reproduite sur cette photographie est de Salvador Dali Domenech. Elle est répertoirée sous le nr. H 666 dans mes archives.*"). Später stellte sich heraus, dass es sich bei dem Gemälde um eine Fälschung handelte. Das Gericht hat eine Haftung dieses Sachverständigen abgelehnt und in der Begründung unter anderem ausgeführt, dass es sich hier nur um die einfache Formulierung einer Meinung ohne präzise Angaben handele, die im konkreten Fall nicht mit einem *certificat d'authenticité* gleichgestellt werden könne, siehe CA Paris, 14.03.1997, Gaz. Pal. 1997, 2, somm., 482, mit Anm. *Vray* 482, (483). Entscheidungserheblich war für das Gericht auch, dass der Experte keine Kenntnis von dem zeitlich kurz darauf erfolgenden Verkauf des fraglichen Gemäldes und dem entsprechenden Gebrauch seiner „*opinion*" im Zusammenhang mit dieser Veräußerung hatte, *Cornu/Mallet-Poujol*, Rn. 149; auch Anm.

lierung von Einschränkungen und Vorbehalten sein Gutachten den individuellen Gegebenheiten anpassen, was im Einzelfall eine Reduzierung seines Haftungsrisikos zur Folge haben kann.[744] Die Rechtsprechung des *Cour de cassation* hat dies in einem Rechtsstreit über ein Gemälde zum Ausdruck gebracht:

> „*L'expert qui affirme l'authenticité d'une œuvre d'art sans assortir son avis des réserves engage sa responsabilité sur cette affirmation.*“[745]

Der Sachverständige kann etwa im Gutachten zum Ausdruck bringen, welche Untersuchungen er durchgeführt hat und dass bestimmte Untersuchungen nicht durchgeführt werden konnten, etwa Untersuchungen mit naturwissenschaftlichen Methoden, deren Ergebnisse letztlich eine andere Beurteilung zur Folge haben können.[746] Führen dann tatsächlich nur diese nicht durchgeführten Untersuchungen zu einer anderen Beurteilung, kann eine Haftung des Sachverständigen nicht hierauf begründet werden.[747] Die im Gutachten enthaltenen Einschränkungen und Vorbehalte erfordern jedoch eine eindeutige und unzweifelhafte Formulierung und die Möglichkeit ihrer Kenntnisnahme.[748]

Vray, in: Gaz. Pal, Mai/Juni 2005, jur., 2260 (2261); *Duret-Robert*, Rn. 64.22 f. Siehe auch schon CA Paris, 03.11.1988, JCP G 1989, IV, 222.

744 Siehe etwa bei Cass., 1ère civ., 04.10.1988, Gaz. Pal., 1988, 2, panor., 288; *Henaff*, CCE 2008, Nr. 4, 10; *Lemaignan/Nechelis*, J.-Cl. Resp. civ. et Ass., Art. 1382 – 1386, Fasc. 376, Nr. 49. Zur Frage von „Vorbehalten“ im Auktionskatalog und auf Auktionen siehe bei *Nevejans*, LPA 2010, Nr. 32, 8 (17).

745 Siehe Cass., 1ère civ., 03.04.2007, D. 2007, 1201 mit Anm. *Gallmeister*; siehe auch Cass., 1ère civ., 07.11.1995, Bull. civ., I, Nr. 401, 279 f. = Gaz. Pal. 1996, 2, panor., 176; siehe schon Trib. civ. de la Seine, 22.05.1951, Gaz. Pal. 1951, II, 277 (278): „(...) (les) *experts avaient le devoir de procéder à un examen méticuleux des œuvres mises en vente et, pour ne pas tromper les amateurs attirés par les garanties particulières que paraissait présenter la vente, de montrer une grande prudence dans les attributions du catalogue et de faire les reserves habituelles sur celles qui n'étaient pas certaines.*“.

746 *Duret-Robert*, Rn. 142.32; *Dictionnaire permanent epargne*, Marché de l'Art, S. 512, Rn. 293.

747 *Duret-Robert*, Rn. 142.32.

748 *Lemaignan/Nechelis*, J.-Cl. Resp. civ. et Ass., Art. 1382 – 1386, Fasc. 376, Nr. 49.

Zweiter Teil: Die Rechtslage in England

In England besitzt der Kunsthandel wie auch in Frankreich einen weitaus gewichtigeren wirtschaftlichen, aber auch gesellschaftlichen Stellenwert als in Deutschland. Seine führende Rolle im Weltmarkt der Kunst wird unter anderem durch den weltweiten Handel in der Metropole London und die dort ansässigen großen internationalen Auktionshäuser geprägt. Aber auch andere namhafte englische Auktionshäuser und eine große Zahl von Kunsthändlern und Galerien vorwiegend in und um London haben einen beachtlichen Marktanteil am britischen und internationalen Kunsthandel.[749]

A. Einführung in das englische Kunstsachverständigenwesen

Bevor nun auf die Voraussetzungen der Kunstsachverständigentätigkeit in England eingegangen wird, folgt zunächst eine kursorische Einführung in die Charakteristika der englischen Rechtsordnung. In dieser Einführung sollen die für die hiesige Untersuchung relevanten systematischen Besonderheiten der englischen Rechtsordnung dargestellt werden, um von diesen Grundlagen aus im Anschluss die Voraussetzungen der Haftung von Kunstsachverständigen zu erarbeiten.

I. Einführung in das englische Rechtssystem

Das englische Recht[750] hat in seiner historischen Entwicklung einen von den kontinentaleuropäischen Rechtsordnungen divergierenden, eigenen Weg genommen.[751] Ein wesentliches Kennzeichen ist seine Orientierung auf ein im Mittelpunkt stehendes Fallrecht; seine grundlegenden Rechtsquellen sind daher im Wesentlichen das sog. *case law* (Fallrecht).[752]

---

749 Es existiert eine Vielzahl von weit über 300 kleiner und mittlerer Auktionshäuser, siehe z.B. den Auktionskalender in der *Antiques Trade Gazette*, *Harvey/Meisel*, Rn. 1.12 ff.

750 Mit dem Begriff „englisches Recht“ bzw. „Rechtssystem“ ist hier nur das Recht von England und Wales gemeint. Die Konzentration dieser Darstellung beruht darauf, dass Schottland, Nordirland, die Isle of Man und die Kanalinseln über eigene Systeme verfügen, *Smith/Bailey/Gunn*, Rn. 1-001.

751 Siehe zur Entwicklung etwa bei *Hamza*, S. 145 ff. mwN.

752 *Slapper/Kelly*, S. 4; *v.Bernstorff*, S. 3 ff., 9 ff., das richterliche Fallrecht, der sog. „*case law background*“ in England, wird als „*common law*“ (sog. gemeines Recht) bezeichnet, dieser Begriff findet aber auch allgemeine Verwendung zur Bezeichnung des englischen Rechtssystems selbst. Mit dem Begriff des „*common law*“ werden zum Teil aber auch allgemein

Dieses Präjudiziensystem, das auch als *common law*[753] bezeichnet wird, bildet die Basis der englischen Rechtsordnung; von Grundsatzentscheidungen kann über lange Zeiträume eine Bindungswirkung für die Rechtsprechung ausgehen, wie dies beispielsweise der in diesem Länderteil später besprochene Fall *Derry v. Peek* aus dem Jahr 1889 veranschaulicht.[754] Das englische Recht ist jedoch kein reines Fallrecht, denn als weitere Rechtsquelle dient das sog. *statute law*, in Form gesetzlicher Regelungen.[755] Für die hier betrachtete Kunstsachverständigenhaftung hat dies etwa Relevanz aufgrund der Kodifikation von Regelungen bezüglich Haftungsbeschränkungen und Haftungsausschlüssen.[756] Dennoch bleiben weiterhin die Präjudizien des *case law* die zentrale, tragende Säule der englischen Rechtsordnung. Diese sind für die vorliegend betrachtete Sachverständigenhaftung mangels konkreter gesetzlicher Regelungen der Haftungsvoraussetzungen von besonderer Bedeutung.

Das Präjudiziensystem des englischen Rechts baut auf einer Bindungswirkung an die Entscheidungen der höheren Gerichte auf, sog. *doctrine of precedent* bzw. *stare decisis*.[757] Nach dieser Regel sind die Entscheidungen der höheren Gerichte für die unteren Gerichte grundsätzlich bindend, unter anderem um eine Vorhersehbarkeit von Gerichtsentscheidungen und damit zugleich auch Rechtssicherheit zu gewährleisten.[758] Die Bindungswirkung im englischen Präjudiziensystem kann nur durch eine spätere Entscheidung eines höheren oder aber desselben Gerichts (*overruled*) oder durch ein Gesetz beseitigt werden.[759]

---

die verwandten Rechtsordnungen Englands, Australiens, Kanadas und der Vereinigten Staaten von Amerika bezeichnet.

753 Siehe *Blumenwitz*, S. 12, mit begrifflichen Abgrenzungen; *v.Bernstorff*, S. 11.

754 Zu *Derry v. Peek*, [1889] 14 App Cas 337, siehe unten Seite 144; siehe zur Bindungswirkung der Entscheidungen bei *v.Bernstorff*, S. 10 ff.

755 *v.Bernstorff*, S. 12.

756 Hierzu ausführlich ab Seite 179.

757 Siehe *Slapper/Kelly*, S. 74, eine positivrechtliche Verankerung der *rule of precedent* gibt es im englischen Recht nicht; *v.Bernstorff*, S. 10 f., 19; *Decku*, S. 18 ff.

758 *Decku*, S. 18; *Blumenwitz*, S. 41 ff.; *v.Bernstorff*, S. 10; siehe ausführlich *Smith/Bailey/Gunn*, 2-001 ff. Der zivilrechtliche Instanzenzug gliedert sich in die mit einem Einzelrichter besetzten unteren Zivilgerichte, die sog. *County Courts*. Darüber steht der *High Court of Justice*, untergliedert in *Queen's Bench*, *Family Division* und *Chancery Division*. Die zweite Instanz bildet der jeweils mit drei Lordrichtern (*Lord Justices*, folgend auch: *L.J.*) besetzte *Court of Appeal* (folgend auch: *CA*). Das höchste Gericht in England war bislang das *House of Lords* (folgend auch: HL), das in der Regel jeweils mit fünf *Law Lords* besetzt war. Mit dem *Constitutional Reform Act 2005* wurde der *Supreme Court* als höchstes englisches Gericht geschaffen, der seit dem 01.10.2009 die rechtsprechende Aufgabe des *House of Lords* übernommen hat, ebenda.

759 *v.Bernstorff*, S. 10; *Decku*, S. 18 f.; *Nieberding*, S. 99.

Im Unterschied zum deutschen Recht sind im englischen *case law* die tragenden Entscheidungsgründe bindend (sog. *ratio decidendi*).[760] Die Bindungswirkung eines Präjudizes ist dabei bedingt durch den individuellen Sachverhalt der Entscheidung. Die Verbindlichkeit eines solchen Präjudizes kann nur dann umgangen werden, wenn aufgezeigt werden kann, dass dieses Präjudiz für den jeweiligen Fall gerade nicht gilt, da dieser anders gelagert ist (sog. *distinguishing*).[761] Dies ist für die hier betrachtete Kunstsachverständigenhaftung von Bedeutung, da die Umstände des konkreten Einzelfalles maßgeblich für die Rechtsprechung und die Bindungswirkung der Entscheidungen sind, insbesondere da, soweit ersichtlich, nur vereinzelte diesen Bereich betreffende Rechtsprechung vorliegt, weshalb in der nachstehenden Untersuchung die Rechtsprechung zu den Sachverständigen und auch den Versteigerern im allgemeinen entsprechende Berücksichtigung findet.[762]

II. Die Kunstsachverständigen in England

Im Folgenden wird, zunächst nach einer kurzen Übersicht über die historische Entwicklung des Berufstandes der Kunstsachverständigen in England, eine kurze Beleuchtung der verschiedenen auf dem englischen Kunstmarkt tätigen Sachverständigen vorgenommen, um von dieser Ausgangsbasis aus die tatsächlichen und rechtlichen Voraussetzungen der Kunstsachverständigentätigkeit auch im Hinblick auf ihre Haftung abzustecken.

1. Die historischen Aspekte der Kunstsachverständigentätigkeit in England

Der Berufszweig der Kunstsachverständigen ist auch in England mit den Entwicklungen des Kunsthandels verbunden. Dieser wird in England durch die vor allem in London seit dem 17. Jahrhundert kontinuierlich in wachsender Zahl stattfindenden Versteigerungen geprägt, die neben dem eigentlichen Kunsthandel auch zum gesellschaftlichen Ereignis wurden.[763] Zeitgleich mit der Gründung der Auktionshäuser

---

760 „*The ratio decidendi of a case is any rule of law expressly or impliedly treated by the judge as a necessary step in reaching his conclusion, having regard to the line of reasoning adopted by him, or a necessary part of his direction to the jury.*“, *Smith/Bailey/Gunn*, 7-003; siehe *Blumenwitz*, S. 39, 52 f.

761 *Zweigert/Kötz*, § 18 II, S. 254; *Smith/Bailey/Gunn*, 7-033. Siehe exemplarisch bei *Governor & Co of the Bank of Scotland v. Fuller Peiser* [2002] P.N.L.R., 289 (294).

762 Siehe insoweit auch bei Simpson-*Murdoch/Berry*, Rn. 8.1; *Jackson & Powell*, Rn. 10-058, 10-117.

763 Siehe *Harvey/Meisel*, Rn. 1.08 f. (1.14); siehe auch *Ormrod*, in: Warren/Turpin, S. 11 ff.

Christie´s und Sotheby´s im 18. Jahrhundert erfolgte eine kontinuierliche grenzüberschreitende Entwicklung des englischen Kunstmarktes.[764] Aufgrund der gesellschaftlichen Umbrüche auf dem Kontinent fanden Ende des 18. Jahrhunderts viele Sammlungen französischer Aristokraten, deren Eigentümer etwa Opfer der Wirren der französischen Revolution geworden waren, ihren Weg auch in den englischen Kunst- und Auktionshandel.[765] Durch den Verkauf von Kunstwerken der emigrierten französischen Adeligen prosperierte der englische Kunsthandel erheblich.[766] Aufgrund der zunehmenden Zahl der sich auf dem Kunstmarkt bewegenden Marktteilnehmer mit nur wenig Erfahrung und geringem Fachwissen entwickelte sich auch in England die Usance, Kunstwerke mit einem *certificate of authenticity* zu versehen.[767] Der Maler, Kunsthändler und Experte *Arthur Pond* (1701-1758) gehörte zu den Begründern dieser Praxis, die das weitere Wachstum des Kunsthandels erheblich förderten, denn das verkörperte Expertenwissen verringerte die Risiken der Marktteilnehmer zweifelhaften Objekten oder gar Fälschungen aufzusitzen.[768] Die jüngere Entwicklung des englischen Kunstmarktes charakterisiert sich vor allem durch weitere starke Zuwächse des Kunsthandels, wobei in England im Wesentlichen eine lokale Konzentration auf London zu verzeichnen ist. Seit den fünfziger Jahren des 20. Jahrhunderts ist der englische Kunstmarkt durch seine weitere starke Internationalisierung geprägt und London hat sich zu dem derzeit weltweit führenden Kunsthandelszentrum entwickelt.[769]

2. Die Voraussetzungen der Kunstsachverständigentätigkeit im englischen Kunsthandel

Die Meinung von Experten hat für den Handel in England eine große Relevanz. Die englische Rechtsordnung hat der Rolle der Kunstsachverständigen aber keine der französischen Rechtsordnung vergleichbare Bedeutung zugemessen. So enthält das englische Recht Regelwerke beispielsweise für den Berufsstand der Ärzte oder Anwälte, konkrete gesetzliche Regelungen zu den Kunstsachverständigen finden

---

764 Zur Entwicklung des englischen Kunstmarkts im 18. Jahrhundert siehe bei *Ormrod*, in: North, S. 15 ff.

765 *Harvey/Meisel*, Rn. 1.14.; siehe auch *Czöppan*, S. 17; *Thurn* formuliert treffend: „(...) der Londoner Handel profitiert vom Exodus der französischen Oberschicht", *ders.*, S. 67.

766 *Boll*, S. 19.

767 *Bayer/Page*, Development of the Art Market in England, S. 79.

768 *Bayer/Page*, Development of the Art Market in England, S. 44, 79.

769 Siehe bei *Harvey/Meisel*, Rn. 1.14 ff.; *Barker*, in: Goodwin, The international art markets, S. 328 ff.

sich dagegen nicht.[770] Aber auch grundlegende, allgemeine Normierungen der Sachverständigentätigkeit sind im englischen Recht nicht zu finden, was sich wohl auch auf die historische Entwicklung der englischen Rechtsordnung und die Eigenheiten des englischen Wirtschaftsraumes zurückführen lässt. Auch eine gesetzliche Definition des Sachverständigenbegriffes im Allgemeinen, sowie des Kunstsachverständigen im Besonderen kennt das englische Recht nicht.

a) Allgemeine Voraussetzungen

Die Tätigkeit des Kunstsachverständigen in England ist, wie gerade erwähnt, an keine rechtlichen und tatsächlichen Voraussetzungen geknüpft.[771] Für den Zugang zur Sachverständigentätigkeit bedarf es grundsätzlich weder einer besonderen Qualifizierung oder Berufserfahrung, noch der Zugehörigkeit zu einer berufsständischen Organisation.[772] Von diesem Grundsatz gibt es einige spezialgesetzliche Ausnahmen für besondere Bereiche der Sachverständigentätigkeit, die allerdings für die Tätigkeit des Kunstsachverständigen keine Relevanz haben.[773] Der *Court of Appeal* führt hierzu beispielsweise in der Entscheidung von *Luxmoore-May v. Messenger May Baverstock* aus, dass der für die Beklagte, das Auktionshaus Messenger May Baverstock tätige Kunstexperte ein reiner Autodidakt mit neun Jahren Berufserfahrung war, der seine Erfahrungen durch „*trial and error*“ gemacht hatte. Für den *Court of Appeal* stellte dies eine im konkreten Fall ausreichende Kompetenz für die Untersuchung und Bewertung eines Kunstwerkes durch ein Auktionshaus dar.[774]

---

770 Z.B. für die Ärzte die *Medical Act* 1983 oder *National Health Service Act* 1977; für die Anwälte die *Solicitors Act* 1974, *Administration of Justice Act* 1985 oder *The Courts and Legal Services Act* 1990.

771 *Halsbury's*, Bd. 4(3), Para. 284; *Jackson & Powell*, Rn. 10-002.

772 *Jackson & Powell*, Professional Liability Precedents, Surveyors and Auctioneers, Nr. 3-02; *Hodgin*, S. 577; *Halsbury's*, Bd. 4(3), Rn. 284.

773 Z.B. nach der *Charities Act 1993 sect.* 36; der *Leasehold Reform, Housing and Urban Development Act* 1993 *sect.* 13 (6) dürfen bestimmte Begutachtungen nur durch ein Mitglied der *Royal Institution of Chartered Surveyors* durchgeführt werden; so auch nach der *Solicitors Act* 1974 *sect.* 22, mit der Erfordernis der Zugehörigkeit zu einer der beiden vorgenannten Organisationen oder der *Central Association of Agricultural Valuers*; *Halsbury's*, Bd. 4(3), Rn. 284.

774 *Luxmoore-May v. Messenger May Baverstock* [1990] 1 W.L.R. 1009 (1014, 1023 ff.); a.A. *Luxmoore-May v. Messenger May Baverstock* [1989] 04 E.G. 115 [120] (Q.B.): „*Either he slipped up on this occasion, perhaps having insufficient time to study and appreciate the true merit and significance of these paintings. Alternatively, his experience and expertise may frankly be less than is properly required even of a provincial fine art valuer.*“. Siehe auch bei *Sandrock*, in: ISWA 1990, S. 611 (622 f.).

Es gibt auch keine staatliche Aufsicht über die Kunstsachverständigen in England. Das englische System der Sachverständigentätigkeit ist vielmehr ein sich selbst regulierendes.[775] Daher spielen am Markt die persönlichen Fähigkeiten und die spezifische Berufserfahrung des Kunstsachverständigen eine große Rolle. Große Aussagekraft für die Qualifikation haben etwa langjährige Tätigkeiten als Kurator eines Museums, als „*expert*" bzw. „*specialist*" in einem namhaften Auktionshaus oder als Gutachter eines Versicherers. In englischen Gerichtsurteilen wird entsprechend eingehend der Lebenslauf der Kunstsachverständigen thematisiert.[776]

b) Berufsständische Organisationen und Verbände

In England machen Sachverständige von der Mitgliedschaft in einer berufsständischen Organisation regen Gebrauch, auch um ein für Dritte nachvollziehbares Qualitätsmerkmal aufweisen zu können.[777]

Eine große Zahl der *surveyors*, *appraisers* und *valuers* - gegenwärtig ca. 110000 - ist Mitglied in der *Royal Institution of Chartered Surveyors* („RICS").[778] Davon sind momentan ca. 2000 Mitglieder dem Bereich *Arts and Antiques* und damit den Kunstsachverständigen zuzuordnen. Bis vor einigen Jahren bestand neben der RICS die für die Kunstsachverständigen zuständige sog. *Incorporated Society of Valuers and Auctioneers*[779], die im Juli 2000 in der RICS aufgegangen ist.[780] Zur Zielsetzung der RICS zählt vor allem die Definition und Sicherstellung berufsständischer Standards und die Aus- und Fortbildung der Mitglieder. Grundlage hierfür sind der Verhaltenskodex der RICS, die sog. *Byelaws* (Satzung) und sog. *Rules of Professional Conduct* (berufliche Verhaltensregeln) umfasst.[781] Hinzu kommen durch die RICS veröffentlichte *Practice Statements* und *Guidance Notes*, die Hilfestellungen bei der Bewertung geben sollen. Grundvoraussetzung für die Mitgliedschaft in der RICS ist der

[775] *Jackson & Powell*, Rn.10-002; *Sandrock*, in: ISWA 1990, S. 611 (622).

[776] Siehe etwa bei *Thomson v. Christie Manson & Woods Ltd.* [2004] EWHC 1101 Rn. 94; *Richard Drake v. Thos. Agnew & Sons Limited* [2002] EWHC 294; *Sandrock*, in: ISWA 1990, S. 611 (622). Das Fehlen objektiver Zulassungsvoraussetzungen, wie diese etwa zur Ausübung des Arzt- oder Rechtsanwaltsberufes bestehen, begründet in der Literatur teilweise die Forderung nach Zulassungsvoraussetzungen, damit Mindestqualitätsstandards sichergestellt werden, *Homer*, Colum.-VLA J.L. & Arts 1984, S. (457) 478 ff.

[777] *Sandrock*, in: ISWA 1990, S. 611 (623); *Hodgin*, S. 577.

[778] Die RICS wurde 1868 gegründet und erhielt 1881 ihre offizielle Rechtsfähigkeit im Wege einer königlichen Verleihungsurkunde (*incorporated by Royal Charter*), *Halsbury's*, Bd. 4(3), Para. 284, Fn. 2. Siehe auch unter www.rics.org.

[779] Die *Incorporated Society of Valuers and Auctioneers* (*ISVA*) ging aus einer Verschmelzung zwischen der *Incorporated Society of Auctioneers and Landed Property Agents* und der *Valuers Institution* im Jahre 1968 hervor.

[780] *Halsbury's*, Bd. 4(3), Para. 284, Fn. 2.

[781] Simpson-*Murdoch*/*Berry*, Rn. 8.1 ff.

Abschluss einer anerkannten Ausbildung (*approved degree* oder *diploma course*) oder entsprechende Berufserfahrung.[782] Weitere Voraussetzung ist eine mindestens zweijährige Berufspraxis bei einem anerkannten Sachverständigenbüro (*chartered surveyors*). Die Mitgliedschaft in der RICS gestattet dem Mitglied das Auftreten unter Verwendung des Titels „*chartered* (konzessionierter) *valuer*". Sie verpflichtet den Sachverständigen gleichzeitig, sich an die Berufsordnung (*rules of conduct*) der RICS zu halten. Diese *rules of conduct* verpflichten u.a. zur Objektivität, Gewissenhaftigkeit, Unparteilichkeit und Verschwiegenheit. Sie verlangen von den Mitgliedern der RICS *lifelong learning*: innerhalb eines jeden Jahres hat das Mitglied mindestens 10 Stunden zur Weiterbildung und Sicherstellung von beruflichen Qualitätsstandards aufzuwenden.[783] Die Zielsetzung der Tätigkeit der RICS liegt im Schutz und in der Verbesserung der Standards und der Förderung der Kompetenzen ihrer Mitglieder. Von Ihnen wird der Abschluss einer Berufshaftpflichtversicherung (*professional indemnity insurance*) mit bestimmten Mindestdeckungssummen verlangt.[784] Verstöße gegen die *rules of conduct* können mit einer Disziplinarstrafe belegt werden.[785] Ein Verstoß gegen die „*rules of conduct*" kann in besonderen Fällen auch zum Ausschluss aus der Organisation führen. Daraus folgt jedoch kein Hindernis für die weitere Berufsausübung als „freier" *surveyor* oder *valuer*, lediglich die Verwendung des Titels als „*chartered*" *surveyor* ist untersagt.[786]

Daneben besteht als weitere berufsständische Organisation u.a. die *Academy of Experts*.[787] Diese hat sich zum Ziel gesetzt, Qualitätsstandards u.a. durch Schulungsangebote zu verbessern und Experten verschiedenster Bereiche zu vereinigen, um so die Suche nach einem qualifizierten Experten zu vereinfachen. Nach dem *code of practice* der *Academy of Experts* sind ihre Mitglieder u.a. zu Objektivität und Unparteilichkeit verpflichtet. Vergleichbar mit den Statuten der RICS haben auch die Mitglieder der *Academy of Experts* eine Berufshaftpflichtversicherung abzuschließen.[788]

---

[782] *Jackson & Powell*, Rn. 10-003.

[783] Insgesamt aber mindestens 60 Stunden in einem Zeitraum von 3 Jahren, *Rule 37* der *Rules of Conduct*.

[784] Die Deckungssumme muss das Auftragsvolumen des Sachverständigen abdecken, *Rule 4* der *Schedule 1 to Conduct Regulation 27.1*. Ihre Höhe ist entsprechend dem jeweiligen Auftragsvolumen gestaffelt: z.B. 500.000 GBP für ein Brutto-Einkommen zwischen 100.000 GBP und 200.000 GBP, siehe *Rule 6* der *Schedule 1 to Conduct Regulation 27.1*. Außerdem soll die Versicherung bei Beendigung der Tätigkeit als Sachverständiger noch mit einer Deckungssumme von mindestens 250.000 GBP für weitere sechs Jahre fortbestehen (sog. *Run-Off Cover*, *Rule 5* der *Schedule 1 to Conduct Regulation 27.1.*).

[785] Simpson-*Murdoch/Berry*, Rn. 8.3.1.

[786] *Hodgin*, S. 577.

[787] Die *Academy of Experts* wurde 1987 gegründet, siehe unter www.academy-experts.org.

[788] Es ist eine Berufshaftpflichtversicherung mit einer Deckungssumme von mindestens 500.000 GBP abzuschließen.

Als weitere Vereinigung existiert beispielsweise die *Society of Fine Art Auctioneers and Valuers* (SOFAA).[789] Auch diese gibt ihren Mitgliedern einen *code of conduct* vor.[790]

Die Mitgliedschaft in den vorgenannten Institutionen ist rein fakultativ und hat keine vergleichbare Bedeutung mit der im deutschen Recht bestehenden Möglichkeit der öffentlichen Bestellung.

III. Das Kunstgutachten

Der modus operandi der Begutachtung eines Kunstwerkes und die zur Anwendung zu bringenden Untersuchungsmethoden sind stets individuell vom Objekt abhängig und weisen länderübergreifend keine Besonderheiten auf, so dass auf die in der Einleitung dargelegten verschiedenen Methoden verwiesen werden kann.[791] Die folgende Darstellung beschränkt sich auf die Voraussetzungen und Anforderungen innerhalb der englischen Rechtsordnung.

1. Voraussetzungen und Anforderungen an die Begutachtung

Konkrete, gesetzlich festgelegte Anforderungen oder Pflichten an die Tätigkeit von privaten Kunstsachverständigen kennt das englische Recht nicht. Sachverständigenpflichten wie beispielsweise die Vermeidung von Interessenkonflikten oder die Verpflichtung zur Objektivität bei der Begutachtung ergeben sich aus der Mitgliedschaft zu einer berufsständischen Organisation wie etwa der RICS, deren Statuten entsprechende Regelungen beinhalten.[792]

In der englischen Rechtsordnung ist der Kunstsachverständige bei der formalen und inhaltlichen Gestaltung eines Gutachtens (*expert's certificate*) nicht an kodifizierte Anforderungen gebunden. Lediglich in Literatur und Rechtsprechung finden sich vereinzelte Aussagen zur inhaltlichen Gestaltung. Etwa in der Entscheidung *Leigh and Leigh v. Gurr Johns and Angier Bird Ltd.* hatte der *Central London County Court* über Schadensersatzansprüche aufgrund einer fehlerhaften Begutachtung eines Armbandes zu Versicherungszwecken zu befinden.[793] Das Gericht hat in den Entschei-

789 Die *Society of Fine Art Auctioneers and Valuers* wurde 1973 gegründet.

790 Siehe unter www.sofaa.info.

791 Siehe hierzu ab Seite 26 ff.

792 Vgl. oben Seite 124 zu den *Rules of Conduct* der RICS.

793 Vgl. *Leigh and Leigh v. Gurr Johns and Angier Bird Ltd*, Urt. des Central London County Court v. 17.01.1996, unveröffentlicht, zitiert nach *Hudson*, AA&L, Vol. I, Nr. 3, August

dungsgründen dabei auch zu den Anforderungen eines Gutachtens Stellung genommen.[794] Nach dem *Central London County Court* zählen zu den grundsätzlichen Angaben in einem Gutachten über ein Schmuckstück die Angabe aller Details das begutachtete Objekt betreffend, wie bei einem Schmuckstück etwa die Qualität der einzelnen Steine, Maße und Gewicht des gesamten Objekts, Alter und Design, wobei hinsichtlich letzterem darzustellen ist, ob es sich um eine einfache oder besondere Konstruktion handelt.[795] Überdies soll eine Fotographie von dem Objekt erstellt werden.[796] Entsprechend soll ein Gutachten über ein Gemälde Angaben über das Sujet und die Qualität, eine Einordung in den kunsthistorischen Kontext, eine Datierung und ggf. Angabe des Malers, die Maße, den Zustand und ggf. Restaurierungen, über Provenienz und eine Wiedergabe der Fakten enthalten, auf denen die Begutachtung und Bewertung basiert.[797] Dabei sollte der Kunstsachverständige seine Ansichten klar, kurz und präzise formulieren,[798] um seinen Begutachtungs- und Entscheidungsprozess nachvollziehbar zu machen, damit später auch ein Gericht ohne das entsprechende Expertenwissen den Prozess der Begutachtung nachvollziehen kann.[799]

2. Das Honorar des Kunstsachverständigen

Für seine gutachterliche Tätigkeit kann der Kunstsachverständige auf der Basis der vertraglichen Vereinbarung mit dem Auftraggeber ein Honorar (*remuneration*) frei vereinbaren.[800] Haben der Auftraggeber des Gutachtens und der Sachverständige das

---

1996, S. 293 ff. Zur Begutachtung von Diamanten siehe *Sancroft-Baker*, Christie´s bulletin for professional advisers, Vol. 1, Nr. 4 (1995), S. 16 ff.

794 Für den *Central London County Court* in *Leigh and Leigh v. Gurr Johns and Angier Bird Ltd*, Urt. des Central London County Court v. 17.01.1996, waren die Defizite des Gutachtens nicht kausal für den entstandenen Schaden, sie dokumentierten allerdings, dass der Gutachter nicht ausreichend gewissenhaft war, so nach *Hudson*, AA&L, Vol. I, Nr. 3, August 1996, S. 293 ff.

795 Vgl. *Leigh and Leigh v. Gurr Johns and Angier Bird Ltd*, Urt. des Central London County Court v. 17.01.1996, unveröffentlicht, zitiert nach *Hudson*, AA&L, Vol. I, Nr. 3, August 1996, S. 293 ff.; *Homer*, Colum.-VLA J.L. & Arts 1984, S. 457 (481 ff.).

796 Vgl. *Leigh and Leigh v. Gurr Johns and Angier Bird Ltd*, Urt. des Central London County Court v. 17.01.1996, unveröffentlicht, zitiert nach *Hudson*, AA&L, Vol. I, Nr. 3, August 1996, S. 293 ff.

797 Siehe auch bei *Lerner/Bresler*, Art Law, Vol. 1, S. 561 ff.

798 Siehe beispielsweise den berühmten US-amerikanischen Fall *Hahn v. Duveen*, 234 N.Y.S. 185 (192) (N.Y. Sup. Ct., 1929), in welchem das Gericht die Formulierungen des Kunstsachverständigen als „*sounding brass and tinkling cymbals*" kritisierte. Zu *Hahn v. Duveen* siehe bei *Siehr*, Bulletin Kunst & Recht 1/2010, S. 13 f.

799 *Spencer*, in: Spencer, The Expert, S. 211.

800 Die Versuche, eine allgemeine Honorartabelle festzulegen, blieben fruchtlos, siehe etwa bei *Murdoch*, [1981] Conv. 424, 425 ff.

Honorar allerdings nicht vertraglich vereinbart bzw. festgelegt, nach welchen Kriterien sich die Vergütung bemessen soll, richtet sich das Honorar nach einer angemessenen, den Umständen entsprechenden Vergütung, siehe sec. 15 des *Supply of Goods and Services Act 1982*.[801]

B. Die Haftung des Kunstsachverständigen: Dogmatische Grundlagen und Haftungsvoraussetzungen

Eine Kadenz verschiedener Präjudizien der englischen Rechtsprechung hat die allgemeinen Voraussetzungen der Berufshaftung im Allgemeinen (sog. *professional negligence*) und der Haftung von Sachverständigen im Besonderen in der zweiten Hälfte des 20. Jahrhunderts weit fortentwickelt. Dabei fällt als Eigenheit der englischen Rechtspraxis auf, dass die Gerichte oftmals in den Urteilsbegründungen keine Angaben machen, ob die Ansprüche auf *contract* (Vertrag) oder *tort* (Delikt) begründet werden, wodurch eine dogmatische Einordnung des Fallmaterials zum Teil nicht eindeutig ist. Auch die einschlägige rechtswissenschaftliche Literatur trifft oft keine klaren Einordnungen der Entscheidungen. Das Fallmaterial wird oftmals allgemein unter dem Aspekt der *professional negligence* bzw. *professional liability* analysiert. Dieses Charakteristikum der englischen Rechtspraxis folgt im Wesentlichen aus der generellen Bedeutungszunahme des *law of torts*. Seitdem die Grundsatzentscheidung *Hedley Byrne & Co. Ltd. v. Heller & Partners Ltd.*[802] eine Haftung für reine Vermögensschäden aufgrund fahrlässig fehlerhafter Auskünfte auch im Wege des *law of torts* begründet hat, hat dieses auch für die hier betrachtete Konstellation der Sachverständigenhaftung erheblich an Bedeutung erlangt. Allerdings sind unter den Präjudizien der Haftung für *professional negligence* nur sehr vereinzelte Entscheidungen zu finden, die speziell im Zusammenhang mit der Untersuchung und Bewertung von Kunstwerken ergangen sind, neben allgemeiner Rechtsprechung zur Sachverständigenhaftung, letztere vorwiegend für Sachverhalte mit Grundstückssachverständigen.[803]

---

801 *Halsbury's*, Bd. 4(3), Para. 297; die Angemessenheit hat den konkreten Umständen zu entsprechen. Sie richtet sich nach dem Arbeitsaufwand und den konkreten Problemstellungen des Einzelfalles. Der Wert des Gegenstandes ist dabei grundsätzlich unerheblich; siehe *Drew v. Josolyne* [1888] 4 TLR 717; *Faraday v. Tamworth Union* [1916] 86 LJCh. 436.

802 *Hedley Byrne & Co. Ltd. v. Heller & Partners Ltd.* [1964] A.C. 465.

803 Hierbei sind u.a. die Entscheidungen *Leigh and Leigh v. Gurr Johns and Angier Bird Ltd*, Urt. des Central London County Court v. 17.01.1996, unveröffentlicht, zitiert nach *Hudson*, AA&L, Vol. I, Nr. 3, August 1996, S. 293 ff., *Luxmoore-May v. Messenger May Baverstock* [1990] 1 W.L.R. 1009 und *Thomson v. Christie Manson & Woods Ltd.* [2005] EWCA Civ 555, hervorzuheben.

I. Die Haftung des Kunstsachverständigen gegenüber dem Auftraggeber

Die Haftungsfragen aufgrund eines fehlerhaften Kunstsachverständigengutachtens bemessen sich nach dem konkreten Verhältnis zwischen dem Geschädigten und dem Kunstsachverständigen.[804] Neben der vertragsrechtlichen Haftung, der sog. *contractual liability*, können im Verhältnis zwischen dem Auftraggeber und dem Kunstsachverständigen auch Ansprüche nach dem *law of torts* in Betracht kommen.

1. Vertragliche Ansprüche

Die englische Rechtsordnung verfügt über keine spezialgesetzlichen Regelungen, die das Vertragsverhältnis zwischen dem Auftraggeber eines Kunstgutachtens und dem Kunstsachverständigen ausgestalten. Eine Haftung des Kunstsachverständigen gegenüber seinem Auftraggeber aus Vertrag richtet sich daher nach dem konkreten Inhalt der vertraglichen Vereinbarung und den allgemeinen Prinzipien des englischen Vertragsrechts.

a) Der vertragliche Rahmen der Kunstsachverständigentätigkeit

Das Vertragsverhältnis zwischen dem Sachverständigen und dem Auftraggeber wird im englischen Recht zu den Dienstleistungsverträgen, den sog. *contracts for the supply of services* nach dem *Supply of Goods and Services Act 1982* gezählt.[805] Einen eigenständigen Vertragstypus des Sachverständigenvertrages kennt das englische Recht nicht.

aa) Voraussetzungen für das Zustandekommen des Vertrages

Nach englischem Recht bedarf es für das Zustandekommen des Vertrages grundsätzlich einer Vereinbarung (*agreement*) zwischen den Vertragsparteien, durch Angebot (*offer*) und Annahme (*acceptance*).[806] Das englische Recht setzt jedoch als besondere Voraussetzung voraus, dass ein Vertrag für die Parteien nur dann eine bindende Wir-

---

804 Zur Frage einer Haftung von gerichtlichen Sachverständigen nach englischem Recht siehe bei *Kay/Sime/French*, Blackstone's Civil Practice, Rn. 52.11, eine zivilrechtliche Haftung gerichtlicher Sachverständiger („*expert witnesses*") kommt im englischen Recht nicht in Betracht („*immunity from any civil proceedings*"). Siehe dazu etwa bei *Tiwisina*, S. 291 ff.

805 *Halsbury's*, Bd. 4(3), Para. 296; *Palmer*, in: Byrne-Sutton/Renold, L'Expertise, S. 19 (27 f.); siehe auch *Jackson & Powell*, Professional Liability Precedents, Rn. 3-04.

806 *Halsbury's*, Bd. 9(1), Para. 603; *Nieberding*, S. 101.

kung entfaltet, wenn die wechselseitigen Leistungsversprechen des Vertragsverhältnisses durch das sog. Prinzip der *consideration* getragen werden.[807] Da die *consideration* eine Besonderheit im Vergleich der hier betrachteten Rechtsordnungen darstellt, wird im folgenden Abschnitt darauf kurz näher eingegangen.

bb) Das Prinzip der „consideration"

Das Prinzip der *consideration* knüpft die Bindungswirkung des Leistungsversprechens im Rahmen eines *contracts* an das Versprechen einer Gegenleistung durch den Versprechensempfänger.[808] Synallagmatische Leistungsversprechen sind auch in den kontinentalen Rechtsordnungen bekannt, aber das englische Recht macht dies jedoch zur Bedingung: ohne *consideration* entsteht keine vertragliche Verpflichtung.[809] Nach einer grundlegenden Definition der *consideration,* die im Fall *Currie v. Misa* entwickelt wurde, ist die *consideration* auf zwei Elemente zurückzuführen: einem wie immer auch gearteten Vorteil des Versprechenden, welchem ein Recht, ein Vorteil oder Nutzen zufließt, bzw. einem rechtlich relevanten „Nachteil" des Versprechensempfängers, aufgrund dessen Vertrauen in das Leistungsversprechen.[810] Die Wirksamkeit eines Vertrages mit einem Kunstsachverständigen hängt daher immer von einer Verpflichtung zur Gegenleistung durch den Versprechenden selbst ab (*consideration must move from the promisee*), fehlt die *consideration*, so ist das Leistungsversprechen grundsätzlich nicht durchsetzbar (*enforceability*).[811] Diese Voraussetzung ist auch und gerade gegenüber vertragsfremden Dritten von großer Relevanz, also beispielsweise späteren Käufern, die ein Kunstwerk aufgrund eines beiliegenden

[807] *Chitty on contracts*, Rn. 3-001.

[808] Siehe *Zweigert/Kötz*, S. 384 ff.; *Decku*, S. 20 ff. Diese Eigenheit des englischen Rechts folgt aus seiner historischen Entwicklung, dem System der *writs*. Im Mittelalter bedurfte der Anspruchsteller eines Nachweises gegenüber dem Anspruchsgegner über eine Schuld (*writ of debt*) oder über einen Schaden aufgrund des Bruchs eines Versprechens (*writ of assumpsit*). Diese *writs* waren eine vollstreckbare Verfügung, die von offizieller Seite aus erteilt wurden, *v.Bernstorff*, S. 4 f.; daraus entstand das Element der *consideration*, *Henrich/Huber*, S. 47.

[809] Siehe *Kötz*, S. 86, der deutschen Rechtsordnung ist angesichts der Konsensualverträge ein der *consideration* vergleichbares Element unbekannt; vertiefend zur *consideration* bei *Treitel*, Rn. 3-001 ff.

[810] Ausführlich *v.Bernstorff*, S. 57 f.; *Decku*, S. 20 ff. *Currie v. Misa* (1875) L.R. 10 Ex., 153 (162): „*A valuable consideration, in the sense of law, may consist either in some right, interest, profit or benefit accruing to one party, or some forbearance, detriment, loss, or responsibility given, suffered or undertaken by the other.*". Der Begriff des Vor- oder Nachteils ist also weit zu verstehen; siehe auch die Definition der *consideration* in: *Eleanor Thomas v. Benjamin Thomas* [1842], 114 E.R. 330.

[811] Zur *doctrine of estoppel* als Ausnahme vom Prinzip der *consideration*, bei *v.Bernstorff*, S. 58.

Gutachtens erworben haben und nun Ansprüche gegenüber dem Kunstsachverständigen geltend machen wollen. Da sie im ursprünglichen Vertragsverhältnis kein Gegenleistungsversprechen abgegeben haben, können diese grundsätzlich auch keine vertragsrechtlichen Ansprüche gegenüber der anderen Vertragspartei, hier dem Kunstsachverständigen, geltend machen. Das Prinzip der *consideration* hat für eine lange Zeit die Anerkennung des Vertrags zugunsten Dritter im englischen Recht verhindert.[812] Auf die gegenwärtigen Entwicklungen der englischen Rechtsordnung nach der Einführung des Vertrags zugunsten Dritter durch die *Contracts (Rights of Third Parties) Act 1999* wird später im Rahmen der Darstellung zur Dritthaftung eingegangen.[813]

Gleichermaßen folgt aus dem Prinzip der *consideration* auch die prinzipielle Undurchsetzbarkeit unentgeltlicher vertraglicher Versprechen im englischen Recht, denn ein vertragliches Leistungsversprechen muss entsprechend dem Prinzip der *consideration* stets um einer bestimmten Gegenleistung willen abgegeben werden.[814] Die Angemessenheit der wie immer auch gearteten Gegenleistung spielt dabei allerdings keine bedeutende Rolle.[815] Voraussetzung ist, dass sie in einem zeitlichen Zusammenhang zum abgegebenen Versprechen steht, denn sie muss das Gegenversprechen für das aktuelle Leistungsversprechen sein, eine *consideration* in der Vergangenheit (sog. *past consideration*) reicht daher nicht aus.[816] Hat ein Kunstsachverständiger sich ohne Gegenleistung und damit ohne *consideration* aufgrund einer reinen Gefälligkeit zu einem Kunstwerk geäußert, liegt kein wirksames Vertragsverhältnis vor, so dass eine vertragliche Haftung nicht in Betracht kommt.[817]

---

812 Kritisch zum Prinzip der *consideration* etwa *Bucher*, ZEuP 1999, S. 399 (400) mwN. Siehe noch vor dem *Contracts (Rights of Third Parties) Act 1999*, *v.Bar*, Gemeineurop. Deliktsrecht, Bd. 1, S. 480.

813 Zur *Contracts (Rights of Third Parties) Act 1999* siehe unten Seite 145 ff.

814 *Zweigert/Kötz*, S. 384 ff. (387); daher ist auch ein Schenkungsversprechen aufgrund fehlender *consideration* nicht verbindlich. Nur die Vollziehung macht daher die Schenkung nach englischem Recht wirksam, bzw. die Abgabe des Schenkungsversprechens in Form des *deed* (gesiegelte Vertragsurkunde); zu den Voraussetzungen eines *deed* siehe *sect* 1(2) *Law of Property Act* 1989.

815 Siehe *William v. Roffrey Bros. & Nicholls* (1991), 1 Q.B. 1. Immaterielle Werte, insbesondere moralische Werte reichen für die *consideration* nicht aus; siehe *White v. Bluett* [1853] 2 Q.B. 851; *Applebey*, Nr. 7.11; „*something which is of some value in the eye of law*", *Willmot/Christensen/Butler*, Nr. 6.3.3., S. 151.

816 Siehe etwa bei *Hunt v. Bate* [1568] 3 Dy. 272a (73 E.R. 605).

817 Siehe *Treitel*, Rn. 3-162 f. („*gratious services*"). Aufgrund des Prinzips der *consideration* kennt die englische Rechtsordnung auch nicht die Kategorie des stillschweigenden geschlossenen Auskunftsvertrages zwischen dem Kunstsachverständigen und einem Auskunftsempfänger, *Stoll*, in: FS-*Flume*, S. 743 ff. (766). Die Erteilung einer Auskunft ohne *consideration* kann nur unter bestimmten Voraussetzungen eine Haftung aufgrund des *law of torts* begründen, siehe *Clerk & Lindsell on torts*, Rn. 10-10; *Chitty on Contracts*, Vol. I,

cc) Form

Der Vertrag[818] über die Erstellung eines Kunstgutachtens kann formlos geschlossen werden.[819] Für *chartered valuers* schreiben die *Practice Statements* der RICS vor, dass eine schriftliche Vereinbarung mit dem Auftraggeber geschlossen bzw. diese schriftlich bestätigt wird.[820] Diese in den *rules of conduct* enthaltene Pflicht findet ihren Grund in der Beweiswirkung einer schriftlichen Vereinbarung, sie ist indes keine Wirksamkeitsvoraussetzung des Vertrages.

b) Voraussetzungen der vertraglichen Haftung

Die vertragsrechtliche Haftung des Kunstsachverständigen richtet sich nach den allgemeinen Voraussetzungen. Die vertragliche Haftung (*liability in contract*) des Kunstsachverständigen setzt den Bruch (*breach*) einer Vertragspflicht (*duty*) voraus, der kausal (*causal connection*) für den Schaden (*damage*) war.[821]

aa) Der Begriff des „breach of contract"

Eine allgemeine Definition des „Vertragsbruchs" (*breach of contract*) findet sich beispielsweise bei *Treitel*: „*a breach of contract is committed, when a party without lawful excuse fails or refuses to perform what is due from him under contract (contractual obligation), or performs defectively or incapacitates himself from performing*".[822] Danach liegt ein *breach of contract* vor, wenn der Kunstsachverständige seine vertraglich vereinbarte Leistungshandlung ohne Rechtfertigungsgrund nicht erbringt oder verweigert bzw. mangelhaft erbringt oder ihm die Erbringung der Leistung unmöglich wird. Es findet sich im englischen Recht keine Unterscheidung zwi-

---

Rn. 3-179; *Halsbury's*, Bd. 9(1), Rn. 727 ff. (744); zur Haftung für kostenlosen Rat beim Kauf eines gebrauchten KFZ siehe *Chaudhry v. Prabhakar* [1989] 1 W.L.R. 29; vgl. demgegenüber *Mohr v. Cleaver* [1986] W.A.R. 67 (72); *Henderson v. Merrett Syndicates Ltd.* [1995] 2 A.C.145 (181).

818 Ein Muster eines englisch-sprachigen Expertenvertrages (*appraisal contract*) (USA) findet sich etwa bei *Lerner/Bresler*, Art Law, Vol. 1, S. 681.

819 *Hodgin*, S. 578. Besondere Formvorschriften bestehen nur für den sog. *deed* (notarielle Urkunde), siehe *Applebey*, Nr. 11.10, der beispielsweise für Grundstücksgeschäften zur Anwendung kommt, *Law of Property* (*Miscellaneous Provisions*) *Act 1989 s. 1(2)(3).*

820 RICS *Appraisal and Valuation Standards*, *Practice Statement* 2: danach sind 17 verschiedene Punkte aufzunehmen, zu denen u.a. der Gegenstand und der Zweck der Begutachtung, die Grundlagen der Bewertung, das Datum der Begutachtung, ggf. Haftungsbeschränkungen und das Honorar zählen, siehe bei *Jackson & Powell*, Rn. 10-019.

821 Vgl. Simpson-*Murdoch/Berry*, Rn. 8.8 ff.

822 *Treitel*, Rn. 17-049.

schen verschiedenen Leistungsstörungen, diese werden alle vom einheitlichen Begriff des *breach of contract* umfasst. Auch die konkrete Einordnung der relevanten Leistungsstörung hat keine entsprechende Bedeutung wie etwa im deutschen Recht. Diese besondere Haltung des englischen Rechts begründet sich darauf, dass ein Vertrag grundsätzlich als Garantieversprechen der Vertragsparteien untereinander für die ordnungsgemäße Erfüllung angesehen wird.[823] Für den *breach of contract* hat die Frage nach dem Grund daher regelmäßig keine essentielle Bedeutung, denn es kommt nur darauf an, dass der Schuldner die von ihm übernommene Garantie nicht eingehalten hat.[824] Diese im Grundsatz verschuldensunabhängige Haftung hat zur Folge, dass der Schuldner, wenn der garantierte Erfolg ausgeblieben ist oder nicht in der vereinbarten Art und Weise erbracht wurde, Schadensersatz zu leisten hat (*strict liability*).[825] Im Bereich der Dienstleistungsverträge, zu denen der Vertrag mit einem Kunstsachverständigen zu zählen ist, sind demgegenüber Sorgfalts- und Verhaltenspflichten für die Haftung relevant (*liability based on fault*).[826]

bb) Vertragliche Pflichten

(1) express terms

In der täglichen Praxis sind konkrete schriftliche Vereinbarungen der vertraglichen Verpflichtungen eher selten, oftmals werden gerade bei Kunstwerken in den unteren Preiskategorien nur der Gegenstand der Begutachtung und die Vergütung festgelegt, und dies oftmals auch nur mündlich.[827] Bei besonders hochwertigen Kunstwerken können dagegen umfangreiche kostenintensive Untersuchungen vonnöten sein, so dass individuelle vertragliche Vereinbarungen hierüber getroffen werden.[828] Auch

---

823 *Zweigert/Kötz*, S. 502; *Ranieri*, S. 708; *v.Bernstorff*, S. 84.

824 *Zweigert/Kötz*, S. 502; *v.Bernstorff*, S. 84. Dies findet eine historische Begründung darin, dass im englischen Vertragsrecht nicht der Anspruch auf Erfüllung, sondern der Anspruch auf Schadensersatz im Zentrum steht, *Ranieri*, S. 708 ff., 740 f.

825 Einzige Einschränkung dieser Haftung bildet das Kriterium der *lawful excuse*, nach welchem die vertragsbrüchige Partei Rechtfertigungsgründe für ihre Leistungsverweigerung vorbringen kann, siehe bei *McKendrick*, S. 389; *Treitel*, Rn. 17-059. Siehe auch *Rainieri v. Miles* [1981] A.C.1050 (1086): „*It is axiomatic that in relation to claims for damages for breach of contract, it is, in general immaterial why the defendant failed to fulfil his obligation, and certainly no defence to plead, that he had done his best.*".

826 *Jackson & Powell*, Professional Liability Precedents, Surveyors and Auctioneers, Nr. 3-04; *Treitel*, Rn. 17-066 ff. mwN; *Markesinis/Unberath/Johnston*, Contract, S. 532. Siehe auch *Schmidt-Kessel*, S. 293 (300); *Ranieri*, S. 715.

827 Daher verlangt die RICS, vertragliche Bedingungen unbedingt schriftlich zu fixieren, damit der Kunstsachverständige sich später nicht in einer ungünstigen Beweislage wiederfindet, *Jackson & Powell*, Rn. 10-019.

828 Siehe beispielsweise den Mustervertrag bei *Lerner/Bresler*, Art Law, Vol. 1, S. 681.

für die Vereinbarung von Haftungsklauseln ist der Vertragsinhalt wichtig.[829] Die konkret getroffenen Vertragsvereinbarungen (sog. *express terms*) haben im englischen Recht eine große Bedeutung, da primär eine Konzentration auf die einzelnen Formulierungen in der Vertragsurkunde stattfindet. Nach der sog. *parol of evidence rule* (Vermutung der Vollständigkeit und Richtigkeit einer Vertragsurkunde) ist es den Vertragsparteien nur in engen Grenzen möglich, auf andere, außerhalb des Vertragstextes liegende Beweismaterialien zurückzugreifen, um einen abweichenden, erweiternden oder einschränkenden Vertragsinhalt bezüglich der konkreten *express terms* der Vertragsurkunde zu beweisen.[830] Soweit keine ausdrücklichen vertraglichen Vereinbarungen (*express terms*) vorliegen oder diese nicht abschließend sind, verfügt das englische Recht über das Prinzip der Ergänzung eines Vertrages mit „stillschweigenden Vertragsbestandteilen“[831] (sog. *implied terms*).

(2) implied terms

Die *implication of terms* stellt ein Instrument zur Bestimmung bzw. Ergänzung des Inhalts einer vertraglichen Vereinbarung dar, etwa wenn diese lückenhaft ist, weil die Parteien über einen oder mehrere Aspekte keine konkreten oder gar keine Regelungen getroffen haben.[832] Es werden drei Gruppen von *implied terms* unterschieden.[833] Zum einen sind dies *implied terms* aus Usancen bzw. Bräuchen, sog. *terms*

---

[829] Siehe hierzu unten Seite 183 ff.

[830] *Zweigert/Kötz*, S. 402 f. Nach der *parol evidence rule* besteht eine grundsätzliche Vermutung bzgl. der Vollständigkeit und Richtigkeit der Vertragsurkunde, die nur in Ausnahmefällen widerlegt werden kann. Mit Rücksicht auf die Rechtssicherheit sollen die Vertragsparteien an den Vertragswortlaut gebunden sein, siehe z.B. im Fall *Walker Property Investments v. Walker* [1947] 177 LT 204; *Treitel*, Rn. 6-012.

[831] *Henrich/Huber*, S. 55.

[832] Die Voraussetzungen der *implication of terms* wurden von Lord Simon of Glaisdale in *BP Refinery (Westernport) Pty Ltd. v. Shire of Hastings* (1977) 180 C.L.R. 266 (283) zusammengefasst: „*Their Lordships, do not think it necessary to review exhaustively the authorities on the implication of a term in a contract which the parties have not thought fit to express. In their view, for a term to be implied, the following conditions (which may overlap) must be satisfied*: (1) *it must be reasonable and equitable*; (2) *it must be necessary to give business efficacy to the contract, so that no term will be implied if the contract is effective without it*; (3) *it must be so obvious that it „goes without saying*“ (sog. b*usiness-efficacy*-Test); (4) *it must be capable of clear expression*; (5) *it must not contradict any express term of the contract.*“; *Peters*, CLJ 2009, 68(3), 513 (514); siehe auch die Bemerkungen von *Lord Bingham* in: *Philips Electronique Grand Public SA and Another v. British Sky Broacasting Ltd.* [1995] E.M.L.R. 472 (481).

[833] Ein vergleichbares Instrument kennt das deutsche Recht nicht. Die ergänzende Vertragsauslegung und die Generalklausel des § 242 BGB sind in ihrer Wirkung vergleichbar. Vertiefend bei *Schmidt-Kessel*, ZVglRWiss 96 (1997), S. 101 ff.; *ders.*, S. 211 ff.; *Treitel*, Rn. 6-028; auch bei *v.Bernstorff*, S. 68 ff.

implied by custom.[834] Zum anderen bestehen die sog. *terms implied in fact*. Diese betreffen *implied terms*, die nach Ansicht des Gerichtes nicht zum Ausdruck gebrachter, aber stringenter Willen der Parteien sind.[835] Und als dritte Gruppe sind dies *implied terms*, die sich aus gesetzlichen oder richterrechtlichen Regeln ergeben, die sog. *terms implied in law*.[836] Hierzu zählt etwa *sect.* 13 der *SGSA 1982*.

cc) Pflicht zu „reasonable care and skill"

Nach *sect.* 13 der *SGSA 1982* ist eine Dienstleistung mit der gebotenen oder vernünftigerweise zu erwartenden Sorgfalt und Fachkompetenz (*duty of reasonable skill and care*) zu erbringen:[837] „*In a contract for the supply of a service where the supplier is acting in the course of a business, there is an implied term that the supplier will carry out the service with reasonable care and skill.*".[838] *Sect.* 13 der *Supply of Goods and Services Act (SGSA) 1982* gibt insoweit einen allgemeinen Standard vor.[839] Ein Kunstsachverständiger unterliegt daher der Verpflichtung, seine Leistung mit *reasonable care and skill* zur erbringen.[840] Soweit der Sachverständige sich nicht aufgrund besonderer *express terms* abweichend verpflichtet hat, hat er dabei grundsätzlich den durchschnittlichen Anforderungen zu genügen, die an seine Berufsgruppe gestellt werden.[841] Diese bestimmen sich nach den Fähigkeiten und der Sorgfalt eines durchschnittlich qualifizierten Mitgliedes seiner Berufsgruppe bei der

---

834 Siehe *Kum v. Wah Tat Bank Ltd.* [1971] 1 Lloyd´s Rep. 439; *Schmidt-Kessel*, S. 213 f.

835 Hierfür hat die Rechtsprechung den sog. *officious bystander test* entwickelt, siehe *Shirlaw v. Southern Foundries (1926) Ltd.* [1939] 2 K.B. 206 (227), wonach angenommen wird, dass wenn die Vertragsparteien bei den Vertragsverhandlungen von einem Dritten (*officious bystander*) auf die umstrittene Klausel angesprochen worden wären, sie diese selbstverständlich vereinbart hätten, also im Sinne eines „*Oh, of course*", Treitel, Rn. 6-029 ff. mwN.

836 *Chitty on contracts*, Rn. 13-003; *Schmidt-Kessel*, S. 211 ff.

837 Siehe auch *Lord Denning* in: *Greaves & Co. (Contractors) Ltd. v. Baynham Meikle & Partners* [1975] 3 All.E.R. 99 (103): „*Apply this to the employment of a professional man. The law does not usually imply a warranty, that he will achieve the desired result, but only a term that he will use reasonable care and skill.*".

838 *Chitty on Contracts*, Vol. I, Rn. 13.032; *Schmidt-Kessel*, S. 296 f.

839 Siehe *Jackson & Powell*, Professional Liability Precedents, Surveyors and Auctioneers, Rn. 3-04; *Palmer*, in: Byrne-Sutton/Renold, L´Expertise, S. 28; *Hodgin*, S. 41.

840 *Chitty on Contracts*, Vol. I, Rn. 13-031; *Palmer*, in: Byrne-Sutton/Renold, L´Expertise, S. 19 (28, 31); *Halsbury´s*, Bd. 4(3), Para. 302 f.; *Jackson & Powell*, Rn. 2-007, 10-020; Simpson-*Murdoch/Berry*, Rn. 8.9. Allgemein bei *Markesinis/Unberath/Johnston*, Contract, S. 532. Sect. 16 (3)(a) *SGSA 1982* regelt: „*the Act also preserves any rule of law which imposes on the supplier a stricter duty*", *Treitel*, Rn. 17-066. Siehe auch bei *Schmidt-Kessel*, S. 300 f.; anders *Nieberding*, S. 106 f.

841 *Palmer*, in: Byrne-Sutton/Renold, L´Expertise, S. 28. Zu besonderen vertraglichen Verpflichtung eines *surveyors* bei einem Gutachten über eine Immobilie siehe etwa *Daisley v.*

Durchführung der konkreten Aufgabe: „*the ordinary competent practitioner undertaking the relevant task*“.[842] Die *duty to care and skill* ist dabei grundsätzlich objektiv anhand eines durchschnittlich qualifizierten Kunstsachverständigen zu bemessen.[843] Hierbei wird auf den allgemeinen Wissensstand der Berufsgruppe zum Zeitpunkt der Begutachtung abgestellt.[844] Dabei hat derjenige, der als Fachmann tätig wird, über die notwendigen Fähigkeiten, die Fachkompetenz und das entsprechende Wissen zu verfügen und diese auch zur Anwendung zu bringen.[845] Aus diesem objektiven Sorgfaltsmaßstab folgt, dass der Kunstsachverständige einen Fehler auch nicht mit mangelnder persönlicher Erfahrung entschuldigen kann, oder mit dem Verweis darauf, dass er alles in seinen Fähigkeiten stehende unternommen hat, um die konkrete Aufgabe zu erfüllen.[846] Auch soll ein Sachverständiger seine Fachkenntnis auf dem neuesten Stand halten.[847] Soweit die Hinzuziehung eines Spezialisten erforderlich wird, obliegt dem Sachverständigen *reasonable care* bei der Auswahl eines solchen Spezialisten.[848] Hat sich der Kunstsachverständige besonders spezialisiert, beispielsweise im Unterschied zu einem *general practitioner* alleine auf einen konkreten Maler, und beansprucht eine entsprechende Autorität, bemisst sich der anzulegende Pflichtenstandard an dem eines Spezialisten mit der entsprechenden Erfahrung.[849]Die weitere inhaltliche Konkretisierung wird durch die Voraussetzungen des individuellen Auftrages bedingt.[850]

BS Hall & Co (1972) 225 EG 1553. Zur seltenen Übernahme einer Garantie siehe bei *Jackson & Powell*, 2nd. Supplement, Sept. 2008, Rn. 10-019A.; *ders.*, Professional Liability Precedents, Surveyors and Auctioneers, Rn. 3-19; *Witting*, Rn. 13.11.

842 *Halsbury's*, Bd. 4(3), Para. 302; *Jackson & Powell*, Professional Liability Precedents, Surveyors and Auctioneers, Rn. 3-09; siehe auch *Bolam v. Friern Hospital Management Committee* [1957] 2 All ER 118 (121); *Greaves & Co. (Contractors) Ltd. v. Baynham Meikle & Partners* [1975] 3 All.E.R. 99 (105); *Thake v. Maurice* [1986] Q.B. 644; *Bolitho v. City and Hackney Health Authority* [1998] A.C. 232. Siehe auch *Schmidt-Kessel*, S. 346.

843 Siehe hierzu etwa bei *Jackson & Powell*, Rn. 2-119 ff. (2-123).

844 Siehe *Private Bank & Trust Co. Ltd. v. S (UK) Ltd.* [1993] 1 EGLR 144 (146); *Halsbury's*, Bd. 4(3), Para. 302 mwN.

845 So schon bei *Jenkins v. Bentham* [1855] 15 CB 168 und *Harmer v. Cornelius* [1858] 5 CBNS 236, zitiert nach *Halsbury's*, Bd. 49(1), Para. 414: „*Every person who enters into a learned profession undertakes to bring to the exercise of it a reasonable degree of care and skill.*“.

846 „*(…) it is (…) certainly no defence to plead, that he has done his best*“, vgl. *Rainieri v. Miles* [1981] A.C. 1050 (1086); *Palmer*, in: Byrne-Sutton/Renold, L'Expertise, S. 28.

847 *Peach v. Ian G Chalmers & Co.* [1992] 2 EGLR 135; *Halsbury's*, Bd. 49(1), Para. 418.

848 *Hodgin*, S. 43; siehe hierzu auch bei *Levy*, 1991 Wis. L. Rev., 595 ff.

849 *Chitty on contracts*, Rn. 13-031; siehe bei *Jackson & Powell*, 2nd. Supplement, Sept. 2008, Rn. 10-053A.

850 *Schmidt-Kessel*, S. 300 f.

Eine inhaltliche Aufarbeitung der vertragsrechtlichen Haftungsstandards ist im englischen Recht nicht in vergleichbarem Maße wie im *Law of torts* erfolgt.[851] Wie schon bereits in der Einführung zu diesem Abschnitt angedeutet, ist eine klare Differenzierung zwischen vertraglichen und deliktsrechtlichen Sorgfaltspflichten auch in der einschlägigen Rechtsprechung der englischen Gerichte zur *professional liability* im Allgemeinen und zur Haftung von *valuers* und *surveyors* im Besonderen nicht ersichtlich. Auch die Urteilsbegründungen enthalten oftmals keine Angaben über die zugrunde liegenden Anspruchsgrundlagen und konzentrieren sich lediglich auf die haftungsbegründenden Umstände respektive des im konkreten Fall zur Anwendung gebrachten *standard of skill and care*.[852] Die individuellen Besonderheiten des englischen Haftungsrechts mit seinem Nebeneinander von deliktsrechtlicher und vertragsrechtlicher Haftung charakterisieren sich wie bereits ausgeführt durch eine überwiegende Deckungsgleichheit von vertraglicher *duty to exercise reasonable care and skill* und deliktsrechtlicher *duty of skill and care*.[853] Daher bleibt die Darstellung hier auf die dargestellten allgemeinen vertraglichen Prinzipien beschränkt und weitere Konkretisierung findet im folgenden Abschnitt über die Haftung nach dem *law of torts* weitere Berücksichtigung. Eine Differenzierung von verschiedenen Graden der Fahrlässigkeit hat im englischen Recht keine Bedeutung.[854]

dd) Haftung für Hilfskräfte

In der Regel erfolgt die Begutachtung durch den Kunstsachverständigen in persona, da er aufgrund seiner individuellen Kompetenzen mit der Anfertigung eines Gutachtens beauftragt wurde. Je nach Lage des Falles können Kunstsachverständige bei der Ausübung ihrer Tätigkeit die Dienste von Hilfskräften in Anspruch nehmen. Das englische Recht weist in Bezug auf die Haftung für Hilfskräfte keine der deutschen Systematik vergleichbare, eigenständige Regelung auf.[855] Für den Bereich des *contract law* wird die Haftung für das Verhalten von Hilfskräften in der vertragsrechtlichen Literatur kaum thematisiert.[856] Unter dem Begriff der sog. *vicarious lia-*

---

[851] Auch die einschlägige Literatur differenziert selten zwischen vertraglichen und deliktsrechtlichen Haftungsstandards und nimmt einheitliche Darstellungen vor, siehe etwa *Jackson & Powell*, Professional Liability Precedents, Surveyors and Auctioneers, Rn. 3-09; *Halsbury's*, Bd. 4(3), Para. 302.

[852] Siehe auch bei *Schmidt-Kessel*, S. 340 mwN.

[853] *Halsbury's*, Bd. 4(3), Valuers and Surveyors, Para. 302 mwN; soweit nicht individualvertraglich abweichende Vereinbarungen getroffen worden sind; *Jackson & Powell*, Surveyors, 9-052.

[854] *Brüggemeier*, S. 68 f.

[855] Man denke hier etwa an § 278 BGB zur vertraglichen Gehilfenhaftung.

[856] *Schmidt-Kessel*, S. 403 ff.

bility wird vornehmlich im Bereich des *law of torts* die Haftung für Hilfskräfte dargestellt.[857] Nur vereinzelt findet sich auch im Bereich des Vertragsrechts entsprechendes unter dem Begriff der sog. *vicarious liability.*[858] Danach haftet der Sachverständige auch bei der Inanspruchnahme von Hilfskräften aufgrund der gegenüber seinem Vertragspartner übernommenen Verpflichtungen für *breach of contract.*[859] Wegen der regelmäßig personenbezogenen Sachverständigentätigkeit haben die Beiträge von Hilfskräften bei der Gutachtenerstattung vorliegend jedoch keine Relevanz.

c) Rechtsfolgen

Liegt ein *breach of contract* vor, stehen dem Auftraggeber des Gutachtens prinzipiell verschiedene Rechte (*remedies*) zur Verfügung.[860] Angesichts der Konzentration der hiesigen Untersuchung auf den Ersatz reiner Vermögensschäden aufgrund fehlerhafter Begutachtungen von Kunstwerken, wird im Folgenden nur die zentrale Rechtsfolge Schadensersatz dargestellt. Ausgehend vom klassischen *dictum* der Entscheidung *Robinson v. Harman*, bezweckt der Schadensersatz (*damages*) im englischen Vertragsrecht Kompensation für die erlittenen Nachteile.[861] Geschützt wird das sog. *expectation interest* (Erfüllungsinteresse)[862] und das sog. *reliance interest* (Vertrauensinteresse).[863] Der Geschädigte hat ein diesbezügliches Wahlrecht.[864]

---

857 Vgl. etwa bei *Winfield/Jolowicz*, S. 701 ff.

858 *Whincup*, Rn. 6.62. Zur Abgrenzung von der Gruppe Leistungen erbringender unabhängiger Dritter, der sog. *independant contractors*, siehe die Kriterien bei *Lane v. Shire Roofing Co.* [1995], I.R.L.R. 493. Siehe daneben bei *Luxmoore-May v. Messenger May Baverstock* [1990] 1 W.L.R. 1009 (1022).

859 *Halsbury's*, Bd. 4(3), Para. 296, 298; siehe auch *Ranieri*, S. 805 mwN; *Chitty on contracts*, Vol. I, Rn. 19-080 ff.

860 Traditionell steht in der englischen Rechtsordnung im Falle eines *breach of contract* der Schadensersatzanspruch im Vordergrund und nicht der Erfüllungsanspruch, *Ranieri*, S. 740. Der Auftraggeber kann Vertragserfüllung (*specific performance*) verlangen, zu den Voraussetzungen siehe etwa *Chitty on Contracts*, Vol. I, Rn. 27-001 ff. Er kann Unterlassung (*injunction*) verlangen, vertiefend bei *Beatson/Burrows/Cartwright*, Contract, S. 581; *Whincup*, Rn. 13.1 ff., oder Schadensersatz (*damages*) geltend machen. Zur Vertiefung bzgl. der verschiedenen *remedies* siehe etwa *Burrows*, *Remedies for torts and breach of contract*, Oxford 2004.

861 Siehe *McGregor on Damages*, Rn. 1-021; *Jackson & Powell*, Rn. 3-001. „*The rule of common law is, that where a party sustains loss by reason of a breach of contract, he is, so far as money can do it, to be placed in the same situation, with respect to damages, as if the contract had been performed.*" *Robinson* v. *Harman* [1848] 1 Ex. 850 (855).

862 *McKendrick*, S. 406; *Halsbury's*, Bd. 12(1), Para. 977.

863 *Treitel*, Rn. 20-023; *Halsbury's*, Bd. 12(1), Para. 943 ff.

864 *Treitel*, Rn. 20-026 ff.; *Halsbury's*, Bd. 12(1), Para. 948.

aa) Kausalität

Haftungsvoraussetzung ist ferner eine kausale Verbindung (*causal connection*) zwischen dem *breach of contract* und dem erlittenen Schaden.[865] Mit dem sog. *but for*-Test wird zunächst bestimmt, ob zwischen dem *breach of contract* und dem Schaden ein Kausalzusammenhang besteht.[866] Entscheidend ist hierfür, ob der Geschädigte sich auf das Gutachten des Kunstsachverständigen verlassen hat und sich etwa aufgrund des Gutachtens entschieden hat, ein Kunstwerk anzukaufen oder zu verkaufen.[867] Dabei erfolgt eine Interpretation der Fakten durch das Gericht mit „*the court's common sense*".[868] Die Kausalität innerhalb des Verhältnisses von Auftraggeber und Sachverständigen stellt sich regelmäßig als unproblematisch dar.[869]

bb) Art und Umfang des Schadensersatzes

Mit dem sog. *test for remoteness of damage* erfährt der Schadensersatzanspruch weitere Begrenzung.[870] Danach umfasst der Schadensersatzanspruch nur den kausalen Schaden, der als Folge eines *breach of contract* von den Parteien vernünftigerweise vorhergesehen werden konnte.[871] Der Schaden darf nicht *too remote*, also zu entfernt sein, wofür das Kriterium der Vorhersehbarkeit (*forseeability*) herangezogen wird. Dieses knüpft daran an, inwieweit der Schaden im natürlichen Verlauf der Dinge bei Abschluss des Vertrages von den Vertragsparteien vernünftigerweise vorhersehbar war.[872]

---

865 *Chitty on contracts*, Vol. I, Rn. 26-032; siehe etwa *Thomas Miller & Co v. Richard Saunders & Partners* [1989] 1 EGLR, 267 (272).

866 „*The claimant must establish, that 'but for' the valuation he would not have suffered the loss.*", vgl. *Burrows*, S. 45 ff.

867 Siehe *Hodgin*, S. 616.; siehe auch *Beaumont v. Humberts* [1990] 49 E.G. 46.

868 Siehe *Galoo Ltd. v. Bright Grahame Murray* [1994] 1 W.L.R. 1360 (1374 f.): „*How does the court decide whether the breach of duty was the cause of the loss or merely the occasion for the loss? (…) by the application of the court's common sense.*", *McGregor on Damages*, Rn. 6-137.

869 Siehe allerdings die Erwägungen des *Court of Appeal* in *Luxmoore-May v. Messenger May Baverstock* [1990] 1 W.L.R. 1009 (1027 f.) aufgrund der besonderen Sachverhaltskonstellation; hierzu *McKendrick*, IJCP 1992, 207 (211).

870 Siehe jüngst *Transfield Shipping Inc. v. Mercator Shipping Inc. (The Achilleas)* [2009] 1 A.C. 61; hierzu *Kramer*, LQR 2009, 125 (Jul.), 408 ff.

871 Der *Court of the Exchequer* nahm in der grundlegenden Entscheidung *Hadley v. Baxendale* [1854] 9 Exch, 341 (354 f.) zur Begründung Bezug auf die Art. 1149-1151 des *C.civ.*, *Anson's Law of Contract*, S. 544.

872 Simpson-*Murdoch*/*Berry*, Rn. 8-179 f. Siehe auch *Koufos v. C. Czarnikow Ltd. (The Heron II)* [1969] 1 A.C. 350 (385) „*The damage is not too remote, if it was the natural consequence of the breach.*". Siehe nun jedoch *Transfield Shipping Inc. v. Mercator Shipping Inc. (The Achilleas)* [2009] 1 A.C. 61.

Die Vorhersehbarkeit des Schadens wird seit der Entscheidung *Hadley v. Baxendale*[873] durch den Tatrichter zum Zeitpunkt des Vertragsschlusses bemessen.

Der Schadensersatz bemisst sich individuell nach der Differenz des von einem Käufer bzw. Verkäufer des Kunstwerks gezahlten bzw. erhaltenen Betrages und seinem tatsächlichen Wert, unter Berücksichtigung weiteren entstandenen Schadens, etwa in Form von Kosten im Zusammenhang mit dem Kauf oder Verkauf.[874]

In dem der Entscheidung *Luxmoore-May v. Messenger May Baverstock* zugrunde liegenden Sachverhalt wurden zwei Gemälde von einem Experten nicht als Originale aus der Hand von *George Stubbs* erkannt und daher erheblich unter ihrem Wert für nur GBP 840,- veräußert. Kurze Zeit später wurden sie bei Sotheby´s als Originale von *George Stubbs* für GBP 88.000,- versteigert.[875] In der erstinstanzlichen Entscheidung hatte Richter Brown den Klägern insgesamt einen Schadensersatz in Höhe von GBP 101.626,- zugesprochen, wovon GBP 76.222,- auf die Differenz des in der Versteigerung bei Messenger May Baverstock erzielten Zuschlagspreises gegenüber dem bei Sotheby´s erreichten Betrag entfielen und Zinsen in Höhe weiterer GBP 25.403,-.[876] Für die Berechnung des entstandenen Schadens ist der Marktwert (*fair market value*) des Kunstwerkes von entscheidender Bedeutung. In der erstinstanzlichen Entscheidung *Luxmoore-May v. Messenger May Baverstock* wurde der auf der

873 *Hadley v. Baxendale* [1854] 9 Exch, 341 (354 f.).

874 Vgl. *Jackson & Powell*, Rn. 5-049, 10-131 ff. (10-133), 10-148, 10-178, 10-193 ff. Vgl. *Thomson v. Christie Manson & Woods Ltd.* [2005] EWCA Civ 555. In der Entscheidung *Thomson v. Christie Manson & Woods Ltd.*, aaO, hat der *Court of Appeal* den Schaden zum Zeitpunkt des Urteils bemessen, *Jackson & Powell*, Rn. 10-133. Siehe auch die plakative Urteilsbegründung von Pennycuick J. in *Philips v. Ward* [1964] 1 W.L.R. 885 (888): „*A man sees a picture on sale at £ 100. He consults an art expert, who negligently advises him that the picture is an old master worth £ 50.000. A buys the picture, but cannot in fact find a purchaser willing to pay more than £ 5 for it. Is his measure of damage £ 95, or £ 49.995? I should have thought obviously the former.*“.

875 Dabei ist zu ergänzen, dass die Bilder vor der Auktion bei Sotheby´s erheblich restauriert wurden, was sich auf den Zuschlagspreis bei Sotheby´s ausgewirkt hat, vgl. *Harvey/Meisel*, S. 93. Zum Schadensersatz bei *surveyors* und *valuers* siehe auch bei *McGregor on Damages*, Rn. 29-043 ff.

876 *Luxmoore-May v. Messenger May Baverstock* [1990] 1 W.L.R. 1009 (1020). Da der *Court of Appeal* jedoch die Klage mangels Pflichtverletzung abgewiesen hat, war über die Höhe des Schadens nicht (mehr) zu entscheiden. Dennoch wurden Zweifel an der Entscheidungsbegründung des erstinstanzlichen Gerichts impliziert, aaO (1027 f.); siehe zur Schadensbestimmung auch bei *Thomson v. Christie Manson & Woods Ltd.* [2004] EWHC 1101 (200 ff.).

Versteigerung bei Sotheby's konkret erzielte Zuschlagspreis vom Gericht als der zugrunde zu legende Wert angesehen.[877] Ein Ersatz für *loss of reputation* (Rufschaden) ist im englischen Vertragsrecht nicht vorgesehen.[878]

d) Beweislast

Der Geschädigte muss beweisen, dass der Kunstsachverständige nicht die vertraglich vereinbarte *reasonable care and skill* aufgewendet hat, also ein *breach of contract* vorliegt. Darüber hinaus hat er den Schaden und seine Höhe, den er aufgrund des *breach of contract* erlitten hat, zu beweisen.[879] Ferner liegt auch die Beweislast für die kausale Verbindung zwischen *breach of contract* und dem eingetretenen Schaden beim Kläger.[880] Schließlich hat er überdies erforderlichenfalls nachzuweisen, dass der Schaden nicht *too remote* ist.[881]

e) Verjährung

Die Verjährung (*limitation of actions*) von vertraglichen Ansprüchen bemisst sich im englischen Recht nach der *Limitation Act 1980*. Die Verjährungsfrist beträgt nach sect. 5 des *Limitation Act 1980* sechs Jahre ab dem Zeitpunkt des *breach of contract*.[882] Hierfür wird von der Rechtsprechung an den Zeitpunkt angeknüpft, zu welchem der Geschädigte im Vertrauen auf das Gutachten handelte, also etwa einen Kaufvertrag über das Kunstwerk abgeschlossen hat.[883] Im Falle des Vorliegens von „*fraud*" beginnt die Verjährung erst mit Kenntnis des Geschädigten vom Vorliegen

---

877 Nach Richter Brown war das Auktionsergebnis „(…) *their true open market value at that time. What better guide could there be to that value than the price at which these paintings happened to be knocked down at Sotheby's so shortly afterwards? The price which the international art market was willing to pay was surely prima facie the best evidence of the foxhound's value.*", vgl. *Luxmoore-May v. Messenger May Baverstock* [1990] 1 W.L.R. 1009 (1027 f.); dies kritisierend *Murdoch*, E.G. 1989, 139.

878 Vgl. *Anson's Law of Contract*, S. 538. Siehe zu Ausnahmen *Murdoch/Berry*, in: Simpson, Rn. 8.210 f.

879 *Thomas Miller & Co. v. Richard Saunders & Partners* [1989] 2 EGLR 139.

880 *Wilsher* v. *Essex Area Health Authority* [1988] 1 All E.R. 871; *Jackson & Powell*, Rn. 10-121.

881 *McGregor on Damages*, Rnrn. 6-003, 45-001 ff.

882 *Chitty on Contracts*, Vol. I, Rn. 28-002; *Jackson & Powell*, Rn. 5-029. *Sect.* 14A des *Latent Damage Act 1986* findet auf vertragliche Ansprüche keine Anwendung, vgl. *Jackson & Powell*, Rn. 5-079.

883 *Jackson & Powell*, Rn. 5-049 mit Verweis auf *Secretary of State for the Environment v.* Essex *Goodman & Suggitt* [1986] 1 W.L.R. 1432.

von „*fraud*" zu laufen, bzw. mit dem Zeitpunkt, in welchem der Geschädigte mit der gebotenen Sorgfalt Kenntnis hätte erlangen können, sect. 32(1) des *Limitation Act 1980*.[884]

2. Ansprüche aus dem „Law of Torts"

Neben vertragsrechtlichen Ansprüchen kommt eine Inanspruchnahme des Kunstsachverständigen auch über Anspruchsgrundlagen aus dem sog. *law of torts*[885] in Betracht. Das englische Recht kennt keine dem deutschen oder französischen Recht vergleichbare, kodifizierte Systematik. Die eingangs dargelegte historische Entwicklung der englischen Rechtsordnung hat zu einer Vielzahl verschiedenster Einzeltatbestände geführt, die unterschiedlichste Fallgruppen und Falltypen beinhalten.[886]

a) Allgemeine Haftungsvoraussetzungen der deliktischen Haftung im englischen Recht

Die für die vorliegende Betrachtung relevante Anspruchsgrundlage der deliktsrechtlichen Haftung von Kunstsachverständigen im Bereich des *law of torts* ist der sog. *tort of negligence*. Der Begriff der *negligence* hat im englischen Recht nicht nur Bedeutung als Verschuldensform, sondern hat sich seit dem 19. Jahrhundert zu einem eigenständigen weitreichenden Deliktstatbestand entwickelt.[887] Dieser setzt einen *breach of duty* voraus, der ursächlich (*causation*) für einen Schaden (*damage*) ist.[888] Daneben kann als weitere Anspruchsgrundlage bei vorsätzlichem Handeln des Sachverständigen der sog. *tort of deceit* in Betracht kommen. Die Voraussetzungen der deliktsrechtlichen Haftung werden nun im Einzelnen dargestellt, wobei zunächst auf das Konkurrenzverhältnis zwischen vertraglicher und deliktischer Haftung eingegangen wird.

---

884 *Anson's Law of Contract*, S. 606 f.

885 Der Begriff der *torts* umfasst im englischen Recht etwa auch Ansprüche auf Herausgabe oder Unterlassen und ist damit weiter gefasst als das deutsche Deliktsrecht, siehe *v.Bernstorff*, S. 71 f.

886 *Zweigert/Kötz*, § 40 III, S. 607; *v.Bar*, Gemeineurop. Deliktsrecht, Bd. 1, S. 270, Rn. 254.

887 *Deutsch*, AcP, Bd. 202 (2002), 889 (898). Eine allgemeine Fahrlässigkeitshaftung wurde vom Grundsatz her zum ersten Mal in der Entscheidung *Heaven* v. *Pender, Trading as West India Graving Dock Company* (1883) 11 Q.B.D. 503 im Jahre 1883 anerkannt. Darin wurde *negligence* in einer im Grundsatz bis heute gültigen Definition durch die Außerachtlassung der erforderlichen Sorgfaltspflicht gekennzeichnet: „*Actionable negligence consists in the neglect of the use of ordinary care or skill towards a person to whom the defendant owes the duty of observing ordinary care and skill, by which neglect the plaintiff* (...) *has suffered injury to his person or property.*"; siehe *Decku*. S. 32 f.

888 Siehe *v.Bernstorff*, S. 110 ff.

aa) Das Verhältnis zwischen deliktischem und vertraglichem Anspruch

Der Beantwortung der Frage nach einer Konkurrenzregel zwischen deliktischem und vertraglichem Anspruch ist zunächst vorauszuschicken, dass das englische Recht ähnlich dem deutschen Deliktsrecht traditionell nur einen sehr eingeschränkten Schutz von reinen Vermögensschäden aufgrund fahrlässigen Verhaltens innerhalb des *law of torts* gewährt.[889] Vermögensinteressen sind im Rahmen des *law of torts* in der Regel nur als Folge von Körper- oder Eigentumsverletzungen ersatzfähig.[890] Die Geltendmachung reiner Vermögensschäden aufgrund von fahrlässig unrichtig erteilten Auskünften (sog. *negligent misstatements*) war bis ins Jahr 1963 nur im Rahmen einer Klage (*action*) aus Vertrag möglich, und außerhalb vertraglicher Beziehungen auch nur dann, wenn der Schädiger vorsätzlich im Sinne des sog. *tort of deceit* gehandelt hatte.[891] Seit der Entscheidung *Hedley Byrne & Co. Ltd. v. Heller & Partners Ltd.*[892] von 1963 gewährt der Deliktstatbestand des *tort of negligence* auch den Ersatz reiner Vermögensschäden, allerdings nur in einem abgesteckten Rahmen als Folge von fahrlässig unrichtig erteilten Auskünften.[893]

In Bezug auf die Konkurrenz zwischen Vertrags- und Deliktsrecht hat das *House of Lords* drei Jahrzehnte nach *Hedley Byrne & Co. Ltd. v. Heller & Partners Ltd.* in der Entscheidung *Henderson v. Merrett Syndicates Ltd.*[894] bestätigt, was zuvor schon in

---

889 Zur historischen Entwicklung der „*concurrence of actions in contract and tort*“ siehe bei *v.Bar*, Gemeineurop. Deliktsrecht, Bd. 1, S. 424 ff.; *Chitty on Contracts*, Vol. I, Rn. 1-126 ff.; *Decku*, S. 31 ff. Siehe etwa auch *Lord Denning*, in: *Spartan Steel & Alloys Ltd. v. Martin & Co (Contractors) Ltd.* [1972] Q.B. 27.

890 Zur restriktiven Haltung des Deliktsrechts siehe *Palmer*, in: Byrne-Sutton/Renold, L'Expertise, S. 32.

891 *Shaw* in: v.Bar, Deliktsrecht in Europa, England und Wales, S. 23 ff., 51 f.

892 *Hedley Byrne & Co. Ltd. v. Heller & Partners Ltd.* [1964] A.C. 465. Die Entscheidung betrifft die Haftung einer Bank für eine Auskunft gegenüber einer Werbeagentur über einen gemeinsamen Kunden. Die Werbeagentur hatte sich auf die Auskunft der Bank über die Bonität des Kunden verlassen. Als dieser kurz darauf jedoch in Vermögensverfall geriet, entstand der Werbeagentur Hedley Byrne & Co. Ltd. ein reiner Vermögensschaden. Wegen eines wirksamen Haftungsausschlusses der Bank gegenüber der Werbeagentur wurde deren Klage auf Schadensersatz abgewiesen; siehe *v.Bar*, Gemeineurop. Deliktsrecht, Bd. 1, S. 295 f., Rn. 285.

893 *Witting*, S. 8.19; *Palmer*, in: Byrne-Sutton/Renold, L'Expertise, S. 19 (32).

894 Klarstellung durch *Henderson v. Merrett Syndicates Ltd.* [1995] 2 A.C. 145; *Esso Petroleum Co. Ltd. v. Mardon* [1976] 1 Q.B. 801, 820; so schon *Boorman v. Brown* (1844), 8 E.R. 1003; dies zwischenzeitlich verneinend siehe z.B. *Groom v. Crocker* [1939] 1 K.B. 194, wonach eine Haftung eines *solicitors* gegenüber seinem Klienten nur aufgrund *contract* begründet werden sollte. Gegen eine gleichzeitige *tort*-Haftung bei Vorliegen eines Vertrages unter bestimmten Voraussetzungen siehe die viel beachtete Begründung von *Lord Scarman* in: *Tai Hing Cotton Mill Ltd. v. Liu Chong Hing Bank Ltd.* [1986] 1 A.C. 80, 107 ff. Siehe bereits *Lord Macmillan* in *Donoghue v. Stevenson* [1932] A.C. 561 (609 f.).

Esso Petroleum Co Ltd. v. Mardon[895] bereits vom *Court of Appeal* ausgesprochen worden ist: neben einer Haftung aus *contract* kann alternativ als sog. *concurrent liability* eine Haftung aus *tort* geltend gemacht werden, soweit zulässige vertragliche Haftungsbeschränkungen oder –ausschlüsse (durch *express* bzw. *implied terms*) nicht im Widerspruch stehen.[896] Liegen die Voraussetzungen einer Haftung nach dem *law of contract* als auch die nach dem *law of torts* vor, hat der Geschädigte grundsätzlich ein Wahlrecht.[897] Dieses Nebeneinander der Anspruchsgrundlagen findet dort eine Grenze, wo eine *concurrent liability* in *tort* dem Kläger ermöglichen würde, bestehende gültige vertragliche Haftungsbeschränkungen oder –ausschlüsse zu umgehen.[898]

bb) Haftung für vorsätzlich verursachte Vermögensschäden

Aufgrund der historischen Entwicklung der Haftung für *misstatements* im weiteren Sinne, an deren Anfang die Entscheidung *Derry v. Peek* aus dem Jahre 1889 mit einem auf dem *tort of deceit* begründeten Anspruch steht, wird sich zunächst der Haftung für vorsätzliche *misstatements* zugewendet.[899] Im Falle einer Schädigung aufgrund vorsätzlich unrichtig erteilter Auskünfte kann ein Kunstsachverständiger für den verursachten Schaden nach dem *tort of deceit* haften.[900] Die tatbestandlichen Voraussetzungen dieses *torts* gehen auf die Entscheidung *Derry v. Peek*

---

[895] *Esso Petroleum Co Ltd.* v. *Mardon* [1976] 1 Q.B. 801.

[896] *Henderson v. Merrett Syndicates Ltd.* [1994] 3 All E.R. 506 (530). Siehe auch bei *Palmer*, in: Byrne-Sutton/Renold, L'Expertise, S. 31. Das enge Nebeneinander der beiden Haftungsansprüche in der Praxis zeigt sich in den Fällen der *professional negligence* oftmals auch darin, dass Urteilsbegründungen keine Angabe machen, ob es sich um eine Haftung aus *contract* oder *tort* handelt, sondern etwa ausschließlich der Frage nach dem Vorliegen von *negligence* nachgehen; Simpson-*Murdoch*/*Berry*, Rn. 8.11, siehe auch bei Rn. 8.20, wonach vertragliche Ansprüche erheblich an Bedeutung verloren haben.

[897] *Chitty on contract*s, Vol. I, Rn. 1-151; das Konkurrenzverhältnis vertiefend, *ders.*, Rn. 1-106 ff.

[898] Siehe die Begründung von *Lord Goff* in: *Henderson v. Merrett Syndicates Ltd.* [1994] 3 All E.R. 506 (530): „*A concurrent or alternative liability in tort will not be admitted if its effect would be to permit the plaintiff to circumvent or escape a contractual exclusion or limitation of liability for the act or omission that would constitute the tort. Subject to his qualification, where concurrent liability in tort and contract exists the plaintiff has the right to assert the cause of action that appears to be most advantageous to him in respect of any particular legal consequence.*“.

[899] *Derry* v. *Peek* (1889), 14. App.Cas. 337. Siehe *Clerk & Lindsell on torts*, Rn. 18-19; *Decku*, S. 75.

[900] *Sandrock*, in: ISWA 1990, S. 611 (640); *Shaw* in: v.Bar, Deliktsrecht in Europa, England und Wales, S. 51; *v.Bar*, Gemeineurop. Deliktsrecht, Bd. 1, S. 273 f., Rn. 259; siehe auch *Gottwald*, Haftung, S. 11.

zurück.[901] Sie bestehen in der Abgabe einer unwahren Auskunft über Tatsachen, in Kenntnis ihrer Unrichtigkeit und mit der Absicht, dass der Empfänger der Auskunft sich auf deren Wahrheitsgehalt verlässt und hierdurch zu einem bestimmten Verhalten veranlasst wird, welches in einem Schaden resultiert.[902] Ein auf *deceit* begründeter Anspruch gegenüber einem Kunstsachverständigen setzt in subjektiver Hinsicht voraus, dass dieser entweder bewusst, oder ohne Glauben an die Richtigkeit in Bezug auf den Wahrheitsgehalt seines Inhalts, oder leichtfertig die unrichtige Auskunft etwa in Form eines Gutachtens erteilt hat.[903] Die Auskunft kann schriftlich oder mündlich gegeben werden, Schweigen reicht dagegen nicht aus, soweit nicht eine Pflicht bestand, etwa über konkrete Umstände Äußerungen zu tätigen.[904] Dagegen kommt eine Haftung nach dem *tort of deceit* nicht Betracht, wenn der Kunstsachverständige eine unrichtige Auskunft erteilt hat, aber im Glauben an ihre inhaltliche Richtigkeit lediglich fahrlässig handelt („*...carelessly but honestly...*“).[905] Eine fahrlässig unrichtige Auskunft kann jedoch eine Haftung aufgrund eines *breach of duty of care* nach dem *tort of negligence* begründen.[906]

b) Die Fahrlässigkeitshaftung nach dem „tort of negligence“

Die Entscheidung *Derry v. Peek* hatte große Bedeutung für die weitere Entwicklung des *law of torts* hin zu einer Haftung für reine Vermögensschäden aufgrund von *negligent misstatements* und damit auch der Sachverständigenhaftung, insbesondere gegenüber Dritten.[907] Viele Jahre wurde die Entscheidung des *House of Lords* zunächst dahingehend interpretiert, dass ein Ersatz von reinen Vermögensschäden aufgrund einer unrichtigen Auskunft Vorsatz voraussetze, so dass ein Ersatz von reinen Vermögensschäden aufgrund von *negligent misstatements* innerhalb des *law of torts* nicht möglich war.[908]

---

901 Siehe die Voraussetzungen bei *Witting*, Rn. 8.04 ff.; *Decku*, S. 30; *Markesinis/Deakin*, S. 501 ff.; *Derry* v. *Peek* (1889), 14. App. Cas. 337.

902 *Winfield/Jolowicz*, S. 370; *Markesinis/Deakin*, S. 501 ff.; *Nißl*, S. 6 ff.

903 *„Fraud is proved when it is shown that a false representation has been made knowingly, or without belief in its truth, or recklessly, careless whether it be true or false.“*, *Derry v. Peek* (1889), 14 App. Cas. 337 (374); *Witting*, Rn. 8.06; *v.Bar*, Gemeineurop. Deliktsrecht, Bd. 1, 273 f., Rn. 259.

904 *Markesinis/Deakin*, S. 502; *Jones*, S. 98, mit bestimmten Ausnahmen bei Aufklärungspflichten; siehe etwa *Peek v. Gurney* (1873) LR 6 HL 377 (392).

905 *Markesinis/Deakin*, S. 503 f.

906 *Hedley Byrne & Co. Ltd. v. Heller & Partners Ltd.* [1964] A.C. 465.

907 *Derry* v. *Peek* (1889), 14. App.Cas. 337; siehe eingehend bei *Witting*, Rn. 8.07 (8.11.ff.).

908 *Winfield/Jolowicz*, S. 381; *Sandrock*, in: ISWA 1990, S. 611 (640); siehe auch die Darstellung bei *Decku*, S. 77 ff.; ausführlich *Nieberding*, S. 115; *Wagner*, in: Zimmermann, Grundstrukturen, S. 189 (221 ff.).

In der Evolution der Rechtsprechung hin zu einer deliktsrechtlichen Haftung für *negligent misstatements* auch von Sachverständigen war das Minderheitsvotum (*dissenting opinion*) von *Denning L.J.* in der Entscheidung *Candler v. Crane, Christmas & Co.* von wegweisender Bedeutung.[909] Zum einen führte er in seiner Begründung aus, dass die Entscheidung *Derry v. Peek* von der Folgerechtsprechung fehlerhaft interpretiert worden sei, indem eine Haftung aufgrund von *negligent misstatements* generell verneint wurde.[910] Es bestünde nur unter den konkreten Voraussetzungen des Einzelfalles von *Derry v. Peek* keine *duty of care*, was bereits in der Entscheidung *Nocton v. Lord Ashburton* ausdrücklich klargestellt worden sei.[911] Zum anderen legte er dar, dass die Annahme, dass Sorgfaltspflichten nur zwischen den Parteien eines Vertrages bestünden, seit der Entscheidung *Donoghue v. Stevenson*[912] überholt sei.[913] Eine Haftung für sorgfaltspflichtwidrig erteilte unrichtige Auskünfte sollte nach seiner *dissenting opinion* bei denjenigen Berufsgruppen eingreifen, die Untersuchungen vornehmen und Berichte erstellen, auf die auch Dritte vertrauen; zu diesen Berufsgruppen zählte er ausdrücklich *valuers* und *surveyors*.[914] Er grenzte den Kreis der Personen, gegenüber denen eine *duty of care* besteht, damit ein, dass er zu diesen nur diejenigen dritten Personen zählte, von denen der Auskunftsgeber wisse, dass diese mit seinem Gutachten in Berührung kommen.[915] Als weiteres Kriterium sollte eine *duty of care* nur für das beabsichtigte, dem Auskunftgeber bekannte Geschäft bestehen, bei welchem der Dritte auf die Richtigkeit vertraut hatte.[916] Bei gleichzeitigem Vorliegen dieser Voraussetzungen könne eine *duty of care* des Auskunftgebers gegenüber dem Dritten bestehen. Obgleich dieses Minderheitsvotum von *Denning L.J.* für die Entscheidung *Candler v. Crane, Christmas & Co* nicht von Relevanz wurde, so hat es einen entscheidenden Einfluss auf die Folgerechtsprechung genommen.[917] Der für Haftung von Sachverständigen zentrale Wendepunkt wurde die Entscheidung *Hedley Byrne & Co. Ltd. v. Heller & Partners Ltd.* des House of Lords aus dem

---

909 *Candler v. Crane, Christmas & Co.* [1951] 2 K.B. 164 (174 ff.); siehe *Witting*, Rn. 8,16 ff.; *Decku*, S. 31 ff.; 77 ff.; *Gottwald*, Haftung, 10 ff. (12 ff.), zur Entwicklung des *tort of negligence*. Allerdings wurde in *Candler v. Crane, Christmas & Co.* eine Haftung für reine Vermögensschäden aufgrund fahrlässig erteilter falscher Auskünfte weiterhin abgelehnt und dies mit den Entscheidungen *Derry v. Peek* und *Le Lievre v. Gould* begründet, *Derry* v. *Peek* (1889), 14. App.Cas. 337; *Le Lievre v. Gould* [1893] 1 Q.B. 491.

910 *Candler v. Crane, Christmas & Co.* [1951] 2 K.B. 164 (177 f.). Siehe auch bei *Jackson & Powell*, Rn. 2-114 ff.

911 *Nocton v. Lord Ashburton* [1914] AC 932.

912 *Donoghue* v. *Stevenson* [1932] A.C. 562; hierzu *Witting*, Rn. 2.04; *v.Bar*, Gemeineurop. Deliktsrecht, Bd. 1, S. 288 ff.

913 *Candler v. Crane, Christmas & Co.* [1951] 2 K.B. 164 (176 f.).

914 *Candler v. Crane, Christmas & Co.* [1951] 2 K.B. 164 (179).

915 *Candler v. Crane, Christmas & Co.* [1951] 2 K.B. 164 (180 f.).

916 *Candler v. Crane, Christmas & Co.* [1951] 2 K.B. 164 (182 f.).

917 Siehe bei *Giliker/Beckwith*, Rn. 3-028; *Decku*, S. 82.

Jahre 1963.[918] Sie bedeutete den Durchbruch einer Haftung für reine Vermögensschäden aufgrund von *negligent misstatements* auf der Basis des *tort of negligence*.[919]

Die allgemeinen Voraussetzungen einer deliktsrechtlichen Haftung von Kunstsachverständigen aufgrund des *tort of negligence* entsprechen weitestgehend den Voraussetzungen der Dritthaftung des Kunstsachverständigen. Daher wird auf eine gesonderte Darstellung der deliktsrechtlichen Haftung an dieser Stelle verzichtet und diese im Rahmen der Darstellung der Dritthaftung entsprechend berücksichtigt.

II. Die Haftung des Kunstsachverständigen gegenüber Dritten

Im folgenden Abschnitt soll der Frage nachgegangen werden, wie im englischen Recht eine Haftung von Kunstsachverständigen für reine Vermögensschäden gegenüber Dritten begründet wird.

1. Vertragsrechtliche Anspruchsgrundlagen

Vertragliche Rechte und Pflichten können auch im englischen Recht prinzipiell nur zwischen den Vertragsparteien des Gutachtenvertrages begründet werden. Die Entscheidung *Tweddle v. Atkinson*[920] stellte diese grundsätzliche Position des englischen Rechts klar.[921] Die Ablehnung einer vertraglichen Haftung gegenüber Dritten wird unter anderem damit begründet, dass zum einen die *consideration* gegenüber dem Dritten fehlt und zum anderen das Prinzip der „*privity of contract*" eine Drittwirkung von Verträgen ausschließt.[922] Diese Systementscheidung erfuhr weitere Bestätigung

---

918 *Hedley Byrne & Co. Ltd. v. Heller & Partners Ltd.* [1964] A.C. 465; siehe bei *v.Bar*, Gemeineurop. Deliktsrecht, Bd. 1, S. 296 f.; *Palmer*, in: Byrne-Sutton/Renold, L'Expertise, S. 19 (32).

919 *Shaw*, in: v.Bar, Deliktsrecht in Europa, England und Wales, S. 24; *Palmer*, in: Byrne-Sutton/Renold, L'Expertise, S. 19 (32); *Sprenger*, S. 70. Die Klage von *Hedley Byrne* in letzter Instanz vom *House of Lords* abgewiesen. Allerdings, nicht wegen einer fehlenden *duty of care* von *Heller & Partners Ltd.* als vertragsfremde Dritte gegenüber *Hedley Byrne*, sondern nur aufgrund des wirksamen Haftungsausschlusses (*disclaimer*) von *Heller & Partners Ltd.*; siehe *Hedley Byrne & Co. Ltd. v. Heller & Partners Ltd.* [1964] A.C. 465 (504, 511, 533); *v.Bar*, Gemeineurop. Deliktsrecht, Bd. 1, S. 296 f. Zum Aspekt der Haftungsbeschränkungen siehe unten Seite 185 ff.

920 *Tweddle v. Atkinson* [1861], 1 B & S. 393; hierzu *v.Bernstorff*, S. 72; *Zweigert/Kötz*, § 34 IV, S. 464.

921 Dagegen ist im etwa schottischen Recht der Vertrag zugunsten Dritter seit längerem anerkannt, *Lorenz* JZ 1997, 105; ebenso im US-amerikanischen Recht, *Zweigert/Kötz*, § 34 IV, S. 465.

922 *Gottwald*, Haftung, S. 10.

durch *Dunlop Pneumatic Tyre Company Ltd. v. Selfridge* und sollte bis in die neunziger Jahre des letzten Jahrhunderts mit wenigen Ausnahmen weiter Bestand haben.[923]

a) Prinzip der „privity of contract" und „consideration"

Nach der sog. Doktrin der *privity of contract* gilt eine strenge Relativität der Vertragsverhältnisse, wonach aus einer vertraglichen Vereinbarung nur derjenige Rechte herleiten kann, wer rechtlich an dieser auch beteiligt ist.[924] Aus diesem Grunde ist eine Heranziehung vertraglicher Anspruchsgrundlagen im Verhältnis eines geschädigten vertragsfremden Dritten gegenüber dem Sachverständigen prinzipiell ausgeschlossen.[925] Gleiches liegt auch in dem Erfordernis der *consideration* begründet: denn der Versprechensempfänger hat selbst seine Gegenleistung erbracht, nicht jedoch ein vertragsfremder Dritter („*consideration must move from the promisee*").[926] Damit hat insoweit auch das Element der *consideration* Relevanz, so dass auch ein konkludent geschlossener, unentgeltlicher Vertrag in Haftungsfällen vertragsfremder Dritter ähnlich der deutschen Rechtsprechung im englischen Recht nicht in Betracht kommt.[927] Die Unterscheidung der beiden Prinzipien findet sich darin, dass das Prinzip der *privity of contract* seine Bedeutung für die Frage hat, wer aufgrund eines Vertrages Ansprüche geltend machen kann, wogegen das Element der *consideration* an die Frage anknüpft, welche Arten von Versprechen eingefordert werden können.[928] Dies sind nur solche, die der Versprechensempfänger und nicht ein Dritter erbracht hat. Das Prinzip der *privity of contract* fand aufgrund der einhergehenden dogmatischen Probleme starke Kritik.[929] In praktischer Hinsicht war eine stringente Einhaltung des Prinzips unmöglich, weshalb es an einigen wichtigen Stellen durchbrochen werden musste, wozu unter anderem Versicherungsverträge zugunsten Dritter zählen.[930]

---

923 *Dunlop Pneumatic Tyre Company Ltd.* v. *Selfridge* [1915] A.C. 847.

924 *Anson's Law of Contract*, S. 98; *Gottwald*, Haftung, S. 10; *Nieberding*, S. 129 ff.; *Decku*, S. 23 ff.

925 *Gottwald*, Haftung, S. 10.

926 Siehe bei *Anson's Law of Contract*, S. 98. Zum Element der *consideration* oben Seite 148.

927 Siehe auch *Sprenger*, S. 67.

928 *Anson's Law of Contract*, S. 616. In der Literatur finden sich auch Stimmen, nach denen es sich um inhaltsgleiche Grundsätze handeln soll, *Flannigan*, 103 LQR (1987), 564 (568); *Furmston*, (1960) 23 M.L.R. 373, 382 ff.

929 Nach Lord Diplock ist das Prinzip der *privity of contract* ein „*anachronistic shortcoming that has for many years been regarded as a reproach to English private law*", in: *Swain v. Law Society* [1983] 1 A.C. 598 (611); *Zweigert/Kötz*, S. 464.

930 *Zweigert/Kötz*, S. 464. Siehe z.B. Road Traffic Act 1988 sect. 148 (7): „(…) *Notwithstanding anything in any enactment a person issuing a policy of insurance* (…) *shall be*

Im Bereich des hier betrachteten Ersatzes reiner Vermögensschäden vertragsfremder Dritter aufgrund fahrlässig fehlerhafter Gutachten hat das englische Recht in den sechziger Jahren den Weg einer deliktsrechtlichen Lösung für *negligent misstatements* gewählt. Die bestehende Lücke wurde durch eine Erweiterung des Anwendungsbereiches des *tort of negligence* geschlossen.[931] Im letzten Jahrzehnt hat das englische Recht in rechtsdogmatischer Hinsicht eine bedeutende Weiterentwicklung vollzogen. In der Entscheidung *White v. Jones*[932] wurde von *Lord Goff* auf die deutsche vertragsrechtliche Lösung der Dritthaftung hingewiesen. Er schloss jedoch einen Weg über den Vertrag mit Schutzwirkung zugunsten Dritter innerhalb der englischen Rechtsordnung aus.[933] Die jüngere Entwicklung des englischen Rechts mündete in der gesetzlichen Anerkennung des Vertrages zugunsten Dritter.

b) Contracts (Rights of Third Parties) Act 1999

Mit der sog. *Contracts (Rights of Third Parties) Act* 1999 (*CRTPA* 1999) wurde der Vertrag zugunsten Dritter im englischen Recht ausdrücklich anerkannt.[934] Es wurde eine spezialgesetzliche Ausnahme vom Prinzip der *privity of contract* geschaffen.[935] Hinsichtlich des gleichermaßen bedeutenden Elementes der *consideration* führt die *Law Commission* in der Begründung des Gesetzesvorschlages weiter aus, dass dieses durch die *CRTPA* 1999 nicht eingeschränkt werde, dennoch aber eine Lockerung

---

liable to indemnify the persons (...) specified in the policy (...).", sowie der *Third Parties (Rights against Insurers) Act* 1930.

931 Die rechtsdogmatische Erweiterung des vertraglichen Schutzbereiches zugunsten Dritter durch rein richterliche Rechtsfortbildung wurde von der englischen Rechtsprechung wegen ihres erheblichen Eingriffes in die Systematik und den weitreichenden Folgen konsequent abgelehnt, *McKendrick*, S. 168.

932 *White v. Jones* [1995] 1 All E.R. 691, bei *White v. Jones* handelt es sich um einen Testamentsfall.

933 *White v. Jones* [1995] 1 All E.R. 691 (697, 705 ff., 708): „*It may be suggested, that in cases such as the present, the simplest course would be to solve the problem by making available to the disappointed beneficiary, by some means or another, the benefit of the contractual rights (such as they are) of the testator or his estate against the negligent solicitor, as is for example done unter the German principle of Vertrag mit Schutzwirkung für Dritte (...) I myself do not consider that the present case provides a suitable occasion for reconsideration of doctrines so fundamental as these.*" Auch eine Analogie mit dem Institut der Drittschadensliquidation widersprach nach Ansicht von Lord Goff den grundlegenden Prinzipien der *consideration* und der *privity of contract*, *White v. Jones*, aaO, (706).

934 Siehe ausführlich *Müller*, RabelsZ 67 (2003), 140 ff.; *v.Bernstorff*, RIW 2000, 435 f.; zur Reform eingehend *Nieberding*, S. 149 ff.; auch *Gronemeyer*, S. 147 ff.

935 Zur CRTPA 1999 siehe etwa *Halsbury's*, Annual Abridgment 1999, Para. 679; *Stevens*, (2004) 120 LQR, 292 ff.; auch *McKendrick*, S. 137 ff.

seiner Bedeutung mit der Reform einhergehe.[936] Obgleich die *CRTPA* 1999 den Vertrag zugunsten Dritter anerkennt, ist der Vertrag mit Schutzwirkung zugunsten Dritter ausdrücklich nicht mitgeregelt worden.[937] Die Einbeziehung Dritter entsprechend dem deutschen Rechtsinstitut des Vertrages mit Schutzwirkung zugunsten Dritter wird von der *Law Commission* sogar ausdrücklich abgelehnt, da dieser Ansatz zu Rechtsunsicherheit führen würde.[938] Im Übrigen lägen andere rechtsdogmatische und rechtshistorische Voraussetzungen für die entsprechende Entwicklung des deutschen Rechts vor, die im englischen Recht nicht bestünden, da aufgrund der Eigenheiten des englischen Deliktsrechts die Notwendigkeit eines Rechtsinstitutes wie dem Vertrag mit Schutzwirkung zugunsten Dritter nicht erforderlich sei.[939] Im Ergebnis bedeutet dies, dass auch nach der ausdrücklichen Anerkennung des Vertrags zugunsten Dritter ein vertragsrechtlicher Schadensersatzanspruch gegenüber einem Kunstsachverständigen für reine Vermögensschäden Dritter aufgrund eines fehlerhaften Gutachtens nach dem *CRTPA* 1999 derzeit nicht begründet werden kann, so dass eine dem deutschen Recht vergleichbare Dritthaftungssystematik ausscheidet.[940] Für die Dritthaftung von Kunstsachverständigen bleibt daher gegenwärtig weiterhin das *law of torts* die alleinige Anspruchsgrundlage.

2. Deliktsrechtliche Anspruchsgrundlagen aus dem „law of torts"

Die deliktsrechtliche Dritthaftung von Sachverständigen für fahrlässig verursachte reine Vermögensschäden beurteilt sich ebenso wie im Zweipersonenverhältnis nach dem *tort of negligence*.[941] Voraussetzung für eine Dritthaftung des Kunstsachverständigen aufgrund des *tort of negligence* ist, dass eine Sorgfaltspflicht (*duty of care*)

---

936 *Law Commission*, Nr. 242, Privity of contract: Contracts for the Benefit of third Parties, S. 73: „(…) *at a deeper policy level, and within the area of third party rights, it may represent a relaxation of the importance attached to consideration.*".

937 *Law Commission* Nr. 242, aaO, S. 84, dort Fn. 22; s. auch *Unberath*, ZEuP 2001, 918 (936).

938 *Law Commission* Nr. 242, aaO, S. 84, dort Fn. 22: „*In deference to the important arguments of Prof. Markesinis, 'An Expanding Tort Law – The Price of a Rigid Contract Law'(1987) 103 LQR 354, we should explain that our reform is based on a model of a contract for the benefit of third parties and does not seek to embrace the wider German concept of a contract with protective effects to third parties. We would be afraid of the uncertainity that the generalized legislative introduction of that German concept would create: see Barker, (1994) OxJLS 137, 143-146.*".

939 *McKendrick*, 167 f.; *Müller*, RabelsZ 67 (2003), 140 (163 f.); kritisch auch *Beatson*, 45 OxJLS (1992), 2, 23 ff.; *Barker*, 14 OxJLS (1994), 137 (143 ff.); zugunsten des deutschen Konzepts des Vertrags mit Schutzwirkung zugunsten Dritter siehe *Markesinis*, 103 LQR (1987), 354 ff.

940 *Baus*, ZVglRWiss 103 (2004), 219 (234).

941 Eine deliktsrechtliche Haftung gegenüber vertragsfremden Dritten kann bei vorsätzlich verursachten reinen Vermögensschäden, wie im Zweipersonenverhältnis auch, über den *tort*

durch den Kunstsachverständigen verletzt worden ist (*breach*), wodurch der Geschädigte (*causation*) einen Schaden (*damage*) erlitten hat.[942] Daneben kann eine Haftung gegenüber Dritten auch nach dem *tort of deceit* in Betracht kommen, soweit die Voraussetzungen vorliegen.[943]

a) Duty of care

Haftungsvoraussetzung ist, dass im konkreten Verhältnis zwischen dem Kunstsachverständigen und dem geschädigten Anspruchsteller eine *duty of care* (Sorgfaltspflicht) besteht.[944] Die englische Rechtsprechung hat verschiedene Ansätze herausgebildet, mittels derer das Vorliegen einer *duty of care* im Einzelfall geprüft wird, sog. „*tests for duty*".[945] Allerdings ist die Rechtsprechung insoweit uneinheitlich und hat bislang keinen allgemein zur Anwendung zu bringenden *test* entwickelt, obwohl dieser Aspekt das „*heart of the law of negligence*"[946] betrifft. Im folgenden Abschnitt werden die verschiedenen Ansätze dargestellt und in den Kontext der Sachverständigenhaftung eingeordnet.

aa) Voraussetzungen für das Bestehen einer duty of care

Zu den grundlegenden Prinzipien für die Bestimmung der *duty of care* zählte zunächst das von Lord Atkin in der Entscheidung *Donoghue v. Stevenson* entwickelte *neighbour-principle*.[947] Nach diesem Prinzip sind mit *reasonable care* Handlungen und Unterlassungen zu vermeiden, die geeignet sind, zu einer Schädigung eines *neighbours* zu führen. Als *neighbour* ordnete Lord Atkin diejenigen Personen ein, die so nah und unmittelbar davon betroffen werden können, so dass dem Handelnden

---

of deceit begründet werden. Insoweit kann auf die obigen Ausführungen ab Seite 144 verwiesen werden.

942 Siehe zu den Voraussetzungen *Giliker/Beckwith*, Rn. 2-002; *v.Bar*, Gemeineurop. Deliktsrecht, Bd. 1, S. 289, Rn. 278; *Jackson & Powell*, Rn. 10-033 ff.; *Decku*, S. 35 ff.

943 Siehe hierzu bereits oben Seite 144.

944 *Jackson & Powell*, Rn. 2-013 ff., 10-035; *Palmer*, in: Byrne-Sutton/Renold, L´Expertise, S. 32; siehe auch *Lord Jauncey of Tullichettle* in: *Caparo Industries Plc v. Dickman* [1990] 2 A.C. 605 (654 G); *v.Bar*, Gemeineurop. Deliktsrecht, Bd. 1, S. 289, Rn. 278 f.; *Zweigert/Kötz*, S. 611.

945 Siehe bei *Jackson & Powell*, Rn. 10-035, 2-049 ff.; *Witting*, Rn. 2.03. Zur historischen Entwicklung der Haftung ausführlich bei *Müller*, S. 206 ff.; *Decku*, S. 77 ff.; *Nieberding*, S. 132 ff.; *Baus*, ZVglRWiss 103 (2004), 219 (222 ff.); kritisch zum Konzept der *duty of care Morgan*, P.N. 2006, 206 ff.; *Stapleton*, (1991) 107 LQR 249.

946 *Commissioners of Customs & Excise v. Barclays Bank Plc* [2004] EWHC 122, dort *Coleman J.*

947 *Donoghue v. Stevenson* [1932] A.C. 562 (580); *Witting*, Rn. 2.04.

bzw. Unterlassenden diese beim Bedenken der fraglichen Handlung oder des Unterlassens bewusst bzw. vorhersehbar gewesen sein müssen.[948] Obwohl das *neighbour-principle* umfassend ausgestaltet war, blieb es auf Körper- und Sachschäden beschränkt.[949] Die außervertragliche Haftung für reine Vermögensschäden aufgrund von *negligent misstatements* fand erst über dreißig Jahre später mit der Entscheidung *Hedley Byrne & Co. Ltd. v. Heller & Partners Ltd.* Anerkennung.[950]

Im Unterschied zur Entscheidung *Donoghue v. Stevenson*, die zu fahrlässig fehlerhaft hergestellten Produkten ergangen ist, haben *negligent misstatements* wie im Rahmen der vorliegenden Untersuchung in Form von Gutachten von Kunstsachverständigen anders gelagerte Ursachen und Wirkungen.[951] In *Hedley Byrne & Co. Ltd. v. Heller & Partners Ltd.* hat das *House of Lords* für die Prüfung nach dem Bestehen einer *duty of care* daher die Anwendung des *neighbour principles* aus *Donoghue v. Stevenson* auf *negligent misstatements* abgelehnt und eigene Haftungsvoraussetzungen entwickelt.[952] Als wesentliches Erfordernis hat das *House of Lords* eine zwischen dem Auskunftgeber und dem geschädigten Auskunftsempfänger konkret bestehende

---

948 *Donoghue v. Stevenson* [1932] A.C. 562 (580): „*The rule that you are to love your neighbour becomes in law, you must not injure your neighbour; the lawyer's question, who is my neigbour? receives restricted reply. You must take reasonable care to avoid acts or omissions which you can reasonably forsee would be likely to injure your neighbour. Who, then, in law is my neighbour? The answer seems to be - persons who are so closely and directly affected by my act that I ought reasonably to have them in contemplation as being so affected when I am directing my mind to the acts or omissions which are called in question.*".

949 *Jackson & Powell*, Rn. 2-022 ff.

950 *Hedley Byrne & Co. Ltd. v. Heller & Partners Ltd.* [1964] A.C. 465; *Shaw*, in: *v.Bar*, Deliktsrecht in Europa, England und Wales, S. 24; *Baus*, ZVglRWiss 103 (2004), 219 (222). Eine deliktische Dritthaftung von Grundstückssachverständigen für eine fehlerhafte Bewertung fand zwar bereits in der Entscheidung *Cann v. Willson* (1888) 39 Ch.D. 39, Anerkennung, welche jedoch nach einem kurzen Zeitraum durch *Le Lievre v. Gould* [1893] 1 Q.B. 491 *overruled* wurde, da sie als im Widerspruch zur Entscheidung *Derry v. Peek* (1889) 14 App. Cas. 337 stehend verstanden wurde, *Jackson & Powell*, Rn. 10-033. Das *House of Lords* stellte dann in der Urteilsbegründung von *Hedley Byrne & Co. Ltd. v. Heller & Partners Ltd.* klar, dass die alte Entscheidung *Cann v. Willson* (1888) 39 Ch.D. 39 richtig entschieden worden und das *overruling* durch den *Court of Appeal* in *Le Lievre v. Gould* unrichtig gewesen sei, aaO, [1964] A.C. 465 (489, 502).

951 *Hedley Byrne & Co. Ltd. v. Heller & Partners Ltd.* [1964] A.C. 465 (482 ff. *Lord Reid*) und (534 *Lord Pearce*): „*Negligence in words creates problems different from those of negligence in act. Words are more volatile than deeds. They travel fast and far afield. They are used without being expended and take effect in combination with innumerable facts and other words. Yet they are dangerous and can cause vast financial damage.*".

952 *Hedley Byrne & Co. Ltd. v. Heller & Partners Ltd.* [1964] A.C. 465 (482 ff., 506, 525); *Witting*, Rn. 8.25. Kritisch, *Stanton*, P.N. 2006, 134 (135); *Weir*, (1963) CLJ 216 (217).

besondere Nähebeziehung (*special relationship*) angesehen.[953] Allerdings haben die Richter des *House of Lords* für die Annahme dieses *special relationship* keine einheitlichen Anforderungen dargelegt. Als Substrat kristallisiert sich in den einzelnen Begründungen unter anderem die Notwendigkeit der Kenntnis oder Vorhersehbarkeit des Auskunftsgebers heraus, dass ein bestimmter Auskunftsempfänger auf die Auskunft vertraut, ohne weitere eigene Prüfungen dieser Auskunft vorzunehmen.[954] Es bedarf dabei eines schützenswerten Vertrauens (*reasonable reliance*) in die Auskunft durch den geschädigten Auskunftsempfänger, wobei auch die Sachkenntnis des Auskunftsgebers innerhalb eines beruflichen Kontextes eine Rolle spielt.[955] Gewicht wird auch auf das Merkmal der freiwilligen Übernahme von Verantwortung (*voluntary assumption of responsibility*) gelegt.[956] Das *House of Lords* hat in *Hedley Byrne & Co. Ltd. v. Heller & Partners Ltd.* mit dem Erfordernis eines *special relationship* die Grundlage für die weitere Entwicklung von Kriterien für die Annahme einer *duty of care* im Bereich von *negligent misstatements* gelegt und in abgesteckten

953 *Hedley Byrne & Co. Ltd. v. Heller & Partners Ltd.* [1964] A.C. 465 (504 ff., 529 ff., 539 ff.); *Jackson & Powell*, Rn. 2-025; *Witting*, Rn. 8.22 ff.; *Nieberding*, S. 135.

954 *Hedley Byrne & Co. Ltd. v. Heller & Partners Ltd.* [1964] A.C. 465 (483, 502, 528 f., 538 f.).

955 *Hedley Byrne & Co. Ltd. v. Heller & Partners Ltd.* [1964] A.C. 465 (494 ff., 510, 528 f., 538 f.); *Jackson & Powell*, Rn. 2-025. Zum Teil vertraten die Lordrichter in *Hedley Byrne & Co. Ltd. v. Heller & Partners Ltd.* eigene, weitergehende Ansichten, wie etwa Lord Devlin, nach dem nur innerhalb „vertragsähnlicher Beziehungen" (*relationship equivalent to contract*) eine *duty of care* angenommen werden soll, *Hedley Byrne & Co. Ltd. v. Heller & Partners Ltd.* [1964] A.C. 465 (529 ff.); kritisch *Witting*, Rn. 8.29.

956 „*A reasonable man, knowing that he was being trusted or that his skill and judgment were being relied on, would, I think, have three courses open to him. He could keep silent or decline to give the information or advice sought: or he could give an answer with a clear qualification that he accepted no responsibility for it or that it was given without that reflection or inquiry which a careful answer would require: or he could simply answer without any such qualification. If he chooses to adopt the last course he must, I think, be held to have accepted some responsibility for his answer being given carefully, or to have accepted a relationship with the inquirer which requires him to exercise such care as the circumstances require.*", *Hedley Byrne & Co. Ltd. v. Heller & Partners Ltd.* [1964] A.C. 465 (486 per *Lord Reid*). Siehe auch *Lord Morris*, aaO, 502, *Lord Hodson*, aaO, 511, und *Lord Pearce*, aaO, 538; siehe *v.Bar*, Gemeineurop. Deliktsrecht, Bd. 1, S. 296. In *Smith v. Eric S Bush (A Firm), Harris and Another v. Wyre Forest District Council* [1990] 1 A.C. 831 (862) legte *Lord Griffiths* dar, dass *assumption of responsibility* „*can only have any real meaning, if it is understood as referring to the circumstances in wich the law will deem the maker of the statement to have assumed responsibility to the person who acts upon the advice.*" Siehe auch bei *Phelps v. Hillingdon London Borough Council* [2001] 2 A.C. 619 (654): „*The phrase means simply that the law recognizes that there is a duty of care. It is not so much that responsibility is assumed as that it is recognized or imposed by the law.*".

Grenzen eine Haftung für reine Vermögensschäden (*pure economic loss*) aufgrund des *tort of negligence* begründet.[957]

Etwas über ein Jahrzehnt später wurde dann in der Entscheidung *Anns v. Merton London Borough Council*[958] von *Lord Wilberforce* der sog. *two-stage test* entwickelt.[959] Nach diesem wurde das Vorliegen einer *duty of care* nun auf zwei Stufen untersucht: auf der ersten Stufe wurde bestimmt, ob ein ausreichendes Näheverhältnis (*sufficient relationship of proximity*) zwischen dem Schädiger und dem Geschädigten bestand, innerhalb dessen eine Schädigung vorhersehbar war.[960] Sofern dies der Fall war, wurde eine prima facie *duty of care* unterstellt.[961] Auf der zweiten Stufe fanden dann grundsätzliche allgemeine rechtspolitische Gemeinwohlüberlegungen (*policy considerations*)[962] Berücksichtigung, mit vom Einzelfall abhängiger haftungsbeschränkender Wirkung respektive der *duty of care*.[963] Der *two-stage test* von *Lord Wilberforce* sah sich jedoch wegen der mit ihm einhergehenden erheblichen Haftungsausweitung starker Kritik[964] ausgesetzt und fand daher mit der Entscheidung *Murphy v. Brentwood District Council* seine endgültige Außerdienststellung.[965]

---

957 *Gottwald*, Haftung, S. 15. Die Ausführungen der Richter zum Ersatz reiner Vermögensschäden in den einzelnen Voten blieben allerdings ohne eingehende Begründung: siehe etwa *Hedley Byrne & Co. Ltd. v. Heller & Partners Ltd.* [1964] A.C. 465 (509) „*It is difficult to see why liability as such should depend on the nature of the damage.*", siehe auch 517 f., 536. Vgl. kritisch *Witting* Rn. 8.29; *Stanton*, P.N. 2006, 22(3), 134 f.

958 *Anns v. Merton London Borough Council* [1978] A.C. 728; *Jackson & Powell*, Rn. 2-027.

959 *Markesinis*, (1987) 103 LQR 354 (388).

960 *Anns v. Merton London Borough Council* [1978] A.C. 728 (751G - 752B). Der *two-stage-test* fand etwa zur Begründung von *Yianni v. Edwin Evans and Sons* [1982] 1 QB 438, einer untergerichtlichen Entscheidung zur Haftung eines Grundstückssachverständigen, Anwendung.

961 *Giliker/Beckwith*, Rn. 2-012.

962 Siehe hierzu eingehend *v.Bar*, Gemeineurop. Deliktsrecht, Bd. 1, Rn. 291 f.

963 *Anns v. Merton London Borough Council* [1978] A.C. 728 (751G ff.); *v.Bar*, Gemeineurop. Deliktsrecht, Bd. 1, S. 302.

964 Auf der Grundlage des *two-stages test* erfuhr die deliktsrechtliche Haftung für reine Vermögensschäden in den Folgejahren eine kontinuierliche Ausweitung, die ihren Höhepunkt in der Entscheidung *Junior Books v. Veitchi* [1983] 1 A.C. 520 hatte. Siehe *v.Bar*, RabelsZ 56 (1992), 410 (422 ff.); *Beever*, S. 170 f.; *Morgan*, P.N. 2006, 22(4), 206 (212).

965 *Murphy v. Brentwood District Council* [1991] 1 A.C. 398 (472) „*(…) Anns was wrongly decided as regards the scope of any private law duty of care resting on local authorities in relation to their function of taking steps to secure compliance with building byelaws or regulations and should be departed from it. It follows that Dutton v. Bongor Regis United Building Co. Ltd. (…) should be overruled, as should all cases subsequent to Anns which were decided in reliance on it.*"; *v.Bar*, Gemeineurop. Deliktsrecht, Bd. 1, Rn. 281 f.

bb) Der three-stages-test

Ende der achtziger Jahre hatte das *House of Lords* dann in den beiden Rechtsstreiten *Smith v. Eric S Bush (A Firm), Harris and Another v. Wyre Forest District Council*[966] zugleich über die Haftung von Grundstückssachverständigen zu urteilen, die Gutachten von Immobilien im Zusammenhang mit Darlehenshypotheken angefertigt hatten.[967] Diese Gutachten wurden für die Hypothekengläubiger erstellt und von den Hypothekenschuldnern bezahlt, welche die jeweiligen Immobilien erworben hatten, die jedoch zu Ihrem Nachteil erhebliche Mängel aufwiesen, welche von den Sachverständigen nicht entdeckt worden waren.[968] Das *House of Lords* bejahte in beiden Fällen das Bestehen einer *duty of care* der Grundstückssachverständigen gegenüber den geschädigten Hypothekenschuldnern.[969]

In der Begründung nahm das *House of Lords* unter anderem Bezug auf die Entscheidung *Hedley Byrne & Co. Ltd. v. Heller & Partners Ltd.* und führte aus, dass das auf *Hedley Byrne* zurückgehende Kriterium einer freiwilligen Übernahme von Verantwortung (*voluntary assumption of responsibility*) kein hilfreiches Kriterium sei, da es unwahrscheinlich wäre, dass ein Sachverständiger unter normalen Umständen freiwillig eine Haftung für sein Gutachten übernehmen wolle.[970] *Lord Templeman* begründete die Annahme einer *duty of care* damit, dass das Verhältnis zwischen dem Sachverständigen und dem Käufer vertragsähnlich (*akin to contract*) sei, denn der Käufer habe eine Gebühr für die Bewertung bezahlt und der Sachverständige wisse,

---

966 *Smith v. Eric S Bush (A Firm), Harris and Another v. Wyre Forest District Council* [1990] 1 A.C. 831. Das *House of Lords* bestätigte in dieser Entscheidung auch die frühere untergerichtliche Entscheidung *Yianni v. Edwin Evans and Sons* [1982] 1 QB 438.

967 In dem der Entscheidung *Smith v. Eric S Bush* zugrunde liegenden Sachverhalt erhielt der Hypothekenschuldner eine Kopie der Bewertung des Grundstückssachverständigen, aus welcher hervorging, dass keine bedeutenden Reparaturen erforderlich seien. Dennoch waren Kamine nicht richtig abgestützt und stürzten eineinhalb Jahre später ein. In der Entscheidung *Harris and Another v. Wyre Forest District Council* erwarben die Hypothekenschuldner eine Immobilie, erhielten im Gegensatz zu den Hypothekengläubigern im Fall *Smith v. Eric S Bush* keine Bewertung ausgehändigt, die Käufer nahmen aufgrund der positiven Finanzierungszusage aber an, dass die Bewertung keine nennenswerten Mängel an der Immobilie zutage gefördert hatte. Überdies war die Bewertung durch einen Angestellten des *Wyre Forest District Council* angefertigt worden. Siehe *Smith v. Eric S Bush (A Firm), Harris and Another v. Wyre Forest District Council* [1990] 1 A.C. 831.

968 Das *House of Lords* hatte bei der Prüfung von Schadensersatzansprüchen gegenüber den *surveyors* auch über die Frage der Wirksamkeit der in beiden Fällen vereinbarten *disclaimer* zu entscheiden; hierzu unten Seite 185.

969 *Smith v. Eric S Bush (A Firm), Harris and Another v. Wyre Forest District Council* [1990] 1 A.C. 831 (851 ff., 864 ff., 870 ff.); siehe *Jackson & Powell*, Rn. 2-030 ff.

970 *Smith v. Eric S Bush (A Firm), Harris and Another v. Wyre Forest District Council*, aaO, 831 (862).

dass der Käufer sich auf seine Angaben verlasse und auf deren Basis eine Entscheidung treffe.[971] Nach *Lord Griffiths* war für die Annahme einer *duty of care* erforderlich, dass drei Kriterien erfüllt sind. Es bedarf der Vorhersehbarkeit (*forseeability*) eines Schadenseintrittes für den Fall eines fahrlässig fehlerhaften Gutachtens, eines ausreichenden Näheverhältnisses zwischen den Parteien (*sufficiently proximate relationship*) und schließlich muss es aus rechtspolitischer Sicht billig (*just*) und angemessen (*reasonable*) sein, eine Haftung zu bejahen.[972] In der Begründung von *Lord Jauncey* waren das Vertrauen des Käufers in das Gutachten und dessen Entscheidungsfindung ohne Beiziehung eines unabhängigen Gutachters, die Möglichkeit eines Verlustes bei der Käuferin und schließlich die Kostenübernahme für das Gutachten durch den Käufer von Bedeutung.[973] *Lord Griffiths* stellte schließlich in seiner Entscheidungsbegründung einschränkend heraus, dass eine *duty of care* nur in den Fällen bestehen soll, in denen der Sachverständige Kenntnis davon hat, dass ein identifizierbarer Dritter aufgrund des Gutachtens eine Entscheidung auf seiner Grundlage fällt.[974]

In direkter zeitlicher Nähe zu *Smith v. Eric S Bush (A Firm), Harris and Another v. Wyre Forest District Council* entschied das *House of Lords* den Rechtsstreit *Caparo Industries Plc v. Dickman.*[975] In diesem hatte das *House of Lords* über Schadensersatzansprüche von Aktionären gegenüber Wirtschaftsprüfern aufgrund unrichtiger Berichte zu entscheiden.[976] Das *House of Lords* stellte in seiner Begründung den sog. *three-stages-test* dar, der sich in Grundzügen auch schon bei *Smith v. Eric S Bush, Harris and Another v. Wyre Forest District Council* findet.[977] Danach bedarf es für

---

[971] *Smith v. Eric S Bush (A Firm), Harris and Another v. Wyre Forest District Council*, aaO, 831 (846), abweichend Lord Jauncey, aaO, 831 (871). *Jackson & Powell*, Rn. 10-047 f.

[972] *Smith v. Eric S Bush (A Firm), Harris and Another v. Wyre Forest District Council*, aaO, 831 (862, 865). Siehe auch *Beaumont v. Humberts* [1990] 49 E.G. 46.

[973] *Smith v. Eric S Bush (A Firm), Harris and Another v. Wyre Forest District Council* [1990] 1 A.C. 831 (871).

[974] *Smith v. Eric S Bush (A Firm), Harris and Another v. Wyre Forest District Council* [1990] 1 A.C. 831 (865): „*I would certainly wish to stress that in cases where the advice has not been given for the specific purpose of the recipient acting upon it, it should only be in cases where the adviser knows that there is a high degree of probability that some other identifiable person will act upon the advice that a duty of care should be imposed. It would impose an intolerable burden upon those who give advice in a professional or commercial context if they were to owe a duty not only to those whom they give the advice but to any other person who might choose to act upon it.*".

[975] *Caparo Industries Plc v. Dickman* [1990] 2 A.C. 605.

[976] *Caparo Industries Plc v. Dickman* [1990] 2 A.C. 605. Die Entscheidung des *House of Lords* betraf eine Klage auf Schadensersatz gegen eine Wirtschaftsprüfungsgesellschaft. In deren Prüfbericht waren Gewinne der geprüften Gesellschaft ausgewiesen, obgleich diese tatsächlich erhebliche Verluste machte, was zu einem späteren Kurseinbruch der Aktien führte.

[977] *Merrett v. Babb* [2001] QB 1174 (1186 f.), Rn. 25 ff. = [2001] 3 W.L.R. 1 (11 ff.).

die Annahme einer *duty of* care einer vernünftigen objektiven Vorhersehbarkeit des eingetretenen Schadens (*reasonable forseeability*), zweitens muss eine ausreichende Nähebeziehung zwischen dem Schädiger und dem Geschädigten bestehen (*sufficient proximity*) und drittens muss schließlich eine Ersatzpflicht des Schädigers fair, gerecht und vernünftig sein (*fair, just and reasonable*).[978] Das letzte Kriterium soll den Weg für eine Einschränkung der Haftung aufgrund von *policy considerations* eröffnen. Die Lordrichter wiesen in der Entscheidungsbegründung von *Caparo Industries Plc v. Dickman* auf die Grenzen des *three-stages-test* hin.[979] Zwar legte etwa *Lord Bridge* dar, dass den einzelnen Begriffen des *tests* eine inhaltliche Präzisierung fehlte, die eine allgemeine praktische Anwendung des *tests* gestattete.[980] Der *three-stages-test* findet dennoch weitreichende Anwendung in der englischen Rechtsprechung.

cc) Der „incremental approach"

Mit der Entscheidung *Caparo Industries Plc v. Dickman* findet gleichzeitig auch der sog. *incremental approach* (schrittweiser bzw. induktiver Ansatz) seinen Eingang in die englische Rechtsprechung.[981] Nach diesem Ansatz werden zu bestehenden Präjudizen Analogien gebildet, mit dem Ziel einer schrittweisen Rechtsfortbildung, so dass die Frage nach dem Bestehen einer *duty of care* im Falle des sog. *incremental approach* im Gegensatz zum *three-stages-test* nicht über ein abstraktes Prinzip ermittelt wird.[982] Auch in der Entscheidung *Murphy v. Brentwood District Council* griff das *House of Lords* den *incremental approach* auf, um zu prüfen, ob eine *duty of care* besteht und um auf diesem Wege gleichzeitig den *two-stage-test* aus der Entscheidung *Anns v. Merton London Borough Council*[983] abzulehnen.[984] Obgleich *Murphy v. Brentwood District Council* nur kurze Zeit nach *Caparo Industries Plc v.*

---

978 *Caparo Industries Plc v. Dickman* [1990] 2 A.C. 605 (617 ff., 633). Siehe auch *Beaumont v. Humberts* [1990] 49 E.G. 46. Hierzu *Müller*, S. 251 ff.; *Baus*, ZVglRwiss 103 (2004), 219 (226 ff.).

979 *Caparo Industries Plc v. Dickman* [1990] 2 A.C. 605 (618, 633).

980 *Caparo Industries Plc v. Dickman* [1990] 2 A.C. 605 (618, 628); siehe auch *Stanton*, P.N. 2006, 22(3), 134 (138); *Giliker/Beckwith*, Rn. 2-015.

981 *Caparo Industries Plc v. Dickman* [1990] 2 A.C. 605 (633 ff.), u.a. die Entscheidungsbegründung von Lord Oliver nimmt Bezug auf die Entscheidung *Sutherland Shire Council v. Heyman* (1985) 157 C.L.R. 424 (481) des *High Court of Australia*, in welchem der *incremental approach* seinen eigentlichen Ursprung findet. Siehe auch *Barker*, 26 OxfJLS (2006), S. 289; *Beever*, S. 182; *Sprenger*, S. 73 f.

982 Siehe *Clerk & Lindsell on torts*, Rn. 8-22 mwN. Zur Kritik am *incremental approach* siehe bei *Caparo Industries Plc v. Dickman* [1990] 2 A.C. 605 (617 f., 633); *Stapleton* (1991) 107 LQR 249.

983 *Anns v. Merton London Borough Council* [1978] A.C. 728.

984 *Murphy v. Brentwood District Council* [1991] 1 A.C. 398 (461 ff.).

Dickman entschieden wurde, hatte dies aber keinen Einfluss auf den *three-stages-test*, zu dem der *incremental approach* seitdem gewissermaßen eine Koexistenz führt, wenngleich auch mit einer tendenziell untergeordneten Rolle, was im Folgenden im Rahmen der Gegenüberstellung der verschiedenen Ansätze dargelegt wird.[985]

dd) Der Ansatz der „assumption of responsibility"

Daneben wird als dritter Ansatz zur Bestimmung der *duty of care* der Ansatz der sog. „*assumption of responsibility*" (Übernahme von Verantwortung) zur Anwendung gebracht.[986] Danach ist von Relevanz, ob ausgehend von den Umständen des Einzelfalles her angenommen werden kann, dass seitens des Auskunftgebers eine Übernahme von Verantwortung für seine Auskunft gegenüber dem Geschädigten erfolgt ist.[987] Ursprünglich in der Entscheidung *Hedley Byrne & Co. Ltd. v. Heller & Partners Ltd.* von *Lord Devlin*[988] zur Beschreibung des dort geforderten *special relationships* dargelegt, wurde dem Kriterium der *assumption of responsibility* bis dahin keine eigenständige Bedeutung zugemessen, auch sind seine konkreten Voraussetzungen nicht ausdifferenziert.[989] Mitte der Neunziger Jahre hat das *House of Lords* dann unter anderem mit der Entscheidung *Henderson v. Merrett Syndicates Ltd.* diesem Kriterium eine eigenständige Bedeutung („*governing principle*") verliehen.[990] Anfänglich sollte die Übernahme von Verantwortung nach der Begründung von *Lord Devlin* in *Hedley Byrne & Co. Ltd. v. Heller & Partners Ltd.* voraussetzen, dass sie freiwillig bzw. willentlich (*voluntarily*) seitens des Schädigers erfolgt ist.[991] Doch

---

985 Siehe *Jackson & Powell*, Rn. 2-041.

986 *Merrett v. Babb* [2001] QB 1174 (1192), Rn. 41; *Giliker/Beckwith*, Rn. 3-030 ff.; Simpson-*Murdoch/Berry*, Rn. 8-22.

987 *Clerk & Lindsell on torts*, Rn. 8-95 f. Zu weiteren Differenzierungen innerhalb des Ansatzes von „*assumption of responsibility*" auf Seiten des Schädigers in Verbindung mit „*reasonable reliance*" auf Seiten des Geschädigten (teilw. auch „*twin concepts*" genannt), siehe *Barker*, 26 OxJLS 2006, 289 (290 f.).

988 *Hedley Byrne & Co. Ltd. v. Heller & Partners Ltd.* [1964] A.C. 465 (528 ff., siehe aber auch 486, 502).

989 Siehe etwa *Lord Roskill* in: *Caparo Industries Plc v. Dickman* [1990] 2 A.C. 605 (628). Die Ablehnung gegenüber dem Kriterium einer *voluntary assumption of responsibility* wird auch damit begründet, dass es sich um eine Fiktion handele, weil ein Auskunftgeber nicht zu einer Übernahme von Verantwortung gegenüber jedwedem Dritten bereit sei, siehe *Smith v. Eric S Bush (A Firm), Harris and Another v. Wyre Forest District Council* [1990] 1 A.C. 831 (862 ff.); *Caparo Industries Plc v. Dickman* [1990] 2 A.C. 605 (628, 637); krit. auch *Barker* (1993) 109 LQR 461 (471); *Phelps v. Hillingdon London Borough Council* [2001] 1 A.C. 619 (654).

990 *Henderson v. Merrett Syndicates Ltd.* [1995] 2 A.C. 145 (180 ff.); *Clerk & Lindsell on torts*, Rn. 8-95 f.; siehe aber auch in *Spring v. Guardian Assurance Plc* [1995] 2 A.C. 296 (316 ff.) und *White v. Jones* [1995] 2 A.C. 207 (268 ff.).

991 *Hedley Byrne & Co. Ltd. v. Heller & Partners Ltd.* [1964] A.C. 465 (529).

Henderson v. Merrett Syndicates Ltd. legte das *House of Lords* demgegenüber dar, dass die *assumption of responsibility* an den objektiven Umständen des Einzelfalles zu bestimmen sei.[992] Der Ansatz der sog. „*assumption of responsibility*" hat als eigenständiger Ansatz in der jüngeren Rechtsprechung erheblich an Bedeutung verloren, worauf im Folgenden näher eingegangen wird.

ee) Die jüngere Rechtsprechung zur Sachverständigenhaftung

In der jüngeren Rechtsprechung zur Sachverständigenhaftung hatte sich der *Court of Appeal* in dem Rechtsstreit *Merrett v. Babb* mit der Haftung eines Grundstückssachverständigen zu befassen.[993] Ähnlich wie in den Rechtsstreiten *Smith v. Eric S Bush (A Firm)*, *Harris and Another v. Wyre Forest District Council* hatte der Sachverständige ein Gutachten über eine Immobilie im Zusammenhang mit einer Hypothek angefertigt, in welchem nicht über bestimmte konkret bestehende Mängel der Immobilie aufgeklärt worden ist. Der *Court of Appeal* hatte unter anderem darüber zu entscheiden, ob zwischen dem Sachverständigen und dem Geschädigten eine *duty of care* bestand. Dabei setzte sich das Gericht mit den oben dargestellten Präjudizien der englischen Rechtsprechung auseinander und ging dabei auch der Frage zu den Voraussetzungen eines allgemeingültigen *test*s für die Bestimmung der *duty of care* nach.[994] Es identifizierte zwei wesentliche Ansätze, derer sich die Rechtsprechung bei der Bestimmung bedient, ob in einem konkreten Verhältnis eine *duty of care* besteht.[995] Der eine führe über den *three-stages-test* aus *Caparo Industries Plc v. Dickman*, der andere über das Kriterium der Übernahme von Verantwortung (*assumption of responsibility*) durch den Sachverständigen im Sinne von *Henderson v. Merrett Syndicates Ltd.*[996] Eine Entscheidung zugunsten eines der Ansätze traf der *Court of Appeal* jedoch nicht. *Lord Justice May* kritisierte in der Entscheidung des *Court of Appeal* einerseits den *three-stages-test* als unpräzise, da seine Kriterien undefiniert

---

992 *Henderson v. Merrett Syndicates Ltd.* [1995] 2 A.C. 145 (180 f.); auch *Commissioners of Customs & Excise v. Barclays Bank Plc* [2007] 1 A.C. 181 (190); *Clerk & Lindsell on torts*, Rn. 8-96. Siehe auch bei *Williams v. Natural Life Health Foods Ltd.* [1998] 1 W.L.R. 830 (834 ff.); *Giliker/Beckwith*, Rn. 3-038.

993 *Merrett v. Babb* [2001] QB 1174; *Jackson & Powell*, Rn. 10-035.

994 *Merrett v. Babb* [2001] QB 1174 (1182), Rn. 13 ff.

995 *Merrett v. Babb* [2001] QB 1174 (1192), Rn. 41: „*Beyond that, two strands of consideration emerged. These may for convenience be called the Caparo strand and the Henderson strand. The Caparo strand asks whether, in addition to foreseeability, there is a sufficient relationship of proximity and whether the imposition of a duty of care is fair, just and reasonable. The Henderson strand asks whether the defendant is to be taken to have assumed responsibility to the claimant to guard against the loss for which damages are claimed.*".

996 *Merrett v. Babb* [2001] QB 1174 (1192 f.), Rn. 41.

seien, andererseits kritisierte er den Ansatz der *voluntary assumption of responsibility* wegen seines Grades an Subjektivität.[997] Der *Court of Appeal* traf weder eine Entscheidung für oder gegen einen der Ansätze, noch legte er eigene Kriterien fest, sondern verwies auf die Notwendigkeit der Entscheidung im jeweiligen konkreten Einzelfall.[998]

ff) Gegenüberstellung der tests for duty

Das Bestreben der englischen Rechtsprechung in den letzten Jahrzehnten, einen allgemeingültigen, praktisch anwendbaren Ansatz zur Bestimmung der *duty of care* zur Anwendung bringen zu können, wurde im Rechtsstreit *Commissioners of Customs & Excise v. Barclays Bank Plc* zu einem zentralen Thema.[999] Im Mittelpunkt der Entscheidung des *House of Lords* stand erneut auch die Frage, ob zwischen den Parteien dieses Rechtsstreits eine *duty of care* bestand, mit welcher eine Haftung der in Anspruch genommenen Bank stand oder fiel.[1000] Das *House of Lords* setzte sich dabei eingehend mit den oben dargestellten drei Ansätzen zur Bestimmung der *duty of care* auseinander: dem „*three-stages-test*", dem „*incremental approach*" und dem

---

997 *Merrett v. Babb* [2001] QB 1174 (1192 f.), Rn. 41: „*The difficulty with the Caparo strand is that it is sometimes seen as being unhelpfully vague. The difficulty with the Henderson strand is that it was originally often expressed in terms of "voluntary assumption of responsibility" which tended to import a degree of subjectivity. Henderson itself put paid to that and, as Lord Slynn said in Phelps, "[assumption of responsibility] means simply that the law recognises that there is a duty of care. It is not so much that responsibility is assumed as that it is recognised or imposed by the law." Thus, the Caparo strand and the Henderson strand in reality merge. In my view, it is very often a helpful guide in particular cases to ask whether the defendant is to be taken to have assumed responsibility to the claimant to guard against the loss for which damages are claimed. But I also think that it is reaching for the moon – and not required by authority - to expect to accommodate every circumstance which may arise within a single short abstract formulation. The question in each case is whether the law recognises that there is a duty of care.*".

998 Siehe *Jackson & Powell*, Rn. 10-035 f.

999 *Commissioners of Customs & Excise v. Barclays Bank Plc* [2007] 1 A.C. 181. Kritisch gegenüber einem allgemeinen *test*, *Stapleton* (1991) 107 LQR 249.

1000 *Commissioners of Customs & Excise v. Barclays Bank Plc* [2007] 1 A.C. 181. Die Entscheidung betraf die einer Bank übermittelten dinglichen Arreste über die Kontokorrentkonten von zwei Firmenkunden, die von den *HM Commissioners of Customs & Excise* wegen ausstehender hoher Mehrwertsteuerbeträge beantragt worden waren. Dennoch zahlte die Bank in engem zeitlichem Zusammenhang nach Erhalt der Arreste erhebliche Beträge von den beiden Konten aus. Die *HM Commissioners of Customs & Excise* konnten daher nur einen geringen Teil ihrer Forderungen realisieren und verlangte daher Schadensersatz von der Bank wegen Verletzung einer *duty of care*; siehe bei *Lunney/Oliphant*, S. 452 ff.

Ansatz der „*assumption of responsibility*". Eine grundsätzliche Entscheidung für einen der drei Ansätze hat das *House of Lords* allerdings nicht getroffen.[1001] Die Lordrichter legten in ihren Entscheidungsbegründungen dar, dass die verschiedenen *tests* keine exakte Antwort für die Bestimmung der *duty of care* liefern, was sich auf ihren individuellen Schwächen begründe. Der *three-stages-test*[1002] wurde wegen seiner abstrakten und wenig greifbaren Voraussetzungen kritisiert, während die Analogiebildung nach dem *incremental approach*[1003] zu einer Gegenprüfung der anderen *tests* deklassifiziert wurde.[1004] Von Bedeutung ist auch, dass das *House of Lords* in seiner Entscheidung auch dem aufgrund seines fiktiven Charakters kritisierten Ansatz der *assumption of responsibility* nun nur noch eine untergeordnete Bedeutung zuspricht.[1005] Denn durch die Verobjektivierung dieses Ansatzes und dessen Abstrahierung von den Intentionen und Handlungen des Experten löse sich die Differenzierung zum *three-stages-test* auf.[1006] In der Entscheidung kommt ferner zum Ausdruck, dass die konkreten Tatsachen des Einzelfalles stärkere Berücksichtigung finden und insgesamt mehr Gewicht auf rechtspolitische Gemeinwohlüberlegungen gelegt werden soll.[1007]

Bei der Beurteilung der Frage nach dem Bestehen einer *duty of care* im konkreten Verhältnis zwischen Kunstsachverständigem und Geschädigten sind die Umstände des Einzelfalls von entscheidender Relevanz. Soweit seitens des Sachverständigen eine *assumption of responsibility* angenommen werden kann, wird im konkreten Verhältnis eine *duty of care* zugrunde gelegt.[1008] Ist dies nicht der Fall, werden zur Beurteilung die dargestellten Ansätze herangezogen, wobei angesichts der jüngeren Rechtsprechung des *House of Lords* der sog. *incremental approach* und der Ansatz der *assumption of responsibility* als Kontrollmechanismen neben dem *three-stages-test* dienen.[1009]

[1001] Neben den drei dargestellten Ansätzen werden in Literatur und Rechtsprechung vereinzelt weitere Ansätze vertreten, siehe etwa bei *Barker*, 26 OxJLS 2006, 289 (291 f.); *Morgan*, P.N. 2006, 206 (207) mwN.

[1002] *Commissioners of Customs & Excise v. Barclays Bank Plc* [2007] 1 A.C. 181 (209 ff., 214).

[1003] *Commissioners of Customs & Excise v. Barclays Bank Plc* [2007] 1 A.C. 181 (192; 216).

[1004] Siehe bei *Lunney/Oliphant*, S. 457; *Stanton*, P.N. 2006, 22(3), 134 (141 f.).

[1005] *Commissioners of Customs & Excise v. Barclays Bank Plc* [2007] 1 A.C. 181 (202); *Stanton*, P.N. 2006, 22(3), 134 (139); *Jackson & Powell*, Rn. 02-080; a.A. *Sprenger*, S. 75.

[1006] Siehe dahingehend bei *Commissioners of Customs & Excise v. Barclays Bank Plc* [2007] 1 A.C. 181 (191, 213 ff.).

[1007] *Commissioners of Customs & Excise v. Barclays Bank Plc* [2007] 1 A.C. 181 (192; 203 f.). Zum *policy-approach* angesichts diametral verschiedener Entscheidungen des *Court of Appeal* und des *House of Lords*, *Morgan*, P.N. 2006, 206 (214).

[1008] *Jackson & Powell*, Rn. 10-036; siehe dahingehend auch bei *Stanton*, P.N. 2006, 22(3), 134 (139); *Lunney/Oliphant*, S. 457.

[1009] *Jackson & Powell*, Rn. 2-040 f. In der Entscheidung *BCCI (Overseas) Ltd. v. Price Waterhouse (No. 2)* [1998] P.N.L.R. 564 (583) des *Court of Appeal* spricht sich *Sir Brian Neill*

In der Kasuistik der Rechtsprechung zeichnen sich dabei verschiedene Faktoren ab, die zur Beurteilung im Rahmen der *tests* herangezogen werden, ob im Hinblick auf die besonderen Umstände des Einzelfalles eine *duty of care* im konkreten Verhältnis mit dem Sachverständigen besteht.[1010] Hierzu zählen der Zweck des Gutachtens und die Frage nach seiner zweckentsprechenden Nutzung.[1011] Für das Erfordernis eines ausreichenden Näheverhältnisses (*proximity*) ist etwa die Kenntnis des Sachverständigen von Bedeutung, dass ein Dritter auf der Basis seines Gutachtens eine Entscheidung fällen und sich daran mit hoher Wahrscheinlichkeit konkrete Schadensfolgen für den Dritten knüpfen können, sollte das Gutachten fehlerhaft sein.[1012] In der Entscheidung *Smith v. Eric S Bush (A Firm), Harris and Another v. Wyre Forest District Council* legten die Lordrichter dar, dass ein *surveyor* wissen müsse, dass über 90% der Käufer sich auf sein Gutachten verlassend, ihre Kaufentscheidung treffen und kein weiteres Gutachten in Auftrag geben würden.[1013] Unter diesem Aspekt hat das *House of Lords* auch berücksichtigt, dass die Zugehörigkeit zu einer sozial schwächeren Gruppe regelmäßig nicht die Möglichkeit gebe, weitere Gutachten in Auftrag geben zu können. Das Gericht differenzierte für die Annahme einer Haftung von Immobiliensachverständigen daher aufgrund besonderer Schutzgedanken zwischen dieser Gruppe von Käufern und finanzstärkerer Klientel, welche eigene Gutachten in Auftrag geben könne.[1014] Soweit ersichtlich erlangte diese Differenzierung jedoch

---

noch für eine parallele Anwendung aller drei Ansätze aus. Siehe noch die Entscheidung des *Court of Appeal*: *Commissioners of Customs & Excise v. Barclays Bank Plc* [2005] 1 Lloyd´s Rep. 165 (178). Hierzu ferner bei *Witting*, Rn. 2.07.

[1010] Siehe *Smith v. Eric S Bush (A Firm), Harris and Another v. Wyre Forest District Council* [1990] 1 A.C. 831 (844); *Witting*, Rn. 11.20 ff. mwN; *Clerk & Lindsell on torts*, Rn. 8-101 ff.; *Nieberding*, S. 148. Siehe etwa auch die von *Neill L.J.* entwickelten Kriterien in der Entscheidung *James McNaughton Paper Group Ltd. v. Hicks Anderson & Co.* [1991] 2 W.L.R. 641 (651 ff.) des *Court of Appeal*: „(1) *the purpose for which the statement was made*, (2) *the purpose for which the statement was communicated*, (3) *the relationship between the adviser, the advisee and any relevant third party*, (4) *the size of any class to which the advisee belongs*, (5) *the state of knowledge of the adviser*, (6) *reliance by the advisee.*“. Vgl. auch bei *Caparo Industries Plc v. Dickman* [1990] 2 A.C. 605 (620, 638).

[1011] *Clerk & Lindsell on torts*, Rn. 8-101 f.; *Giliker/Beckwith* Rn. 3-041.

[1012] Siehe *Hedley Byrne & Co. Ltd. v. Heller & Partners Ltd.* [1964] A.C. 465 (497, 538); *Yianni v. Edwin Evans and Sons* [1982] 1 Q.B. 438 (456); *Smith v. Eric S Bush (A Firm), Harris and Another v. Wyre Forest District Council* [1990] 1 A.C. 831 (865, 871 f.); *Beaumont v. Humberts* [1990] 2 EGLR 166 (170); *Witting*, Rn. 11.22.

[1013] *Smith v. Eric S Bush (A Firm), Harris and Another v. Wyre Forest District Council* [1990] 1 A.C. 831 (852, 865).

[1014] *Smith v. Eric S Bush (A Firm), Harris and Another v. Wyre Forest District Council* [1990] 1 A.C. 831 (858 ff., 872). Siehe insoweit etwa die gegenteiligen Erwägungen bei *Caparo Industries Plc v. Dickman* [1990] 2 A.C. 605 (650, 654); *Lunney/Oliphant*, S. 430 f.

noch keine Bedeutung.[1015] Aufgrund der einfließenden rechtspolitischen Gemeinwohlüberlegungen (*policy*) bleibt die zukünftige Entwicklung der Rechtsprechung offen, wobei *Smith v. Eric S Bush (A Firm), Harris and Another v. Wyre Forest District Council* sich an der äußeren Grenze der Haftung befinden soll.[1016]

Hinsichtlich der Eingrenzung des Kreises der anspruchsberechtigten Dritten wird auf die Kenntnis von einer identifizierbaren Gruppe von Personen abgestellt, welche sich mit hoher Wahrscheinlichkeit auf das Gutachten verlassen.[1017] Die Identifikationsmöglichkeit eines konkreten Dritten ist nicht erforderlich, aber zumindest dessen Gruppe.[1018]

Schließlich findet auch die besondere Sachkunde des Sachverständigen Berücksichtigung, auf welche sich der geschädigte Dritte verlässt.[1019] Gegen die Annahme einer *duty of care* spricht, wenn der Sachverständige einen Rat oder eine Auskunft außerhalb seines Fachgebiets oder des beruflichen Zusammenhangs, etwa bei einer informellen Gelegenheit gegeben hat.[1020]

Während eine *duty of care* im Rahmen des *tort of negligence* im Zwei-Personen-Verhältnis in Haftungskonkurrenz zu einem bestehenden Vertragsverhältnis in der Regel einfach zu begründen sein wird, stellen die Dritthaftungsfälle individuelle Anforderungen.[1021] Insgesamt zeigt sich die englische Rechtsprechung hier zurückhaltend.[1022] Im Verhältnis zwischen Kunstsachverständigen und Dritten wird das Bestehen einer *duty of care* unter Verwendung der *tests* und der dargestellten Faktoren

---

[1015] Siehe etwa die Entscheidung *Beaumont v. Humberts* [1990] 2 EGLR 166.

[1016] Siehe *Balcombe L.J.* in: *Saddington v. Colley Professional Services* [1999] Lloyd's Rep. P.N. 140 (143) mit Verweis auf *Lord Griffiths* in: *Smith v. Eric S Bush (A Firm), Harris and Another v. Wyre Forest District Council* [1990] 1 A.C. 831 (862, 864 f.); *Beckwith/Giliker* Rn. 3-039 ff.; kritisch *Lunney/Oliphant*, S. 424.

[1017] Siehe *Clerk & Lindsell on torts*, Rn. 8-109; auch *Katter*, P.N. 2002, 82 ff.; *Lord Griffiths* etwa begrenzt die Haftung in *Smith v. Eric S Bush (A Firm), Harris and Another v. Wyre Forest District Council* [1990] 1 A.C. 831 (865) auf den Ersterwerber: „*The extent of the liability is limited to the purchaser of the house: I would not extend it to subsequent purchasers.*".

[1018] *Witting*, Rn. 9.50 ff.; *Halsbury's*, Bd. 4(3), Para. 299.

[1019] *Smith v. Eric S Bush (A Firm), Harris and Another v. Wyre Forest District Council* [1990] 1 A.C. 831 (865).

[1020] *Clerk & Lindsell on torts*, Rn. 8-119 f., 10-10; vgl. *Witting*, OxJLS 2005,33 (59). Zu einer Haftung im Rahmen eines „*social relationship*" siehe die Entscheidung *Chaudhry v. Prabhakar* [1989] 1 W.L.R. 29.

[1021] Zur *duty of care* im Zwei-Personen-Verhältnis bei *Jackson & Powell*, Rn. 2-103 ff. und 10-032; *Lunney/Oliphant*, S. 441.

[1022] *Jackson & Powell*, Rn. 10-037 mit Hinweis auf *Thomson v. Christie Manson & Woods Ltd.* [2005] EWCA Civ. 555; *Palmer*, in: Byrne-Sutton/Renold, L'Expertise, S. 35; siehe etwa zur „*Hedley Byrne duty*" bei *Meisel*, P.N. 2005, 21(4), 250 (253 ff.); *Lunney/Oliphant*, S. 434.

bestimmt, wobei im Hinblick auf die jüngere Rechtsprechung zur Expertenhaftung im Allgemeinen neben den konkreten Umständen des Einzelfalles und ihrer ökonomischen Relevanz *policy considerations* eine bedeutende Rolle spielen.[1023]

b) Breach of duty

Als weitere Haftungsvoraussetzung setzt ein Schadensersatzanspruch aufgrund des *tort of negligence* einen *breach* der *duty of care* voraus.[1024] Der Geschädigte hat den Nachweis zu erbringen, dass der Sachverständige die Begutachtung nicht mit der erforderlichen Sorgfalt (*reasonable care and skill*) durchgeführt und so bestehende Sorgfaltspflichten verletzt hat (*fault-based liability*).[1025] Zur Bestimmung der Sorgfaltspflichten im Bereich von *professional negligence* wird der in der Entscheidung *Bolam v. Friern Hospital Management Committee* entwickelte sogenannte *Bolam-test* zur Anwendung gebracht.[1026] Nach diesem gilt:

> „(...) *where you get a situation which involves the use of some special skill or competence, then the test as to whether there has been negligence or not is* (...) *the standard of the ordinary skilled man exercising and professing to have that special skill. A man need not to possess the highest expert skill. It is well established law, that it is sufficient if he exercises the ordinary skill of an ordinary competent man exercising that particular art.*“[1027]

Hierbei wird grundsätzlich objektiv durch das Gericht auf die übliche Sachkompetenz eines ordentlichen Mitglieds der Berufsgruppe der Kunstsachverständigen bei der Ausführung zum Zeitpunkt der konkreten Begutachtung abgestellt.[1028]

[1023] *Jackson & Powell*, Rn. 10-037. *Stanton* formuliert etwa ausdrücklich: „*Senior members of the judiciary have openly accepted that the tests being posited are in reality shrouds for discretionary decisions driven by the policies underlying the circumstances.*“, P.N. 2006, 22(3), 134 (147) mwN; siehe auch *Witting*, Rn. 11.25.

[1024] *Zweigert/Kötz*, S. 611.

[1025] *Jackson & Powell*, Rn. 10-064; vgl. *Rogers* in: Widmer, S. 65 ff.

[1026] *Bolam v. Friern Hospital Management Committee* [1957] 2 All E.R. 118 (121); *Grubb*, The Law of Tort, Rn. 16.10: ausdrücklich für „*art valuers*“; *Halsbury's*, Bd. 4(3), Para. 302; *Clerk & Lindsell on torts*, Rn. 10-164; *Jackson & Powell*, Rn. 10-052 mwN.

[1027] *Bolam v. Friern Hospital Management Committee* [1957] 2 All. E.R. 118, 121.

[1028] Vgl. *Daisley v. BS Hall & Co* (1972) 225 E.G. 1553 (1555). Es ist für die Beurteilung des Sorgfaltsmaßstabes auch unerheblich, ob der Sachverständige sein Gutachten nur für eine durchschnittliche Gebühr angefertigt hat, *Halsbury's*, Bd. 4(3), Para. 302.

Dabei wird eine Abstufung zwischen allgemeinen Kunstsachverständigen und Spezialisten vorgenommen.[1029] Für die Berufsgruppe der allgemeinen Kunstsachverständigen, der sog. „*general practitioners*", wird der Maßstab eines durchschnittlichen allgemeinen Kunstsachverständigen mit entsprechender Sachkunde zugrunde gelegt.[1030] Unerfahrenheit oder mangelnde Qualifikation gereichen auch nicht zu einer Verminderung der Sorgfaltsanforderungen.[1031] Der *Court of Appeal* hat etwa in der Entscheidung *Luxmoore-May v. Messenger May Baverstock* zum Ausdruck gebracht, dass ein Kunstexperte, der in einem kleinen ländlichen Auktionshaus tätig ist, nicht den gleichen *standard of care* zur Anwendung bringen muss, wie ein Spezialist, der sich auf eine konkrete Periode der Kunstgeschichte oder einen bestimmten Künstler spezialisiert hat.[1032] Dies wird damit begründet, dass ein kleines Auktionshaus mit einem quantitativ und qualitativ sehr breit gefächerten Angebot handelt, über Mitarbeiter mit einem regelmäßig durchschnittlichen Kenntnis- und Erfahrungsstand verfügt, wohingegen große Auktionshäuser über Spezialabteilungen verfügen, in denen Spezialisten tätig sind.[1033] Für besonders spezialisierte Kunstsachverständige gilt daher entsprechend als Maßstab der eines durchschnittlichen Spezialisten auf dem konkreten Gebiet.[1034]

Eine Verletzung der Sorgfaltspflicht (*breach of duty*) ist Tatfrage des konkreten Einzelfalls.[1035] Allein ein unrichtiges Ergebnis eines Gutachtens impliziert nicht notwendigerweise *negligence* oder ist für sich gesehen kein Haftungsgrund, soweit ein

---

[1029] Vgl. *Bolam v. Friern Hospital Management Committee* [1957] 2 All E.R. 118 (121): „*A man need not possess the highest expert skill; it is well established law that it is sufficient if he exercises the ordinary skill of an ordinary competent man exercising that particular art.*".

[1030] *Palmer*, in: Byrne-Sutton/Renold, L'Expertise, S. 34; *Sandrock*, in: ISWA 1990, S. 611 (642); *Charlesworth & Percy on Negligence*, Rn. 8-312; *Arnheim*, SJ 1990, S. 580; zum US-amerik. Rechtskreis vgl. *Lerner/Bresler*, Art Law, Vol. 1, S. 603 ff.; *Spencer*, in: Spencer, The Expert, S. 145 ff.

[1031] *Jackson & Powell*, Professional Liability Precedents, Surveyors and Auctioneers, Rn. 3-10.

[1032] *Luxmoore-May v. Messenger May Baverstock* [1990] 1 W.L.R. 1009 (1021). Vgl. *Stacey*, Under the hammer, SJ 2004, S. 778.

[1033] *Witting*, Rn. 13.23. „*Noting that the defendant was a "provincial" auctioneer who could best be described as a general practitioner rather than a specialist, it held that the trial judge had demanded too high a standard of skill on the part of the defendants (…) in concluding that no competent valuer could have missed the signs of Stubbs potential.*", *Luxmoore-May v. Messenger May Baverstock* [1990] 1 W.L.R. 1009 (1025).

[1034] *Maynard v. West Midlands Regional Health Authority* [1984] 1 W.L.R. 634 (638).

[1035] *Halsbury's*, Bd. 4 (3), Rn. 302.

anderer durchschnittlich ausgebildeter und gewissenhafter Kunstsachverständiger in der gleichen Situation zu demselben Ergebnis gelangt wäre.[1036]

Die Anwendung der Grundsätze der Entscheidung *Maynard v. West Midlands Regional Health Authority*[1037] durch den *Court of Appeal* in *Luxmoore-May v. Messenger May Baverstock* legt einen durchschnittlichen Standard für die Gruppe der Generalisten fest.[1038] Die Anwendung dieser Grundsätze hat nach dem *Court of Appeal* zum Resultat, dass ein unrichtiges Ergebnis eines Gutachtens nicht notwendigerweise einen Fahrlässigkeitsvorwurf (*negligence*) impliziert, es wird anerkannt, dass die Begutachtung von Kunstwerken keine präzise Wissenschaft ist, die zu verschiedenen

---

[1036] Innerhalb des Begriffes der *negligence* als Form des Verschuldens differenziert das englische Recht nicht zwischen verschiedenen Graden von Fahrlässigkeit, es kommt allein darauf an, ob der Schuldner „*negligent*" war oder nicht, *Brüggemeier*, S. 68 f. mwN; *Jack*, S. 108; *Rogers* in: Widmer, S. 65 ff.

[1037] *Maynard v. West Midlands Regional Health Authority* [1984] 1 W.L.R. 634 (638): „*Differences of opinion and practice exist, and will always exist, in the medical as other professions. There is seldom any one answer exclusive of all others to problems of medical judgement. A court may prefer one body of opinion to the other, but that is no basis for a conclusion for negligence (…) in the realm of diagnosis and treatment negligence it is not established by preferring one respectable body of opinion to another. Failure to exercise the ordinary skill of a doctor (in the appropriate speciality if he be a specialist) is necessary.*".

[1038] *Luxmoore-May v. Messenger May Baverstock* [1990] 1 W.L.R. 1009: Das Ehepaar Luxmoore-May, Eigentümer zweier kleiner unsignierter Ölgemälde, die jeweils einen Jagdhund an einer Felsenküste zeigen, entschied sich im Jahre 1985 diese Bilder zu verkaufen. Beide Bilder befanden sich in keinem guten Zustand. Eine Angestellte des Auktionshauses Messenger May Baverstock suchte die Eigentümer Luxmoore-May zuhause auf, um eine Bewertung für die beiden Bilder abzugeben. Sie nahm die beiden Bilder mit und gab der Eigentümerin eine Quittung, auf welcher „*for research*" stand. Später wurde mit dem sog. „*senior consultant*" des Auktionshauses über die Bilder beraten und man kam überein, dass beide einen derzeitigen Marktwert von ca. 30-50 GBP hätten. Bei einem Besuch des Auktionshauses Christie´s in London legte die Angestellte des Auktionshauses Messenger May Baverstock auf eigene Initiative auch die beiden Bilder der Luxmoore-Mays vor. Ungefähr 15 Minuten später wurden ihr dann die Bilder durch einen Angestellten von Christie´s wieder ausgehändigt und man teilte ihr mit, dass man an den beiden Bildern nichts außergewöhnliches hat feststellen können. Daraufhin entschloss sich das Ehepaar Luxmoore-May, die Bilder mit einem Vorbehalt von 40 GBP in die nächste Auktion zu geben. In dieser Auktion wurden die beiden Bilder unter dem Katalogeintrag „*English school. Hounds by rocky seashore. Panel. Pair. Oil on paper. 5,75 in. by 9 in.*" für 840 GBP zugeschlagen. Im März 1986 tauchten die Bilder dann in einer Auktion bei Sotheby´s in London auf, wo sie für 88.000 GBP, im Katalog als originale Werke aus der Hand von *George Stubbs A.R.A.* beschrieben, zugeschlagen wurden. Während auf die Klage des Ehepaares Luxmoore-May hin das Auktionshaus erstinstanzlich zu Schadensersatz verurteilt worden war, lehnte der *Court of Appeal* eine Haftung des Auktionshauses ab. Siehe *Arnheim*, SJ 1990, S. 580; *Mullany*, 107 LQR (1991), S. 28.

Ansichten führen kann und oftmals auch erfahrene Spezialisten keine eindeutigen Aussagen treffen können.[1039]

> „*The valuation of pictures of which the artist is unknown, preeminently involves an exercise of opinion and judgement, most particularly in deciding whether an attribution to any particular artist should be made. Since it is not an exact science, the judgement in the very nature of things may be fallible and may turn out to be wrong. Accordingly provided, that the valuer has done his job honestly and with due diligence (...) the court should be cautious before convicting him of professional negligence merely because he has failed to be the first to spot a "sleeper" or the potentiality of a "sleeper" (...).*“[1040]

Der Kunstsachverständige kann also eine eigene, von anderen vertretbaren Auffassungen divergierende Meinung vertreten, ohne dass dies unweigerlich seine Haftung auslöst, unter der Voraussetzung, dass er den bei der Begutachtung erforderlichen *standard of care* eingehalten hat.[1041] Der *Court of Appeal* war in der Entscheidung *Luxmoore-May v. Messenger May Baverstock* ferner der Ansicht, dass aus dem *standard of care* keine *duty* eines Generalisten folgt, seine Einschätzungen von außenstehenden anerkannten Experten aus der Gruppe der „Spezialisten“ verifizieren lassen zu müssen.[1042] Eine derartige Pflicht besteht entgegen der erstinstanzlichen Entscheidung nach dem *Court of Appeal* auch dann nicht, wenn keine große Sicherheit

---

[1039] Einen einheitlichen *standard of care and skill* für alle Experten aufgrund der allgemeinen Schwierigkeiten bei der Begutachtung fordert dagegen *Mullany*. Dieser kritisiert überdies, dass das Gericht ferner keine Festlegungen getroffen hat, wie ein „*leading auction house*“ von einem provinziellen Auktionshaus zu unterscheiden ist, vgl. *Mullany*, LQR 1991, S. 28 (30).

[1040] *Luxmoore-May v. Messenger May Baverstock* [1990] 1 W.L.R. 1009 (1021).

[1041] *Luxmoore-May v. Messenger May Baverstock* [1990] 1 W.L.R. 1009 (1021). Vgl. auch *Zubaida v. Hargreaves* [1995] 1 EGLR 127: „*In an action for negligence against an expert, it is not enough to show that another expert would have given a different answer. Valuation is not an exact science, it involves questions of judgment on which experts may differ without forfeiting their claim to professional competence. The fact that a judge may think one approach better than another is therefore irrelevant (...). The issue is not whether the expert's valuation was right, in the sense of being the figure which a judge after hearing the evidence would determine. It is whether he has acted in accordance with practices which are regarded as acceptable by a respectable body of opinion in his profession: see Bolam v. Friern Hospital Management Committee [1957] 1 W.L.R. 582 at p. 587, a well-known citation.*“ Vgl. aber auch *Bolitho v. City and Hackney Health Authority* [1998] A.C. 232.

[1042] *Luxmoore-May v. Messenger May Baverstock* [1990] 1 W.L.R. 1009 (1027); siehe die abweichende Begründung der 1. Instanz: *Luxmoore-May v. Messenger May Baverstock*

über das Zutreffen dieser Einschätzungen besteht. Führt der Sachverständige seine Begutachtung nicht in Konformität mit allgemein anerkannten Regeln seiner Berufsgruppe aus, handelt er in der Regel nicht im Einklang mit dem erforderlichen *standard of care.*[1043] Aus der allgemeinen Sorgfaltspflicht (*duty of care*) des Kunstsachverständigen fließt auch die Pflicht, sich mit neuen Untersuchungsmethoden auseinanderzusetzen und die individuellen Fertigkeiten weiterzuentwickeln.[1044] Ob der Kunstsachverständige in der tatsächlichen Situation sorgfaltswidrig gehandelt hat, muss unter Berücksichtigung des Stands der Wissenschaft und Forschung zum Zeitpunkt der Begutachtung bemessen werden.[1045]

c) Versuch einer inhaltlichen Konkretisierung unter Berücksichtigung von Rechtsprechung und Literatur

Die englische Rechtsprechung wartet im Unterschied zur umfangreichen französischen Kasuistik nur mit wenigen veröffentlichten Urteilen auf, bei denen Expertenmeinungen im Kunsthandel eine Rolle spielen.[1046] Im Folgenden werden kursorisch und nicht abschließend innerhalb der englischen Rechtsordnung vertretene Ansichten von Rechtsprechung und Literatur ausgewertet, im Hinblick auf eine näherungsweise inhaltliche Konkretisierung des *standard of care* der Kunstsachverständigentätigkeit. Dabei ist als Eigenheit der englischen Rechtsordnung zu berücksichtigen, dass neben anderen Berufsgruppen auch der Bereich der „Expertenhaftung" im weiteren Sinne regelmäßig unter dem Begriff der Berufshaftung, der „*professional liability*" bzw. „*professional negligence*", zusammengefasst wird.[1047] Vor diesem Hintergrund werden in der Darstellung auch Entscheidungen, die dem Auktionswesen zuzuordnen sind, indiziell herangezogen.

[1989] 04 E.G. 115: Nach Richter Brown J. hätten ausreichende Indikationen vorgelegen, die jeden kompetenten Kunstexperten zu einer weitergehenden Recherche hätten anhalten müssen. Vgl. auch *Thomson v. Christie Manson & Woods Ltd.* [2004] EWHC 1101 [186, 197] (Q.B.); siehe auch bei *Thomson v. Christie Manson & Woods Ltd.* [2005] EWCA Civ. 555 [11]: „(...) *Christie's exercised the skill reasonably to be expected of an international auction house of Christie's standing. I say "an international auction house of Christie's standing" because most auction houses do not deal with items such as the Houghton urns and are not equipped with the necessary knowledge and experience to do so.*".

1043 *Clerk & Lindsell on torts*, Rn. 10-164.

1044 *Peach v. Iain G Chalmers & Co.* [1992] 2 EGLR 135; *Hooberman v. Salter Rex* [1985] 1 EGLR 144; *Jackson & Powell*, Rn. 10-056.

1045 Simpson-*Murdoch/Berry*, Rn. 8.90 f. Vgl. *Private Bank & Trust Co Ltd. v. S (UK) Ltd.* [1993] 1 EGLR 144 (146).

1046 Siehe grds. etwa bei Simpson-*Murdoch/Berry*, Rn. 8.1; *Jackson & Powell*, Rn. 10-004.

1047 Darüber hinaus finden sich in den Urteilsbegründungen der englischen Rechtsprechung auch regelmäßig keine Angaben, ob es sich um eine Haftung aus *contract* oder *tort* handelt. Siehe schon oben Fn. 896.

Auch aufgrund der jeweiligen individuellen Besonderheiten eines im Einzelfall konkret zu begutachtenden Kunstwerkes kann der folgenden Darstellung nur Hinweischarakter zukommen.

aa) Kunstwissenschaftliche Untersuchung des Kunstwerks

Im Unterschied zu der im ersten Teil betrachteten französischen Judikatur geben englische Urteile den Sachverhalt und die Entscheidungsbegründungen der einzelnen Richter ausführlich und detailliert wieder. Die Entscheidung *Thomson v. Christie Manson & Woods Ltd*[1048] des *Court of Appeal* dokumentiert in ihrer Begründung anschaulich die Tätigkeit von Kunstexperten:[1049]

> *„It is the well-established practice of auction houses and the art world generally*[1050] *to date items such as the Houghton urns by visual examination in conjunction with such information as to the item as may be already available or obtainable by such research as is reasonably to be expected of the auction house in the circumstances. The examination must be as thorough as the circumstances reasonably require and it must be done by persons of appropriate qualifications and experience. It will not, cannot, and need not be as exhaustive as the examinations which have been carried out for the purposes of this trial: that is impractical. The outcome will be an expression of opinion as to date, which may be expressed in absolute*

[1048] *Thomson v. Christie Manson & Woods Ltd.* [2005] EWCA Civ. 555: Im Jahr 1994 wurden durch das Auktionshaus Kunstwerke des 18. und 19. Jahrhunderts aus dem Anwesen „Houghton Hall“, Norfolk, England, versteigert. Darunter befanden sich zwei Porphyr-Urnen aus der Zeit „Louis XV“, welche auf der Versteigerung für GBP 1.75 Mio. zzgl. Aufgeld bei einem ursprünglichen Schätzpreis von GBP 400.000 bis GBP 600.000 an eine amerikanische Käuferin zugeschlagen wurden. Diese wurde zuvor vom *Special Client Services Department* des Auktionshauses in New York über die Auktion und zu den Urnen informiert. Die Käuferin machte später geltend, dass die von ihr ersteigerten Vasen nicht Originale aus der Zeit „Louis XV“ seien, sondern erst im 19. Jhd. entstanden sind und deren tatsächlicher Marktwert daher nur bei ca. GBP 25.000 läge. Die Käuferin klagte daraufhin gegen das Auktionshaus und ihr wurde in der ersten Instanz ein Anspruch auf Schadensersatz zugesprochen. In der Berufungsinstanz hob der *Court of Appeal* diese Entscheidung auf und lehnte eine Haftung des Auktionshauses ab. Das *House of Lords* hat den Rechtsstreit nicht zur Entscheidung angenommen, siehe *House of Lords*, *Minutes of Proceedings* v. 20.10.2005. Zur 1. Instanz siehe *Thomson v. Christie Manson & Woods Ltd.* [2004] EWHC 1101.

[1049] *Thomson v. Christie Manson & Woods Ltd.* [2005] EWCA Civ. 555 [74].

[1050] Hervorhebung durch den Verfasser.

terms such as here, or in more guarded terms, using words such as "probably" or "possibly". Where it is expressed in absolute terms it remains nonetheless an expression of opinion, which may later be shown to be doubtful or wrong. That is the basis on which the market proceeds, and that is generally well-understood."

Es erfolgt also stets eine den konkreten Umständen entsprechende, eingehende visuelle Untersuchung des Kunstwerks im Original[1051] im Zusammenhang mit den verfügbaren Informationen, gegebenenfalls ergänzt durch eine entsprechende Recherche. Dabei werden seine individuellen Eigenschaften und Details festgestellt, beispielsweise spätere Reparaturen und Restaurierungen, oder aber etwa qualitative bzw. stilistische Abweichungen, beispielsweise bei Gemälden in der Technik und der Hand des Künstlers.[1052] Entscheidend für die Untersuchung eines Kunstwerkes ist das geschulte und erfahrene „Auge" des Experten.[1053]

Exemplarisch sind auch die Zusammenhänge der Entscheidung *Luxmoore-May v. Messenger May Baverstock* des *Court of Appeal*.[1054] Der *Court of Appeal* führt in *Luxmoore-May v. Messenger May Baverstock* aus, dass auch wenn konkrete Eigenschaften des Werkes auf einen bestimmten Künstler hindeuten, ein Fahrlässigkeitsvorwurf (im Sinne eines *breach of duty*) nicht schon dadurch begründet wird, dass ein Kunstexperte das besondere Potential des Kunstwerks nicht erkannt hat.[1055] Ist der Urheber eines Werkes nicht bekannt, liegt es für eine Bestimmung desselben alleine an der Urteilsbildung des Experten. Hat er das Werk mit ausreichender Sorgfalt untersucht, dann ist ihm kein Vorwurf im Sinne von *professional negligence* zu

---

[1051] *Levy*, 1991 Wis. L. Rev. 595 (609 f.); *Stebbins*, in: Spencer, S. 135 (138); *Spencer*, in: Spencer, S. 189 (208).

[1052] Siehe bei *Drake v. Thos Agnew & Sons Ltd.* [2002] EWHC 294 [45 ff.].

[1053] Siehe die Begründung von *Justice Buckley*, in: *Drake v. Thos Agnew & Sons Ltd.* [2002] EWHC 294 [43]: „*Attribution of an Old Master can depend on various matters, including: provenance, historical research and the experienced eye of an expert, usually a trained art historian. In this case neither provenance nor history gives an answer or even very much help. (...) Whilst it is vital to have keen observation it is also necessary to have knowledge of an artist's methods and style and to be sufficiently familiar with his work to be able to recognise his artistic "handwriting". Even that is not all. It involves also a sensitivity to such concepts as quality, emotion, mood and atmosphere. To an extent "eye" can be developed but, like many other human attributes it is partly born in a man or woman. Were it otherwise there would be many more true experts.*"; *Stebbins*, in: Spencer, The Expert, S. 137.

[1054] *Luxmoore-May v. Messenger May Baverstock* [1990] 1 W.L.R. 1009.

[1055] Demgegenüber hatte das Gericht der ersten Instanz angenommen, dass jeder durchschnittliche Kunstexperte auch ohne Spezialkenntnisse Bilder eines bekannten Malers wie George Stubbs erkennen müsse, *Luxmoore-May & Another v. Messenger May Baverstock* [1989] 04 EG 115.

machen, wenn er einen „*sleeper*“ nicht erkannt hat.[1056] Der *Court of Appeal* stellte verschiedene Gründe für seine Entscheidung besonders heraus.[1057] Erstens sei die Popularität und Fülle von Tiermotiven im 18. und 19. Jahrhundert zu berücksichtigen, denn über 60 verschiedene Maler waren in diesem Bereich tätig, was aufgrund der entsprechenden Fülle derartiger Bilder eine Bewertung und Zuordnung schwierig gestaltet. Zweitens ist auch die Tatsache zusätzlich erschwerend, dass viele gute Kopien von originalen Werken namhafter Künstler im Umlauf sind. Ferner war für den *Court of Appeal* auch entscheidend, dass die beiden Bilder, für die sonst sehr gute Qualität des Werks von Stubbs, einige unübliche anatomische Fehler aufwiesen. Daneben folgte die umstrittene[1058] Zuordnung der beiden Bilder in das Werk von Stubbs durch Sotheby´s im Auktionskatalog vom 02. März 1986 aus der besonderen Kenntnis des Spezialisten des Auktionshauses Sotheby´s für britische Malerei, von einem berühmten Gemälde des Malers *Stubbs* in der Sammlung des „Goodwood House“, West Sussex, England, namens „The Charlton Hunt“. Von den auf diesem Gemälde dargestellten über 20 Jagdhunden entsprechen zwei den Hunden auf den Werken der Kläger. Allein schon aus diesem Grunde war nach Ansicht des *Court of Appeal* die besondere Kenntnis über das Bild der „Charlton Hunt“ entscheidend, die aber von keinem durchschnittlichen Kunstexperten erwartet werden kann.[1059] Darüber hinaus war auch der ursprünglich schlechte Zustand der Bilder mit den teilweisen Übermalungen als erschwerend zu berücksichtigen, vor der späteren Versteigerung bei Sotheby´s wurden die Bilder gereinigt, von den Übermalungen befreit und teilweise restauriert.[1060]

Auch zeitgenössische Kunst unterliegt entsprechenden Anforderungen. Beispielsweise die Arbeiten von *Jackson Pollock* (1912-1956) geben Kunstsachverständigen besondere Schwierigkeiten auf, authentische Werke von Fälschungen zu unterscheiden.[1061] Von Bedeutung sind hier etwa die Art und Weise des Farbauftrages, etwa

---

[1056] *Luxmoore-May v. Messenger May Baverstock* [1990] 1 W.L.R. 1009 (1021).

[1057] Der *Court of Appeal* führte u.a. auch das Verhalten der anwesenden Händler als Argument auf, denn von der größeren Anzahl anwesender Kunsthänder waren nur zwei bereit, Gebote abzugeben. Ein weiterer Händler, der erst kürzlich auf ein verschollenes Gemälde von *Stubbs* gestoßen war und die beiden Bilder der Luxmoore-Mays eingehend untersucht hatte, war nicht bereit, ein Gebot abzugeben. Kritisch gegenüber diesem Argument des *Court of Appeal*: *Spencer*, in: Spencer, The Expert, S. 143 (151 f.); vgl. *Luxmoore-May v. Messenger May Baverstock* [1990] 1 W.L.R. 1009 (1025).

[1058] Die weltweit renommierte *Stubbs*-Expertin und Autorin des Catalogue raisonné zum Werk von *George Stubbs* ist in ihrem Gutachten nur von einer 15%igen Wahrscheinlichkeit ausgegangen, dass es sich um Originale des Malers *Stubbs* handele, *Luxmoore-May v. Messenger May Baverstock* [1990] 1 W.L.R. 1009 (1024).

[1059] *Luxmoore-May v. Messenger May Baverstock* [1990] 1 W.L.R. 1009 (1025).

[1060] *Luxmoore-May v. Messenger May Baverstock* [1990] 1 W.L.R. 1009 (1025).

[1061] Ausführlich bei *Spencer*, in: Spencer, The Expert, S. 189 (200 f.); *O´Connor*, in: Spencer, The Expert, S. 3 (11 ff., 24).

was eine Untersuchung erforderlich machen kann, ob die einzelnen Farbschichten jeweils separat abgetrocknet sind, um ein Ineinanderlaufen zu vermeiden.[1062]

Ist auf dem Kunstwerk eine Signatur oder eine anderweitige Kennzeichnung des Urhebers vorhanden, muss diese eingehend untersucht werden. In der Regel geben Kunstsachverständige dem Vorhandensein einer Signatur zu Recht keine besondere Bedeutung. Dies beruht darauf, dass sich eine Signatur erheblich einfacher fälschen lässt als ein ganzes Gemälde, denn letzteres erfordert, dass man qualitativ wie der Künstler gearbeitet haben muss.[1063] Für die Entscheidungsfindung eines Gerichts kann das Vorhandensein einer ordnungsgemäßen Signatur eine erheblich wichtigere Rolle spielen, als für einen Sachverständigen, wenn es um den Nachweis der Authentizität eines Bildes geht.[1064]

bb) Untersuchung des Zustands und Untersuchungen mit naturwissenschaftlichen Verfahren

Der Zustand des Objekts ist von großer Bedeutung. Er gibt Aufschlüsse über das Objekt an sich und ist zugleich ein bedeutendes Kriterium bei der pekuniären Bewertung. Ein originaler, unberührter Zustand steht hier erheblich zerstörten Fragmenten oder stark restaurierten und nur noch in Teilen originalen Objekten gegenüber.[1065] Für die überwiegende Zahl aller Kunstwerke ist für die Begutachtung in der Regel eine visuelle Untersuchung ausreichend. Demgegenüber wird eine Untersuchung mit aufwändigen naturwissenschaftlichen Methoden (*scientific testing*)[1066] angesichts des großen Aufwandes und der Kosten in der Regel nur bei hochwertigen Werken vorgenommen und auch nur dann, wenn entsprechender Anlass hierzu besteht.[1067] Die Notwendigkeit und Auswahl bestimmter naturwissenschaftlicher Un-

---

[1062] *Spencer*, in: Spencer, The Expert, S. 189 (200 f.); *O´Connor*, in: Spencer, The Expert, S. 3 (11 ff., 24).

[1063] *Spencer*, in: Spencer, The Expert, S. 189 (205).

[1064] *Siegel*, in: Spencer, The Expert, S. 89. Siehe generell die Begründung von *Justice Buckley*, in: *Drake v. Thos Agnew & Sons Ltd.* [2002] EWHC 294 [43]: „*A judge is not bound by expert opinion. A judge may presume to find that an expert's final opinion is based on illogical or even irrational reasoning and reject it. But a judge should not himself assume an expertise he does not possess. Thus here, if the question had turned on analysis of historical data or inferences to be drawn from surviving documents, I would have been entitled, with such assistance from the experts as I had received, to have drawn my own conclusions; but it does not. It turns on "eye". However I may regard my own taste or appreciation of things artistic, I must not presume to have an expert's "eye" for a van Dyck.*".

[1065] Siehe etwa bei *Britton/O´Connell*, RICS Arts Surveyor, Januar 2009, 10 f.

[1066] Siehe zu den verschiedenen wissenschaftlichen Untersuchungsmethoden ab Seite 26.

[1067] Siehe *Spencer*, in: Spencer, The Expert, S. 189 (195 f.).

tersuchungen ist vom konkreten Kunstwerk abhängig und eine entsprechende Beauftragung wissenschaftlicher Institutionen muss vom Sachverständigen im konkreten Einzelfall beurteilt werden. Regelmäßig werden die wissenschaftlichen Untersuchungen durch ein externes Labor durchgeführt, bei dessen Auswahl der Sachverständige sorgfältig vorgehen muss.[1068] Für das Ergebnis der Untersuchung sind die korrekte Ausführung und die richtige Interpretation der Befunde entscheidend. So ist beispielsweise der Nachweis eines modernen Farbpigments oder anderer chemischer Stoffe nicht notwendigerweise ein klares Indiz für eine Fälschung, sondern sein Vorhandensein kann in einer Restaurierung des Kunstwerks begründet liegen und gegebenenfalls weiterführende Untersuchungen erforderlich machen.[1069]

cc) Provenienz und Dokumentation

Provenienz, die Recherche historischer Hintergründe und das erfahrene Auge eines Experten sind für die Zuschreibung von altmeisterlichen Gemälden von eminenter Bedeutung, was Justice Buckley ausdrücklich in der Begründung der Entscheidung *Drake v. Thos Agnew & Sons Ltd.* darlegt.[1070] Diese Aussage lässt sich durchaus auf andere Arten von Kunstwerken verallgemeinern. Provenienz erlaubt, das oftmals „bewegte Leben" eines Kunstwerks teilweise sogar bis zu seinem Urheber zurückzuverfolgen und gestattet so, einzelne (Vor-)Eigentümer, eventuelle Ausstellungen und gegebenenfalls auch erfolgte Restaurierungen in Erfahrung zu bringen, insoweit kann auf die allgemeinen Darstellungen in der Einleitung verwiesen werden.[1071]

Provenienz ist dabei mit kritischem Auge zu untersuchen, denn derartige Belege und Dokumente können teilweise mit einfachen Mitteln gefälscht werden. In einem englischen Fall wurden sogar Aufzeichnungen in den Archiven der Tate Gallery in London verändert, um einem gefälschten Kunstwerk eine Provenienz zu verleihen.[1072] Provenienz ist daher nicht notwendigerweise eine Beweis für die Echtheit, kann aber zumindest in der Gesamtschau ein bedeutendes zu berücksichtigendes Indiz sein. Sie muss immer im Einzelfall geprüft und bewertet werden.[1073] Demgegenüber gibt eine nicht einwandfreie oder zweifelhafte Provenienz allerdings stets Anlass zu erhöhter Aufmerksamkeit.[1074] In der Entscheidung *Thomson v. Christie Manson & Woods*

1068 Siehe *Levy*, 1991 Wis. L. Rev. 595 (610 f.).

1069 Aber auch differierende Untersuchungsergebnisse verschiedener naturwissenschaftlicher Verfahren, wie etwa im Fall *Techarungreungkit v. Götz* [2003] E.W.H.C. 58 [17 ff., 24 ff.], bedürfen der Prüfung und ggf. weiterer Untersuchungen.

1070 *Drake v. Thos Agnew & Sons Ltd.* [2002] EWHC 294 [43].

1071 Siehe oben ab Seite 26.

1072 Siehe bei *Spencer*, in: Spencer, The Expert, S. 189 (199).

1073 *Ten-Doesschate Chu*, IFAR Journal, Vol. 7, Nr. 1, 204, 18 (24).

1074 Siehe bei *Hudson*, A.A.L. 2003, S. (201) 207; auch bei *de Balkany v. Christie Manson and Woods Ltd.* [1997] Tr.L.R. 163.

Ltd. konnte die Provenienz der im Streit stehenden Urnen nur bis in das Jahr 1921 zurückverfolgt werden, was bei derart hochwertigen Kunstwerken als Grund zu erhöhter Aufmerksamkeit galt.[1075]

dd) Gutachten Dritter

Liegen bereits Gutachten zu dem Kunstwerk vor, muss sich der Sachverständige mit diesen auseinandersetzen und darf nicht Angaben aus diesen ungeprüft übernehmen. Dabei muss stets berücksichtigt werden, dass auch Gutachten bzw. ausländische *certificates of authenticity* gefälscht sein können.[1076]

ee) Die Bewertung von Kunstwerken

Der Gutachtenauftrag kann auch eine pekuniäre Bewertung des Kunstwerkes umfassen. Hierbei sind vom Sachverständigen verschiedene wertbildende Faktoren in Betracht zu ziehen, die neben der Art und Qualität des Kunstwerks etwa die Provenienz oder seinen Zustand betreffen, hinsichtlich letzterem beispielsweise das Vorhandensein von Beschädigungen oder durchgeführte Restaurierungen.[1077] Aber auch die spezifischen Eigenheiten des Kunstmarktes, die vor allem eine aktuelle Kenntnis des Sachverständigen über das jeweiligen Marktsegment erforderlich macht,[1078] und die Individualität eines jeden Objektes im Markt nehmen Einfluss auf die pekuniäre Bewertung eines Kunstwerkes.[1079] Es lässt sich daher auch mit *reasonable care and skill* kein absoluter Wert präzise festlegen, der als richtig und alle davon abweichenden Werte als falsch zu beurteilen sind.[1080] In der englischen Rechtsprechung zur Sachverständigenhaftung findet sich eine Spanne innerhalb derer sich der vom Sachverständigen angegebene Wert bewegen darf, ohne dass eine haftungsbegründende Über- bzw. Unterbewertung vorliegt (*bracket* bzw. *margin of error*). In der Entscheidung *Singer & Friedlander Ltd. v. John D. Wood & Co.* hat das Gericht zur Haftung eines Immobiliensachverständigen eine zulässige Spanne von 10 % in jede Richtung, in besonderen Fällen bis zu 15 %, zum Zeitpunkt der Begutachtung angenommen,

---

[1075] *Thomson v. Christie Manson & Woods Ltd.* [2005] EWCA Civ. 555 [22, 46, 76, 103].

[1076] Siehe hierzu etwa bei *Flescher*, IFAR-Journal 2004, Vol. 7, Nr. 3&4, S. 12 ff.

[1077] Siehe etwa im US-Fall *Merchants Fire Assurance v. Lattimore*, 263 F.2d, 232 (236) zit. nach *Karlen*, ISWA 1990, S. 667 (677).

[1078] *Epstein*, RICS Arts Surveyor, Januar 2008, 8.

[1079] Hierzu zählen auch Markttrends und Nachfrage, siehe bei *Aitken*, RICS Arts Surveyor, April 2009, 12 ff.

[1080] *Jackson & Powell*, Rn. 10-058; *Clerk & Lindsell on torts*, Rn. 10-166; *Murdoch/Berry*, in: Simpson, Rn. 8.136; siehe auch die Ausführungen von *Lord Templeman* in: *Smith v. Eric S Bush (A Firm), Harris and Another v. Wyre Forest District Council* [1990] 1 A.C. 831 (850 f.).

die sich nach *Clerk & Lindsell* bei durchschnittlichen Immobilien langsam zu einer Regel etabliert.[1081] Für Kunstsachverständige ist bislang keine entsprechende Rechtsprechung ersichtlich, in der Literatur werden die Spannen aus *Singer & Friedlander Ltd. v. John D. Wood & Co.* für die Sachverständigentätigkeit im Allgemeinen genannt, zum Teil mit 20 % auch über die Spannen aus *Singer & Friedlander Ltd. v. John D. Wood & Co.* hinausgehend,[1082] wobei es auf den Einzelfall ankommt.[1083] Ob der Kunstsachverständige bei einer konkreten Bewertung mit der erforderlichen Sorgfalt vorgegangen ist, oder eine haftungsbegründende Über- bzw. Unterbewertung vorliegt, bleibt eine Frage des individuellen Sachverhaltes, bei dessen Beurteilung den Besonderheiten des Kunstmarktes Rechnung zu tragen ist.[1084]

d) Rechtsfolge

Schließlich erfordert der Schadensersatzanspruch aufgrund des *tort of negligence* gegenüber dem Kunstsachverständigen einen durch den *breach of duty* verursachten Schaden.[1085] Von seiner Zweckrichtung her ist der Schadensersatz im Bereich des *law of torts* kompensatorisch.[1086] Der Schadensersatz aufgrund des *tort of negligence* soll den Geschädigten so stellen, wie er ohne das schädigende Ereignis stünde.[1087] Auch der aufgrund des *tort of deceit* gewährte Schadensersatz soll den Geschädigten so stellen, als ob das falsche Gutachten nicht erstellt worden wäre. Es werden alle Schäden ersetzt, die aufgrund des falschen Gutachtens verursacht worden sind, im Unterschied allerdings auch solche, die nicht vorhersehbar (*forseeable*) waren.[1088]

1081 *Clerk & Lindsell on torts*, Rn. 10-166; *Singer & Friedlander Ltd. v. John D. Wood & Co.* [1955-1995] P.N.L.R. 70 [74]; kritisch gegenüber den Werten dieser Entscheidung *Murdoch*, P.N. 2005, 21(4), 233 (246 f.). Bei einer Bewertung eines Hotels wurde eine Abweichung von 37 % nicht als haftungsbegründend beurteilt, *Corisand Investments Ltd. v. Druce & Co* (1978), 248 E.G. 315, vgl. etwa bei *Maguire*, J.I.B.L. 1992, 7(11), 429 (430). Siehe auch die Begründung von *Lewinson J.* in der Entscheidung *David Goldstein v. Levy Gee (a Firm)* [2003] EWHC 1574 [47 ff.].

1082 *Jackson & Powell*, Rn. 10-061 mwN; siehe auch *Halsbury's*, Bd. 3(4), Para. 303, Fn. 8 mwN.

1083 *Murdoch/Berry*, in: Simpson, Rn. 8.138, 8.147.

1084 *Jackson & Powell*, Rn. 10-061 a.E.

1085 *v.Bar*, Gemeineurop. Deliktsrecht, Bd. 1, S. 289.

1086 *Albacruz (Cargo Owners) v. Albazero (Owners), The Albazero* [1977] AC 741 (841); *Winfield/Jolowicz*, S. 748, Rn. 22.5; *Clerk & Lindsell on torts*, Rn. 28-07.

1087 *Hodgin*, S. 88; *Shaw*, in: v.Bar, Deliktsrecht in Europa, England und Wales, S. 60.

1088 *Markesinis/Deakin*, S. 505. Der *reasonable forseeability test of remoteness* findet auf den *tort of deceit* keine Anwendung, *Winfield/Jolowicz*, S. 379.

aa) Kausalzusammenhang

Zwischen dem *breach of duty* und dem durch die fehlerhafte Begutachtung des Kunstsachverständigen eingetretenen Schaden (*damage*) muss eine vom Geschädigten nachzuweisende kausale Verbindung bestehen.[1089] Der Geschädigte hat insoweit darzulegen, dass er, sich auf das Gutachten verlassend (*reliance*), eine Entscheidung über den Kauf oder Verkauf des Kunstwerks getroffen hat und dies ursächlich für den bei ihm eingetretenen Schaden war (*factual causation*).[1090] Wie im englischen Vertragsrecht und ähnlich der *conditio-sine-qua-non*-Formel des deutschen Rechts, wird hierbei im Wege des sog. *but-for tests* bestimmt, ob der Sorgfaltsverstoß für den Schaden kausal war.[1091]

bb) Art und Umfang des Schadensersatzes

Darüber hinaus erfolgt mit dem *test of remoteness of damage* eine Eingrenzung des Schadensersatzes.[1092] Ein Schaden gilt dann als nicht ersetzbar, wenn er als Folge des Sorgfaltspflichtverstoßes des Kunstsachverständigen zu weit entfernt (*too remote*) ist, er also zum Zeitpunkt des *breach of duty* vernünftigerweise nicht vorhersehbar war (*resonably forseeable*).[1093] Dabei ist es nicht von Relevanz, in welcher Höhe der Schaden vorhersehbar war und in welcher Höhe dieser eingetreten ist.[1094]

[1089] Siehe *Beaumont v. Humberts* [1990] 49 E.G. 46.

[1090] *Clerk & Lindsell on torts*, Rn. 10-172; *Shankie-Williams v. Heavey* [1986] 2 EGLR 139.

[1091] *Cork v. Kirby Maclean Ltd.* [1952] 2 All E.R. 402 (407): „*If the damage would not have happened but for a particular fault then that fault is the cause of the damage; if it would have happenend just the same, fault or no fault, the fault is not the cause of damage.*"; *Markesinis/Deakin*, S. 187.

[1092] *Clerk & Lindsell on torts*, Rn. 2-133; 2-170 ff.

[1093] *Jackson & Powell*, Rn. 10-126; siehe ferner *Overseas Tankship (UK) Ltd. v. Morts Dock & Engineering Co. Ltd. (The Wagon Mound (No.1))* [1961] 1 All E.R. 404 ff., siehe Viscount Simonds, 413 ff.: „*For it does not seem consonant with current ideas of justice or morality that for an act of negligence, however slight or venial, which results in some trivial forseeable damage, the actor should be liable for all consequences however unforeseeable and however grave, so long as they can be said to be „direct". It is a principle of civil liability, subject only to qualifications which have no present relevance, that a man must be considered to be responsible for the probable consequences of this act. To demand more of him is too harsh a rule, to demand less is to ignore that civilised order requires the observance of a minimum standard of behavior.* (...) *liability as a consequence has been imposed on the ground that it was reasonable forseeable* (...).". Zum Kriterium der *remoteness* ausführlich *Stauch*, (2001) 64(2) M.L.R. 191 ff.

[1094] *Witting*, Rn. 14.50 ff. mwN. Zum Zusammentreffen einer Überbewertung durch einen Sachverständigen und Einbrüchen am Immobilienmarkt, siehe *South Australia Asset Management Corp. v. York Montague Ltd.* [1996] 3 All E.R. 365 (siehe dort die Begründung

Wird etwa ein Werk erheblich zu teuer bezahlt, weil es tatsächlich nur aus dem Umkreis eines bestimmten Künstlers stammt, aber im Vertrauen auf ein Gutachten gekauft wurde, welches das Werk fälschlicherweise als aus der Hand dieses Künstlers selbst ausweist, entsteht ein Schaden in Höhe der Differenz des gezahlten Kaufpreises und des tatsächlichen Wertes. In der englischen Rechtsordnung, die den Geschädigten so stellen will, wie er ohne den *tort of negligence* stünde, wird in Sachverständigenhaftungsfällen die sich im konkreten Fall entsprechend ergebende Wertdifferenz aus dem gezahlten bzw. erhaltenen Betrag und dem wahren Wert im Falle einer richtigen Begutachtung ersetzt.[1095] Ferner können auch im Zusammenhang mit dem Kauf oder Verkauf stehende Kosten ersetzt werden.[1096]

e) Haftung für Hilfskräfte

Im *law of torts* haftet der Sachverständige als *master* für die Beiträge seiner Hilfskräfte zu der Begutachtung wie für eigenes Fehlverhalten.[1097] Dies setzt voraus, dass die Hilfskraft (*servant*) in Ausführung der ihm übertragenen Verrichtung (*in the course of his employment*) tätig wird und ein *breach of duty* vorliegt.[1098] Wie schon

---

von Lord Hoffmann, 369 ff.) („SAAMCO"); siehe auch bei *Stapleton* 113 [1997] LQR 1 ff.

1095 *Clerk & Lindsell on torts*, Rn.10-174; *Murdoch/Berry*, in: Simpson, Rn. 8.190, 8.193 ff. Vgl. auch bei *Thomson v. Christie Manson & Woods Ltd.* [2005] EWCA Civ. 55. Im Falle der Unterbewertung zu Lasten des Verkäufers beim Verkauf, siehe *McGregor on Damages*, Rn. 29-073. Hinsichtlich der Schadenshöhe kann die Feststellung des tatsächlichen gegenwärtigen Wertes des streitgegenständlichen Kunstwerks Schwierigkeiten verursachen, etwa wenn sich keine vergleichbaren Werke auf dem Markt befinden, siehe etwa die Ausführungen von Richter *Buckley* in: *Richard Drake v. Thos. Agnew & Sons Limited* [2002] EWHC 294, Rn. 47.

1096 *Murdoch/Berry*, in: Simpson, Rn. 8.206 ff.; *Clerk & Lindsell on torts*, Rn.10-175.

1097 *Clerk & Lindsell on torts*, Rn. 10-15 mwN; *Brüggemeier*, S. 125 ff. Siehe dagegen zum Experten als *independent contractor* bei *Luxmoore-May v. Messenger May Baverstock* [1990] 1 W.L.R. 1009 (1022). Die persönliche Haftung eines angestellten Sachverständigen einer Sachverständigengesellschaft aufgrund einer Überbewertung wurde etwa in *Merret v. Babb* angenommen, *Merrett v. Babb* [2001] Q.B. 1174. Der *Court of Appeal* begründete dies vorwiegend mit der persönlichen Kompetenz des Sachverständigen, aufgrund welcher in seine sorgfältige Begutachtung vertraut wurde. Ihre Gestaltung u.a. mit Angabe der persönlichen Qualifikationen des Sachverständigen und dessen persönliche Unterschrift begründeten eine persönliche Haftung (1198); *Edelman/McKendrick*, 118 [2002] LQR, 4 (5 ff., 10); siehe auch die *dissenting opinion* von *Aldous L.J.*, *Merrett v. Babb* [2001] Q.B. 1174 (1199 ff.). Auf die Bedeutung von *Merret v. Babb* als auf konkreten Einzelfallvoraussetzungen und *policy*-Erwägungen basierende Entscheidung weist *Whittaker*, J.B.L. 2002, 601 (605), hin.

1098 *Zweigert/Kötz*, S. 642 ff., eine Exkulpation, vergleichbar mit dem deutschen Recht nach § 831 Abs. 1 S. 2 BGB, ist nicht möglich, aaO (647).

in der obigen Darstellung der Haftungsvoraussetzungen im Bereich des *law of contract* dargelegt, ist angesichts der regelmäßig personenbezogenen Sachverständigentätigkeit die Tätigkeit von Hilfskräften bei der Anfertigung von Gutachten hier nicht von besonderer Relevanz.

f) Beweislast

Der Geschädigte hat die Beweislast (*onus of proof*), dass zwischen dem Kunstsachverständigen und ihm eine *duty of care* bestand und dass diese durch den Sachverständigen verletzt wurde (*breach of duty*).[1099] Ferner ist vom Geschädigten der Eintritt eines Schadens zu beweisen, sowie das Bestehen eines Kausalzusammenhangs zwischen dem *breach of duty* und Schaden.[1100] Im Rahmen eines Anspruches nach dem *tort of deceit* hat der Geschädigte *fraud* nachzuweisen.[1101]

g) Verjährung

Im *law of torts* knüpft die Verjährung an den Tag an, an dem der Schaden durch die unerlaubte Handlung entstanden ist.[1102] Nach sect. 2 der *Limitation Act 1980* beträgt die Verjährungsfrist (*limitation period*) sechs Jahre für deliktische Ansprüche.[1103] Durch den *Latent Damage Act 1986* wurde in sect. 14A *Limitation Act 1980* eine besondere Verjährungsfrist von drei Jahren für verborgene Schäden eingeführt.[1104] Danach verjähren deliktische Ansprüche aufgrund von *negligence* mit Ausnahme von Ersatzansprüchen wegen Schäden an der Person grundsätzlich sechs Jahre nach der unerlaubten Handlung, oder, wenn diese dem Geschädigten verborgen geblieben sind, drei Jahre nach dem Zeitpunkt, zu welchem der Geschädigte Kenntnis hat oder

---

[1099] *Singer & Friedlander Ltd. v. John D Wood & Co.* [1977] 2 EGLR 84 (93); *Witting*, Rn. 14.03.

[1100] *Jackson & Powell*, Rn. 10-121; *Shaw*, in: v.Bar, Deliktsrecht in Europa, England und Wales, S. 28 ff.

[1101] *Witting*, Rn. 8.04 ff.

[1102] *Markesinis/Deakin*, S. 776; *Halsbury's*, Bd. 4(3), Para. 310. Der Beginn der vertragsrechtlichen Verjährung knüpft dagegen an das Ereignis des *breach of contract* an. Zur angestrebten Änderung des Verjährungsrechts siehe etwa den *Law Commission Report on Limitation of Actions*, Nr. 270 von 2001 und den *Law Commission Report* Nr. 316 von 2009, S. 60; hierzu *Markesinis/Deakin*, S. 781.

[1103] Die Verjährung von Ansprüchen aus *deceit* beginnt ab dem Zeitpunkt, ab dem der Geschädigte *fraud* entdeckt bzw. mit der erforderlichen Sorgfalt hätte entdecken müssen, siehe sect. 32 *Limitation Act 1980*.

[1104] *Jackson & Powell*, Professional Liability Precedents, Surveyors and Auctioneers, Rn. 3-30. Sect. 14A ist nicht auf Klagen aufgrund von *breach of contract* anwendbar, *Dugdale/Stanton*, S. 575; *Clerk & Lindsell on torts*, Rn. 10-154, Fn. 86.

vernünftigerweise Kenntnis hätte erlangt haben müssen.[1105] Alle Ansprüche aufgrund von *negligence* verjähren nach sect. 14B jedoch längstens 15 Jahre nach der unerlaubten Handlung.[1106]

C. Möglichkeiten zum Ausschluss und der Beschränkung der Haftung des Kunstsachverständigen

Im folgenden Abschnitt soll der Frage nachgegangen werden, unter welchen Voraussetzungen die englische Rechtsordnung Kunstsachverständigen gestattet, ihre Haftung zu beschränken oder auszuschließen.

I. Grundlagen und Konzeption des englischen Rechts zu Haftungsausschlüssen und Haftungsbeschränkungen

Einerseits besteht die Möglichkeit bereits das Pflichtenprogramm vertraglich mit dem Auftraggeber durch Klauseln zu regeln, die die Pflichten des Sachverständigen einschränken, etwa durch Bestimmung des Umfangs der Tätigkeit des Sachverständigen.[1107] Andererseits finden sich Klauseln zum Ausschluss oder der Beschränkung der Haftung für den Fall einer Pflichtverletzung, mancherorts sind diese im Hinblick auf Dritthaftung direkt im Gutachten enthalten.[1108] Von diesen Ansatzpunkten ausgehend, soll zunächst überblicksweise auf die von der englischen Rechtsordnung zur Verfügung gestellten Rahmenbedingungen eingegangen werden, um die besonderen Wege der englischen Rechtsordnung und die Interaktion der verschiedenen Instrumentarien darzulegen, im Anschluss gefolgt von einer Darstellung der materiellrechtlichen Wirksamkeit haftungsbeschränkender und haftungsausschließender Klauseln.

Das englische Recht weist hier neben der einschlägigen Judikatur des *common law* erst seit Ende des 20. Jahrhunderts eigene gesetzliche Regelungen im Bereich der haftungsbeschränkenden und haftungsausschließenden Klauseln auf (sog. *exemption* bzw. *exclusion* bzw. *limitation clauses*), die neben den von der Rechtsprechung entwickelten Grundsätzen Geltung beanspruchen.[1109] Diese verschiedenen,

---

[1105] *Halsbury's*, Bd. 4(3), Para. 310.

[1106] *Shaw*, in: v.Bar, Deliktsrecht in Europa, England und Wales, S. 67.

[1107] Simpson-*Murdoch/Berry*, Rn. 8-290.

[1108] Siehe bei *Chitty on contracts*, Vol. I, Rn. 14-003.

[1109] Hierzu *Ponick*, S. 6 ff. Die Begriffe *exclusion clauses*, *exemption clauses* bzw. *limitation clauses* werden in der Literatur oft synonym verwendet, siehe bei *Lawson*, S. 3 ff.; *Witting*, Rn. 16.13; Simpson-*Murdoch/Berry*, Rn. 8.289.

nebeneinander bestehenden gesetzlichen Regelungen finden sich zum einen im *Unfair Contract Terms Act 1977* (UCTA 1977)[1110] und zum anderen in den *Unfair Terms in Consumer Contracts Regulations* 1999 (UTCCR 1999).[1111] Der UCTA 1977 findet vorwiegend nur auf haftungsbeschränkende und haftungsausschließende Klauseln Anwendung.[1112] Dabei wird innerhalb des UCTA 1977 auch keine Differenzierung wie im deutschen Recht vorgenommen, ob es sich um Klauseln einer Individualvereinbarung oder Allgemeine Geschäftsbedingungen handelt.[1113] Ferner findet der UCTA 1977 sowohl im Vertragsrecht als auch im Bereich des *tort of negligence* Anwendung.[1114] Er beansprucht außerdem Geltung für Klauseln sowohl bei Verbraucherbeteiligung als auch im Geschäftsverkehr, siehe ss. 1(3), 12, 14 UCTA 1977.[1115] Im Unterschied zum UCTA 1977 finden die UTCCR 1999 nur auf Klauseln in Verbraucherverträgen Anwendung, und auch nur auf solche, die nicht individuell ausgehandelt worden sind (sog. *standard terms*).[1116] Dabei beschränken sich die UTCCR 1999 allerdings nicht wie der UCTA 1977 auf haftungsbeschränkende oder haftungsausschließende Klauseln, sondern stellen angesichts der mit ihnen vorgenommenen Implementierung der EU-Richtlinie 93/13/EWG[1117] in das englische Recht eine allgemeine gesetzliche Regelung zur Kontrolle unbilliger Klauseln ähnlich den §§ 305 ff. BGB dar.[1118]

[1110] Der UCTA 1977 besteht aus verschiedenen Länderteilen: Teil I (England, Wales und Nord-Irland), Teil II (Schottland), Teil III (Allgemeiner Teil). Die hier vorgenommene Betrachtung konzentriert sich auf die in England anzuwendenden Regelungen (Teil I und III). Obgleich die Königreiche England und Schottland im Jahre 1707 vereinigt wurden, besteht eine Trennung der beiden Rechtsordnungen im Privatrecht fort und wirkt sich auch auf den UCTA 1977 aus, *Ponick*, S. 16 f.; *Blumenwitz*, S. 5.

[1111] Die *Unfair Terms in Consumer Contracts Regulations* 1999 ersetzen seit dem 01.10.1999 die *Unfair Terms in Consumer Contracts Regulations* 1994, welche die englische Umsetzung der „AGB-Richtlinie" 93/13/EWG, ABl. Nr. L 95/29 v. 21.04.1993, darstellen. Wesentliche Änderung der UTCCR 1999 gegenüber den UTCCR 1994 ist ihre größere Konformität mit dem Wortlaut der Richtlinie 93/12/EWG; *McKendrick*, S. 496. Die UTCCR wurden zuletzt durch *Unfair Terms in Consumer Contracts (Amendment) Regulations 2001*, SI 2001/1186 geändert.

[1112] *v.Bernstorff*, S. 104. Siehe ferner s. 13 UCTA 1977, wonach der *Act* etwa Klauseln untersagt, die weitere Voraussetzungen für die Haftung oder ihre Geltendmachung aufstellen.

[1113] Siehe Wolf/Lindacher/Pfeiffer-*Pfeiffer*, Einl., Rn. 57.

[1114] *Clerk & Lindsell on torts*, Rn. 10-159; *Lawson*, S. 151 f.; *Ponick*, S. 17.

[1115] Siehe hierzu unten Seite 185 ff.

[1116] *Lawson*, Rn. 10.01 ff.

[1117] Richtlinie des Rates über missbräuchliche Klauseln in Verbraucherverträgen v. 05.04.1993, ABl. Nr. L 95/29 v. 21.04.1993.

[1118] *Chitty on contracts*, Vol. I, Rn. 14-125. Ausnahmen von der Kontrolle bestehen für Klauseln, die den Hauptgegenstand der Vereinbarung betreffen, und solche über die Angemessenheit der Preisgestaltung zwischen Leistung und vereinbartem Entgelt, soweit diese in verständlicher Sprache abgefasst sind, s. 6 (2) UTCCR 1999.

Damit verfügt das englische Recht neben den Grundsätzen des *common law* über zwei nebeneinander anwendbare, zum Teil sich überschneidende gesetzliche Kontrollmechanismen, wenngleich mit verschiedenen Zielrichtungen.[1119] Die Wirksamkeit von haftungsbeschränkenden und haftungsausschließenden Klauseln bestimmt sich nach diesen aufgrund der konkreten Voraussetzungen des individuellen Rechtsverhältnisses zwischen dem Kunstsachverständigen und dem jeweiligen Anspruchsteller. Im Folgenden wird daher jeweils eigenständig zunächst auf die Grundsätze des *common law* und dann die Voraussetzungen nach dem UCTA 1977 und den UTCCR 1999 eingegangen.

II. Überblick über die Grundsätze des Common Law

Im *common law* haben sich durch die Rechtsprechung verschiedene Instrumente zur Beurteilung haftungsbeschränkender Klauseln herausgebildet. Es verfügt vorwiegend über indirekte Kontrollinstrumente, hinsichtlich einer offenen Inhaltskontrolle besteht Zurückhaltung.[1120] Sie finden Anwendung soweit weder der Anwendungsbereich des UCTA 1977 noch der der UTCCR 1999 eröffnet ist,[1121] was für die hier betrachtete Kunstsachverständigenhaftung praktisch kaum der Fall sein dürfte.[1122]

Grundvoraussetzung ist die wirksame Einbeziehung (*incorporation*) der Klauseln in den Vertrag zwischen dem Kunstsachverständigen und dem Auftraggeber des Gutachtens.[1123] Bereits auf Ebene der Einbeziehung wird nach *common law* durch bestimmte Einbeziehungsvoraussetzungen Kontrolle ausgeübt.[1124] Eine umfassende Darstellung der allgemeinen Einbeziehungsvoraussetzungen kann unterbleiben, es wird auf die obigen Ausführungen verwiesen und hier nur auf die unmittelbar relevanten Aspekte eingegangen.[1125] Die Unterzeichnung (*signature*) einer haftungsvermindernde Klauseln beinhaltenden Vertragsurkunde durch den Auftraggeber des

---

[1119] Die Koexistenz von UCTA 1977 und UTCCR 1999 wird aufgrund von Überschneidungen und Widersprüchen zwischen beiden Regularien kritisiert, siehe bei *Reynolds*, (1994) 110 LQR, S. 2 ff. Von der *Law Commission* wurde daher am 24.02.2005 ein Gesetzesvorschlag für ein einheitliches Gesetz zur Kontrolle von *Unfair Terms in Contracts* vorgelegt, Report LC Nr. 298, siehe: http://www.lawcom.gov.uk/docs/lc292(1).pdf (Stand 11/2011). Siehe auch *Jack*, S. 29 f.

[1120] Siehe bei *v.Bernstorff*, S. 102 f.

[1121] *Anson's Law of Contract*, S. 172. Zu den Anwendungsbereichen von UCTA 1977 und UTCCR 1999 sogleich im Folgenden Seite 185 bzw. Seite 192.

[1122] Siehe *Applebey*, Rn. 16.4. Außerdem finden auf die in *schedule 1* des UCTA 1977 ausgenommenen Verträge nur die Regeln des *common law* Anwendung. Siehe auch *Treitel*, Rn. 7-084 ff.

[1123] *Anson's Law of Contract*, S. 173.

[1124] *Anson's Law of Contract*, S. 173 ff.; *Schmidt-Kessel*, S. 467.

[1125] Weiterführend bei *Chitty on contracts*, Vol. I, Rn. 12-001 ff. und 14-132 ff. mwN.

Gutachtens hat prinzipielle Bindungswirkung.[1126] Sind demgegenüber Klauseln auf einem von der Vertragsurkunde separaten Dokument abgedruckt, kommt es darauf an, dass der Auftraggeber hinreichende Kenntnis von diesen Klauseln hatte.[1127] Voraussetzung ist, dass eine rechtzeitige hinreichende Kundgabe der Klauseln (*reasonably sufficient notice*) erfolgt ist.[1128] Es muss hierfür eine angemessene Möglichkeit zur Kenntnisnahme vor oder spätestens bei Vertragsabschluss bestanden haben, was eine Frage der Einzelfallumstände ist.[1129] Im Falle der Weitergabe des Gutachtens an vertragsfremde Dritte ist Kenntnisnahme zumindest vor der Vornahme von Handlungen im Vertrauen auf das Gutachten erforderlich.[1130] Sind die Klauseln dagegen nicht leserlich oder auf der Rückseite des Vertragsformulars abgedruckt, ohne dass auf sie auf der Vorderseite angemessen hingewiesen wird, verneint die Rechtsprechung regelmäßig eine hinreichende Kundgabe.[1131] Außerdem stellt die Rechtsprechung an die Deutlichkeit des Hinweises auf der Vorderseite eines Vertragsformulares auf entsprechende Klauseln auf der Rückseite steigende Anforderungen, je weiter die Klauseln die Ansprüche und Rechte des Auftraggebers beschränken.[1132]

Neben der Einbeziehungskontrolle liegt ein weiterer Kontrollmechanismus des *common law* in der Auslegung der Klauseln (sog. *interpretation* bzw. *construction*). Der Tatrichter bestimmt im Wege der Auslegung Inhalt und Reichweite der wirksam einbezogenen Klauseln.[1133] Sie erfolgt *contra proferentem*, wonach die Klauseln eng

---

[1126] *L'Estrange v. Graucob Ltd.* [1934] 2 K. B. 394 (403); *Anson's Law of Contract*, S. 173. Ausgenommen hiervon sind Fälle von Täuschung (*fraud*) und falschen Darstellungen (*misrepresentation*), siehe *Curtis v. Chemical Cleaning and Dyeing Co.* [1951] 1 K.B. 805; *Lawson*, Rn. 1.21.

[1127] *Applebey*, Rn. 16. 11 ff.; *Sealy*, CLJ 1978, S. 15 (16); *Ponick*, S. 19; a.A. *Zerres*, ZVglRWiss 104 (2005), S. 287 (301).

[1128] *Parker v. South Eastern Railway Company* (1877) 2 C.P.D. 416 (421 ff.); *Anson's Law of Contract*, S. 174.

[1129] *Olley v. Marlborough Court Ltd.* [1949] 1 K.B. 532 (547 f.); *John Snow and Co Ltd v. DBG Woodcroft and Co. Ltd.* [1954] B.C.L.C. 54; *Hood v. Anchor Line* [1918] A.C. 837 (844); *Harvey/Meisel*, Rn. 6.05; *Schmidt-Kessel*, S. 467; *Jack*, S. 28. Zur Einbeziehung in ständigen Geschäftsbeziehungen (*course of dealing*) siehe *Petrotrade Inc. v. Texaco Ltd.* [1999] EWHC 291; *British Crane Hire Corporations v. Ipswich Plang Hire* [1975] Q.B. 303.

[1130] Simpson-*Murdoch/Berry*, Rn. 8.295 mwN.

[1131] *Richardson, Spence & Co. v. Rowntree* [1894] AC 217; *Chitty on contracts*, Rn. 12-013 ff., 14-002.

[1132] *Thornton v. Shoe Lane Parking Ltd.* [1971] 1 All E.R. 686 (690); *Interfoto Picture Library v. Stiletto Visual Programmes* [1989] Q.B. 433 (437 ff., 445 ff.); *Lawson*, Rn. 1.10 mwN.

[1133] *Lawson*, Rn. 2-01 ff.

und im Falle von Unklarheiten zu Lasten desjenigen ausgelegt werden, der sie verwendet.[1134] Die restriktive Auslegung stellt ein wesentliches Mittel der Inhaltskontrolle im *common law* dar.[1135] Seit der Mitte des 20. Jahrhunderts wurde für einige Jahrzehnte in der Rechtsprechung des *Court of Appeal* der Weg gewählt, mit der sog. *doctrine of fundamental breach* haftungsbeschränkende oder haftungsausschließende Klauseln für unwirksam zu erklären.[1136] Danach sollte sich eine Vertragspartei nicht auf haftungsbeschränkende oder haftungsausschließende Klauseln berufen können, wenn sie aufgrund einer wesentlichen Vertragsverletzung (*fundamental breach*) zu haften hatte.[1137] Das *House of Lords* lehnte aber die *doctrine of fundamental breach* kurz nach Inkrafttreten der UCTA 1977 endgültig ab und hat ihr nur noch eine untergeordnete Rolle als Auslegungskriterium zugesprochen.[1138]

1. Haftungsbeschränkende und haftungsausschließende Klauseln

Nach *common law* ist dem Kunstsachverständigen der Ausschluss der Haftung für *negligence* sowohl im Falle eines *breach of contract* als auch aufgrund des *tort of negligence* gegenüber seinem Auftraggeber unter bestimmten Voraussetzungen gestattet.[1139] Die Rechtsprechung stellt hohe Anforderungen an eindeutig und klar formulierte Klauseln.[1140] Dahinter steht die Annahme, dass es von Natur aus unwahrscheinlich sei, dass eine Vertragspartei die jeweils andere aus ihrer Haftung für *negligence* entlässt.[1141] Sofern also nicht ein ausdrücklicher Ausschluss für *negligence*

1134 *Beck & Co. v. Szymanowski & Co.* [1924] A.C. 43; *Laceys Footwear (Wholesale) Ltd. v. Bowler International Freight Ltd.* [1997] 2 Lloyd's Rep. 369; *Lawson*, 2.03.

1135 *Photo Production Ltd. v. Securicor Transport Ltd.* (1980) A.C. 827 (850); *Schmidt-Kessel*, S. 468.

1136 *Schmidt-Kessel*, S. 474 ff.

1137 *Karsales (Harrow) v. Wallis* [1956] 1 W.L.R. 936 (940 ff.); *Yeoman Credit Ltd. v. Apps* [1962] 2 Q.B. 508 (520); *Harbutt's "Plasticine" Ltd. v. Wayne Tank and Pump Co. Ltd.* [1970] 1 All E.R. 225; *Ponick*, S. 12 f.

1138 *Photo Production Ltd. v. Securicor Transport Ltd.* [1980] A.C. 827 (843 ff.); bestätigt durch *George Mitchell (Chesterhall) Ltd. v. Finney Lock Seeds Ltd.* [1983] 2 A.C. 803 (814); *Chitty on contracts*, Vol. I, Rn. 14-020 ff. mwN; *Clarke*, CLJ 1984, S. 32; siehe schon das *obiter dictum* von Lord Reid in: *Suisse Atlantique Société d'Armement Maritime S.A. v. NV Rotterdamsche Kolen Centrale* [1967] 1 A.C. 361 (397); *Tor Line A.B. v. Alltrans Group of Canada Ltd. (The TFL Prosperity)* [1984] 1. All E.R. 103.

1139 Simpson-*Murdoch/Berry*, Rn. 8.289 ff.; *Clerk & Lindsell on torts*, Rn. 10-159.

1140 *Anson's Law of Contract*, S. 180.

1141 *George Mitchell (Chesterhall) Ltd. v. Finney Lock Seeds Ltd.* [1983] 2 A.C. 803 (814); *Ailsa Craig Fishing Co Ltd. v. Malvern Fishing Co Ltd.* [1983] 1 W.L.R. 964 (970); *Anson's Law of Contract*, S. 180.

erfolgt ist, bedarf es zumindest gleichbedeutender unmissverständlicher Klauselformulierungen.[1142] Eine Unterscheidung zwischen leichter und grober Fahrlässigkeit wie etwa im deutschen Recht wird überwiegend nicht vorgenommen.[1143] Ferner gibt es nach *common law* zwar kein generelles Verbot der Freizeichnung von der Haftung für Vorsatz (*deliberate breach*).[1144] Das Vorliegen von Vorsatz nimmt bei der Auslegung durch die Rechtsprechung zumeist erhebliche Bedeutung ein, mit der Folge, dass diese Klausel regelmäßig nicht auf den konkreten *breach of contract* Anwendung findet.[1145]

2. Summenmäßige Haftungsbeschränkungen und Verkürzung der Verjährungsfristen

Haftungsbeschränkungen auf eine maximale Haftungssumme (*limitation clauses*) werden als wirksam erachtet, wenn der in der Klausel vorgesehene Haftungshöchstbetrag im Verhältnis zu dem zu erwartenden Schaden steht.[1146] Bei der Auslegung der fraglichen Klausel gehen die Gerichte weniger strikt vor, als bei haftungsausschließenden Klauseln.[1147]

Als zulässig erachtet werden grundsätzlich auch ausdrücklich vereinbarte Klauseln, die die Geltendmachung von Ansprüchen zeitlich beschränken. Voraussetzung ist, dass die Klauseln jedoch einen angemessenen Zeitraum vorsehen und nicht in einem faktischen Haftungsausschluss resultieren.[1148]

1142 Siehe die Klauselbeispiele bei *Chitty on contracts*, Vol. I, Rn. 14-011: „*no liability whatever*" bzw. „*whether caused by negligence or otherwise* (…)"; *Schmidt-Kessel*, S. 470 mwN. Siehe etwa *Spriggs v. Sotheby Parke Bernet & Co.* [1986] 1 Lloyd´s Rep. 487; *Smith v. South Wales Switchgear Co Ltd.* [1978] 1 W.L.R. 165 (168 ff.); *Shell Chemicals Ltd. v. P. & O. Roadtanks Ltd.* [1995] 1 Lloyd´s Rep. 297.

1143 *Jack*, S. 108. Siehe aber etwa *Red Sea Tankers Ltd. v. Papachristidis* [1997] 2 Lloyd´s Rep. 547 (586).

1144 *Suisse Atlantique Société d'Armement Maritime SA v. NV Rotterdamsche Kolen Centrale* [1966] 2 All E.R. 61 (94); *Halsbury´s*, Bd. 9(1), Para. 809; *Chitty on contracts*, Vol. I, Rn. 14-016, 14-136.

1145 Siehe etwa *Sze Hai Tong Bank Ltd. v. Rambler Cycle Co Ltd.* [1959] 3 All. E.R. 182; siehe auch *S. Pearson & Son Ltd. v. Dublin Corporation* [1907] A.C. 351; *Monarch Airlines Ltd. v. London Luton Airport Ltd.* [1997] C.L.C. 698; *HIH Casualty and General Insurance Ltd. and Others v. Chase Manhattan Bank and Others* [2003] UKHL 6 (16); *Halsbury´s*, Bd. 9(1), Para. 809; *Schmidt-Kessel*, S. 477.

1146 *Anson´s Law of Contract*, S. 182 mwN.

1147 Siehe hierzu etwa *Ailsa Craig Fishing Co. Ltd. v. Malvern Fishing Co. Ltd.* [1982] S.L.T. 377 (380 f.); *Lawson*, Rn. 2.12; *Anson´s Law of Contract*, S. 180.

1148 *Atlantic Shipping and Trading v. Louis Dreyfus & Co.* [1922] 2 A.C. 250; *BHP Petroleum v. British Steel plc* [1999] 2 All E.R. (Comm.) 544; *Lawson*, Rn. 2.14.

3. Wirkung gegenüber Dritten

Haftungsbeschränkende und haftungsausschließende Klauseln in Verträgen haben aufgrund der *doctrine of privity of contract* keine Wirkung gegenüber Dritten.[1149] Von diesem Grundsatz bestehen nur geringe Ausnahmen:[1150] So kann die deliktsrechtliche Haftung aufgrund des *tort of negligence* nach *common law* gegenüber Dritten ausgeschlossen werden.[1151] Voraussetzung hierfür ist eine rechtzeitige Kundgabe der Klauseln gegenüber dem Dritten nach den oben dargelegten Voraussetzungen.[1152]

III. Unfair Contract Terms Act 1977

Mit dem UCTA 1977 erhielt das englische Recht erstmals ein gesetzliches Instrument zur Kontrolle von haftungsbeschränkenden und haftungsausschließenden Klauseln, welches neben die soeben dargestellten Mechanismen des *common law* tritt. Seine Anwendung setzt zunächst voraus, dass die fraglichen Klauseln nach den oben dargestellten Regelungen wirksam in das Verhältnis zwischen Kunstsachverständigem und Anspruchsteller einbezogen worden sind und in Inhalt und Reichweite den fraglichen *breach of duty* erfassen.[1153] Ferner muss der Anwendungsbereich des UCTA 1977 eröffnet sein.[1154]

1. Anwendungsbereich des UCTA 1977

Wie eingangs dargelegt, findet der UCTA 1977 überwiegend nur auf haftungsausschließende oder haftungsbeschränkende Klauseln im Rahmen der sog. „*business liability*" Anwendung, die sowohl *business-to-business*-Geschäfte als auch solche

---

[1149] *Halsbury's*, Bd. 9(1), Rn. 813; *Jackson & Powell*, Rn. 5-021.

[1150] Zu diesen siehe etwa weiterführend bei *Chitty on contracts*, Vol. I, Rn. 14-045 ff.

[1151] *Hedley Byrne & Co. Ltd. v. Heller & Partners Ltd.* [1964] A.C. 465 (492, 504, 511, 533, 540); *Murdoch*, S. 199; siehe auch bei *Henderson v. Merrett Syndicates Ltd.* [1995] 2 A.C. 145 (181).

[1152] Simpson-*Murdoch/Berry*, Rn. 8.295.

[1153] *Clarke*, CLJ 1984, S. 32. Der UCTA 1977 verfügt nicht wie die §§ 305 ff. BGB über Vorschriften zur Einbeziehung, so dass die oben dargelegten, allgemeinen Voraussetzungen heranzuziehen sind.

[1154] Wird ein Vertrag nur durch Rechtswahl dem englischen Recht unterstellt, ordnet s. 27 UCTA 1977 an, dass ss. 2 bis 7 und 16 bis 21 UCTA 1977 nicht anwendbar sind. Nach s. 27 (2) bleibt der UCTA 1977 jedoch anwendbar, wenn die Vereinbarung entgegenstehender Rechtswahlklauseln mit Umgehungsabsicht erfolgt ist, oder die wesentlichen Schritte zum Vertragsschluss mit einem im Vereinigten Königreich ansässigen Verbraucher im Inland stattgefunden haben.

mit Verbraucherbeteiligung umfasst.[1155] Der Begriff der „*business liability*" nach s. 1(3) UCTA 1977 wird durch geschäftsmäßiges Handeln im weiteren Sinne gekennzeichnet.[1156] Den Verbraucher definiert s. 12 dagegen negativ und im Hinblick auf s. 1(3) als diejenige Partei, die nicht „*in the course of business*" tätig wird oder sich in diesem Sinne ausgibt (*nor hold himself out as doing so*), wenn entsprechend s. 12(1)(b) gleichzeitig die andere Partei, hier also der Kunstsachverständige, im geschäftlichen Verkehr tätig wird.[1157]

Nach s. 1 UCTA 1977 unterfallen seinem Anwendungsbereich sowohl Haftungsklauseln zwischen Vertragsparteien als auch Beschränkungen durch *non-contractual notices*[1158] im deliktsrechtlichen Bereich hinsichtlich des für die Kunstsachverständigenhaftung relevanten *tort of negligence*.[1159] Ebenfalls vom Anwendungsbereich erfasst werden nach s. 13(1) UCTA 1977 auch Klauseln, welche die Durchsetzung von Haftungsansprüchen erschweren.[1160] Der UCTA 1977 differenziert nicht wie

---

[1155] *Anson's Law of Contract*, S. 208. Ausnahmen hiervon gelten nach s. 6 UCTA 1977 für Kauf- und Ratenzahlungskaufverträge und ss. 4 und 5 finden nur auf Verträge mit Verbraucherbeteiligung Anwendung.

[1156] *Chitty on contracts*, Vol. I, Rn. 14-065, unter die nicht abschließende Definition fallen nach s. 14 auch freiberufliche Tätigkeiten.

[1157] Der Verbraucherbegriff des UCTA 1977 ist weit gefasst und kann bei fachfremden Tätigkeiten auch eine sonst geschäftsmäßig handelnde Person als Verbraucher einstufen, siehe *R & B Customs Brokers Co Ltd. v. United Dominions Trust Ltd.* [1988] 1 All. E.R. 847; *Peter Symmons & Co v. Cook* (1981), 131 New L.J. 758; *Chitty on contracts*, Vol. I, Rn. 14-066; *Schmidt-Kessel*, S. 482. Dagegen ist jedoch nach s. 12 (2) UCTA 1977 ein Käufer auf einer Auktion nicht Verbraucher, die UTCCR 1999 finden allerdings Anwendung, *Chitty on contracts*, Vol. I, Rn. 15-028. Im US-amerikanischen Rechtsraum haben einzelstaatliche verbraucherschützende Vorschriften etwa des New York State Law für ihre Anwendung andere Anknüpfungen als nur die persönlichen Eigenschaften der Vertragsparteien respektive ihrer Verbrauchereigenschaft. Nach dem United States District Court, S.D. New York, *Mickle v. Christie's, Inc.*, 214 F.Supp.2d 430 (432) (S.D.N.Y. 2002), stellt etwa ein *consignment agreement* mit einem Auktionshaus für den Verkauf eines Gemäldes keine *consumer transaction* dar, da nicht „*primarily for personal, family or household purposes*". Das Gericht führt dazu aus: „*The Court does not consider a unique, one-of-a-kind painting as a typical consumer good, nor an agreement governing the consignment for auction sale of such a work of art a consumer transaction within the meaning of CPLR § 4544.*", *Darraby*, ArtArchLaw, § 5:63. mwN; *Weber*, in: FS-Siehr, S. 409 ff.

[1158] Während der UCTA 1977 bei Haftungsbeschränkungen gegenüber „vertragsfremden" Dritten von „*notice*" spricht, findet sich in Rechtsprechung und Literatur auch der Begriff des „*disclaimer*" in synonymer Verwendung, siehe etwa *Smith v. Eric S Bush* (*A Firm*), *Harris and Another v. Wyre Forest District Council* [1990] 1 A.C. 831 ff.; *Halsbury's*, Bd. 4(3), Para. 309 mwN; *Jackson & Powell*, Rn. 10-064 ff.; *Clerk & Lindsell on torts*, Rn. 8-139.

[1159] *Lawson*, Rn. 8.02; *Anson's Law of Contract*, S. 192 ff. Nach *Schedule 1* zum UCTA 1977 sind verschiedene Verträge vom Anwendungsbereich ausgenommen: u.a. etwa Versicherungsverträge.

[1160] Siehe s. 13 UCTA 1977.

etwa das deutsche Recht zwischen individuell ausgehandelten Vertragsklauseln und allgemeinen Geschäftsbedingungen, für standardisierte Vertragsbedingungen (*standard terms*) besteht daher keine andere Kontrolle als für Individualvereinbarungen.[1161]

2. Inhaltskontrolle durch den „reasonableness test"

Ist der Anwendungsbereich des UCTA 1977 eröffnet, erfolgt die Inhaltskontrolle der relevanten Klauseln des Sachverständigenvertrages über zwei Mechanismen.

Zum einen beinhaltet der UCTA 1977 verschiedene Klauselverbote.[1162] So wird in s. 2(1) UCTA 1977 etwa die Verwendung von Klauseln untersagt, welche die Haftung aufgrund von *negligence* für Tod oder Schäden an Körper und Gesundheit beschränken oder ausschließen.[1163]

Zum anderen werden die sonstigen Beschränkungen oder Ausschlüsse der Haftung aufgrund von *negligence* am Maßstab der *reasonableness* bemessen. Mit dem sog. *test of reasonableness* wird untersucht, ob die Einbeziehung als billig und angemessen (*fair and reasonable*) bewertet werden kann, unter Berücksichtigung der Umstände, die zum Zeitpunkt des Vertragsschlusses bekannt waren oder vernünftigerweise hätten bekannt sein müssen, s. 11(1) UCTA 1977.[1164] Dies umfasst, wie eingangs dargelegt, *negligence* sowohl im Bereich des *breach of contract*, in Form der Verletzung der vertraglichen Sorgfaltspflicht zu *reasonable care and skill*, als auch den Bereich des deliktsrechtlichen *breach of duty* des *tort of negligence*, ss. 1, 2(2) und 3 UCTA 1977.[1165]

Für die Bestimmung des Kriteriums der *reasonableness* bestehen zwei wesentliche Komponenten. Zum einen gibt der Wortlaut von s. 11 UCTA 1977 eine inhaltliche Präzisierung des Kriteriums. Zum anderen wird der abstrakte Kontrollmaßstab von

---

[1161] *Lawson*, Rn. 8.06; *Ponick*, S. 19.

[1162] Siehe etwa ss. 2(1), 5, 6 (1) und (2), 7(2) und (3A) UCTA 1977.

[1163] *Markesinis/Deakin*, S. 762; *Clerk & Lindsell on torts*, Rn. 10-18.

[1164] Simpson-*Murdoch/Berry*, Rn. 8.300; *Schmidt-Kessel*, S. 482; *Ponick*, S. 25. Siehe etwa auch in ss. 2(2), 3, 4, 6(3) und (4), 7(3) und (4), 9 UCTA 1977. Im außervertraglichen Bereich wird bei der Bemessung von *reasonableness* darauf abgestellt, ob es billig und angemessen war sich auf die *notice* zu berufen, unter Berücksichtigung aller Umstände zum Entstehungszeitpunkt der Haftung, siehe etwa *Omega Trust Co. Ltd. v. Wright Son & Pepper* [1997] P.N.L.R. 424 (430).

[1165] *Clerk & Lindsell on torts*, Rn. 3-119. Für die Anwendung von s. 3 UCTA 1977 ist erforderlich, dass eine Partei als Verbraucher handelt oder die dem Vertrag zugrunde liegenden Vertragsbedingungen standardisiert (*standard terms of business*) sind. Zu Kriterien zur Bestimmung des Vorliegens von *standard terms* siehe *Salvage Association v. Cap Financial Services* [1995] F.S.R. 654 (672).

Billigkeit und Angemessenheit (*fair and reasonable*) im Anhang 2 (*schedule 2*) durch einen Katalog von nicht abschließenden[1166] Wertungskriterien (*guidelines*) weiter konkretisiert.[1167] Obgleich diese Wertungskriterien dem Wortlaut nach nur für Klauseln unter ss. 6 und 7 UCTA 1977 gelten sollen, besteht einhellige Meinung, dass sie allgemein auch in allen sonstigen Fällen des *reasonableness test* in Betracht gezogen werden sollen.[1168] Von der Rechtsprechung werden darüber hinaus verschiedene weitere Faktoren im Rahmen des *reasonableness test* herangezogen, einen abschließenden Kanon konkreter Kriterien gibt es aber nicht.[1169] In der Rechtsprechung zur Haftung von *surveyors* haben sich die folgenden verschiedenen Faktoren herausgebildet.[1170] Berücksichtigung findet dabei zunächst das Verhältnis der Verhandlungspositionen der Parteien zueinander.[1171] Von Relevanz ist ferner, ob die andere Vertragspartei einen Anreiz erhalten hat die Klauseln zu akzeptieren, oder ob die Gelegenheit bestand, einen ähnlichen Vertrag mit Dritten ohne vergleichbare Klauseln einzugehen. Es wird berücksichtigt, ob es vernünftigerweise praktikabel war, ein weiteres Gutachten zu erlangen, unter Beachtung des dadurch entstehenden zeitlichen und finanziellen Mehraufwandes.[1172] Von Bedeutung sind auch der Schwierigkeitsgrad der Begutachtung und das im Verhältnis dazu bestehende Haftungsrisiko.[1173] Schließlich sollen auch die praktischen Konsequenzen der Entscheidung des Gerichts Beachtung finden, hinsichtlich des in Rede stehenden Schadens und der Fähigkeit der Parteien zur Schadenstragung, insbesondere auch vor dem Hintergrund bestehender Versicherungen.[1174]

1166 *W. Photoprint Ltd. v. Forward Trust Group Ltd. and another* [1993] 12 Tr.L.R. 146; *Chitty on contracts*, Vol. I, Rn. 14-086.

1167 *Schmidt-Kessel*, S. 484. Die Bestimmung der *reasonableness* erfolgt zum Zeitpunkt des Vertragsschlusses bzw. des deliktischen Handelns und wird anhand eines objektiven Maßstabes bestimmt, *Applebey*, Rn. 17.22 f.

1168 *St. Albans City and District Council v. International Computers Ltd.* [1995] F.S.R. 686; *Flamar Interocean Ltd. v. Denmac Ltd.* 1 Lloyd's Rep. 434 (438 f.); *Overland Shoes Ltd. v. Schenkers Ltd.* [1998] 1 Lloyd's Rep. 498; *Shepherd Homes Ltd. v. Encia Remedies Ltd.* [2007] EWHC 70. Vgl. auch *Smith v. Eric S Bush (A Firm), Harris and Another v. Wyre Forest District Council* [1990] 1 A.C. 831 (858); *Chitty on contracts*, Vol. I, Rn. 14-085 mwN.

1169 *Lord Griffiths* in: *Smith v. Eric S Bush (A Firm), Harris and Another v. Wyre Forest District Council* [1990] 1 A.C. 831 (858); Simpson-*Murdoch/Berry*, Rn. 8.302.

1170 Siehe bei Simpson-*Murdoch/Berry*, Rn. 8.300 (8.302 ff.); *Lawson*, Rn. 9.15.; *Büttner*, S. 160 ff.

1171 *Smith v. Eric S Bush (A Firm), Harris and Another v. Wyre Forest District Council* [1990] 1 A.C. 831 (858); Simpson-*Murdoch/Berry*, Rn. 8.302.

1172 *Smith v. Eric S Bush (A Firm), Harris and Another v. Wyre Forest District Council* [1990] 1 A.C. 831 (858 f.); *Jackson & Powell*, Rn. 10-065.

1173 *Smith v. Eric S Bush (A Firm), Harris and Another v. Wyre Forest District Council*, aaO.

1174 *Smith v. Eric S Bush (A Firm), Harris and Another v. Wyre Forest District Council*, aaO: „*I would not, however, wish it to be thought, that I would consider it unreasonable for*

Die Beurteilung mit dem *test of reasonableness* bleibt daher bedingt durch die individuellen Voraussetzungen des konkreten Einzelfalles.[1175]

a) Haftungsbeschränkende und haftungsausschließende Klauseln

Klauseln, welche die Haftung aufgrund von *negligence* für Tod oder Personenschäden an Körper und Gesundheit beschränken oder ausschließen sind untersagt.[1176] Im Übrigen bemessen sich haftungsbeschränkende und -ausschließende Klauseln für *negligence*, sowohl für *breach of contract*, als auch für den *tort of negligence*, im Hinblick auf den durch s. 13(1) UCTA 1977 erweiterten Anwendungsbereich, am Kriterium der *reasonableness*.[1177] Insoweit wird auf die soeben dargestellten Voraussetzungen des *reasonableness test* verwiesen, nach denen die *reasonableness* einer Klausel im Einzelfall beurteilt wird.[1178]

---

professional men in all circumstances to seek to exclude or limit their liability for negligence. Sometimes breathtaking sums of money may turn on professional advice against which it would be impossible for the adviser to obtain adequate insurance cover and which would ruin him if he were to be held personally liable. In these circumstances it may indeed be reasonable, to give the advice on a basis of no liability or possibility of liability limited to the extent of the adviser's insurance cover."; Simpson-*Murdoch/Berry*, Rn. 8.304.

1175 In der Rechtsprechung zu den *surveyors* finden sich Anklänge einer Tendenz, bei der Beurteilung des *reasonableness test* der Position der Vertragsparteien besonderes Gewicht zu geben. Für *surveyors* wird etwa in der Entscheidung *Smith v. Eric S Bush* (*A Firm*), *Harris and Another v. Wyre Forest District Council* dargelegt, dass in den konkreten Fällen die Gutachten zum Zwecke der Wertermittlung für die Vergabe von Grundstücksdarlehen für Immobilien am unteren Ende des Marktes angefertigt wurden. Die Gutachten wurden von den Darlehensnehmern bezahlt, die auf deren Korrektheit erfahrungsgemäß vertrauen, obwohl die Gutachten eigentlich vor allem den Darlehensgebern dienlich waren. Die in den Gutachten enthaltenen haftungsbeschränkenden Klauseln wurden vom *House of Lords* als nicht angemessen beurteilt, *Lord Griffiths* legte weiter dar, dass dies jedoch anders zu beurteilen sei, wenn es sich etwa um Industriebauten, große Mietshäuser oder teure Immobilien handelt, womit die Qualifikation der Parteien und der kommerzielle Hintergrund der Situation als Faktoren auf den Plan gerufen werden, *Smith v. Eric S Bush* (*A Firm*), *Harris and Another v. Wyre Forest District Council*, [1990] 1 A.C. 831 (859 f.); *Jackson & Powell*, Rn. 10-064 ff.; *Markesinis/Deakin*, S. 764 f.; dem folgend der *Court of Appeal* in: *Omega Trust Co. Ltd. v. Wright Son & Pepper* [1997] P.N.L.R. 424 (429 ff.); siehe auch bei *McCullagh v. Lane Fox and Partners Ltd.* [1996] P.N.L.R. 205; *The Governor and Company of the Bank of Scotland v. Fuller Peiser* [2002] P.N.L.R. 289; *Applebey* Rn. 17.22 ff.

1176 *Anson's Law of Contract*, Rn. 197; *Witting*, Rn. 16.22.

1177 *Jackson & Powell*, Rn. 5-013; *Lawson*, Rn. 8.04.

1178 *Section* 1(6) CRTPA 1999 erlaubt Dritten sich auf haftungsausschließende oder –beschränkende Klauseln zu berufen; *Chitty on contracts*, Vol. I, Rn. 14-043; *Jackson & Powell*, Rn. 5-022.

b) Summenmäßige Haftungsbeschränkungen und Verkürzung der Verjährungsfristen

Der UCTA 1977 verfügt mit s. 11(4) über eine explizite Regelung bezüglich Haftungsbeschränkungen auf eine Höchstsumme. Danach unterliegen derartige Haftungsbeschränkungen für *negligence* ebenfalls dem *reasonableness test* und sind nach s. 11(4) an der wirtschaftlichen Leistungsfähigkeit des Sachverständigen und der Versicherbarkeit des Risikos zu bemessen.[1179] Die Rechtsprechung stellt regelmäßig geringere Anforderungen an die *reasonableness* von Haftungsbeschränkungen auf eine Höchstsumme und bewertet eine Beschränkung auf den Höchstbetrag des versicherbaren Risikos im Einzelfall als *reasonable*.[1180]

Auch Klauseln die die Verjährung erleichtern sind grundsätzlich zulässig. Sie unterfallen angesichts des durch s. 13 UCTA 1977 erweiterten Anwendungsbereichs auch dem *test of reasonableness*.[1181] Insoweit ist bislang jedoch keine einschlägige Rechtsprechung ersichtlich.

c) Wirkung gegenüber Dritten

Die Haftung gegenüber Dritten aufgrund des *tort of negligence* kann beschränkt oder ausgeschlossen werden, soweit dies *reasonable* ist, s. 11(3) UCTA 1977.[1182] Voraussetzung ist eine rechtzeitige ausreichende Möglichkeit der Kenntnisnahme von den fraglichen haftungsbeschränkenden Klauseln (*notice*) durch den Dritten, bevor dieser im Vertrauen auf das Gutachten gehandelt hat.[1183] In der Rechtsprechung zu den *surveyors* wurde dies bislang angenommen, wenn die fragliche Klausel im Gutachten enthalten war.[1184] Nach s. 11(3) UCTA 1977 haben die Klauseln das Kriterium der

---

[1179] *Jackson & Powell*, Rn. 5-014.

[1180] Siehe bei *Smith v. Eric S Bush (A Firm), Harris and Another v. Wyre Forest District Council*, [1990] 1 A.C. 831 (858); *Chitty on contracts*, Rn. 14-087 mwN; *Murdoch*, S. 206; *Jackson & Powell*, Rn. 5-015; siehe allgemein bei *Lawson*, Rn. 9.04; siehe auch *Regus (UK) Ltd. v. Epcot Solutions Ltd.* [2008] EWCA Civ. 361. Zur *reasonableness* haftungsbeschränkender Klauseln bei Lager- und Transportverträgen von Kunstwerken siehe *Ofir Scheps v. Fine Art Logistic Ltd.* [2007] EWHC 541.

[1181] *Lawson*, Rn. 7.05.

[1182] *Jackson & Powell*, Rn. 10-064 ff.; Simpson-*Murdoch/Berry*, Rn. 8.300 ff.

[1183] *Witting*, Rn. 16.19; *Halsbury's*, Bd. 4(3), Para. 309 mwN; *Jackson & Powell*, Rn. 10-063 ff.; Simpson-*Murdoch/Berry*, Rn. 8.292 ff. Siehe auch bei *Omega Trust Co. Ltd. v. Wright Son & Pepper* [1997] P.N.L.R. 424 (428 ff.); *The Governor and Company of the Bank of Scotland v. Fuller Peiser* [2002] P.N.L.R. 289; siehe bereits oben.

[1184] Siehe die Klausel in *Omega Trust Co. Ltd. v. Wright Son & Pepper* [1997] P.N.L.R. 424 (428 ff.): „*This report shall be for private and confidential use of the clients for whom the report is undertaken and should not be reproduced in whole or in part or relied upon by*

reasonableness zu erfüllen.[1185] Danach müssen die Klauseln billig und angemessen (*fair and reasonable*) sein, im Hinblick auf alle Umstände, die vorlagen, als die Haftung entstand bzw. ohne die Klauseln entstanden wäre.[1186] Hinsichtlich des Kriteriums der *reasonableness* kann auf die obigen Ausführungen verwiesen werden.[1187] Darüber hinaus führt der *Court of Appeal* in der Entscheidung *Omega Trust Co. Ltd. v. Wright Son & Pepper* aus, dass bei der Beurteilung von *reasonableness* auch *policy*-Erwägungen Berücksichtigung finden können.[1188]

3. Rechtsfolgen unwirksamer Klauseln

S. 2(1) UCTA 1977 untersagt Klauseln, mit denen eine Haftung aufgrund von *negligence* für Tod oder Schäden an Körper und Gesundheit beschränkt oder ausgeschlossen wird, mit der Folge ihrer Nichtigkeit. Ferner sind Klauseln, die das Erfordernis der *reasonableness* nicht erfüllen, grundsätzlich insgesamt unwirksam.[1189] Die Gerichte haben die Möglichkeit bei teilweiser Unwirksamkeit einer verschiedene Regelungen beinhaltenden Klausel diese im Übrigen aufrecht zu erhalten, vorausgesetzt es besteht eine Teilbarkeit.[1190] Nichtige oder unwirksame Klauseln haben auf den Fortbestand des Vertrages keinen Einfluss, soweit dieser nicht in seiner Substanz verändert wird.[1191]

---

third parties for any use whatsoever without the express written authority of the surveyors.". Siehe ferner etwa die der Entscheidung *The Governor and Company of the Bank of Scotland v. Fuller Peiser*, [2002] P.N.L.R. 289, zugrunde liegende Klausel: „*This Report is provided for loan security purposes and for the use of the client only. It is confidential to the client and her professional advisers. The Valuer accepts responsibility to the client that the Report has been prepared with the skill, care and diligence reasonably expected of a competent Chartered Surveyor but accepts no responsibility whatsoever to any party other than the client. Any such party relies upon the Report at their own risk.*".

[1185] *Clerk & Lindsell on torts*, Rn. 3-121; die Beweislast für *reasonableness* liegt bei demjenigen, der sich darauf beruft, vgl. s. 11(5) UCTA 1977.

[1186] *Clerk & Lindsell on torts*, Rn. 3-121; siehe auch *Smith v. Eric S Bush (A Firm), Harris and Another v. Wyre Forest District Council* [1990] 1 A.C. 831 (849).

[1187] Siehe auch *Lord Griffiths* in: *Smith v. Eric S Bush (A Firm), Harris and Another v. Wyre Forest District Council* [1990] 1 A.C. 831 (858 f.).

[1188] *Omega Trust Co. Ltd. v. Wright Son & Pepper* [1997] P.N.L.R. 424 (431); *Lawson*, Rn. 9.15. Siehe insoweit auch bei *Clerk & Lindsell on torts*, Rn. 3-122.

[1189] *Chitty on Contracts*, Vol. I, Rn. 14-100 ff.; *Stewart Gill Ltd. v. Horatio Myer & Co. Ltd.* [1992] Q.B. 600 (607 f.).

[1190] *Treitel*, Rn. 7-073 f., 11-160; *Applebey*, Rn. 17.33; *Regus (UK) Ltd. v. Epcot Solutions Ltd.* [2008] EWCA Civ 361 [44 ff.].

[1191] *Lawson*, Rn. 9.28.

IV. Unfair Terms in Consumer Contracts Regulations 1999

Neben dem UCTA 1977 finden auch die UTCCR 1999 auf Klauseln in Verträgen mit Kunstsachverständigen Anwendung, welche die Haftung beschränken oder ausschließen.[1192] Das Verhältnis beider Regularien ist durch ihre uneingeschränkte parallele Anwendung charakterisiert.[1193] Haftungsausschließende oder –beschränkende Klauseln in Sachverständigenverträgen sind daher uneingeschränkt an beiden Regimen zu bemessen, vorausgesetzt, der jeweilige Anwendungsbereich ist im Einzelfall eröffnet. Im Unterschied zum UCTA 1977 ist die Anwendung der UTCCR 1999 auf Verträge mit Verbrauchern mit einseitig gestellten, nicht individuell ausgehandelten vorformulierten Vertragsbedingungen beschränkt, *reg.* 5 UTCCR 1999.[1194]

1. Anwendungsbereich

Die Anwendung der UTCCR 1999 setzt voraus, dass der Auftraggeber des Gutachtens Verbraucher (*consumer*) im Sinne der UTCCR 1999 ist. *Reg.* 3 UTCCR 1999 definiert diesen als eine natürliche Person, die den Vertrag zu Zwecken außerhalb ihres Gewerbes, ihres Geschäftes oder ihres Berufes abschließt.[1195] Der Sachverständige als *supplier* im Sinne von *reg.* 3(1) wird als natürliche oder juristische Person (*legal person*) definiert, die zum Zwecke ihres Gewerbes, Geschäftes oder Berufes tätig wird.[1196]

Der Anwendungsbereich[1197] der UTCCR 1999 erfasst im Unterschied zum UCTA 1977 alle Arten von Klauseln in vorformulierten Vertragsbedingungen, mit Aus-

---

[1192] *Clerk & Lindsell on torts*, Rn. 10-19, 10-160; *Jackson & Powell*, Rn. 10-027. Für den Bereich der *surveyors* bzw. *valuers* liegt bislang, soweit ersichtlich, noch keine einschlägige Rechtsprechung zu den UTCCR 1999 vor. Siehe *Arnull*, P.N. 2003, 494 (502).

[1193] *Treitel*, 7-093 ff.; *Lawson*, S. 232.

[1194] Nicht vom Anwendungsbereich der UTCCR 1999 erfasst werden Arbeitsverträge, Vereinbarungen zum Erb-, Familien- und Gesellschaftsrecht. Dies war in den UTCCR 1994 in *Reg.* 3(1) und *Sch.* 1, (a)-(d) noch ausdrücklich geregelt, gilt aber auch für die UTCCR 1999, *Chitty on contracts*, Vol. I, Rn. 15-014 ff. (15-036); *Whittaker*, (2000) 116 LQR 95 (99). Die Ausnahmen im Anwendungsbereich des UCTA 1977, etwa Versicherungsverträge, gibt es bei den UTCCR 1999 nicht.

[1195] *Clerk & Lindsell on torts*, Rn. 10-19. Der Verbraucherbegriff der UTCCR 1999 ist enger als der des UCTA 1977: nach letzterem kann sich unter bestimmte Voraussetzungen auch eine geschäftlich handelnde juristische Person auf Normen des UCTA 1977 berufen, siehe etwa *sect.* 12, *Chitty on contracts*, Vol. I, Rn. 15-028; *Jack*, S. 30.

[1196] Die UTCCR 1999 finden keine Anwendung auf „*business-to-business*“-Verträge, *Chitty on contracts*, Vol. I, Rn. 14-125.

[1197] Hinsichtlich einer Rechtswahl im Vertrag ordnet *reg.* 9 an, dass die UTCCR 1999 anwendbar bleiben, auch wenn der Vertrag dem Recht eines Nicht-EU-Staates unterstellt wird.

nahme derjenigen, die den Hauptgegenstand des Vertrages spezifizieren, und solchen, die sich auf die Angemessenheit zwischen Leistung und Gegenleistung des Vertrages beziehen, sog. „*core terms*“, *reg.* 6(2) UTCCR 1999.[1198] Sind Klauseln der Vereinbarung individuell ausgehandelt worden, unterfallen diese nicht den UTCCR 1999.[1199] Die UTCCR 1999 sind also auf die von Kunstsachverständigen verwendeten, vorformulierten Vertragsbedingungen bei Verbraucherbeteiligung anwendbar. Im Unterschied zum UCTA 1977 finden die UTCCR 1999 jedoch keine Anwendung auf Haftungsbeschränkungen im deliktsrechtlichen Bereich gegenüber Dritten, sog. *non-contractual notices*.[1200]

2. Inhaltskontrolle durch das Erfordernis der „Fairness“

In der Gegenüberstellung zum *test of reasonableness* des UCTA 1977 verfügen die UTCCR 1999 mit *reg.* 5 über eine Inhaltskontrolle in Form einer Generalklausel, welche alle Klauseln eines Sachverständigenvertrages einem *test of unfairness* unterzieht.[1201] Danach wird eine nicht individuell ausgehandelte Klausel als *unfair* angesehen, wenn sie, entgegen dem Gebot von Treu und Glauben (*good faith*), ein erhebliches Missverhältnis (*significant imbalance*) der vertraglichen Rechte und Pflichten der Parteien zum Nachteil des Verbrauchers (*to the detriment of the consumer*) verursacht.[1202] In *reg.* 6(1) UTCCR 1999 finden sich verschiedene Faktoren, die bei der Bemessung des Merkmals der *unfairness* von Relevanz sind. Faktoren wie die Natur der vereinbarten Leistung finden Berücksichtigung, ebenso wie sämtliche, den Vertragsschluss begleitende Umstände, aber auch der übrige Inhalt des Vertrages wird in Betracht gezogen.[1203] Bei der Bestimmung der *fairness* einer Klausel ist auch das Gebot von Treu und Glauben zu berücksichtigen.[1204] Dieses findet mit der Generalklausel von *reg.* 5 erstmals als allgemeines Prinzip Anerkennung im

---

Dagegen hat eine Rechtswahlkausel, die den Vertrag dem Recht eines anderen EU-Mitgliedsstaates unterstellt zur Folge, dass die UTCCR 1999 nicht zur Anwendung kommen. Der *consumer* wird über das Recht des Mitgliedsstaates durch die Richtlinie geschützt; *Chitty on contracts*, Vol. I, Rn. 15-131.

[1198] *Chitty on contracts*, Vol. I, Rn. 15-046 ff.; *Schmidt-Kessel*, S. 494 mwN. Weitere Ausnahmen beinhaltet *reg.* 4(2) UTCCR 1999.

[1199] Siehe *Reg.* 5(3). Der Nachweis, dass eine Klausel individuell ausgehandelt worden ist, obliegt nach *reg.* 5(4) UTCCR 1999 dem *supplier* bzw. *seller*.

[1200] *Anson's law of contract*, S. 207; *Chitty on contracts*, Vol. I, Rn. 15-037.

[1201] Siehe bei *Treitel*, Rn. 7-099; *Chitty on contracts*, Vol. I, Rn. 15-044 ff.

[1202] *Anson's Law of Contract*, S. 209. *Reg.* 5(1) stimmt mit dem Wortlaut des Art. 3 Abs. 1 der Richtlinie 93/13/EWG überein.

[1203] *Treitel*, Rn. 7-100; *Chitty on contracts*, Vol. I, Rn. 15-074 ff.

[1204] *Chitty on contracts*, Vol. I, Rn. 15-066 f; *Anson's Law of Contract*, S. 212.

englischen Recht.[1205] Bislang hat es allerdings kaum Präzisierung gefunden.[1206] Aber auch einschlägige Rechtsprechung oder Stellungnahmen in der Literatur zu haftungsbeschränkenden oder haftungsausschließenden Klauseln im Allgemeinen und in Sachverständigenverträgen im Besonderen sind bislang nicht ersichtlich, generelle Präzedenzentscheidungen zu den UTCCR 1999 finden sich nur punktuell.[1207]

Die UTCCR 1999 beinhalten in *Schedule 2* eine Liste von Klauseln mit Indizwirkung dahingehend, ob eine Klausel *prima facie unfair* ist.[1208] Diese Liste ist nicht abschließend und beansprucht lediglich Indizwirkung zur Präzisierung des Kontrollmaßstabes der *unfairness*, *reg.* 5(5).[1209] So können Klauseln, die in *Schedule* 2 enthalten sind unfair sein, müssen es aber nicht.[1210] Entscheidend bleibt die Bewertung des Einzelfalles durch ein Gericht, welches auf den Zeitpunkt des Vertragsschlusses abstellt, *reg.* 6(1).[1211]

In *reg.* 7(1) findet ferner das Transparenzgebot der Richtlinie 93/13/EWG Eingang in die UTCCR 1999.[1212] Danach müssen die Klauseln in klarer und verständlicher Sprache (*plain and intelligible language*) abgefasst sein. Unklare Formulierungen

---

1205 Siehe eingehend *Ponick*, S. 226 ff.; *Jack*, S. 106.

1206 Siehe aber *Lord Bingham* in: *Director General of Fair Trading v. First National Bank plc* [2002] 1 A.C. 481 (494): „*The requirement of good faith in this context is one of fair and open dealing. Openness requires that the terms should be expressed fully, clearly and legibly, containing no concealed pitfalls or traps. Appropriate prominence should be given to terms which might operate disadvantageously to the customer. Fair dealing requires that a supplier should not, whether deliberately or unconsciously, take advantage of the consumer's necessity, indigence, lack of experience, unfamiliarity with the subject matter of the contract, weak bargaining position or any other factor listed in or analogous to those listed in Schedule 2 to the Regulations. Good faith in this context is not an artificial or technical concept; nor, since Lord Mansfield was its champion, is it a concept wholly unfamiliar to British lawyers. It looks to good standards of commercial morality and practice.*".

1207 Etwa *Director General of Fair Trading v. First National Bank plc* [2002] 1 A.C. 481; *Office of Fair Trading v. Abbey National plc and others* [2009] UKSC 6; *Office of Fair Trading v. Foxtons Ltd.* [2010] Bus. L.R. 228.

1208 *Lawson*, S. 245 f.; *Treitel*, Rn. 7-104. Diese „graue" Liste übernimmt unverändert den Klauselkatalog des Anhanges der Richtlinie 93/13/EWG.

1209 Siehe *reg.* 5(5) UTCCR 1999; *Anson's Law of Contract*, S. 209; *Applebey*, Rn. 15.21.

1210 *Treitel*, Rn. 7-103.

1211 Das englische Recht verfügt seit Inkrafttreten der UTCCR 1994 über ein abstraktes Kontrollverfahren, welches es dem *Office of Fair Trading* ermöglicht, gegenüber unfairen Klauseln u.a. gerichtliche Unterlassungsverfahren einzuleiten, *Zerres*, ZVglRWiss 104 (2005), 287 (309); *Cheshire/Fifoot/Furmston*, S. 257; *Sobich*, RIW 2000, 675 (677 ff.). Siehe auch die *Unfair Contract Terms Guidance* (September 2008) des *Office of Fair Trading (OFT)* zu unfairen Klauseln.

1212 Siehe *Anson's Law of Contract*, S. 214 f.; siehe auch *Witting*, Rn. 16.20, Fn. 74.

gehen zu Lasten des Sachverständigen, insoweit sind die fraglichen Klauseln in der für den *consumer* günstigsten Weise auszulegen.[1213]

a) Haftungsbeschränkende und haftungsausschließende Klauseln

Nach *para.* 1(a) *Schedule 2* der UTCCR 1999 sind Klauseln *unfair*, welche die Haftung für Tod oder Schäden an Körper und Gesundheit beschränken oder ausschließen.[1214] Darüber hinaus dürfen nach *para.* 1(b) *Schedule 2* der UTCCR 1999 die Rechte des *consumer* gegenüber dem Sachverständigen im Falle von Nicht- oder Schlechtleistung vertraglicher Verpflichtungen nicht unangemessen ausgeschlossen oder beschränkt werden (*inappropriately excluding or limiting*). Ferner ist es nicht gestattet, Klauseln zu vereinbaren, mit welchen der Sachverständige seine vertraglichen Pflichten einseitig bestimmen kann, um so durch einseitige Modifikation der vertraglichen Pflichten die bestehenden Einschränkungen zu umgehen.[1215] Für die Beurteilung haftungsausschließender und haftungsbeschränkender Klauseln nach den UTCCR 1999 werden in der Gegenüberstellung zum UCTA 1977 in der englischen Literatur bislang keine wesentlichen Unterschiede gesehen.[1216] Bislang ist keine die Sachverständigenhaftung betreffende Rechtsprechung ersichtlich.

b) Summenmäßige Haftungsbeschränkungen und Verkürzung der Verjährungsfristen

Auch für summenmäßige Haftungsbeschränkungen folgt aus *para.* 1(b) *Schedule 2* der UTCCR 1999, dass die Rechte eines *consumer* gegenüber dem Sachverständigen nicht unangemessen (*inappropriately*) beschränkt werden dürfen.[1217] Darüber hinaus können nach *para* 1(q) *Schedule* 2 Klauseln *unfair* sein, die die Geltendmachung von Ansprüchen gegenüber dem Sachverständigen ausschließen oder beschränken. Diesbezügliche Rechtsprechung zur Haftung von Sachverständigen ist bislang nicht ersichtlich.

[1213] Siehe *reg.* 7(2) UTCCR 1999. Eine Ausnahme hiervon gilt für das abstrakte Kontrollverfahren nach *reg.* 12, siehe bei *Applebey*, Rn. 15.19.

[1214] *Treitel*, Rn. 7-104.

[1215] Siehe etwa *para.* 1(c), (f), (g), (j), (k), (m) *Schedule* 2.

[1216] So etwa *Anson's Law of Contract*, S. 214.

[1217] *Treitel*, Rn. 7-104. Zur summenmäßigen Haftungsbeschränkung in *standard terms* bei der Einlagerung von Kunstwerken, s. *Ofir Scheps v. Fine Art Logistic Ltd.* [2007] EWHC 541.

c) Wirkung gegenüber Dritten

Der Anwendungsbereich der UTCCR 1999 ist beschränkt auf Verträge zwischen *suppliers* bzw. *sellers* und *consumers*.[1218] Die UTCCR 1999 finden daher im Unterschied zum UCTA 1977 keine Anwendung auf *notices* im Verhältnis zu vertragsfremden Dritten.[1219]

3. Rechtsfolgen unwirksamer Klauseln

Ist eine Klausel *unfair*, ordnet *reg.* 8(1) UTCCR 1999 an, dass diese keine Bindungswirkung (*not binding*) für den Verbraucher hat.[1220] Nach *reg.* 8(2) bleibt der Vertrag im Übrigen davon unbeeinträchtigt, soweit seine weitere Existenz ohne die betreffende Klausel möglich ist.[1221]

V. Haftungsbeschränkende Wirkung des Inhalts des Gutachtens

Neben den konkreten, gerade betrachteten haftungsbeschränkenden Klauseln kann auch der spezifische Wortlaut des Gutachtens haftungsvermindernde Wirkung haben.[1222] Gibt der Sachverständige im Gutachten etwa an, dass konkrete eingehende Untersuchungen des Kunstwerkes nicht vorgenommen werden konnten, etwa weil der Eigentümer die Entnahme von Proben untersagt hat, und weist auf die möglichen Folgen hin, wird ihm kein haftungsbegründender Vorwurf gemacht werden können, wenn die spätere Durchführung dieser Untersuchungen tatsächlich zu einem anderen Ergebnis als dem des Gutachtens führt. Voraussetzung ist jedoch eine klare und verständliche Formulierung durch den Sachverständigen.[1223]

VI. Der Dualismus von UCTA 1977 und UTCCR 1999 - Ausblick

Hinsichtlich haftungsausschließender und haftungsbeschränkender Klauseln dürften die UTCCR 1999 kaum weiteren Schutz bieten, als seitens des UCTA 1977 bereits zur Verfügung gestellt wird.[1224] Der Dualismus von UCTA 1977 und den UTCCR

[1218] *Treitel*, Rn. 7-094.

[1219] *Chitty on contracts*, Vol. I, Rn. 15-037 a.E.; *Anson's law of contract*, S. 207.

[1220] *Reg.* 8 übernimmt die Formulierung des Art. 6 der Richtlinie 93/13/EWG. Siehe *Lawson*, S. 264 ff.

[1221] *Treitel*, Rn. 7-113; *Anson's Law of Contract*, S. 215.

[1222] Siehe Simpson-*Murdoch/Berry*, Rn. 8.290.

[1223] Simpson-*Murdoch/Berry*, Rn. 8.290.

[1224] *Clerk & Lindsell on torts*, Rn. 10-19; *Chitty on contracts*, Rn. 15-068; *Anson's Law of Contract*, S. 214. Siehe auch *Arnull*, P.N. 2003, S. 494 (503).

1999 hat eine unübersichtliche komplexe Situation geschaffen.[1225] Die englische *Law Commission* hat daher im Jahre 2005 mit dem *Report* on *Unfair Terms in Contracts* und dem Entwurf einer *Unfair Contract Terms Bill* die Grundlagen für eine Zusammenführung von UCTA 1977 und UTCCR 1999 in einem einheitlichen Regelwerk gelegt.[1226] Eine Umsetzung ist bislang allerdings nicht erfolgt.

[1225] Siehe zur Richtlinienumsetzung ins englische Recht eingehend *Ponick*, S. 104 ff.

[1226] *Report on Unfair Terms in Contracts*, Law Commission No. 292 (2005); zuvor bereits *Unfair Terms in Contracts*, Law Commission Consultation Paper No. 166 (2002); siehe zur Reform *Macdonald*, 67 (1) M.L.R. (2004), 69 (72 ff.).

Dritter Teil: Die Rechtslage in Deutschland

A. Einführung in das deutsche Kunstsachverständigenwesen

Der deutsche Kunsthandel spielt im internationalen Vergleich vor allem mit den Kunsthandelszentren in England, Frankreich oder den USA eine untergeordnete Rolle. *Herchenröder* formuliert insoweit höchst treffend: „dass die deutschen Auktionen (...) im internationalen Hochpreis-Konzert eher in kammermusikalischer Besetzung“ spielen.[1227] Der deutsche Kunsthandel hat auch im Inland selbst einen durchaus niedrigeren Stellenwert als beispielsweise in den anderen hier betrachteten Rechtsordnungen England oder Frankreich. Im letzten Jahrzehnt verzeichnet allerdings auch der deutsche Kunsthandel ein beachtliches Wachstum und macht unter anderem in den letzten Jahren durch international beachtete Versteigerungen mit Umsätzen im zweistelligen Millionenbereich auf sich aufmerksam.[1228] Gleichermaßen findet Kunst als Form der „(Wert-)Anlage“ auch in Deutschland ein wachsendes größeres Allgemeininteresse.[1229] In Konsequenz ist auch die Nachfrage für Sachkunde im Bereich der Kunst in den letzten Jahren konstant hoch.

I. Die Kunstsachverständigen in Deutschland

1. Die historischen Aspekte der Kunstsachverständigentätigkeit in Deutschland

Die Nachfrage nach sachverständiger Kompetenz hat auch in Deutschland eine fast ebenso lange Geschichte wie der Kunsthandel selbst.[1230] Es war und ist steter Wunsch einer kunstsammelnden, aber nicht kunsthandelnden Klientel, das Urteil einer meist wissenschaftlich ausgebildeten und erfahrenen Fachkompetenz zu erhalten,

---

1227 *Herchenröder*, Weltkunst 2008, S. 38 (41).

1228 Siehe z.B. „Und dann und wann eine Vase“, in: FAZ v. 24.12.2010, S. 41; „Es geht auch ohne die teureren Expressionisten“, in: FAZ v. 12. Juni 2010, S. 43; *Herchenröder*, Weltkunst 2008, S. 38 (41); „Gefühl der letzten Chance, Deutsche Sammler setzen bei den Frühjahrsauktionen der Villa Grisebach die Preismarken“, in: Handelsblatt v. 15./16.06.2007, S. K 2. Die Folgen der Krise im Herbst 2008 haben auch den deutschen Kunstmarkt erheblich beeinträchtigt, siehe bei *Herchenröder*, Weltkunst 2009, S. 57 ff.

1229 Siehe beispielsweise die Konferenz „Kunstmärkte – Chancen und Risiken – Die Kunst mit Kunst Geld zu verdienen“, Handelsblatt Veranstaltungen, Berlin am 10./11.09.2007.

1230 Zur historischen Entwicklung des allgemeinen Sachverständigenwesens siehe ausführlich Landmann/Rohmer-*Bleutge*, § 36 Rn. 1 ff.; *Cors*, S.14 f.

welches eine Entscheidungsbasis und zugleich Sicherheit bietet.[1231] Dies dokumentiert bereits ein Sachverhalt aus dem 17. Jahrhundert: Der holländische Kunsthändler *Gerrit Ulenborch* bot dem Kurfürsten *Friedrich Wilhelm von Brandenburg* (1620-1688) Kopien als Originalwerke italienischer Künstler an.[1232] Nachdem der von Dritten beratene Kurfürst diese ablehnte, weil seine Berater in den Werken Kopien erblickten, leitete *Ulenborch* vor dem Magistrat von Amsterdam ein Verfahren ein, welcher über die Frage der Echtheit entscheiden sollte – es wurden im Laufe des Verfahrens schließlich über 50 Sachverständige zu dieser Frage gehört.[1233] Aufgrund der erheblichen Zweifel lehnte der Kurfürst einen Ankauf der Gemälde ab.[1234] Exemplarisch ist auch das Entstehen der bedeutenden Sammlung der Dresdner Gemäldegalerie Alter Meister im 17. und 18. Jahrhundert.[1235] *Friedrich August I.* (1670-1733), Kurfürst von Sachsen und König von Polen, und *Friedrich August II.* (1696-1763) hatten einen Stab von Experten eigens damit betraut, jedes Gemälde vor seinem Ankauf zu begutachten, um sich gegen Fälschungen und Kopien abzusichern, mit dem Ziel, den Anweisungen *Caspar Friedrich Jenckels* in dessen Werk „Museographia"[1236] folgend, die Sammlung allein mit Originalen auszustatten.[1237] Der Aufbau eigener privater Kunstsammlungen vor allem im „Wirtschaftsbürgertum" nahm im 18. Jahrhundert weiter zu.[1238] So dokumentieren etwa die bekannten *Morgenstern'schen Miniaturkabinette* von *Johann Ludwig Ernst Morgenstern* (1738-1819) und *Johann Friedrich Morgenstern* (1777-1844) mit einem Querschnitt verschiedener Frankfurter Sammlungen deren Qualität.[1239] Die zunehmende Qualitätsorientierung und Kennerschaft brachte die Entwicklung des Expertentums.[1240]

Im ausgehenden 19. Jahrhundert entwickelt sich das „Expertisenwesen"[1241] in Deutschland, nachdem zuvor insbesondere auf dem amerikanischen Kunstmarkt die Nachfrage nach Kunstgutachten derart angestiegen war, dass der Handel eines Gemäldes ohne begleitendes Gutachten kaum vorstellbar war.[1242] Gründe hierfür finden

---

1231 *Friedländer*, Kunst und Künstler, 1928, S. 171 f.

1232 *Würtenberger*, Das Kunstfälschertum, S. 109; *Gerlach*, S. 14.

1233 *Würtenberger*, Das Kunstfälschertum, S. 110; *Gerlach*, S. 14 f.

1234 *Gerlach*, S. 15.

1235 Zum Entstehen der Dresdner Gemäldegalerie eingehend *Spenlé*, S. 11 ff.

1236 *Caspar Friedrich Jenckel* (auch *Neickelius*), Museographia oder Anleitung zum rechten Begriff und nützlicher Anlegung der Museorum oder Raritäten-Kammern [...], Leipzig/Breslau 1727, vgl. dort S. 4.

1237 *Spenlé*, S. 188 ff.

1238 Hierzu *Schlögl*, in: North, S. 55 (60).

1239 Siehe bei *North*, in: North, S. 85 ff., 91 ff. (94).

1240 Siehe *Wettengl*, in: North, S. 69 (72 f.).

1241 Zum Begriff etwa *Friedländer*, Kunst und Künstler, 1928, S. 171.

1242 *Herchenröder*, Kunstmärkte 1979, S. 311 f.; *Braunfels*, S. 99 mwN; *Glaser* spricht gar von einer „Expertisenkrankheit", Kunst und Künstler, 1928, S. 291; *Friedländer*, Jahrbuch für

sich im „Kult um das Original“, der aus der Entwicklung des Kunstverständnisses folgt, für welches die „Subjektivität des Künstlers“ von zentraler Bedeutung ist.[1243] Während in der ersten Hälfte des 20. Jahrhunderts Kunstgutachten weiter an Bedeutung zunahmen, traten vermehrt Fälle fehlerhafter, leichtfertiger und auch vorsätzlich falscher Expertisen auf.[1244]

Die konkreten gesetzlichen Regelungen der Kunstsachverständigentätigkeit in Frankreich, mit denen den Auswüchsen des Kunstmarkts entgegengewirkt werden soll, bilden in Europa bisher ein Alleinstellungsmerkmal für die *Grande Nation.* Demgegenüber finden sich in der deutschen Rechtsordnung weder einzelgesetzliche Reglementierungen der Tätigkeit des Kunstsachverständigen noch spezielle Haftungsnormen. Lediglich für den gerichtlichen Sachverständigen findet sich im deutschen Recht mit § 839a BGB ein allgemeiner Haftungstatbestand.[1245] Frühe gesetzliche öffentlichrechtliche Grundlagen finden sich nur für die öffentlich bestellten und vereidigten Sachverständigen in § 36 der Gewerbeordnung des Norddeutschen Bundes von 1869.[1246] Mit der Novelle der Gewerbeordnung vom 05. Februar 1960 erhielt § 36 GewO dann seine noch heute gültige Fassung.[1247] Zuletzt novelliert mit Gesetz vom 17. Juli 2009 und ergänzt um § 36a GewO wurde auch der Umsetzung europäischer Richtlinien Rechnung getragen.[1248] Inwieweit die deutsche Rechtsordnung die Sachverständigentätigkeit im Allgemeinen reguliert und welche konkreten Anforderungen an die Tätigkeit von Kunstsachverständigen gestellt werden, ist Gegenstand der folgenden Darstellung.

Kunstsammler, 1921, S. 7 (8); *ders.*, Kunst und Künstler, 1928, S. 171 f.; *Neugass*, Weltkunst 1966, 955; siehe auch „Glanz und Elend der Experten“, in: Weltkunst 1967, 623 f.

[1243] *Hubel*, in: Hellwig, Vom Umgang mit dem Original, S. 7.

[1244] Siehe *Almeroth*, S. 185 ff.; *Friedländer*, Jahrbuch für Kunstsammler, 1921, S. 7 (8 ff.). Kritisch auch *Tietze*, Kunst und Künstler, 1928, S. 379. Siehe auch *Heinbuch*, NJW 1984, 15; *Locher*, Recht der bildenden Kunst, S. 164; *Gerlach*, S. 15.

[1245] Eingefügt durch das 2. SchadÄndG v. 19.07.2002, BGBl. I 2674, siehe die Begründung des Gesetzentwurfes der Bundesregierung, BT-Drucks. 14/7752, S. 28.

[1246] *Nicklisch*, DB 1982, 2277 (2281 f.).

[1247] *Nicklisch*, DB 1982, 2277 (2282).

[1248] Gesetz zur Umsetzung der Dienstleistungsrichtlinie im Gewerberecht und in weiteren Rechtsvorschriften v. 17.07.2009, BGBl. I, S. 2091. Kritisch Landmann/Rohmer-*Bleutge*, § 36 Rn. 9c.

2. Die Voraussetzungen der Kunstsachverständigentätigkeit im deutschen Kunsthandel

Eine allgemeingültige Definition des Kunstsachverständigen sucht man vergebens: Es existiert weder eine Legaldefinition des Begriffs des „Sachverständigen“ im Allgemeinen noch eine des Begriffs des „Kunstsachverständigen“ im Besonderen.[1249] Auch gibt es keine gesetzlichen Regelungen in Bezug auf die Führung der Bezeichnung „(Kunst-)Sachverständiger“, „(Kunst-)Gutachter“ oder „(Kunst-)Experte“, so dass grundsätzlich jeder diese Berufsbezeichnungen innerhalb der Grenzen des StGB und des UWG verwenden und eine entsprechende Tätigkeit entfalten kann.[1250] Nur die Führung der Bezeichnung „öffentlich bestellter und vereidigter Sachverständiger“ oder einer entsprechend verwechselbaren Bezeichnung ist nicht öffentlich bestellten und vereidigten Sachverständigen strafrechtlich untersagt und verstößt zugleich auch gegen das Irreführungsverbot des § 5 UWG.[1251] Mit Ausnahme für die öffentlich bestellten und vereidigten Sachverständigen finden sich ferner keine expliziten gesetzlichen Regelungen, die Aufgaben und Pflichten von Sachverständigen beinhalten. Unter den verschiedenen in Deutschland am Markt tätigen Kunstsachverständigen lässt sich zwischen „freien“ bzw. „privaten“, „zertifizierten“, „anerkannten“ und „öffentlich bestellten und vereidigten“ Kunstsachverständigen differenzieren.

a) „Freie“ bzw. „private“, „zertifizierte“ und „anerkannte“ Kunstsachverständige

„Freie“ bzw. „private“ Kunstsachverständige[1252] unterliegen keinen Zulassungs- oder Bestellungsvoraussetzungen; sie haben sich in der Regel selbst zum „Sachverständigen“ ernannt und haben gegebenenfalls durch eine private Organisation eine Anerkennung erlangt.[1253] Vor allem international tätige Kapazitäten von Kunstsachverständigen, die in der Regel nur im oberen Marktbereich tätig sind und sich oftmals auf nur einen Künstler oder eine bestimmte Art von Kunstwerken spezialisiert haben,

---

[1249] Ausführlich Landmann/Rohmer-*Bleutge*, § 36 Rn. 10; Bayerlein-*Böttger*, § 1 Rn. 6 ff.

[1250] Siehe Bayerlein-*Böttger*, § 1 Rn. 9; *Bleutge*, Sachverständigenvertrag, S. 8. Zu den Grenzziehungen durch StGB und UWG siehe Landmann/Rohmer-*Bleutge*, § 36 Rn. 23 ff.; *Blankenhorn*, S. 18.

[1251] Landmann/Rohmer-*Bleutge*, § 36 Rn. 18, 23; Köhler/Bornkamm-*Bornkamm*, § 5 Rn. 5.143.

[1252] Vgl. zur Terminologie etwa bei BGH NJW 1995, 392; OLG Dresden, NJW-RR 1991, 1001.

[1253] *Ulrich*, Der gerichtliche Sachverständige, Rn. 84; Landmann/Rohmer-*Bleutge*, § 36 Rn. 21; siehe *Nieberding*, S. 8.

legen oftmals keinen Wert auf irgendeine Form „staatlicher“ oder anderweitiger „offizieller“ Anerkennung ihrer Sachkunde, sondern nur auf ihr international anerkanntes Renommee.[1254]

In Rechtsprechung[1255] und Literatur[1256] besteht die einhellige Ansicht, dass derjenige, der als „Sachverständiger“ auftritt, bestimmte Mindestanforderungen erfüllen soll. Obgleich sich zwar in Rechtsprechung und Literatur keine einheitliche Definition des „Sachverständigen“ herausgebildet hat, herrscht jedoch Einigkeit darüber, dass ein „Sachverständiger“ eine natürliche Person ist, die auf einem bestimmten Sachgebiet überdurchschnittliche Sachkompetenz,[1257] besondere Kenntnisse[1258] und Erfahrungen besitzt, die diese Person befähigt, eine umfassende Beurteilung eines Sachverhaltes in einem abgrenzbaren Spezialgebiet abzugeben.[1259] Der Sachverständige hat bei der von ihm persönlich anhand objektiv nachvollziehbarer Maßstäbe vorzunehmenden Erstattung eines Gutachtens stets gewissenhaft, unabhängig, weisungsfrei und unparteiisch zu bleiben.[1260] Unterliegt ein Sachverständiger Weisungen von Seiten Dritter, darf er daher nicht in der Öffentlichkeit als „Sachverständiger“ auftreten.[1261] Der verständige Durchschnittsverbraucher erwartet von Personen, die als „Sachverständige“ auftreten, grundsätzlich fundierte Fachkenntnis und einschlägige Erfahrung, so dass eine Irreführung im Sinne des Wettbewerbsrechts vorliegen kann, wenn die als „Sachverständiger“ auftretende Person diese Kriterien nicht erfüllt.[1262]

[1254] Siehe schon *Friedländer*, Jahrbuch für Kunstsammler, 1921, S. 7 (8).

[1255] Siehe etwa BGH NJW-RR 1997, 1193; BGH NJW 1984, 2365; OLG Köln NZV 1998, 32f.

[1256] Landmann/Rohmer-*Bleutge*, § 36 Rn. 11 f., 23 mwN; Wellmann-*Wellmann*/*Weidhaas*, S. 1 f.

[1257] Das Erfordernis einer spezifischen Ausbildung oder eines Studiums auf dem Fachgebiet der Sachverständigentätigkeit ist nicht eindeutig, vgl. BGH NJW-RR 1997, 1193 (1194 f.). In der Regel wird einschlägige Praxiserfahrung gefordert, so dass sich im Ergebnis ein sachkundiger Autodidakt mit ausreichender Praxiserfahrung als Sachverständiger bezeichnen darf, vgl. OLG München WRP 1995, 57 (58 f.); OLG Hamm WRP 1997, 972 ff., dort offengelassen.

[1258] Ob diese Kenntnisse durch eine entsprechende Ausbildung nachprüfbar vermittelt werden müssen, wird uneinheitlich beantwortet. Die Rechtsprechung erlaubt den autodidaktischen Erwerb in engen Grenzen, siehe BGH NJW-RR 1997, 1193. Kritisch Wellmann-*Wellmann*/*Weidhaas*, S. 4, denn dem ist entgegenzuhalten, dass es keine „Ausbildung“ zum Kunstsachverständigen gibt, sondern die erforderlichen Kenntnisse vorwiegend durch Praxiserfahrung erworben werden müssen.

[1259] Landmann/Rohmer-*Bleutge*, § 36 Rn. 11 f. mwN; BGH NJW-RR 1997, 1193 (1194 f.); BGH NJW 1984, 2365.

[1260] Bayerlein-*Böttger*, § 1 Rn. 12; Landmann/Rohmer-*Bleutge*, § 36 Rn. 11.

[1261] Landmann/Rohmer-*Bleutge*, § 36 Rn. 11, dies betrifft etwa Angestellte eines Versicherers.

[1262] BGH, NJW 1997, 1193 (759); Fezer-*Pfeifer*, Lauterkeitsrecht, § 3 Rn. 364; Heermann/Hirsch-*Busche*, UWG, § 5 Rn. 587 f.; Hefermehl/Köhler/Bornkamm-*Bornkamm*, § 5 Rn. 3.28; siehe hierzu auch *Ulrich*, Der gerichtliche Sachverständige, Rn. 84, 787 ff.

Grundsätzlich können „freie" bzw. „private" Sachverständige, aber auch „öffentlich bestellte und vereidigte Sachverständige", auf die im nächsten Abschnitt näher eingegangen wird, durch Institute bzw. Zertifizierungsstellen eine „Anerkennung"[1263] bzw. „Zertifizierung"[1264] erlangen.[1265]

b) Die öffentlich bestellten und vereidigten Kunstsachverständigen

Schließlich können Kunstsachverständige beantragen, für ein bestimmtes Sachgebiet des Sachgebietsbereichs „Kunstwerke und Antiquitäten" öffentlich bestellt und vereidigt zu werden. Die öffentliche Bestellung und Vereidigung von Kunstsachverständigen nach § 36 GewO ermöglicht jedermann, auf unabhängige Kunstsachverständige zurückzugreifen, für deren unparteiische Sachkompetenz bzw. berufliche Qualifikation, Objektivität und Zuverlässigkeit aufgrund behördlicher Prüfung besondere Gewähr geboten und denen aufgrund der Bestellung ein besonderes Maß an Glaubwürdigkeit zugesprochen wird.[1266] Aus diesem Grunde bedienen sich vor allem Justiz, Behörden und die Privatwirtschaft, beispielsweise Kunsthandel, Banken und Versicherungsgesellschaften, aber auch Verbraucher öffentlich bestellter Kunstsachverständiger.[1267] Seit der Novellierung[1268] im Jahre 2009 sind in § 36a GewO die Voraussetzungen des § 36 GewO in Bezug auf die öffentliche Bestellung von Sachverständigen mit Qualifikationen aus einem anderen Mitgliedsstaat der Europäischen Union weiter ausgestaltet.[1269]

[1263] Hierbei handelt es sich etwa um Angestellte von Organisationen wie der DEKRA, TÜV, Verbrauchervereinen o.ä., siehe bei Heermann/Hirsch-*Busche*, UWG, § 5 Rn. 588.

[1264] Z.B. IfS Institut für Sachverständigenwesen, 50672 Köln, vgl. www.ifsforum.de (Stand 11/2011). Zum Institut für Sachverständigenwesen (folgend: IfS) *Bleutge*, in: Rollmann/Staudt, S. 200 ff.; *Blankenhorn*, S. 18 ff.

[1265] Vertiefend Landmann/Rohmer-*Bleutge*, § 36 Rn. 20; Wellmann-*Wellmann*/*Weidhaas*, S. 7 ff. Zum gegenwärtigen Zeitpunkt ist eine solche Zertifizierung allerdings für Kunstsachverständige noch nicht möglich, vgl. http://www.ifsforum.de/ifsforum/ifs-zert/ifs-zertifizierung-downloads/index.html (Stand 11/2011).

[1266] Bayerlein-*Bock*, § 3 Rn. 1; Landmann/Rohmer-*Bleutge*, § 36 Rn. 46 mwN. Vgl. BVerfG, NJW 1992, 2621 ff.; BVerwG NJW 1957, 1248 f.

[1267] Vgl. § 2 Abs. 1 MSVO, die MSVO des DIHK v. 30.11.2009 in der Fassung v. 15.02.2010 ist abgedruckt in: Landmann/Rohmer, Band 2, Nr. 276 A. Siehe Ziff. 2.1.1. der Richtlinien zur Anwendung und Auslegung der Mustersachverständigenordnung (im Folgenden jeweils zitiert als: „Richtlinien zur MSVO"), auch abgedruckt in: Landmann/Rohmer, Band 2, Nr. 276 A.

[1268] Gesetz zur Umsetzung der Dienstleistungsrichtlinie im Gewerberecht und in weiteren Rechtsvorschriften v. 17.07.2009, BGBl. I, S. 2091.

[1269] Kritisch *Bleutge*, in: Landmann/Rohmer, § 36a Rn. 3 ff.

aa) Wesen und Zweck der öffentlichen Bestellung

Die „öffentliche Bestellung und Vereidigung" ist vor allem eine Zuerkennung besonderer Qualifikation und Glaubwürdigkeit auf einem bestimmten Fachgebiet.[1270] Mit der öffentlichen Bestellung erbringt ein Kunstsachverständiger einen Nachweis für seine besondere Fachkompetenz und bietet die Gewähr für ein objektives und fachkundiges Urteil. Die öffentliche Bestellung ist von ihrer Rechtsnatur her keine Beleihung, auch wenn sie dieser angenähert ist, sondern eine Berufsausübungsregelung.[1271] Durch die öffentliche Bestellung nach § 36 GewO wird die Tätigkeit des Kunstsachverständigen um die Einhaltung eines speziellen Pflichtenkatalogs ergänzt und der Aufsicht durch die vom Staat beauftragte Bestellungskörperschaft, der Industrie- und Handelskammer, unterstellt.[1272]

(1) Voraussetzungen der öffentlichen Bestellung

Die öffentliche Bestellung und Vereidigung muss vom Kunstsachverständigen bei der örtlich zuständigen IHK beantragt werden.[1273] Er hat innerhalb bestimmter Altersgrenzen[1274] einen Rechtsanspruch auf öffentliche Bestellung, wenn die Bestellungsvoraussetzungen der § 36 Abs. 1 S. 1 GewO, § 3 MSVO[1275] erfüllt sind: Es bedarf eines Nachweises der besonderen, überdurchschnittlichen Sachkunde des Kunstsachverständigen und seiner praktischen Erfahrung, der Fähigkeit, Gutachten zu erstatten und es dürfen ferner keine Bedenken gegen seine persönliche Eignung bestehen.[1276] Daneben hat der Bewerber in geordneten wirtschaftlichen Verhältnissen zu leben, um sein Ansehen in der Öffentlichkeit und seine Unabhängigkeit sicherzustellen. Die einzelnen Voraussetzungen für die öffentliche Bestellung sind

---

1270 Bayerlein-*Bock*, § 3 Rn. 5; vertiefend zur öffentlichen Bestellung Wellman-*Weidhaas*, S. 183 ff. Vgl. Landmann/Rohmer-*Bleutge*, § 36a Rn. 4.

1271 Landmann/Rohmer-*Bleutge*, § 36 Rn. 47 ff. mwN.

1272 Siehe *Ulrich*, Der gerichtliche Sachverständige, Rn. 50 ff., 352 ff. Landmann/Rohmer-*Bleutge*, § 36 Rn. 47 ff.; Ziff. 2.5. ff. der Richtlinien zur MSVO.

1273 Nach § 36 Abs. 1 GewO bedarf es für das Sachgebiet eines Bedarfs an Sachverständigenleistung. Die Bestellungskörperschaft führt eine abstrakte Bedarfsprüfung durch. Hierzu Tettinger/Wank/Ennuschat-*Ennuschat*, § 36 Rn. 19 ff.

1274 Als persönliche Voraussetzung hat der sich bewerbende Kunstsachverständige regelmäßig mindestens das 30. Lebensjahr vollendet zu haben und darf im Falle der erstmaligen Bestellung das 62. Lebensjahr noch nicht vollendet haben, Ziff. 3.4. ff. der Richtlinien zur MSVO. Zur Rechtmäßigkeit der Altersgrenze für die öffentliche Bestellung siehe VGH München, DS 2009, 235 ff.

1275 Nach § 36 Abs. 4 GewO besteht eine Ermächtigung für den Erlass entsprechenden Satzungsrechts. Zur Gewährleistung einer einheitlichen Verwaltungspraxis haben die Industrie- und Handelskammern die Mustersachverständigenordnung des DIHK als bundeseinheitliche Regelung zugrunde gelegt, Landmann/Rohmer-*Bleutge*, § 36 Rn. 157.

1276 Siehe Bayerlein-*Bock*, § 3 Rn. 9 ff.

in § 36 GewO und den einzelnen Sachverständigenordnungen geregelt.[1277] Der Sachgebietsbereich „Kunstwerke und Antiquitäten“ ist derzeit in fünf Hauptbereiche eingeteilt worden: 1. Europäische ur- und vorgeschichtliche Gegenstände, 2. Antike, 3. Ostasien, 4. Außereuropäische Kunstwerke ohne Ostasien, 5. Nachantike europäische Kunstwerke. Innerhalb dieser fünf Hauptbereiche kommt dem Bereich 5. Nachantike europäische Kunstwerke die größte praktische Relevanz zu, weshalb dieser Hauptbereich in 41 verschiedene Sachgebiete unterteilt wurde.

Das als subjektive Voraussetzung bestehende Kriterium der besonderen Sachkunde stellt die Anforderung erheblich über dem Durchschnitt liegender Kenntnisse, Erfahrungen und Fähigkeiten[1278] auf einem bestimmten, von der öffentlichen Bestellung umfassten Sachgebiet, und die Fähigkeit eine konkrete Fallsituation in einem Gutachten nachprüfbar[1279] und verständlich umzusetzen.[1280] Diese Kenntnisse und Fähigkeiten müssen durch eine einschlägige Ausbildung bzw. Studium erworben und durch eine sachgebietsbezogene Berufspraxis angewendet und erprobt worden sein.[1281] Als fachliche Bestellungsvoraussetzung für den Sachgebietsbereich „Kunstwerke und Antiquitäten“ wird eine mindestens zehnjährige ununterbrochene sachgebietsbezogene Berufspraxis als Angestellter mit eigenverantwortlicher Dispositionsmöglichkeit oder Selbstständiger gefordert.[1282] Ferner hat der Bewerber neben Grundlagen des Sachverständigenrechts über allgemeine fachliche kunsthistorische Kenntnisse, Hintergrundwissen über den Kunsthandel und -markt, Methoden und Kategorien der Bewertung,[1283] rechtliche Grundkenntnisse, Kenntnisse über Ein- und Ausfuhr von Kunstwerken sowie der einschlägigen Fachliteratur, Sammlungen

---

[1277] Siehe Wellmann-*Weidhaas*, S. 186. Die MSVO hat keine Rechtsqualität, sie ist als Empfehlung an die Industrie- und Handelskammern gerichtet, die ihre Sachverständigenordnungen aufgrund § 36 Abs. 4 GewO als Satzungen erlassen, *Cors*, S. 24.

[1278] Zum Nachweis der „besonderen Sachkunde“, siehe VG Freiburg DS 2005, S. 356 f (358), mit Anm. *Jacobs*, nur eine Berufsausbildung reicht nicht, es bedarf überdurchschnittlicher Fähigkeiten und Erfahrung.

[1279] § 36a GewO regelt nunmehr die Anerkennung von Ausbildungs- und Befähigungsnachweisen von Antragstellern aus einem anderen Mitgliedsstaat der Europäischen Union; dazu *Bleutge*, in: Landmann/Rohmer, § 36a Rn. 1 ff.

[1280] Siehe *Ulrich*, Der gerichtliche Sachverständige, Rn. 56 ff.

[1281] Tettinger/Wank/Ennuschat-*Ennuschat*, § 36 Rn. 19 ff.; Landmann/Rohmer-*Bleutge*, § 36 Rn. 61 ff.

[1282] Siehe die Bestellungsvoraussetzungen „Kunstwerke und Antiquitäten“, herausgg. v. IfS, dort S. 4, verfügbar unter http://www.ifsforum.de/download.php?sv[id]=4647 (Stand 11/2011).

[1283] So wird neben kunsthistorischen und kunstwissenschaftlichen Kenntnissen auch ein „kaufmännischer Sinn“ durch Kenntnis von Marktwerten gefordert, siehe Landmann/Rohmer-*Bleutge*, § 36 Rn. 61 f. sowie Tettinger/Wank/Ennuschat-*Ennuschat*, § 36 Rn. 31, jew. mit Hinweis auf VG Ansbach, GewA 71, 129.

und Museen zu verfügen.[1284] Darüber hinaus sind als besondere Bestellungsvoraussetzung eingehende fachliche Kenntnisse in dem speziellen Sachgebiet erforderlich, für das der Bewerber bestellt werden möchte.[1285] Hierzu zählen beispielsweise Kenntnisse über technologische und stilistische Kriterien (u.a. Maltechniken und verwendete Materialien), die Beurteilung des Erhaltungszustandes oder die Fähigkeit, Fälschungen oder Verfälschungen mit und ohne technische Hilfsmittel zu erkennen.[1286]

(2) Inhalt und Pflichten der öffentlichen Bestellung als „Kunstsachverständiger"

Mit der öffentlichen Bestellung[1287] und Vereidigung erhält der Kunstsachverständige seine Bestellungsurkunde, einen Sachverständigenausweis und den Rundstempel. Durch die öffentliche Bestellung und Vereidigung darf der Kunstsachverständige nun die Bezeichnung „von der Industrie- und Handelskammer öffentlich bestellter und vereidigter Kunstsachverständiger für (...)" führen.[1288] Als Folge der Bestellung und des geleisteten Sachverständigeneides (vgl. § 5 MSVO) ist er zur Unabhängigkeit[1289], Weisungsfreiheit[1290], Gewissenhaftigkeit[1291] und Unparteilichkeit[1292] bei der übernommenen Tätigkeit sowie der Einhaltung der aus der Sachverständigenordnung folgenden Obliegenheiten verpflichtet.[1293] Der Kunstsachverständige hat den aktuellen Stand von Wissenschaft, Technik und Erfahrung zu berücksichtigen und den Gutachtenauftrag mit der Sorgfalt eines öffentlich bestellten Sachverständigen

---

1284 IfS, Bestellungsvoraussetzungen „Kunstwerke und Antiquitäten", aaO, S. 4.

1285 Alleine die für den Beruf notwendige Sachkunde eines Kunsthändlers stellt nicht unbedingt einen Nachweis der besonderen Sachkunde des § 36 Abs. 1 S. 1 GewO dar, Tettinger/Wank/Ennuschat-*Ennuschat*, § 36 Rn. 31, mit Hinweis auf VG Karlsruhe, GewA 1981, 333.

1286 IfS, Bestellungsvoraussetzungen „Kunstwerke und Antiquitäten", aaO, S. 5 ff.

1287 Die Bestellung ist auf 5 Jahre befristet und kann auf Antrag jeweils um weitere 5 Jahre verlängert werden, wenn die Bestellungsvoraussetzungen weiter vorliegen, Ziff. 2.3.2. der Richtlinien zur MSVO.

1288 Vgl. Landmann/Rohmer-*Bleutge*, § 36 Rn. 141; Ziff. 12.1. ff. der Richtlinien zur MSVO.

1289 Er darf sich keinerlei Einflussnahme aussetzen, insb. keine „Gefälligkeitsgutachten" erstatten, zu den Einzelheiten siehe Ziff. 8.1. der Richtlinien zur MSVO, dort 8.1.2.1.

1290 Die Tätigkeit darf nicht durch Vorgaben beeinflusst werden, s. Bayerlein-*Bock*, § 3 Rn. 16.

1291 Siehe Bayerlein-*Bock*, § 3 Rn. 19; Ziff. 8.3. der Richtlinien zur MSVO.

1292 Gutachten sind unvoreingenommen, objektiv und unter Beachtung des Grundsatzes der Neutralität zu erstatten; siehe auch Ziff. 8.4. ff. der Richtlinien zur MSVO.

1293 Bayerlein-*Bock*, § 3 Rn. 10; siehe auch *Ulrich*, Der gerichtliche Sachverständige, Rn. 352 ff. Eine Verletzung der Pflichten nach der Sachverständigenordnung kann im Widerruf der öffentlichen Bestellung resultieren.

zu erledigen.[1294] Dementsprechend obliegt ihm für sein Sachgebiet auch eine Fortbildungspflicht.[1295] Er unterliegt der Aufsicht der zuständigen IHK, welche die Einhaltung seiner Pflichten überwacht.[1296]

Das der öffentlichen Bestellung und Vereidigung entgegengebrachte Vertrauen ist ein höchstpersönliches, die Leistungserbringung ist daher mit der Person des Sachverständigen unmittelbar verknüpft. Dennoch können Hilfspersonen hinzugezogen werden, wenn deren Art und Umfang der Tätigkeit kenntlich gemacht werden und das Gutachten in seiner Gesamtheit durch den Kunstsachverständigen persönlich verantwortet wird.[1297] Verwendet der Kunstsachverständige dabei beispielsweise Ergebnisse wissenschaftlicher Labore, unterliegt er einer diesbezüglichen Hinweispflicht; ebenso besteht eine Pflicht zur Kenntlichmachung im Gutachten, welcher öffentlich bestellte Sachverständige für welchen Gutachtenteil verantwortlich ist, sollten zwei oder mehrere Sachverständige ein Gutachten gemeinsam erstellt haben.[1298] Er unterliegt hinsichtlich seiner Tätigkeit einer strafbewehrten Schweigepflicht[1299] und hat auch alle Hilfspersonen entsprechend zu verpflichten.[1300] Eine Erstattung von Gutachten in eigener Sache oder der Erwerb bzw. die Vermittlung von begutachteten Gegenständen ist nicht gestattet.[1301]

Im Pflichtenkanon eines öffentlich bestellten Kunstsachverständigen nimmt die Pflicht zur Gutachtenerstattung entsprechend der gesetzlichen Vorschriften eine besondere Stellung ein.[1302] Gemäß §§ 404 Abs. 2, 407 Abs. 1 ZPO und §§ 73 Abs. 3, 75 Abs. 1 StPO und §§ 173 Abs. 1, 98 VwGO hat derjenige, der von gerichtlicher oder staatsanwaltschaftlicher Seite als Sachverständiger hinzugezogen wird, dieser Ernennung Folge zu leisten.[1303] Die Leistungserbringung erfolgt dann nicht aufgrund eines privatrechtlichen Vertrages, sondern aufgrund einer „öffentlich-rechtlichen

---

1294 Siehe § 8 Abs. 3 MSVO.

1295 Siehe § 16 MSVO. Entsprechende Fortbildungsnachweise können von der Kammer verlangt werden, spätestens bei der Verlängerung der öffentlichen Bestellung, Ziff. 16.1. f. der Richtlinien zur MSVO.

1296 Bayerlein-*Bock*, § 3 Rn. 79 ff.; Ziff. 2.5. der Richtlinien zur MSVO.

1297 Siehe § 9 MSVO; Ziff. 9.2. ff. der Richtlinien zur MSVO.

1298 Siehe auch § 11 MSVO; ausdrücklich etwa Ziff. 11.4. der Richtlinien zur MSVO.

1299 Siehe §§ 203 Abs. 2 Nr. 5, 204 StGB.

1300 Siehe § 15 MSVO.

1301 Siehe § 8 Abs. 4 MSVO.

1302 Siehe § 10 MSVO. Im Übrigen unterliegt er besonderen Aufzeichnungs- und Aufbewahrungspflichten nach § 13 MSVO, der Niederlassungspflicht nach §§ 3 Abs. 2 a MSVO, Anzeige-, Auskunfts- und Überlassungspflichten nach den §§ 19, 20 MSVO, einer Fortbildungspflicht nach § 16 MSVO, sowie der Verpflichtung nur solche Werbung oder Kundmachung seiner Tätigkeit vorzunehmen, die seiner Stellung und Verantwortung gerecht werden, siehe § 18 MSVO, §§ 1, 3 UWG. Siehe bei Landmann/Rohmer-*Bleutge*, § 36 Rn. 128 ff. Ausführlich *Zimmermann*, DS 2006, 304 ff.

1303 Zu den Voraussetzungen siehe bei *Ulrich*, Der gerichtliche Sachverständige, Rn. 167 ff.

Rechtsbeziehung eigener Art".[1304] Eine Ablehnung ist nur bei Vorliegen eines wichtigen Grundes möglich.[1305]

§ 14 Abs. 2 S. 1 MSVO sieht vor, dass öffentlich bestellte und vereidigte Sachverständige eine Berufshaftpflichtversicherung[1306] in angemessener Höhe abschließen sollen.[1307] Der Abschluss einer Berufshaftpflichtversicherung wird von den Industrie- und Handelskammern regelmäßig zu einer faktischen Bestellungsvoraussetzung gemacht.[1308]

bb) Besondere Sanktionen

Der öffentlich bestellte Sachverständige unterliegt einer ständigen Aufsicht durch die Bestellungskörperschaft. Diese kann die öffentliche Bestellung zurücknehmen, wenn die Bestellung beispielsweise durch falsche Angaben erlangt wurde.[1309] Ferner kann die Bestellung widerrufen werden, wenn der öffentlich bestellte Sachverständige gegen die Vorschriften der Sachverständigenordnung verstößt.[1310] Der Widerruf der öffentlichen Bestellung eines Sachverständigen ist auch im Falle einer rechtskräftigen strafrechtlichen Verurteilung möglich, was sich auf mangelnder Eignung wegen erheblichen Zweifeln an seiner Zuverlässigkeit begründet.[1311] Daneben unterliegt der öffentlich bestellte Kunstsachverständige insbesondere den §§ 154 ff. und § 203 Abs. Nr. 5 StGB, worauf später noch näher eingegangen wird.

[1304] Siehe *Ulrich*, Der gerichtliche Sachverständige, Rn. 742.

[1305] Ziff. 10.2. der Richtlinien zur MSVO; hinsichtlich der Ablehnung von Privataufträgen siehe Ziff. 10.4. der Richtlinien zur MSVO.

[1306] Siehe zu den Pflichthaftpflichtversicherungen die Übersicht bei Langheid/Wandt-*Brandt*, Vorbem. zu §§ 113-124 VVG, Rn. 17 ff.

[1307] Siehe Landmann/Rohmer-*Bleutge*, § 36 Rn. 133; Bayerlein-*Littbarski*, § 40 Rn. 1; *Ulrich*, Der gerichtliche Sachverständige, Rn. 783 ff.

[1308] Siehe zur Haftpflichtversicherung auch die Richtlinien zur MSVO des DIHK, Ziff. 14.3. ff.

[1309] Ziff. 23.2. der Richtlinien zur MSVO. Zur Rücknahme und Widerruf siehe bei Tettinger/Wank/Ennuschat-*Ennuschat*, § 36 Rn. 77 ff.

[1310] Zu den Einzelheiten siehe Ziff. 23 ff. der Richtlinien zur MSVO.

[1311] Landmann/Rohmer-*Bleutge*, § 36 Rn. 82 ff. (86); vgl. etwa VGH München, DS 2005, 279 ff.

3. Sachverständigenorganisationen und Verbände

Auch in Deutschland finden sich verschiedene Verbände und Expertenorganisationen für Kunstsachverständige. Zum einen ist dies der Bundesverband öffentlich bestellter und vereidigter sowie qualifizierter Sachverständiger e.V. (BVS)[1312], der als Dachverband seine Landes- und Fachverbände vertritt.[1313] Daneben übernimmt auch der Bundesverband öffentlich bestellter und vereidigter Kunstsachverständiger sowie qualifizierter Kunstsachverständiger e.V. (BVK)[1314] die Vertretung der berufsständischen Belange der Kunstsachverständigen. Ferner wurde im Jahr 2004 der Verband Unabhängiger Kunstsachverständiger e.V. (VUKS)[1315] mit dem Ziel gegründet eine Interessenvertretung der unabhängigen Kunstsachverständigen zu bilden.

II. Das Kunstgutachten

Die Tätigkeit eines Kunstsachverständigen hat viele Facetten. Sie unterscheidet sich aber in tatsächlicher Hinsicht nicht von derjenigen französischer oder englischer Kunstsachverständiger, so dass hinsichtlich der Untersuchungsmethoden und Verfahren von Kunstwerken auf die allgemeinen Darstellungen in der Einleitung verwiesen werden kann.[1316]

1. Voraussetzungen und Anforderungen an ein Kunstgutachten

Im Folgenden soll der Frage nachgegangen werden, ob und welche Voraussetzungen und Anforderungen innerhalb der deutschen Rechtsordnung an die Erstellung eines Kunstgutachtens gestellt werden. Grundsätzlich legt der Auftraggeber fest, zu welchem Zweck der Kunstsachverständige das Gutachten erstatten soll und ob eine pekuniäre Bewertung des Kunstwerks zum Auftrag gehört oder nicht.[1317] Ein „freier“ bzw. „privater“ Sachverständiger ist prinzipiell in der Gestaltung seines Gutachtens frei, es gibt keine gesetzlichen Vorschriften, die Form und Inhalt von Gutachten re-

---

[1312] Bundesverband öffentlich bestellter und vereidigter sowie qualifizierter Sachverständiger e.V., 10117 Berlin, http://www.bvs-ev.de (Stand 11/2011).

[1313] BVS und BVK veranstalten den sog. „Kunstsachverständigentag“; vgl. *Jackisch*, DS 2010, S. 3; *dies.*, DS 2008, S. 363; *dies.*, jeweils zum Kunstsachverständigentag des BVS.

[1314] Bundesverband öffentlich bestellter und vereidigter Kunstsachverständiger sowie qualifizierter Sachverständiger e.V., 64546 Mörfelden-Walldorf, http://www.bv-kunstsachverstaendiger.de (Stand 11/2011).

[1315] Verband Unabhängiger Kunstsachverständiger e.V., 70192 Stuttgart, http://www.vuks.de (Stand 11/2011).

[1316] Siehe ab Seite 26 ff.

[1317] Siehe *Picker* (2000), S. 309.

geln, und auch aus den vereinzelten Definitionen des Gutachtenbegriffes in der Literatur sind nur wenige Anhaltspunkte zu entnehmen.[1318] Nach *Bleutge* etwa wird ein Gutachten als „*objektive, gewissenhafte und sachlich begründete Beurteilung eines vorgegebenen Sachverhaltes in einer für einen Laien verständlichen und für den Fachmann nachprüfbaren Weise*“ definiert, „*es werden in Form einer objektiven, unparteiischen und allgemein gültigen Bewertung Tatsachen festgestellt, Bewertungen vorgenommen und Schlussfolgerungen gezogen.*“[1319] In Rechtsprechung und Literatur sind verschiedene Grundsätze anerkannt. So ist ein Kunstgutachten systematisch aufzubauen und übersichtlich gegliedert auf das Wesentliche zu konkretisieren.[1320] Es sollten Angaben zum Auftraggeber erfolgen.[1321] Das Gutachten soll den Prüfungsauftrag bzw. die Gutachtenfrage bezeichnen sowie den Auftragsumfang und mit welcher Methodik der Sachverständige vorgegangen ist.[1322] Das Kunstwerk soll eingehend in seiner Art, seinem Zustand, seiner Herkunft, etwaigen Restaurierungen und nach sonstigen physischen Eigenschaften beschrieben werden, zu denen auch seine Abmessungen oder Dimensionen zählen.[1323] Hierauf folgt die eingehende Analyse und ggf. die pekuniäre Bewertung.[1324] Ein Kunstgutachten bedarf einer verständlich formulierten Begründung, welche eine Nachprüfung und Feststellung seiner inhaltlichen Richtigkeit gestattet.[1325] Ein reiner Aussagesatz genügt nicht, es müssen Belege, Quellen und Erfahrungssätze ersichtlich sein, die die Erkenntnisse und Beurteilungen des Kunstsachverständigen nachvollziehbar machen.[1326] Für den Fall der Unaufklärbarkeit einer Frage muss dies eindeutig und klar im Gutachten formuliert werden.[1327] Wurden vom Sachverständigen bestimmte Tatsachen selbst ermittelt, bedarf es der Angabe, wie diese von ihm ermittelt worden sind und welches Ergebnis dies zur Folge hatte, damit die Tatsachenfeststellung objektiv nachvollzogen werden kann.[1328] Ein Gutachten muss sich auf Tatsachen und darf sich nicht auf

---

[1318] Wellmann-*Wellmann/Weidhaas*, S. 32.

[1319] *Bleutge*, Sachverständigenvertrag, S. 9; *ders.*, Haftung, S. 14.

[1320] Siehe *Bleutge*, Sachverständigenvertrag, S. 9. Siehe exemplarisch die Vorlage zur Erstellung eines Kunstgutachtens bei *v. Wallwitz*, DS 2010, 175 (178); vgl. auch Bayerlein-*Roeßner*, § 9 Rn. 68 ff.; Bayerlein-*Mayr* § 29 Rn. 1 ff. Vgl. auch *Wolf*, S. 94 ff. (103).

[1321] Siehe Wellmann-*Wellmann/Weidhaas*, S. 32.

[1322] Siehe *Picker* (2000), S. 300 f.; Wellmann-*Wellmann/Weidhaas*, S. 32.

[1323] Siehe *Gerlach*, S. 34; *Herchenröder*, Kunstmärkte 1979, S. 314.

[1324] Vgl. *v. Wallwitz*, DS 2010, 175 (178).

[1325] Siehe Landmann/Rohmer-*Bleutge*, § 36 Rn. 63. Fehlende Begründung des Gutachtens mit nachvollziehbaren Tatsachen machen dieses u.U. nicht verwertbar, vgl. OLG München, OLGR München 1999, 165 (167).

[1326] Siehe *Bleutge*, in: Landmann/Rohmer, § 36 Rn. 63 mit Verweis auf VG Ansbach, GewA 71, 129. Vgl. auch KG NJW 1999, 1797; *Bleutge*, DS 2010, 142 mit Verweis auf OLG Düsseldorf, Beschl. v. 06.03.1997, Az. 10 W 33/97.

[1327] Bayerlein-*Mayr*, § 29 Rn. 25.

[1328] Siehe Wellmann-*Wellmann/Weidhaas*, S. 32 f.

bloße Annahmen oder Mutmaßungen stützen.[1329] Sind Tatsachenmaterialien nicht oder nur teilweise geprüft worden, etwa Angaben des Auftraggebers zur Provenienz, muss dies im Gutachten festgehalten werden, da sonst der Eindruck entsteht, dass der Sachverständige die Tatsachen selbst geprüft hat.[1330]

Für öffentlich bestellte und vereidigte Sachverständige finden sich in den Vorschriften der einschlägigen Sachverständigenordnungen konkrete Regelungen zu den Anforderungen an Gutachten.[1331] Nach § 8 Abs. 3 MSVO hat der Sachverständige die tatsächlichen Grundlagen seiner fachlichen Beurteilungen sorgfältig zu ermitteln und die Ergebnisse im Gutachten nachvollziehbar zu begründen. Dabei sind die Richtlinien zur Muster-Sachverständigenordnung und gegebenenfalls aufgestellten Mindestanforderungen an Gutachten zu beachten.[1332] Das zu erstattende Kunstgutachten muss systematisch aufgebaut werden, übersichtlich gegliedert und nachvollziehbar begründet sein, wobei es auf das Wesentliche zu beschränken ist.[1333] Der Kunstsachverständige muss im Falle mehrerer möglicher Lösungen für diese jeweils Wahrscheinlichkeitsgrade ihrer Richtigkeit angeben.[1334] Die von ihm aus den Tatsachen gezogenen Schlussfolgerungen muss der Kunstsachverständige klar und verständlich zum Ausdruck bringen, so dass sie auch für einen Laien uneingeschränkt nachvollziehbar und für einen Fachmann ohne Schwierigkeiten nachprüfbar sind.[1335] Soweit nicht anders vereinbart, gilt die Schriftform oder elektronische Form für das Gutachten, die mit den nach § 12 MSVO vorgegebenen Angaben, eigenhändiger Unterschrift des öffentlich bestellten Sachverständigen und seinem Rundstempel zu versehen ist. Die Mitarbeit anderer Sachverständiger oder von Hilfskräften und die Übernahme von Untersuchungsergebnissen Dritter müssen im Gutachten kenntlich gemacht werden.[1336]

1329 Siehe BGH NJW 1998, 1059 (1061); 1984, 355 (356).

1330 Siehe BGH NJW 1995, 392 (394); 1984, 355 (356); *Picker* (2000), S. 310; Wellmann-*Wellmann*/*Weidhaas*, S. 32.

1331 Vgl. Landmann/Rohmer-*Bleutge*, § 36 Rn. 135; § 36 Abs. 3 Ziff. 3 d) enthält eine Ermächtigungsgrundlage zum Erlass von Vorschriften über die Ausübung der Sachverständigentätigkeit, die auch die Einhaltung von Mindestanforderungen bei der Erstellung von Gutachten umfassen.

1332 Zu den einzelnen formalen und inhaltlichen Voraussetzungen bei der Gutachtenerstattung siehe die Richtlinien zur MSVO Ziff. 8 ff. und 11 ff. Siehe etwa die Mindestvoraussetzungen für Sachverständige auf dem Sachgebiet „Orientteppiche“: http://www.ifsforum.de/cms/dokumentdetail.php?sv[id]=4653 (Stand 11/2011).

1333 Ziff. 8.3.7., 11.6. der Richtlinien zur MSVO. Siehe eingehend *Bleutge*, DS 2010, 142 (143).

1334 Ziff. 8.3.7. der Richtlinien zur MSVO.

1335 Ziff. 8.3.7., 11.6. der Richtlinien zur MSVO.

1336 Ziff. 11.3 ff. der Richtlinien zur MSVO.

Die Auswirkungen von Mängeln eines Gutachtens auf die Haftung des Sachverständigen werden im Folgenden im Rahmen der Darstellung zur Haftung des Kunstsachverständigen näher behandelt.

2. Das Honorar des Kunstsachverständigen

Eine zur Anwendung zu bringende Gebührenordnung gibt es für die außergerichtliche Kunstsachverständigentätigkeit nicht. Die Vergütung eines aufgrund privaten Auftrages tätig werdenden Kunstsachverständigen kann frei vereinbart werden.[1337] In der Regel wird mit dem Auftraggeber eine Honorarvereinbarung getroffen, nach welcher Stundensätze und Nebenkosten abgerechnet werden.[1338] Teilweise finden sich aber auch Gutachten, für die ein Pauschalhonorar oder ein Prozentsatz[1339] des geschätzten (Höchst-)Wertes vereinbart wird. Soweit in der vertraglichen Vereinbarung zwischen dem Auftraggeber und dem Kunstsachverständigen keine Honorarvereinbarung getroffen worden ist, gilt ein Anspruch auf die übliche Vergütung[1340] als stillschweigend vereinbart.[1341] Mit der Abnahme des privaten Gutachtens (§ 641 BGB) wird der Vergütungsanspruch fällig.[1342]

Im Falle einer Heranziehung des Kunstsachverständigen durch ein Gericht erhält dieser keine Vergütung, sondern eine Entschädigung, die sich nach dem JVEG[1343] richtet.[1344] Dies kann auch für den von einem Gericht als Sachkundigen vernommenen Privatgutachter gelten.[1345]

1337 Siehe *Zilkens*, KAb 2004, 55 (60); *Picker* (2000), S. 309; *Simons*, S. 14; Landmann/Rohmer-*Bleutge*, § 36 Rn. 45. Vgl. BGH NJW 1998, 1059 (1060).

1338 Zur Erstattungsfähigkeit von Sachverständigenkosten vgl. etwa AG Hagen NZV 2003, 144.

1339 Nach *Zilkens* schwanken die Prozentsätze zwischen ca. 0,4 % und 3 % des Wertes, KAb 2004, 55 (60).

1340 Zur Ermittlung der Höhe des üblichen Entgelts, LG Mannheim DS 2007, 116 ff.

1341 Vgl. § 632 Abs. 2 BGB; Landmann/Rohmer-*Bleutge*, § 36 Rn. 45. Vgl. auch BGH NJW 2006, 2472.

1342 Bayerlein-*Roeßner*, § 45 Rn. 7. Vgl. *Bleutge*, Sachverständigenvertrag, S. 32.

1343 Das Justizvergütungs und -entschädigungsgesetz wurde durch das Gesetz zur Modernisierung des Kostenrechts v. 05.05.2004 eingeführt und löst das bis zum 01.07.2004 geltende Gesetz über die Entschädigung von Zeugen und Sachverständigen ab, BGBl. 2004, Teil I, S. 718 ff.

1344 Muster für Sachverständigen-Gebührenrechnungen nach dem JVEG finden sich bei *Cors*, S. 135 ff.; vertiefend zur Vergütung des gerichtlichen Sachverständigen, *Ulrich*, Der gerichtliche Sachverständige, Rn. 804 ff.

1345 Siehe hierzu bei *Ulrich*, DS 2006, 341 ff.

B. Die Haftung des Kunstsachverständigen: Dogmatische Grundlagen und Haftungsvoraussetzungen

Gegenstand dieses Abschnitts ist die zivilrechtliche Haftung des Kunstsachverständigen für fehlerhafte Kunstgutachten nach deutschem Recht. Die Haftung des Kunstsachverständigen im Rahmen eines Privatauftrages kann sowohl eine vertragsrechtliche als auch deliktsrechtliche Begründung finden, auf die Einzelheiten wird im Folgenden jeweils eingegangen.

I. Die Haftung des Kunstsachverständigen gegenüber dem Auftraggeber

1. Vertragliche Ansprüche

Es hängt von den konkreten Umständen des Einzelfalles ab, ob vertragliche Beziehungen eingegangen wurden, aufgrund derer der Kunstsachverständige eine sachverständige Begutachtung schuldet.[1346] Regelmäßig unverbindliche „Auskünfte" werden unter Umständen etwa im Tagesgeschäft von Auktionshäusern oder Kunsthändlern gegeben, beispielsweise wenn ein angestellter „Experte" im einmaligen Kontakt von einem „Laufkunden" einen Kunstgegenstand vorgelegt bekommt und allgemein zur Urheberschaft, einem ungefähren Wert und den Marktchancen befragt wird.[1347] Aufgrund der Fokussierung der vorliegenden Untersuchung konzentriert sich die folgende Darstellung auf die Haftung von Gutachten, die im Rahmen von ausdrücklich zwischen Auftraggeber und Kunstsachverständigen geschlossenen Vertragsverhältnissen erstellt worden sind.[1348] Im Folgenden werden zunächst die Voraussetzungen der vertraglichen Haftung des Kunstsachverständigen für Privatgutachten darge-

---

[1346] Das Tätigwerden eines Sachverständigen allein löst nicht unbedingt einen Vergütungsanspruch aus, etwa wenn die Leistungen noch nicht aufgrund einer vertraglichen Vereinbarung erbracht wurden und wenn ein eindeutiger Rechtsbindungswille dem Verhalten der Parteien nicht entnommen werden kann, vgl. AG Charlottenburg DS 2005, 119 f. Zur Würdigung der Umstände des Einzelfalls bei stillschweigendem Abschluss vgl. BGH NJW 1992, 2080 (2082). Zur Vereinbarung einer Vergütung als Indiz für einen Rechtsbindungswillen, Palandt-*Sprau*, § 675 Rn. 36.

[1347] Zur kostenlosen und unverbindlichen Bewertung von Kunstgegenständen durch ein Auktionshaus vgl. OLG Stuttgart NJWE-WettbR 1996, 101 f.

[1348] Zur Abgrenzung zwischen unverbindlicher reiner Gefälligkeitsauskunft und verbindlicher Auskunftserteilung siehe etwa bei Staudinger-*Martinek* [2006], § 675 Rn. C 14. Siehe auch bei *Simons*, S. 162 ff.

stellt. Für den Vertragsschluss zwischen dem Kunstsachverständigen und dem Auftraggeber eines Gutachtens gelten die allgemeinen Vorschriften, welche hier vorausgesetzt werden.[1349]

a) Der vertragliche Rahmen der Kunstsachverständigentätigkeit

Die deutsche Rechtsordnung verfügt über keine spezialgesetzliche Regelung des Sachverständigenvertrages. Das zwischen dem Auftraggeber des Gutachtens und dem Kunstsachverständigen bestehende Vertragsverhältnis unterliegt den im Bürgerlichen Gesetzbuch normierten Vertragstypen.[1350] Seine rechtliche Einordnung bemisst sich dabei nach der jeweiligen konkreten Tätigkeit des Kunstsachverständigen.[1351]

Wird der Kunstsachverständige mit der Erstattung eines Gutachtens beauftragt, so handelt es sich bei dem zugrunde liegenden Vertrag nach herrschender Ansicht um einen Werkvertrag im Sinne von § 631 ff. BGB.[1352] Der Kunstsachverständige verpflichtet sich darin zur rechtzeitigen mangelfreien Erstattung eines schriftlichen Gutachtens für die Gegenleistung einer Vergütung durch den Auftraggeber.[1353] Der geschuldete Erfolg besteht in der Erstattung des Gutachtens als solches, wobei die geistige Leistung des Kunstsachverständigen im Vordergrund steht.[1354] Das Ergebnis der

---

1349 Vertiefend Bayerlein-*Roeßner*, § 9 Rn. 39 ff.; vgl. auch bei *Groß*, DS 2003, 134. Zum Abschluss eines Sachverständigenvertrages im Wege des Fernabsatzes, *Schmidt-Räntsch*, AUR 2003, 265 (266).

1350 Sachverständigen-Musterverträge finden sich im Anhang bei *Bleutge*, Der Sachverständigenvertrag; siehe auch bei Alvermann-*Schaumburg/Dremel*, dort B 22.

1351 Vgl. *Honsell*, JuS 1976, 621.

1352 BGHZ 67, 1 (4 f.); 72, 257 (259); 127, 378 (384); BGH NJW 1965, 106; 1966, 539; 1967, 719; 1976, 1502; 2001, 512 (514 f.); 2006, 2472; OLG Karlsruhe NJOZ 2005, 3438; MüKo-*Busche*, § 631 Rn. 261 mwN; Palandt-*Sprau*, Einf. v. § 631 Rn. 24; Staudinger-*Peters/Jacoby* [2008], § 631 Rn. 6, Vorbem. zu §§ 631 ff. Rn. 35; Bamberger/Roth-*Voit*, § 631 Rn. 17; Erman-*Schwenker*, vor §§ 631-651 Rn. 24; Bayerlein-*Roeßner*, § 33 Rn. 5; Wellmann-*Walterscheidt*, S. 163; Soergel-*Teichmann*, vor § 631 Rn. 63; *Volze*, DS 2004, 48; *Behrens/de Lazzer*, S. 264; Landmann/Rohmer-*Bleutge*, § 36 Rn. 36 mwN; *ders.*, Haftung, S. 23; *ders.*, Sachverständigenvertrag, S. 18; *v.Hoyningen-Huene*, in: FS-Jayme, S. 1462 mwN; *Kilian*, NZV 2004, 489 mwN; *Nieberding*, S. 26; *Döbereiner/v.Keyserlingk*, S. 65; *Etzel*, VersR 1993, 405 (407). Zur Einordnung als Geschäftsbesorgungswerkvertrag siehe bei *Kirchmaier*, in: Ebling/Schulze, S. 244; *Schack*, Rn. 145; vgl. BGH NJW 1990, 1986.

1353 Siehe zu den Pflichten von Unternehmer und Besteller MüKo-*Busche*, § 631 Rn. 58 ff., 85 ff.

1354 Bayerlein-*Roeßner*, § 9 Rn. 9 f.; vgl. auch bei MüKo-*Busche*, § 631 Rn. 62 und Rn. 262; vgl. auch BT-Drucks. 14/6040 v. 14.05.2001, S. 268.

Begutachtung findet lediglich die Verkörperung des Geisteswerkes in einem schriftlichen Gutachten.[1355]

Besteht die Tätigkeit des Kunstsachverständigen dagegen in einer über einen Zeitraum hin angelegten beratenden Tätigkeit, etwa einer längerfristigen Beratung bzw. Betreuung eines Sammlers bei Ankäufen im Kunsthandel, kann ein Dienstvertrag vorliegen.[1356] Im Falle einer beratenden Tätigkeit ist er verpflichtet, seine Dienste mit der erforderlichen Sorgfalt zu leisten, einen bestimmten Erfolg hat er jedoch in Abgrenzung zum Werkvertrag nicht zu erreichen.[1357]

b) Vertragliche Haftung des Kunstsachverständigen für Mängel des Gutachtens

Wegen der Konzentration dieser Untersuchung auf die Haftung für reine Vermögensschäden aufgrund fehlerhafter Kunstgutachten im Rahmen von Privataufträgen finden in den folgenden Abschnitten nur die werkvertragsrechtlichen Schadensersatzansprüche Beachtung.[1358]

Mit dem Abschluss des Sachverständigenvertrages verpflichtet sich der Kunstsachverständige zur Herbeiführung eines bestimmten Erfolges gegenüber dem Auftraggeber: die Herstellung und Verschaffung eines Gutachtens frei von Sach- und Rechtsmängeln entsprechend §§ 631, 633 Abs. 1 BGB. Bleibt der vertraglich vereinbarte Erfolg aus, indem der Kunstsachverständige seiner Verpflichtung überhaupt nicht, nicht rechtzeitig oder nur mangelhaft durch Erstattung eines fehlerhaften Gutachtens nachkommt, bestimmen sich die Rechte des Auftraggebers nach den Mängelrechten des Werkvertragsrechts und dem Recht der allgemeinen Leistungsstörungen.[1359]

[1355] Siehe bei MüKo-*Busche*, § 631 Rn. 62 und Rn. 262; Soergel-*Teichmann*, vor 631 Rn. 6.

[1356] Bayerlein-*Roeßner*, § 9 Rn. 12, MüKo-*Müller-Glöge*, § 611 Rn. 141. Demgegenüber bestehen keine privatrechtlichen Vertragsverbindungen mit dem Kunstsachverständigen, wenn ein Gutachten infolge einer gerichtlichen Ernennung im Rahmen eines Rechtsstreits in Auftrag gegeben wird, vertiefend etwa *Ulrich*, Der gerichtliche Sachverständige, Rn. 742.

[1357] Vgl. Palandt-*Sprau*, Einf. v. § 631 Rn. 8.

[1358] Zu Ansprüchen bei unentgeltlicher Auskunftserteilung, siehe *Gerlach*, S. 65, 76; *Simons*, S. 162 ff.; siehe im Hinblick auf Gefälligkeitsverhältnisse bei MüKo-*Kramer*, Einl. §§ 241-432 Rn. 34 mwN.

[1359] Siehe *Brückner/Neumann*, MDR 2003, 906 (910). Vgl. Palandt-*Sprau*, § 634 Rn. 1.

aa) Anspruch des Auftraggebers auf Herstellung eines mangelfreien Gutachtens

Der Auftraggeber hat nach §§ 631 Abs. 1, 633 Abs. 1 BGB bis zum Zeitpunkt der Abnahme des Gutachtens gemäß § 640 Abs. 1 S. 1 BGB zunächst einen Primäranspruch auf Erfüllung durch Herstellung und Verschaffung eines mangelfreien Gutachtens. Wird dem Auftraggeber des Gutachtens schon vor Abnahme[1360], also der körperlichen Entgegennahme und Anerkennung des Gutachtens als in der Hauptsache vertragsgemäß ein nicht nur unwesentlicher Mangel bekannt, kann er die Abnahme des Gutachtens und die Zahlung des Honorars verweigern und Herstellung eines einwandfreien Gutachtens verlangen.[1361] Dies kann beispielsweise der Fall sein, wenn eine vertraglich vereinbarte besondere naturwissenschaftliche Untersuchungsmethode des Kunstwerks unterblieben ist, sie aber noch nachgeholt werden kann. Der Kunstsachverständige muss dann das fehlerhafte Gutachten nachbessern oder gegebenenfalls nochmals neu erstellen.[1362] Findet dagegen eine Erfüllung durch den Kunstsachverständigen nicht, zu spät oder nur mangelhaft statt, richten sich die Rechte des Auftraggebers nach dem Recht der allgemeinen Leistungsstörungen.[1363] Mit der Abnahme[1364] des Gutachtens durch den Auftraggeber nach § 640 Abs. 1 BGB wird der Vergütungsanspruch des Kunstsachverständigen fällig.[1365] Außerdem ist dieser Zeitpunkt maßgeblich für die Bestimmung der Mangelfreiheit, welche Voraussetzung für die werkvertraglichen Mängelansprüche und -rechte ist.

bb) Der Begriff der Mangelhaftigkeit des Gutachtens

(1) Sachmangel

Damit rücken die Mängel des Gutachtens in das Zentrum der folgenden Ausführungen. Der Kunstsachverständige hat dem Auftraggeber ein Gutachten frei von Sach-

---

[1360] Angesichts der körperlichen Manifestation der geistigen Leistung des Sachverständigen in einem schriftlichen Gutachten, ist dieses abnahmefähig, MüKo-*Busche*, § 640 Rn. 8.

[1361] Mit der Abnahme wird der Werklohnanspruch fällig, § 641 Abs. 1 BGB, bis zur Abnahme trägt der Sachverständige die Vergütungsgefahr, § 644 Abs. 1 S. 1 BGB, siehe hierzu bei Bayerlein-*Roeßner*, § 9 Rn. 26 ff.

[1362] Vgl. Palandt-*Sprau*, Vorb. v. § 633 Rn. 7.

[1363] Diese sind nicht Gegenstand der vorliegenden Untersuchung. Ausführlich hierzu Bayerlein-*Roeßner*, § 33 Rn. 5 ff. Ist kein Zeitpunkt für die Ablieferung des Gutachtens vertraglich festgelegt, ist auf die für die Erstellung erforderliche Zeit unter Berücksichtigung der konkreten Umstände abzustellen, BGH NJW-RR 2001, 806; siehe Palandt-*Grüneberg*, § 271 Rn. 9.

[1364] Hier ist § 640 Abs. 2 BGB zu beachten, wonach sich der Auftraggeber die in § 634 Abs. 1-3 BGB bezeichneten Rechte bei Abnahme eines mangelhaften Gutachtens ausdrücklich vorbehalten muss; siehe insoweit bei *Fikentscher*, § 84 Rn. 1204.

[1365] Außerdem beginnt mit der Abnahme die Verjährung der Mängelansprüche, § 638 BGB.

und Rechtsmängeln zu verschaffen. Ob ein Gutachten einen Mangel aufweist, ist danach zu beurteilen, ob seine Ist-Beschaffenheit von der Soll-Beschaffenheit abweicht (sog. subjektiver Fehlerbegriff).[1366] Welche Beschaffenheit ein Gutachten haben muss, um der geschuldeten Soll-Beschaffenheit zu entsprechen und damit als mangelfrei im Sinne des Werkvertragsrechts zu gelten, richtet sich zunächst gemäß § 633 Abs. 2 Satz 2 BGB nach der individuellen Vereinbarung zwischen dem Kunstsachverständigen und dem Auftraggeber.[1367] Die Parteien können darin ausdrücklich oder auch konkludent eine Beschaffenheitsvereinbarung treffen.[1368] Dementsprechend stellt das Werkvertragsrecht in § 633 Abs. 2 BGB vorrangig auf eine von den Vertragsparteien getroffene Beschaffenheitsvereinbarung ab[1369], wobei ein Mangel dann vorliegt, wenn eine Abweichung von der vereinbarten Beschaffenheit besteht.[1370] Auftraggeber und Kunstsachverständiger können also detaillierte Untersuchungsschritte und Standards festlegen, beispielsweise die Durchführung von bestimmten wissenschaftlichen Untersuchungen vereinbaren.

In der alltäglichen Praxis beschränken sich beide Vertragsparteien aber oft nur auf ein Minimum: den Kunstgegenstand, für den das Gutachten anzufertigen ist, das Honorar und gegebenenfalls einen Zeitpunkt, bis zu dem das Gutachten vorzuliegen hat. Wenn keine ausdrückliche oder konkludente vertragliche Beschaffenheitsvereinbarung vorliegt, wird zur Bestimmung der Mangelfreiheit nach § 633 Abs. 2 S. 2 Nr. 1 BGB auf die Eignung des Gutachtens zur vertraglich vorausgesetzten Verwendung abgestellt.[1371] Kann weder eine individuelle Beschaffenheitsvereinbarung noch eine von den Vertragsparteien getroffene Zweckbestimmung festgestellt werden, ist subsidiär nach § 633 Abs. 2 S. 2 Nr. 2 BGB die Eignung des Gutachtens zur gewöhnlichen Verwendung entscheidend.[1372] Seine Beschaffenheit richtet sich dann nach der allgemeinen objektiven Verkehrsanschauung.[1373] Das Gutachten muss dann objektiv so beschaffen sein, dass es den üblichen Anforderungen für eine gewöhnliche Verwendung entspricht, die der Auftraggeber erwarten kann; diese Anforderung erfüllt etwa ein unschlüssiges Gutachten nicht.[1374]

1366 Siehe Palandt-*Sprau*, § 633 Rn. 5.

1367 MüKo-*Busche*, § 633 Rn. 4; *v.Hoyningen-Huene*, in: FS-Jayme, S. 1461 (1463).

1368 Vgl. MüKo-*Busche*, § 633 Rn. 12.

1369 Die ebenfalls mögliche Übernahme einer Beschaffenheitsgarantie ist im Bereich der Kunstgutachten unüblich. Zur Beschaffenheitsgarantie siehe Staudinger-*Peters/Jacoby* [2008], § 633 Rn. 169 ff.

1370 Vgl. Wellmann-*Walterscheidt*, S. 164; Bayerlein-*Roeßner*, § 9 Rn. 20 ff., § 33 Rn. 21 ff.; *Gerlach*, S. 53.

1371 Vgl. Erman-*Schwenker*, § 633 Rn. 16; MüKo-*Busche*, § 633 Rn. 25 ff.; *Zimmermann*, DS 2007, 286 (289).

1372 Siehe Landmann/Rohmer-*Bleutge*, § 36 Rn. 36; MüKo-*Busche*, § 633 Rn. 29.

1373 MüKo-*Busche*, § 633 Rn. 29; Erman-*Schwenker*, § 633 Rn. 17.

1374 MüKo-*Busche*, § 633 Rn. 30.

Für die öffentlich bestellten und vereidigten Sachverständigen sind abgesehen von individuellen vertraglichen Vereinbarungen ergänzend besondere Anforderungen an ihre Tätigkeit aus öffentlich-rechtlichen Vorschriften, etwa aus der Gewerbeordnung und den Satzungen der Industrie und Handelskammern zu berücksichtigen, wie etwa die §§ 8-20 MSVO, deren Nichteinhaltung einen Mangel bedeuten können.[1375]

(a) Inhaltliche Mängel

Ein Sachmangel des Gutachtens kann etwa darin begründet liegen, dass es inhaltlich objektiv falsch ist.[1376] So kann ein Mangel beispielsweise in einer objektiv falschen Zuschreibung oder in einer unzutreffenden Datierung liegen. Schwierigkeiten bei der Bestimmung der Urheberschaft eines Kunstwerkes können schon auf den Künstler selbst zurückgehen, beispielsweise wenn das Werk das Ergebnis der Zusammenarbeit verschiedener in einer Werkstatt tätiger Maler ist, die es, von einem Meister angeleitet, erstellt haben und dieser lediglich partielle Ausführungs- oder Abschlussarbeiten übernimmt, wie dies beispielsweise bei *van Dyck* oder *Rubens* üblich gewesen ist, in deren Werkstätten zahlreiche Schüler beschäftigt waren.[1377] Dann kann eine zweifelsfreie Zuschreibung eines Kunstwerkes erheblich erschwert werden, weil die Hand des Künstlers, also sein ureigener Stil, seine Linienführung und charakteristische Ausführung des Werks, nur schwer erkennbar sein können. Schwierig stellt sich eine Zuschreibung auch dann dar, wenn ein Künstler lediglich seine authentische Signatur auf das von einem Dritten gefertigte Gemälde hinzufügt, wie dies beispielsweise bei *Gustave Courbet* (1819-1877) praktiziert wurde.[1378]

So kann ein Gutachten auch dann objektiv falsch sein, wenn bestehende Tatsachen durch den Kunstsachverständigen nicht berücksichtigt oder aus diesen und weiteren zu ermittelnden Tatsachen falsche Rückschlüsse gezogen wurden.[1379] Ferner kann ein Gutachten mangelhaft sein, wenn entscheidende Aspekte des Kunstwerks nicht berücksichtigt oder verfälscht werden.[1380] Das Gutachten ist ferner objektiv mangelhaft, wenn falsche Untersuchungs- oder Analysemethoden oder falsche Messergebnisse zugrunde gelegt werden.[1381] Der Sachverständige hat den Stand der Technik einzuhalten sowie die wissenschaftlichen Erkenntnisse und Erfahrungen der Praxis

---

[1375] Landmann/Rohmer-*Bleutge*, § 36 Rn. 36; *Zimmermann*, DS 2007, 286 (289); *ders.*, DS 2006, 304 (309 ff.).

[1376] Bayerlein-*Roeßner*, § 33 Rn. 22 ff.

[1377] Siehe hierzu exemplarisch die Urteilsbegründung der englischen Entscheidung *Drake v. Thos Agnew & Sons Ltd.* [2002] EWHC 294.

[1378] Siehe *Ten-Doesschate Chu*, IFAR Journal 2004, Vol. 7 Nr. 1, S. 19 ff.

[1379] *Brückner/Neumann*, MDR 2003, 906 (910); Bamberger/Roth-*Voit*, § 633 Rn. 10 a.E.; Bayerlein-*Roeßner*, § 33 Rn. 22 ff.

[1380] Wellmann-*Walterscheidt*, Rn. 310.

[1381] *Döbereiner/v.Keyserlingk*, S. 67; Bamberger/Roth-*Voit*, § 633 Rn. 10 a.E.

zu berücksichtigen.[1382] Bei der Auswertung der Befunde darf nicht gegen die Denkgesetze der Logik verstoßen werden.[1383] Daher stellt ein auf einem falschen oder fehlerhaften Untersuchungsweg zufällig erreichtes richtiges Ergebnis gleichermaßen einen Sachmangel dar.[1384] Mit voranschreitender technischer Entwicklung und kunsthistorischer Forschung können zu einem späteren Zeitpunkt neue Untersuchungsverfahren und neue kunsthistorische Erkenntnisse zu einem anderen Ergebnis führen, als dies bei einer früheren Begutachtung der Fall war, bei der diese Möglichkeiten noch nicht zur Verfügung standen. In diesem Fall ist für die Beurteilung der Mangelhaftigkeit der Zeitpunkt der Abnahme des Gutachtens von Relevanz.[1385] Erst nach diesem Zeitpunkt zur Verfügung stehende, neue Untersuchungsmethoden und kunsthistorische Erkenntnisse haben nicht zur Folge, dass das Gutachten als mangelhaft zu gelten hat.[1386]

Das Gutachten hat mit dem Auftrag inhaltlich übereinzustimmen und die Fragestellung zutreffend zu beantworten, vor allem der Ablauf der Untersuchung und das daraus entwickelte Ergebnis müssen allgemein verständlich und für jedermann nachvollziehbar dargelegt sein.[1387]

(b) Formale Mängel

Neben den inhaltlichen Mängeln kann ein Gutachten grundsätzlich auch dann mangelhaft sein, wenn das Gutachten objektiv richtig ist.[1388] Obgleich ein Gutachten in Form und Aufbau keinen gesetzlichen Anforderungen unterliegt, kann dies der Fall sein, wenn das Gutachten unvollständig ist, beispielsweise Seiten fehlen oder Anlagen oder Fotografien nicht beigefügt sind[1389] oder das Gutachten schlichtweg nicht leserlich ist, was beispielsweise bei handschriftlichen Gutachten der Fall sein kann.[1390] Die Vollständigkeit eines Gutachtens umfasst auch Angaben zu

---

1382 Wellmann-*Walterscheidt*, Rn. 310; Landmann/Rohmer-*Bleutge*, § 36 Rn. 36.

1383 Staudinger-*Peters/Jacoby*, [2008] § 633 Rn. 188; AG Hamburg, NZV 1997, 275. Auch sachfremde Erwägungen machen ein Gutachten mangelhaft, siehe AG Chemnitz, NZV 1999, 385 (386).

1384 Wellmann-*Walterscheidt*, Rn. 310.

1385 *Gerlach*, S. 53.

1386 Siehe *Blume Huttenlauch*, KUR 2004, 121 f.

1387 Siehe Wellmann-*Walterscheid*, Rn. 310. Zu einem mangelhaften KFZ-Sachverständigengutachten AG Mainz VersR 1996, 771.

1388 *Kilian*, NZV 2004, 489 (490).

1389 *Blume Huttenlauch*, KUR 2004, 118 (121).

1390 Bayerlein-*Roeßner*, § 33 Rn. 23. Reine Äußerlichkeiten des Gutachtens stellen keinen Mangel dar, Staudinger-*Peters/Jacoby* [2008], § 633 Rn. 188; AG Freiburg NZV 1994, 402 f.; AG Hamburg NZV 1997, 275.

herangezogenen Erkenntnisquellen[1391] und die Mitteilung des Ergebnisses in nachprüfbarer Weise.[1392] Oftmals enthalten Gutachten nur wenige Ausführungen zum Erkenntnisprozess, diese Darstellungen müssen aber für den Auftraggeber bzw. den jeweiligen Adressaten objektiv nachvollziehbar gestaltet werden.[1393] Ist das Gutachten unverständlich oder unvollständig, ist es in der Regel mangelhaft.[1394]

(2) Rechtsmängel

Rechtsmängel spielen beim Kunstsachverständigenvertrag regelmäßig kaum eine Rolle. Seit dem am 01. Januar 2002 in Kraft getretenen Gesetz zur Modernisierung des Schuldrechts[1395] sind diese in § 633 Abs. 3 BGB den Sachmängeln gleichgestellt.[1396] Nach der Legaldefinition des Rechtsmangels in § 633 Abs. 3 BGB ist das Gutachten als Werk dann rechtsmangelfrei, wenn Dritte in Bezug auf das Werk keine oder nur die im Vertrag übernommenen Rechte gegen den Auftraggeber geltend machen können. Hier ist beispielsweise an Urheberrechte zu denken. Rechtsmängel können ihre Ursache aber auch in der Person des Kunstsachverständigen haben. Dieser wird wegen seiner besonderen Fachkompetenz höchstpersönlich zur Erstattung des Gutachtens verpflichtet. Er darf daher den Auftrag nicht ohne Einverständnis des Auftraggebers an Dritte weitergeben und das Werk eines Dritten als eigenes Gutachten ausgeben.[1397] Ferner können Rechtsmängel darin begründet liegen, dass ein Kunstsachverständiger als öffentlich bestellter und vereidigter Sachverständiger ein Gutachten auf einem Fachgebiet erstellt, für das er nicht öffentlich bestellt und vereidigt ist. Dies gilt ebenfalls für einen privaten Sachverständigen, der als öffentlich bestellter und vereidigter Sachverständiger auftritt.[1398]

cc) Rechte des Auftraggebers bei Mängeln

Vom Zeitpunkt der Abnahme an (§ 640 BGB) stehen dem Auftraggeber des Gutachtens die in § 634 BGB genannten Mängelrechte zu, wenn das Gutachten mangelhaft ist.[1399] Er kann einen primären Anspruch auf Nacherfüllung nach §§ 634 Nr. 1, 635

[1391] *Brückner/Neumann*, MDR 2003, 910.

[1392] Vgl. OLG Düsseldorf NJW-RR 1996, 189 f.

[1393] Wellmann-*Walterscheidt*, Rn. 310; Bayerlein-*Roeßner*, § 33 Rn. 23.

[1394] Bamberger/Roth-*Voit*, § 633 Rn. 10 a.E.; *Kilian*, NZV 2004, 489 (490).

[1395] Gesetz zur Modernisierung des Schuldrechts, BGBl. I, 2001, S. 3138.

[1396] Bamberger/Roth-*Voit*, § 633 Rn. 17.

[1397] Bayerlein-*Roeßner*, § 33 Rn. 54; *Blume Huttenlauch*, KUR 2004, 118 (121).

[1398] Bayerlein-*Roeßner*, § 33 Rn. 54.

[1399] Siehe Wellmann-*Walterscheid*, Rn. 312; *Zimmermann*, DS 2007, 286 (288); *Brückner/Neumann*, MDR 2003, 906 (910 ff.); *Nieberding*, S. 38 ff. Die §§ 634 BGB können im Wege vertraglicher Vereinbarung eingeschränkt werden, vgl. Staudinger-*Peters/Jacoby*

BGB geltend machen[1400], im Falle der Nichtvornahme den Mangel nach §§ 634 Nr. 2, 637 BGB auf Kosten des Kunstsachverständigen selbst beseitigen lassen[1401], oder vom Sachverständigenvertrag nach §§ 634 Nr. 3, 636, 323, 326 Abs. 5 BGB zurücktreten[1402], oder nach §§ 634 Nr. 3, 638 BGB Minderung[1403] des vereinbarten Honorars fordern und nach den §§ 634 Nr. 4, 636, 280, 281, 283 und 311a BGB Schadensersatz[1404] oder nach §§ 634 Nr. 4, 284 BGB den Ersatz vergeblicher Aufwendungen verlangen.[1405] Unter diesen in § 634 BGB genannten Rechtsbehelfen besteht jedoch ein Stufenverhältnis, wonach bei mangelhafter Leistung grundsätzlich das Erfordernis einer Frist zur Nacherfüllung besteht, soweit diese nicht im Einzelfall entbehrlich ist.[1406] Verlangt der Auftraggeber Schadensersatz wegen eines durch einen Mangel des Gutachtens entstandenen Schadens, bedarf es in der Regel keiner Nachfristsetzung mehr, denn bei der Erstattung eines fehlerhaften Gutachtens treten auf Seiten des Auftraggebers Mangelfolgeschäden in Form reiner Vermögensschäden üblicherweise erst zu einem späteren Zeitpunkt nach Schadenseintritt auf.[1407] Dies liegt vor allem darin begründet, dass ein Gutachten in der Regel zur Grundlage für eine konkrete Entscheidung gemacht wird, sei es beispielsweise für eine Kauf- oder Verkaufsentscheidung. Fehler des Gutachtens führen daher überwiegend zu einem späteren Zeitpunkt zu Vermögenseinbußen wegen der aufgrund des Gutachtens getroffenen Entscheidung und berühren dann das Integritätsinteresse, beispielsweise weil das Kunstwerk nach Gutachtenerstellung erworben worden ist und es sich später herausstellt, dass ein ganz anderer Urheber das Werk gefertigt hat, und etwa eine Fälschung oder Kopie mit dem Wert eines authentischen Werks bezahlt worden ist. Eine Nachbesserung des Gutachtens ist in einem solchen Fall zwar regelmäßig noch möglich, hat aber für den Auftraggeber des Gutachtens keinen Zweck, da eine Nacherfüllung den Schaden nicht beseitigen kann.[1408] In einem solchen Fall ist daher eine Fristsetzung für eine Nachbesserung, die von vorneherein fruchtlos ist, nicht erforderlich.[1409]

[2008], § 634 Rn. 7 ff. Vertragsklauseln in Bezug auf die Mängelrechte finden sich bei *Bleutge*, Haftung, S. 17.

1400 *Kilian*, NZV 2004, 489 (491); siehe hierzu bei MüKo-*Busche*, § 634 Rn. 13 ff.

1401 Siehe hierzu bei Staudinger-*Peters/Jacoby* [2008], § 634 Rn. 77 ff.

1402 Siehe hierzu bei MüKo-*Busche*, § 634 Rn. 17 ff.

1403 Hierzu Bayerlein-*Roeßner*, § 33 Rn. 27.

1404 Hierzu gleich im Folgenden.

1405 Ausführlich zu alledem *Kilian*, NZV 2004, 489 (491 ff.). Zum Verhältnis der Mängelrechte zueinander siehe bei Palandt-*Sprau*, § 634 Rn. 2.

1406 Siehe hierzu vertiefend Staudinger-*Peters/Jacoby* [2008], § 634 Rn. 48 ff.; MüKo-*Busche*, § 636 Rn. 26.

1407 Siehe auch *Kilian*, NZV 2004, 489 (493).

1408 Siehe hierzu Bamberger/Roth-*Voit*, § 636 Rn. 66; *Kilian*, NZV 2004, 489 (491).

1409 Staudinger-*Peters/Jacoby* [2008], § 634 Rn. 60; Palandt-*Sprau*, § 634 Rn. 8; MüKo-*Busche*, § 634 Rn. 66 ff.

Den werkvertragsrechtlichen Mängelansprüchen des Auftraggebers nach § 634 Nr. 1-4 BGB kommt mit Ausnahme des Schadensersatzanspruches für die hiesige Betrachtung keine Bedeutung zu, da die hier betrachteten reinen Vermögensschäden, die aus den im Vertrauen auf die Richtigkeit des Gutachtens getroffenen Vermögensdispositionen herrühren, regelmäßig erst dann auftreten, wenn die übrigen Mängelrechte nicht mehr in Betracht kommen bzw. für den geschädigten Auftraggeber keine Bedeutung mehr haben.[1410] Daher konzentriert sich die Darstellung im Folgenden auf den Schadensersatzanspruch gegenüber dem Kunstsachverständigen.[1411]

c) Anspruch auf Schadensersatz

Für den Anspruch auf Schadensersatz verweist das Werkvertragsrecht in § 634 Nr. 4 BGB auf die §§ 280 ff. BGB im allgemeinen Schuldrecht. Die dort verortete Anspruchsgrundlage des § 280 Abs. 1 BGB ist aufgrund Verweisung zugleich Anspruchsgrundlage des werkvertraglichen Gewährleistungsrechts.[1412]

aa) Pflichtverletzung

Nach § 280 Abs. 1 BGB kann der Auftraggeber eines Gutachtens Schadensersatz verlangen, sofern der Kunstsachverständige eine Pflicht aus dem Schuldverhältnis verletzt hat und er diese zu vertreten hat. Ähnlich der *inexécution* nach Art. 1147 *C.civ.* stellt § 280 Abs. 1 BGB einen zentralen Tatbestand dar, der in das Zentrum des deutschen Leistungsstörungsrechts gerückt ist.[1413] § 280 Abs. 1 BGB kodifiziert allerdings lediglich die allgemeine Voraussetzung einer objektiven Pflichtverletzung, ohne ein konkretes Pflichtenprogramm im Einzelnen festzulegen; dieses ergibt sich aus dem jeweiligen Schuldverhältnis.[1414] Im Rahmen des Kunstsachverständigenvertrages liegt eine Pflichtverletzung im Sinne von § 280 Abs. 1 S. 1 BGB in der objektiven Verletzung der vertraglich übernommenen Pflicht zur Verschaffung eines

---

[1410] Siehe *v.Hoyningen-Huene*, in: FS-Jayme, S. 1461 (1463 f.); Soergel-*Teichmann*, vor § 631 Rn. 63.

[1411] Weiterführend zu den Mängelrechten siehe bei Bayerlein-*Roeßner*, § 33 Rn. 8 ff.; *Kilian*, NZV 2004, 489 (491 ff.).

[1412] Durch das Schuldrechtsmodernisierungsgesetz wurde ein einheitlicher Haftungstatbestand geschaffen. Zur alten Rechtslage hinsichtlich des Ersatzes von Mangelfolgeschäden siehe etwa bei Palandt-*Sprau*, 57. Aufl. (1998), Vorbem. v. § 633 Rn. 22 ff. mwN, § 638 Rn. 3 mwN; *Döbereiner/v.Keyserlingk*, Rn. 97; vgl. OLG Brandenburg, Urt. v. 28.08.2008, Az. 12 U 62/07; *Strauch*, JuS 1992, 897 (898). Zur Reform *Roth*, JZ 2001, 543 ff.

[1413] Zur Änderung durch das SMG siehe etwa *Deutsch*, AcP 202 (2002), 889 (895 ff.).

[1414] Siehe hierzu Palandt-*Grüneberg*, § 280 Rn. 12.

mangelfreien Gutachtens.[1415] Eine Verpflichtung zum Schadensersatz besteht für den Kunstsachverständigen allerdings nur dann, wenn er den Mangel des Gutachtens zu vertreten hat.

bb) Verschulden

Vom objektiven Vorliegen einer Pflichtverletzung getrennt zu betrachten ist die Frage, ob der Kunstsachverständige für die Pflichtverletzung auch verantwortlich ist. Aus § 280 Abs. 1 Satz 2 BGB folgt, dass das Vertretenmüssen des Kunstsachverständigen vermutet wird, sofern dieser nicht einen entlastenden Gegenbeweis führt.[1416] Das Vertretenmüssen der Pflichtverletzung des Kunstsachverständigen richtet sich grundsätzlich nach § 276 Abs. 1 BGB, wonach der Kunstsachverständige entsprechend dem Verschuldensprinzip für Vorsatz und Fahrlässigkeit haftet.[1417]

Ein Gutachten wird nur im seltenen Ausnahmefall vorsätzlich, also wissentlich und willentlich falsch erstattet werden.[1418] Motivationen hierfür finden sich beispielsweise dahingehend, um dem Auftraggeber oder sich selbst einen wirtschaftlichen Vorteil zu verschaffen oder aber weil der Sachverständige bedingt vorsätzlich handelnd, einen eventuellen Fehler im Gutachten erkennt und diesen billigend in Kauf nimmt.[1419] In prozessualer Hinsicht wird der Nachweis vorsätzlichen Handelns allerdings nur schwerlich zu führen sein.

Mängel eines Kunstgutachtens finden ihre Ursache überwiegend in fahrlässigem Verhalten, also entsprechend § 276 Abs. 2 BGB in der Außerachtlassung der im Verkehr erforderlichen Sorgfalt seitens des Kunstsachverständigen bei der Erstellung des Gutachtens.[1420] Die deutsche Rechtsordnung differenziert traditionell die Verschuldensform der Fahrlässigkeit in verschiedene Grade. Ein Sachverständiger handelt grob fahrlässig, wenn die im Verkehr erforderliche Sorgfalt in besonders großem Maße verletzt ist, also einfachste naheliegende Überlegungen nicht angestellt werden und das unbeachtet geblieben ist, was unter den vorliegenden Umständen jedem hätte

---

[1415] Siehe hierzu Palandt-*Grüneberg*, § 280 Rn. 19; Bayerlein-*Roeßner*, § 33 Rn. 5 ff.; jurisPK-BGB-*Genius*, § 634 Rn. 27 f.; vgl. auch *Canaris* JZ 2001, 499 (512).

[1416] Siehe hierzu Brandenburgisches Oberlandesgericht, Urt. v. 10.06.2008, Az. 11 U 170/05, NJOZ 2008, 3324 (3326); *Kilian*, NZV 2004, 489 (493); vgl. bei *Schmidt-Räntsch*, Rn. 323; Staudinger-*Otto* [2009], § 280 Rn. D 2 ff., 24 ff., F 1 ff.

[1417] Siehe *v.Hoyningen-Huene*, FS-Jayme, S. 1461 (1464); *Schack*, Rn. 146; Landmann/Rohmer-*Bleutge*, § 36 Rn. 36 ff.; *Zimmermann*, DS 2007, 286 (291 f.).

[1418] Hierzu Landmann/Rohmer-*Bleutge*, § 36 Rn. 36.

[1419] Zum bedingt vorsätzlich handelnden Sachverständigen BGH, BB 1966, 1324.

[1420] Landmann/Rohmer-*Bleutge*, § 36 Rn. 36; vgl. Staudinger-*Löwisch/Caspers* [2009], § 276 Rn. 29 ff.

einleuchten müssen.[1421] In der Rechtsprechung wurde es etwa als grob fahrlässig erachtet, wenn sich ein Kunsthistoriker eines Auktionshauses nur auf die Signatur und das typische Thema eines Gemäldes verlassen hat, aber mit einiger Sorgfalt und Gründlichkeit bei der Untersuchung hätte erkennen können, dass es sich aufgrund der zur Anwendung gebrachten Maltechnik und einem gewissen Dilettantismus des Gemäldes um eine qualitätslose Kopie handelt.[1422] Im Allgemeinen gründen die gegenüber Sachverständigen geltend gemachten Schadensersatzansprüche aber auf leichter Fahrlässigkeit, die der Kunstsachverständige ebenfalls, soweit nichts anderes vereinbart ist, nach § 276 Abs. 2 BGB zu vertreten hat.

Zur Bestimmung wird ein objektiv typisierender Maßstab angelegt.[1423] Nach diesem Fahrlässigkeitsmaßstab ist es von Bedeutung, was von einem den durchschnittlichen Anforderungen entsprechenden Angehörigen des konkreten Verkehrskreises in der jeweiligen Situation erwartet werden kann, ohne dass es dabei darauf ankommt, ob der Handelnde nach seinen individuellen Fähigkeiten, Kenntnissen und Erfahrungen in der Lage war, die objektiv gebotene Sorgfalt zu erkennen und zu erbringen.[1424] Dies begründet sich auf den dem Zivilrecht eigenen Vertrauensgrundsatz, wonach die Verkehrsteilnehmer darauf vertrauen dürfen, dass der im Rechtsverkehr Handelnde über die zur Erfüllung seiner Pflichten erforderlichen Fähigkeiten und Kenntnisse verfügt.[1425] Der Kunstsachverständige hat den allgemeinen, durchschnittlichen seiner Berufsgruppe entsprechenden Sorgfaltsmaßstab eines ordentlichen, also durchschnittlich gewissenhaften Kunstsachverständigen bei der Erstellung des Gutachtens einzuhalten.[1426] Subjektive Entlastungsgründe des Kunstsachverständigen,

---

1421 Bayerlein-*Roeßner*, § 32 Rn. 6 ff.; Landmann/Rohmer-*Bleutge*, § 36 Rn. 36; Wellmann-*Walterscheid*, Rn. 314.

1422 Siehe die Begründung des LG Bielefeld, NJW 1990, 1999.

1423 BGHZ 80, 186 (193); BGH NJW 2001, 1786 (1787); Staudinger-*Löwisch/Caspers* [2009], § 276 Rn. 29 ff.; *Deutsch*, AcP 202 (2002), 889 (899); siehe rechtsvergleichend bei *Markesinis/Unberath*, S. 84 f.

1424 MüKo-*Grundmann*, § 276 Rn. 55 mwN; Bamberger/Roth-*Unberath*, § 276 Rn. 20; Erman-*Westermann*, § 276 Rn. 10; vgl. *Deutsch*, AcP 202 (2002), 889 (899 f.).

1425 Palandt-*Grüneberg*, § 276 Rn. 15. Dabei entspricht die erforderliche Sorgfalt nicht notwendigerweise einer unter dieser liegenden „üblichen" Sorgfalt, die sich in einem Verkehrskreis „eingeschlichen" hat, BGHZ 8, 138 (140); Staudinger-*Kaiser*, Eckpfeiler [2011], I, VII, S. 434, Rn. 143.

1426 Siehe BGH NJW 1998, 1059 (1060); Ebling/Schulze-*Kirchmaier*, S. 244, Rn. 270; *v.Hoyningen-Huene*, FS-Jayme, S. 1462 (1464); *Blume Huttenlauch*, KUR 2004, 118 (124); Landmann/Rohmer-*Bleutge*, § 36 Rn. 36; Bayerlein-*Roeßner*, § 32 Rn. 5 ff.; *Schack*, Rn. 148; Wellmann-*Walterscheidt*, Rn. 314; vgl. Soergel-*Wolf*, 12. Aufl., § 276 Rn. 80; *Döbereiner/v.Keyserlingk*, Rn. 93; vgl. Bamberger/Roth-*Unberath*, § 276 Rn. 21, die auch verwendete Bezeichnung als „normaler" bzw. „ordentlicher" Angehöriger des jeweiligen Verkehrskreises stellt nur Formulierungsvarianten ohne sachlichen Unterschied dar, Bamberger/Roth-*Unberath*, ebenda.

wie etwa fehlende Fachkenntnisse, bleiben dabei ohne Berücksichtigung.[1427] Erkennt er, dass er nicht die ausreichende Fachkompetenz hat, beispielsweise weil das zu begutachtende Kunstwerk nicht zu seinem Fachgebiet gehört, muss er den Auftrag zur Erstellung des Gutachtens im Regelfall zurückweisen, anderenfalls kann eine Haftung aufgrund Übernahmeverschuldens in Frage kommen.[1428] Auch andere individuelle Schwächen, wie eine mangelhafte Ausbildung oder geringe Erfahrung sind zu einer Entlastung nicht geeignet.[1429] Demgegenüber können besondere Kompetenzen, etwa aufgrund besonderer Fähigkeiten oder Spezialkenntnisse, welche die durchschnittlichen Kompetenzen der spezifischen Berufsgruppe übersteigen, den anzulegenden Sorgfaltsmaßstab auch individuell verschärfen.[1430] Man denke hier beispielsweise an spezialisierte Kunstsachverständige, die etwa höhere Fähigkeiten in Form vertiefter Kenntnisse über einen besonderen Künstler haben, im Gegensatz zu einem „Generalisten".[1431] Soweit der Einsatz besonderer individueller Fähigkeiten für den Sachverständigen keinen erheblichen Aufwand bedeutet, hat er diese einzusetzen, dies gilt insbesondere dann, wenn die besondere Fachkenntnis Grundlage des Vertrages ist.[1432] Gibt sich ein Sachverständiger als besonderer Spezialist aus, muss er sich an diesem Maßstab messen lassen.[1433]

cc) Versuch einer inhaltlichen Konkretisierung unter Berücksichtigung von Rechtsprechung und Literatur

Ob die objektiv erforderliche Sorgfalt in der konkreten Situation eingehalten worden ist, muss im Einzelfall ermittelt werden.[1434] Bei der Beurteilung muss berücksichtigt werden, dass eine Begutachtung von Kunstwerken oftmals nicht auf offensichtlichen

---

1427 MüKo-*Grundmann*, § 276 Rn. 56. Mittels eines objektiven Sorgfaltsmaßstabes wird ein allgemein einzuhaltender Mindestschutz erreicht, der dem Gedanken des Vertrauensschutzes im Rechtsverkehr dient, siehe Palandt-*Grüneberg*, § 276 Rn. 15.

1428 Siehe *Blume Huttenlauch*, KUR 2004, S. 118 (124); *Schack*, Rn. 148; vgl. Soergel-*Wolf*, 12. Aufl., § 276 Rn. 81.

1429 Siehe hierzu Erman-*Westermann*, § 276 Rn. 10. Die Höhe des Sachverständigenhonorars erlaubt alleine keine Rückschlüsse auf die vom Sachverständigen zur Anwendung zu bringende Sorgfalt, siehe BGH NJW 1998, 1059 (1060); siehe auch *Volze*, DS 2004, 48 (49).

1430 Soergel-*Wolf*, 12. Aufl., § 276 Rn. 81; *Simons*, S. 192.

1431 Siehe exemplarisch den englischen Fall *Luxmoore-May v. Messenger May Baverstock* [1990] 1 W.L.R. 1009 (1014), ausführlich oben unter ab Seite 164 ff.

1432 MüKo-*Grundmann*, § 276 Rn. 56; Bamberger/Roth-*Unberath*, § 276 Rn. 21; Soergel-*Wolf*, 12. Aufl., § 276 Rn. 77 f.; Palandt-*Grüneberg*, § 276 Rn. 15 mwN. Nach *Schaub* ist für öffentlich bestellte und vereidigte Sachverständige ein besonders hoher Maßstab anzulegen, Jura 2001, 8. Zu Recht Differenzierungen verneinend *Brüggemeier*, Deliktsrecht 1986, S. 298.

1433 Siehe Bamberger/Roth-*Unberath*, § 276 Rn. 23 mwN.

1434 *Simons*, S. 191.

Tatsachen und eindeutigen wissenschaftlichen Erkenntnissen beruht, sondern von einer aufwändigen, teilweise fast kriminologischen Aufklärung von Unstimmigkeiten und versteckten Verdachtsmomenten abhängen kann.[1435] Daher dürfen die Anforderungen an die Sorgfaltspflichten von Kunstsachverständigen nicht überspannt werden.[1436]

Soweit ersichtlich, ist die Expertenmeinung von Kunstsachverständigen innerhalb der deutschen Rechtsordnung nur in vereinzelten, überwiegend kaufrechtlichen Sachverhaltsgestaltungen in der veröffentlichten Rechtsprechung relevant geworden.[1437] Die Vielfalt der Kunstsachverständigentätigkeit etwa im Bereich antiker Kunstwerke, Gemälde oder Mobiliar gestattet keine allgemeingültige Darstellung eines Pflichtenprogramms. Denn mit den einzelnen Tätigkeitsbereichen von Kunstsachverständigen gehen verschiedenste Anforderungen einher. Nachfolgend werden mit dem hauptsächlichen Augenmerk auf Gemälde einige ausgewählte Aspekte im Lichte der einschlägigen Rechtsprechung und Literatur dargestellt, um das Pflichtenprogramm einer Konturierung zuzuführen, ohne dabei aber einen Anspruch auf Vollständigkeit erheben zu wollen. Wie in den anderen Länderteilen dieser Untersuchung auch, kommt der folgenden Darstellung aufgrund der jeweils individuellen Besonderheiten des Einzelfalls ebenfalls nur Hinweischarakter zu.

(1) Kunstwissenschaftliche Untersuchung des Kunstwerks

Zur Vorbereitung des Gutachtens ist eine Aufbereitung der Tatsachen durch eine eingehende Untersuchung des Kunstwerks erforderlich.[1438] In Bezug auf die Untersuchungsmethoden kann hier insoweit auf die Darstellungen in der Einleitung verwiesen werden.[1439] Der Sachverständige nimmt die Untersuchungen am Original vor. Erstellt er ein Gutachten lediglich aufgrund einer ihm vorgelegten Photographie, ohne dies im Gutachten zu vermerken, muss er sich so behandeln lassen, als ob ihm das Werk im Original vorgelegen hätte.[1440] Ist dadurch etwa eine starke Übermalung eines Gemäldes nicht erkannt worden, man denke hier exemplarisch an die fast vollständige Übermalung eines Gemäldes von *Egon Schiele* (1890-1918) durch einen unbekannten Dritten im englischen Fall *de Balkany v. Christie, Manson & Woods*

[1435] *Schütte*, Weltkunst 2000, S. 2546.

[1436] *Schack*, Rn. 148.

[1437] Dabei handelte es sich vor allem um Fallkonstellationen die kaufrechtliche Gewährleistungsansprüche betrafen, vgl. *Mangold*, S. 30 f. mwN.

[1438] Bayerlein-*Roeßner*, § 10 Rn. 4 ff. Vgl. OLG Saarbrücken, OLGR Saarbrücken 2001, 145 (146). Siehe auch *Ulrich*, Der gerichtliche Sachverständige, Rn. 371.

[1439] Siehe oben ab Seite 26 ff.

[1440] *Simons*, S. 191; hierzu auch *Blume Huttenlauch*, KUR 2004, 118 (123).

Ltd.[1441], kann dies haftungsbegründend sein. Übernimmt der Sachverständige Tatsachenmaterial, ohne dieses selbst nachzuprüfen und weist er hierauf auch nicht in seinem Gutachten hin, kann er für dieses haften.[1442]

Bei einem Gemälde haben zur Anwendung gebrachte Techniken, wie etwa eine bestimmte Strichführung, aber auch die Komposition, Farbpalette und Lichtführung für die Beurteilung große Bedeutung. Wenn das zu begutachtende Werk in seiner Qualität hinter sonstigen Werken eines Künstlers erheblich zurück bleibt, gibt dies gegebenenfalls Anlass zu weiterer Untersuchung.[1443] Zwar können Künstler auch schwächere Schaffensperioden haben, wenn allerdings eine vom Künstler regelmäßig zur Anwendung gebrachte Maltechnik nur dilettantisch ausgeführt worden ist, kann dies dafür sprechen, dass es sich um kein Original handelt, dies umso mehr, wenn obendrein die dem Künstler charakteristische Dynamik und Prägnanz fehlt.[1444] Auch kann etwa eine Vermischung von Sujets und Details aus verschiedenen Gemälden eines Künstlers, die aus zeitlich weit voneinander entfernten Phasen seines Oeuvres stammen, dagegen sprechen, dass es sich um ein Original handelt, wenn der Künstler eine solche Vermischung selbst nie vorgenommen hätte.[1445]

Bei Gemälden können ferner die Gemälderückseiten im Einzelfall wichtige Indizien liefern. Dies betrifft etwa die Art und Qualität des Bildträgers (z.B. Kupfer, Holz, Leinwand) oder erfolgte restauratorische Maßnahmen (z.B. Doublierungen oder Markettierungen), aber auch Inventarstempel, Signaturen des Künstlers oder Etiketten von Auktionshäusern.[1446] Im Einzelfall kann so etwa die Entstehungszeit eingegrenzt werden.[1447] Die Begutachtung von Mobiliar kann neben den besonderen stilistischen Merkmalen detaillierte Untersuchungen der Verarbeitung erfordern, wie etwa die der Innen- und Rückseiten von Schubladen oder Beschläge, Scharniere und Schlösser unter Berücksichtigung etwaiger Restaurierungsarbeiten.[1448]

Einen großen Anteil der Begutachtungen von Kunstwerken machen Gemälde aus. Dementsprechend finden sich im Kunsthandel und der einschlägigen kunstrechtli-

---

[1441] *de Balkany v. Christie, Manson & Woods Ltd.* [1997] 16 Tr.L.R. 163.

[1442] Siehe BGH NJW 1998, 1059 (1061); Brandenburgisches Oberlandesgericht, Urt. v. 10.06.2008, Az. 11 U 170/05, NJOZ 2008, 3324 (3325); *Blume Huttenlauch*, KUR 2004, 118 (122).

[1443] Siehe etwa bei LG Bielefeld NJW 1990, 1999.

[1444] Siehe etwa bei LG Bielefeld NJW 1990, 1999.

[1445] Vgl. etwa bei OLG Zweibrücken NJW 1998, 1409 (1411).

[1446] Hierzu ausführlich *Schaefer*, DS 2004, 210 ff.

[1447] Siehe bei *Jackisch*, DS 2004, 161 (162).

[1448] Siehe bei *Jackisch*, DS 2004, 161 (162). Siehe etwa auch die Ausführungen des Sachverständigen in OLG Frankfurt NJW 1982, 651.

chen Rechtsprechung auch vorwiegend Sachverständigengutachten im Zusammenhang mit Gemälden.[1449] Bei Gemälden sind eine vorhandene Signatur, ein Monogramm[1450] oder sonstige Kennzeichnungen des Künstlers eingehend zu untersuchen.[1451] Obgleich sie eine Bedeutung als vom Markt regelmäßig berücksichtigter Nachweis einer bestimmten Urheberschaft erlangt hat, gereicht das Vorhandensein einer Signatur allein nicht, ein Kunstwerk einem bestimmten Künstler zuzuschreiben. Überdies ist das Vorhandensein einer Signatur auch nicht ausschlaggebend für die Frage, ob es sich um ein Original handelt. So finden sich beispielsweise auf eigenhändigen Bildern *Rembrandts* von späteren Eigentümern nachträglich hinzugefügte Signaturen, die das echte Bild durch eine unechte Signatur „eindeutig" als aus der Hand *Rembrandts* kennzeichnen sollten.[1452] Umgekehrt gab es aber auch Künstler wie etwa *Courbet*, der eigenhändig Bilder von Freunden aus Gefälligkeit signierte, um diesen einen Verkauf zu ermöglichen.[1453] Das Vorhandensein einer nicht erkennbar falschen Signatur ist daher kein eindeutiger Hinweis auf die Urheberschaft eines bestimmten Künstlers, da sie sich leicht fälschen lässt.[1454] Zum Vergleich können Signaturen von gesicherten Werkoriginalen herangezogen werden.[1455] Die Signatur muss im Zusammenhang mit dem gesamten zu begutachtenden Kunstwerk gesehen werden, also beispielsweise ob das Sujet in das Oeuvre des betreffenden Künstlers passt und die Arbeitstechniken des vorgelegten Werkes mit den üblichen vom Künstler verwendeten Techniken zu vereinen ist. Man darf sich entsprechend nicht allein auf ein für einen Künstler typisches Sujet und das Vorhandensein einer Signatur verlassen.[1456] Für eine authentische Signatur aus der Hand des Künstler selbst kann charakteristisch sein, dass diese die gleichen Spuren der Alterung wie das übrige Werk aufweist, also beispielsweise das sog. Craquelé, womit Frühschwundrisse, Alters- und Zerrsprünge bezeichnet werden. Dieses muss dann auch die Signatur durchziehen. Später aufgebrachte Signaturen können diese Risse überdecken, wobei hierbei auch der allgemeine Zustand des Gemäldes erheblich ist.

[1449] Zur Bedeutung von Gutachten für die Mängelhaftung im Kunsthandel vgl. etwa bei *Mangold*, S. 166.

[1450] Erläuterungen zu Monogrammen finden sich in Monogrammistenlexika, etwa von *Nagler*, Die Monogrammisten, Band 1-6, Nieuwkoop 1966; *Pfisterer*, Monogrammlexikon, Berlin 1995.

[1451] Zu den urheberrechtlichen und strafrechtlichen Implikationen von Künstlersignaturen, vgl. *Löffler*, NJW 1993, 1421 ff.

[1452] Siehe *Deecke*,S. 13.

[1453] Siehe *Ten-Doesschate Chu*, IFAR Journal 2004, Vol. 7 Nr. 1, S. 19 ff. Siehe hierzu oben ab Seite 28 ff.

[1454] Vgl. etwa bei LG Bielefeld NJW 1990, 1999.

[1455] Vergleichsgrundlagen bieten beispielsweise Kataloge öffentlicher Sammlungen: z.B. im *Catalogue of the Dutch School 1600-1900* der National Gallery, Bd. 2, S. 447 ff., Kapitel „*Signatures*", London 1991.

[1456] Vgl. etwa LG Bielefeld NJW 1990, 1999.

(2) Untersuchung des Zustands und Untersuchungen mit naturwissenschaftlichen Verfahren

Der Zustand eines Kunstwerks ist in verschiedener Hinsicht für eine Begutachtung von Bedeutung. Zum einen hat er Relevanz als wertbildender Faktor, worauf später im Zusammenhang mit der pekuniären Bewertung noch eingegangen wird. Zum anderen hat der Zustand Bedeutung für die Einordnung der Befunde in das Gesamtbild, welches sich der Sachverständige bei der Beurteilung des Kunstwerkes macht. Liegt etwa ein unberührter, patinierter Originalzustand vor oder wurde umfangreich restauriert? Während durch konservierende Maßnahmen[1457] der materielle Bestand gesichert wird, greifen vor allem ältere Restaurierungen oftmals in die Originalsubstanz eines Kunstwerks ein und können diese zum Teil erheblich verändern und ergänzen.[1458]

Im konkreten Einzelfall können es die besonderen Eigenschaften eines Kunstwerks erforderlich machen, Untersuchungen mit naturwissenschaftlichen Verfahren durchzuführen.[1459] Beispielsweise in einem Fall des OLG Hamm stellte der Sachverständige fest, dass es sich bei dem streitgegenständlichen Gemälde um eine Fälschung handelte, da die untersuchten Farben erst nach dem Tod des Malers *Carl Schuch* (1846-1903) entdeckt wurden.[1460] Das auf dem streitgegenständlichen Gemälde nachgewiesene „Titanweiß Rutil" wurde jedoch erst Ende der dreißiger Jahre entwickelt.[1461]

In der Regel verfügt ein Sachverständiger jedoch nicht über eine entsprechende Ausrüstung, so dass Untersuchungen mit naturwissenschaftlichen Verfahren von externen, spezialisierten Laboren, wie etwa dem *Dörner-Institut* in München, durchgeführt werden müssen. Es obliegt dem Sachverständigen, wenn sich entsprechende Anhaltspunkte ergeben, seinen Auftraggeber auf die Notwendigkeit entsprechender Untersuchungen hinzuweisen und dies im Gutachten zu vermerken.[1462] Die Durchführung aufwendiger naturwissenschaftlicher Untersuchungen kann vom Sachverständigen jedoch nicht erwartet werden, soweit dies nicht eigens vertraglich vereinbart worden ist.[1463] Einfache Untersuchungen mit naturwissenschaftlichen Verfahren

---

[1457] Siehe etwa bei *Funck*, DS 2009, 331 ff.

[1458] Zur Tätigkeit von Restauratoren vgl. bei *Häret*, DS 2008, 170 f.

[1459] Siehe zu den naturwissenschaftlichen Untersuchungsmethoden ausführlich oben Seite 30 ff.

[1460] OLG Hamm NJW 1994, 1967.

[1461] Siehe OLG Hamm NJW 1994, 1967. Siehe auch bei *Herchenröder*, Die neuen Kunstmärkte, S. 289 f. am Beispiel gefälschter Mondrian-Gemälde.

[1462] Siehe *Nißl*, S. XXVIII; *Gerlach*, S. 47; siehe auch bei *Schütte*, Weltkunst 2000, 2546 (2551).

[1463] *Gerlach*, S. 47; *Simons*, S. 193.

wie mit UV-Licht oder Streiflicht können im Einzelfall auch ohne konkrete Abrede durchzuführen sein.[1464]

Wenn der Kunstsachverständige Befunde eines Dritten in sein Gutachten aufnimmt, wie beispielsweise die Untersuchungsergebnisse eines spezialisierten Labors, ist er für das auf diesen Befunden begründete Ergebnis seines Gutachtens verantwortlich, wenn er diese fehlerhaft interpretiert.[1465] Eine Verantwortlichkeit für etwaige Fehler des Labors bei der Durchführung der Untersuchungen kann dadurch bedingt sein, ob er auf der Grundlage der bei ihm vorauszusetzenden Fachkenntnisse die Ungeeignetheit der Untersuchungsergebnisse hätte erkennen können.[1466]

Liefern neue Untersuchungsverfahren aufgrund wissenschaftlichen Fortschritts später neue Gesichtspunkte zutage, die eine andere Bewertung von Befunden zur Folge haben, ist dies nicht notwendigerweise haftungsbegründend.[1467] Für die Feststellung, ob der objektive Sorgfaltsmaßstab bei der Begutachtung eingehalten wurde, gilt soweit vertraglich nicht anders vereinbart, der Stand der Wissenschaft, Technik, Forschung und Erfahrung zum Zeitpunkt der Abnahme des Gutachtens.[1468] Diese Feststellungen und Schlussfolgerungen müssen dem jeweiligen neuesten Stand von Wissenschaft, Technik, Forschung und Erfahrung entsprechen.[1469] Ein späterer wissenschaftlicher Fortschritt und neue Erkenntnisse wirken sich nicht zulasten des Sachverständigen aus.[1470] Gegebenenfalls bestehen allerdings Hinweispflichten, wenn der Stand von Wissenschaft, Technik, Forschung und Erfahrung keine zuverlässigen Ergebnisse ermöglicht, die eine ordentliche und gewissenhafte Beurteilung durch den Sachverständigen gestattet.[1471]

1464 *Gerlach*, S. 47.

1465 Siehe *Simons*, S. 20, Fn. 59; *Blume Huttenlauch*, KUR 2004, 118 (122).

1466 Zu den Grenzen der Haftung im Falle eines dem Hauptgutachter zuarbeitenden Spezialgutachters siehe etwa OLG Köln VersR 2003, 122.

1467 Zum Widerruf eines Gutachtens über Briefmarken durch den Sachverständigen wegen Fälschungsverdacht siehe KG, NJW 1998, 1408 ff.

1468 Bayerlein-*Bayerlein*, § 16 Rn. 24. Siehe auch bei OLG Köln, NJW-RR 2005, 26. Zur Haftung für den aktuellen Stand der Technik eines Werkunternehmers, wenn in der wissenschaftlichen Diskussion Zweifel an diesem Stand diskutiert werden, vgl. OLG München, NJW-RR 2008, 334 f. Für öffentlich bestellte Sachverständige vgl. auch § 8 Abs. 3 MSVO.

1469 *Gerlach*, S. 33; *Döbereiner/v.Keyserlingk*, S. 67 f.; *Blume Huttenlauch*, KUR 2004, 118 (123).

1470 *Simons*, S. 192.

1471 Ein Sachverständiger muss daher ständig über den aktuellen Stand informiert sein und die Richtigkeit seines Gutachtens gewährleisten. Am Beispiel eines KFZ-Sachverständigen etwa OLG Köln NJW-RR 2005, 26 (27).

(3) Provenienz und Dokumentationen

Eine unter Umständen bis zum Künstler nachvollziehbare Herkunft eines Kunstwerkes ist ein wichtiges Indiz für seine Echtheit und zugleich ein bedeutender wertbildender Faktor.[1472] Die Zugehörigkeit zu einer berühmten Sammlung kann den Wert eines Kunstwerkes positiv beeinflussen.[1473] Der Sachverständige muss auch die verfügbare Literatur heranziehen, insbesondere etwaige Werkverzeichnisse.[1474] Ist das Gemälde in einem Werkverzeichnis nicht enthalten, bedarf es weitergehender sorgfältiger Recherchen und eingehender Untersuchungen des Gemäldes.[1475]

(4) Gutachten Dritter

Liegen Gutachten Dritter über das zu begutachtende Kunstwerk vor, darf sich der Sachverständige von diesen nicht leiten lassen, sondern muss sich kritisch mit diesen auseinandersetzen.[1476] Insbesondere wenn er Kenntnis von ihrer möglichen Unzuverlässigkeit hat, darf er sich auf diese nicht verlassen, anderenfalls kann dies seine Haftung begründen.[1477]

(5) Die Bewertung von Kunstwerken

Das Gutachten kann auch über den pekuniären Wert des Kunstwerks zu erstatten sein. Dabei ist der Zweck des Gutachtens von Relevanz, da dieser vorgibt, welcher Wert zu ermitteln ist.[1478] In der Regel wird, soweit nicht anders beauftragt, durch den Sachverständigen der Verkehrswert bzw. Marktwert[1479] des Kunstwerks zu ermitteln

---

[1472] Siehe *Heuer*, NJW 2008, 689 (694); siehe auch *Wolf*, S. 80; hierzu schon oben Seite 41 ff.

[1473] *Würtenberger*, Kampf gegen das Kunstfälschertum, S. 12; zum Problem gefälschter Herkunftsnachweise siehe bei *Almeroth*, S. 187 f.

[1474] *Nißl*, S. XXVIII.

[1475] Siehe *Herchenröder*, Kunstmärkte 1979, S. 314.

[1476] Wellmann-*Walterscheidt*, S. 77 (78); siehe auch bei *Ulrich*, Der gerichtliche Sachverständige, Rn. 576.

[1477] Siehe dahingehend bei BGH WM 1969, 36 (37).

[1478] Es lassen sich verschiedene, nicht identische Wertbegriffe differenzieren, siehe etwa bei *Boos*, DS 2010, 166 (171). Zu diesen zählen u.a. etwa der Versicherungswert, der sich am aufzuwendenden Betrag für eine Wiederbeschaffung des Kunstwerks orientiert, aber auch die steuerrechtlichen Wertbegriffe, vgl. § 9 BewG, § 6 Abs. 1 Nr. 1 EStG; zu den verschiedenen Wertbegriffen ausführlich *Heuer*, NJW 2008, 689 (690 ff.).

[1479] Vgl. zur synonymen Verwendung mit dem Begriff des Verkehrswerts etwa Wert- und Kostenbegriffe im Sachverständigenwesen, DS 2009, 171 (176); vgl. *Breidenstein*, KUR 2006, 34 (36).

sein, nach einem Schadensfall gegebenenfalls mit Darstellungen zu einer merkantilen Wertminderung.[1480] Verkehrswert ist der Preis, den ein Kunstgegenstand zum fraglichen Zeitpunkt bei einem Verkauf auf dem Markt angesichts seiner individuellen Beschaffenheit und sonstigen besonderen, den Preis beeinflussenden Umständen im gewöhnlichen Geschäftsverkehr erzielen kann.[1481] Für die Wertbestimmung von Kunstwerken sind verschiedene Kriterien von Relevanz. Diese betreffen vorwiegend das *objet d'art* und seine physischen Eigenschaften, aber auch externe marktabhängige Faktoren. Entscheidende wertbildende Aspekte sind der Urheber des Kunstwerks, seine Qualität, sein Zustand[1482], bei welchem auch etwaige Restaurierungen[1483] zu berücksichtigen sind, seine Marktfrische und Gängigkeit.[1484] Auch bedeutende Provenienz ist wertbeeinflussend, etwa wenn das Werk aus einer berühmten Sammlung stammt.[1485] Aber auch Faktoren des Kunstmarkts, wie beispielsweise Angebot und Nachfrage auf dem nationalen bzw. internationalen Markt oder Modetrends können zu erheblich unterschiedlichen Preisen am Markt führen.[1486] Die Bewertung hat daher zeitlichen und räumlichen Marktgegebenheiten bei der Suche nach vergleichbaren Objekten Rechnung zu tragen.[1487] Schwierigkeiten können auftreten, wenn der Urheber des fraglichen Kunstwerkes über keine ausreichende Bekanntheit bzw. Marktpräsenz verfügt und auch keine regelmäßigen Verkäufe feststellbar sind,

---

[1480] Siehe *v. Wallwitz*, DS 2010, 175 (177).

[1481] Siehe Bayerlein-*Simon*, § 47 Rn. 19.

[1482] Die Höhe der Wertminderung richtet sich bei Gemälden nach der Beeinträchtigung der Originalsubstanz; Restaurierungsmaßnahmen können nur die Ästhetik wiederherstellen, nicht jedoch seine Originalität, *Breidenstein*, KUR 2006, 34 ff. Zur Wertminderung von Porzellan grundlegend *v. Wallwitz*, DS 2010, 175 ff. mit Übersichten, die je nach Umfang der Beschädigung und Alter des Objekts entsprechende prozentuale Abschläge zuordnen. Zur Abgrenzung zwischen Verschlechterung und Zerstörung eines Kunstwerks im Hinblick auf Schadensersatz im Rahmen eines Leihvertrages, vgl. bei OLG Rostock, NJOZ 2007, 4885 (4889).

[1483] Die Frage nach dem Einfluss von Restaurierungsmaßnahmen auf den Wert eines Kunstwerks und dessen Wert im Rahmen einer Begutachtung öffnet ein weites Feld. Ein unberührter Originalzustand wird hoch bewertet, auch eine fachgerechte Restaurierung kann sich im Falle eines vorherigen schlechten Zustands positiv auswirken, eine Restaurierung kann aber nicht fehlende Originalsubstanz ersetzen, es muss daher stets eine gewichtende Quantifizierung im Einzelfall erfolgen, die eine monetäre Darstellung ermöglicht. Zum Minderwert restaurierter Bilder siehe bei RG JW 1904, 140. Zur Kostenübernahme des Versicherers von Restaurierungsmaßnahmen im Schadensfall vgl. *Gärtner*, NJW 1991, 2993 (2995).

[1484] *Heuer*, NJW 2008, 689 (693 ff.); auch *Ressler*, S. 49 ff.

[1485] *Ressler*, S. 57 f.; *Simons*, S. 32. Vgl. RG, Urt. v. 25.09.1934, Az. II 79/34, DJ 1935, 268 f.

[1486] Siehe *Heuer*, NJW 2008, 689 (695 f.); vgl. OLG Saarbrücken, OLGR Saarbrücken 2001, 145 (146).

[1487] Siehe die einzelnen Bewertungsschritte von *Heuer*, NJW 2008, 689 (696).

weshalb der Wert dann unter Umständen niedrig anzusetzen ist.[1488] Im Gutachten hat der Sachverständige die von ihm zur Anwendung gebrachten Bewertungsmethoden darzulegen und eine Begründung für den ermittelten Wert vorzunehmen.[1489] Die Ermittlung des Wertes erfolgt im Wege des Vergleichswertverfahrens, wonach vergleichbare Kunstwerke herangezogen werden.[1490]

Der Wert von Kunstwerken ist durch die genannten Faktoren bedingt und teilweise erheblichen Schwankungen ausgesetzt, so dass er mangels festen Marktgefüges nicht mit derselben Verlässlichkeit wie beispielsweise der Wert von Immobilien oder Kraftfahrzeugen festgelegt werden kann.[1491] Auch aufgrund der kunstmarktspezifischen Schwierigkeiten bedarf es daher eines besonderen Toleranzbereichs, innerhalb dessen der in einem Gutachten angegebene Wert eines Kunstwerkes sich bewegen kann, ohne dass das Gutachten als fehlerhaft zu bewerten ist. In Rechtsprechung und Literatur werden bei Sachverständigengutachten im Allgemeinen unter Einbeziehung gerichtlicher Sachverständiger Toleranzspannen von teilweise bis zu 20 Prozent eingeräumt.[1492] Mancherorts finden sich auch Hinweise auf vertretbare Toleranzen bis zu 30 Prozent.[1493] Für Kunstsachverständige muss der Toleranzbereich im konkreten Einzelfall bemessen werden, wobei der Fehlertoleranzrahmen aus den genannten Gründen keinesfalls zu eng gezogen werden darf.[1494]

1488 Siehe etwa jeweils zum Versicherungswert von Bildern OLG Köln, r+s 2002, 338 (339); LG Köln, r+s 2005, 467 (469).

1489 *Heuer*, NJW 2008, 689 (697).

1490 *Heuer*, NJW 2008, 689 (697), der hierfür ein sechsstufiges Verfahren heranzieht, ebenda, 696 f.

1491 Siehe eingehend das Saarländische OLG, in: OLGR Saarbrücken 2001, 145 (146), das in der Entscheidungsbegründung eingehend darlegt, dass der „Marktwert“ von Kunstgegenständen kein festes Marktgefüge aufweise und durch nicht objektivierbare Unwägbarkeiten geprägt ist (u.a. etwa „wandelnden Zeitgeschmack“ oder „individuelle Wertschätzung“).

1492 Wellmann-*Walterscheidt*, S. 179; *Brückner/Neumann*, MDR 2003, 906 (907); siehe auch die Nachweise zur Rechtsprechung bei *Volze*, DS 2004, 48 (49); vgl. auch zum gerichtlichen Sachverständigen Soergel-*Spickhoff*, § 839a Rn. 31 mwN; BGH NJW 1991, 2761 (2762); siehe demgegenüber für den Bereich von Wertgutachten in der Zwangsversteigerung etwa BGH NJW 2006, 1733 (1734); OLG Schleswig MDR 2008, 25, jeweils zu fehlerhaften Verkehrswertgutachten.

1493 Siehe das Brandenburgische OLG, Urteil v. 10.06.2008, Az. 11 U 170/05, NJOZ 2008, 3324 (3325 f.), das eine zu duldende Toleranz von 30 Prozent bei einem Verkehrswertgutachten eines Grundstücks zugunsten des Sachverständigen ansetzt; nach *Bleutge* liegen Toleranzgrenzen bei bis zu 25 Prozent, *Bleutge*, Haftung, S. 90 f. mwN.

1494 Auf die Bedeutung der Voraussetzung des konkreten Einzelfalls weist zu Recht auch *Volze* hin, *ders.*, DS 2004, 48 (49).

d) Haftung für Hilfskräfte

Dem Sachverständigen obliegt grundsätzlich die höchstpersönliche und eigenverantwortliche Erstattung des Gutachtens.[1495] Dies begründet sich darin, dass die vertraglich übernommene Leistungsverpflichtung höchstpersönliche Prägung besitzt, da er in seiner Person die besondere Sachkunde, Erfahrung und persönlichen Voraussetzungen versammelt.[1496] Prinzipiell kann der Sachverständige aber Hilfskräfte hinzuziehen, die vorbereitend und unterstützend tätig werden.[1497] Dabei gilt als Hilfskraft derjenige, der auf demselben Sachgebiet wie der betreffende Kunstsachverständige selbstständig oder angestellt tätig ist und dessen Weisungen und Überwachung unterliegt und bei der Erstattung des Gutachtens unmittelbar einbezogen ist.[1498] Die eigene Beurteilung und Wertung der Tatsachenfeststellung nach Objektsbesichtigung sowie die persönliche Verantwortung des Inhalts des Gutachtens durch den Sachverständigen selbst müssen aber gewährleistet bleiben.[1499] So liegt ein Verstoß gegen die Pflicht zur persönlichen Gutachtenerstattung vor, wenn ein öffentlich bestellter Sachverständiger ein Gutachten ungeprüft unterzeichnet, welches von einer Hilfskraft vorbereitet und erstellt worden ist.[1500] Hat der Kunstsachverständige im zulässigen Maß Hilfskräfte hinzugezogen, richtet sich seine Verantwortlichkeit nach § 278 BGB.[1501]

e) Schadensersatz

Kunstgutachten können mit unterschiedlichsten Zwecksetzungen in Auftrag gegeben werden. Beispielsweise in Vorbereitung zu einem An- oder Verkauf in Auftrag gegebene Gutachten können bei Fehlern zu beträchtlichen Vermögensschäden führen, wenn im Vertrauen auf sie Entscheidungen getroffen werden, also beispielsweise

---

[1495] Bayerlein-*Böttger*, § 2 Rn. 36; *Bleutge*, NJW 1985, 1185; *Döbereiner/v.Keyserlingk*, Rn. 53.

[1496] *Bleutge*, NJW 1985, 1185; siehe auch MüKo-*Busche*, § 631 Rn. 71 a.E.

[1497] Siehe etwa bei OLG Nürnberg, DS 2006, 319 (320). Für öffentlich bestellte und vereidigte Kunstsachverständige gilt, dass Art und Umfang der Tätigkeit von Hilfskräften kenntlich gemacht werden müssen, § 9 MSVO. Vgl. Bayerlein-*Bock*, § 3 Rn. 22. Ziff. 9.13 der Richtlinien zur MSVO weist darauf hin, beim Abschluss einer Haftpflichtversicherung die Beschäftigung von Hilfskräften zu berücksichtigen.

[1498] Bayerlein-*Bock*, § 3 Rn. 25. Vgl. auch § 9 MSVO.

[1499] Wellmann-*Wellmann/Weidhaas*, S. 27; vgl. auch OLG Frankfurt, VersR 2004, 1121 mwN.

[1500] Landmann/Rohmer-*Bleutge*, § 36 Rn. 104 ff. mwN: Als Folge kann der öffentlich bestellte Sachverständige seinen Anspruch auf Entschädigung verlieren und die öffentliche Bestellung kann widerrufen werden.

[1501] Wellmann-Walterscheidt, S. 167; *Bleutge*, NJW 1985, 1185 (1190).

eine Fälschung mit dem Preis eines eigenhändigen Werkes eines bedeutenden Künstlers bezahlt wird.[1502] Derartige Vermögensschäden sind nicht durch eine Nacherfüllung aus der Welt zu schaffen, da sich der Schaden in der Regel bereits realisiert hat, wenn die Mangelhaftigkeit des Gutachtens entdeckt wird. Hier erlangt der das Integritätsinteresse des Auftraggebers schützende Schadenersatzanspruch nach §§ 634 Nr. 4 i.V.m. 280 Abs. 1 S. 1 BGB für den Auftraggeber wesentliche Bedeutung.[1503]

Voraussetzung für die Schadensersatzpflicht des Sachverständigen ist, dass der Schaden ursächlich durch die Pflichtverletzung entstanden ist.[1504] Für diesen zwischen der Pflichtverletzung und dem eingetretenen Schaden bestehenden Kausalzusammenhang hat der Auftraggeber die Beweislast.[1505] Kann der eingetretene Schaden dem Kunstsachverständigen nicht zugerechnet werden, ist er auch von ihm nicht zu ersetzen.[1506]

Art, Inhalt und Umfang des Schadensersatzes bemessen sich nach den §§ 249 ff. BGB. Dem Auftraggeber wird nach § 249 Abs. 1 BGB grundsätzlich ein Anspruch auf Naturalrestitution eingeräumt, wonach der Zustand herzustellen ist, der bestehen würde, wenn der zum Ersatz verpflichtende Umstand, also ein fehlerfreies Gutachten erstellt worden wäre.[1507] Zur Ermittlung des Schadens an sich wird die tatsächliche Vermögenslage aufgrund der fehlerhaften Begutachtung mit der hypothetischen Vermögenslage im Falle einer fehlerfreien Begutachtung, also ohne das schädigende Ereignis verglichen.[1508] Ein Vermögensschaden liegt dann vor, wenn der Auftraggeber durch das Gutachten eine in Geld messbare Einbuße zu verzeichnen hat, also im Hinblick auf den Vermögensvergleich eine negative Vermögensdifferenz vorliegt.[1509] Für die Wertermittlung eines Kunstwerkes sind objektive Kriterien des Kunstmarktes zugrunde zu legen, die bereits oben dargestellt worden sind.[1510]

1502 Zum Begriff des Vermögensschadens *Lange/Schiemann*, S. 50 ff.

1503 Siehe hierzu *Kilian*, NZV 2004, 489 (492 f.); *v.Hoyningen-Huene*, in: FS-Jayme, S. 1461 (1463 f.).

1504 Siehe OLG Brandenburg, NJOZ 2008, 3324 (3326); eingehend *Zimmermann*, DS 2007, 286 (290).

1505 Siehe Bamberger/Roth-*Unberath*, § 280 Rn. 89 ff.; vgl. *Döbereiner/v.Keyserlingk*, Rn. 95.

1506 Siehe etwa BGH NJW 2001, 512; siehe dazu Anm. *Emmerich*, in: JuS 2001, 396 f.

1507 BGH NJW 2001, 514 (515); BGH NJW-RR 2002, 1528; vgl. auch Brandenburgisches Oberlandesgericht, Urt. v. 10.06.2008, Az. 11 U 170/05, NJOZ 2008, 3324 (3326), aaO; Palandt-*Grüneberg*, § 249 Rn. 2.

1508 *Blume Huttenlauch*, KUR 2004, 118 (124); Brandenburgisches Oberlandesgericht, Urt. v. 10.06.2008, Az. 11 U 170/05, NJOZ 2008, 3324 (3326); vgl. *Honsell*, JuS 1973, 69 ff.

1509 Siehe MüKo-*Oetker*, § 249 Rn. 28; Bamberger/Roth-*Schubert*, § 249 Rn. 17; *Wandt*, S. 458, Rn. 18.

1510 Siehe dazu bereits oben Seite 232 ff. Vgl. LG Köln, r + s 2005, 467 (468), zur Wertbestimmung im Versicherungsfall; vgl. auch OLG Köln NVersZ 2002, 508. Zum Schadensersatz bei ausgeliehenem Kunstwerk OLG Celle NJW 2001, 607 (611 ff.); vgl. auch OLG Düsseldorf NJW 1990, 2000 ff. Handelt es sich um ein Unikat, für das kein Marktpreis besteht,

Daneben kann der Auftraggeber nach § 252 S. 1 BGB auch Ersatz entgangenen Gewinns verlangen, den er nach dem gewöhnlichen Lauf der Dinge oder besonderen Umständen hätte erzielen können.[1511] Zum entgangenen Gewinn zählen alle diejenigen Vermögensvorteile, die dem geschädigten Auftraggeber aufgrund des schädigenden Ereignisses nicht zugeflossen sind, die er aber unter normalen Umständen erhalten hätte.[1512] § 252 S. 2 BGB stellt dabei eine Beweiserleichterung zur Verfügung.[1513]

Ferner kann sich die Ersatzpflicht nach § 254 Abs. 1 BGB mindern oder ausschließen, wenn den Auftraggeber ein entsprechendes Mitverschulden trifft.[1514] Ein Sachverständiger hat grundsätzlich alle wesentlichen Informationen für das Gutachten selbst zu beschaffen und kann sich nicht darauf verlassen, dass der Auftraggeber alle erforderlichen Angaben macht, wenn er in der konkreten Sache als Fachmann wegen eigener Bedenken des Auftraggebers konsultiert wurde; ein Mitverschulden wird durch die unzureichende Information des Sachverständigen nicht unbedingt begründet.[1515] Eine Haftung des Sachverständigen kann ausgeschlossen sein, wenn er bei später aufgekommenen, begründeten Zweifeln sein Gutachten widerruft, der Auftraggeber aber den begutachteten Gegenstand trotzdem veräußert und ihm so ein Schaden entsteht.[1516] Nach § 254 Abs. 2 BGB besteht für den Auftraggeber eine Schadensabwendungs- und Schadensminderungspflicht.[1517]

f) Beweislast

Der Auftraggeber des Gutachtens trägt nach der Abnahme des Gutachtens die Darlegungs- und Beweislast für das Vorliegen eines Mangels.[1518] Im Hinblick auf § 633 Abs. 1 BGB steht mit dem Vorliegen eines Mangels die Pflichtverletzung fest.[1519]

---

muss für die Schadensschätzung des Wertersatzes ein Vergleich mit ähnlichen Objekten, die einen Marktpreis haben, unter Berücksichtigung individueller Unterschiede erfolgen, vgl. BGH NJW 1984, 2282 (2284); hierzu Staudinger-*Schiemann* [2005], Vorbem. zu §§ 249-254 Rn. 47 mwN, reines Affektionsinteresse ist nicht ersetzbar.

[1511] Siehe bei OLG Brandenburg, NJOZ 2008, 3324 (3326); vgl. auch bei *Müssig*, NJW 1989, 1697 (1702).

[1512] MüKo-*Oetker*, § 252 Rn. 4.

[1513] Siehe Palandt-*Grüneberg*, § 252 Rn. 4 mwN. Zum Verhältnis zu § 287 ZPO siehe MüKo-*Oetker*, § 252 Rn. 30 f.

[1514] Vgl. BGH NJW 2001, 514 (516); OLG Brandenburg, NJOZ 2008, 3324 (3326); OLG Karlsruhe, NJOZ 2005, 3438 (3439); Landmann/Rohmer-*Bleutge*, § 36 Rn. 40.

[1515] OLG Köln NJW-RR 1998, 1320 (1321); Staudinger-*Peters/Jacoby* [2008], Vorbem. zu §§ 631 ff. Rn. 35.

[1516] BGH NJW 1998, 1408 (1409); siehe Landmann/Rohmer-*Bleutge*, § 36 Rn. 40.

[1517] Siehe Erman-*Ebert*, § 254 Rn. 53 ff.

[1518] Siehe Erman-*Schwenker*, § 634 Rn. 18; Palandt-*Sprau*, § 634 Rn. 12 mwN.

[1519] Staudinger-*Otto* [2009], § 280 Rn. F 62.

Dem Kunstsachverständigen obliegt es dagegen, sich wegen des Vorwurfs eines pflichtwidrigen, zum Mangel führenden Verhaltens zu entlasten.[1520] Denn für die Frage des Vertretenmüssens enthält § 280 Abs. 1 S. 2 BGB eine Beweislastumkehr und weicht damit vom allgemeinen Grundsatz ab, dass der Gläubiger alle anspruchsbegründenden Tatsachen darzulegen und zu beweisen hat.[1521] Das Vertretenmüssen des Kunstsachverständigen wird aufgrund § 280 Abs. 1 Satz 2 BGB vermutet, wenn das Vorliegen einer Pflichtverletzung feststeht.[1522] Der Kunstsachverständige hat also die Darlegungs- und Beweislast, dass er die Pflichtverletzung nicht zu vertreten hat. Schließlich obliegt dem geschädigten Auftraggeber des Gutachtens den ihm entstandenen, kausalen Schaden darzulegen und zu beweisen.[1523]

g) Verjährung

Das Werkvertragsrecht beinhaltet mit § 634a BGB eine eigene Verjährungsvorschrift, die alle Mängelrechte des Auftraggebers nach § 634 BGB erfasst.[1524] Die Erstattung eines Kunstgutachtens zählt zu den sonstigen Werkleistungen im Sinne des § 634a Abs. 1 Nr. 3 BGB, der auf die regelmäßige Verjährungsfrist von drei Jahren nach den §§ 195, 199 BGB verweist.[1525] Der Verjährungsbeginn ist nach § 199 Abs. 1 BGB von der Entstehung des Anspruchs sowie der Kenntnis bzw. dem Kennenmüssen des Auftraggebers von den anspruchsbegründenden Tatsachen und der Person des Kunstsachverständigen abhängig und nicht von der Abnahme des Gutachtens.[1526] Nach § 199 Abs. 3 Nr. 1 BGB verjähren schließlich alle Ansprüche ohne Rücksicht auf ihre Kenntnis oder grob fahrlässige Unkenntnis spätestens 10 Jahre nach ihrer Entstehung bzw. spätestens nach 30 Jahren unabhängig von Kenntnis und Entstehung, § 199 Abs. 3 Nr. 2 BGB.[1527]

[1520] Siehe Palandt-*Grüneberg*, § 280 Rn. 34.

[1521] Siehe bei Hk-BGB/*Schulze*, § 280 Rn. 15; Erman-*Westermann*, § 280 Rn. 31.

[1522] Siehe Staudinger-*Otto* [2009], § 280 Rn. F 2.

[1523] Siehe MüKo-*Ernst*, § 280 Rn. 30a.

[1524] Hierzu Bamberger/Roth-*Voit*, § 634a, Rn. 2. Zum Aspekt von nahen und entfernten Mangelfolgeschäden und den daraus resultierenden unterschiedlichen Verjährungsfristen vor der Schuldrechtsreform siehe bei MüKo-*Ernst*, § 280 Rn. 79 f.; vgl. auch bei OLG München, 21.05.1990, 31 U 5232/89.

[1525] Palandt-*Sprau*, § 634a Rn. 12; Erman-*Schwenker*, § 634a Rn. 12; MüKo-*Busche*, § 634a Rn. 33; Bamberger/Roth-*Voit*, § 634a Rn. 12; Bayerlein-*Roeßner*, § 33 Rn. 32 ff.; *Mansel*, NJW 2002, 89 (96).

[1526] Landmann/Rohmer-*Bleutge*, § 36 Rn. 38.

[1527] Landmann/Rohmer-*Bleutge*, § 36 Rn. 38; *ders.*, Haftung, exemplarisch zum Kunstsachverständigen, S. 67.

2. Deliktsrechtliche Ansprüche

Für die hiesige Betrachtung der Haftung von Kunstsachverständigen für fahrlässig verursachte reine Vermögensschäden hat das Deliktsrecht nur geringe Relevanz.[1528] Ähnlich der prinzipiell restriktiven Haltung des englischen Rechts und im Gegensatz zum französischen Recht werden reine Vermögensschäden nach deutschem Recht nur in engen Grenzen ersetzt.[1529] Während hier das französische Recht mit der umfassenden Generalklausel von Artt. 1382, 1381 *C.civ.* operiert und das englische *law of torts* traditionell zwischen einzelnen konkreten Deliktstatbeständen differenziert, verfügt das deutsche Recht über eine Systematik von Generalklauseln und Einzeltatbeständen.[1530]

a) Konkurrenz vertraglicher und deliktischer Ansprüche

Im Unterschied zur französischen Rechtsordnung, innerhalb derer vertragliche Beziehungen die Anwendung des Deliktsrechts ausschließt (sog. Prinzip des „*non-cumul*")[1531], können dem Auftraggeber eines Gutachtens Ansprüche gegen den Kunstsachverständigen sowohl wegen Verstoßes gegen Pflichten aus dem Kunstsachverständigenvertrag als auch aus dem Recht der unerlaubten Handlungen grundsätzlich kumulativ und unabhängig voneinander erwachsen.[1532] Die Unabhängigkeit vertragsrechtlicher und deliktsrechtlicher Ansprüche ist darauf zurückzuführen, dass ein Vertragspartner gegenüber einem beliebigen Dritten nicht schlechter gestellt werden soll.[1533] Sind im Falle einer vertraglichen Pflichtverletzung auch die Tatbestandsvoraussetzungen einer unerlaubten Handlung erfüllt, kann neben dem vertraglichen

---

[1528] Zum restriktiven deliktsrechtlichen Vermögensschutz allgemein siehe bei *Koziol*, ZEuP 1995, 359 (362 ff.); *Canaris*, in: FS-Larenz (1983), S. 27 (36 ff.). Eine Verwirklichung des auch das Vermögen schützenden § 824 BGB durch eine Kreditgefährdung aufgrund eines falschen Gutachtens wäre praktisch denkbar, etwa wenn Werke einer Galerie im Gutachten unzutreffend als Kopien dargestellt würden. Voraussetzung für eine Haftung ist allerdings eine unwahre Tatsachenbehauptung. Gutachterliche Stellungnahmen werden von der Rechtsprechung überwiegend als Meinungsäußerungen eingestuft und somit von § 824 BGB nicht erfasst, so dass eine Haftung wegen Fehlens einer Tatsachenbehauptung regelmäßig ausscheiden dürfte, *Simons*, S. 151 ff.; Soergel-*Beater*, § 824 Rn. 19 mwN.

[1529] Siehe rechtsvergleichend zum deliktsrechtlichen Schutz des Vermögens bei *Brüggemeier*, S. 348 ff.

[1530] Siehe *Wandt*, S. 267, Rn. 7; MüKo-*Wagner*, vor § 823 Rn. 7 ff., 14 f. Vgl. auch *Canaris*, VersR 2005, 577 ff.

[1531] Zum Prinzip des *non-cumul* siehe oben Seite 79. Dazu MüKo-*Wagner*, vor § 823 Rn. 68, Fn. 1.

[1532] Siehe Staudinger-*Hager* [1999], Vorbem. zu § 823 ff. Rn. 38 mwN; Soergel-*Spickhoff*, vor § 823 Rn. 73.

[1533] Bamberger/Roth-*Spindler*, § 823 Rn. 0.42; BGH NJW-RR 2005, 172 mwN.

Schadensersatzanspruch auch ein deliktsrechtlicher Anspruch gegenüber dem Sachverständigen begründet sein.[1534]

b) Haftung nach § 823 Abs. 1 BGB

Wie eingangs dargelegt, hat das Recht der unerlaubten Handlungen für die Haftung des aufgrund Privatauftrages tätigen Kunstsachverständigen nur geringe Bedeutung.[1535] § 823 Abs. 1 BGB hat für die hier betrachtete Haftung des Kunstsachverständigen für fahrlässig verursachte reine Vermögensschäden keine Relevanz, da die Verletzung eines der von § 823 Abs. 1 BGB geschützten Rechtsgüter durch den Kunstsachverständigen vorausgesetzt wird.[1536] Das Vermögen als solches zählt jedoch nicht zu den von § 823 Abs. 1 BGB geschützten Rechtsgütern, so dass diesbezügliche deliktsrechtliche Schadensersatzansprüche im Unterschied zu den anderen Rechtsordnungen hier nicht in Betracht kommen.[1537]

c) Haftung nach § 823 Abs. 2 BGB i.V.m. einem Schutzgesetz

Demgegenüber gewährt die Anspruchsgrundlage des § 823 Abs. 2 BGB unter bestimmten Voraussetzungen einen Ersatz von reinen Vermögensschäden. Erforderlich ist hierfür die rechtswidrige, schuldhafte Verletzung eines Schutzgesetzes. Ein Schutzgesetz im Sinne des § 823 Abs. 2 BGB ist jede Rechtsnorm im Sinne von Art. 2 EGBGB, die nicht nur den Schutz der Allgemeinheit, sondern den Schutz „eines anderen" bezweckt.[1538] Der Ersatz eines reinen Vermögensschadens kommt allerdings nur dann in Betracht, wenn das Schutzgesetz entsprechend dem gezielten Schutz individueller Vermögensinteressen dient.[1539]

1534 Landmann/Rohmer-*Bleutge*, § 36 Rn. 30.

1535 *Bleutge*, Haftung, S. 46.

1536 Ausnahmsweise kann eine Haftung nach § 823 Abs. 1 BGB dann in Betracht gezogen werden, wenn das Kunstwerk etwa bei der Begutachtung durch den Sachverständigen beschädigt oder zerstört würde.

1537 RGZ 51, 92 (93); 102, 223 (225); BGHZ 27, 137 (140); 41, 123 (127); 86, 152 (155); siehe auch OLG Hamm BB 1993, 2407 (2408) zur Sachverständigenhaftung; Soergel-*Spickhoff*, § 823 Rn. 87; Palandt-*Sprau*, § 823 Rn. 11; MüKo-*Wagner*, § 823 Rn. 176 mwN; *Wandt*, S. 320, Rn. 96 ff.; siehe auch *Wagner*, in: Zimmermann, Grundstrukturen, S. 236; *Zimmermann*, DS 2008, 8 (9).

1538 BGHZ 12, 146 (148); 100, 13 (15); 106, 204 (206); Staudinger-*Hager* [1999], § 823 Rn. G 19 mwN; ausf. Soergel-*Spickhoff*, § 823 Rn. 186.

1539 MüKo-*Wagner*, § 823 Rn. 322.

aa) Strafrechtliche Schutzgesetze

Für eine deliktsrechtliche Haftung des Kunstsachverständigen nach § 823 Abs. 2 BGB finden sich einschlägige Schutzgesetze nur in wenigen Bereichen. Im Bereich des Strafrechts kommen die §§ 263[1540] und 203 Abs. 2 Nr. 5[1541] StGB als Schutzgesetze in Betracht.[1542] Ferner können als Schutzgesetze auch die §§ 153, 154, 163 StGB in Frage kommen, wenn das Gutachten als Beweismittel in einen Rechtsstreit eingeführt wird und das Gutachten unter Berufung auf den geleisteten Eid erstattet oder die Richtigkeit des Gutachtens eidesstattlich versichert worden ist (§ 294 Abs. 1 ZPO).[1543]

bb) Berufsrechtliche Bestimmungen

Gleichwohl die Definition des Schutzgesetzes einen weitläufigen Normenkreis eröffnet, wird der Schutzgesetzcharakter von Berufsordnungen verneint.[1544] Dies wird damit begründet, dass Berufsordnungen gerade nicht zum Schutz des Einzelnen bestimmt sind, sondern der Allgemeinheit und der Organisation des jeweiligen Berufsstandes dienen. Daher sind die aufgrund von § 36 Abs. 4 GewO erlassenen Sachverständigenordnungen der einzelnen Industrie- und Handelskammern keine Schutzgesetze im Sinne von § 823 Abs. 2 BGB.[1545]

1540 BGH WM 1969, 36; BGH NJW 1993, 2992 f.; 2002, 1643 ff; Staudinger-*Hager* [1999], § 823 Rn. G 42 mwN. Voraussetzung einer Haftung ist die vorsätzliche Tatbestandsverwirklichung des § 263 StGB durch den Sachverständigen.

1541 Palandt-*Sprau*, § 823 Rn. 69. Der Tatbestand des § 203 Abs. 2 Nr. 5 StGB erfasst jedoch nur öffentlich bestellte und vereidigte Sachverständige, die nach § 1 Abs. 1 Nr. 3 Verpflichtungsgesetz verpflichtet worden sind, s. MüKo-StGB-*Cierniak*, § 203 Rn. 95.

1542 Siehe OLG Hamm, BB 1993, 2407 (2408). Die Eidesnormen der § 410 ZPO (vgl. BGH NJW 1965, 298 (299); BGH VersR 1985, 841 (842)) und § 79 StPO (vgl. BGH NJW 1968, 787 (788)) sind keine Schutzgesetze im Sinne von § 823 Abs. 2 BGB.

1543 OLG Hamm BB 1993, 2407 (2408); siehe Bayerlein-*Roeßner*, § 33 Rn. 62; vgl. auch OLG Hamm, Urt. v. 24.06.2005, Az. 9 U 37/05.

1544 BGH BB 1966, 918 (919); OLG Saarbrücken BB 1978, 1434 (1436); Landmann/Rohmer-*Bleutge*, § 36 Rn. 32 mwN; Bayerlein-*Roeßner*, § 33 Rn. 64; a.A. *Wolf*, S. 186, der § 8 und § 15 MSVO im Rahmen der Haftung des öffentlich bestellten Kunstsachverständigen als Schutzgesetze qualifiziert; wohl auch *Zimmermann*, DS 2008, 8 (9).

1545 BGH WM 1966, 1148 (1150) = BB 1966, 918 (919); Honsell, JuS 1976, 621 (627) mwN; *Grunewald*, AcP 187, 285 (297) mwN; Strauch JuS 1992, 897 (901); Bayerlein-*Roeßner*, § 33 Rn. 64; siehe auch die Nachweise in der voranstehenden Fn.

d) Haftung nach § 826 BGB

Der Ersatzanspruch nach § 826 BGB setzt eine gegen die guten Sitten verstoßende vorsätzliche Schadenszufügung voraus.[1546] Eine auch auf § 826 BGB gründende Entscheidung des BGH betraf die Veräußerung einer Sammlung von 21 Gemälden mit angeblicher „Hohenzollern-Provenienz", für die eine große Zahl von Expertisen vorlagen, die den Wert der Sammlung auf ca. 265.000,00 US-Dollar schätzten. Diese waren tatsächlich aber nur ca. 50.000,00 DM wert und stammten auch nicht aus „Hohenzollernbesitz", was dem Käufer gegenüber in einer gegen die guten Sitten verstoßenden Weise bestätigt worden war, wodurch dieser zum Kauf veranlasst worden war.[1547] Das Erfordernis einer vorsätzlichen, sittenwidrigen Schädigung stellt hohe Anforderungen an eine Haftung nach § 826 BGB, wenngleich sich in der Rechtsprechung eine Tendenz zeigte, die Anforderungen aufzuweichen und so den Anwendungsbereich zu erweitern.[1548] Der Begriff der Sittenwidrigkeit verlangt innerhalb des § 826 BGB ein Verhalten des Schädigers, das gegen das „Anstandsgefühl aller billig und gerecht Denkenden" verstößt.[1549] Erteilt der Kunstsachverständige bewusst eine unrichtige Auskunft, etwa in Form eines Gutachtens mit einem vom Auftraggeber gewünschten wahrheitswidrigen Inhalt, damit der Auftraggeber beispielsweise eine Fälschung oder eine Kopie an einen Dritten veräußern kann, verstößt er gegen die guten Sitten.[1550] Für die Annahme eines Sittenverstoßes durch den Sachverständigen kann im Einzelfall bereits eine leichtfertige und gewissenlose Erstellung eines unrichtigen Gutachtens ausreichen.[1551] Werden etwa im Gutachten Angaben Dritter ungeprüft zugrunde gelegt, obgleich eine gewissenhafte Prüfung gerade unbedingt erforderlich war und wird diese Tatsache auch nicht kenntlich gemacht, kann im Einzelfall leichtfertiges Handeln vorliegen.[1552] Dies gilt auch für die Unterzeichnung eines Gutachtens eines Dritten ohne Prüfung von dessen Richtigkeit[1553], oder wenn Behauptungen „ins Blaue hinein" gemacht werden[1554], beispielsweise

---

[1546] Siehe eingehend *Wandt*, S. 373 ff.

[1547] BGH WM 1969, 36 (37) zur Haftung einer kunstsachverständigen Person. Zur Haftung von Sachverständigen nach § 826 BGB vgl. auch schon BGH WM 1966, 1148 (1149); BGH NJW 1991, 3282 (3283); 2004, 3035 (3038 f.). Zur Ablehnung einer Haftung nach § 826 BGB wegen fehlenden Vorsatzes im Zusammenhang mit dem Verkauf eines Bildes durch eine Galeristin vgl. OLG Düsseldorf, NJW 1999, 1973.

[1548] Siehe *Schack*, Rn. 146; vgl. *v.Hoyningen-Huene*, NJW 1975, 962 (964); *Locher*, Recht der bildenden Kunst, S. 164 f.

[1549] St. Rspr. seit RGZ 48, 114 (124 f.); BGH NJW 2004, 2971 (2973); MüKo-*Wagner*, § 826 Rn. 8.

[1550] Siehe Staudinger-*Oechsler* [2009], § 826 Rn. 207.

[1551] BGH NJW 1991, 3282 (3283); 2004, 3035 (3038); Landmann/Rohmer-*Bleutge*, § 36 Rn. 31 f.; Erman-*Schiemann*, § 826 Rn. 40.

[1552] Vgl. BGH WM 1966, 1150, (1151); BGH NJW 1992, 2080 (2083).

[1553] Staudinger-*Oechsler* [2009], § 826 Rn. 213 mwN; Soergel-*Hönn*, § 826 Rn. 173.

[1554] BGH NJW 2004, 3035 (3038); vgl. auch BGH NJW 1992, 2080 (2084).

weil der Gutachter den Kunstgegenstand gar nicht oder nicht gründlich in Augenschein genommen hat, über den er das Gutachten erstellen sollte[1555], oder er Werte für Kunstwerke angegeben hat, mit deren Erzielbarkeit er ernsthaft nicht gerechnet hat.[1556] Bei alledem kommt es aber darauf an, ob sich der Kunstsachverständige gewissenlos verhält.[1557] Der Vorwurf der Sittenwidrigkeit findet seine Begründung gerade in der gewissenlosen Rücksichtslosigkeit des Kunstsachverständigen gegenüber dem Geschädigten als Adressaten des Gutachtens angesichts seiner Bedeutung als Entscheidungsgrundlage aufgrund der beruflichen Kompetenz und Vertrauensstellung des Sachverständigen.[1558]

Der Tatbestand des § 826 BGB setzt weiter voraus, dass der Sachverständige vorsätzlich, mindestens mit Eventualvorsatz hinsichtlich eines möglichen Schadenseintritts handeln muss.[1559] Der Nachweis vorsätzlichen Verhaltens des Kunstsachverständigen im Falle eines fehlerhaften Gutachtens kann in einem Rechtsstreit schwierig zu führen sein.[1560] Die Rechtsprechung hat entsprechend die Anforderungen an das Vorsatzerfordernis erleichtert und so den Anwendungsbereich des § 826 BGB erweitert.[1561] Der Sachverständige muss sich der Sittenwidrigkeit seines Handelns nicht bewusst sein, aber zumindest die tatsächlichen, die Sittenwidrigkeit begründenden Umstände kennen.[1562] Er muss sich auch keine genauen Vorstellungen über den Umfang des Schadens und die Art und Weise seiner Verwirklichung machen, noch gegen welche konkrete Person sich dieser richtet.[1563] Ausreichend ist, dass er einen möglichen Schadenseintritt gesehen und billigend in Kauf genommen hat.[1564] Hat er sich leichtfertig und gewissenlos verhalten, kann der Schluss gerechtfertigt

---

[1555] Landmann/Rohmer-*Bleutge*, § 36 Rn. 31 mwN; Soergel-*Hönn*, § 826 Rn. 177; *Sack*, NJW 2006, 945 (948).

[1556] BGH WM 1969, 36 (37).

[1557] Staudinger-*Oechsler* [2009], § 826 Rn. 213.

[1558] BGH NJW 2004, 3035 (3038); Staudinger-*Oechsler* [2009], § 826 Rn. 213 f., siehe Wellmann-*Walterscheidt*, S. 173, Rn. 335 ff.

[1559] BGH WM 1966, 1150 (1151 f.); BGH NJW 2004, 3035 (3038); Bamberger/Roth-*Spindler*, § 826 Rn. 10; vgl. OLG Düsseldorf, NJW 1999, 1973 (1974), zur Kaufempfehlung eines Bildes durch eine Galeristin.

[1560] *Schack*, Rn. 146; *Locher*, NJW 1969, 1567; *Lorenz*, in: FS-Larenz (1973), S. 575 (576); *Zimmermann*, DS 2008, 8 (10 f.).

[1561] Siehe Bamberger/Roth-*Spindler*, § 826 Rn. 33; Soergel-*Hönn*, § 826 Rn. 180. Kritisch gegenüber der Tendenz der Rechtsprechung zur Ausdehnung von § 826 BGB: *Canaris*, ZHR 163 (1999), 206 (214 f.); *Grunewald*, AcP 187 (1987), 285 (306); *Honsell*, JuS 1976, 621 (628); *ders.*, FS-Medicus, S. 211 f. (215 f.); *Lammel*, AcP 179 (1979), S. 337 (342); Staudinger-*Oechsler* [2009], § 826 Rn. 217 mwN; *Wiegand*, Sachwalterhaftung, S. 126 ff.

[1562] Bamberger/Roth-*Spindler*, § 826 Rn. 33; Dauner-Lieb, AnwK-BGB-*Katzenmeier*, § 826 Rn. 9.

[1563] Vgl. BGH WM 1966, 1150, (1152).

[1564] BGH WM 1966, 1148 (1149); 1966, 1150 (1152); *Schack*, Rn. 146; Landmann/Rohmer-*Bleutge*, § 36 Rn. 31; *Volze*, DS 2004, 48 (51).

sein, dass er mit bedingtem Vorsatz gehandelt hat.[1565] Dies kann etwa der Fall sein, wenn er ein Gutachten über ein Kunstwerk anfertigt, welches ihm zu keinem Zeitpunkt im Original vorgelegen hat.[1566] Für den Ersatz fahrlässig verursachter Vermögensschäden aufgrund fehlerhafter Kunstgutachten bietet § 826 BGB allerdings keine Grundlage.[1567]

e) Verrichtungsgehilfen

Im Zusammenhang mit der Tätigkeit von Kunstsachverständigen hat der Tatbestand des § 831 BGB keine eigenständige Bedeutung. Zwar ist es nicht unüblich, dass Kunstsachverständige Hilfspersonen für untergeordnete Arbeiten hinzuziehen, was bereits oben im Rahmen der Darstellung zu den Erfüllungsgehilfen thematisiert worden ist, allerdings bleibt die Tätigkeit des Sachverständigen seine eigene und höchstpersönliche Leistung, da seine Beauftragung gerade eine Folge seiner besonderen Sachkunde und persönlichen Qualifikation ist, auch wenn er durch Hilfskräfte unterstützt wird.[1568] Die Erstellung des Gutachtens unterliegt dem unmittelbaren Verantwortungsbereich des Sachverständigen, so dass bereits die tatbestandliche Voraussetzung des § 831 BGB, wonach „ein anderer zu einer Verrichtung bestellt" ist, nicht besteht.[1569] Die alleinige Verantwortung für das Gutachten bringt der Kunstsachverständige auch mit seiner Unterschrift unter dem Gutachten und im Falle einer öffentlichen Bestellung nach § 36 GewO zusätzlich durch die Verwendung des Rundstempels zum Ausdruck.[1570]

f) Schadensersatz

Inhalt und Umfang der Schadensersatzpflicht bestimmen sich wie bei vertraglichen Ansprüchen nach den allgemeinen Vorschriften der §§ 249 ff. BGB, so dass grundsätzlich auf die obige Darstellung zum Schadensersatz verwiesen werden kann.[1571]

[1565] BGH NJW 1991, 3282 (3283); Staudinger-*Oechsler* [2009], § 826 Rn. 213 mwN; *Sack*, NJW 2006, 945 (948) mwN.

[1566] *Medicus*, SchuldR II, Rn. 838.

[1567] Siehe *Canaris*, ZHR 163 (1999), 206 (214).

[1568] Vgl. Bayerlein-*Böttger* § 2 Rn. 36 f.; eingehend *Bleutge*, NJW 1985, 1185, 1188 ff.

[1569] *Bleutge*, NJW 1985, 1185 (1190); *v.Bar*, RabelsZ 44 (1980), 455 (476); *Karampatzos*, S. 243.

[1570] *Bleutge*, NJW 1985, 1185 (1190 f.).

[1571] Siehe oben unter ab Seite 235 f.

g) Beweislast

Bei der Geltendmachung von deliktsrechtlichen Ansprüchen hat der Geschädigte die Darlegungs- und Beweislast der anspruchsbegründenden Voraussetzungen.[1572] So hat der geschädigte Auftraggeber im Falle einer Schutzgesetzverletzung grundsätzlich den Verstoß gegen das Schutzgesetz, Verschulden und den kausalen Schaden beweisen.[1573] Im Falle der Geltendmachung eines Schadensersatzanspruches aufgrund § 826 BGB hat der Geschädigte neben den tatsächlichen Voraussetzungen des objektiven und subjektiven Tatbestandes auch die die Sittenwidrigkeit begründenden Umstände darzulegen und zu beweisen.[1574]

h) Verjährung

Es gilt grundsätzlich auch für deliktische Ansprüche die einheitliche Regelverjährung von drei Jahren nach §§ 195, 199 BGB.[1575] Daher kann an dieser Stelle auf die obigen allgemeinen Ausführungen zum Verjährungsrecht verwiesen werden.[1576]

II. Die Haftung des Kunstsachverständigen gegenüber Dritten

1. Einführung

Kunstwerke gehen im Laufe der Zeit durch viele Hände, oftmals begleitet von Sachverständigengutachten, die das Werk einem bestimmten Künstler zuschreiben oder zu seinem Wert Stellung nehmen.[1577] Dies wirft die Frage auf, unter welchen Voraussetzungen ein Kunstsachverständiger im Falle eines fehlerhaften Gutachtens für einen sich bei einem Dritten manifestierenden reinen Vermögensschaden haftet. Man denke hier vor allem an die klassische Situation, in der das Gutachten in Verkaufsverhandlungen über das Kunstwerk eine wichtige Entscheidungsgrundlage spielt. Erleidet ein Dritter aufgrund eines fehlerhaften Kunstgutachtens einen Schaden, etwa weil ausweislich des Gutachtens ein Gemälde als „echt“ bewertet wurde, da es aus der Hand eines bestimmten Künstlers eingeordnet worden ist, und er aufgrund dieses

---

1572 Hk-BGB/*Schulze*, § 823 Rn. 155.

1573 Soergel-*Spickhoff*, § 823 Rn. 229 ff., siehe dort zu bestehenden Beweiserleichterungen durch Beweislastumkehr und Anwendung des prima-facie-Beweises.

1574 Staudinger-*Oechsler* [2009], § 826 Rn. 129 mwN; siehe auch MüKo-*Wagner*, § 826 Rn. 47.

1575 Palandt-*Ellenberger*, § 195 Rn. 4; siehe zur Verjährung bei Landmann/Rohmer-*Bleutge*, § 36 Rn. 34a.

1576 Siehe oben Seite 238.

1577 Vgl. *Heinbuch*, in: ISWA 1985, S. 195 (211); siehe exemplarisch bei OLG Hamm NJW 1995, 2640.

Gutachtens das Gemälde erworben hat, es sich zu einem späteren Zeitpunkt aber herausstellt, dass es sich nur um eine Kopie eines Nachfolgers oder gar um eine Fälschung handelt, stehen regelmäßig in erster Linie kaufvertragliche Ansprüche gegenüber dem Verkäufer im Mittelpunkt des Interesses.[1578] Dennoch gibt es Gründe, anstatt bestehende kaufvertragliche Ansprüche gegenüber der anderen Vertragspartei, Ansprüche direkt gegenüber dem Kunstsachverständigen geltend zu machen, etwa wenn der Verkäufer in Vermögensverfall geraten oder aus anderen Gründen nicht mehr zu erreichen ist oder etwa Gewährleistungsrechte wirksam abbedungen worden sind.

a) Einordnung der Haftung gegenüber Dritten

Zwischen dem mit dem Gutachten des Kunstsachverständigen in Kontakt kommenden Dritten bestehen nur in den seltensten Fällen Verbindungen, die direkte vertragliche Beziehungen mit dem Kunstsachverständigen begründen, noch ist der Dritte Partei des zwischen dem Auftraggeber und dem Kunstsachverständigen bestehenden Vertrages. Auch stellt sich die Verweisung auf Ansprüche wegen unerlaubter Handlung bei reinen Vermögensschäden wie soeben im vorangegangenen Abschnitt dargestellt, regelmäßig als unzureichend dar. In Rechtsprechung und Literatur bestehen verschiedene Lösungswege und Ansätze für eine Haftung von Sachverständigen gegenüber Dritten, wenngleich auch mit dogmatisch unterschiedlichen Konstruktionen und Argumenten, auf welche im Folgenden ausführlich eingegangen wird. Darüber hinaus hat der Gesetzgeber mit dem Schuldrechtsmodernisierungsgesetz einen neuen Anknüpfungspunkt der Dritthaftung von Kunstsachverständigen mit §§ 311 Abs. 3 S. 2, 241 Abs. 2 i.V.m. 280 Abs. 1 BGB eröffnet, der eine Antwort auf das „zentrale, ungelöste Problem des Kunsthandels" geben könnte.[1579] Aufgrund der spezifischen Entwicklung der Dritthaftungsproblematik im Bereich der Sachverständigenhaftung werden im Folgenden zunächst die Lösungswege von Rechtsprechung und Literatur untersucht. Die Bewertung einer Dritthaftung von Kunstsachverständigen nach §§ 311 Abs. 3 S. 2, 241 Abs. 2 i.V.m. 280 Abs. 1 BGB erfolgt gesondert unten im vierten Teil der Arbeit.

1578 Zu kaufrechtlichen Ansprüchen siehe etwa bei *Mangold*, S. 151 ff.; *Wrede*, S. 207 ff.; zum Verhältnis von Irrtumsanfechtung und Gewährleistungsansprüchen beim Kunstkauf rechtsvergleichend *Siehr*, FS-Hanisch, S. 247 ff.; zu kaufrechtlichen Ansprüchen beim Kunstkauf nach englischem, französischem und schweizerischem Recht siehe auch bei *Olsburgh*, S. 7 ff.

1579 Siehe *v.Hoyningen-Huene*, in: FS-Jayme, S. 1461 (1462).

b) § 675 Abs. 2 BGB

Für die Betrachtung der Dritthaftung von Kunstsachverständigen lässt sich § 675 Abs. 2 BGB als Ausgangspunkt nehmen.[1580] Kernaussage dieser Vorschrift ist, dass aufgrund der bloßen Erteilung eines unrichtigen Rats oder Empfehlung „an sich" grundsätzlich keine Haftung auf Ersatz des Schadens entsteht, der auf der Befolgung dieses Rates oder der Empfehlung durch den Empfänger beruht.[1581] Denn das Verfügungsrisiko verbleibt beim Empfänger des Rates bzw. der Empfehlung, soweit nicht eine Verantwortlichkeit des Erklärenden aus einem Vertragsverhältnis, einer unerlaubten Handlung oder einer sonstigen gesetzlichen Bestimmung begründet ist.[1582] Damit hat § 675 Abs. 2 BGB zwar nur deklaratorische Funktion, gleichwohl wird damit klargestellt, dass neben dieser haftungsfreien Erteilung von Ratschlägen oder Empfehlungen eine entsprechende anderweitige Verantwortlichkeit des Erklärenden unberührt bleibt.[1583] Ob ein Kunstsachverständiger für eine fehlerhafte Auskunft etwa aufgrund eines Gutachtens haftet, beurteilt sich daher nach den allgemeinen Vorschriften.

2. Die Dritthaftung in der Rechtsprechung

Ein wesentlicher Aspekt des deutschen Rechts im Vergleich zu den übrigen hier betrachteten Rechtsordnungen ist seine traditionell restriktive Haltung gegenüber einer deliktsrechtlichen Haftung für reine Vermögensschäden im Falle fahrlässiger Erstattung eines Gutachtens durch den Sachverständigen.[1584] Es finden sich daher in der deutschen Rechtsordnung vor allem vertragsrechtliche Konstruktionen, mittels derer Schadensersatzansprüche gegenüber Dritten begründet werden.[1585] Allerdings bergen vertragliche Lösungen die Gefahr, die auch durch das Deliktsrecht gezogenen Grenzen des Schadensersatzrechts zu verwischen und eine Ausuferung der Haftung zu begünstigen.[1586] Im folgenden Abschnitt wird nun zunächst auf die Lösungsansätze der Rechtsprechung eingegangen.[1587]

[1580] *v.Bar*, RabelsZ 44 (1980), 455 (463). Zu § 675 Abs. 2 BGB siehe auch bei *Kersting*, S. 63 ff.

[1581] Staudinger-*Martinek* [2006], § 675 Rn. C 2, C 6 ff.; Dauner-Lieb, AnwK-BGB-*Schwab*, § 675 Rn. 135.

[1582] Siehe Palandt-*Sprau*, § 675 Rn. 32 f.

[1583] Siehe MüKo-*Heermann*, § 675 Rn. 112; Staudinger-*Martinek* [2006], § 675 Rn. C 2.

[1584] Siehe bei *Honsell*, FS-Medicus, S. 211 (213 f.).

[1585] Vertragliche Schadensersatzansprüche erweisen sich insoweit als vorteilhaft, als der geschädigte Dritte nach § 280 Abs. 1 S. 2 BGB zur Begründung einer Haftung keinen Verschuldensnachweis gegenüber dem Kunstsachverständigen erbringen muss, siehe MüKo-*Gottwald*, § 328 Rn. 106; Erman-*Westermann*, § 328 Rn. 11.

[1586] Vgl. *Canaris*, ZIP 2004, 1781 (1788).

[1587] Siehe die Darstellung bei *Plötner*, S. 24 ff.

a) Stillschweigend abgeschlossener Auskunftsvertrag mit dem Dritten

Zum Teil wird eine Haftung von Sachverständigen gegenüber dem geschädigten Dritten unter dem Gesichtspunkt eines stillschweigend geschlossenen Auskunftsvertrags vertreten.[1588] Wie eingangs dargelegt, führt die bloße Erteilung eines unrichtigen Rats oder Empfehlung als solche grundsätzlich nicht zu einer Haftung. Treten jedoch bei der Erteilung dieses Rats oder der Empfehlung besondere Umstände hinzu, die auf den Abschluss eines eigenständigen Auskunftsvertrages hindeuten, kann eine Haftung zwischen dem Sachverständigen als Auskunftsgeber und dem Dritten als Auskunftsnehmer in Betracht kommen.[1589] Es kommt hierfür insbesondere auf eine Würdigung der Gesamtumstände des konkreten Sachverhaltes unter Berücksichtigung der Verkehrsauffassung und des Verkehrsbedürfnisses an, ob die Auskunftserteilung nach dem objektiven Inhalt der Erklärungen beider Teile Gegenstand vertraglicher Rechte und Pflichten geworden ist.[1590]

Für die vorliegende Untersuchung können regelmäßig zwei Konstellationen unterschieden werden.[1591] Die eine betrifft Situationen, in denen im Rahmen von Vertragsverhandlungen der Kunstsachverständige in unmittelbarem direkten Kontakt mit dem Dritten steht, jedoch ohne dass eine rechtsgeschäftliche Verbindung zwischen ihm und dem Dritten besteht. Man denke etwa an den Fall, in dem der Kunstsachverständige vom Verkäufer und gleichzeitigen Auftraggeber des Gutachtens über einen Kunstgegenstand zu Vertragsverhandlungen hinzugezogen wird und gegenüber dem Dritten (Käufer) sein Gutachten erläutert und unmittelbar bestätigt.[1592] Bei dieser Konstellation der Auskunftserteilung, die sich in der Regel etwa in den Fällen der Bankauskunft findet, wird in der Judikatur des BGH ein stillschweigend abgeschlossener Auskunftsvertrag angenommen.[1593] In der Rechtsprechung hat sich als wesentliche Voraussetzung für diese Annahme herausgebildet, dass für den Auskunftgeber erkennbar ist, dass die Auskunft für den Dritten als Empfänger erhebliche

---

1588 BGH WM 1969, 36 (37) zur Beratung durch einen Kunsthändler; vgl. auch BGH WM 1966, 1148 (1149). Siehe bei Hk-BGB/*Schulze*, § 311 Rn. 21; *Honsell*, FS-Medicus, S. 211 (213 f.); *v.Hoyningen-Huene*, in: FS-Jayme, S. 1461 (1468); *Schack*, Rn. 147.

1589 Vgl. BGH WM 1966, 1148 (1149); allgemein BGH NJW 1986, 180 f. mwN; 1992, 2080 (2082 f.).

1590 Vgl. BGH NJW 1986, 180 f.; 1992, 2080 (2082 f.); Staudinger-*Martinek* [2006], § 675 Rn. C 2 mwN.

1591 Siehe dazu *Nieberding*, S. 54 ff.; *Quiring*, S. 29 ff.

1592 Vgl. zu dieser Fallkonstellation BGH WM 1969, 36 ff.

1593 Vgl. BGHZ 7, 371 (374); 74, 103 (106); BGH WM 1966, 1148 (1149); 1969, 36 (37); 1985, 450 (451); BGH NJW 1986, 180 f. mwN; 1992, 2080 (2082 f.); siehe Erman-*Ehmann*, § 675 Rn. 9; MüKo-*Heermann*, § 675 Rn. 122 mwN; *Honsell*, FS-Medicus, S. 211 (220).

Bedeutung hat und diese zur Grundlage für weitreichende Entscheidungen oder Maßnahmen, insbesondere für Vermögensdispositionen wird.[1594] Als weitere maßgebliche Indizien gelten die berufliche Sachkunde des Auskunftgebers für die Erteilung der Auskunft[1595] oder dessen eigenes wirtschaftliches Interesse an der Auskunftserteilung.[1596] Die Vereinbarung einer Vergütung ist dagegen keine notwendige Voraussetzung eines Auskunftsvertrages.[1597] Das Vorliegen dieser Voraussetzungen begründet aber nicht zwingend einen stillschweigend abgeschlossenen Auskunftsvertrag, es sind stets die Besonderheiten des Einzelfalls zu berücksichtigen.[1598] Es kommt neben weiteren Einzelfallaspekten[1599] nach der Rechtsprechung des BGH entscheidend darauf an, ob unter Berücksichtigung der Verkehrsauffassung und des Verkehrsbedürfnisses aus den Gesamtumständen der Rückschluss zugelassen werden kann, dass nach dem objektiven Inhalt ihrer Erklärungen beide Teile die Auskunft zum Gegenstand vertraglicher Rechte und Pflichten gemacht haben.[1600] Eine Haftung des Kunstsachverständigen richtet sich bei Vorliegen der Voraussetzungen dann danach, ob die aus dem stillschweigend geschlossenen Auskunftsvertrag folgenden Pflichten schuldhaft verletzt wurden.[1601]

Neben dieser Konstellation besteht eine zweite, für die hiesige Betrachtung relevante Konstellation, mit den sog. „Drittweitergabe-Fällen".[1602] Hier wäre beispielsweise an einen Kunstsachverständigen zu denken, der ein Gutachten erstellt, welches an einen Dritten gelangt, und dieser im Vertrauen auf das Gutachten einen Schaden erleidet.[1603] Im Unterschied zur ersten Konstellation hat hier auch kein unmittelbarer Kontakt zwischen dem Kunstsachverständigen und dem geschädigten Dritten statt-

---

1594 BGH WM 1966, 1148 (1149); 1969, 36 (37); BGH NJW 1986, 180 f.; 1992, 2080 (2082); Staudinger-*Martinek* [2006], § 675 Rn. C 25 mwN.

1595 BGH WM 1966, 1148 (1149); BGH NJW 1986, 180; 1992, 2080 (2082) mwN.

1596 BGH WM 1969, 36 (37); BGH NJW 1986, 180; 1992, 2080 (2082).

1597 BGH WM 1969, 36 (37); Staudinger-*Martinek* [2006], § 675 Rn. C 25.

1598 Vgl. MüKo-*Heermann*, § 675 Rn. 122.

1599 Etwa persönliche Zusicherungen durch den Auskunftgeber, siehe BGH NJW 1992, 2080 (2082) mwN, die Hinzuziehung des Auskunftgebers zu Vertragsverhandlungen auf Wunsch des Auskunftgebers, siehe BGH NJW 1986, 180 (181); siehe MüKo-*Heermann*, § 675 Rn. 122; vgl. auch die Darstellung von *Wiegand*, Sachwalterhaftung, S. 78 ff.

1600 BGH NJW 1992, 2080 (2082); BGH NJW-RR 2006, 993 (994); vgl. OLG München, WM 1997, 613 (615) mwN.

1601 Die vertragliche Schadensersatzhaftung folgt aus § 280 Abs. 1, 241 Abs. 2 BGB; Erman-*Ehmann*, § 675 Rn. 9; MüKo-*Heermann*, § 675 Rn. 123; siehe Staudinger-*Martinek* [2009], § 675 Rn. C 16.

1602 Zum Begriff *Lammel*, AcP 179 (1979), 337 (339); siehe Staudinger-*Martinek* [2006], § 675 Rn. C 28 ff.

1603 Vgl. bei Staudinger-*Martinek* [2006], § 675 Rn. C 32; MüKo-*Heermann*, § 675 Rn. C 129; *Müssig*, NJW 1989, 1697 (1700).

gefunden. Der Kunstsachverständige sieht sich hier einem Personenkreis unbekannter Dritter gegenüber, zu denen er weder in vertraglichen noch in sonstigen geschäftlichen Beziehungen steht. In einer derartigen Konstellation wird eine Haftung auf Grund eines Auskunftsvertrags „für den, den es angeht“ für möglich gehalten.[1604] Als Voraussetzung für die Annahme eines solchen Vertrages wird hier weiter verlangt, dass die Auskunft auch für Dritte bestimmt ist und diese Drittverwendung und darauf gründende Vermögensdispositionen auf Seiten des Dritten dem Auskunftgeber bewusst waren.[1605] In der Auskunft solle der konkludente Willen des Auskunftgebers auf Abschluss eines Auskunftsvertrages gegenüber „jedem Dritten, den es angeht“, zum Ausdruck gebracht werden.[1606] In der Entgegennahme und Verwendung dieser Auskunft durch den Dritten für entsprechende Vermögensdispositionen liege die Annahme, wobei auf den Zugang der Annahmeerklärung nach § 151 S. 1 BGB stillschweigend verzichtet worden sei.[1607]

Ein solches Angebot des Kunstsachverständigen zum Abschluss eines Auskunftsvertrages *ad incertas personas* muss aber regelmäßig verneint werden, denn die Annahme, ein Kunstsachverständiger habe einen Rechtsbindungswillen gegenüber einem unbestimmten Personenkreis den er nicht kennt und von welchem er auch kein Honorar erhält, ist realitätsfern und würde den Willen des Kunstsachverständigen überspannen.[1608] Zum Teil wird vertreten, dass sich im Hinblick auf die Auslobung nach § 657 BGB ein Vertragsangebot *ad incertas personas* in Erwägung ziehen ließe.[1609] Allerdings lässt sich die hier betrachtete Haftung des Kunstsachverständi-

---

1604 Siehe bei BGH WM 1966, 1148 (1149); siehe die weiteren Nachweise bei Staudinger-*Martinek* [2006], § 675 Rn. C 32; siehe bei *Locher* NJW 1969, 1567 (1568); ausführlich *ders.*, Recht der bildenden Kunst, S. 166 ff.; *v.Hoyningen-Huene*, NJW 1975, 962 (964); *Müssig*, NJW 1989, 1697 (1700 f.); siehe dazu auch bei *Herrmann*, JZ 1983, 422 (424).

1605 Siehe BGH NJW 1991, 352 mwN; OLG Köln NJW-RR 1988, 335; *v.Hoyningen-Huene*, NJW 1975, 962 (964). Nach *Locher*, NJW 1969, 1567 f., sei das Angebot „für den, den es angeht“ nur an Ersterwerber gerichtet; ohne Einschränkung etwa *Döbereiner/v.Keyserlingk*, S. 143.

1606 Siehe in der Rechtsprechung bei OLG Hamm NJW-RR 1987, 209; OLG Köln NJW-RR 1988, 335 (336), wonach bisher ein Auskunftsvertrag „für den, den es angeht“ für die Haftung von Architekten für zu Kreditzwecken unrichtig abgegebenen Baufortschrittsanzeigen bejaht worden ist; siehe *Müssig*, NJW 1989, 1697 (1700 f.). Siehe auch *Philippsen*, S. 153 ff.; dagegen kritisch *Canaris*, ZHR 163 (1999), 206 (213); die Konstruktion eines Auskunftsvertrages zwischen Experten und Drittem über eine Stellvertretereigenschaft des Auftraggebers vorschlagend, *Altenburger*, S. 407 ff.

1607 Siehe OLG Hamm NJW-RR 1987, 209; OLG Köln NJW-RR 1988, 335 (336).

1608 Siehe krit. bei BGH NJW 1973, 321 (323); 1979, 1595 (1597); MüKo-*Heermann*, § 675 Rn. 124 mwN; *Honsell*, JuS 1976, 621 (626); *Lammel*, AcP 179 (1979), 337 (343 f.); *Hopt*, AcP 183 (1983), 608 (618); *Grunewald*, AcP 187 (1987), 285 (296); *Huber*, in: FS-v.Caemmerer, 359 (368 ff.); *Strauch*, Jus 1992, 897 (898); *Gerlach*, S. 86.

1609 *v.Hoyningen-Huene*, NJW 1975, 962 (964); dazu krit. *Honsell*, JuS 76, 621 (626).

gen nicht mit den Sachverhalten vergleichen, für welche die Konstruktion des Geschäfts „mit dem, den es angeht" entwickelt wurde. Diese betrifft typischerweise Bargeschäfte des täglichen Lebens, bei denen die Person des Vertragspartners gleichgültig ist.[1610] Dies trifft auf den Kunstsachverständigen aber nicht zu, denn es handelt sich hier nicht um Alltagsgeschäfte des täglichen Lebens, sondern um Sachverhalte mit zum Teil bedeutenden Haftungsrisiken, insbesondere bei Gutachten über hochpreisige Kunstwerke, bei denen es dem Kunstsachverständigen nicht gleichgültig ist, ob er nur gegenüber dem Auftraggeber oder auch gegenüber Dritten haften muss.[1611] Ein Kunstsachverständiger will ohne ausdrückliche Erklärung seines Haftungswillens mit seinem Gutachten kein bindendes Angebot gegenüber einer unbestimmten Vielzahl beliebiger Dritter abgeben, das unüberschaubare Haftungsfolgen nach sich zieht.[1612] Auch angesichts von wissenschaftlichem Fortschritt und Preissteigerungen im Kunsthandel würde sich der Kunstsachverständige mit der Annahme eines solchen Angebotes ohne entsprechende Honorierung unüberschaubaren Haftungsrisiken aufgrund einer Drittweitergabe aussetzen.[1613] Ein Gutachten muss daher regelmäßig nach seinem objektiven Erklärungswert als Wissenserklärung und nicht als eine Willenserklärung mit Rechtsbindungswillen aufgefasst werden.[1614] Mit einer Haftung aufgrund eines Auskunftsvertrags „für den, den es angeht" würde der Parteiwille zur Fiktion[1615] und der Kunstsachverständige „haftet nicht, wo er will, sondern wo er soll".[1616] Aufgrund der vorstehend dargestellten erheblichen Bedenken haben sich Rechtsprechung und Literatur vornehmlich anderen Anspruchsgrundlagen, insbesondere einer Dritthaftung unter dem Aspekt eines Vertrages mit Schutzwirkung zugunsten Dritter zugewandt.

[1610] Siehe MüKo-*Heermann*, § 675 Rn. 124 mwN. Siehe dazu bei Soergel-*Leptien*, vor § 164 Rn. 23 ff. (31); PWW/*Frensch*, § 164 Rn. 36 ff. (40).

[1611] Siehe *Honsell*, JuS 1976, 621 (626), wonach die dem Deliktsrecht vorbehaltene „Allwirkung" nicht mit der Konstruktion des Geschäftes „für den es angeht" in das Vertragsrecht eingeführt werden darf.

[1612] Siehe entsprechend auch bei BGH NJW 1973, 321 (323); 1979, 1595 (1597).

[1613] Siehe *Heinbuch*, in: ISWA 1985, S. 195 (212); *Honsell*, JuS 1976, 621 (626 f.). Vgl. BGH NJW 1973, 321 (323); 1979, 1595 (1597).

[1614] *Canaris*, ZHR 163 (1999), 206 (213); *ders.*, in: FS-Schimansky, S. 43 (48); *Lammel* AcP 179 (1979), 337 (344); siehe auch *Honsell*, JZ 1985, 952 (953).

[1615] Einhellige Kritik, *Canaris*, ZHR 163 (1999), 206 (213); *ders.*, in: FS-Schimansky, S. 43 (48); *Adolff*, S. 91; *Damm*, JZ 1991, 373 (376 f.); *Ebke/Scheel*, WM 1991, 389 (391); *Gerlach*, S. 85 f.; *Goepfert*, S. 83; *Grunewald*, AcP 187 (1987), 285 (295 f.); *dies.*, ZGR 1999, 583 (586); *Heinbuch*, in: ISWA 1985, S. 195 (211); *Honsell*, JuS 1976, 621 (626); *ders.*, in: FS-Medicus, S. 211 (214); *Hopt*, AcP 183 (1983), 608 (618); *Huber*, in: FS-v.Caemmerer, S. 359 (368 ff.); *Lammel*, AcP 179 (1979), 337 (343); *Lorenz* in: FS-*Larenz* (1973) S. 575 (616 ff.); *Nißl*, S. 120 f.; PWW/*Fehrenbacher*, § 675 Rn. 50; *Strauch*, Jus 1992, 897 (899); *Weber*, NZG 1999, 1 (4); *Zugehör*, NJW 2000, 1601 (1606); als „künstlich" abgelehnt, Staudinger-*Peters/Jacoby* [2008], vor § 631 Rn. 35; *Schack*, Rn. 149.

[1616] So treffend *Medicus/Petersen*, Bürgerliches Recht, Rn. 371 a.E.

b) Vertrag mit Schutzwirkung zugunsten Dritter

Die Rechtsprechung hat das Rechtsinstitut des Vertrages mit Schutzwirkung zugunsten Dritter gegenwärtig zur zentralen Anspruchsgrundlage für den Ersatz von reinen Vermögensschäden Dritter im Rahmen der Sachverständigenhaftung und damit auch für die Dritthaftung von Kunstsachverständigen[1617] entwickelt.[1618] Mittels dieser Konstruktion findet eine Einbeziehung des geschädigten Dritten in die Schutzpflichten des Vertrages zwischen Auftraggeber und Kunstsachverständigen statt, ohne dass der Dritte dabei einen eigenen vertraglichen Primäranspruch auf Leistung, beispielsweise auf fehlerfreie Begutachtung erhält.[1619] Durch diese Einbeziehung in die Schutzpflichten des Vertrages bekommt der Dritte einen Sekundäranspruch zugebilligt, aufgrund dessen er für den Fall ihrer Verletzung gegenüber dem Kunstsachverständigen Schadensersatz beanspruchen kann.[1620] Während demgegenüber das englische Recht seit dem Inkrafttreten der *Contract Rights of Third Parties Act 1999* nur den Vertrag zugunsten Dritter anerkennt[1621], ist im französischen Recht mit der sog. *stipulation tacite pour autrui* zwar auch der Vertrag mit Schutzwirkung zugunsten Dritter anerkannt, der aufgrund der ausgedehnten Haftung nach den Artt. 1382 ff. *C.Civ.* jedoch für die vorliegende Untersuchung keine Relevanz hat.[1622]

aa) Entwicklung der Rechtsprechung

In der Rechtsprechung des RG und der frühen Rechtsprechung des BGH wurden Ersatzansprüche am Vertrag nicht beteiligter Dritter zunächst in direkter Anwendung von § 328 BGB zugesprochen.[1623] Eine entscheidende Wende erfolgte in der Rechtsprechung des BGH Ende der fünfziger Jahre mit der sog. *Capuzol*-Entscheidung,

---

[1617] Siehe bei *v.Hoyningen-Huene*, in: FS-Jayme, S. 1461 (1462); *Schack*, Rn. 149; *Blume Huttenlauch*, KUR 2004, 118 (125 f.); allgemein siehe bei Bayerlein-Roeßner, § 33 Rn. 40; Landmann/Rohmer-*Bleutge*, § 36 Rn. 37; Erman-*Westermann*, § 328 Rn. 20a f.; *Musielak*, Haftung für Rat, Auskunft und Gutachten, S. 39 f., 45 f.

[1618] Siehe BGH NJW 1984, 355 ff.; 1995, 392 ff.; 1998, 1059 ff.; 2001, 512 ff.; 2001, 514 ff.; 2004, 3035 ff.; BGH NJW-RR 2004, 1464 ff. Siehe zur Entwicklung des Vertrages mit Schutzwirkung zugunsten Dritter bei *Quiring*, S. 48 ff.; siehe auch *Karampatzos*, S. 85 ff.

[1619] Siehe Wellmann-*Walterscheidt*, Rn. 329.

[1620] Siehe *Liebmann*, S. 310; vgl. Palandt-*Grüneberg*, § 328 Rn. 13.

[1621] Nicht jedoch den Vertrag mit Schutzwirkung zugunsten Dritter, vgl. *Bernstorff*, RIW 1985, 14 (17); Staudinger-*Jagmann* [2009], Vorbem. § 328 ff. Rn. 20 mwN. Siehe hierzu oben ab Seite 149.

[1622] Hierzu *Quick/Renault*, RIW 1993, 305; Staudinger-*Jagmann* [2009], Vorbem. § 328 ff. Rn. 18 mwN.

[1623] Siehe RGZ 91, 21 (24); 102, 231 (232 f.); 127, 218 (222); 160, 153 (155); BGHZ 1, 383 (386); 5, 378 (384); Staudinger-*Jagmann* [2009], § 328 Rn. 85 mwN; Soergel-*Hadding*, § 328 Rn. 2 mwN; krit. *Lorenz*, JZ 1966, 143 (144) „(...) ist zu befürchten, dass mit der Einbeziehung von Vermögensschäden schlechthin die Fahrt ins Ungewisse beginnt.“.

mit welcher die Eigenständigkeit des „Vertrages mit Schutzwirkung für Dritte" anerkannt worden ist.[1624] Die Einbeziehung Dritter in den Schutzbereich des Vertrages wurde nun nicht mehr direkt aus den § 328 BGB abgeleitet, sondern mit vertraglichen Sorgfalts- und Schutzpflichten begründet, die nach den Grundsätzen von Treu und Glauben und dem Sinn und Zweck des Vertrages auch bestimmten Dritten gegenüber zu beachten sind.[1625] Eine Ausdehnung dieses Drittschutzes auf reine Vermögensschäden erfolgte im Jahr 1965, woraufhin sich in den folgenden Jahrzehnten auf der Grundlage des Vertrages mit Schutzwirkung zugunsten Dritter auch die Gutachterhaftung entwickelt hat.[1626] In der jüngeren Rechtsprechung hat der BGH auf ein Schutz- und Fürsorgeverhältnis zwischen dem geschützten Dritten und dem Gläubiger verzichtet und geprüft, ob die Vertragsparteien den Willen hatten, zugunsten des Dritten Schutzpflichten zu begründen, wofür eine Auslegung des hypothetischen Willens erfolgt.[1627]

[1624] Siehe BGH NJW 1959, 1676 f.; zum vertraglichen Drittschutz unter dem Begriff „Vertrag mit Schutzwirkung für Dritte" grundlegend *Larenz*, NJW 1956, 1193; *ders*., NJW 1960, 78 (79).

[1625] Siehe BGH NJW 1959, 1676 (1677); eingehend *Liebmann*, S. 62 ff.

[1626] Siehe BGH, Urt. v. 06.07.1965, Az. VI ZR 47/64, NJW 1965, 1955 (1957), siehe auch bei BGH NJW 1977, 2073 (2074); 1996, 2927 (2928). Dass die Rechtsprechung bis dato nur Personenschäden zu beurteilen hatte, wird als ein „dogmengeschichtlicher Zufall" bezeichnet, *Lorenz*, JZ 1966, 143; Staudinger-*Jagmann* [2009], § 328 Rn. 86; MüKo-*Gottwald*, § 328 Rn. 118; vgl. auch BGH NJW 1965, 1955 (1957); 1996, 2927 (2928); krit. *Gernhuber*, JZ 1962, 553 (556). Zur Gutachterhaftung BGH NJW 1984, 355 (356); BGH NJW-RR 1986, 484; BGH NJW 1987, 1758; 1995, 392; 1998, 1059; 2001, 360; 2001, 512; 2001, 514 (516); 2001, 3115 (3116); 2004, 3035 (3036); NJW-RR 2004, 1464 (1465).

[1627] Ausführlich BGH NJW 1996, 2927 (2928 f.). Die rechtsdogmatische Herleitung des Vertrages mit Schutzwirkung zugunsten Dritter ist umstritten, siehe hierzu die Nachweise bei Staudinger-*Jagmann* [2009], § 328 Rn. 90 ff. Während zu Recht angenommen wird, es handele sich um eine auf § 242 BGB beruhende richterliche Rechtsfortbildung, vgl. BGH NJW 1968, 694 (695); vgl. auch bei BGH NJW 1996, 2927 (2928 f.); *Bayer*, JuS 1996, 473 (475 f.); MüKo-*Gottwald*, § 328 Rn. 110 f.; vgl. *Hübner* VersR 1991, 497 mwN; *Larenz*, Schuldrecht AT I, S. 227; *Martiny*, JZ 1996, 19 (21) mwN; Jauernig-*Stadler*, § 328 Rn. 21; *Strauch*, JuS 1982, 823 (824 ff.); *Zenner*, NJW 2009, 1030 (1033 f.); siehe ferner die umfangr. weiteren Nachweise bei Staudinger-*Jagmann* [2009], § 328 Rn. 91 a.E.; vgl. Staudinger-*Olzen* [2009], §§ 241-243, Einl. zum SchuldR, Rn. 215 f.; wird andernorts vertreten, es handele sich um Gewohnheitsrecht, *Gernhuber*, JZ 1962, 553 (555); *Lorenz* JZ 1966, 143; PWW/*Medicus/Stürner*, Vor §§ 328 bis 355 Rn. 2; während die Rechtsprechung vorwiegend eine ergänzende Vertragsauslegung nach §§ 133, 157 BGB zur Begründung heranzieht, siehe etwa BGH NJW 1969, 41; 1971, 1931 (1932); 1998, 1059; 2001, 514 (516); 2004, 3035 (3036); NJW-RR 2004, 1464 (1465); *Zugehör*, NJW 2000, 1601 (1603); mancherorts wurde die Frage nach einer Rechtsgrundlage auch als „gleichgültig" angesehen, BGH NJW 1977, 2073 (2074). Der durch das Schuldrechtsmodernisierungsgesetz neu geschaffene § 311 Abs. 3 BGB stellt jedoch keine gesetzliche Stütze für den Vertrag mit Schutzwirkung zugunsten Dritter dar, da es sich bei Ansprüchen aus culpa in contrahendo

bb) Voraussetzungen der vertraglichen Schutzwirkung zugunsten Dritter

Die konkreten Voraussetzungen, die die Rechtsprechung an die Einbeziehung Dritter in den Schutzbereich eines Vertrages im Hinblick auf die hier untersuchte Dritthaftung von Kunstsachverständigen stellt, sind Gegenstand der nachstehenden Ausführungen.

(1) Leistungsnähe des Dritten bei bestimmungsgemäßem Leistungskontakt

Primäre Voraussetzung für eine Einbeziehung in die Schutzpflichten des Kunstsachverständigenvertrages ist eine Leistungsnähe des Dritten. Der vertragsfremde Dritte muss also mit der Leistung des Sachverständigen bestimmungsgemäß ebenso in Berührung kommen wie der Auftraggeber selbst.[1628] Der geschützte Personenkreis wird dabei eng gezogen, um einer Ausuferung der Haftung dieses Rechtsinstituts und einer Aufweichung der Grenzen von Vertrags- und Deliktsrecht entgegenzuwirken.[1629] Dies gebietet die Rechtssicherheit ebenso wie das schützenswerte Interesse des Kunstsachverständigen, für den das Risiko der von ihm eingegangenen vertraglichen Verpflichtungen überschaubar und kalkulierbar bleiben muss.[1630] Voraussetzung ist hierfür, dass der geschädigte Dritte mit der Leistung des Kunstsachverständigen

---

um „rechtsgeschäftsähnliche Schuldverhältnisse" vor Vertragsschluss handelt, vgl. Staudinger-*Löwisch* [2005], § 311 Rn. 161; Staudinger-*Jagmann* [2009], § 328 Rn. 90 ff. (92). Er findet auch keine entsprechende Erwähnung in den Materialien des Gesetzgebers zu § 311 Abs. 3 BGB, siehe BT-Drucks. 14/6040, S. 163. Gegen eine Einordnung in § 311 Abs. 3 auch: *Brors*, ZGS 2005, 142 (148); *Ebke*, in: MüKo-HGB, § 323 Rn. 116; *Ehmann/Sutschet*, Modernisiertes Schuldrecht, S. 70, dort Fn. 10 sowie S. 158; *Finn*, ZGS 2003, 189 (190); MüKo-*Gottwald*, § 328 Rn. 111; Palandt-*Grüneberg*, § 311 Rn. 60; *Hadding*, in: Soergel, Anh. § 328 Rn. 5 mwN; *Heppe*, WM 2003, 753 (759); Jauernig-*Stadler*, § 328 Rn. 21; *Karampatzos*, S. 255 ff.; *Liebmann*, S. 167 ff. (183 f.); Staudinger-*Löwisch* [2005], § 311 Rn. 161; *Rohe/Winter*, JuS 2003, S. 872 (874); *Schlechtriem/Schmidt-Kessel*, Schuldrecht AT, Rn. 37; *Schumacher/Lada*, ZGS 2002, 451 (454 f.); *Teichmann*, BB 2001, 1485 (1492); *Westermann*, in: FS-Honsell, S. 137 (148 ff.); *Zenner*, NJW 2009, 1030; a.A.: *Brox/Walker*, Allg. SchuldR, S. 385; KompaktKom-BGB-*Hirse*, § 311 Rn. 27; *Faust*, in: Huber/Faust, S. 71; *Kilian*, NZV 2004, 489 (494); *Kersting*, S. 322 ff. (324 ff.), der diesen in § 311 Abs. 3 S. 1 BGB verortet; siehe auch *Canaris*, JZ 2001, 499 (520); *Looschelders*, Rn. 202; *Schwab*, JuS 2002, 872 (873), wohl auch *Lieb*, in: Dauner-Lieb/Heidel/Lepa/Ring, S. 142 ff.; kritisch *Blenske*, in: Schimmel/Buhlmann, Frankfurter Handbuch, S. 171.

1628 Siehe BGH NJW 1978, 883 mwN; 2001, 3115 (3116); siehe Staudinger-*Jagmann* [2009], § 328 Rn. 98; Palandt-*Grüneberg*, § 328 Rn. 16; *Martiny*, JZ 1996, 19 (21); *Neuner*, JZ 1999, 126 (129).

1629 Siehe Soergel-*Hadding*, Anh. § 328 Rn. 13.

1630 Vgl. BGH NJW-RR 2004, 1464 (1466) mwN; BGH NJW 1984, 355 (356).

bestimmungsgemäß[1631] in Berührung gekommen ist und den Gefahren eines mangelhaften Gutachtens in ähnlicher Weise ausgesetzt ist wie der Auftraggeber selbst.[1632] Eine entsprechende Drittbezogenheit wird angenommen, soweit das Kunstgutachten etwa zum Zweck der „Entscheidungshilfe" bei Verkaufsverhandlungen gegenüber Dritten bestimmt und entsprechend verwendet worden ist.[1633] Ein zur Vorlage gegenüber Dritten angefertigtes Gutachten beispielsweise über ein Gemälde entspricht regelmäßig dem bestimmungsgemäßen Normalfall, bei dem der Dritte gleichermaßen wie der Auftraggeber des Gutachtens mit dem darin verkörperten Sachverständigenurteil in Berührung kommt.

(2) Interesse am Schutz des Dritten

Das Merkmal des Einbeziehungsinteresses stellt als weitere Voraussetzung für die Einbeziehung des Dritten in die Schutzpflichten des Kunstsachverständigenvertrages das Erfordernis auf, dass der Auftraggeber als Vertragsgläubiger der Leistung des Kunstsachverständigen auch ein besonderes Interesse an der Einbeziehung des Dritten in den Schutzbereich des Vertrages haben muss.[1634] Dieses Kriterium des Interesses am Schutz des Dritten erweckt Reminiszenzen an das von der älteren Rechtsprechung durchweg geforderte „Verhältnis mit personenrechtlichem Einschlag", das sog. „Wohl und Wehe"-Verhältnis.[1635] Danach wurde seitens der Rechtsprechung das Interesse dann bejaht, wenn sich die Schutz- und Fürsorgepflichten aufgrund des Vertrages nach deren Zweck auch auf den Dritten und nicht nur auf den Auftraggeber als Vertragspartner richteten, der Auftraggeber also auch für das „Wohl und Wehe" des Dritten verantwortlich war.[1636] Wie eingangs schon dargelegt, ist die Fortentwicklung der neueren Judikatur des BGH durch eine Abwendung von diesem Kriterium im Hinblick auf den Schutz vor reinen Vermögensschäden und dementsprechend auch in Fällen der Drittweitergabe von Kunstgutachten charakterisiert.[1637] Maßgeblich ist nach der jüngeren höchstrichterlichen Rechtsprechung der

---

[1631] BGH NJW 1995, 392; 2004, 3035 (3036) mwN; krit. *Grunewald*, BGHReport 2004, 1480 (1483). Nicht ausreichend ist daher ein nur zufälliger Kontakt, Bamberger/Roth-*Janoscheck*, § 328 Rn. 51; MüKo-*Gottwald*, § 328 Rn. 120. Kritisch zum Kriterium der „Leistungsnähe" *Köndgen*, Karlsruher Forum 1998, S. 3 (8).

[1632] Siehe BGH NJW 2001, 3113 (3116) mwN; MüKo-*Gottwald*, § 328 Rn. 120; *Neuner*, JZ 1999, 126 (129); *Palandt-Grüneberg*, § 328 Rn. 16; siehe bei *Strauch*, JuS 1982, 823 (826).

[1633] Siehe dazu *Zimmermann*, DS 2007, 328 (330).

[1634] BGH NJW 1984, 355 (356); MüKo-*Gottwald*, § 328 Rn. 121; Palandt-*Grüneberg*, § 328 Rn. 17 f.

[1635] Siehe u.a. BGHZ 51, 91 (96); 56, 269 (273); Staudinger-*Jagmann* [2009], § 328 Rn. 99 mwN; vgl. bei BGH NJW 1984, 355 (356) mwN.

[1636] Siehe Bamberger/Roth-*Janoscheck*, § 328 Rn. 52; MüKo-*Gottwald*, § 328 Rn. 121.

[1637] Siehe BGH NJW 1984, 355 (356) mwN; vgl. auch bei BGH NJW 1987, 1758 (1759) mwN; krit. *Neuner*, JZ 1999, 126 (129).

durch Auslegung zu ermittelnde Wille der Vertragsparteien zur Einbeziehung Dritter, denn es unterliegt ihrer Gestaltungsfreiheit, Schutzpflichten auch auf Dritte zu erstrecken.[1638] Ob dies der Fall ist, wird tatrichterlich im Wege der Auslegung bestimmt.[1639] Dabei wird darauf abgestellt, ob sich aus den Einzelfallumständen konkrete Anhaltspunkte für einen Parteiwillen zur Einbeziehung Dritter in den Schutzbereich des Vertrages nach allgemeinen Auslegungsgrundätzen ableiten lassen.[1640]

Oftmals finden sich gerade bei Kunstgutachten aber Konstellationen, die gegen die Annahme eines solchen Einbeziehungswillens sprechen. So liegt es üblicherweise im Interesse des Verkäufers eines Kunstwerkes als Auftraggeber des Gutachtens, einen möglichst hohen Verkaufspreis zu erzielen und daher ein möglichst positives Gutachten mit einem hohen Marktwert des Kunstwerks zu erhalten, wohingegen der Käufer daran interessiert ist, möglichst viele objektive Informationen über das Kunstwerk zu erfahren und zugleich aber möglichst wenig dafür zu bezahlen, was insgesamt gegen die Annahme eines Willens zur Einbeziehung Dritter angesichts derartiger „gegenläufiger Interessen"[1641] spricht.[1642] Von der jüngeren Rechtsprechung des BGH wird aber auch bei „gegenläufigen Interessen" in den Sachverständigenfällen eine Einbeziehung in den Schutzbereich des Vertrages vertreten. Die Einbeziehung wird bei „gegenläufigen Interessen" dann angenommen, wenn eine Person, die über eine besondere, vom Staat anerkannte oder vergleichbaren Akt nachgewiesene Sachkunde verfügt, auftragsgemäß ein Gutachten erstattet, das erkennbar zum Gebrauch gegenüber Dritten bestimmt ist, der Auftraggeber regelmäßig ein Interesse daran hat, dass das Gutachten eine entsprechende Beweiskraft besitzt, was nur dann sichergestellt ist, wenn es der Sachverständige objektiv nach bestem Wissen und Gewissen erstellt hat und auch Dritten gegenüber dafür einsteht.[1643] Soweit dies der Fall ist, spreche nach der Rechtsprechung eine Gegenläufigkeit der Interessen von Auftraggeber des Gutachtens und Drittem nicht gegen eine Einbeziehung in den Schutzbereich des Vertrages. Auch bei Sachverständigen ohne staatliche Anerkennung bzw. besonders anerkannter Kompetenz wird eine Haftung gegenüber Dritten bejaht, wenn das Gutachten Dritten als Grundlage für Vermögensdispositio-

[1638] BGH NJW 1984, 355 (356); NJW-RR 1986, 484 (485 f.).

[1639] BGH NJW 1984, 355 (356); 2001, 3115 (3116); NJW-RR 2004, 1464 (1465).

[1640] BGH NJW 1984, 355 (356); 2004, 3035 (3036); BGH NJW-RR 2004, 1464 (1465).

[1641] Siehe hierzu bei BGH NJW 1995, 392 mwN.

[1642] Siehe *Medicus*, in: FS-*Schlechtriem*, S. 613 (622); *ders*., JZ 1995, 308; *Faust*, AcP 210 (2010), S. 555 (568); vgl. auch *Ebke/Scheel*, WM 1991, 389 (392).

[1643] BGH NJW-RR 2004, 1464 (1465); BGH NJW 2004, 3035 (3036); 1995, 392 mwN; Staudinger-*Jagmann* [2009], § 328 Rn. 104 mwN; vgl. jüngst auch BGH NJW 2009, 217 (218). Kritisch etwa *Canaris* ZHR 163 (1999), 206 (215 f.) mwN; *Honsell*, in: FS-Medicus, S. 211 (227 ff.) mwN; *Ebke/Scheel*, WM 1991, 389 (392 f.). Zur Ablehnung einer Haftung bei gegenläufigen Interessen noch etwa bei BGH NJW 1973, 321 (322).

nen insbesondere im Verhältnis zu dem Auftraggeber des Gutachtens dient und entsprechend vorgelegt werden soll.[1644] Die Rechtsprechung des BGH bejaht eine Haftung von Sachverständigen auch dann, wenn der tatsächliche Wille des Auftraggebers auf den Erhalt eines unrichtigen Gutachtens gerichtet war, beispielsweise mit der Absicht zu täuschen, etwa weil eine bestimmte Beschaffenheit des Werkes vom Auftraggeber arglistig verheimlicht worden ist.[1645] Dies wird damit begründet, dass der verborgene innere Wille des Auftraggebers nicht von Bedeutung für die Frage sei, welcher objektive Erklärungswert der bei der Auftragserteilung erfolgten Mitteilung des Gutachtenzwecks mit Blick auf eine etwaige Einbeziehung Dritter beizumessen ist.[1646]

(3) Erkennbarkeit des geschützten Personenkreises

Für die Einbeziehung des Dritten in die Schutzpflichten des Kunstsachverständigenvertrages wird nach der Rechtsprechung ferner vorausgesetzt, dass der Kreis der geschützten Dritten für den Sachverständigen erkennbar sein muss.[1647] Mit dem Merkmal der Erkennbarkeit des geschützten Personenkreises besteht ein Korrektiv gegen eine ausufernde Einstandspflicht mit entsprechenden Haftungsrisiken, welches die schutzwürdigen Interessen des Sachverständigen berücksichtigt.[1648] Das Haftungsrisiko des Kunstsachverständigen muss aber überschaubar sein, was erfordert, dass es kalkulierbar und erforderlichenfalls auch versicherbar ist.[1649] Das Kriterium der Erkennbarkeit verlangt dabei keineswegs, dass die geschützten Personen nach Namen und Zahl bekannt sind.[1650] Aber es erfordert die objektive Abgrenzbarkeit des geschützten Personenkreises.[1651] Hierfür bedarf es der Beurteilung im Einzelfall, ob es

---

[1644] BGH NJW-RR 2004, 1464 (1465); BGH NJW 2004, 3035 (3036); 2001, 514 (516); vgl. BGH NJW 1995, 392.

[1645] Siehe BGH NJW-RR 2004, 1464 (1465).

[1646] Siehe BGH NJW 1995, 392; krit. *Canaris*, JZ 1995, 441 (444).

[1647] BGH NJW 1998 1059 (1060 f.); BGH NJW-RR 2004, 1464; MüKo-*Gottwald*, § 328 Rn. 126; Palandt-*Grüneberg*, § 328 Rn. 18; Soergel-*Hadding*, Anh. § 328 Rn. 17 mwN; *Neuner*, JZ 1999, 126 (129); a.A. *Strauch*, JuS 1982, 823 (827); krit. *Gernhuber*, Schuldverhältnis, S. 521 f.

[1648] Vgl. BGH NJW 2004, 3035 (3038); vgl. auch bei *Martiny*, JZ 1996, 19 (24 f.).

[1649] BGH NJW-RR 2004, 1464 (1466) mwN; BGH NJW 2004, 3035 (3038); MüKo-*Gottwald*, § 328 Rn. 126; Soergel-*Hadding*, Anh. § 328 Rn. 17; Staudinger-*Jagmann* [2009], § 328 Rn. 105; *Strauch*, JuS 1982, 823 (827); vgl. auch OLG Düsseldorf, NJW-RR 2002, 1709.

[1650] BGH NJW 1984, 355; 1995, 391 (392); 2001, 514 (516); 2004, 3035 (3038); BGH NJW-RR 2004, 1464; *Martiny*, JZ 1996, 19 (24 f.).

[1651] BGH NJW-RR 2004, 1464 (1466 f.); BGH NJW 1984, 355 f.

dem Kunstsachverständigen bekannt war oder er damit rechnen musste, dass sein Gutachten Dritten als Entscheidungsgrundlage vorgelegt werden wird.[1652]

(4) Schutzbedürftigkeit des Dritten

Das vierte Kriterium, die „Schutzbedürftigkeit" des Dritten, verlangt ein Bedürfnis des Dritten an seiner Einbeziehung in den Schutzbereiches des Vertrages, ohne diese er anderenfalls nicht ausreichend geschützt ist.[1653] Daher entfällt eine Schutzwirkung, wenn dem geschädigten Dritten aufgrund des Sachverhalts entsprechende eigene vertragliche Ansprüche - gleich gegen wen - zustehen, die denselben oder einen zumindest gleichwertigen Inhalt wie die Ansprüche haben, die ihm im Wege der Einbeziehung in den Schutzbereich des Vertrages zukommen würden.[1654]

Im Folgenden soll sich zunächst dem Aspekt von Einwendungen aus dem Hauptvertrag und Mitverschulden zugewendet werden, woraufhin im Anschluss zur Dritthaftung von Sachverständigen auf der Grundlage eines Vertrages mit Schutzwirkung zugunsten Dritter Stellung genommen wird.

cc) Rechtsfolgen und Einwendungen aus dem Hauptvertrag

Findet nach den vorstehenden Kriterien eine Einbeziehung des Dritten statt, steht dem Dritten ein eigener vertraglicher Schadensersatzanspruch gegenüber dem Kunstsachverständigen zu, der sich auch auf fahrlässig verursachte reine Vermögensschäden erstreckt.[1655] Im Falle einer Verletzung der drittbezogenen Schutz- und Sorgfaltspflichten richten sich die Voraussetzungen eines entsprechenden Schadensersatzanspruches gegenüber dem Sachverständigen nach §§ 280 Abs. 1, 249 ff. BGB.[1656] Aufgrund der Ableitung des vertraglichen Drittschutzes aus dem

---

[1652] Siehe BGH NJW 1995, 392; 2004, 3035 (3038); BGH NJW-RR 2004, 1464 (1466); siehe auch die Einzelfallumstände bei OLG Karlsruhe, NJW-RR 1990, 861; Staudinger-*Jagmann* [2009], § 328 Rn. 105; *Martiny*, JZ 1996, 19, 25; siehe *v.Hoyningen-Huene*, in: FS-Jayme, S. 1461 (1469); *Wertenbruch*, NJW 2004, 1977 (1982).

[1653] Bamberger/Roth-*Janoschek*, § 328 Rn. 54; vgl. bei BGH NJW 2009, 217 (218); kritisch zum Kriterium der Schutzbedürftigkeit *Berg*, NJW 1978, 2018 (2019); *Neuner*, JZ 1999, 126 (129) mwN; *Schwarze*, AcP 203 (2003), 348 (349 f.).

[1654] BGH NJW 1978, 883; 1996, 2927 (2929); Palandt-*Grüneberg*, § 328 Rn. 18; Staudinger-*Jagmann* [2009], § 328 Rn. 106.

[1655] Palandt-*Grüneberg*, § 328 Rn. 19 mwN; Staudinger-*Jagmann* [2009], § 328 Rn. 107; Soergel-*Hadding*, Anh. § 328 Rn. 19.

[1656] Siehe Hk-BGB/*Schulze*, § 328 Rn. 19.

Vertragsverhältnis zwischen Kunstsachverständigen und Auftraggeber hat dieses Einfluss auf Umfang und Grenzen des vertraglichen Drittschutzes.[1657]

Nach der Rechtsprechung findet auf den Vertrag mit Schutzwirkung zugunsten Dritter § 334 BGB entsprechende Anwendung, wonach dem in den Vertrag einbezogenen Dritten Einwendungen des Sachverständigen aus dessen Vertrag mit dem Auftraggeber entgegengehalten werden können.[1658] Denn die dem geschützten Dritten zustehenden Rechte reichen grundsätzlich nicht weiter als die dem Auftraggeber als unmittelbarem Vertragspartner selbst zustehenden Rechte.[1659] Dem Dritten kann daher auch ein Mitverschulden des Auftraggebers nach § 254 BGB entgegengehalten werden.[1660] Dies gilt auch für vertragliche Haftungsbeschränkungen.[1661] Ein Ausnahme hiervon bilden Haftungsbeschränkungen alleine zu Lasten Dritter.[1662]

In den hier betrachteten Gutachterfällen liegen jedoch, wie bereits dargestellt, vielfach „gegenläufige Interessen" vor.[1663] Hier ließe sich exemplarisch daran denken, dass der Auftraggeber dem Sachverständigen zielgerichtet für das Gutachten erhebliche Tatsachen verschweigt, wie beispielsweise eine verdächtige Provenienz, die für den Sachverständigen nur mit großen Schwierigkeiten erkannt hätte werden können oder dass er den Sachverständigen in anderer Hinsicht täuscht. Aber auch in den Fällen mit „gegenläufiger Interessenlage" nimmt die Rechtsprechung an, dass „das Vertrauen des Dritten in die gutachterlichen Aussagen geschützt werden soll, wenn die Unrichtigkeit durch den Auftraggeber (mit-)veranlasst worden ist, und zwar unabhängig davon, welche Auswirkungen diese Veranlassung auf die Haftung des Auftragnehmers gegenüber dem Auftraggeber hat".[1664] Die Rechtsprechung geht

---

1657 Siehe bei MüKo-*Gottwald*, § 328 Rn. 130 ff.

1658 Siehe BGH NJW 1995, 392 (393); 1998, 1059 (1061); Staudinger-*Jagmann* [2009], § 328 Rn. 108 ff. mwN; siehe Palandt-*Grüneberg*, § 328 Rn. 20; gegen eine Anwendung des § 334 BGB siehe *Medicus*, JZ 1995, 308 (309); *Simons*, S. 200; hierzu kritisch *Kim*, S. 92 ff.

1659 BGH NJW 1995, 392 (393) mwN; 1998, 1059 (1061).

1660 BGH NJW 1995, 392 (393); 1998, 1059 (1062); MüKo-Gottwald, § 328 Rn. 136 f.; Bamberger/Roth-*Janoscheck*, § 328 Rn. 58; Erman-*Westermann*, § 328 Rn. 16, 20; *Haferkamp*, in: Dauner-Lieb, S. 171 (175); Soergel-*Hadding*, Anh. § 328 Rn. 23; Staudinger-*Jagmann* [2009], § 328 Rn. 109 mwN; siehe auch *Musielak*, Haftung für Rat, Auskunft und Gutachten, S. 40 f.; BGH NJW 1965, 1757 (1759); a.A. etwa *Assmann*, JuS 1986, 885 (888).

1661 BGH NJW 1995, 392 (393); Staudinger-*Jagmann* [2009], § 328 Rn. 112 mwN; Palandt-*Grüneberg*, § 328 Rn. 20; Soergel-*Hadding*, Anh. § 328 Rn. 21 f. Das Erfordernis einer Erkennbarkeit der Haftungsbeschränkung für den Dritten findet überwiegend Ablehnung, Soergel-*Hadding*, aaO, Rn. 22; MüKo-*Gottwald*, § 328 Rn. 132, aber einzelfallabhängig; a.A. *Gerhard*, JZ 1970, 535, (538).

1662 Staudinger-*Jagmann* [2009], § 328 Rn. 112 mwN; Bamberger/Roth-*Janoscheck*, § 328 Rn. 56; Soergel-*Hadding*, Anh. § 328 Rn. 20.

1663 Siehe hierzu schon oben Seite 255 f.

1664 BGH NJW 1995, 392 (393).

insoweit von einer stillschweigenden Abbedingung des dispositiven § 334 BGB aus.[1665] Zur Begründung wird von der Rechtsprechung hervorgehoben, dass der Sachverständige, der Kenntnis von dem Verkaufszweck des Gutachtens hatte, damit rechnen musste, dass das Gutachten Kaufinteressenten vorgelegt werden würde, und dass ihm bewusst gewesen sein musste, dass den Aussagen seines Gutachtens aufgrund des besonderen Vertrauens in die Zuverlässigkeit und Sachkunde eines Sachverständigen größeres Gewicht zugemessen werde, als den Angaben des Verkäufers und dadurch zugleich auch ein etwaiges Misstrauen Dritter gegenüber der Richtigkeit der Angaben des Verkäufers zerstreut werde.[1666] Der besondere verkaufsfördernde Wert eines Gutachtens und die Verkehrsfähigkeit von Gutachten würden bedeutungslos, wenn sich ein Dritter die ihm nicht bekannten Ansprüche im Verhältnis zwischen Auftraggeber und Kunstsachverständigen, in dessen Zuverlässigkeit und Sachkunde aber gerade vertraut wird, entgegenhalten lassen müsste.[1667] Unter diesen Voraussetzungen legt die Rechtsprechung den Sachverständigenvertrag, dessen Schutzbereich mögliche Käufer erfassen soll, dahingehend aus, dass das Vertrauen dieser Dritten auch dann geschützt werden soll, wenn die Unrichtigkeit des Gutachtens durch den Auftraggeber (mit-)veranlasst worden ist.[1668] Nach der Rechtsprechung liegt darin auch keine unzumutbare Benachteiligung des Sachverständigen, denn dieser kann durch entsprechend deutliche Darstellung in seinem Gutachten klarstellen, dass es nur für den internen Gebrauch dient oder in bestimmten, genau bezeichneten Punkten auf nicht überprüften oder nicht überprüfbaren Informationen des Auftraggebers beruht.[1669]

Die dargestellte Rechtsprechung zur Dritthaftung von Sachverständigen in den Fällen „gegenläufiger Interessen" hat weitreichende Kritik auf sich gezogen.[1670] Im Rahmen der Vertragsauslegung auf einen Willens der Parteien des Sachverständigenvertrages zu schließen, Dritte in den Schutzbereich des Vertrages aufzunehmen,

---

[1665] BGH NJW 1995, 392 (393); 1998, 1059 (1061 f.).

[1666] Siehe BGH NJW 1995, 392 (393); 1998, 1059 (1061 f.).

[1667] Siehe BGH NJW 1998, 1059 (1061). Vgl. MüKo-Gottwald, § 328 Rn. 142.

[1668] BGH NJW 1995, 392 (393).

[1669] BGH NJW 1995, 392 (393); 1998, 1059 (1061); siehe auch Staudinger-*Jagmann* [2009], § 328 Rn. 111. Zur Frage von Regressmöglichkeiten des Sachverständigen gegenüber seinem Auftraggeber siehe *Schaub*, Jura 2001, 8 (16).

[1670] *Canaris*, ZHR 163 (1999), 206 (216 f.); *ders.*, JZ 1998, 603 (604 f.); *ders.*, JZ 1995, 441 (444); *Grunewald*, ZGR 1999, 582 (588 f.); siehe schon *dies.*, AcP 187 (1987), 285 (289 f.); *Medicus*, JZ 1995, 306 (308); *Schneider*, ZHR 163 (1999), 246 (253); *Honsell*, in: FS-Medicus, 211 (225 ff.); *Plötner*, S. 97; *Faust*, AcP 210 (2010), 555 (568 ff.); vgl. bei *Kersting*, S. 30 ff., 98 ff. mwN; siehe die Nachweise bei Staudinger-*Jagmann* [2009], § 328 Rn. 93; siehe die Kritik auch bei *Müller*, S. 183 f.; *Katzenstein*, S. 329 ff.; vgl. auch *Schlechtriem*, in: FS-Medicus, S. 528 (540). Siehe grds. kritisch schon *Ebke/Scheel*, WM 1991, 389 (392 f.); *Müssig*, NJW 1989, 1697 (1699 f.); *Sass*, VersR 1988, 768 (772 ff.); *Strauch*, JuS 1992, 897 (899). Kritisch auch *Bayer*, Der Vertrag zugunsten Dritter, S. 182 ff.

stellt bei „gegenläufigen Interessen" eine Fiktion dar.[1671] Denn insbesondere im Falle arglistigen Handels des Auftraggebers des Gutachtens kann nicht von einem Willen ausgegangen werden, den Dritten in den Schutzbereich des Vertrages einzubeziehen.[1672] Die von der Rechtsprechung im Wege der Vertragsauslegung ermittelte stillschweigende Abbedingung von § 334 BGB bedeutet, dass sich ein Sachverständiger auch dann einer Haftung gegenüber Dritten aussetzen wolle, wenn er von seinem eigenen Auftraggeber arglistig getäuscht worden ist.[1673] Eine solche Selbstlosigkeit des Sachverständigen ist aber Fiktion, denn seinen Auftrag für das Gutachten erhält er vom Auftraggeber, der ihn zugleich für das Gutachten bezahlt.[1674] Die Annahme einer stillschweigenden Abbedingung von § 334 BGB würde bedeuten, dass der Sachverständige auf seinen eigenen Schutz stillschweigend verzichtet und dies obendrein ohne eine weitere Vergütung.[1675] Ferner gerät der Ansatz der Rechtsprechung in Erklärungsnöte, wenn der Auftraggeber des Gutachtens und der Sachverständige die Geltung von § 334 BGB konkret vereinbaren.[1676]

Letztlich hat der Vertrag mit Schutzwirkung zugunsten Dritter nicht nur aufgrund der Abwendung vom „Wohl und Wehe"-Erfordernis im Hinblick auf die Fälle „gegenläufiger Interessen" nach und nach an Konturen verloren.[1677] Auch sieht sich die Rechtsprechung im Hinblick auf die stillschweigende Abbedingung von § 334 BGB in den Fällen „gegenläufiger Interessen" dem soeben dargestellten Vorwurf ausgesetzt, einen fiktiven Parteiwillen zu unterstellen, der mit dem eigentlichen Willen der Parteien wenig gemeinsam hat.[1678] Wenngleich der Rechtsprechung zur Haftung von Sachverständigen in ihren erzielten Lösungen zuzustimmen ist, bestehen allerdings verschiedentliche dogmatische Inkonsistenzen, die den Blick auf §§ 311 Abs. 3 S. 2,

---

[1671] Siehe *Canaris*, ZHR 163 (1999), 206 (216 f.); *ders.*, JZ 1998, 603 (604 f.); *ders.*, JZ 1995, 441 (444); *Honsell*, in: FS-Medicus, 211 (231).

[1672] Siehe treffend *Medicus*, in: FS-Schlechtriem, S. 613 (622): „Die Annahme, der womöglich sogar arglistige Besteller des Gutachtens wolle die Interessen des von ihm zu betrügenden Dritten wahrnehmen, wäre allzu künstlich.".

[1673] *Canaris*, ZHR 163 (1999), 206 (217); *ders.*, JZ 1995, 441 (444); siehe auch bei *Faust*, AcP 210 (2010), 555 (569); vgl. schon bei *Littbarski*, NJW 1984, 1667 (1669).

[1674] Siehe *Medicus*, JZ 1995, 306 (309); *Canaris*, ZHR 163 (1999), 206 (217).

[1675] *Medicus*, JZ 1995, 306 (309).

[1676] *Kersting*, S. 32 f., weist darauf hin, dass, selbst wenn man die Sittenwidrigkeit der Vereinbarung Norm annähme, dies nur diese Vereinbarung erfassen würde und man letztlich nur Auswege über § 242 BGB suchen könne, um dem Sachverständigen die Berufung hierauf zu verwehren; siehe schon *Canaris*, ZHR 163 (1999), 206 (217).

[1677] *Canaris*, JZ 1995, 441 (445).

[1678] Siehe *Honsell*, in: FS-Medicus, S. 211 (225 ff.), der entsprechend kritisch formuliert: „Was die Parteien wollen, bestimmen nicht die Parteien, sondern der BGH."; siehe auch *Picker*, in: FS-Medicus, S. 397 (401).

241 Abs. 2, 280 Abs. 1 BGB lenken, der im letzten Teil dieser Arbeit vor dem Hintergrund der gesetzgeberischen Intention als alternative Grundlage einer Dritthaftung von Sachverständigen einer dahingehenden Untersuchung unterzogen wird.

c) Deliktsrechtliche Ansprüche

Angesichts der restriktiven Haltung der §§ 823 ff. BGB in Bezug auf den Ersatz von reinen Vermögensschäden hat auch im Bereich der Dritthaftung alleine § 826 BGB eine eigenständige Bedeutung erlangt.[1679] Insoweit kann auf die obigen Darstellungen zu den deliktsrechtlichen Ansprüchen und § 826 BGB verwiesen werden.[1680] Die Tendenz einer extensiven Interpretation der Tatbestandsvoraussetzungen von § 826 BGB mit dem Resultat einer Auflösung der Grenzen zwischen grob fahrlässigem und bedingt vorsätzlichem Verhalten, um der Dritthaftung für grob fahrlässige Vermögensschäden den Weg über § 826 BGB zu ebnen, erweist sich angesichts der Aufweichung der Tatbestandsvoraussetzungen entgegen der grundsätzlichen Wertung des § 826 BGB als bedenklich.[1681] § 826 BGB eröffnet daher keinen gangbaren Weg einer Dritthaftung von Kunstsachverständigen für fahrlässig verursachte reine Vermögensschäden.[1682]

3. Konzepte der Literatur zur Dritthaftung

Im folgenden Abschnitt werden die wesentlichen Konzepte der Literatur zur Haftung gegenüber vertragsfremden Dritten thematisiert. Angesichts des eingegrenzten Rahmens der vorliegenden Untersuchung fokussiert die nachstehende Darstellung auf die wesentlichen im Schrifttum vertretenen Ansichten respektive ihrer Bedeutung für Dritthaftung von Sachverständigen. Eine allgemeine Auseinandersetzung mit den in der Literatur vertretenen Lösungswegen würde den vorliegenden Rahmen überschreiten.[1683]

1679 Siehe Wellmann-*Walterscheidt*, S. 173, Rn. 334; *v.Hoyningen-Huene*, in: FS-Jayme, S. 1461 (1468).

1680 Siehe oben ab Seite 240 ff. Siehe etwa BGH WM 1966, 1148 (1149); BGH NJW-RR 1986, 1150 (1151); BGH NJW 1992, 2080 (2083); 1991, 3282 (3283).

1681 Siehe die Kritik bei *Honsell*, in: FS-*Medicus*, 211 (215 ff.); *Canaris*, ZHR 163 (1999), 206 (214 f.); *Ebke/Scheel*, WM 1991, 389 f.; *Gerlach*, S. 81; *Lammel*, AcP 179 (1979) 337 (341 f.); *Picker*, in: FS-Medicus, S. 397 (442); Soergel-*Hönn*, § 826 Rn. 4, 180.

1682 Siehe *v.Hoyningen-Huene*, in: FS-Jayme, 1461 (1468); *Canaris*, ZHR 163 (1999), 206 (214 f.).

1683 Es wird insoweit auf die Darstellungen etwa bei *Hirte*, S. 385 ff.; *Müller*, S. 99 ff.; *Köndgen*, S. 128 ff.; *Karampatzos*, S. 85 ff.; *Quiring*, S. 94 ff.; *Kersting*, S. 76 ff., verwiesen.

a) Vertrauenshaftung

Unter den in der Literatur vertretenen Konzepten zur Dritthaftung hat die von *Canaris* entwickelte „Vertrauenshaftung“ herausragende Bedeutung erlangt, deren Wurzeln auf *Ballerstedt*[1684] zurückgehen.[1685] *Canaris* verortet die Vertrauenshaftung als „dritte Spur“ zwischen vertraglicher und deliktsrechtlicher Haftung.[1686] Sein Konzept der Vertrauenshaftung stellt keine „allgemeine“ Vertrauenshaftung dar, sondern eine Haftung Dritter auf der Grundlage von culpa in contrahendo.[1687] Zur Begründung seines Lösungsansatzes weist *Canaris* in jüngeren Schriften auf Ähnlichkeiten und Vergleichbarkeiten des von ihm entwickelten Konzepts der Vertrauenshaftung mit den Wertungskriterien der sog. „Sachwalterhaftung“[1688] des BGH hin und lehnt seinen Lösungsansatz an diese an.[1689] Gleichsam wie ein „Sachwalter“ „in besonderem Maße persönliches Vertrauen für sich selbst in Anspruch nimmt“, also eine „zusätzliche gerade von ihm persönlich ausgehende Gewähr“ bietet und dadurch Vertragsverhandlungen beeinflusst, lassen sich diese Kriterien auch auf Sachverständige übertragen.[1690] Aufgrund der Übertragbarkeit seines Konzeptes auf die Fälle der Sachverständigenhaftung spricht sich *Canaris* dafür aus, der Vertrauenshaftung gegenüber dem zuvor dargestellten Weg der Rechtsprechung über einen Vertrag mit Schutzwirkung zugunsten Dritter den Vorzug zu geben.[1691] Dann aber liege der richtige Ansatzpunkt für eine Haftung nicht in der Anknüpfung an den Vertrag zwischen dem Kunstsachverständigen und seinem Auftraggeber, sondern im Verhältnis zwi-

[1684] Siehe *Ballerstedt*, AcP 151 (1950/51), S. 501 ff.

[1685] Zum Konzept der Vertrauenshaftung siehe *Canaris*, Vertrauenshaftung, S. 490 ff.; *ders.*, in: FS-Larenz (1983), S. 27 ff.; *ders.*, in: FS-Giger, S. 91 ff.; *ders.*, JZ 1995, 441 ff.; *ders.*, JZ 1998, 603 ff.; *ders.*, Karlsruher Forum 1998, S. 85 ff. (89); *ders.*, ZHR 163 (1999), 206 ff.; *ders.*, in: FS-Schimansky, S. 43 ff.; *ders.*, in: Festgabe 50 Jahre BGH, Band I, S. 129 ff.; siehe auch bei *Adolff*, S. 166 ff. Siehe auch die Darstellung bei *Kersting*, S. 77 ff.

[1686] *Canaris*, in: FS-Larenz (1983), S. 27 (84 ff., 93, 102); *ders.*, ZHR 163 (1999), 206 (220 f.).

[1687] *Canaris*, in: FS-Schimansky, S. 43 (59 ff.); *ders.*, ZHR 163 (1999), 206 (220 f.). Exemplarisch wird von ihm auf die §§ 122, 179 Abs. 2, 307 a.F. und 663 BGB hingewiesen, *Canaris*, Vertrauenshaftung, S. 532 ff.; *ders.*, FS-Schimansky, S. 43 (49 ff.); *ders.*, ZHR 163 (1999), S. 206 (220 ff.).

[1688] Siehe *Canaris*, ZHR 163 (1999), 206 (222 ff.) unter Bezugnahme auf BGHZ 56, 81 ff.

[1689] *Canaris*, in: FS-Schimansky, S. 43 (59); *ders.*, ZHR 163 (1999), 206 (222 ff.).

[1690] Siehe *Canaris*, ZHR 163 (1999), 206 (222 ff., 228 ff.), zugleich mit Kritik an dem Begriff des Sachwalters, *ders.*, aaO, 206 (222 ff.). Siehe hierzu auch unten Seite 300 ff.

[1691] *Canaris*, in: FS-Larenz (1983), S. 27 (93 f.); *ders.*, JZ 1998, 603 f.; *ders.*, Festgabe 50 Jahre BGH, Band I, S. 129 (190 f.); *ders.*, ZHR 163 (1999), 206 (211 ff., 215, 228 ff.). Gegen die Lösung der Rechtsprechung werden insbesondere dogmatische Gründe hervorgebracht, etwa wie die Problematik „gegenläufiger Interessen“ oder der Umgang mit Einwendungen aus dem Vertrag zwischen Sachverständigen und Auftraggeber. Für eine Vertrauenshaftung von Kunstsachverständigen auch *Gerlach*, S. 101 ff.; *Goepfert*, S. 84.

schen dem Dritten, beispielsweise dem Käufer des Kunstwerks, und dem Sachverständigen, so dass ein „Wechsel der Perspektive" vorzunehmen sei.[1692] Hierdurch erlangt der Dritte einen „Anspruch aus eigenem Recht".[1693]

Nach *Canaris* ist, hier zugleich übertragen auf die Haftung von Kunstsachverständigen, ein Vertrauenstatbestand erforderlich.[1694] Voraussetzung ist im Hinblick auf die von *Canaris* herangezogenen Kriterien der „Sachwalterhaftung", dass der Kunstsachverständige „in besonderem Maße persönliches Vertrauen in Anspruch genommen hat".[1695] Zur Konkretisierung zieht *Canaris* das Kriterium der „persönlichen Gewähr" heran und stellt darauf ab, ob für das Gutachten eine „persönliche Gewähr" geboten wird.[1696] Maßgeblich hierfür ist nach *Canaris*, dass das Gutachten dazu bestimmt ist, eigene Untersuchungen des Dritten oder die Einholung eines weiteren Gutachtens durch ihn überflüssig zu machen.[1697] Allerdings wird es regelmäßig an einem unmittelbaren Kontakt zwischen dem Sachverständigen und dem Dritten fehlen, da dieser etwa bei Verkaufsverhandlungen nur das Gutachten vorgelegt bekommt. Nach *Canaris* ist ein solcher unmittelbarer Kontakt nicht erforderlich.[1698] Denn das Kriterium „persönlichen" Vertrauens nicht mit einer besonderen „personalen Qualität" gleichzusetzen, sondern weist lediglich auf das Vertrauen in seine eigene Person hin.[1699] Zur Ab- und Eingrenzung des Anwendungsbereichs der Vertrauenshaftung spricht sich *Canaris* für ein Kriterium der „Teilnahme am rechtsgeschäftlichen Verkehr" aus, womit eine Ausklammerung von Äußerungen des Sachverständigen, die „im privaten Kreis" erfolgen, vorgenommen werden könne.[1700] Bei der Frage nach weiteren Kriterien zur Ab- und Eingrenzung des geschützten Personenkreises sind für *Canaris* in seinen späteren Schriften auch ausdrücklich die Konstellationen bei Kunstgutachten von Bedeutung.[1701] Er weist darauf hin, dass bei Weiterveräußerungen eines Kunstwerkes ein vorhandenes Kunstgutachten zumeist mit zu dem jeweils nächsten Erwerber wandert.[1702] Dies wirft die Frage auf, ob sich die Haftung des Kunstsachverständigen „mit jedem Verkauf von neuem aktualisiert". Vor dem Hintergrund von Steigerungen des Wertes des Kunstwerkes steigt damit

---

[1692] Siehe *Canaris*, ZHR 163 (1999), 206 (224); s. auch bei *ders.*, JZ 1995, 441 (444 f.).
[1693] *Canaris*, ZHR 163 (1999), 206 (229, 244).
[1694] *Canaris*, in: FS-Schimansky, S. 43 (56 ff.).
[1695] Siehe *Canaris*, ZHR 163 (1999), 206 (230 ff., 232).
[1696] Siehe *Canaris*, ZHR 163 (1999), 206 (232 ff.).
[1697] *Canaris*, ZHR 163 (1999), 206 (224, 233).
[1698] *Canaris*, ZHR 163 (1999), 206 (232).
[1699] *Canaris*, ZHR 163 (1999), 206 (232); siehe auch *Canaris*, JZ 1995, 441 (445).
[1700] *Canaris*, in: FS-Larenz (1983), S. 27 (107 f.); *ders.*, ZHR 163 (1999), 206 (234); *ders.*, in: Festgabe 50 Jahre BGH, Band I, S. 129 (197); vgl. auch schon *ders.*, Vertrauenshaftung, S. 538.
[1701] Siehe etwa *Canaris*, ZHR 163 (1999), 206 (211, 237 f.).
[1702] *Canaris*, ZHR 163 (1999), 206 (211).

auch das Risiko des Sachverständigen, ohne dass dieser dabei eine „praktikable Möglichkeit zum Rückruf seines Gutachtens hat", wenn sich dieses etwa als fehlerhaft herausstellen sollte.[1703] Zur Ab- und Eingrenzung des geschützten Personenkreises hat *Canaris* daher zunächst das Erfordernis der „Gerichtetheit" aufgestellt.[1704] Danach muss die vertrauensbegründende Erklärung an einen bestimmten Adressaten „adressiert" oder „gerichtet" gewesen sein, der sich später als Geschädigter auf sie beruft.[1705] Bei der Weiterentwicklung seines Haftungskonzeptes modifiziert er dieses dahingehend, dass das angebahnte „Projekt" entscheidend sein solle, für dessen Förderung das Gutachten angefertigt worden ist, da es sich um eine „Haftung im Rahmen der „Anbahnung" von Geschäften" handele.[1706] Diente das Gutachten für den Verkauf eines Kunstwerks an den ersten Dritten, käme nur eine Haftung gegenüber dem ersten Erwerber in Betracht.[1707] Nach *Canaris* folge daraus für den Kunstsachverständigen keine Haftung gegenüber späteren Erwerbern des Kunstwerkes, wenn sich das Gutachten nur auf das „Projekt" des Verkaufs des Auftraggebers des Gutachtens bezieht, also nicht auf später folgende weitere Veräußerungen des Kunstwerks, an deren „Anbahnung" aber gar keine Beteiligung gegeben ist.[1708] Der Sachverständige habe es in der Hand, den Vertrauenstatbestand durch konkrete Angaben zum Projekt im Gutachten entsprechend ab- und einzugrenzen.[1709]

Gegen den Ansatz von *Canaris* wurden verschiedene Einwände erhoben.[1710] Kritische Stimmen begründen ihre Bedenken gegenüber seinem Lösungsansatz meist mit dem Vorwurf der Ubiquität des Vertrauensgedankens.[1711] Da der Vertrauensgedanke „allen Haftungsformen als integrierender Bestandteil gemein" sei, könne er nicht gleichzeitig „das Spezifikum nur einer dieser Haftungsformen sein", weshalb die Schlüssigkeit einer Vertrauenshaftung mit dem Nachweis eines „eigenständigen

---

1703 *Canaris*, ZHR 163 (1999), 206 (211, 237 f.).

1704 *Canaris*, in: FS-Larenz (1983), S. 27 (94 ff., 108).

1705 *Canaris*, in: FS-Larenz (1983), S. 27 (94 ff., 95, 108).

1706 *Canaris*, ZHR 163 (1999), 206 (235 f., 244 f.).

1707 *Canaris*, ZHR 163 (1999), 206 (237).

1708 *Canaris*, ZHR 163 (1999), 206 (237).

1709 *Canaris*, ZHR 163 (1999), 206 (235 ff.; 244 f.).

1710 Zur Kritik gegenüber der Vertrauenshaftung siehe etwa *Ebke*, Wirtschaftsprüfer und Dritthaftung, S. 70 ff.; *Flume*, Rechtsgeschäft, S. 132 f.; *Gernhuber*, Schuldverhältnis, S. 528 f.; *Hopt*, AcP 183 (1983), 608 (641 ff.); *Köndgen*, S. 98 ff., 115, 356; *Loges*, S. 80 ff.; *Picker* AcP 183 (1983), 369 (420 ff., 427); *ders.*, JZ 1987, 1041 (1045 f.); *ders.*, in: FS-Medicus, S. 397 (413 ff.); *Stoll*, in: FS-Flume, S. 741 (752 ff.).

1711 Siehe *Picker* AcP 183 (1983), 369 (419 f., 427); siehe auch *ders.*, JZ 1987, 1041 (1045 f.); *Loges*, S. 80 ff.; siehe bei *Hohloch*, NJW 1979, 2369 f. mwN; dagegen *Canaris*, in: Festgabe 50 Jahre BGH, Band I, S. 129 (192 ff.).

Haftungsgrundes“ stehe und falle, woran die Figur einer „gesetzlichen Vertrauenshaftung“ letztlich scheitere.[1712] Der Vertrauenshaftung wird entgegengehalten, sie sei heterogen und lasse „an dogmatischer Operationalität so gut wie alle Wünsche offen“.[1713] Es wird darüber hinaus auch vorgebracht, der Begriff des Vertrauens sei unscharf, weshalb er über keine ausreichende Abgrenzungskraft verfüge.[1714] Die „verschwimmende Figur“ der Vertrauenshaftung erlaube auch keine klare Abgrenzung zwischen relevanten und irrelevanten Tatbeständen, was Kritik hinsichtlich ihrer praktischen Handhabbarkeit aufgeworfen hat.[1715] Durch die Vertrauenshaftung drohe schließlich eine erhebliche Haftungserweiterung aufgrund der Tatsache vielfacher Inanspruchnahme und Gewährung von Vertrauen.[1716]

Eine Stellungnahme zum Konzept der Vertrauenshaftung und der dagegen vorgebrachten Kritik soll an dieser Stelle zunächst dahinstehen, da wesentliche Aspekte des Ansatzes von *Canaris* später im Rahmen der Darstellung zu § 311 Abs. 3 S. 2 BGB aufgegriffen werden und dort im Hinblick auf eine Dritthaftung von Sachverständigen nach §§ 311 Abs. 3 S. 2, 241 Abs. 2, 280 Abs. 1 BGB der Bewertung unterzogen werden.[1717]

b) Sachverständigenhaftung aus Garantieerklärung

Das Konzept einer Haftung des Sachverständigen aus „Garantieerklärung“ von *Grunewald* stellt auf das Gutachten des Sachverständigen ab.[1718] Danach kann ein Sachverständigengutachten eine Garantieerklärung enthalten, aufgrund welcher der Sachverständige auch Dritten gegenüber haftet.[1719] Wenn ein Sachverständiger ein Gutachten in den Verkehr bringt, soll dies, soweit keine besonderen Umstände bestehen, so verstanden werden können, dass er angesichts seiner beruflichen Stellung für die Richtigkeit des Gutachtens aufgrund der Bedeutung der darin enthaltenen

---

1712 Siehe *Picker*, AcP 183 (1983), 369 (420 ff., 427); *ders.*, JZ 1987, 1041 (1045 f.). Dagegen wendet *Canaris* ein, dass der Vertrauensgedanke das für die Vertrauenshaftung „*konstituierende* Prinzip“ sei, die „Inanspruchnahme und Gewährung von Vertrauen also eine *notwendige* Voraussetzung der Haftung“ sei, während der Vertrauensgedanke bei der Vertrags- und Deliktshaftung „nur eine *ergänzende* Rolle spiele“, *ders.*, in: FS-Schimansky, S. 43 (53 ff., 55).

1713 *Köndgen*, S. 356; dagegen *Canaris*, Festgabe 50 Jahre BGH, Band I, S. 129 (194).

1714 Siehe *Hopt*, AcP 183 (1983), 608 (641 ff.); *Picker*, AcP 183 (1983), 369 (420 ff.); vgl. *v.Bar*, ZGR 1983, 476 (481, 500).

1715 Siehe *Picker*, AcP 183 (1983), 369 (420 ff.) mwN; *Hopt*, AcP 183 (1983), 608 (641 ff.) mwN; *Loges*, S. 84 ff.

1716 Siehe bei *Grunewald*, AcP 187 (1987), 285 (298 f.).

1717 Siehe unten ab Seite 293 ff.

1718 Siehe *Grunewald*, AcP 187 (1987), 285 (308).

1719 Siehe *Grunewald*, AcP 187 (1987), 285 (299 ff., 308); siehe schon *dies.*, JZ 1982, 627 (631); vgl. krit. *Herrmann*, JZ 1983, 422 (425, Fn. 46.).

Auskunft einsteht, da er wisse, dass auf das Gutachten vertraut werde, etwa im Sinne einer „beruflichen Gewährübernahme" durch den Gutachter.[1720] Voraussetzung für die Annahme dieser Haftung ist nach *Grunewald* das Erreichen einer „gewissen Seriositätsschwelle".[1721] Hier geht es um die „Gewichtigkeit" der Aussagen des Sachverständigen aus Sicht des Lesers.[1722] Bei „Parteigutachten", bei denen zwischen Geschädigtem und Auftraggeber ein Interessengegensatz besteht, soll eine Haftung ausscheiden, da die Richtigkeit der Angaben in dieser Konstellation nicht garantiert werde.[1723] Ferner käme eine Garantiehaftung auch dann nicht in Betracht, wenn das Gutachten für den geschädigten Dritten erkennbar „seinen Zweck bereits bei dem Auftraggeber erfüllt hat", da dem Dritten erkennbar war, dass ihm gegenüber nicht zusätzlich gehaftet werden solle.[1724] Auch scheide, soweit keine besonderen Umstände vorliegen, eine Haftung bei Gutachten aus, auf die sich eine „große Vielzahl von Personen" verlassen, da ein Gutachter nicht gegenüber diesen Personen mit ungeahnten Haftungsausmaßen einstehen möchte.[1725] Eine andere Bewertung könne sich ergeben, wenn „Personen, die von dem Auftraggeber verschieden sind, aus ihrer Sichtweise heraus (Empfängerhorizont) diejenigen sind, die sich auf das Gutachten verlassen sollen."[1726] Dabei verweist *Grunewald* auf eine Entscheidung des BGH, die falsche Kunstgutachten betraf.[1727] Hier war der geschädigte Dritte derjenige, „für den das Gutachten bestimmt war" und an den sich daher die Garantieerklärung richtete.[1728] Der Sachverständige habe es also in der Hand, durch konkrete Angaben im Gutachten sein Haftungsrisiko einzuschränken.[1729] Der Ansatz von *Grunewald* sieht sich verschiedentlicher Kritik ausgesetzt.[1730] Es mangelt ihm bereits an der notwendigen Konturierung.[1731] So verfügen die Voraussetzungen dieses Haftungsansatzes über keine ausreichenden Abgrenzungskriterien, die eine klare Differenzierung gestatten, wann die „Seriösitätsschwelle" überschritten ist.[1732] Auch wird dem Sach-

---

[1720] *Grunewald*, AcP 187 (1987), 285 (299 ff., 308), mit Hinweis auf *Hopt*, in: FS-Pleyer, S. 341 (359).
[1721] *Grunewald*, AcP 187 (1987), 285 (300, 304).
[1722] *Grunewald*, AcP 187 (1987), 285 (300, 304).
[1723] *Grunewald*, AcP 187 (1987), 285 (300 f., 308).
[1724] *Grunewald*, AcP 187 (1987), 285 (301 f., 308).
[1725] *Grunewald*, AcP 187 (1987), 285 (302).
[1726] *Grunewald*, AcP 187 (1987), 285 (304).
[1727] Siehe *Grunewald*, AcP 187 (1987), 285 (304), mit Hinweis auf BGH WM 1969, 36.
[1728] *Grunewald*, AcP 187 (1987), 285 (304).
[1729] *Grunewald*, AcP 187 (1987), 285 (305 f., 308).
[1730] Siehe etwa *Picker*, JZ 1987, 1041 (1043); *Herrmann*, JZ 1983, 422 (425, Fn. 46.); *Müller*, S. 121 f.; *Gerlach*, S. 89; *Kim*, S. 151 ff.; *Sprenger*, S. 19.
[1731] *Müller*, S. 121.
[1732] *Müller*, S. 121.

verständigen ein Verpflichtungswillen unterstellt, der sich ähnlich wie bei dem seitens der Rechtsprechung angenommenen Auskunftsvertrag dem Vorwurf der Fiktion nicht erwehren kann.[1733]

c) Selbstbindung ohne Vertrag

Mit der Lehre von der „Selbstbindung ohne Vertrag" spricht sich *Köndgen* für eine selbstständige Haftung für fehlerhafte Auskünfte zwischen Vertrag und Delikt aus.[1734] Er untersucht rechtsvergleichend die Entwicklung von Selbstbindungstatbeständen im amerikanischen Recht.[1735] Bei der Betrachtung seiner Befunde hebt *Köndgen* hervor, dass sich in beiden Rechtsordnungen eine „Expansion schuldrechtlicher Verpflichtung und Haftung" dokumentieren lasse, aber gerade in der deutschen Rechtsordnung vielfach das Vertragsrecht als „dogmatische Hülse" herangezogen wird.[1736] Demgegenüber offeriert das amerikanische Recht deliktsrechtliche Lösungen gegenüber diesen „Wucherungen des Vertragsrechts".[1737] Im Hinblick auf bestehende „Fehlsystematisierungen" verortet er die Selbstbindung daher „quer zu den Gebietsschranken zwischen Vertrag und Delikt".[1738] In diesem „Kontinuum von Beziehungen" bewege sich eine außervertragliche Auskunftshaftung.[1739]

Im Zentrum seines Ansatzes steht der Aspekt der „Selbstbindung". Dabei gehe es außerhalb vertraglichen Konsenses um die „Rollenerwartung an den Berufspraktiker".[1740] *Köndgen* zufolge liege der Selbstbindungseffekt im „kommunikativen Handeln mit *Geltungsanspruch*" durch den Auskunftgeber.[1741] Der Auskunftgeber erhebe auf den Inhalt seiner aufgrund beruflicher Spezialisierung oder konkreter Sachnähe erteilten Auskunft einen impliziten Wahrheitsanspruch, wodurch normative Erwartungen an das Verhalten des Auskunftgebers beim Auskunftsempfänger begründet werden.[1742] *Köndgen* stellt hierfür den Begriff der „legitimen Erwartung" auf.[1743] Essentielle Bedeutung kommt dabei der „beruflichen Rolle" des Auskunftgebers

---

1733 *Picker*, JZ 1987, 1041 (1043, Fn. 12); *Kim*, S. 151 f.; *Sprenger*, S. 19.

1734 Siehe *Köndgen*, u.a. S. 352 ff.; siehe dazu etwa *Lang*, AcP 201 (2001), 451 (474 ff.); *Hirte*, S. 394 ff.

1735 Siehe *Köndgen*, S. 17 ff., 88 ff. (90 ff.).

1736 *Köndgen*, S. 95; er spricht gar von einem „Zustand der Hypertrophie" des deutschen Vertragsrechts, aaO, S. 418 ff. mwN.

1737 *Köndgen*, S. 418.

1738 *Köndgen*, S. 419 f.

1739 *Köndgen*, S. 420, 353 ff.

1740 *Köndgen*, S. 156 ff. (165 ff.), 185 ff., 192 ff., 352 ff.

1741 *Köndgen*, S. 356 ff.

1742 *Köndgen*, S. 357.

1743 *Köndgen*, S. 106 ff. (117), 310 ff., 352 ff. (357); vgl. *Bydlinski*, JBl. 1992, 341 (345).

zu.[1744] Diese sei Inbegriff derjenigen Rollenerwartung, die der Auskunftsempfänger an den Auskunftgeber als Angehörigen eines Berufsstandes, etwa als Kunstsachverständiger, stellt und dient damit also der Differenzierung der dem Auskunftgeber obliegenden Pflichten.[1745] Mit dem Erfordernis der „Bezogenheit der Auskunft auf das Marktgeschehen" sollen Gelegenheitsauskünfte ausgeschlossen werden.[1746] Der Schutzbereich wird von *Köndgen* im Wege der „Rollenbeziehung" auf die „intendierten Benifiziare" des beruflichen Handelns erstreckt.[1747]

Kritik an der Lehre der Selbstbindung ohne Vertrag findet sich an ihrer dogmatischen Begründung.[1748] Sie löst sich von der „Dichotomie von Vertrag und Delikt", obgleich eine solche Rechtsfortbildung allein dem Gesetzgeber vorbehalten ist.[1749] Ferner bietet sie keine genauen Kriterien zur Lösung des Einzelfalles, etwa wie der Kreis der Anspruchsberechtigten abzugrenzen ist.[1750] Sie stellt einen abstrakten, nicht abgeschlossenen Ansatz dar, worauf *Köndgen* selbst hinweist, wonach nicht der Anspruch erhoben werden soll, „eine integrale Theorie vertraglicher Verpflichtung mit annähernd lückenlosem Erklärungswert zu präsentieren".[1751] Die Lehre von der Selbstbindung ohne Vertrag bietet daher keine ausreichende Grundlage für eine Haftung von Kunstsachverständigen.

d) Berufshaftung

Eine Dritthaftung von Sachverständigen wird auch unter dem Aspekt der sog. „Berufshaftung" vertreten.[1752] So hebt etwa *Lammel* hervor, dass sich eine Haftung für berufliche Auskünfte - und damit auch für Kunstgutachten - in der Rechtsprechung

---

[1744] *Köndgen*, S. 352 ff., 360, 374 ff.

[1745] Siehe *Lang*, AcP 201 (2001), 451 (475); *Köndgen*, S. 210 ff., 216 ff. (226), 352 ff. (359).

[1746] Siehe *Köndgen*, S. 359 f.

[1747] Siehe *Köndgen*, S. 363 ff., 379. Siehe aber die Differenzierung von *Köndgen* hinsichtlich der „Berufe öffentlichen Glaubens" und nicht öffentlich bestellter „Kunstexperten", S. 380 (401 f.).

[1748] *Canaris*, in: FS-Larenz (1983), S. 27 (93 f.); *Lang*, AcP 201 (2001), 451 (477 f.); *Gerlach*, S. 90; *Kim*, S. 147 ff. (151 ff.).

[1749] *Lang*, AcP 201 (2001), 451 (477) mwN.

[1750] Siehe *Müller*, S. 134 f.

[1751] Siehe *Köndgen*, S. 281.

[1752] Siehe *Hirte*, Berufshaftung, S. 417 ff.; *Hopt*, AcP 183 (1983), 608 (634 ff.); *Lammel*, AcP 179 (1979), 337 ff.; *Lang*, AcP 201 (2001), 451 ff.; *Lorenz*, in: FS-Larenz (1973), S. 575 (615 ff., 618 ff.), der an eine „Vertrauenslage kraft geschäftlichen Auskunftskontaktes" anknüpft, wonach es u.a. eines richtungsbedürftigen, berufseinschlägigen nicht nur gelegentlichen Auskunftskontaktes bedürfe, wobei im Einzelfall zu prüfen sei „wie weit das gewährte Vertrauen legitimerweise reicht", aaO, 619; siehe ferner auch *Damm*, JZ 1991, 373 ff.; *Strauch*, JuS 1992, 897 (902); siehe zur Berufshaftung etwa *Kim*, S. 189 ff.; *Kersting*, S. 86 ff. mwN.

immer wieder bei denselben Berufsgruppen feststellen lässt, zu denen etwa neben Rechtsanwälten, Steuerberatern und Wirtschaftsprüfern auch die (Kunst-)Sachverständigen zählen.[1753] Als zentraler Anknüpfungspunkt der Vertreter der Berufshaftungslösung gilt daher die Zugehörigkeit des Auskunftgebers zu einem bestimmten Beruf.[1754] Innerhalb der verschiedenen Ansätze der Berufshaftung differieren die Ansichten über die dogmatische Herleitung.

Lammel leitet eine „die Regelungsgrenzen überschreitende", außerhalb des „herkömmlichen Rahmens von Vertrag oder Delikt" liegende Berufshaftung auch von Sachverständigen aus der „Berufsstellung" ab.[1755] Als Ausgangspunkt dient eine kritische Auseinandersetzung mit § 675 Abs. 2 BGB (§ 676 BGB a.F.), wobei er der „missglückten" Lösung des Gesetzgebers in § 676 BGB mit dem rechtsgeschichtlichen Hinweis auf die „römisch-rechtliche mensorische Klage", soziologischen Aspekten und rechtsvergleichenden Gesichtspunkten entgegentritt; dabei verweist er auf die berufsbezogene *negligence*-Haftung des anglo-amerikanischen Rechts und stellt vor diesem Hintergrund die berufliche Stellung des Auskunftsgebers als Grundlage der Haftung heraus.[1756]

Hirte rückt statt „der mit strengerer Haftung belegten Tätigkeit die Person des Adressaten in den Vordergrund", weshalb es mit wenigen Ausnahmen „um Unternehmen" gehe.[1757] Nach *Hirte* bilde „die Haftung gegenüber Dritten für Rat und Auskunft bei den vermögenssorgenden Berufen (...) dann die dienstleistungsspezifische Seite einer allgemeinen „*unternehmerischen Außenhaftung*".[1758] Es bestünden keine Gründe, die Haftung im Dienstleistungsbereich anders als die bei der Herstellung von Waren zu behandeln.[1759] Daher stelle die „Haftung gegenüber Dritten im Dienstleistungssektor (...) das in den Verkehr gebrachte fehlerhafte Gutachten den in die Umwelt entlassenen schädlichen Emissionen gleich".[1760] Eine Beschränkung der Haftung nimmt *Hirte* auf den vorhersehbar betroffenen Personenkreis und die vorhersehbaren Schäden vor.[1761]

Daneben wird von *Hopt* ein weder vertraglich noch deliktisch einzuordnender, breiter Ansatz einer Berufshaftung vertreten.[1762] Danach sei Voraussetzung einer

---

[1753] Siehe *Lammel*, AcP 179 (1979), 337 (358 f.).
[1754] Siehe etwa *Hopt*, AcP 183 (1983), 608 (634 f.); *Lammel*, AcP 179 (1979), 337 (364 f.).
[1755] *Lammel*, AcP 179 (1979), 337 (364 f.); siehe dazu etwa *Hirte*, S. 391 f.
[1756] *Lammel*, AcP 179 (1979), 337 (345 ff., 351 f., 356 ff., 364 ff.).
[1757] *Hirte*, Berufshaftung, S. 418; siehe dazu *Kim*, S. 193 ff.
[1758] *Hirte*, ebenda (Hervorhebung im Original).
[1759] *Hirte*, ebenda.
[1760] *Hirte*, S. 418 mwN.
[1761] *Hirte*, Berufshaftung, S. 418 f., 491 f.
[1762] Siehe *Hopt*, AcP 183 (1983), 608 ff. (655 ff., 657 ff.); *ders.*, in: FS-Fischer, S. 237 (252); siehe auch bei *Damm*, JZ 1991, 373 (384).

Haftung, dass ein selbstständiges, also nicht rein privates und außerhalb des Erwerbslebens liegendes, berufliches Auftreten am Markt erfolgt ist.[1763] Eine Beschränkung dieser Haftung wird durch das Kriterium einer „beruflichen Gewährübernahme“ aufgezeigt, aber nicht weiter konkretisiert.[1764]

Gegenüber den Ansätzen der „Berufshaftung“ besteht vorwiegend eine grundsätzliche Kritik. Zwar handelt es sich bei der „Berufshaftung“ um ein Merkmal, das sich aufgrund einer tatsächlichen Erscheinung herausgebildet hat, woraus sich aber alleine keine neue eigenständige Haftungsgrundlage ableiten lässt.[1765] Denn Berufszugehörigkeit oder berufliche Stellung sind nur „eine Thematik mit sehr vielfältigen Relevanzen“.[1766] Den Inhalt der „Berufshaftung“ im Blick, lässt sich daher schwerlich eine „tatbestandliche Grundlage“ der „Berufshaftung“ zwischen den Vertragstypen und Deliktstatbeständen des BGB finden.[1767] Allein die Zugehörigkeit zu einer bestimmten Berufsgruppe, etwa der der Sachverständigen, vermag lediglich auf die Bestimmung des Inhalts der Haftung Einfluss zu nehmen, indem das konkrete Mitglied der Berufsgruppe bestimmte Berufspflichten treffen, nicht aber auf die Begründung.[1768] Ferner erlauben die Berufshaftungslösungen auch keine zuverlässige Abgrenzung des Kreises der geschützten Personen.[1769]

e) Deliktischer Vermögensschutz durch Verkehrspflichten

Die auf deliktsrechtlicher Grundlage basierenden Ansätze von *Mertens*[1770], *Huber*[1771] und *von Bar*[1772] beruhen auf dem Konzept, deliktische „Verkehrspflichten“ zum Schutz fremden Vermögens anzuerkennen und damit die im Unterschied zu den

---

1763 *Hopt*, AcP 183 (1983), 608 (669 ff., 680 ff., 719 f.).

1764 Siehe *Hopt*, AcP 183 (1983), 608 (682 f.); *ders.*, in: FS-Pleyer, S. 341 (359); vgl. auch Baumbach/Hopt-*Hopt*, § 347 Rn. 22.

1765 *Canaris*, ZHR 163 (1999), 206 (218 f.); vgl. *ders.*, in: FS-Larenz (1983), S. 27 (83); *Köndgen*, in: Karlsruher Forum 1998, S. 3 (9); *ders.*, Selbstbindung ohne Vertrag, S. 352; *v.Bar*, ZGR 1983, 476 (507); eingehend *Müller*, S. 146 ff.; *Kim*, S. 189 ff. (194 ff.); siehe auch *Quiring*, S. 117.

1766 *Köndgen*, S. 352; siehe auch *v.Bar*, ZGR 1983, 476 (507).

1767 Siehe *Canaris*, ZHR 163 (1999), 206 (219).

1768 Siehe *Müller*, S. 146.

1769 Siehe *Picker*, AcP 183 (1983), 369 (502 f.); *Müller*, S. 147.

1770 *Mertens*, AcP 178 (1978), 227 ff., 251 ff., 261 f.; *ders.*, Karlsruher Forum 1988, S. 27 f.; *ders.*, VersR 1974, 509 ff.

1771 *Huber*, in: FS-v.Caemmerer, S. 359 ff.

1772 *v.Bar*, Verkehrspflichten, S. 204 ff.; vgl. auch *ders.*, JZ 1979, 728 (729); *ders.*, RabelsZ 44 (1980), 455 (472); *ders.*, ZGR 1983, 476 (507 f.); *ders.*, JuS 1982, 637 (645); *ders.*, JuS 1988, 169 (172).

beiden anderen hier betrachteten Rechtsordnungen klar gezogenen Grenzen des deutschen Deliktsrechts hinsichtlich des Vermögensschutzes zu erweitern.[1773] Nach *Mertens* komme angesichts der Erweiterung des § 823 Abs. 1 BGB auch eine entsprechende Fortentwicklung des § 823 Abs. 2 BGB um richterrechtlich zu konkretisierende Verkehrspflichten in Betracht, die in bestimmten von Einzelsachverhalten losgelösten Normen eine ständige Rechtsprechung darstellen.[1774] *Mertens* spricht sich für eine „deliktische Haftung für Vermögensschädigung" bei verschiedenen Fallgruppen aus, unter anderem, wenn jemand „faktisch eine gesteigerte Verantwortung für fremdes Vermögen, die sich aus Sachkunde oder Professionalisierung oder aus der Schutzbedürftigkeit der auf ihn Angewiesenen ergibt", übernommen hat.[1775] *Huber* und *von Bar* ordnen die Verkehrspflichten in Form von Berufspflichten[1776] zum Schutz fremden Vermögens als Schutzgesetze innerhalb des § 823 Abs. 2 BGB ein.[1777] Mit dieser Erweiterung des Deliktsrechts werde auch eine Ersatzfähigkeit reiner Vermögensschäden eröffnet.[1778]

Das Konzept deliktsrechtlicher „Verkehrspflichten" zum „Schutz reiner Vermögensinteressen, die auch fahrlässig verletzt werden können" sieht sich dem Vorwurf ausgesetzt, dass es die Grenzen von Vertrags- und Deliktshaftung verschiebt, und mit dem System des Deliktsrechts angesichts „der Absage des BGB an eine „große deliktsrechtliche Generalklausel und an einen umfassenden deliktsrechtlichen Vermögensschutz" nicht zu vereinen ist.[1779] Es soll der Rechtsprechung aber nur

---

[1773] Siehe ferner den Ansatz *Brüggemeiers* einer „außervertraglichen Informationshaftung (Expertenhaftung)" für fahrlässige Vermögensschäden, wonach „bestimmten Berufsgruppen, denen die Wahrung fremder Vermögensbelange obliegt, im Interesse sozialer Schadensprävention bestimmte Verkehrspflichten auferlegt werden", deren Verletzung nach § 823 Abs. 1 BGB schadensersatzpflichtig machen soll. Voraussetzung ist eine unrichtige „berufsrollenspezifische Informationserteilung" mit „vermögensrechtlicher Bedeutung". Der geschützte Adressatenkreis wird von *Brüggemeier* damit eingegrenzt, dass der Dritte mit der Information „bestimmungsgemäß in Kontakt gekommen sein muss, wobei er exemplarisch an Kunstgutachten herausstellt, dass dabei eine wirtschaftlich-funktionale Betrachtungsweise zugrunde gelegt werden solle."; siehe ausführlich *Brüggemeier*, Deliktsrecht 1986, S. 73 ff., 283 ff., 291 ff., 298, 304 ff.; *ders.*, AcP 182 (1982), 385 ff.; *ders.*, JZ 1986, 969 (973 ff.). Zur Verkehrspflichtenlehre siehe bei *Müller*, S. 148 ff.; *Kim*, S. 120 ff.

[1774] *Mertens*, AcP 178 (1978), 227 ff., 251 ff.; vgl. auch *ders.*, in: MüKo, 3. Aufl., 1997, § 823 Rn. 472 ff.

[1775] *Mertens*, AcP 178 (1978), 227 (242 ff.; 261 f.).

[1776] Siehe *v.Bar*, Verkehrspflichten, S. 204 ff.; *ders.*, ZGR 1983, 476 (507 f.); *ders.*, JuS 1982, 637 (643 ff.); *Huber*, in: FS-v.Caemmerer, S. 359 (377 ff.).

[1777] *v.Bar*, Verkehrspflichten, S. 157 ff. (159), 204 ff.; *ders.*, RabelsZ 44 (1980), 455 (471 ff., 474); siehe *ders.*, ZGR 1983, 476 (510 ff.); *Huber*, in: FS-v.Caemmerer, S. 359 (361 ff., 388).

[1778] Siehe *v.Bar*, Verkehrspflichten, S. 145 ff., 204 ff.

[1779] Siehe kritisch *Canaris*, in: FS-Larenz (1983), S. 27 (83); siehe *ders.*, ZHR 163 (1999), 206 (214) mwN; *Damm*, JZ 1991, 373 (382); *Grunewald*, JZ 1982, 627 (631); *dies.*; AcP 187

in eingeschränktem Umfang zustehen, Rechtsfortbildung betreiben zu können, „um nicht dem Richter, sondern dem *Gesetzgeber* die Entscheidung vorzubehalten“.[1780] Unklar bleiben überdies auch die Kriterien, nach denen Verkehrspflichten bestimmt werden können.[1781] „Freie“ Verkehrspflichten zum Schutz fremden Vermögens bergen jedoch die Gefahr einer Ausuferung der Haftung für fahrlässig verursachte Vermögensschäden.[1782] Ein deliktsrechtlicher Vermögensschutz besteht daher de lege lata allein im Rahmen von §§ 823 Abs. 2, 824, 826 und 831 BGB.[1783]

f) Weitere in der Literatur vertretene Lösungsansätze

Neben den vorstehend dargestellten, im Schrifttum vertretenen Konzepten finden sich darüber hinaus weitere, von der Literatur vertretene Lösungsansätze für die Dritthaftung.[1784] Diese sind allerdings in ihrer Bedeutung hinter den gerade dargestellten Ansichten zurückgeblieben, so dass hier im Hinblick auf den abgesteckten Rahmen der vorliegenden Untersuchung nur ein kursorischer Überblick erfolgen kann.

Stoll geht von der Annahme aus, dass einseitige Leistungsversprechen einen „besonderen, nicht rechtsgeschäftlichen Haftungstatbestand schaffen, sofern durch solche Versprechen Vertrauen in Anspruch genommen wird.“.[1785] Dieser Ansatz sei nach *Stoll* „vertragsähnlich“, da er „zwar keinen rechtskonstitutiven Willen erfordert, aber doch immerhin durch ein Versprechen Leistungserwartungen geweckt werden, die es nach § 242 BGB zu schützen gilt“.[1786] *Stoll* zieht dabei rechtsvergleichend Entwicklungen des anglo-amerikanischen Rechts heran.[1787] Für eine Haftung bei Erteilung einer Auskunft soll entscheidend sein, dass mit dieser „ein einseitiges Leis-

---

(1987), 296 ff.; *Herrmann*, JZ 1983, 422 (426); *Honsell*, in: FS-Lorenz, S. 483 (486 Fn. 15); *ders.*, in: FS-Medicus, S. 211 (221 ff.); *Nieberding*, S. 48 ff.; *Picker*, AcP 183 (1983), 369 (496 f.); *Steffen*, VersR 1980, 409; *Strauch*, JuS 1992, 897 (900 f.); *Wagner*, in: MüKo § 823 Rn. 229 ff., 255 ff.; *Zeuner*, Karlsruher Forum 1988, S. 3 (5, 43 ff.); *Müller*, S. 153 ff.; vgl. auch BGH NJW 1992, 1511 (1512).

[1780] Siehe *Picker*, JZ 1987, 1041 (1047) (Hervorhebung im Original); *ders.*, AcP 183 (1983), 369 (495 ff., 498).

[1781] Siehe Staudinger-*Hager* [2009], § 823 Rn. E 7.

[1782] *Larenz*/*Canaris*, Schuldrecht II/2, S. 406.

[1783] Siehe Staudinger-*Hager* [2009], § 823 Rn. E 7; *Larenz*/*Canaris*, Schuldrecht II/2, S. 406; siehe bereits oben Seite 239 ff.

[1784] Siehe etwa *Krebs*, Sonderverbindung, S. 212 ff., 339 ff.; *Wiegand*, Sachwalterhaftung, S. 342 ff.

[1785] *Stoll*, in: FS-Flume, S. 741; folgend *Hohloch*, NJW 1979, 2369 ff.

[1786] *Stoll*, in: FS-Flume, S. 741 (773).

[1787] Siehe *Stoll*, in: FS-Flume, S. 741 ff.

tungsversprechen verbunden ist, durch welches das Vertrauen des Versprechensempfängers in Anspruch genommen und er zu Dispositionen veranlasst wird".[1788] Auch der Ansatz von *Stoll* kann sich des Vorwurfs einer „gefährlichen" Nähe zur Fiktion nicht erwehren.[1789]

Für die von *Jost* vertretene „vertragslose Auskunfts- und Beratungshaftung" ist die berufliche Stellung des „Informationssachverständigen" der entscheidende Anknüpfungspunkt dieser quasi-vertraglichen Haftung.[1790] Der besondere berufliche Status des Auskunftgebers und dessen persönliche Zuverlässigkeit einerseits und andererseits die Angewiesenheit des Auskunftnehmers auf professionelle Information, die bei dem Auskunftgeber angesammelt ist, münden in einer besonderen Verantwortung des Auskunftgebers, der für die Richtigkeit der sachverständigen Informationen einstehen soll.[1791] Die Anspruchsberechtigten insbesondere im Fall der Weitergabe bestimmt *Jost* mit dem Merkmal der Gerichtetheit der Auskunft.[1792] Neben der Frage nach der dogmatischen Verankerung der Haftung verfügt das Konzept von *Jost* auch über keine konturierten Haftungskriterien, die eine differenzierte und für den Einzelfall geeignete Anwendung erlauben.[1793]

Picker spricht sich dagegen für eine „Sonderhaftung bei Sonderverbindung" aus.[1794] Sein Ansatz ist zwischen Vertrag und Delikt verortet. Ausgangspunkt für sein Konzept einer Gutachterhaftung sind Wertungen und Prinzipien der Schadenshaftung, die ihren Ausdruck wesentlich im „idealen" Prinzip des „neminem laedere" gefunden haben.[1795] Nach *Picker* stelle die Pflicht zur Wiedergutmachung eines durch ein als rechtswidrig zu bewertendes und zurechenbares Verhalten herbeigeführten Nachteils oder Verlusts einen „*Elementarsatz unserer Rechtsanschauung*" dar.[1796] *Picker* lenkt dabei den Blick auf die Grundüberlegung, dass eine rechtswidrige, schadenstiftende Handlung eine Restitutionspflicht auslösen müsse.[1797] Er verweist auf einen

---

[1788] *Stoll*, in: FS-Flume, S. 741 ff. (765 f.).

[1789] *Canaris*, in: FS-Larenz (1983), S. 27 (94). Kritisch zur Ansicht *Stolls* siehe auch bei *Köndgen*, S. 104 ff., 355 f.; *Wiegand*, Sachwalterhaftung, S. 281 f.; *Picker*, AcP 183 (1983), 369 (423 ff.).

[1790] *Jost*, Auskunfts- und Beratungshaftung, S. 193 ff. (253 ff., 265).

[1791] Siehe *Jost*, Auskunfts- und Beratungshaftung, S. 233 ff., 254 ff., 265.

[1792] Siehe *Jost*, Auskunfts- und Beratungshaftung, S. 258 ff. (261 ff., 265).

[1793] Siehe eingehend *Müller*, S. 138 ff. (140 f.).

[1794] *Picker*, AcP 183 (1983), 369 (460 ff.); siehe auch *ders.*, JZ 1987, 1041 (1047 ff., 1053 ff.); *ders.*, in: FS-Medicus, S. 397 (428 ff.). Siehe dazu etwa *Hirte*, S. 400 ff.; *Plötner*, S. 156 ff.; *Kersting*, S. 92 ff.

[1795] *Picker*, JZ 1987, 1041 (1048 f.); siehe auch bei *ders.*, in: FS-Medicus, S. 397, 428 ff. (435).

[1796] *Picker*, AcP 183 (1983), 369 (462) (Hervorhebung im Original); *ders.*, JZ 1987, 1041 (1048).

[1797] *Picker*, AcP 183 (1983), 369 (463, 475); *ders.*, JZ 1987, 1041 (1051).

mehrheitlich anerkannten „Rundumschutz", der „reine" Vermögensschäden gleichermaßen erfasse, „wenn eine rechtliche Sonderverbindung gesetzlicher, vertraglicher oder vorvertraglicher Begründung besteht, kraft deren der Partner der Interaktion mit ihm also im Fall eines Fehlverhaltens auch der mögliche Gläubiger eines Anspruchs auf Schadensersatz *ex ante* schon feststeht".[1798] Auch im Hinblick auf erforderliche Grenzziehungen kehrt er entgegen den üblichen Vorstellungen die Argumentationslast um, so dass es nicht darum gehe „die Einstandspflicht zu *begründen*", sondern „um die Aufdeckung der sachlichen Gründe, die die Haftung ausnahmsweise *beschränken*".[1799]

Auch für die Gutachterhaftung stelle die „Haftungs*begrenzung*" das „entscheidende Problem" dar.[1800] Nach *Picker* stelle sich die Frage, „ob zwischen Verletzer und Verletztem ein Verhältnis besteht, das durch die beschriebene Individualität und Vereinzelung der Beziehung gekennzeichnet ist und das deshalb die Sanktion einer Haftung ohne Gefährdung der allgemeinen Bewegungsfreiheit erlaubt".[1801] Jedoch stellt *Picker* kaum konkrete Voraussetzungen für die Annahme einer Sonderverbindung zur Verfügung.[1802] So solle neben einem „notwendigen Maß an sozialtypischer Offenkundigkeit der fremden Vermögenssphäre" auch eine „Individualität und Vereinzelung der Beziehung, die mit dem Leistungsempfänger auch den potentiellen Gläubiger eines Wiedergutmachungsanspruchs von vorneherein festlegt", bestehen.[1803] Da Gutachten sowohl an den Besteller als „nach der realen Finalität des Projekts personal wie sachlich" an Käufer gerichtet sind, sei der Kreis der möglichen Ersatzberechtigten ex ante erkennbar.[1804] Neben der Unschärfe des Ansatzes von *Picker*, die bereits die praktische Anwendbarkeit des Konzepts bedingt, wird aber auch bereits grundsätzlich kritisiert, dass das Prinzip des „neminem laedere" kein allgemeines haftungsbegründendes Prinzip der Rechtsordnung bzw. keinen gültigen Rechtssatz darstellt.[1805]

[1798] *Picker*, AcP 183 (1983), 369 (460, 464); *ders.*, in: FS-Medicus, S. 397 (438), (Hervorhebung im Original) siehe auch *ders.*, JZ 1987, 1041 (1051).

[1799] *Picker*, JZ 1987, 1041 (1052) (Hervorhebung im Original); *ders.*, AcP 183 (1983), 369 (474 f.); siehe bei *Hirte*, S. 401; *Kersting*, S. 93.

[1800] *Picker*, AcP 183 (1983), 369 (490) (Hervorhebung im Original).

[1801] *Picker*, AcP 183 (1983), 369 (490).

[1802] Siehe *Kersting*, S. 94.

[1803] *Picker*, JZ 1987, 1041 (1058); siehe *Kersting*, S. 94.

[1804] Siehe *Picker*, in: FS-Medicus, S. 397 (441).

[1805] Siehe *Stoll*, Richterliche Fortbildung, S. 43 f.; *Müller*, S. 170 ff.; *Quiring*, S. 112 f.; *Sprenger*, S. 22 f.; vgl. kritisch auch *Möschel*, AcP 186 (1986), 187 (225); siehe ferner die Kritik bei *Larenz/Canaris*, Schuldrecht II/2, S. 357, dort auch Fn. 19; *Schwitanski*, Deliktsrecht, S. 293 ff.; *Wiegand*, S. 183, Fn. 35; *Kim*, S. 170 ff.

4. Zusammenfassung

Resümierend lässt sich festhalten, dass die vorstehenden Einzelansichten der Literatur, vor dem Hintergrund der jeweils dargelegten Kritik, eine zweifelsfreie und zufriedenstellende Grundlage für eine Dritthaftung von Sachverständigen nicht zu begründen vermögen. Die Rechtsprechung wendet für die Dritthaftung von Sachverständigen bislang weiterhin das Haftungsinstitut des Vertrages mit Schutzwirkung zugunsten Dritter an. Die dagegen zu erhebenden Einwände wurden oben dargestellt. Inwieweit der Gesetzgeber mit der Reform des Schuldrechts mit §§ 311 Abs. 3 S. 2, 241 Abs. 2, 280 Abs. 1 BGB eine Anspruchsgrundlage geschaffen hat, die sich demgegenüber als vorzugswürdige Grundlage für eine Dritthaftung von Sachverständigen eignet, wird im Nachgang zum nächsten Abschnitt über die Möglichkeiten zum Ausschluss und Beschränkung der Haftung im Rahmen des rechtsvergleichenden Teils dieser Arbeit erörtert werden. Dabei findet das oben nur kurz betrachtete Konzept der Vertrauenshaftung von *Canaris* auch aus Gründen der dogmatischen Entwicklung Eingang in die Untersuchung.

C. Möglichkeiten zum Ausschluss und Beschränkung der Haftung

Sachverständige können zur Reduzierung ihrer Haftungsrisiken von der Möglichkeit Gebrauch machen, innerhalb der gesetzlichen Grenzen sich von ihrer Haftung freizuzeichnen bzw. diese zu beschränken.[1806] Ein Kunstsachverständiger kann mit dem Auftraggeber des Gutachtens im Sachverständigenvertrag konkrete Haftungsausschlüsse und Haftungsbeschränkungen vereinbaren und Einschränkungen oder Vorbehalte im Wortlaut des Gutachtens formulieren. Darüber hinaus kann aber auch der Gutachtenauftrag und Inhalt der Tätigkeit des Sachverständigen dezidiert im Vertrag festgelegt werden, wodurch eine Eingrenzung und Konkretisierung seiner gutachterlichen Leistung und des vertraglichen Pflichtenprogramms vorgenommen werden kann.[1807]

I. Individualvertragliche Haftungsbeschränkungen und -ausschlüsse

Die Wirksamkeit von vertraglichen Haftungsbeschränkungen und Haftungsausschlüssen richtet sich danach, ob es sich um eine Individualvereinbarung oder um

---

[1806] Siehe exemplarisch die Klauselvorschläge bei: *Bleutge*, Haftung, S. 91 ff.; ferner *Ganten*, in: FS-Werner, S. 301 (310); siehe auch bei Landmann/Rohmer-*Bleutge*, § 36 Rn. 39. Zur Freizeichnung siehe auch bei *Bruns*, S. 333 ff.

[1807] Siehe Landmann/Rohmer-*Bleutge*, § 36 Rn. 39; *Ganten*, in: FS-Werner, S. 301 (309); *Zimmermann*, DS 2007, 286 (294).

haftungsbeschränkende oder –ausschließende Klauseln handelt, die dem Recht der allgemeinen Geschäftsbedingungen nach den §§ 305 ff. BGB unterliegen.

1. Vertragliche Abreden zur Beschränkung gesetzlicher Rechte im Rahmen des Grundsatzes der Vertragsfreiheit

a) Haftungsbeschränkende und haftungsausschließende Klauseln

Beim Abschluss von Individualvereinbarungen, welche der Kunstsachverständige und der Auftraggeber des Gutachtens zuvor im Einzelnen ausgehandelt haben müssen, stehen freien Kunstsachverständigen im Rahmen der Vertragsfreiheit prinzipiell sehr weitgehende Möglichkeiten zur Verfügung, seine Haftung zu beschränken oder auszuschließen.[1808] Eine Grenze hierfür enthält § 276 Abs. 3 BGB, wonach ein Haftungsausschluss für Vorsatz im Voraus nicht möglich ist; ausgenommen hiervon ist vorsätzliches Verhalten eines Erfüllungsgehilfen, die Haftung hierfür kann ausgeschlossen werden, siehe § 278 S. 2 BGB.[1809] Die Haftung für Fahrlässigkeit kann vollumfänglich ausgeschlossen werden, auch für das Verschulden von Erfüllungsgehilfen.[1810] Grenzen für Haftungsausschlüsse und -beschränkungen finden sich in den allgemeinen zivilrechtlichen Grundsätzen §§ 134, 138, 242 BGB, also in gesetzlichen Verboten und dem Verbot sittenwidriger Rechtsgeschäfte.[1811]

Zum Teil wird in der Literatur die Ansicht vertreten, dass ein Haftungsausschluss für grobe Fahrlässigkeit unzulässig sei. Dies wird zum einen damit begründet, dass der Verkehr eine entsprechende Fachkompetenz des Sachverständigen erwarte, mit welcher eine entsprechend weitgehende Haftungsbeschränkung nicht in Einklang zu bringen sei.[1812] Zum anderen wird auf § 14 MSVO verwiesen, wonach öffentlich bestellte und vereidigte Sachverständige ihre Haftung für Vorsatz und grobe Fahrlässigkeit nicht ausschließen oder der Höhe nach beschränken dürfen, welcher auch

---

[1808] Zur Abgrenzung von Individualvereinbarung gegenüber Allgemeinen Geschäftsbedingungen, sogleich unten Seite 280. Siehe dazu auch Ulmer/Brandner/Hensen-*Ulmer/Habersack*, § 305 Rn. 40 ff.

[1809] Siehe Bayerlein-*Roeßner*, § 37 Rn. 9; zu § 278 S. 2 BGB siehe bei Bamberger/Roth-*Unberath*, § 278 Rn. 49; Palandt-*Grüneberg*, § 278 Rn. 42. Pauschal formulierte Klauseln, wie beispielsweise „Für jegliche Art von Mängeln des Gutachtens wird nicht gehaftet.“, sind unwirksam, da sie etwa auch die Haftung für Vorsatz umfassen, Bayerlein-*Roeßner*, § 37 Rn. 6 mit weiteren Beispielen. Vgl. zur Nichtigkeit entspr. Vereinbarungen auch bei Palandt-*Sprau*, § 639 Rn. 4.

[1810] Staudinger-*Löwisch/Caspers* [2009], § 278 Rn. 121.

[1811] Bayerlein-*Roeßner*, § 37 Rn. 1; *Bleutge*, Sachverständigenvertrag, S. 40; vgl. *Hirte*, Berufshaftung, S. 446.

[1812] Wellmann-*Walterscheidt*, Rn. 321 ff., vgl. auch *Döbereiner/v.Keyserlingk*, Rn. 212.

Wirkung für freie Sachverständige habe.[1813] § 14 MSVO findet jedoch nur auf öffentlich bestellte und vereidigte Sachverständige Anwendung. Im Rahmen der Vertragsfreiheit steht die Möglichkeit zur Vereinbarung von Haftungsbeschränkungen oder Haftungsausschlüssen bis auf die Grenze des § 276 Abs. 3 BGB zur Disposition der Vertragsparteien.[1814]

b) Summenmäßige Beschränkungen des Haftungsumfangs

Die Zulässigkeit individualvertraglicher summenmäßiger Haftungsbeschränkungen richtet sich nach den allgemeinen, soeben dargestellten Voraussetzungen. Danach kann eine Haftung für Vorsatz im Voraus auch nicht der Höhe nach beschränkt werden.[1815] Demgegenüber ist eine individualvertragliche Beschränkung der Haftung sowohl für grobe als auch einfache Fahrlässigkeit zulässig, ebenso wie die Beschränkung auf eine auf eine Höchstsumme; bei der Bemessung der Haftungshöchstsumme kann die Höhe der Versicherungssumme der Haftpflichtversicherung Indizwirkung haben.[1816]

c) Verkürzung der Verjährungsfristen

Ferner kann durch individualvertragliche Vereinbarung die Verjährung zugunsten des Kunstsachverständigen verkürzt werden. Die Verjährung von Mängelansprüchen richtet sich im Werkvertragsrecht nach § 634a BGB. Sachverständigengutachten unterfallen den „sonstigen Werkleistungen" im Sinne von § 634a Abs. 1 Nr. 3 BGB, welcher auf die regelmäßigen Verjährungsfristen des allgemeinen Teils §§ 195 ff. BGB verweist.[1817] Im Hinblick auf die allgemeinen Voraussetzungen ist nach § 202 Abs. 1 BGB eine Verkürzung der Verjährung für die Haftung wegen Vorsatzes im Voraus unzulässig. Im Übrigen finden Verkürzungen der Verjährung ihre Grenze im Rahmen der Vertragsfreiheit und in den allgemeinen Vorschriften (§§ 134, 138, 242

[1813] Wellmann-*Walterscheidt*, Rn. 322; *Bleutge*, Haftung, S. 96 f.; *Brückner/Neumann*, MDR 2003, 906 (911); *Zimmermann*, DS 2007, 286 (292 f.), wonach § 14 MSVO die guten Sitten abbilde, die auch für freie Sachverständige gelten würden, mit der Folge der Nichtigkeit nach § 138 BGB.

[1814] Bayerlein-*Roeßner*, § 37 Rn. 1, 8 f., 18 ff.; Landmann/Rohmer-*Bleutge*, § 36 Rn. 39; *Bleutge*, Sachverständigenvertrag, S. 40; *Blume Huttenlauch*, KUR 2004, 118 (127); *Groß*, DS 2003, 134 (136); *Simons*, S. 196; *Wolf*, S. 268 ff. (271).

[1815] Palandt-*Heinrichs*, § 276 Rn. 35; Landmann/Rohmer-*Bleutge*, § 36 Rn. 39.

[1816] Bayerlein-*Roeßner*, § 37 Rn. 10; *v.Hoyningen-Huene*, in: FS-Jayme, S. 1461 (1465) mit Hinweis auf § 51a Abs. 1 Nr. 1 BRAO; vgl. *Wolf*, WPK-Mitteilungen 1998, 197 (199).

[1817] Palandt-*Sprau*, § 634a Rn. 12. Siehe die Beispiele zur Verjährung bei *Bleutge*, Haftung, S. 66 f.; 70 f.

BGB).[1818] Die Vereinbarung von außergewöhnlich kurzen Fristen, die eine Verkürzung der Verjährung auf nur wenige Wochen nach Gutachtenübergabe bestimmen, dürfte an den Grenzen von §§ 134, 138 BGB scheitern, eine Verkürzung auf ein Jahr bei Verjährungsbeginn nach den gesetzlichen Voraussetzungen wird demgegenüber als angemessen erachtet.[1819] Auch ist es zulässig den Beginn der Verjährung mit dem Zeitpunkt der Übergabe des Gutachtens zu verbinden.[1820]

d) Voraussetzungen für öffentlich bestellte und vereidigte Kunstsachverständige

Grundsätzlich gelten die voranstehenden Darstellungen auch für öffentlich bestellte und vereidigte Kunstsachverständige, allerdings mit bestimmten Einschränkungen. Für öffentlich bestellte und vereidigte Sachverständige gilt nach § 14 MSVO, dass eine Haftung für Vorsatz oder grobe Fahrlässigkeit weder durch eine Individualvereinbarung noch durch allgemeine Geschäftsbedingungen ausgeschlossen oder der Höhe nach beschränkt werden darf.[1821]

II. Haftungsbeschränkungen in Allgemeinen Geschäftsbedingungen

Vertragliche Haftungsbeschränkungen in Sachverständigenverträgen können dem Recht der Allgemeinen Geschäftsbedingungen nach den §§ 305 ff. BGB unterliegen.[1822] Bedingt durch die Voraussetzungen des konkreten Einzelfalles ist dabei von Relevanz, ob der Kunstsachverständige einseitig dem Auftraggeber bei Abschluss

---

[1818] Siehe etwa MüKo-*Busche*, § 634a Rn. 60; Dauner-Lieb, AnwK-BGB-*Mansel/Stürner*, § 202 Rn. 7 ff.

[1819] Siehe Bayerlein-*Roeßner*, § 37 Rn. 12; *Simons*, S. 197.

[1820] Landmann/Rohmer-*Bleutge*, § 36 Rn. 39; Bayerlein-*Roeßner*, § 37 Rn. 12 ff.

[1821] *Cors*, S. 94; siehe Wellmann-*Walterscheidt*, S. 169; *Ganten*, in: FS-Werner, S. 301 (302). Nach *Roeßner*, in: Bayerlein, § 37 Rn. 18 ff., stellt § 14 MSVO kein gesetzliches Verbot im Sinne von § 134 BGB dar, so dass eine weitergehende Haftungsbeschränkung lediglich aufsichtsrechtliche Folgen hätte. Andernorts werden § 14 MSVO zuwiderlaufende Haftungsbeschränkungen auch für grobe Fahrlässigkeit als nach § 138 BGB unwirksam angesehen, *Simons*, S. 196 f.; *Döbereiner/v.Keyserlingk*, S. 178; *Ganten*, in: FS-Werner, S. 301 (302 mwN); Für eine Einordnung als Verbotsgesetz im Sinne von § 134 BGB siehe bei *Zimmermann*, DS 2007, 286 (293).

[1822] Im Folgenden werden die von einem Kunstsachverständigen verwendeten vorformulierten Klauseln, Standardformularverträge o.ä., auf welche die §§ 305 ff. BGB Anwendung finden, mit dem Begriff „Allgemeine Geschäftsbedingungen" bzw. kurz „AGB" bezeichnet. Zur Prüfungsreihenfolge der Vorschriften siehe etwa bei Bamberger/Roth-*Schmidt*, § 307 Rn. 10 ff.

des Vertrages, für eine Vielzahl[1823] von Verträgen vorformulierte[1824] Vertragsbedingungen[1825] gestellt hat, oder ob die Vertragsbedingungen zwischen den Vertragsparteien im Einzelnen ausgehandelt worden sind, § 305 Abs. 1 BGB.[1826]

1. Abgrenzung des Individualvertrages von Allgemeinen Geschäftsbedingungen

Für die Eröffnung des Anwendungsbereiches des Rechts der Allgemeinen Geschäftsbedingungen müssen dem Auftraggeber vom Kunstsachverständigen einseitig vorformulierte Vertragsbedingungen gestellt werden, etwa dergestalt, dass der Kunstsachverständige ein vorgefertigtes Vertragsmuster mit vorformulierten Haftungsbeschränkungen gegenüber dem Auftraggeber verwendet.[1827] Werden die Vertragsbedingungen dabei vom Kunstsachverständigen nicht ernsthaft zur Disposition gestellt, hat also der Auftraggeber keine konkrete Möglichkeit zumutbarer gestalterischer Einflussnahme auf die ihm vorgelegten Vertragsbedingungen, sind regelmäßig die §§ 305 ff. anwendbar, wenn die Vertragsbedingungen Bestandteil des Vertrages geworden sind.[1828] Die Beweislast für das Vorliegen von AGB liegt bei dem sich auf den Schutz der §§ 305 ff. BGB berufenden Auftraggeber, wohingegen die Beweislast für das Vorliegen einer Individualabrede beim Kunstsachverständigen liegt.[1829]

[1823] Das Kriterium einer „Vielzahl von Verträgen“ kann bereits bei erstmaliger Verwendung vorliegen, mit der Folge der Anwendbarkeit der §§ 305 ff. BGB. Im Übrigen wird die mindestens dreimalige Verwendung das Kriterium der „Vielzahl“ erfüllen, BGH NJW 2002, 138 (139); 1998, 2286 (2287); Wolf/Lindacher/Pfeiffer-*Pfeiffer*, § 305 Rn. 16; Palandt-*Grüneberg*, § 305 Rn. 9. Zu berücksichtigen ist bei Verbraucherverträgen die Regelung des § 310 Abs. 3 Nr. 2 BGB.

[1824] Das Kriterium der „Vorformulierung“ verlangt, dass die Bedingungen vor Vertragsschluss fertig formuliert vorgelegt werden, siehe bei Ulmer/Brandner/Hensen-*Ulmer/Habersack*, § 305 Rn. 20 ff.

[1825] Der Begriff ist weit gefasst und erfasst etwa Formularverträge, gesonderte AGB, aber auch einzelne Klauseln eines Sachverständigenvertrages, siehe Staudinger-*Schlosser* [2006], § 305 BGB Rn. 17.

[1826] Siehe auch Bamberger/Roth-*Becker*, § 305 Rn. 10 ff.

[1827] Siehe Ulmer/Brandner/Hensen-*Ulmer/Habersack*, § 305 Rn. 26 ff., das Kriterium des Stellens der Vertragsbedingungen ist erfüllt, wenn der Verwender der Bedingungen bei Abschluss des Vertrages einseitig ihre Einbeziehung verlangt.

[1828] Siehe Staudinger-*Schlosser* [2006], § 305 Rn. 35 ff.; Wolf/Lindacher/Pfeiffer-*Pfeiffer*, § 305 Rn. 36 ff. Aushandeln erfordert, dass „der Verwender zunächst den in seinen AGB enthaltenen gesetzesfremden Kerngehalt, also die den wesentlichen Inhalt der gesetzlichen Regelung ändernden oder ergänzenden Bestimmungen inhaltlich ernsthaft zur Disposition stellt und dem Verhandlungspartner Gestaltungsfreiheit zur Wahrung eigener Interessen einräumt, mit zumindest der realen Möglichkeit, die inhaltliche Ausgestaltung der Vertragsbedingungen zu beeinflussen.“, BGH NJW 2000, 1110 (1112).

[1829] Siehe Landmann/Rohmer-*Bleutge*, § 36 Rn. 39; Palandt-*Grüneberg*, § 305 Rn. 24.

2. Einbeziehungsvoraussetzungen von Allgemeinen Geschäftsbedingungen

Von Bedeutung ist ferner der persönliche Anwendungsbereich der §§ 305 ff. BGB. Der Auftraggeber eines Kunstgutachtens kann etwa ein Auktionshaus, eine Galerie oder ein Kunsthändler sein, aber auch ein privater Sammler.[1830] Hinsichtlich des Anwendungsbereichs der §§ 305 ff. BGB wird dahingehend differenziert, ob der Kunstsachverständige die AGB gegenüber einem Unternehmer im Sinne von § 14 BGB oder einem Verbraucher im Sinne von § 13 BGB verwendet, mit der Folge einer eingeschränkten AGB-Kontrolle in der Beziehung zwischen Unternehmern, § 310 Abs. 1 BGB.[1831] Auf die Rechtsfolgen dieser Differenzierung wird nachstehend im Zusammenhang jeweils näher eingegangen.

Die AGB müssen Bestandteil des Vertrages zwischen dem Kunstsachverständigen und dem Auftraggeber geworden sein. Voraussetzung für ihre wirksame Einbeziehung im Geschäftsverkehr mit Verbrauchern ist nach § 305 Abs. 2 BGB, dass der Kunstsachverständige den Auftraggeber bei Vertragsschluss ausdrücklich darauf hingewiesen hat, seine AGB zum Inhalt des Vertrages machen zu wollen und der Auftraggeber diese zumutbar zur Kenntnis nehmen konnte.[1832] Schließlich muss der Auftraggeber zumindest schlüssig zum Ausdruck gebracht haben, mit der Geltung der AGB einverstanden zu sein.[1833] Im Geschäftsverkehr zwischen Unternehmern finden die formalisierten Voraussetzungen der Einbeziehung nach den §§ 305 Abs. 2 und 3 BGB nach § 310 Abs. 1 S. 1 BGB keine Anwendung, es bedarf demgegenüber der rechtsgeschäftlichen Einbeziehung in den Vertrag, die sich nach den allgemeinen Vorschriften der §§ 145 ff. BGB richtet.[1834]

Sind die AGB wirksam einbezogen worden, ist zu untersuchen, ob die Parteien des Sachverständigenvertrags eine individuelle Vertragsabrede getroffen haben, die gemäß § 305b BGB Vorrang gegenüber den AGB beansprucht.[1835] Als weitere Wirk-

[1830] Zu den AGB-rechtlichen Besonderheiten bei Verbraucherverträgen siehe § 310 Abs. 3 BGB.

[1831] Siehe Bayerlein-*Roeßner*, § 37 Rn. 23; vgl. Ulmer/Brandner/Hensen-*Ulmer/Schäfer*, § 310 Rn. 52; Staudinger-*Habermann* [2004], § 14 Rn. 43, zur Anwendung auf freiberufliche Tätigkeiten.

[1832] Siehe Bamberger/Roth-*Becker*, § 305 Rn. 44 ff., 53 ff. Sind die AGB etwa auf einem eigenen, separaten Dokument abgedruckt, muss dieses dem Auftraggeber bei Vertragsschluss zur Kenntnis gebracht und in den Vertrag einbezogen werden, siehe ebenda, Rn. 45 ff.

[1833] Siehe bei Wolf/Lindacher/Pfeiffer-*Pfeiffer*, § 305 Rn. 105.

[1834] Siehe Wolf/Lindacher/Pfeiffer-*Pfeiffer*, § 305 Rn. 105; Bamberger/Roth-*Becker*, Rn. 80; Palandt-*Grüneberg*, § 305 Rn. 50 ff.

[1835] Siehe hierzu bei Staudinger-*Schlosser* [2006], § 305b Rn. 11 ff.

samkeitsvoraussetzung dürfen in den Vertrag einbezogene AGB keine überraschenden Klauseln im Sinne von § 305c Abs. 1 BGB enthalten.[1836] Diese negative Einbeziehungsvoraussetzung setzt voraus, dass eine Klausel objektiv ungewöhnlich und subjektiv für den Auftraggeber überraschend sein muss.[1837] Wenn zwischen der Regelung und den Erwartungen des Auftraggebers eine deutliche Diskrepanz besteht und der Auftraggeber mit ihr in vernünftiger Weise nicht zu rechnen braucht, wird diese nicht Bestandteil des Sachverständigenvertrages.[1838]

3. Auslegung

Sind die in den vom Kunstsachverständigen verwendeten AGB enthaltenen Bedingungen nicht eindeutig formuliert, bedarf es der objektiven Auslegung zur Bestimmung ihres maßgeblichen Inhaltes.[1839] Nach der Unklarheitenregel des § 305c Abs. 2 BGB gehen Zweifel am Bedeutungsgehalt einer Klausel zu Lasten des Verwenders.[1840]

4. Inhaltskontrolle

Die §§ 305 ff. BGB sehen eine Inhaltskontrolle im Wege eines in den §§ 308, 309 BGB enthaltenen Kataloges verbotener Klauseln und der Generalklausel des § 307 BGB vor. Für Vertragsbedingungen zwischen Unternehmern, etwa im Falle einer Beauftragung des Sachverständigen durch ein Auktionshaus, erfolgt eine eingeschränkte Inhaltskontrolle, die §§ 305 Abs. 2 und 3, 308 und 309 BGB finden keine Anwendung, können aber im Rahmen der Generalklausel des § 307 BGB wertende Berücksichtigung finden.[1841]

Die Inhaltskontrolle ist nach § 307 Abs. 3 S. 1 BGB beschränkt auf Vertragsbestimmungen in den AGB des Sachverständigen, durch die von Rechtsvorschriften

---

[1836] Als Einbeziehungsvoraussetzung ist § 305c Abs. 1 BGB von der Bemessung der inhaltlichen Unangemessenheit im Bereich der Inhaltskontrolle zu differenzieren, wenngleich die Grenzen teilweise fließend sind, siehe Wolf/Lindacher/Pfeiffer-*Lindacher*, § 305c Rn. 5.

[1837] Siehe Ulmer/Brandner/Hensen-*Ulmer/Schäfer*, § 305c Rn. 11.

[1838] Siehe Bamberger/Roth-*Schmidt*, § 305c Rn. 15; Ulmer/Brandner/Hensen-*Ulmer/Schäfer*, § 305c Rn. 11.

[1839] Siehe MüKo-*Basedow*, § 305c Rn. 22.

[1840] Siehe Ulmer/Brandner/Hensen-*Ulmer*, § 305c Rn. 85 ff., 90 ff.; Bamberger/Roth-*Schmidt*, § 305c Rn. 45.

[1841] Dauner-Lieb, AnwK-BGB-*Kollmann*, § 307 Rn. 8; Palandt-*Grüneberg*, § 307 Rn. 39; siehe auch Erman-*Roloff*, § 307 Rn. 35.

abweichende oder diese ergänzende Regelungen vereinbart werden.[1842] Der Schutzzweck der Inhaltskontrolle liegt dabei darin, den Verwendungsgegner vor unangemessenen Benachteiligungen durch die alleinige Inanspruchnahme der faktischen Vertragsgestaltungsfreiheit durch den Klauselverwender, hier den Sachverständigen, zu schützen.[1843] Im Rahmen der Inhaltskontrolle ist primär zu untersuchen, ob die fragliche Bedingung des Sachverständigenvertrages dem Anwendungsbereich der speziellen Klauselverbote von § 309 BGB und § 308 BGB unterfällt.[1844] Hiervon nachrangig ist die Vereinbarkeit der Bedingung anhand von § 307 BGB zu untersuchen, zunächst ob ein Regelbeispiel nach § 307 Abs. 2 BGB vorliegt, dann an der Generalklausel des § 307 Abs. 1 BGB. Als Prüfungsmaßstab der Inhaltskontrolle innerhalb der Generalklausel wird in § 307 Abs. 1 S. 1 BGB ein Verbot unangemessener Benachteiligung des Vertragspartners des Sachverständigen entgegen den Geboten von Treu und Glauben formuliert, welchem die zwei Regelbeispiele des § 307 Abs. 2 BGB konkretisierend vorangestellt sind.[1845] Zur Beurteilung einer unangemessenen Benachteiligung erfolgt eine Interessenabwägung zum Zeitpunkt des Vertragsabschlusses im Wege eines überindividuell generalisierend-typisierenden Maßstabes, also von den konkreten Umständen des Einzelfalls und den Parteien der Vereinbarung abgekoppelt.[1846] Eine unangemessene Benachteiligung wird nach der Rechtsprechung etwa dann angenommen, „wenn der Verwender durch einseitige Vertragsgestaltung missbräuchlich eigene Interessen auf Kosten seines Vertragspartners durchzusetzen versucht, ohne von vorneherein auch dessen Belange hinreichend zu berücksichtigen und ihm einen angemessen Ausgleich zuzugestehen".[1847] Bei Verbraucherverträgen ist § 310 Abs. 3 Nr. 3 BGB zu berücksichtigen, wonach zusätzlich die den Vertragsschluss begleitenden Umstände zu berücksichtigen sind.[1848] Ferner haben die AGB aufgrund des Transparenzgebotes nach § 307 Abs. 1 S. 2 BGB

[1842] Siehe hierzu Bamberger/Roth-*Schmidt*, § 307 Rn. 62 ff. Reine Leistungsbeschreibungen, Preis- und Preisnebenvereinbarungen sind von der Inhaltskontrolle ausgenommen, siehe Palandt-*Grüneberg*, § 307 Rn. 57 ff.

[1843] BGH NJW 1994, 2825 (2826) mwN; Ulmer/Brandner/Hensen-*Ulmer/Habersack*, Einl. Rn. 48 mwN; Palandt-*Grüneberg*, Überbl. v. § 305 Rn. 8. Zum Schutzzweck allgemein *Kötz*, JuS 2003, 209 ff.

[1844] Zur Prüfungsreihenfolge siehe Bamberger/Roth-*Schmidt*, § 307 Rn. 16, 18.

[1845] Landmann/Rohmer-*Bleutge*, § 36 Rn. 39.

[1846] Siehe Ulmer/Brandner/Hensen-*Fuchs*, § 307 Rn. 98 ff. (110 ff.); Dauner-Lieb, AnwK-BGB-*Kollmann*, § 307 Rn. 2; Staudinger-*Coester* [2006], § 305 Rn. 100, 109 ff., zu den Einschränkungen ebenda, Rn. 113 ff.

[1847] BGH NJW 2008, 1064 (1065); 2006, 47 (51) mwN; 2005, 1774 (1775) mwN; Palandt-*Grüneberg*, § 307 Rn. 8 mwN.

[1848] Der überindividuell generalisierend-typisierende Maßstab wird aufgrund dieser Norm, die die Umsetzung des Art. 4 Abs. 1 der Richtlinie 93/13/EWG darstellt, durch die konkret-individuellen den Vertragsschluss begleitenden Umstände ergänzt, siehe MüKo-*Basedow*, § 310 Rn. 70 ff. (74 f.); Wolf/Lindacher/Pfeiffer, § 310 Abs. 3 Rn. 29 ff. (33 ff.).

klar und verständlich zu sein, anderenfalls kann auch darin eine unangemessene Benachteiligung begründet liegen.[1849] Auf die Wirksamkeit von haftungsbeschränkenden und haftungsausschließenden Klauseln in AGB von Kunstsachverständigen wird nun im Einzelnen eingegangen.[1850]

a) Haftungsbeschränkende und haftungsausschließende Klauseln

Entsprechend den bereits in der Darstellung zu individualvertraglichen Haftungsbeschränkungen besprochenen allgemeinen Voraussetzungen ist ein Ausschluss der Haftung für Vorsatz im Voraus nach § 276 Abs. 3 BGB grundsätzlich nicht möglich. Nach § 309 Nr. 7a BGB ist ein Ausschluss oder die Beschränkung der Haftung für Schäden aus einer Verletzung von Leben, Körper oder Gesundheit ebenfalls unwirksam, wobei dies jede Art von fahrlässiger Pflichtverletzung, also auch einfache Fahrlässigkeit des Kunstsachverständigen und darüber hinaus vorsätzliche oder fahrlässige Pflichtverletzung eines Erfüllungsgehilfen (§ 278 BGB) oder eines gesetzlichen Vertreters umfasst, wenngleich für die Kunstsachverständigenhaftung hier regelmäßig keine Relevanz besteht.[1851]

Auch die Haftung für sonstige Schäden, also etwa Vermögensschäden, die auf einer grob fahrlässigen Pflichtverletzung des Kunstsachverständigen beruhen, kann in AGB nicht ausgeschlossen oder begrenzt werden, § 309 Nr. 7b BGB, wie auch die Haftung für sonstige Schäden, die auf einer vorsätzlichen oder grob fahrlässigen Pflichtverletzung eines Erfüllungsgehilfen oder gesetzlichen Vertreters des Sachverständigen beruhen.[1852]

Die Wirksamkeit des allgemeinen Ausschlusses oder einer allgemeinen Beschränkung der Haftung für sonstige Schäden, die auf einer leicht fahrlässigen Pflichtverletzung beruhen, wird überwiegend abgelehnt.[1853] Grundsätzlich steht ihr § 309 Nr. 7b BGB zwar nicht entgegen, es lässt sich aber nicht ein unmittelbarer Umkehrschluss auf die Wirksamkeit des Ausschlusses oder der Beschränkung der Haftung

---

[1849] Siehe Landmann/Rohmer-*Bleutge*, § 36 Rn. 39; Palandt-*Grüneberg*, § 307 Rn. 16 ff.

[1850] Zu der hier nicht erörterten Frage der Beschränkung von Gewährleistungsansprüchen siehe etwa Staudinger-*Peters/Jacoby* [2008], § 639 Rn. 20 ff.

[1851] Siehe Landmann/Rohmer-*Bleutge*, § 36 Rn. 39.

[1852] Siehe Landmann/Rohmer, § 36 Rn. 39 mit Klauselbeispielen; siehe auch bei *v.Hoyningen-Huene*, in: FS-Jayme, S. 1461 (1466).

[1853] Soweit mit diesem auch Kardinalpflichten erfasst werden: Bayerlein-*Roeßner*, § 37 Rn. 28 f.; *Bleutge*, Haftung, S. 93; *ders.*, in: Landmann/Rohmer, § 36 Rn. 39; *Gerlach*, S. 67 ff. (74); *Brückner/Neumann*, MDR 2003, 906 (912); a.A. ohne Differenzierung *Kirchmaier*, in: Ebling/Schulze, S. 245; *Simons*, S. 196. Vgl. gegen den unbestimmten Begriff der Kardinalpflichten bei *Wolf*, NJW 1980, 2433 ff.

für sonstige Schäden bilden, die auf einer leicht fahrlässigen Pflichtverletzung beruhen.[1854] Der Ausschluss oder die Beschränkung der Haftung für einfache Fahrlässigkeit unterliegt der Inhaltskontrolle nach § 307 Abs. BGB.[1855] Nach § 307 Abs. 2 Nr. 2 BGB dürfen wesentliche Rechte und Pflichten, die sich aus der Natur des Vertrages ergeben, nicht derart eingeschränkt werden, dass die Erreichung des Vertragszwecks gefährdet ist. Ein Haftungsausschluss darf also nicht zu einer Aushöhlung vertragswesentlicher Rechte und Pflichten, sog. Kardinalpflichten[1856], führen.[1857] Der Sachverständige darf sich also nicht durch AGB von der Haftung solcher vertraglicher Pflichten freizeichnen, die Voraussetzung für die Erreichung des Vertragszweckes sind.[1858] Mit Hinweis auf das besondere Vertrauen, welches der Sachverständigentätigkeit entgegengebracht oder vom Sachverständigen in Anspruch genommen wird, werden bestimmte vertragliche Pflichten als wesentlich angesehen, so dass ein Ausschluss oder eine Beschränkung ausgeschlossen ist, insbesondere wenn hierdurch die ordnungsgemäße Erreichung des Vertragszwecks gefährdet wird.[1859] Bei der Anfertigung eines Gutachtens wird gerade erwartet, dass der Sachverständige zur Erreichung des Zwecks des Gutachtens mit Sorgfalt und Gewissenhaftigkeit vorgeht. Haftungsausschlüsse für leichte Fahrlässigkeit für Pflichtverletzungen des Sachverständigen werden daher regelmäßig an § 307 Abs. 1 und Abs. 2 scheitern.[1860] Zulässig sind sie nur soweit sie eine Haftung für vertragswesentliche Pflichten unberührt lassen.[1861]

[1854] Siehe Wolf/Lindacher/Pfeiffer-*Dammann*, § 309 Nr. 7 Rn. 90 ff.; *Gerlach*, S. 67. Soweit demgegenüber ein vom Gericht ernannter Sachverständiger nach § 839a BGB nicht für einfache Fahrlässigkeit haftet, begründet sich dies darauf, dass ihm nicht die innere Freiheit genommen werden soll, das Gutachten unabhängig und ohne den Druck eines Rückgriffs zu erstatten, siehe Bamberger/Roth-*Reinert*, § 839a Rn. 8. Soweit er zur Erstattung des Gutachtens nach § 407 ZPO verpflichtet ist, kann er auch nicht durch höhere Gebühren oder die Vereinbarung von Haftungsbeschränkungen den Verlust an Privatautonomie und bestehende Risiken kompensieren, *Wagner/Thole*, FPR 2003, 521.

[1855] Wolf/Lindacher/Pfeiffer-*Dammann*, § 309 Nr. 7 Rn. 96 ff.; Ulmer/Brandner/Hensen-*Christensen*, § 309 Nr. 7 Rn. 32; Palandt-*Grüneberg*, § 307 Rn. 2.

[1856] Eine Konkretisierung von Kardinalpflichten eines Sachverständigen findet sich bei *Ganten*, in: FS-Werner, S. 301 (305 ff.).

[1857] Siehe BGH NJW 2005, 1774; Wolf/Lindacher/Pfeiffer-*Dammann*, § 309 Nr. 7 Rn. 96.

[1858] Siehe *Ganten*, in: FS-Werner, S. 301 (303 f.). Die Frage, welche Pflichten in Sachverständigenverträgen als Kardinalpflichten gelten, war bislang nicht Gegenstand der Judikatur. Zum Begriff der vertragswesentlichen Pflichten s. *Meier*, in: FS-Schmidt, S. 223, (226 ff.).

[1859] Bayerlein-*Roeßner*, § 37 Rn. 27 ff.; *Bleutge*, Haftung, S. 93.

[1860] Bayerlein-*Roeßner*, § 37 Rn. 28 f.; Wolf/Lindacher/Pfeiffer-*Dammann*, § 309 Nr. 7 Rn. 99 mwN; Landmann/Rohmer-*Bleutge*, § 36 Rn. 39; *Gerlach*, S. 69 ff.; anders *Schack*, Rn. 152, Fn. 38; Ebling/Schulze-*Kirchmaier*, Rn. 271; *Simons*, S. 196, ohne Differenzierung hinsichtlich vertragswesentlicher Pflichten; *Zimmermann*, DS 2007, 286 (293).

[1861] Siehe Wolf/Lindacher/Pfeiffer-*Dammann*, § 309 Nr. 7 Rn. 99; Landmann/Rohmer-*Bleutge*, § 36 Rn. 39; Bayerlein-*Roeßner*, § 37 Rn. 27; *Groß*, DS 2003, 134 (136); *Hübner*, NJW

Im Übrigen ist zu berücksichtigen, dass nach § 639 BGB Rechte des Auftraggebers des Gutachtens wegen eines Mangels nicht ausgeschlossen oder beschränkt werden können, wenn der Sachverständige den Mangel arglistig verschwiegen oder eine Garantie für die Beschaffenheit des Gutachtens übernommen worden ist.[1862]

Im Verkehr zwischen Unternehmern finden nach § 310 Abs. 1 Nr. 1 BGB die § 308 BGB und § 309 BGB keine Anwendung, ihre Wertungen finden jedoch im Rahmen der Inhaltskontrolle nach § 307 Abs. 1 und Abs. 2 BGB Berücksichtigung.[1863] Ein Verstoß gegen §§ 308 und 309 BGB wird in der Regel auch zwischen einem Sachverständigen und einem Auftraggeber, die beide die Unternehmereigenschaft des § 14 BGB erfüllen, die Unwirksamkeit der relevanten Klausel zur Folge haben; es gilt insoweit kein Unterschied zu den voranstehenden Ausführungen.[1864]

b) Summenmäßige Haftungsbeschränkung

Jede Form der Beschränkung der Haftung für Vorsatz ist unzulässig, § 276 Abs. 3 BGB. Eine Beschränkung der Haftung für Schäden an Leben, Körper und Gesundheit auf eine angemessene Haftungshöchstsumme ist ebenfalls unwirksam, § 309 Nr. 7a BGB, ebenso für eine vorsätzliche oder fahrlässige Pflichtverletzung eines Erfüllungsgehilfen oder gesetzlichen Vertreters.[1865] Dies gilt gleichermaßen auch für summenmäßige Beschränkungen der Haftung für grobe Fahrlässigkeit des Sachverständigen für sonstige Schäden, § 309 Nr. 7b BGB, und ebensolchen, die auf einer vor-

---

1988, 441 (443 f.) mwN; *Brückner/Neumann*, MDR 2003, 906 (912); *Wolf*, S. 278 f.; vgl. allgemein bei *Arnold*, ZGS 2004, 16 ff. (21). Sehr fraglich ist die Entscheidung des OLG Celle BauR 1995, 715 (717), welches einem Privatgutachter den Ausschluss der Haftung für leichte Fahrlässigkeit gestattete, kritisch im Hinblick auf die Rechtsprechung des BGH zu den Kardinalpflichten an dieser Entscheidung noch *Hensen*, in: Ulmer/Brandner/Hensen, AGB-Gesetz, 9. Auflage, § 11 Nr. 7 Rn. 24.

1862 Landmann/Rohmer-*Bleutge*, § 36 Rn. 39.

1863 Dauner-Lieb, AnwK-BGB-*Kollmann*, § 307 Rn. 8; Palandt-*Grüneberg*, § 307 Rn. 39.

1864 *Dammann* in: Wolf/Lindacher/Pfeiffer, § 309 Nr. 7 Rn. 99, befürwortet jedoch die Möglichkeit des Ausschlusses der Haftung im Gutachtervertrag für einfache Fahrlässigkeit, im Einzelfall sogar auch für grobe Fahrlässigkeit. Zwischen Unternehmern gelten jedoch ähnliche Grundsätze wie zwischen Nichtunternehmern, siehe Ulmer/Brandner/Hensen-*Christensen*, § 309 Nr. 7 Rn. 43; Staudinger-*Coester-Waltjen* [2006], § 309 Nr. 7 Rn. 42; Wolf/Lindacher/Pfeiffer-*Dammann*, § 309 Nr. 7 Rn. 150; MüKo-*Kieninger*, § 309 Nr. 7 Rn. 37; vgl. allgemein auch *Arnold*, ZGS 2004, 16 ff.; ein Ausschluss für leichte Fahrlässigkeit für vertragswesentliche Pflichten ist daher in einem Sachverständigenvertrag auch zwischen Unternehmern nicht wirksam, Staudinger-*Coester* [2006], § 307 Rn. 440 a.E. mwN; Palandt-*Grüneberg*, § 307 Rn. 36.

1865 Siehe Wolf/Lindacher/Pfeiffer-*Dammann*, § 309 Nr. 7 Rn. 48, 51 f.

sätzlichen oder grob fahrlässigen Pflichtverletzung eines Erfüllungsgehilfen oder gesetzlichen Vertreters des Sachverständigen beruhen.[1866] Summenmäßige Haftungsbeschränkungen für einfache Fahrlässigkeit sind auch für den Fall der Haftung für vertragswesentliche Pflichten, sog. Kardinalpflichten, zulässig, wenn die Haftungshöchstsumme das vertragstypische, vorhersehbare Schadensrisiko abdeckt.[1867] Im Verkehr zwischen Unternehmern sind summenmäßige Haftungsbeschränkungen schließlich nach dem Prüfungsmaßstab von § 307 Abs. 1 und Abs. 2 BGB zu beurteilen und werden, wenn der für die Haftung für einfache Fahrlässigkeit vereinbarte Höchstbetrag auch bei vertragswesentlichen Pflichten die vertragstypischen, vorhersehbaren Schäden abdeckt, als zulässig angesehen.[1868]

c) Erleichterung der Verjährung

Neben den bereits oben dargelegten Voraussetzungen des Verjährungsrechts und den Grundsätzen zu Erleichterungen der Verjährung durch Individualvereinbarung zwischen Auftraggeber und Sachverständigem sind bei AGB zusätzlich die Klauselverbote von §§ 309 Nr. 7 und Nr. 8b ff) sowie § 307 BGB als auch § 202 Abs. 1 BGB zu berücksichtigen.[1869] Die Verkürzung der Verjährungsfristen von Ansprüchen wegen eines Mangels, die auf einer vorsätzlichen oder grob fahrlässigen Pflichtverletzung von Leben, Körper und Gesundheit beruhen und Ersatzansprüchen für sonstige Schäden, die auf einer grob fahrlässigen Pflichtverletzung beruhen, sind im Hinblick auf ihre Qualifikation als Haftungsbegrenzungen nach § 309 Nr. 7 BGB unwirksam.[1870] Vor dem Hintergrund dieser Qualifikation gilt dies auch im Falle der Verkürzung respektive der Ansprüche bei der Verletzung von sog. Kardinalpflichten.[1871] Im Übrigen sind Verkürzungen der Verjährungsfrist auf unter ein Jahr unwirksam.[1872] Gleichermaßen sind indirekte Verkürzungen der Verjährung unwirksam,

---

[1866] Siehe Ulmer/Brandner/Hensen-*Christensen* § 309 Nr. 7 Rn. 26, 29. Siehe auch den Nachweis der voranstehenden Fußnote.

[1867] Siehe Ulmer/Brandner/Hensen-*Christensen*, § 309 Nr. 7 Rn. 40; Bayerlein-*Roeßner*, § 37 Rn. 39; *Hübner*, NJW 1989, 5 (10); *Wolf*, S. 282; vgl. Landmann/Rohmer-*Bleutge*, § 36 Rn. 39.

[1868] Siehe Ulmer/Brandner/Hensen-*Christensen*, § 309 Nr. 7 Rn. 40, 46; Wolf/Lindacher/Pfeiffer-*Dammann*, § 309 Nr. 7 Rn. 150 ff.; Bamberger/Roth-*Becker*, § 309 Nr. 7 Rn. 46.

[1869] § 309 Nr. 7 und § 309 Nr. 8 b ff. sind in vollem Umfang nebeneinander anwendbar, Wolf/Lindacher/Pfeiffer-*Dammann*, § 309 Nr. 8 b ff. Rn. 39.

[1870] Siehe Staudinger-*Coester* [2006], § 307 Rn. 649; Erman-*Roloff*, § 309 Rn. 69; MüKo-*Grothe*, § 202 Rn. 10; *Mansel*, NJW 2002, 89 (97).

[1871] Siehe Staudinger-*Peters*/*Jacoby* [2009], § 202 Rn. 17.

[1872] Siehe *v. Westphalen*, AGB, Vertragsrecht, Ziff. 35, Rn. 17; Staudinger-*Coester-Waltjen* [2006], § 309 Nr. 8 Rn. 94; Staudinger-*Coester* [2006], § 307 Rn. 654 mwN; Ulmer/Brandner/Hensen-*Christensen*, § 309 Nr. 8 Rn. 102; *v.Hoyningen-Huene*, in: FS-Jayme, S. 1461 (1466). Siehe auch *Bleutge*, Sachverständigenvertrag, S. 64.

etwa durch Vorverlegung des Beginns der Verjährungsfrist.[1873] Sind beide Parteien des Sachverständigenvertrages Unternehmer im Sinne von § 14 BGB, ist der Maßstab von § 307 BGB zu berücksichtigen, über den ähnliche Wertungen wie bei Verbraucherbeteiligung gelten. Für Verkürzungen der Verjährung auf unter ein Jahr besteht auch im unternehmerischen Verkehr kein Raum.[1874]

5. Rechtsfolgen unwirksamer Klauseln

Verstößt die Klausel gegen § 309 Nr. 7 a und b BGB, ist diese im Ganzen unwirksam, eine geltungserhaltende Reduktion auf einen noch zulässigen Inhalt ist nicht zulässig, auch nicht im Verkehr zwischen Unternehmern.[1875] Dies gilt auch im Falle einer unwirksamen Verkürzung von Verjährungsfristen, es gelten dann die gesetzlichen Fristen.[1876] Nach § 306 Abs. 2 BGB gelten die gesetzlichen Vorschriften, wenn die eine Klausel des Sachverständigenvertrages etwa nach den §§ 308 und 309 BGB oder § 307 Abs. 1, 2 BGB unwirksam ist oder nicht wirksam einbezogen wurde und der Vertrag im Übrigen wirksam bleibt.[1877] Der Vertrag zwischen dem Sachverständigen und seinem Auftraggeber bleibt nach § 306 Abs. 1 BGB im Übrigen wirksam, soweit nicht ein Fall des § 306 Abs. 3 BGB gegeben ist.[1878]

III. Haftungsbeschränkende Klauseln und Dritte

Im Hinblick auf die Haftung von Sachverständigen gegenüber Dritten, etwa in Fallkonstellationen, in denen das Gutachten im Zusammenhang mit Verkaufsverhandlungen über das konkrete Kunstwerk vorgelegt wird, stellt sich die Frage, ob und unter welchen Voraussetzungen ein Kunstsachverständiger seine Haftung im Verhältnis zu vertragsfremden Dritten beschränken kann. Die Kalkulierbarkeit des Schadensrisikos und dessen Versicherbarkeit sind für einen Kunstsachverständigen

---

[1873] Siehe Ulmer/Brandner/Hensen-*Christensen*, § 309 Nr. 8 Rn. 102 f.; Bamberger/Roth-*Becker*, § 309 Nr. 8 Rn. 47.

[1874] Siehe *v. Westphalen*, AGB, Vertragsrecht, Ziff. 35, Rn. 18 ff.; Palandt-*Grüneberg*, § 309 Rn. 77; mit Vorbehalten gegenüber kürzeren Fristen auch Ulmer/Brandner/Hensen-*Christensen*, § 309 Nr. 8 Rn. 106.

[1875] Palandt-*Grüneberg*, Vorb. v. 307 Rn. 8 mwN; MüKo-*Kieninger*, § 309 Rn. 7.

[1876] Siehe Wolf/Lindacher/Pfeiffer-*Dammann*, § 309 Nr. 8 b ff Rn. 25-29; MüKo-*Grothe*, § 202 Rn. 10.

[1877] Siehe Ulmer/Brandner/Hensen-*Christensen*, § 306 Rn. 24 ff.

[1878] Siehe Staudinger-*Coester*, § 307 Rn. 54, § 306 Rn. 29 ff.; Erman-*Roloff*, vor §§ 307-309 Rn. 16. Zur Unwirksamkeit nach § 306 Abs. 3 BGB siehe bei Bamberger/Roth-*Schmidt*, § 306 Rn. 18 ff.

bedeutsame Aspekte.[1879] Die gerade dargestellten Möglichkeiten der Haftungsbeschränkung im Wege individualvertraglicher Vereinbarung oder in Allgemeinen Geschäftsbedingungen wirken im Verhältnis zum Auftraggeber, als Vertragspartner des Sachverständigen.[1880] Uneinheitlich sind die Ansichten respektive der Voraussetzungen und Wirkung von Haftungsbeschränkungen im Verhältnis zu vertragsfremden Dritten.[1881]

Zieht man als Anknüpfungspunkt den Vertrag zwischen Sachverständigem und Auftraggeber heran, findet sich die Ansicht, dass in diesem Haftungsbeschränkungen ausschließlich zu Lasten Dritter nicht wirksam vereinbart werden können.[1882] Angesichts der Begründung der Dritthaftung im Wege einer Einbeziehung in den vertraglichen Schutzbereich wird vielfach hervorgehoben, dass dem in den Schutzbereich dieses Vertrages einbezogenen Dritten aber auch nicht weitergehende Rechte eingeräumt werden sollen, als dem Auftraggeber als unmittelbarem Vertragspartner des Sachverständigen selbst zustehen.[1883] Der vertraglichen Beschränkung der Haftung wird entsprechend auch Wirkung gegenüber vertragsfremden Dritten beigemessen.[1884] Jedoch gerade bei den „Gutachterfällen" wirft die Konstellation „gegenläufiger Interessen" die Problematik im Verhältnis zum Rechtsgedanken von § 334 BGB auf, was bereits oben im Rahmen der Darstellung zum Vertrag mit Schutzwirkung zugunsten Dritter thematisiert worden ist.[1885] Mit dem zugrundeliegenden Rechtsgedanken und dem entsprechend von der Rechtsprechung eingeschlagenen Weg lassen sich vertragliche Haftungsbeschränkungen gegenüber Dritten jedoch kaum in Einklang bringen.[1886]

[1879] Vgl. etwa BGH NJW 2004, 3035 (3038); NJW-RR 2004, 1464 (1466) mwN.

[1880] Siehe etwa bei *Schack*, Rn. 152. Zur Wirksamkeit einer vertraglich vereinbarten Verkürzung der Verjährungsfrist gegenüber Dritten, siehe OLG Oldenburg, NJW-RR 1998, 1746 f.

[1881] Siehe etwa die Darstellung bei *Katzenstein*, S. 45 ff., 326 ff.

[1882] Siehe Staudinger-*Jagmann* [2009], § 328 Rn. 112 mwN; MüKo-*Gottwald*, § 328 Rn. 132; Soergel-*Hadding*, Anh. § 328 Rn. 21; *Karampatzos*, S. 79 mwN; siehe ferner *Eichler*, S. 364 f.

[1883] Siehe BGH NJW 1995, 392 (393); 1971, 1931 (1932); Staudinger-*Jagmann* [2009], § 328 Rn. 112 mwN; siehe auch Bamberger/Roth-*Janoschek*, § 328 Rn. 57.

[1884] Siehe aus der Rechtsprechung BGH NJW 1971, 1931 f.; vgl. bei BGH NJW 1995, 392 (393); Staudinger-*Jagmann* [2009], § 328 Rn. 112 mwN; siehe eingehend *Liebmann*, S. 275 ff. (282 ff.) mit umfangreichen Nachweisen; Dauner-Lieb, AnwK-BGB-*Preuß*, § 328 Rn. 17 mwN; Hk-BGB/*Schulze*, § 328 Rn. 20; a.A. *Assmann*, JuS 1986, 885 (888); *Hopt*, NJW 1987, 1745 (1746); *Neuner*, JZ 1999, 23 (130); siehe auch die Nachweise bei *Liebmann*, S. 276 ff.

[1885] Siehe dazu oben ab Seite 255.

[1886] Siehe *Büttner*, S. 154; krit. auch *Honsell*, in: FS-Medicus, 211 (232); siehe auch die Darstellung bei *Katzenstein*, S. 327 ff. (346).

Daneben hat es auch Relevanz, ob die Haftungsbeschränkungen für den Dritten erkennbar sind, also etwa durch ihren Abdruck im Gutachten selbst.[1887] Zu Recht wird allerdings darauf hingewiesen, dass allein die „Mitteilung" einer vertraglichen Haftungsbeschränkung lediglich deren Existenz dokumentiere, ihr aber nicht zur Geltung verhelfe.[1888] Es finden sich hinsichtlich der Erkennbarkeit haftungsbeschränkender Klauseln im Gutachten aber auch Hinweise auf den Aspekt einer entsprechenden „Vertrauensgrundlage" durch ihr Vorhandensein im Gutachten.[1889] Denn die Existenz haftungsbeschränkender Klauseln im Gutachten vermag Einfluss auf das Vertrauen des Dritten nehmen und die Möglichkeit zu eröffnen einen „Raum verdünnter Haftung" zu schaffen.[1890] Im Hinblick auf diesen alternativen Anknüpfungspunkt des „Vertrauens" besteht hier daher Anlass, die weitere Untersuchung des Verhältnisses von Haftungsbeschränkungen zu vertragsfremden Dritten zunächst auszusetzen und auf die gesonderte Untersuchung im Rahmen der unten folgenden Bewertung von §§ 311 Abs. 3 S. 2, 241 Abs. 2, 280 Abs. 1 BGB zu verweisen, in welcher der Frage nach den Möglichkeiten zur Beschränkung der Haftung gegenüber vertragsfremden Dritten weiter nachgegangen wird.[1891]

IV. Haftungsbeschränkende Wirkung des Inhalts des Gutachtens

Allgemeine Anerkennung findet die Möglichkeit, durch konkrete Angaben im Gutachten auf seine Reichweite Einfluss zu nehmen. Im Wortlaut des Gutachtens kann der Kunstsachverständige unter anderem Art und Umfang des Gutachtenauftrags, der von ihm durchgeführten Untersuchungen und der von dritter Seite übernommenen Erkenntnisse, etwa Ergebnisse naturwissenschaftlicher Untersuchungen, eingehend beschreiben. Er kann dabei auch Einschränkungen und Vorbehalte zum Ausdruck bringen, etwa hinsichtlich der tatsächlichen Befunde, aber auch hinsichtlich seines Sachverständigenurteils.

Mit einer dezidierten Darstellung des Auftrags wird der Rahmen der Tätigkeit des Sachverständigen eingegrenzt.[1892] Beispielsweise kann sich das Gutachten auf die Feststellung des Verkehrswertes eines Gemäldes beschränken, unter der vom Sachverständigen nicht zu untersuchenden, vorausgesetzten Annahme, dass es sich um

---

[1887] Siehe etwa MüKo-*Gottwald*, § 328 Rn. 132 a.E.; *Sprenger*, S. 44 mwN; krit. etwa Soergel-*Hadding*, Anh. § 328 Rn. 22.

[1888] *Büttner*, S. 154.

[1889] Siehe bei MüKo-*Gottwald*, § 328 Rn. 132 a.E.; Soergel-*Hadding*, Anh. § 328 Rn. 22.

[1890] Siehe bei MüKo-*Gottwald*, § 328 Rn. 132 a.E.

[1891] Siehe hierzu unten ab Seite 293 ff.

[1892] Siehe *Finn*, DS 2005, S. 11 (12).

ein echtes Werk handelt.[1893] Zum Teil werden dem Kunstsachverständigen von seinem Auftraggeber Informationen zur Verfügung gestellt, deren Wahrheitsgehalt er nicht oder nur schwerlich nachprüfen kann; was etwa bei Angaben zur Provenienz eines Kunstwerkes der Fall sein kann. Der Sachverständige muss in seinem Gutachten dann auf derartige Umstände hinweisen und kann dabei zugleich zu erkennen geben, dass er für die Richtigkeit der Informationen seines Auftraggebers nicht einstehen will.[1894] Es kann entsprechend auch deutlich gemacht werden, ob beispielsweise auf bestimmte weitergehende naturwissenschaftliche Untersuchungen des Kunstwerks verzichtet worden ist, die von einem spezialisierten Labor hätten erbracht werden müssen, welche der Auftraggeber aber etwa aus Kostengründen ausdrücklich nicht wollte.[1895] Soweit der Sachverständige in seinem Gutachten Vorbehalte zum Ausdruck bringt, wirken diese nur dann haftungsbeschränkend, wenn sie nicht allgemein, sondern „deutlich und dringlich formuliert" sind, so dass eindeutig ersichtlich ist, dass das Gutachten beispielsweise nicht abschließend ist.[1896]

Zum Teil finden Formulierungen[1897] wie „meiner Meinung nach (...)" oder „meines Erachtens (...)" in Gutachten Verwendung.[1898] Haftungsbeschränkende Wirkungen gehen von diesen Formulierungen alleine regelmäßig nicht aus.[1899] Schließlich hat

---

[1893] *Bleutge*, Haftung, S. 86, bei Wertgutachten von Kunstgegenständen spricht sich *Bleutge* dafür aus, für den Wert Margen anzugeben, ebenda, S. 90.

[1894] Siehe BGH NJW 1998, 1059 (1061); 1995, 392 (394); *Canaris*, ZHR 163 (1999), 206 (230); *ders.*, JZ 1995, 441 (446); *Gerlach*, S. 116; *Finn*, DS 2005, 11 (12); *Büttner*, S. 149 f.; siehe MüKo-*Wagner*, § 826 Rn. 66 ; siehe auch bei *Koch*, WM 2005, 1208 (1209) mwN; siehe auch die Darstellung und Nachweise unten ab Seite 324 ff.

[1895] Siehe in dieser Hinsicht bei Wellmann-*Walterscheidt*, Rn. 343.

[1896] Siehe OLG Stuttgart, Urt. v. 21.08.1997, Az. 13 U 3/96, im Fall eines Bodengutachtes.

[1897] Soweit das Gutachten Formulierungen wie etwa „nur für den Auftraggeber" enthält, ist nach dem BGH für die Frage, ob sich aus dieser eine Beschränkung in Bezug auf den Kreis einbezogener Dritter ableiten lässt, eine Gesamtbetrachtung erforderlich, die neben dem Inhalt des Gutachtens und den Umständen bei Vertragsschluss auch den prozessualen Vortrag für entscheidungserheblich sieht, siehe BGH NJW-RR 2004, 1464 (1467); siehe dagegen weniger restriktiv noch BGH NJW 1998, 1059 (1061); siehe auch Staudinger-*Jagmann* [2009], § 328 Rn. 111; ausführlich *Büttner*, S. 150 ff. Für einen Ausschluss drittschützender Wirkungen Simons, S. 198. Siehe kritisch *Finn*, NJW 2004, 3752 ff. Siehe hierzu die Darstellung unten ab Seite 324 ff.

[1898] *v.Hoyningen-Huene*, in: FS-Jayme, S. 1461 (1466); *Wolf*, S. 285.

[1899] *Locher*, UFITA 55 (1970), S. 129 (153); *Simons*, S. 195; *v.Hoyningen-Huene*, in: FS-Jayme, S. 1461 (1466); siehe *Wolf*, S. 285, für ein evtl. Mitverschulden des Dritten. Siehe die Entscheidung des LG München I, NJW-RR 2005, 643, zu den Gewährleistungsansprüchen eines Ersteigerers gegenüber einem Auktionshaus: die Formulierung „meiner Meinung nach" in einem Gutachten eines Kunstsachverständigen lässt nach dem Gericht zumindest erkennen, dass nach Auffassung des Sachverständigen Restzweifel bleiben. Nach dem LG München I hatte der Ersteigerer aufgrund dieser Formulierung ein Restrisiko hinsichtlich der Zuschreibung aus der Hand des Künstlers übernommen. Zum Aspekt des

der Sachverständige gegenüber seinem Auftraggeber eine vertragsgemäße Leistung in Form eines sorgfältig angefertigten Gutachtens zu erbringen.[1900] Es ist eine Auslegung des Gutachtenwortlauts erforderlich, ob sich Einschränkungen oder Vorbehalte aus diesem ergeben. Auf die sich ferner im Zusammenhang mit einer Angabe des Gutachtenzwecks ergebenden Fragestellungen wird unten im Rahmen der Bewertung von §§ 311 Abs. 3 S. 2, 241 Abs. 2, 280 Abs. 1 BGB eingegangen werden.[1901]

Kunstgutachtens als Echtheitsbestätigung bei Versteigerungen, siehe *Schneider*, Auktionsrecht, S. 140.

1900 Siehe *Simons*, S. 195.

1901 Siehe hierzu unten ab Seite 313 ff.

Vierter Teil: Rechtsvergleichende Betrachtung von §§ 311 Abs. 3 S. 2, 241 Abs. 2 i.V.m. 280 Abs. 1 BGB und Schlussbetrachtung

A. Einleitung

Im letzten Teil dieser Arbeit wird im unmittelbaren Anschluss an die Betrachtung der deutschen Rechtslage auf den Aspekt einer Dritthaftung von Kunstsachverständigen nach §§ 311 Abs. 3 S. 2, 241 Abs. 2 i.V.m. 280 Abs. 1 BGB eingegangen. Dies erfolgt im Licht der Befunde der hier betrachteten englischen und französischen Rechtsordnungen, welche zusammengeführt und im Anschluss in einer abschließenden rechtsvergleichenden Schlussbetrachtung der Arbeit bewertet werden.

B. Stellungnahme zu einer Dritthaftung von Kunstsachverständigen auf der Grundlage von §§ 311 Abs. 3 S. 2, 241 Abs. 2 i.V.m. 280 Abs. 1 BGB

I. Überblick

Es soll zunächst der Regelungsgehalt der Vorschrift des § 311 Abs. 3 BGB und ihre historische Entwicklung im Hinblick auf die Frage nach einer Einordnung für die hier untersuchte Dritthaftung von Sachverständigen näher betrachtet werden.

1. Regelungsgehalt der Vorschrift des § 311 Abs. 3 BGB

Durch das am 01. Januar 2002 in Kraft getretene Gesetz zur Modernisierung des Schuldrechts ist das Rechtsinstitut der culpa in contrahendo mit § 311 Abs. 2 und Abs. 3 in das BGB integriert worden.[1902] Während § 311 Abs. 2 BGB die Konstellationen der culpa in contrahendo im Zweipersonenverhältnis erfasst, beinhaltet § 311 Abs. 3 BGB eine Regelung zur Eigenhaftung Dritter.[1903] Letztere wird hier einer

---

[1902] Siehe die Begründung des Gesetzesentwurfs, BT-Drucks. 14/6040, S. 162 ff. Zur Normierung der culpa in contrahendo siehe bei *Köndgen*, in: Schulze/Schulte-Nölke, S. 231 ff.; *Dauner-Lieb*, in: Ernst/Zimmermann, S. 305 (316 ff.); Staudinger-*Löwisch* [2009], Vorbem. zu §§ 275-278 Rn. 4 ff.; *Canaris*, JZ 2001, 499 (519 f.); *ders.*, Schuldrechtsmodernisierung, S. XIX.

[1903] *Canaris*, Schuldrechtsmodernisierung, S. XIX; *Hirse*, in: KompaktKom-BGB, § 311 Rn. 10 ff.

näheren Betrachtung unterzogen. § 311 Abs. 3 S. 1 BGB formuliert, dass ein Schuldverhältnis mit Pflichten nach § 241 Abs. 2 BGB auch zu Personen entstehen kann, die nicht selbst Vertragspartei werden sollen.[1904] § 311 Abs. 3 S. 2 BGB beinhaltet ein Regelbeispiel[1905], wonach ein solches Schuldverhältnis insbesondere dann entsteht, wenn der Dritte[1906] in besonderem Maße Vertrauen für sich in Anspruch nimmt und dadurch die Vertragsverhandlungen oder den Vertragsschluss erheblich beeinflusst.[1907]

Der Wortlaut der Vorschrift ist durchaus „weit geraten"[1908]. Satz 1 stellt fest, dass ein Schuldverhältnis mit Pflichten nach § 241 Abs. 2 BGB auch zu Dritten, die nicht Vertragspartei werden, entstehen kann, ohne insoweit Voraussetzungen zu nennen. Damit wird „die Möglichkeit einer Haftung Dritter angesprochen", wie die Gesetzesbegründung zum Ausdruck bringt.[1909] Die dies konkretisierenden Voraussetzungen des Regelbeispiels von S. 2 erfassen die Dritthaftung von Sachverständigen.[1910] Ein Sachverständiger kann durch sein Gutachten in besonderem Maße Vertrauen für sich in Anspruch nehmen, denn auf seine objektiv und neutral im Gutachten zur Anwendung gebrachte Sachkunde wird von Dritten vertraut. Entscheidet sich etwa der

---

[1904] Eine Einordnung der Dritthaftung von Sachverständigen in § 311 Abs. 3 S. 1 BGB kommt nicht in Betracht, welcher die Fälle der Eigenhaftung von Vertretern und Verhandlungsgehilfen erfassen soll, BT-Drucks. 14/6040, S. 163. Mit einer Einordnung der Dritthaftung in § 311 Abs. 3 S. 1, der schon keine eigenen Tatbestandsvoraussetzungen beinhaltet, würde auch § 311 Abs. 3 S. 2 umgangen, *Faust*, AcP 210 (2010), 555 (573); a.A. *Krebs*, in: Dauner-Lieb, AnwK-BGB, § 311 Rn. 112 f.

[1905] *Koch*, AcP 204 (2004), 59 (63 f.); *Schumacher/Lada*, ZGS 2002, 450 (454); Bamberger/Roth-*Grüneberg/Sutschet*, § 311 Rn. 114; jurisPK-BGB/*Lapp*, § 311 Rn. 73; PWW/*Medicus/Stürner*, § 311 Rn. 64; vgl. auch MüKo-*Emmerich*, § 311 Rn. 201.

[1906] Aufgrund des mit dem § 311 Abs. 3 BGB einhergehenden „Wechsels der Perspektive" (siehe bei *Canaris*, ZHR 163 (1999), 206 (224)), wird mit dem „Dritten" im Sinne des Gesetzeswortlauts von § 311 Abs. 3 die Person des Sachverständigen bezeichnet, und nicht der Erwerber des Kunstwerks, da insoweit etwa auf das Verhältnis zwischen dem Auftraggeber des Gutachtens und dem Erwerber des Kunstwerks abgestellt wird, zu welchem der Sachverständige ein „Dritter" ist, vgl. *Lieb*, in: Dauner-Lieb/Heidel/Lepa/Ring, S. 130 f. Aus Gründen der Einheitlichkeit wird jedoch die in dieser Untersuchung gewählte Terminologie weiter beibehalten und gegebenenfalls erforderliche Abweichungen aus dem jeweiligen Kontext ersichtlich.

[1907] Siehe PWW/*Medicus/Stürner*, § 311 Rn. 64; *Kersting*, S. 124 f.; *Koch*, AcP 204 (2004), 59 (63 f.); *Krebs*, in: Dauner-Lieb, AnwK-BGB, § 311 Rn. 99 ff. (103).

[1908] Dies bringt *Canaris*, als „geistiger Vater der Neuregelung" (siehe *Lieb*, in: Dauner-Lieb/Heidel/Lepa/Ring, S. 131) selbst zum Ausdruck, *Canaris*, JZ 2001, 499 (520); *ders.*, Schuldrechtsmodernisierung, S. XIX; *Kim*, S. 270.

[1909] BT-Drucks. 14/6040, S. 163. Siehe hierzu *Kersting*, S. 123 f.

[1910] *Canaris*, JZ 2001, 499 (520); *Lieb*, in: Dauner-Lieb/Heidel/Lepa/Ring, S. 131; *van Eickels*, S. 150 ff.; ausf. *Gellmann*, S. 37 ff.; kritisch *Sprenger*, S. 26 f.

Interessent eines Kunstwerks aufgrund des ihm vom Auftraggeber des Sachverständigen vorgelegten Gutachtens zum Erwerb, kann auch die weitere tatbestandliche Voraussetzung einer kausalen erheblichen Beeinflussung von Vertragsverhandlungen bzw. dem Vertragsschluss vorliegen.

2. Historische Entwicklung der Neuregelung

Der Gesetzgeber beabsichtigte mit der Integration der culpa in contrahendo keine detaillierte, umfassende Kodifikation dieses Rechtsinstituts, sondern eine „abstrakte Regelung", die den Stand von Rechtsprechung und Literatur wiedergibt und zugleich aber auch „der Ausdifferenzierung und Fortentwicklung durch die Rechtsprechung zugänglich ist".[1911] Nach Begründung des Gesetzgebers soll § 311 Abs. 3 BGB auch die Haftung Dritter erfassen, zu welchen er ausdrücklich auch Sachverständige zählt.[1912] In der nachstehend wiedergegebenen Begründung des Gesetzentwurfs zu § 311 Abs. 3 S. 2 BGB wird insoweit ausgeführt:

> *„Die wichtigste Fallgruppe sind Fälle, in denen jemand besonderes Vertrauen für sich selbst in Anspruch nimmt. Diese Fallgruppe spricht Satz 2 exemplarisch an. (...) Angesprochen ist damit auch die Sachwalterhaftung. Es handelt sich um die Haftung von Sachverständigen oder anderer „Auskunftspersonen", die nicht selbst ein Eigeninteresse an einem Abschluss des Vertrags haben, dennoch aber durch ihre Äußerungen entscheidend zum Vertragsabschluss beitragen, weil sich ein Verhandlungspartner auf ihre Objektivität und Neutralität verlässt. Hierfür hat sich der Begriff Sachwalter eingebürgert. Solche Fälle werden derzeit nicht durchgängig als Anwendungsfälle des Rechtsinstituts der culpa in contrahendo begriffen. Teilweise wird eine Haftung nur angenommen, wenn zwischen*

[1911] Siehe die Begründung des Gesetzentwurfs, BT-Drucks. 14/6040, S. 162; PWW/*Medicus/Stürner*, § 311 Rn. 34; *Canaris*, JZ 2001, 499 (519). Krit. *Rieble*, in: Dauner-Lieb/Konzen/Schmidt, S. 137 ff. Siehe *Kerstings* grundlegenden Ansatz einer umfassenden Dritthaftung für Informationen, *Kersting*, S. 95 ff.

[1912] Zum Teil wird eine Einordnung der Dritthaftung von Gutachtern in § 311 Abs. 2 Nr. 3 BGB vertreten, *Schinkels*, JZ 2008, 272 (275 ff.); siehe auch *Schwab*, JuS 2002, 872 (877). Die Fälle der Dritthaftung von Sachverständigen sollen nach den Intentionen des Gesetzgebers aber eigens mit § 311 Abs. 3 S. 2 BGB erfasst werden, BT-Drucks. 14/6040, S. 163. Zu Recht weist bereits *Koch* darauf hin, dass der Gesetzgeber in der Begründung ausführt, dass es Haftungsvoraussetzung von § 311 Abs. 2 Nr. 3 BGB sei, „dass es sich um die an dem potenziellen Vertrag Beteiligten handele", AcP 204 (2004), 59 (63, Fn. 16); vgl. auch Hk-BGB/*Schulze*, § 311 Rn. 17. Zu diesen zählt ein Sachverständiger etwa in den Fällen der Weitergabe des Gutachtens an dritte Kaufinteressenten jedoch nicht. Ablehnend auch Bamberger/Roth-*Sutschet*, § 311 Rn. 51.

dem Sachverständigen oder der Auskunftsperson und einem der Verhandlungspartner (oder beiden) ein Auskunfts- oder Beratungsvertrag zustande gekommen ist, was auch durch schlüssiges Verhalten geschehen sein kann (dazu Sutschet, Der Schutzanspruch zugunsten Dritter, 1999, S. 134 f. und 137 f.). Teilweise werden diese Fälle aber auch als Anwendungsfälle der culpa in contrahendo angesehen. Diese setzt eine vertragliche Bindung gerade nicht voraus, die in diesen Fällen oft nicht einfach zu bejahen ist. Bei Anwendung der culpa in contrahendo kommt es entscheidend darauf an, ob Vertrauen in Anspruch genommen worden ist oder nicht. Die Vorschrift soll der Rechtsprechung aufzeigen, dass diese Fälle auch auf diesem Wege zu lösen sind.“ [1913]

Während der Gesetzgeber mit § 311 Abs. 3 S. 1 BGB hauptsächlich die Eigenhaftung von Vertretern und Verhandlungsgehilfen erfassen wollte, lagen seine Intentionen bei Satz 2 der Vorschrift vorwiegend in der Erfassung der Haftung von Sachwaltern, zu denen in der Begründung des Gesetzentwurfs auch die Haftung von Sachverständigen und sonstigen „Auskunftspersonen“ gerechnet wird.[1914] In die verschiedenen „klassischen“ Fallgruppen der „Sachwalterhaftung“ ist die Dritthaftung von Sachverständigen von der Rechtsprechung allerdings bislang nicht eingeordnet worden.[1915]

Daher werden im Folgenden zunächst einige Aspekte der „Sachwalterhaftung“ respektive der Dritthaftung von Sachverständigen näher beleuchtet, die zugleich Rückschlüsse auf die Neuregelung geben können.[1916] Die Sachwalterhaftung ist ursprünglich als auf culpa in contrahendo gründende Eigenhaftung Dritter entwickelt worden, die nicht Partei des intendierten Vertrags werden sollen, aber auf das Zustandekommen des Vertrages zugunsten einer Vertragspartei eingewirkt haben.[1917] In der Rechtsprechung haben sich zwei Anknüpfungspunkte für diese Eigenhaftung herausgebildet, zum einen in der Inanspruchnahme besonderen persönlichen Vertrauens und zum anderen in einem unmittelbaren wirtschaftlichen Eigeninteresse am Abschluss des Vertrages.[1918] Die Sachwalterhaftung wurde nach und nach weiter aus-

---

[1913] BT-Drucks. 14/6040, S. 163.

[1914] *Emmerich*, in: MüKo, § 311 Rn. 232.

[1915] Hierzu *Kersting*, S. 99 f. Siehe die Fallgruppen-Übersichten etwa bei *Emmerich*, in: MüKo, § 311 Rn. 236 ff.; Bamberger/Roth-*Grüneberg/Sutschet*, § 311 Rn. 116 ff.

[1916] Siehe zur Entwicklung eingehend *Canaris*, ZHR 163 (1999), 206 (222); ausführlich auch *Quiring*, S. 138 ff.

[1917] Siehe *Harke*, in: HKK, § 311 II, III, Rn. 19; *Faust*, AcP 210 (2010), 555 (561); siehe zur Sachwalterhaftung eingehend bei *Wiegand*, S. 29 ff.

[1918] MüKo-*Emmerich*, (4. Aufl., 2001) Vor § 275 Rn. 161; HKK/*Harke*, § 311 II, III, Rn. 19.

gedehnt und unter anderem beispielsweise auf Gebrauchtwagenhändler sowie Bereiche der allgemein-zivilrechtlichen Prospekthaftung erstreckt, etwa der Haftung von Gestaltern, Gründern und Initiatoren von Kapitalanlagegesellschaften.[1919] Die Ausweitung der Sachwalterhaftung durch die Rechtsprechung hat entsprechende Kritik an dem „bis zur Unkenntlichkeit verallgemeinerten Begriff" des Sachwalters hervorgerufen, der „nahezu keinen fassbaren juristischen Gehalt aufweist".[1920]

Die von der Judikatur der Fallgruppen zur Sachwalterhaftung herausgebildeten verschiedenen Haftungsvoraussetzungen haben im Laufe der Entwicklung zum Teil an Bedeutung verloren, während andere dagegen besondere Relevanz erlangt haben.[1921] So findet etwa die Voraussetzung eines „eigenen wirtschaftlichen Interesses" des Dritten an dem Vertragsschluss nur noch restriktive Anwendung und erfordert, dass der Dritte bei Verhandlungen gleichsam in eigener Sache tätig wird, auch ein allein mittelbares Interesse ist nicht ausreichend.[1922] Aufgrund der erheblichen Verschiebung des Stellenwerts dieses Kriteriums hat der Gesetzgeber von einer expliziten Regelung in § 311 Abs. 3 BGB abgesehen.[1923] Ferner wurde für die Voraussetzung der „Beteiligung am Vertragsschluss" eine echte Vertretereigenschaft des Dritten von der Rechtsprechung seit den Siebziger Jahren als nicht mehr erforderlich und „mittelbare Beziehungen über den von ihm betreuten Verhandlungspartner"[1924] als ausreichend angesehen.[1925] Demgegenüber hat die Voraussetzung der „Inanspruch-

---

[1919] MüKo-*Emmerich*, (4. Aufl., 2001), Vor § 275 Rn. 160, Rn. 131 ff. mwN; *Faust*, AcP 210 (2010), 555 (561). Siehe *Assmann*, in: Assmann/Schütze, § 21 Rn. 84, § 6 Rn. 8 ff., 129 ff., zur Differenzierung der Prospekthaftungstatbestände. Siehe etwa auch den „Sachwalter" im Sinne der §§ 270 ff. InsO.

[1920] *Canaris*, ZHR 163 (1999), 206 (222); *ders.*, FS-50 Jahre BGH, Bd. I, S. 129 (186); siehe ferner *Wiegand*, Sachwalterhaftung, S. 30 ff. mwN.

[1921] Siehe *Koch*, AcP 204 (2004), 59 (63 ff.).

[1922] MüKo-*Emmerich*, § 311 Rn. 242; *Koch*, AcP 204 (2004), 59 (63 ff.). Siehe etwa BGH NJW-RR 1991, 1241 (1242); 1992, 1061 f.; BGH NJW 1997, 1233 f.

[1923] *Canaris*, JZ 2001, 499 (520); *ders.*, Schuldrechtsmodernisierung, S. XIX: „(...) das Kriterium (...) des wirtschaftlichen Eigeninteresses (...) - mit Recht - nahezu vollständig aufgegeben (...)"; *Schumacher/Lada*, ZGS 2002, 450 (454); *Koch*, AcP 204 (2004), 59 (64). Das Erfordernis eines „eigenen wirtschaftlichen Interesses" des Sachverständigen am Vertragsschluss stünde auch im Widerspruch zu dessen neutraler und objektiver Position und würde ihn wenig vertrauenswürdig machen, *Medicus*, in: Haas/Medicus/Rolland/Schäfer/Wendtland, S. 119, Rn. 170 aE. Ein Interesse etwa an einer Vergütung ist als lediglich mittelbares wirtschaftliches Interesse nicht ausreichend, MüKo-*Emmerich*, § 311 Rn. 242 mwN; siehe auch BGH NJW-RR 1991, 1241 (1242). Zu den verbliebenen Anwendungsmöglichkeiten siehe KompaktKom-BGB-*Hirse*, § 311 Rn. 28.

[1924] BGHZ 56, 81 (87) = NJW 1971, 1309 (1310).

[1925] *Koch*, AcP 204 (2004), 59 (64 f.) mit Hinweis auf die ständige Rechtsprechung seit RGZ 106, 68 (73 f.); BGHZ 56, 81 (87). Siehe zur Entwicklung etwa bei *Koch*, AcP 204 (2004), 59 (63 ff.); eingehend *Quiring*, S. 138 ff.

nahme von besonderem persönlichen Vertrauen" im Laufe der Entwicklung erheblich an Bedeutung gewonnen, was sich nun auch in der Begründung des Gesetzgebers zu § 311 Abs. 3 S. 2 BGB widerspiegelt, wonach es entscheidend darauf ankommt, „ob Vertrauen in Anspruch genommen worden ist oder nicht".[1926]

Nach dem sich aus der Entwicklung der Sachwalterhaftung ergebenden Verständnis der Rechtsprechung werden als „Sachwalter" vorwiegend diejenigen Personen bezeichnet, die „weder Vertragspartner noch dessen Vertreter sind, die aber dennoch für die schuldhafte Verletzung vorvertraglicher Aufklärungspflichten ausnahmsweise persönlich einzustehen haben, weil sie auf der Seite des Vertragspartners an dem Zustandekommen des Vertragsschlusses beteiligt sind und dabei über das bei der Anbahnung von Geschäftsbeziehungen immer vorauszusetzende normale Verhandlungsvertrauen in besonderem Maße Vertrauen für sich persönlich in Anspruch nehmen und dadurch dem anderen Verhandlungspartner eine zusätzliche, gerade von ihm ausgehende Gewähr für Bestand und Erfüllung des in Aussicht genommenen Rechtsgeschäfts bieten".[1927] Die Merkmale dieser Bestimmung des Sachwalterbegriffs lassen sich auch auf die hier betrachtete Dritthaftung übertragen.[1928] Das in der Bestimmung des Sachwalterbegriffs enthaltene Vertrauensmoment ist auch in früheren Entscheidungen des BGH zur Sachverständigenhaftung präsent.[1929] Zu Recht weist *Canaris* ferner darauf hin, dass der BGH im sog. „Bürgschafts-Fall" Sachverständige explizit mit Sachwaltern verglichen hat: „Wie der Sachwalter und der Vertreter oder Verhandlungsgehilfe der künftigen Vertragspartei nimmt auch der öffentlich bestellte und vereidigte Sachverständige ein besonderes Vertrauen dessen in Anspruch, dem das von ihm gefertigte Gutachten erkennbar vorgelegt werden soll, (...). Das besondere Vertrauen, das dem Gutachten eines öffentlich bestellten und vereidigten Sachverständigen im Geschäftsverkehr beigemessen wird, setzt voraus, dass der Sachverständige das Gutachten nach bestem Wissen und Gewissen erstellt hat und dafür Dritten gegenüber einsteht.".[1930] Die Inanspruchnahme des Vertrauens in besonderem Maße knüpft dabei an die Sachkunde und Unabhängigkeit des Sachverständigen als vertrauenswürdige Auskunftsperson an, auf die sich derjenige verlässt, dem das Gutachten vorgelegt wird.[1931]

[1926] Siehe bei *Canaris*, ZHR 163 (1999), 206, 222 ff.; *Koch*, AcP 204 (2004), 59 (65); BT-Drucks. 14/6040, S. 163.

[1927] BGH NJW 1989, 293 (294) mwN; siehe grundlegend BGHZ 56, 81 (85 f.) = NJW 1971, 1309 (1310); krit. *Quiring*, S. 139 f.

[1928] *Canaris*, ZHR 163 (1999), 206 (224); *Quiring*, S. 143 ff.

[1929] Siehe etwa BGH NJW 2001, 3115 (3116) mwN; 1995, 392 (393).

[1930] *Canaris*, ZHR 163 (1999), 206 (228); BGH NJW 1998, 1059 (1060); kritisch *Karampatzos*, S. 115, Fn. 394.

[1931] Siehe *Busche*, in: Staudinger, Eckpfeiler [2011], F, VI, S. 281, Rn. 91, ein Sachverständiger steht auch nicht im Lager des Bestellers des Gutachtens, sondern „wegen seiner Objektivität als „neutrale" Instanz" zwischen dem Besteller und dem Dritten; siehe aber *Canaris*,

Damit finden sich bereits in der Rechtsprechung wesentliche Anknüpfungspunkte und Wertungskriterien für die hier betrachtete Dritthaftung.[1932]

Die Intention des Gesetzgebers, über §§ 311 Abs. 3 S. 2, 241 Abs. 2 i.V.m. 280 Abs. 1 BGB den Weg einer Dritthaftung von Sachverständigen zu eröffnen, wurde in der Gesetzesbegründung besonders zum Ausdruck gebracht, ohne diesen Weg dabei als obligatorisch vorzugeben, um damit „eine Weiterentwicklung (...) durch Praxis und Wissenschaft zu erlauben".[1933] Die gesetzliche Regelung ist vor diesem Hintergrund zu untersuchen, unter welchen Bedingungen sie eine Grundlage für die Dritthaftung von Sachverständigen bieten kann, wobei die verschiedenen Anknüpfungspunkte in die Betrachtung mit einbezogen werden.

Dabei sollen auch die oben dargestellten Befunde des englischen und französischen Rechts herangezogen werden. Aus der Perspektive der deutschen Rechtsordnung durchaus bemerkenswert, weist insoweit gerade das englische Recht eine Nähe zum deutschen Recht auf, als sich in der englischen Rechtsordnung eine umfangreiche entsprechende Auseinandersetzung findet, die auf dem *tort of negligence* gründende Dritthaftung unter anderem von Sachverständigen und sonstigen Experten für reine Vermögensschäden mit möglichst konkreten Haftungsvoraussetzungen respektive der Annahme einer *duty of care* auszustatten.[1934] Zum Vorteil gereicht dabei insoweit, dass das englische Recht dieselbe Perspektive aufweist, wie die hier betrachtete Lösung der Dritthaftungsfälle durch die Heranziehung von §§ 311 Abs. 3 S. 2, 241 Abs. 2 i.V.m. 280 Abs. 1 BGB, in deren Fokus das Verhältnis zwischen dem Sachverständigen und dem Dritten und nicht der Vertrag zwischen dem Auftraggeber und dem Sachverständigen steht.[1935] Im Unterschied dazu lassen sich im französischen Recht keine mit dem deutschen oder englischen Recht vergleichbar ausdifferenzierte Haftungskriterien für die hier untersuchte Dritthaftung ausmachen. Die Rechtsprechung gründet diese auf die oben erörterte deliktsrechtliche Anspruchsgrundlage der Artt. 1382, 1383 *C.civ.*, jedoch ohne dabei allgemeine Haftungskriterien auszuweisen.[1936] Auf die relevanten Einzelheiten wird im folgenden Abschnitt jeweils eingegangen werden.

ZHR 163 (1999), 206 (226); siehe noch *ders.*, JZ 1995, 441 (445). Ein Sachverständiger hat grundsätzlich ein objektives Gutachten ordnungsgemäß lege artis zu erstellen, ohne dabei in irgendeiner Form Parteiinteressen wahrzunehmen, ungeachtet der Tatsache, dass er für die Begutachtung vom Besteller des Gutachtens eine Vergütung erhält; krit. *Karampatzos*, S. 107 ff.

1932 Siehe *Canaris*, ZHR 163 (1999), 206, 222 ff. (224); krit. *Karampatzos*, S. 110 ff.

1933 Siehe BT-Drucks. 14/6040, S. 163.

1934 Siehe hierzu bereits die Ausführungen oben ab Seite 151 ff.

1935 Siehe auch bei *Canaris*, ZHR 163 (1999), 206 (224 f.).

1936 Siehe oben ab Seite 78 ff.

II. Voraussetzungen einer Dritthaftung von Sachverständigen

Von diesem Ausgangspunkt aus werden zunächst die Voraussetzungen des § 311 Abs. 3 S. 2 BGB in den Fokus der Betrachtung gerückt und im Hinblick auf eine Dritthaftung von Kunstsachverständigen nach §§ 311 Abs. 3 S. 2, 241 Abs. 2, 280 Abs. 1 BGB erörtert. Dem wird vorausgeschickt, dass in der Rechtsprechung des BGH seit Inkrafttreten des Gesetzes zur Modernisierung des Schuldrechts, soweit ersichtlich, noch keine Stellungnahme zum Lösungsweg einer Dritthaftung von (Kunst-)Sachverständigen nach §§ 311 Abs. 3 S. 2, 241 Abs. 2, 280 Abs. 1 BGB vorliegt; es wurde bislang ohne entsprechende Positionierung zu dieser Frage in den zu beurteilenden Dritthaftungskonstellationen auf den Lösungsweg des Vertrags mit Schutzwirkung zugunsten Dritter abgestellt.[1937] In der Literatur haben sich gegenwärtig im Wesentlichen zwei konträre Ansichten herausgebildet. Ein Teil befürwortet eine Lösung der Dritthaftungsfälle durch die Heranziehung des § 311 Abs. 3 S. 2 BGB, während ein anderer Teil eine ablehnende Position bezieht und dabei überwiegend den „traditionellen" Lösungsweg der Rechtsprechung über den Vertrag mit Schutzwirkung zugunsten Dritter bevorzugt.[1938] Wie eingangs aufgezeigt, erlaubt der

---

[1937] Siehe etwa BGH NJW 2004, 3035 ff.; BGH NJW-RR 2004, 1464 ff.; offen gelassen bei BGH, Urt. v. 12.01.2011, Az. VIII ZR 346/09, NJW-RR 2011, 462. Lediglich das Oberlandesgericht Brandenburg hat in einer Entscheidung vom 01.07.2008 sich zumindest implizit scheinbar bejahend zur Anwendbarkeit von § 311 Abs. 3 BGB auf die Dritthaftungsfälle positioniert, indem es eine Sachverständigen-Haftung nach § 311 Abs. 3 BGB im konkreten Fall lediglich mangels Inanspruchnahme persönlichen Vertrauens ablehnte, siehe OLG Brandenburg, Urt. v. 01.07.2008, Az. 6 U 120/07, MDR 2008, 1094. Ablehnend jedoch ausdrücklich das OLG Düsseldorf, Urt. v. 02.06.2009, Az. I-23 U 108/08, DStRE 2010, 449 (450) = WM 2009, 2375.

[1938] Die Zuordnung der Dritthaftung von Sachverständigen zu § 311 Abs. 3 S. 2 bejahen: *Blenske*, in: Schimmel/Buhlmann, S. 175 f.; *Canaris*, JZ 2001, 499 (520); *Eggert*, NZV 2009, 367 (371); *Faust*, in: Huber/Faust, S. 71 f.; *Finn*, NJW 2004, 3752 (3754); *Gellmann*, S. 156 ff., 172 ff.; KompaktKom-BGB-*Hirse*, § 311 Rn. 27; *Heermann*, in: MüKo § 675 Rn. 129; *Koch*, AcP 204 (2004), 59 (70 ff.); *ders.*, WM 2005, 1208 (1211); umfassend *Kersting*, Dritthaftung, S. 56, 318 f. (319 mwN), 544 ff.; *ders.*, JR 2008, 312 ff.; *Lieb*, in: Dauner-Lieb/Heidel/Lepa/Ring, Das neue Schuldrecht, S. 142 ff.; *Liebmann*, S. 318 (327 f.); *Looschelders*, Schuldrecht AT, S. 84, Rn. 218 f.; *Medicus*, in: FS-*Schlechtriem*, S. 613 (622 f.); *ders.*, in: Haas/Medicus/Rolland/Schäfer/Wendtland, S. 119; PWW/*Medicus/Stürner*, § 311 Rn. 64 ff., § 328 Rn. 21; *Pinger/Behme*, JuS 2008, 675 (678); *Quiring*, S. 121 ff.; *Rieble*, in: Dauner-Lieb/Konzen/Schmidt, S. 137 (144); *Schumacher/Lada*, ZGS 2002, 450 (455 f.); *Schwab*, JuS 2002, 872 (876 f.); *Schwarze*, Recht der Leistungsstörungen, S. 414 f.; *Schulze*, in: Hk-BGB, § 311 Rn. 21; Staudinger-*Busche*, Eckpfeiler [2011], F, S. 281, Rn. 91; siehe auch *Coester/Markesinis*, Am.J.Comp.L. 2003, 275 (290 f.; 303); wohl auch *Otto*, in: Staudinger, [2009], § 280 Rn. B 7, B 9; dabei nicht explizit zwischen § 311 Abs. 3 S. 1 u. S. 2 differenzierend: *Bleutge*, Sachverständigenvertrag, S. 12 f.; *ders.*, Haftung, S. 62 f.; *Eichler*, S. 288 ff.; PWW/*Fehrenbacher*, § 675 Rn. 57; *Hennrichs*, in: FS-Hadding, S. 875 (887 ff.); *Blume Huttenlauch*, KUR 2004, 118 (126 f.); *Löhnig*, JuS 2003, 727 f.; *Muthers*, in: Henssler/v.Westphalen, § 311 Rn. 26; *Schmidt-Räntsch*, AUR 2003,

Wortlaut des § 311 Abs. 3 S. 2 BGB eine weitreichende Anwendung, der auch eine Dritthaftung von Kunstsachverständigen zulässt. Dies macht zunächst eine Differenzierung und Konkretisierung der Haftungsvoraussetzungen erforderlich.

1. Inanspruchnahme von Vertrauen in besonderem Maße für sich

Der Tatbestand des § 311 Abs. 3 S. 2 BGB beinhaltet zunächst die Voraussetzung einer „Inanspruchnahme von Vertrauen in besonderem Maße für sich". Wird etwa dem Kaufinteressenten eines Kunstwerks vom Verkäufer bei den Vertragsverhandlungen ein Sachverständigengutachten über das konkrete Kunstwerk vorgelegt, welches dieses als „echt" ausweist, wie sich eine „klassische" Konstellation exemplarisch darstellen lässt, ist der Sachverständige allerdings in der Regel nicht persönlich zugegen und damit für den Kaufinteressenten nicht direkt greifbar. Dies wirft die Frage auf, unter welchen Voraussetzungen eine „Inanspruchnahme von Vertrauen in besonderem Maße für sich" durch den Sachverständigen vorliegt. Im Unterschied zu der in der bisherigen Rechtsprechung bislang gebräuchlichen Formel eines „besonderen persönlichen Vertrauens"[1939] im Rahmen der Eigenhaftung von Vertretern und „Sachwaltern" nach den Grundsätzen der culpa in contrahendo, wurde vom Gesetzgeber in § 311 Abs. 3 S. 2 BGB formuliert, dass das Vertrauen in besonderem Maße „für sich" selbst in Anspruch genommen werden muss.[1940] Damit wird zum Ausdruck gebracht, dass der Sachverständige das Vertrauen gerade „für sich", also in

265 (267 f.); *Wagner*, in: MüKo, § 826 Rn. 67; *Walterscheidt*, in: Wellmann, S. 171; *Westermann*, in: FS-Honsell, S. 137 (148 ff., 151); für eine Zuordnung zu § 311 Abs. 3 S. 1: *Krebs*, in: Dauner-Lieb, AnwK-BGB, § 311 Rn. 112 ff. (132); *Sack*, NJW 2006, 945 (948, Fn. 36); differenzierend *Kim*, S. 258 ff. (261 ff.; 292 ff.); für eine Einordnung in § 311 Abs. 2 Nr. 3 BGB: *Schinkels*, JZ 2008, 272 (275 ff.); ablehnend: *Brors*, ZGS 2005, 142 (147 ff.); *Deipenbrock*, BB 2003, 1849 (1852); *Faust*, AcP 210 (2010), 555 (573); Bamberger/Roth-*Gehrlein*, § 311 Rn. 121; Palandt-*Grüneberg*, § 311 Rn. 60; *Heppe*, WM 2003, 753 (758), dort Fn. 280 a.E.; *v.Hoyningen-Huene*, in: FS-Jayme, 1461 (1470, 1474); *Papadimitropoulos*, S. 178 ff. (183); *Rohe/Winter*, JuS 2003, 873 (876); *Schack*, Rn. 152; *Sprenger*, S. 24 (33); Jauernig-*Stadler*, § 311 Rn. 49; *Sutschet*, in: FS-Ehmann, S. 95 (110 ff.); Staudinger-*Jagmann* [2009], § 328 Rn. 139; *Tarman*, S. 147 ff. (152 ff.); gegen die Zuordnung einer „Expertenhaftung" zu § 311 Abs. 3: *Löwisch*, in: Staudinger [2005], § 311 Rn. 161; noch abl. *Zugehör*, Beraterhaftung, S. 146; distanzierend, aber ablehnend: *Karampatzos*, insb. S. 261 ff.; sympathisierend, aber noch ablehnend *Gottwald*, in: MüKo § 328 Rn. 112, 151; offen lassend: Bayerlein-*Roeßner*, § 32 Rn. 15; MüKo-*Emmerich*, § 311 Rn. 253 ff., siehe aber Rn. 284; Erman-*Kindl*, § 311 Rn. 49; *Keilmann*, JA 2005, 500 (503); *Schuller*, S. 46; *Teichmann*, BB 2001, 1485 (1492).

[1939] Siehe etwa bei BGH NJW 1971, 1309 (1310); 1989, 293 (294); 1997, 1233 f.

[1940] *Schumacher/Lada*, ZGS 2002, 450 (455); MüKo-*Emmerich*, § 311 Rn. 233.

seine eigene Person in Anspruch nehmen muss und nicht für einen etwaigen (künftigen) Vertragspartner, beispielsweise einen von ihm Vertretenen.[1941] Eine „besondere personale Intensität" ist hierfür nicht erforderlich.[1942] Die „Inanspruchnahme von Vertrauen" erfordert keinen unmittelbaren Kontakt mit dem Sachverständigen.[1943] Daher ist es keine Voraussetzung, dass der Sachverständige persönlich an den Verhandlungen teilgenommen haben muss.[1944] Es reicht für die „Inanspruchnahme von Vertrauen" im Sinne von § 311 Abs. 3 S. 2 BGB also aus, wenn der Kontakt alleine durch das Gutachten des Sachverständigen erfolgt. Soweit also kein unmittelbarer Kontakt zwischen dem Sachverständigen und dem Dritten, etwa einem potentiellen Käufer eines Kunstwerks, notwendig ist, sondern eine „Inanspruchnahme von Vertrauen" auch alleine durch ein Gutachten erfolgen kann, muss nun untersucht werden, unter welchen Voraussetzungen eine „Inanspruchnahme von Vertrauen in besonderem Maße für sich" nach § 311 Abs. 3 S. 2 BGB alleine durch ein Gutachten vorliegt.[1945]

Dies lenkt den Blick zunächst auf das Merkmal der „Inanspruchnahme von Vertrauen", das im Mittelpunkt der Voraussetzung einer „Inanspruchnahme von Vertrauen in besonderem Maße für sich" steht. Eine Definition von „Vertrauen" und eine Bestimmung der Bedeutung der „Inanspruchnahme von Vertrauen" im Sinne des § 311 Abs. 3 S. 2 BGB hat sich bislang nicht herausgebildet.[1946] Soweit ersichtlich, formuliert bislang lediglich *Kersting*[1947] in Bezug auf § 311 Abs. 3 S. 2 BGB, dass die „Inanspruchnahme von Vertrauen" im „Hervorrufen einer Vertrauenserwartung" durch den Vertrauensnehmer (Anm.: Vertrauensnehmer ist hier der Sachverständige)

[1941] Siehe *Canaris*, JZ 2001, 499 (520 f.); *ders.*, ZHR 163 (1999), 206 (232); *Medicus*, in: Haas/Medicus/Rolland/Schäfer/Wendtland, S. 119; *Quiring*, S. 157; *Kersting*, S. 218 f., 258 ff. mwN; siehe auch bei *Koch*, AcP 204 (2004), 59 (75 f.).

[1942] *Canaris*, JZ 2001, 499 (520 f.); hierzu auch *ders.*, ZHR 163 (1999), 206 (232); *Koch*, AcP 204 (2004), 59 (73).

[1943] *Canaris*, ZHR 163 (1999), 206 (225).

[1944] *Medicus*, in: Haas/Medicus/Rolland/Schäfer/Wendtland, S. 119, Rn. 170; *Muthers*, in: Henssler/v.Westphalen, § 311 Rn. 25; *Quiring*, S. 157 f.

[1945] Siehe schon bei *Canaris*, Vertrauenshaftung, S. 491 ff.

[1946] Siehe bei *Kersting*, S. 209 ff. und die entsprechenden Nachweise dort S. 210, Fn. 1188.

[1947] *Kersting* nimmt für seinen eigenen Ansatz einer einheitlichen bürgerlich-rechtlichen Dritthaftung für Informationen eine explizite Trennung von Sonderverbindung (§ 311 Abs. 3 S. 2 BGB), sich aus dieser ergebenden Pflichten (§ 241 Abs. 2 BGB) und einer möglichen Haftung (§ 280 Abs. 1 BGB) vor, *ders.*, S. 2, 106 ff., 113 ff., siehe auch *ders.*, JR 2008, 312 (314). Im Zentrum dieses Ansatzes steht eine eigenständige konkrete Pflichtenbestimmung, *ders.*, S. 381 ff., mit welcher er der von ihm vorgenommenen Erweiterung des Tatbestandes des § 311 Abs. 3 S. 2 BGB durch eine restriktive Pflichtenbestimmung im Rahmen von § 241 Abs. 2 BGB Grenzen zu setzen beabsichtigt, *ders.*, S. 365 f., 371.

und einem „Anbieten“ als „Grundlage einer Vertrauenshandlung des Vertrauensgebers“ (Anm.: Vertrauensgeber ist hier der Dritte) bestehe.[1948] Dabei sei auf eine tatsächliche „subjektive Vertrauenserwartung“ abzustellen.[1949] Er kennzeichnet die Vertrauenserwartung dahingehend, dass die Vertrauensentsprechung vom Vertrauensgeber für wahrscheinlicher als eine Vertrauensenttäuschung gehalten werden muss.[1950] Der vertrauende Dritte (Vertrauensgeber) habe die Erwartung, dass die Angaben des Vertrauensnehmers unter Berücksichtigung seines bisherigen und zukünftigen Verhaltens zutreffend seien, weshalb er auf eigene Überprüfungen dieser Angaben verzichten könne.[1951]

Diesem Erfordernis einer tatsächlichen „subjektiven Vertrauenserwartung“ ist allerdings ein objektiver Vertrauenstatbestand vorzuziehen. Denn die Voraussetzung einer tatsächlichen subjektiven Vertrauenserwartung des Dritten knüpft an innere Tatsachen an, wogegen sich verschiedene Einwände erheben lassen. So stellt *Kersting* nach der genannten Definition für die Vertrauenserwartung auf einen Grad der Wahrscheinlichkeit im Verhältnis zwischen Vertrauensentsprechung und Vertrauensenttäuschung ab.[1952] Dies bereitet nicht nur in Konstellationen Schwierigkeiten, in welchen sich der Vertrauensgeber gar keine Gedanken über die Wahrscheinlichkeit gemacht hat oder von einem Wahrscheinlichkeitsgrad von Null ausgeht oder sich generell völlig unsicher ist.[1953] Darüber hinaus ist es auch denkbar, dass ein übertriebenes Misstrauen des Vertrauensgebers sich aus objektiver Sicht als unbegründet herausstellt.[1954] *Canaris* weist insoweit zu Recht darauf hin, dass es dem Vertrauensgeber aber im Hinblick auf sonst bestehende Wertungswidersprüche gerade nicht zum Nachteil gereichen darf, wenn er ein größeres Misstrauen an den Tag legt, als dies eigentlich von der Rechtsordnung geboten ist.[1955] Auch wird eine sichere Bemessung des Wahrscheinlichkeitsgrades im Verhältnis zwischen Vertrauensentsprechung und Vertrauensenttäuschung innerhalb der „subjektiven Vertrauenserwartung“ praktisch nur schwerlich erfolgen können. Dies führt zur weiteren Problematik, dass derartige

---

[1948] Eingehend *Kersting*, S. 209 ff., 213 ff., 221 ff., 257 f.; *ders.*, JR 08, 312 (315 f.); folgend *Faust*, AcP 210 (2010), 555 (564), Fn. 26. Siehe hierzu auch bei *Gellmann*, S. 40 ff.

[1949] Siehe zum weiteren Kriterium eines „Vertrauenserweises“ gegenüber dem Vertrauensnehmer durch den Dritten, *Kersting*, S. 227 ff.

[1950] Siehe *Kersting*, S. 257 f.

[1951] Siehe *Kersting*, S. 212 f., 257 f.

[1952] Siehe *Kersting*, S. 221 ff., der einen Grad der Wahrscheinlichkeit von über 50 % befürwortet, *ders.*, S. 224 f.

[1953] Siehe aber *Kersting*, S. 222 ff.

[1954] Siehe aber bei *Kersting*, S. 233.

[1955] *Canaris*, in: FS-Schimansky, S. 43 (57); hierzu anders *Kersting*, S. 233.

Kriterien bei der Beweisführung über innere Tatsachen beträchtliche Schwierigkeiten aufwerfen.[1956] Man denke dabei auch an die Konstellation sogenannten „blinden" Vertrauens, also der Vertrauensgeber obgleich objektiv unberechtigt, auf das Gutachten „blind" vertraut; ein solches „blindes Vertrauen" verdient nach allgemeiner Meinung aber keinen Schutz.[1957] Schließlich weist die Voraussetzung der „Inanspruchnahme von Vertrauen in besonderem Maße für sich" im Rahmen des § 311 Abs. 3 S. 2 BGB darüber hinaus auch eine einseitige Perspektive auf, die nicht auf Gewährung von Vertrauen durch den Dritten, sondern für die Frage einer Inanspruchnahme von Vertrauen nur auf den Sachverständigen abstellt, worin die Voraussetzung einer tatsächlichen subjektiven Vertrauenserwartung auf Seiten des vertrauensgebenden Dritten nicht enthalten ist.[1958]

Gegenüber diesen subjektiven Voraussetzungen[1959] im Rahmen des Vertrauenstatbestandes ist daher ein objektiver Vertrauenstatbestand zu bevorzugen.[1960] In der „In-

---

1956 Dies räumt auch *Kersting* ein, *ders.*, S. 221, der auf die Grundsätze des Anscheinsbeweises verweist, *ders.*, *S.* 225 ff.; siehe schon *Canaris*, in: FS-Schimansky, S. 43 (56); vgl. auch *ders.*, Vertrauenshaftung, S. 516; siehe ferner *Wiegand*, S. 233.

1957 *Canaris*, Vertrauenshaftung, S. 491, 507; *Adolff*, S. 123; vgl. *Berger*, ZBB 2001, 238 (243); grundsätzlich auch *Kersting*, S. 234 ff., der dies aber durch eine Anrechnung von Mitverschulden nach § 254 BGB berücksichtigen will; auch *Faust*, AcP 210 (2010), 555 (563, Fn. 25).

1958 Siehe auch *Höra*, S. 147 f. Vgl. dazu bei *Koch*, AcP 204 (2004), 59 (74 f.); *Adolff*, S. 123 f. zu einem „normativen" Vertrauenstatbestand.

1959 Neben der subjektiven Vertrauenserwartung auf Seiten des Dritten stellt *Kersting* ferner die Erfordernisse auf, dass auf Seiten des Vertrauensnehmers, hier also des Sachverständigen, ein Inanspruchnahmebewusstsein – wonach dieser sich subjektiv des geschäftlichen Charakters der Vertrauensinanspruchnahme bewusst sein müsse – und ein Inanspruchnahmewillen – also einem Willen zur Vertrauensinanspruchnahme respektive des Bezugsvertrags – bestehen müsse, *ders.*, S. 239 ff. (241 ff.; 243 ff.). Der Sachverständige wird allerdings regelmäßig keinen darauf gerichteten Willen haben, das Vertrauen ihm fremder Dritter in Anspruch zu nehmen, sondern allein seinem Auftraggeber gegenüber eine vertragsgemäße Leistung zu erbringen, *Faust*, AcP 210 (2010), 555 (572 f.). Vgl. auch bei *Fikentscher*, § 37 VII, Rn. 306, wonach aus einer Erkennbarkeit nicht auf einen Willen geschlossen werden kann. Nach *Kersting*, S. 239 ff., solle aber auch bei fehlendem subjektiven Tatbestand eine Vertrauensinanspruchnahme dennoch bejaht werden, *ders.*, S. 250 ff., und zum Schutz des Vertrauensgebers eine entsprechende Anwendung der Anfechtungsregeln eröffnet sein.

1960 Für einen objektiven Ansatz siehe etwa *Koch*, AcP 204 (2004), 59 (74 f.); *Höra*, S. 147 f.; vor dem SMG: *Canaris*, Vertrauenshaftung, 491 ff., 503 f.; *Wiegand*, S. 233; *Adolff*, S. 123 ff. (126). Siehe die Nachweise hierzu bei *Kersting*, S. 230, Fn. 1285. Subjektive Voraussetzungen finden auch keine Entsprechung im Rahmen der „Vertrauensinanspruchnahme" der eingangs dargestellten Rechtsprechung zur Sachwalterhaftung, vgl. etwa BGH NJW 1991, 1241 ff.; 1989, 293 ff.; 1971, 1309 ff.

anspruchnahme von Vertrauen" liegt eine objektiv zu beurteilende Vertrauenswerbung des Vertrauensnehmers, in das Sachverständigengutachten zu vertrauen.[1961] Der in der „Inanspruchnahme von Vertrauen" enthaltene Vertrauensappell hat nach § 311 Abs. 3 S. 2 BGB „in besonderem Maße" zu erfolgen. Die Voraussetzung der „Inanspruchnahme von Vertrauen" kann daher nicht für sich alleine betrachtet werden, so dass nachstehend die Bedeutung der „Inanspruchnahme von Vertrauen in besonderem Maße" untersucht werden soll. Eine „Inanspruchnahme von Vertrauen in besonderem Maße" muss über das gewöhnliche Verhandlungsvertrauen hinausgehen.[1962] In der Rechtsprechung hat sich für die „Inanspruchnahme von Vertrauen in besonderem Maße" das Merkmal einer „persönlichen Gewähr" herausgebildet.[1963] Auf dieses weist auch die Beschlussempfehlung des Rechtsausschusses zu § 311 Abs. 3 S. 2 BGB hin.[1964] Dort wird ausgeführt, dass diese Norm eine „(alternative) Möglichkeit" zur Begründung einer Haftung von Anwälten für sog. *Third Party Legal Opinions* eröffnen kann.[1965] Voraussetzung dafür ist, dass der Dritte besonderes Vertrauen in Anspruch genommen hat, wofür erforderlich ist, dass der „Experte dem Dritten eine „persönliche Gewähr" für die Richtigkeit seines Gutachtens bietet".[1966]

In rechtsvergleichender Hinsicht findet sich im englischen Recht mit dem Ansatz der sog. „*voluntary assumption of responsibility*" ein dem Merkmal der „persönlichen Gewähr" ähnlicher Ansatzpunkt.[1967] Mit dem Ansatz der sog. „*voluntary assumption of responsibility*" wird das Vorliegen einer *duty of* care in einer „Übernahme von Verantwortung" durch die Person gesehen, die die fragliche Auskunft gegeben hat. Diese „Übernahme von Verantwortung" kann ausdrücklich oder implizit erfolgen, was sich anhand der Einzelfallumstände bemisst.[1968] Allerdings sieht sich der Ansatz der sog. „*voluntary assumption of responsibility*" in der englischen Rechtsordnung Kritik ausgesetzt, da er als „*voluntary*" *assumption* einen Grad an „Subjektivität"

[1961] Siehe auch *Adolff*, S. 122 f.; *Koch*, AcP 204 (2004), 59 (75 f.). Dabei kommt es auf die Frage an, ob der Dritte vertrauen dürfe, *Adolff*, S. 123 f.; *Koch*, AcP 204 (2004), 59 (75); vgl. *Schäfer/Ott*, S. 543.

[1962] BT-Drucks. 14/6040, S. 163; *Muthers*, in: Henssler/v.Westphalen, § 311 Rn. 25; Palandt-*Grüneberg*, § 311 Rn. 63; *Kersting*, S. 264 mwN; s. schon BGHZ 56, 81 (84 f.).

[1963] *Canaris*, JZ 2001, 499 (521) mwN; *ders.*, ZHR 163 (1999), S. 206 (225, 232 f.); Palandt-*Grüneberg*, § 311 Rn. 63; siehe auch *Muthers*, in: Henssler/v.Westphalen, § 311 Rn. 25; *Blenske*, in: Schimmel/Buhlmann, S. 172 f., Rn. 59 ff.; a.A. *Kersting*, S. 264 ff.

[1964] BT-Drucks. 14/7052, S. 190.

[1965] Zur Vertrauenshaftung bei *Third Party Legal Opinions* s. *Adolff*, S. 118 ff. (122 ff.).

[1966] BT-Drucks. 14/7052, S. 190.

[1967] Siehe oben ab Seite 158 ff.

[1968] *Jackson & Powell*, Rn. 2-080 mwN.

aufweise.[1969] Bei einer Verobjektivierung des Ansatzes löse sich allerdings die Differenzierung zum *three-stages-test* auf.[1970] Zugleich entwickle sich der Ansatz dann zu einer reinen Feststellung, wann eine *duty of care* angenommen werde, da er über keine greifbaren Voraussetzungen verfüge.[1971] Vor diesem Hintergrund hat die englische Rechtsprechung gegenwärtig die Gewichtung auf den *three-stages-test* verschoben und dem Ansatz der sog. „*assumption of responsibility*" die Funktion eines „Kontrollmechanismus" zugeteilt. Ungeachtet dieser Entwicklungen der englischen Rechtsprechung, die auch auf das Nebeneinander der drei *tests for duty* zurückzuführen ist,[1972] verfügen der Ansatz der sog. „*voluntary assumption of responsibility*" und das Merkmal der „persönlichen Gewähr" über einen ähnlichen Ansatzpunkt, der in einem Grundgedanken der persönlichen Gewähr bzw. Verantwortungsübernahme liegt, die hier in unmittelbarer Verbindung mit der beruflichen Qualifikation der Person des Sachverständigen steht, was im Folgenden ausgearbeitet werden soll. Zugleich bestätigt die Entwicklung des englischen Rechts die Vorzugswürdigkeit objektiver Voraussetzungen, deren Fortentwicklung sich auch im englischen Recht im Fluss befindet.[1973]

Für die hier betrachtete Dritthaftung von Sachverständigen sind die Voraussetzungen der Übernahme einer „persönlichen Gewähr" weiter zu entwickeln, der Wortlaut von § 311 Abs. 3 S. 2 BGB gibt hier keine Anhaltspunkte.[1974] Ein wesentlicher Anknüpfungspunkt findet sich in der unabhängigen Sachkunde des Sachverständigen, die dieser im konkreten Gutachten objektiv zur Anwendung zu bringen hat.[1975] Auch nach der bisherigen Rechtsprechung des BGH zur Sachwalterhaftung kann eine „persönliche Gewähr" in der „außergewöhnlichen Sachkunde für den Vertragsgegenstand" begründet sein.[1976] Sachverständige verfügen über eine besondere Sachkompetenz für den Bereich, in welchem sie ihre gutachterliche Tätigkeit ausüben.[1977] Es

---

1969 *Jackson & Powell*, Rn. 2-080 mwN.

1970 Siehe schon oben ab Seite 160 ff. Dazu *Commissioners of Customs & Excise v. Barclays Bank Plc* [2007] 1 A.C. 181 (191, 213 ff.); *Merrett v. Babb* [2001] QB 1174 (1192 ff.).

1971 Siehe die Kritik in *Commissioners of Customs & Excise v. Barclays Bank Plc* [2007] 1 A.C. 181 (191, 213 ff.) mit weiteren Hinweisen auf die Rechtsprechung.

1972 Siehe hierzu oben ab Seite 151 ff.

1973 Siehe oben ab Seite 160 ff.

1974 *Canaris* sieht in der „tatbestandlichen und dogmatischen Präzisierung dieses Merkmals eine wichtige Zukunftsaufgabe für Rechtsprechung und Rechtswissenschaft", *ders.*, JZ 2001, 499 (521).

1975 Siehe dahingehend bei *Koch*, AcP 204 (2004), 59 (78); *Quiring*, S. 159.

1976 BGH NJW 1971, 1309 (1310); *Canaris*, ZHR 163 (1999), 206 (223); siehe auch bei *Zugehör*, NJW 2000, 1601 (1607).

1977 Eine alleinige Anknüpfung an ein abstraktes Vertrauen aufgrund der Zugehörigkeit zu einer Berufsgruppe reicht jedoch nicht aus, KompaktKom-BGB-*Hirse*, § 311 Rn. 23; Staudinger-*Busche*, Eckpfeiler [2011], F, S. 282, Rn. 91 a.E. mwN; s. aber *Kim*, S. 275.

wird darauf vertraut, dass Sachverständige als „Fachmänner eine unabhängige sachkundige Stellungnahme abgeben".[1978] Gerade deshalb wird ihrer Beurteilung Vertrauen in besonderem Maße entgegengebracht. Dies gilt besonders für Sachverständige, die für ein konkretes Sachgebiet nach § 36 GewO öffentlich bestellt und vereidigt worden sind. Eine Begründung hierfür liegt in den Voraussetzungen für die öffentlichen Bestellung, wie etwa dem Nachweiserfordernis überdurchschnittlicher Sachkunde[1979] und praktischer Erfahrung, aber auch in den aus der öffentlichen Bestellung fließenden Pflichten, wie etwa Unabhängigkeit, Weisungsfreiheit, Gewissenhaftigkeit und Unparteilichkeit (siehe etwa § 5 MSVO).[1980] Der Gesetzgeber verweist entsprechend in der Begründung zu § 311 Abs. 3 S. 2 BGB auf die Objektivität und Neutralität von Sachverständigen, auf welche sich Verhandlungspartner verlassen und gerade dies entscheidend zum Vertragsschluss beiträgt.[1981] Aufgrund einer neutralen Begutachtung mit unabhängiger Sachkunde wird Vertrauen in das Gutachten als objektive und fachlich richtige Beurteilung des konkreten Sachverhaltes gesetzt.[1982] Dies betrifft beispielsweise die durch das Gutachten beurteilte Frage, ob ein Gemälde aus der Hand eines bestimmten Künstlers stammt oder nicht.

Ein beachtlicher Teil der Kunstsachverständigen ist allerdings nicht öffentlich bestellt und vereidigt, darunter auch namhafte Koryphäen, die über eine herausragende und in der Kunstwelt oftmals solitäre Kennerschaft des Oeuvres eines bestimmten Künstlers verfügen können und deren Urteil für den Markt daher ein erhebliches und zum Teil auch entscheidendes Gewicht haben kann.[1983] Daneben praktizieren öffentlich bestellte und vereidigte Kunstsachverständige, zum Teil auch nach Erreichen der Altersgrenze, als „freie" bzw. „private" Sachverständige weiter.[1984] Es stellt sich insoweit die Frage, ob für Sachverständige, die ohne eine besondere staatliche Anerkennung ihrer Sachkunde tätig werden, dieselben Anknüpfungspunkte gelten, wie für öffentlich bestellte und vereidigte Sachverständige.[1985] Die Bezeichnung „Sachverständiger" ist gesetzlich nicht geschützt, so dass sie auch von „selbsternannten" Sachverständigen genutzt werden darf.[1986] Aber aufgrund des allgemeinen Verkehrsverständnisses wird auch von „freien" bzw. „privaten" Sachverständigen erwartet, dass sie über die für die „ordnungsgemäße Erstattung von (...) Gutachten erforderli-

[1978] Siehe *Gottwald*, in: MüKo, § 328 Rn. 112.
[1979] Vgl. insoweit bei BGH NJW 1995, 392.
[1980] *Quiring*, S. 159 f. Siehe zur öffentlichen Bestellung eingehend oben ab Seite 204 ff.
[1981] Vgl. die Begründung des Gesetzesentwurfs, BT-Drucks. 14/6040, S. 163.
[1982] Siehe auch *Quiring*, S. 160.
[1983] Zum Aspekt der Zuschreibungsautorität von Experten siehe bei *v.Brühl*, S. 47 ff.
[1984] Siehe hierzu etwa bei *Ottofülling*, DS 2011, 50 ff. Siehe nun aber BVerfG, Beschl. v. 24.10.2011, 1 BvR 1103/11, DS 2011, 396 ff.
[1985] Siehe bei *Quiring*, S. 161.
[1986] Siehe BGH NJW-RR 1997, 1193 (1194) („selbsternannter Sachverständiger").

che Sachkunde verfügen", weshalb der Verkehr auch „von einem schlichten Sachverständigen uneingeschränkt fundiertes Fach- und Erfahrungswissen" erwartet.[1987] Verfügt ein „freier" bzw. „privater" Sachverständiger nicht über die erforderliche Sachkunde ist dies regelmäßig irreführend im Sinne der §§ 5, 3 UWG, wenn er sich als „Sachverständiger" bezeichnet.[1988] Für eine Inanspruchnahme von Vertrauen in besonderem Maße für sich kann es somit nicht entscheidend sein, ob der Sachverständige öffentlich bestellt und vereidigt ist oder nicht. Daher können auch „freie" bzw. „private" Sachverständige in besonderem Maße Vertrauen für sich in Anspruch nehmen. Auch in der Rechtsprechung des BGH, der die Dritthaftung von Sachverständigen bislang auf einen Vertrag mit Schutzwirkung für Dritte stützt, ist eine Haftung von „freien" bzw. „privaten" Sachverständigen grundsätzlich anerkannt.[1989]

Für die Frage nach dem Vorliegen einer „persönlichen Gewähr" im Rahmen einer „Inanspruchnahme von Vertrauen in besonderem Maße" nach § 311 Abs. 3 Satz 2 BGB ist eine Beurteilung der Voraussetzungen des Einzelfalles erforderlich. So hat etwa die französische *Cour d'appel* von Paris die Haftung eines Sachverständigen unter anderem damit abgelehnt, dass die im konkreten Fall in wenigen Sätzen schriftlich geäußerte Meinung des Sachverständigen auf der Rückseite einer Photographie des Kunstwerks kein *„certificat d'authenticité"* darstelle, da sie keine Elemente eines solchen aufweise.[1990] Im Hinblick auf § 311 Abs. 2 S. 3 BGB ist von Bedeutung, ob dem Dritten eine schriftliche Erklärung in Form eines Gutachtens über das konkrete Kunstwerk vorgelegt worden ist, welches den Sachverständigen konkret als solchen bezeichnet, seine Person zweifelsfrei und namentlich als Autor erkennen lässt und nach Aufbau und Inhalt geeignet ist, die berechtigte Erwartung von Sachkunde, Zuverlässigkeit, Objektivität und Neutralität hervorzurufen.[1991] Es kann auch keine grundsätzliche Relevanz haben, ob der Sachverständige ein Gutachten außerhalb seines „Spezialgebietes" erstellt.[1992] Denn für einen potentiellen Kaufinteressenten eines Kunstwerkes ist dies regelmäßig bei Vorliegen eines ordnungsgemäßen Gutachtens nicht ersichtlich, worin die Sachkunde des Sachverständigen besteht und ob er

---

[1987] BGH NJW-RR 1997, 1193 (1194); siehe Köhler/Bornkamm-*Bornkamm*, UWG, § 5 Rn. 5.144 mwN.

[1988] Siehe bei BGH NJW-RR 1997, 1193 ff. Siehe auch OLG Hamm, GewA 1997, 350; OLG Frankfurt, WRP 1990, 340; LG Duisburg, WRP 2002, 853 („anerkannter Sachverständiger"); vgl. auch bei BGH NJW-RR 2002, 1528.

[1989] Siehe etwa BGH NJW 2004, 3035 (3036); 2001, 514 (516); 1995, 392; MüKo-*Emmerich*, § 311 Rn. 253; a.A. OLG Dresden, NJW-RR 1997, 1001; 1997, 1456.

[1990] CA Paris, 14.03.1997, Gaz. Pal. 1997, 2, somm., 482: *„En effet, cet expert n'a ainsi formulé au sujet de l'attribution de l'œuvre qu'une opinion ne comportant aucun des élément précis permettant de l'assimiler à un certificat d'authenticité."*, mit Anm. *Vray*. Siehe auch oben Fn. 743.

[1991] Hier ließe sich an ähnliche Ansatzpunkte wie im Bereich der Prospekthaftung (Prospektbegriff) denken, siehe *Assmann/Schütze*, § 6 Rn. 45 ff. (66 ff.).

[1992] A.A. *Quiring*, S. 160 f.

(auch) außerhalb eines „Spezialgebietes" über die erforderliche Sachkunde verfügt oder nicht.[1993] Für das Vorliegen einer solchen „besonderen persönlichen Gewähr" spricht, wenn aufgrund des konkreten Gutachtens die Einholung eines weiteren eigenen Gutachtens durch den Dritten unnötig ist oder eigene Untersuchungen des Dritten unterbleiben können.[1994] Demgegenüber wird eine Inanspruchnahme von Vertrauen in besonderem Maße für sich regelmäßig abzulehnen sein, wenn das Gutachten erkennbar parteiisch ist, es also an der erforderlichen Objektivität und Neutralität ermangelt.[1995]

2. Beeinflussung von Vertragsverhandlungen oder eines Vertragsschlusses

Der Wortlaut des § 311 Abs. 3 S. 2 BGB setzt ferner eine erhebliche Beeinflussung der Vertragsverhandlungen oder des Vertragsschlusses durch die „Inanspruchnahme von Vertrauen in besonderem Maße für sich" („dadurch") voraus.[1996] Das durch das Sachverständigengutachten in Anspruch genommene Vertrauen muss also für den Verlauf der Vertragsverhandlungen oder das Verhandlungsergebnis ursächlich geworden sein.[1997] Damit beinhaltet die Norm das Erfordernis eines kausalen Zusammenhangs, ohne den kein Schuldverhältnis mit Pflichten nach § 241 Abs. 2 BGB entsteht.[1998] Wird das Gutachten also beispielsweise zum Gegenstand von Vertrags-

[1993] Anders könnte dies im Einzelfall zu bewerten sein, wenn der Sachverständige sich ausdrücklich als Sachverständiger nur für ein konkretes beschränktes Spezialgebiet bezeichnet und ohne Hinzutreten konkreter Umstände, die eine besondere persönliche Gewähr erkennen lassen, ein Gutachten über ein Objekt fertigt, das völlig außerhalb der Gattung seines konkreten Spezialgebietes liegt.

[1994] *Canaris*, ZHR 163 (1999), S. 206 (233); *Canaris* spricht an anderer Stelle von einem „gewissen Garantieelement", *ders.*, JZ 2001, 499 (521); *Koch*, AcP 204 (2004), 59 (77); siehe auch bei *Adolff*, 122 ff. „die Aufforderung, eine Obliegenheit zum Selbstschutz zu vernachlässigen". Siehe auch *Schneider*, ZHR 163 (1999), S. 246 (259), wonach dies aus der Sicht eines objektiven Dritten zu beurteilen ist.

[1995] Siehe *Koch*, AcP 204 (2004), 59 (78 f.); auch *Krebs*, in: Dauner-Lieb, AnwK-BGB, § 311 Rn. 118.

[1996] Die Beeinflussung durch ein Kunstsachverständigengutachten kann sowohl das „ob" und als auch das „wie" betreffen. Während das „ob" vorwiegend bei Gutachten über die Echtheit von Relevanz ist, ist das „wie" bei Wertgutachten von Bedeutung, wenn es um die Frage der Kaufpreishöhe geht. Siehe zur Unterscheidung eingehend bei *Kersting*, S. 273 ff.

[1997] Siehe bei *Koch*, AcP 204 (2004), 59 (79); *Quiring*, S. 162; vgl. vor dem SMG: *Canaris*, Vertrauenshaftung, S. 514 ff.; *Schneider*, ZHR 163 (1999), S. 246 (264); *Adolff*, S. 186. Zum Aspekt der Einflussnahme auf einseitige Rechtsgeschäfte, siehe *Kersting*, S. 269 f.

[1998] *Koch*, AcP 204 (2004), 59 (79); *Kersting*, S. 267 ff., 271, 273; *Krebs*, in: Dauner-Lieb, AnwK-BGB, § 311 Rn. 108; jurisPK-BGB/*Lapp*, § 311 Rn. 79; Bamberger/Roth-*Grüneberg/Sutschet*, § 311 Rn. 117; vor dem SMG: *Canaris*, Vertrauenshaftung, S. 514 ff.; *Schneider*, ZHR 163 (1999), S. 246 (264).

verhandlungen gemacht, indem es dem Dritten vorgelegt wird und dieser im Vertrauen auf das darin enthaltene Urteil des Sachverständigen über das konkrete Kunstwerk sich auf das Gutachten verlässt und seine entsprechend beeinflusste Kaufentscheidung trifft, ist eine solche Beeinflussung zu bejahen. Demgegenüber entsteht kein Schuldverhältnis mit Pflichten nach § 241 Abs. 2 BGB, wenn das Gutachten des Sachverständigen keinen Einfluss auf die Vertragsverhandlungen oder das Verhandlungsergebnis hat, oder das Gutachten etwa erst nach Abschluss des Kaufvertrages vorgelegt wird und daher keinerlei Einfluss hatte.[1999]

In der Voraussetzung der „erheblichen Beeinflussung der Vertragsverhandlungen oder des Vertragsschlusses" kommt die „Vertrauensinvestition"[2000] des Dritten zum Ausdruck.[2001] Diese Vertrauensinvestition des Dritten muss berechtigt sein.[2002] Dabei geht es um die Frage der „Gutgläubigkeit" des Dritten.[2003] Hat der Dritte Kenntnisse, aufgrund derer er die Unrichtigkeit des Vertrauenstatbestandes erkannt hat, ist er gewissermaßen „bösgläubig".[2004] Er verdient dann nicht den durch § 311 Abs. 3 S. 2 BGB gewährten Schutz. Vertraut der Dritte dagegen „blind", also ohne an eine objektive Grundlage anzuknüpfen, verdient er gleichermaßen keinen Schutz.[2005] Es bedarf daher eines Kriteriums der Schutzwürdigkeit des Vertrauens.[2006] Eine Feststellung von Vertrauen als „psychische Tatsache" auf Seiten des Dritten ist hierfür nicht erforderlich.[2007]

Aufgrund des Erfordernisses der Schutzwürdigkeit des Vertrauens kann bei einem Gutachten, welches ein Kunstwerk über mehrere Jahre „begleitet", das Bestehen eines Vertrauenstatbestandes im Einzelfall zu verneinen sein. Denn angesichts des

---

[1999] Siehe *Schneider*, ZHR 163 (1999), S. 246 (264); *Quiring*, S. 163. Die Konstellation der Beeinflussung eines einseitigen Rechtsgeschäfts, lässt sich mit *Kersting*, S. 268 ff., durch eine erweiternde Auslegung der Bezugspunkte „Vertragsverhandlungen" und „Vertragsschluss" erfassen, wonach diese *pars pro toto* stehen, somit also rechtsgeschäftsbezogene Handlungen erfasst werden, so dass auch einseitige Rechtsgeschäfte umfasst sind, *ders.*, S. 269 ff. (279).

[2000] Zum Begriff *Canaris*, Vertrauenshaftung, S. 510 ff. mwN.

[2001] Vgl. *Koch*, AcP 204 (2004), 59 (79); *Quiring*, S. 162.

[2002] Siehe zum Aspekt des schutzwürdigen Vertrauens *Canaris*, Vertrauenshaftung, S. 516 f.; *Schneider*, ZHR 163 (1999), S. 246 (264 ff.); vgl. auch *Medicus*, FS-Schlechtriem, S. 613: „Anspruchsberechtigt ist, wer vertraut hat und *vertrauen durfte* (...)." (Hervorhebung durch Verf.); a.A. *Kersting*, S. 230 ff. (239).

[2003] Siehe bei *Canaris*, FS-Schimansky, S. 43 (57); *ders.*, Vertrauenshaftung, S. 491; *Koch*, AcP 204 (2004), 59 (79); vgl. auch *Adolff*, S. 130, 185.

[2004] *Canaris*, Vertrauenshaftung, S. 504.

[2005] Siehe *Canaris*, Vertrauenshaftung, S. 491, 507; *Adolff*, S. 123.

[2006] Siehe zur Frage der Schutzwürdigkeit des Vertrauens schon bei *Canaris*, Vertrauenshaftung, S. 491 ff., 503 ff.; *ders.*, FS-Schimansky, S. 43 (57 f.); vgl. etwa auch BGH, Urt. v. 22.04.1981, Az. VIII ZR 34/80, VersR 1981, 847 (848); a.A. *Kersting*, S. 230 ff. (234, 239).

[2007] Vor dem SMG *Canaris*, FS-Schimansky, S. 43 (56).

Fortschreitens von Forschung und Wissenschaft kann etwa ein mehrere Jahre altes Gutachten ein schützenswertes Vertrauen des Dritten ausschließen, wenn ein gewissenhafter Kunstkäufer in der konkreten Situation dazu veranlasst gewesen wäre ein aktuelles Gutachten einzuholen. Würde beispielsweise ein unbekanntes Gemälde zum Kauf angeboten, dem ein viele Jahre altes Gutachten beiliegt, welches dieses als eigenhändiges Werk etwa von *Rembrandt Harmenszoon van Rijn* ausweist, kann die Schutzwürdigkeit des Vertrauens im Einzelfall fraglich sein.[2008] Zur Begründung denke man hier einmal exemplarisch an die Tätigkeit des *Rembrandt Research Projects*, welches seit Ende der sechziger Jahre die Werke *Rembrandts* auf ihre Eigenhändigkeit untersuchte.[2009] Von der einstmals erheblichen Zahl von Rembrandt zugeschriebenen Gemälden[2010] blieb nach der Arbeit des *Rembrandt Research Projects* bislang eine Zahl von nur um die 300 Arbeiten, die wohl tatsächlich aus der Hand *Rembrandts* stammen. Wissenschaftlicher Fortschritt kann also Erkenntnisse liefern, die in einer Zu- oder Abschreibung eines Kunstwerkes münden können.[2011] Ein Sachverständiger hat aber im Regelfall keine Möglichkeit ein älteres Gutachten zurückzurufen, wenn beispielsweise neue wissenschaftliche Erkenntnis eine andere Beurteilung der Befunde des von ihm zu einem früheren Zeitpunkt begutachteten Kunstwerks zur Folge hat.[2012] Ähnlich stellt sich die Situation auch im Falle von Wertgutachten dar, wenn beispielsweise die Werke eines Künstlers aufgrund von Marktentwicklungen erhebliche Preissteigerungen verzeichnen. Mit zunehmendem Zeitablauf kann für die im Gutachten verkörperten Gedankenerklärungen daher die Schutzwürdigkeit des Vertrauens im Einzelfall zu verneinen sein.[2013]

Der Gedanke schutzwürdigen Vertrauens findet auch in der englischen Rechtsordnung Berücksichtigung. Im Rahmen des *tort of negligence* haben sich für die Fälle von *pure economic loss* verschiedene Faktoren herausgebildet, die zur Beurteilung im Rahmen der *tests* herangezogen werden.[2014] Hierzu zählt auch „*reasonable reliance*". Dieses Merkmal stellt darauf ab, ob der Dritte „vernünftigerweise" vertrauen durfte.[2015] Dabei verfügt das englische Recht allerdings über keinen Kanon fester

---

[2008] A.A. *Büttner*, S. 101, der keine „Zeitbeschränkung" für Gutachten sieht. Dem ist beispielsweise entgegenzuhalten, dass ein Kunstwerk im Laufe der Zeit beispielsweise auch Restaurierungsmaßnahmen unterliegen kann, die gerade für einen sich auf ein Gutachten verlassenden Laien nicht ersichtlich sein können. Diese können auch zu neuen Befunden führen, etwa nach Abnahme von Firnisschichten eines Gemäldes.

[2009] Siehe www.rembrandtresearchproject.org (Stand 11/2011).

[2010] *Picker* spricht etwa von allein 9000 *Rembrandt*-Fälschungen, die von der US-amerikanischen Zollstatistik erfasst sind, in: Picker (1994), S. 14.

[2011] Vgl. undeutlich *Lammel*, AcP 179 (1979), 337 (365).

[2012] Siehe *Canaris*, ZHR (163) 1999, 206 (211, 237).

[2013] Bei der Frage nach dem zeitlichen Rahmen wird es auch angesichts der Vielfalt von Kunstwerken auf den Einzelfall ankommen.

[2014] Siehe oben ab Seite 159 ff.

[2015] *Clerk & Lindsell on torts*, Rn. 8-110; siehe auch *Müller*, S. 302 ff.

Kriterien zur Bestimmung von *reasonable reliance*, sondern bemisst dies an verschiedenen Fragen, wie etwa der Angewiesenheit des Geschädigten, der Verfügbarkeit unabhängigen Rates, oder der Frage, ob die fragliche Auskunft in informellem Kontext gegeben wurde.[2016] Der Faktor der *reasonable reliance* ist weitreichend, verbleibt dabei aber unscharf, zumal die englische Rechtsprechung vorwiegend auf die Voraussetzungen des konkreten Falles abstellt und damit zu entsprechenden Einzelfallergebnissen gelangt.[2017] Wenngleich *reasonable reliance* für das Kriterium der „Schutzwürdigkeit" vorliegend nur von geringem Erkenntniswert ist, so dokumentiert *reasonable reliance* dennoch den auch im englischen Recht bestehenden Gedanken eines schutzwürdigen Vertrauens.

Mit der Voraussetzung einer „erheblichen Beeinflussung von Vertragsverhandlungen oder des Vertragsschlusses" erfolgt zugleich eine Eingrenzung des Anwendungsbereichs der Norm. Durch die Bezugnahme auf die Beeinflussung von Vertragsverhandlungen oder den Vertragsschluss wird eine Abgrenzung gegenüber dem nicht rechtsgeschäftlichen Verkehr vorgenommen.[2018] Dementsprechend unterfallen private Stellungnahmen eines Sachverständigen nicht dem Tatbestand.[2019]

Die Beeinflussung der Vertragsverhandlungen oder des Vertragsschlusses durch die Inanspruchnahme von Vertrauen wird vermutet.[2020] Dem Dritten obliegt daher insoweit die Darlegungs- und Beweislast für das Gegenteil.[2021] Anderenfalls müsste der Geschädigte den nur schwer zu führenden Beweis über eine „innere Tatsache" erbringen, nähme man keine Umkehr der Darlegungs- und Beweislast an, was eine Entwertung des von § 311 Abs. 3 bedeuten würde.[2022]

[2016] *Clerk & Lindsell on torts*, Rn. 8-110 ff.

[2017] Siehe *Müller*, S. 305.

[2018] Siehe zur Beschränkung auf den rechtsgeschäftlichen Bereich *Kersting*, S. 279, siehe auch die Nachweise bei *Kersting*, S. 219, Fn. 1244; *Faust*, AcP 210 (2010), 555 (566); siehe demgegenüber *Quiring*, S. 160. Vgl. *Koch*, AcP 204 (2004), 59 (77) mwN; vor dem SMG: *Canaris*, ZHR 163 (1999), 206 (234 f.) mwN; *Adolff*, S. 128.

[2019] *Koch*, AcP 204 (2004), 59 (77); vor dem SMG: *Canaris*, ZHR 163 (1999), 206 (235).

[2020] *Koch*, AcP 204 (2004), 59 (79), Fn. 91 mwN; *Krebs*, in: Dauner-Lieb, AnwK-BGB, § 311 Rn. 108; eingehend *Kersting*, S. 275 ff. (278); Bamberger/Roth-*Grüneberg*/*Sutschet*, § 311 Rn. 117; *Faust*, AcP 210 (2010), 555 (567); wohl auch *Quiring*, S. 163. Vor dem SMG bereits *Canaris*, Vertrauenshaftung, S. 516.

[2021] *Krebs*, in: Dauner-Lieb, AnwK-BGB, § 311 Rn. 108.

[2022] *Canaris*, Vertrauenshaftung, S. 514 ff. (516); siehe auch *Kersting*, S. 275 ff. (277 f.) mwN; *Koch*, AcP 204 (2004), 59 (79), Fn. 91 mwN.

3. Reichweite von § 311 Abs. 3 S. 2 BGB

Es gilt, die Reichweite von § 311 Abs. 3 S. 2 BGB zu bestimmen. Dabei geht es um die Frage des Kreises der anspruchsberechtigten Dritten, denen gegenüber der Sachverständige bei Vorliegen der Voraussetzungen von §§ 311 Abs. 3 S. 2, 241 Abs. 2 i.V.m. 280 Abs. 1 BGB ersatzpflichtig ist. Zugleich betrifft die Frage nach der Reichweite aber auch die Möglichkeiten zur Beschränkung dieser Einstandspflicht durch den Sachverständigen selbst.

Ein Ansatzpunkt für die Bestimmung der Reichweite liegt in der Voraussetzung der „Inanspruchnahme von Vertrauen in besonderem Maße für sich".[2023] Diese Voraussetzung knüpft an die im Gutachten verkörperten Gedankenerklärungen an. Vertrauen kann daher also dann nicht in Anspruch genommen werden, wenn der Sachverständige in dem Gutachten konkrete Angaben macht, mit denen er klare und eindeutige Einschränkungen oder Vorbehalte zum Ausdruck bringt.[2024] Der Sachverständige kann in dem Gutachten Art und Umfang seiner Untersuchungen darstellen und dabei etwa darauf hinweisen, dass bestimmte Angaben des Bestellers des Gutachtens ohne Prüfung übernommen worden sind, so dass insoweit bereits kein Vertrauen in Anspruch genommen wird.[2025] Hier lassen sich exemplarisch Angaben des Bestellers des Gutachtens zur Provenienz des begutachteten Kunstwerks benennen, die dem Sachverständigen gegenüber vor Anfertigung des Gutachtens gemacht worden sind und er etwa entsprechende Hinweise in das Gutachten aufnimmt, dass die Angaben von ihm ohne Prüfung übernommen worden sind. Bei offensichtlich unrichtigen, erkennbar falschen, aber auch bei naheliegenden Zweifeln an den übernommenen Angaben können diesbezügliche Einschränkungen oder Vorbehalte im Gutachten allerdings dann keinen Einfluss auf eine Haftung des Sachverständigen haben, wenn gerade die Übernahme der Daten eine Pflichtverletzung des Sachverständigen darstellt.[2026] Hier kommt es auf den Einzelfall an. Ferner kann der Sachverständige auch auf bestehende Einschränkungen in Art und Umfang seiner Untersuchungen hinweisen und die sich hieraus ergebenden Folgen durch entsprechende Hinweise im Gutachten aufmerksam machen. Dies wäre beispielsweise der Fall, wenn der Besteller des Gutachtens mit der Entnahme von erforderlichen Materialproben des zu begutachtenden Gemäldes verbundene Untersuchungen nicht gestattet hat und aufgrund dessen weitergehende Untersuchungen nicht möglich waren, die

---

[2023] Siehe *Quiring*, S. 164; vor dem SMG schon *Canaris*, ZHR 163 (1999), S. 206 (230).

[2024] Siehe *Medicus*, FS-Schlechtriem, S. 613 (623). Vgl. *Köndgen*, S. 402.

[2025] *Kersting*, S. 424; *Koch*, WM 2005, 1208 (1209); vor dem SMG schon *Canaris*, ZHR 163 (1999), S. 206 (230); zustimmend *Bosch*, ZHR 163 (1999), 274 (284); siehe auch *Weber*, NZG 1999, 1 (12); *Spinellis*, S. 297. Bei der ungeprüften Übernahme von Tatsachenmaterial ist ein Sachverständiger ohnehin regelmäßig verpflichtet, dies eindeutig im Gutachten zu vermerken, siehe etwa BGH NJW 1998, 1059 (1061).

[2026] *Weber*, NZG 1999, 1 (12).

gegebenenfalls zu abweichenden Ergebnissen führen könnten. Entsprechendes gilt, wenn etwa alleine Untersuchungen mit naturwissenschaftlichen Methoden weiterführende Klärung bringen könnten, solche aber vom Besteller etwa aus Kostengründen nicht beauftragt werden. Bei entsprechenden konkreten Hinweisen und Vorbehalten im Gutachten kann es bereits an einer Inanspruchnahme von Vertrauen ermangeln.

Aber nicht nur Einschränkungen oder Vorbehalte des Sachverständigen, die ausdrücklich im Gutachten enthalten sind, können restriktiv auf die Reichweite von § 311 Abs. 3 S. 2 BGB wirken, sondern auch der Zweck des Gutachtens. Für die „Inanspruchnahme von Vertrauen in besonderem Maße für sich" kann die Bestimmung des Gutachtens zu einer konkreten Verwendung gleichermaßen Bedeutung haben. Wird beispielsweise von A ein Gutachten für den konkreten Verkauf eines in seinem Eigentum stehenden Gemäldes an B beauftragt, so ist das Gutachten dazu bestimmt, dieses Geschäft und dessen Konditionen zu beeinflussen.[2027] Eine Haftung des Sachverständigen gegenüber B im Falle einer Pflichtverletzung wird dabei regelmäßig nicht in Abrede gestellt werden.[2028] Wie ist es aber zu beurteilen, wenn das Gutachten von A dagegen beispielsweise allgemein zum Verkauf des Gemäldes in Auftrag gegeben worden ist, also nicht nur zur Vorlage gegenüber B, sondern einer unbestimmten Zahl weiterer Kaufinteressenten, von denen schließlich einer das Gemälde später kauft? Die sich aus §§ 311 Abs. 3 S. 2, 241 Abs. 2 i.V.m. 280 Abs. 1 BGB ergebende Haftung knüpft an die Voraussetzung einer „Inanspruchnahme von Vertrauen in besonderem Maße für sich" an. Dabei wird – bei Vorliegen der eingangs dargestellten Voraussetzungen – das Vertrauen gegenüber jedem Dritten in Anspruch genommen, dem das Gutachten entsprechend vorgelegt wird. Ist im Gutachten allerdings ein bestimmter Zweck festgelegt, so wird dieser für jeden Dritten ersichtlich, der das Gutachten vorgelegt bekommt. Kann also ein Dritter aus dem im Gutachten zum Ausdruck gebrachten Zweck erkennen, dass es beispielsweise gerade nicht dazu bestimmt ist, die Verkaufsverhandlungen ihm gegenüber zu beeinflussen, in deren Rahmen es ihm beispielsweise vorgelegt worden ist, so liegen die Voraussetzungen einer „Inanspruchnahme von Vertrauen in besonderem Maße für sich" nicht vor. Denn für den Dritten ist ersichtlich, dass das Gutachten gerade nicht für ihn angefertigt worden ist, so dass zwischen ihm und dem Sachverständigen kein Vertrauenstatbestand entstehen kann. Mit dem sich aus dem Gutachten ergebenden Zweck kann daher die Reichweite gegenüber Dritten beschränkt werden.[2029] Denn der Sachverständige nimmt nur für alle diejenigen Dritten Vertrauen in besonderem Maße für sich in Anspruch, die der im Gutachten zum Ausdruck gebrachte Zweck des Gutachtens erfasst.

2027 Siehe insoweit das Beispiel bei *Canaris*, ZHR 163 (1999), S. 206 (235).

2028 Siehe *Canaris*, ZHR 163 (1999), S. 206 (235).

2029 Siehe *Canaris*, ZHR 163 (1999), S. 206 (235 ff.); *Koch*, WM 2005, 1208 (1209) mwN; *Quiring*, S. 165 ff.

So können in das Gutachten beispielsweise auch Beschränkungen aufgenommen werden, wonach dieses nur für den „internen Gebrauch“ des Auftraggebers bestimmt ist.[2030] Zwar hat der BGH in seiner Rechtsprechung zur Dritthaftung von Sachverständigen auf der Grundlage eines Vertrages mit Schutzwirkung zugunsten Dritter zum Ausdruck gebracht, dass aus einer entsprechenden Zweckangabe alleine nicht unmittelbar darauf geschlossen werden könne, ob das Gutachten dazu bestimmt sein solle, Dritten vorgelegt zu werden, oder ob es für interne Zwecke bestimmt sei.[2031] Nach dem BGH sei diese Angabe im Rahmen einer Gesamtbetrachtung zu berücksichtigen, für die der Inhalt des Gutachtens und die Umstände der Auftragserteilung heranzuziehen sind.[2032] Dem kann hier aber nicht gefolgt werden, da der Vertrauenstatbestand gerade nur an das Verhältnis zwischen Sachverständigen und Dritten anknüpft und Umstände bei Auftragserteilung damit außer Acht bleiben müssen und nur das Gutachten selbst aus der Sicht eines objektiven Dritten zu betrachten ist.[2033]

Einer verbreiteten Aufnahme der Zweckbestimmung „nur für den internen Gebrauch“ durch Sachverständige in ihre Gutachten würde praktisch damit entgegengewirkt, dass das Gutachten nach der hier vertretenen Ansicht in seiner Verwendung gegenüber Dritten dahingehend eingeschränkt ist, dass sich Dritte nur auf eigenes Risiko auf die darin enthaltenen Angaben verlassen können, so dass das Gutachten für den Auftraggeber nicht die übliche Verkehrsfähigkeit besitzt.[2034] Denn einem Dritten stünde im Falle einer Pflichtverletzung dann kein Anspruch gegenüber dem Sachverständigen zu, da mit einem Gutachten „nur für den internen Gebrauch“ die Voraussetzung einer „Inanspruchnahme von Vertrauen in besonderem Maße für sich“ nicht erfüllt ist.

Voraussetzung für entsprechende Zweckangaben ist ihre ausdrückliche und eindeutige Niederlegung im Gutachten.[2035] Weist das Gutachten dagegen keinerlei entsprechende Angaben auf, nimmt der Sachverständige das Vertrauen jedes beliebigen

---

[2030] *Canaris*, ZHR 163 (1999), S. 206 (230, 244); *Gerlach*, S. 115; *Büttner*, S. 150 ff.; *Gellmann*, S. 70 ff.; siehe auch *v.Hoyningen-Huene*, in: FS-Jayme, 1461 (1473); Landmann/Rohmer-*Bleutge*, § 36 Rn. 39; *Schack*, Rn. 149 a.E.; siehe dazu etwa auch bei BGH NJW 2004, 3035 (3037); 1998, 1059 (1061); NJW-RR 2004, 1464 (1465 f.); vgl. auch bei *Weber*, NZG 1999, 1 (11 f.).

[2031] Siehe BGH NJW 2004, 3035 (3037); NJW-RR 2004, 1464 (1465 f.). Das fragliche Verkehrswertgutachten verfügte unter „Allgemeine Angaben“ über die Angabe „Zweck: Das Wertgutachten wird für Planungs- und Finanzierungszwecke benötigt.“, vgl. BGH, NJW 2004, 3035 (3036).

[2032] BGH, NJW 2004, 3035 (3037).

[2033] Siehe auch *Finn*, NJW 2004, 3752 (3753 f.).

[2034] Zu den ökonomischen Aspekten der Vertrauenshaftung siehe eingehend *Schäfer/Ott*, S. 525 ff.

[2035] So auch *Quiring*, S. 166. Dabei ist auf die objektivierte Sicht des Dritten abzustellen, siehe insoweit etwa bei BGH NJW 1998, 1059 (1061), zum Vertrag mit Schutzwirkung zugunsten Dritter. Vgl. *Kersting*, S. 312.

Dritten in Anspruch.[2036] Hieraus folgt zugleich, dass – wenn das Gutachten keine Angaben zum Zweck aufweist – Vertrauen auch dann gegenüber jedem beliebigen Dritten in Anspruch genommen wird, wenn das Gutachten „missbräuchlich" verwendet wird, also etwa zu einem anderen Zweck als dem bei Auftragsvergabe genannten oder entgegen einer sonstigen Vereinbarung.[2037] Denn der Sachverständige kann dem entgegenwirken, indem er den Zweck im Gutachten konkret angibt, wodurch er eine „missbräuchliche" Verwendung vermeiden und den Kreis des oder der Dritten entsprechend eingrenzen kann.[2038] Zur Begründung lässt sich hier auf Ähnlichkeiten mit den Fällen fehlenden Erklärungsbewusstseins hinweisen.[2039] In diesen ist der Person nicht bekannt, dass sie eine rechtsgeschäftliche Erklärung abgibt.[2040] Trotzdem besteht aber der Konsens, dass sie nach § 122 BGB Ersatz für den Vertrauensschaden zu leisten hat.[2041] *Canaris* weist vor dem Hintergrund der Fälle fehlenden Erklärungsbewusstseins, für die die Möglichkeit der Erkenntnis sich innerhalb des rechtsgeschäftlichen Verkehrs zu bewegen bereits ausreicht, darauf hin, dass der Vertrauensnehmer, hier also der Sachverständige, die Bedeutung zumindest hätte erkennen können müssen.[2042] Hiervon wird bei einem Sachverständigengutachten regelmäßig ausgegangen werden können.[2043]

In rechtsvergleichender Hinsicht finden sich auch hier Parallelen im englischen Recht. Bei der Bestimmung, ob im Rahmen des *tort of negligence* im konkreten Verhältnis zwischen dem Sachverständigen und dem Dritten eine *duty of care* besteht, wird ebenfalls der Zweck (*purpose of statement*) als ein relevanter Faktor herangezogen.[2044] Dabei wird aus den konkreten Umständen auf den Zweck geschlossen

---

[2036] Vgl. vor dem SMG dahingehend bei *Canaris*, ZHR 163 (1999), S. 206 (238 f.). Siehe *Quiring*, S. 166. A.A. *Kersting*, S. 312 f. Zugleich erfolgt hierüber auch eine Abgrenzung gegenüber einem schriftlich erstatteten Gutachten eines gerichtlichen Sachverständigen. Aufgrund der entsprechenden Angaben im Gutachten, z.B. zum Gutachtenauftrag entsprechend des Beweisbeschlusses des Gerichts (§ 359 ZPO), ist bereits die Voraussetzung einer „Inanspruchnahme von Vertrauen in besonderem Maße für sich" nicht erfüllt; siehe demgegenüber *Kersting*, S. 248.

[2037] Siehe hierzu *Canaris*, ZHR 163 (1999), S. 206 (239, 245).

[2038] *Canaris*, ZHR 163 (1999), S. 206 (239).

[2039] *Canaris*, ZHR 163 (1999), S. 206 (239); *ders.*, Vertrauenshaftung, S. 548 ff. Zur rechtlichen Einordnung fehlenden Erklärungsbewusstseins siehe bei MüKo-*Armbrüster*, § 119 Rn. 93 ff.

[2040] Siehe bei *Canaris*, ZHR 163 (1999), S. 206 (239).

[2041] *Canaris*, ZHR 163 (1999), S. 206 (239); *ders.*, Vertrauenshaftung, S. 549 f. Vgl. auch *Kersting*, S. 251 mwN.

[2042] *Canaris*, Vertrauenshaftung, S. 550.; *Kersting*, S. 251

[2043] Vgl. *Canaris*, ZHR 163 (1999), S. 206 (238), wonach es evident sei, dass es für „irgendein Projekt" ist. Vgl. *Kersting*, S. 251.

[2044] Siehe oben ab Seite 159 ff. *Clerk & Lindsell on torts*, Rn. 8-101 ff.; *Charlesworth & Percy on negligence*, Rn. 2-185 ff.

werden, wobei auch die Art des Gutachtens und sein Inhalt eine Rolle spielt.[2045] Ferner hat auch der Aspekt der Kenntnis des Sachverständigen vom Zweck eine eigenständige Bedeutung.[2046] Dabei geht es auch um die Frage, ob der Sachverständige aus den Umständen Kenntnis hätte haben müssen, dass sich Dritte auf das Gutachten verlassen.[2047] So hat in einer Entscheidung der französischen *Cour d'appel* von Paris zur Haftung eines Kunstsachverständigen das Gericht in der Urteilsbegründung auch auf die Frage abgestellt, ob der Sachverständige Kenntnis von dem anstehenden Verkauf des Kunstwerks und des entsprechenden Gebrauchs seiner schriftlichen Äußerung zu dem Kunstwerk hatte.[2048] Hier fehlte es jedoch an entsprechenden Feststellungen; das Gericht lehnte eine Haftung vorwiegend mit dem Hinweis darauf ab, dass die schriftlich geäußerte Ansicht des Sachverständigen auf der Rückseite einer Photographie des Kunstwerks kein „*certificat d'authenticité*" darstelle, da sie keine Elemente eines solchen aufweise.[2049]

Im Hinblick auf § 311 Abs. 3 S. 2 BGB wird bei einem ordnungsgemäßen Kunstgutachten die Kenntnis regelmäßig zu bejahen sein. Soweit das Gutachten beispielsweise nicht nur zur Vorlage einer bestimmten Person bestimmt ist und der Sachverständige im Gutachten entsprechende Angaben zum Zweck niedergelegt hat, muss er damit rechnen, dass das Gutachten auch Dritten vorgelegt wird und diesen gegenüber ein Vertrauenstatbestand entstehen kann.[2050] Im englischen Recht ist eine Individualisierung eines konkreten Dritten nicht erforderlich.[2051] Auch im Rahmen des Vertrauenstatbestandes nach § 311 Abs. 3 S. 2 BGB kann es nicht auf die individuelle Kenntnis von der Person des Dritten ankommen. Denn bestellt der Auftraggeber ein Gutachten, welches er im Rahmen von Verkaufsverhandlungen gegenüber Dritten vorzulegen beabsichtigt, ist die Person des Dritten, die letztlich das Kunstwerk erwirbt, weder für den Auftraggeber noch für den Sachverständigen individualisiert. Aufgrund dessen würde der Vertrauenstatbestand durch die Kenntnis von der Person

[2045] Vgl. *Clerk & Lindsell on torts*, Rn. 8-101 f. mwN; *Witting*, OxJLS 2005, 33 (55).

[2046] *Clerk & Lindsell on torts*, Rn. 8-105 ff. mwN.

[2047] Vgl. hierzu die Ausführungen von *Lord Griffiths*, in: *Smith v. Eric S Bush (A Firm), Harris and Another v. Wyre Forest District Council* [1990] 1 A.C. 831 (864 f.); vgl. ferner *Neill L.J.*, in: *James McNaughton Paper Group Ltd. v. Hicks Anderson & Co.* [1991] 2 W.L.R. 641 (651 f.).

[2048] CA Paris, 14.03.1997, Gaz. Pal. 1997, 2, somm., 482, mit Anm. *Vray*.

[2049] CA Paris, 14.03.1997, Gaz. Pal. 1997, 2, somm., 482, mit Anm. *Vray*.

[2050] Vgl. dazu bei *Gellmann*, S. 69 ff.; *Wertenbruch*, NJW 2004, 1977 (1982).

[2051] *Clerk & Lindsell on torts*, Rn. 8-109, ausreichend ist die Kenntnis von der Gruppe, zu welcher der Dritte gehört. Vgl. ferner *Neill L.J.*, in: *James McNaughton Paper Group Ltd. v. Hicks Anderson & Co.* [1991] 2 W.L.R. 641 (652).

des Dritten bedingt und eine Haftung wäre ausgeschlossen. Daher ist auch im Rahmen von § 311 Abs. 3 S. 2 BGB eine Kenntnis von der konkreten Person des Dritten nicht erforderlich.[2052]

Nach *Canaris* soll sich die Haftung jedoch nur auf den ersten Käufer des Kunstwerks erstrecken, nicht aber auf spätere Erwerber.[2053] *Canaris* stellt insoweit auf das zugrundeliegende „Projekt" ab, zu dessen Verwirklichung das von seinem Auftraggeber bestellte Gutachten verwendet werden soll, also etwa den Verkauf an einen bestimmten Dritten.[2054] Der Sachverständige soll daher dann nicht mehr gegenüber späteren weiteren Erwerbern des Kunstwerks haften, da diese nicht von dem beabsichtigten „Projekt" seines Auftraggebers umfasst waren.[2055] Weist das Gutachten jedoch keinerlei Beschränkungen bzw. Vorbehalte hinsichtlich seines Verwendungszwecks auf und vertrauen auch spätere weitere Käufer auf das Gutachten, wären diese aber schutzlos. Denn sie können aus einem Gutachten ohne Vorbehalte und Beschränkungen nicht ersehen, ob sie der erste Käufer in einer Reihe von Erwerbern eines Kunstwerkes sind oder aber ein etwaiger späterer Erwerber. Würde das Kunstwerk beispielsweise innerhalb weniger Wochen mehrfach weiterverkauft, stünde demjenigen späteren Erwerber in einer Reihe von Käufern, der etwa entdeckt, dass es sich bei dem begutachteten Gemälde nicht um ein eigenhändiges Werk, sondern um eine Kopie oder schlimmstenfalls gar eine Fälschung handelt, kein Schadensersatzanspruch zu. Denn er wäre nicht von dem intendierten „Projekt" erfasst, sondern nur der erste Käufer.[2056] Nach der hier vertretenen Ansicht haftet der Sachverständige aber auch späteren Käufern in einer Reihe von verschiedenen zeitlich aufeinanderfolgenden Verkäufen, denn nachrangige Käufer dürfen nicht schutzlos gestellt sein.[2057] Dies führt jedoch nicht zugleich dazu, dass sich ein Sachverständiger unüberschaubaren Haftungsrisiken[2058] ausgesetzt sehen muss, denn seinen Interessen wird dadurch Rechnung getragen, dass er selbst, wie oben dargestellt, zweckbezogene Vermerke und Vorbehalte in das Gutachten aufnehmen kann, mittels derer die Reichweite von

2052 *Quiring*, S. 164; *Gellmann*, S. 66; vor dem SMG bereits *Canaris*, ZHR 163 (1999), S. 206 (235).

2053 *Canaris*, ZHR 163 (1999), S. 206 (237 f.).

2054 *Canaris*, ZHR 163 (1999), S. 206 (235 ff.).

2055 *Canaris*, ZHR 163 (1999), S. 206 (237 f.); siehe auch *Kim*, S. 310.

2056 Siehe hierzu bei *Canaris*, ZHR 163 (1999), S. 206 (237).

2057 Siehe auch *Quiring*, S. 167; a.A. *Gellmann*, S. 78.

2058 Zu ökonomischen Aspekten des Haftungsrisikos bei Wertgutachten, siehe *Schäfer*, AcP 202 (2002), 808 ff. (820 ff.). Schon Köndgen weist darauf hin, dass fehlerhafte Gutachten regelmäßig keine „schadensmultiplizierende „Streuwirkung" im Gefolge" haben. Denn im Falle eines fehlerhaften Gutachtens tritt der Schaden „typischerweise" nur einmal ein, entweder bei dem Auftraggeber des Gutachtens oder einem späteren Käufer im Falle einer Weiterveräußerung, *Köndgen*, S. 401.

§ 311 Abs. 3 S. 2 BGB von ihm entsprechend eingrenzt werden kann.[2059] Auch wird so für die Sachverständigen der Anreiz gesetzt, die Angabe des Zwecks im Gutachten stets sicherzustellen, um die eigene Haftung entsprechend einzugrenzen.[2060]

Durch zweckbezogene Angaben im Gutachten kann der Sachverständige auf die Reichweite des Vertrauenstatbestandes und damit auf das Haftungsrisiko Einfluss nehmen. Im Hinblick darauf wird sein Haftungsrisiko kalkulierbar und versicherbar, wobei der Sachverständige zugleich auf eine risikoangemessene Honorierung seiner Begutachtung gegenüber seinem Auftraggeber dringen kann.

Auf die Möglichkeit von Haftungsbeschränkungen gegenüber Dritten wird im Anschluss an die Darstellung der Pflichten nach § 241 Abs. 2 BGB eingegangen. Nach der hier vertretenen Ansicht hinsichtlich der Möglichkeit zur Beschränkung der Haftung im Wege freizeichnender Klauseln sind die Pflichten nach § 241 Abs. 2 BGB Voraussetzung.

III. Die Pflichten nach § 241 Abs. 2 BGB

Besteht ein eigenständiges Schuldverhältnis mit Pflichten nach § 241 Abs. 2 BGB im Verhältnis zu einem Dritten, der nicht selbst Vertragspartner ist, also in den hier untersuchten Konstellationen etwa zwischen dem Sachverständigen und einem Käufer, der sich aufgrund des vom Verkäufer in Auftrag gegebenen Gutachtens entschlossen hat, das zuvor begutachte Kunstwerk zu erwerben, stellt sich die Frage nach dem Inhalt dieser Pflichten dieses Schuldverhältnisses.

Mit § 241 Abs. 2 BGB wurde durch das Schuldrechtsmodernisierungsgesetz die allgemein anerkannte Lehre von den Schutz- und Obhutspflichten kodifiziert.[2061] § 241 Abs. 2 BGB bringt entsprechend zum Ausdruck, dass in einem Schuldverhältnis seinem Inhalt nach für jeden Teil auch Schutzpflichten[2062] gegenüber dem anderen Teil bestehen können.[2063] Nach § 311 Abs. 3 S. 2 BGB bestehen solche Pflichten unabhängig von Leistungspflichten auch im Verhältnis zu Dritten, die nicht selbst Vertragspartner werden sollen.[2064] Diese Schutzpflichten „gehen in ihrer Intensität über

---

[2059] Siehe dahingehend bei *Canaris* ZHR 163 (1999), S. 206 (239). Siehe auch *Schack*, nach dem eine „eingeschränkte Zweckbestimmung“ des Gutachtens verhindern kann, dass schutzwürdiges Vertrauen entsteht, *ders.*, Rn. 152 a.E.

[2060] Siehe dagegen den Ansatz von *Kersting*, S. 312 ff. (313 f.).

[2061] Erman-*Westermann*, § 241 Rn. 1; BT-Drucks. 14/6040, S. 125. Siehe auch eingehend *Krebs*, in: Dauner-Lieb/Heidel/Lepa/Ring, S. 114 ff.

[2062] Zur uneinheitlichen Terminologie hinsichtlich der Pflichten siehe Staudinger-*Olzen* [2009], § 241 Rn. 154 f.

[2063] *Dedek*, in: Henssler/v.Westphalen, § 241 Rn. 2.

[2064] Die Formulierung von § 241 Abs. 2 BGB, wonach das Schuldverhältnis zur Rücksicht verpflichten „kann“, stellt keine weitere tatbestandliche Voraussetzung von § 311 Abs. 3 S. 2

die allgemeinen deliktischen Verhaltenspflichten hinaus“ und beinhalten die Verpflichtung „zu einem gesteigerten Schutz der Rechtsgüter des jeweils anderen“.[2065] Mit der Verpflichtung zur „Rücksicht auf die Rechte, Rechtsgüter und Interessen des anderen Teils“ wird über den Schutzbereich des § 823 Abs. 1 BGB hinaus auch das Vermögen geschützt.[2066] Der Gesetzgeber stellt insoweit in der Begründung des Gesetzentwurfs eigens beispielhaft darauf ab, dass „jemand durch falsche Beratung oder in sonstiger Weise durch die Erzeugung eines unbegründeten Vertrauens zu schädlichen Vermögensdispositionen veranlasst worden ist“.[2067] Mit dem Begriff der Interessen wird der Schutz neben den Vermögensinteressen auch auf andere Interessen, wie etwa die Entscheidungsfreiheit erstreckt.[2068] Es wird somit nicht nur das Vermögen des Dritten geschützt, der auf das Gutachten vertraut, sondern auch seine Entscheidungsfreiheit.

§ 241 Abs. 2 BGB gibt keine konkreten Pflichten vor. Voraussetzungen und Inhalt werden nicht geregelt.[2069] Die Norm ist bewusst als „Blankett“ gestaltet, das weiterer Ausfüllung bedarf.[2070] Denn die Konkretisierung der Schutzpflichten gründet nicht auf § 241 Abs. 2 BGB, sondern diese sind nach dem Inhalt des Verhältnisses zwischen dem Sachverständigen und dem Dritten zu bestimmen.[2071]

In der Diskussion der Schutzpflichten im Verhältnis zu Dritten, die nicht selbst Vertragspartner werden sollen, steht vorliegend die „Wahrheitspflicht“ für die tatsächlich gegebenen Erklärungen.[2072] Diese Wahrheitspflicht betrifft die Frage der Rich-

---

BGB dar, *Kersting*, S. 339 ff. Die Formulierung von § 241 Abs. 2 BGB berücksichtigt die Begründungsbedürftigkeit der Pflichten in jedem Fall, da nicht in jedem Schuldverhältnis Schutzpflichten bestehen, die zugleich auch nach Art und Umfang vom Inhalt des jeweiligen Schuldverhältnisses her bestimmt werden, Staudinger-*Olzen* [2009], § 241 Rn. 409; kritisch *Krebs*, in: Dauner-Lieb, AnwK-BGB, § 241 Rn. 22 mwN.

2065 BT-Drucks. 14/6040, S. 125. Diese Pflichten haben entsprechend das Integritätsinteresse im Blick; siehe bei *Medicus*, Schuldrecht I, Rn. 507; Bamberger/Roth-*Sutschet*, § 241 Rn. 15.

2066 BT-Drucks. 14/6040, S. 125; Staudinger-*Olzen* [2009], § 241 Rn. 413 mwN; *Kersting*, S. 345 f. mwN.

2067 Siehe BT-Drucks. 14/6040, S. 125.

2068 BT-Drucks. 14/6040, S. 126; *Canaris*, JZ 2001, 499 (519); *Kersting*, S. 346 mwN.

2069 *Medicus*, in: Haas/Medicus/Rolland/Schäfer/Wendtland, S. 125.

2070 So *Westermann*, in: Erman, § 241 Rn. 2, mit Bezug auf *Dauner-Lieb*, in: Ernst/Zimmermann, S. 303 (316); Palandt-*Grüneberg*, § 241 Rn. 7; MüKo-*Kramer*, § 241 Rn. 1, Fn. 3 mwN.

2071 Vgl. *Blenske*, in: Schimmel/Buhlmann, S. 147, 177; MüKo-*Roth*, § 241 Rn. 31 ff. Zur Entstehung der Pflichten nach § 241 Abs. 2 BGB eingehend Staudinger-*Olzen* [2009], § 241 Rn. 382 ff.

2072 Siehe zur Wahrheitspflicht *Adolff*, S. 123 f.; *Schneider*, ZHR 163 (1999), 246 (262 f., 271 f.); Hk-BGB/*Schulze*, § 241 Rn. 4; *Kersting*, S. 19, dort Fn. 93 mit umfangreichen Nachweisen; siehe auch MüKo-*Emmerich*, § 311 Rn. 97. Vgl. auch *Schwarze*, Vorvertragliche

tigkeit der in dem Gutachten enthaltenen Erklärungen des Sachverständigen. Gegebene Mitteilungen bzw. Informationen müssen vollständig und richtig sein.[2073] Im Verhältnis zu Dritten stellt jedoch *Kersting* eine entsprechende Wahrheitspflicht grundsätzlich in Frage.[2074] Da gegenüber dem vertragsfremden Dritten eine „zutreffende Information" nicht geschuldet sei, ermangele es an einer Grundlage für eine solche Wahrheitspflicht.[2075] Angesichts der Eigenständigkeit des Verhältnisses zwischen dem Sachverständigen und dem Dritten müsse eine differenzierte Bestimmung der Pflichten aus dem Tatbestand dieses Schuldverhältnisses erfolgen.[2076] *Kersting* stellt daher auf Verhaltenspflichten ab, die aus dem Verhältnis zwischen dem Vertrauensnehmer und dem Dritten zu ermitteln seien. Es soll daher im Rahmen von § 241 Abs. 2 BGB beispielsweise bestimmt werden, ob etwa „ein Gemälde im Original auf seine Echtheit untersucht werden muss" oder „ob röntgentechnische Untersuchungen vorzunehmen seien".[2077] Die Verhaltenspflicht wird von ihm auf die Richtigkeit der Informationen bezogen, so dass er eine „Verlässlichkeitspflicht" hinsichtlich der erteilten Informationen entwickelt. Diese stelle eine Wahrheitspflicht dar, bezogen auf die Angaben des Sachverständigen zur Verlässlichkeit der erteilten Information.[2078] Der Sachverständige müsse also nur zutreffende Angaben über „seine Anstrengungen bei der Informationsermittlung machen".[2079] Nach *Kersting* komme es vor diesem Hintergrund nicht darauf an, ob das Gutachten zutreffend sei, sondern ob „die erteilte Information so verlässlich ist, wie man das von dem Gutachten eines Kunstexperten erwarten könne".[2080] Eine Pflichtverletzung liege unter diesen Voraussetzungen dann vor, wenn die gegebenen Informationen nicht ausreichend verlässlich waren, weil die Begutachtung nicht mit der erforderlichen Sorgfalt durchgeführt worden ist, beispielsweise weil der Sachverständige das Gemälde nicht im Original, sondern nur auf der Grundlage eines Fotos bewertet habe.[2081] Habe der Sachverständige dagegen mit der erforderlichen Sorgfalt das Gutachten erstellt und

---

Verständigungspflichten, S. 100; Bamberger/Roth-*Grüneberg*, § 311 Rn. 74; *Hopt*, in: Baumbach/Hopt, § 347 Rn. 24.

2073 Siehe *Larenz*/*Wolf*, § 31 Rn. 19 in Bezug auf die Pflichten bei Vertragsverhandlungen.

2074 *Kersting*, S. 360 ff.; *ders.*, JR 2008, 312 (316). Dabei verfolgt *Kersting* einen umfassenden Ansatz einer Dritthaftung für Informationen, der auf eine eigenständige konkrete Pflichtenbestimmung aufbaut, *ders.*, S. 381 ff., die zugleich durch restriktive Pflichtenbestimmung im Rahmen von § 241 Abs. 2 BGB den nach seiner Ansicht getrennt zu betrachtenden, von ihm erweiterten Tatbestand des § 311 Abs. 3 S. 2 BGB wieder begrenzen soll, *ders.*, S. 365 f., 371.

2075 Siehe bei *Kersting*, S. 362.

2076 *Kersting*, S. 360 ff. (433).

2077 *Ders.*, JR 2008, 312 (316).

2078 *Ders.*, JR 2008, 312 (316).

2079 *Kersting*, JR 2008, 312 (317).

2080 So *Kersting*, S. 372.

2081 *Ders.*, JR 2008, 312 (316).

seine Erklärungen die „angegebene Verlässlichkeit", so hafte der Sachverständige nicht, wenn sich das Gemälde beispielsweise dennoch als Fälschung entpuppe, da der Dritte auf eigenes Risiko angesichts des ihm versprochenen und bekannten Grades an Verlässlichkeit gehandelt habe.[2082]

Dem Ansatz von *Kersting* ist entgegenzutreten, da ein Sachverständigengutachten gerade dazu bestellt wird, um ein richtiges und zugleich auch aus objektiver fachkundiger Perspektive stammendes Urteil über das konkret begutachtete Kunstwerk zu erhalten. In dieser Funktion wird das Gutachten in den hier betrachteten Dritthaftungskonstellationen vom Auftraggeber etwa einem Kaufinteressenten vorgelegt, beispielsweise um diesem eine „Entscheidungshilfe" zu bieten. Gerade bei Kunstsachverständigengutachten geht es um die Richtigkeit der im Gutachten enthaltenen Gedankenerklärungen, mit denen das objektive und sachlich begründete Urteil des Sachverständigen zum Ausdruck gebracht wird (z.B. „(...) es ist ein Werk aus der Hand des Künstlers „X", weil (...)"). So dokumentiert auch gerade etwa die vom Sachverständigen zu beantwortende Frage, ob das Kunstwerk „echt oder nicht echt" ist, die Bedeutung und das Erfordernis der „Wahrheit" seiner im Gutachten enthaltenen Bewertungen. Soweit *Kersting* auf eine „Wahrheitspflicht bezüglich der Verlässlichkeit der Information" abstellt, erscheint eine solche als gekünstelt. Für die hier betrachteten Dritthaftungskonstellationen kommt es, wie eben dargestellt, gerade auf die Richtigkeit der im Gutachten enthaltenen Gedankenerklärungen an. Für diese kann es nicht um einen „Grad der Verlässlichkeit" in Bezug auf ihre Richtigkeit gehen, also einer Form von prozentualer Wahrscheinlichkeit der Richtigkeit der Erklärungen des Gutachtens.[2083] Dies würde auch den allgemeinen Grundsätzen zuwiderlaufen, wonach ein Sachverständigengutachten keine Annahmen, Mutmaßungen oder aber Wahrscheinlichkeitsprognosen beinhalten soll, sondern ein objektiv begründetes Sachverständigenurteil.[2084] Im Zentrum eines Sachverständigengutachtens steht die Richtigkeit des im Gutachten enthaltenen Sachverständigenurteils, also beispielsweise ob ein Gemälde echt ist oder nicht. Ist ein Sachverständigenurteil dagegen etwa nur unter Vorbehalten möglich, weil es beispielsweise weitergehender naturwissenschaftlicher Untersuchungen des Kunstwerkes bedarf, würde nach der hier vertretenen Ansicht ein Sachverständiger konkrete Vorbehalte oder Einschränkungen in seinem Gutachten ausdrücklich zum Ausdruck bringen müssen, die dann nach dem hier vertretenen Ansatz entsprechend bereits auf Ebene des Vertrauenstatbestandes Relevanz erlangen. Nach alledem bedarf es einer entsprechenden „Wahrheitspflicht" im Verhältnis zwischen dem Sachverständigen und dem Dritten.[2085] Das

---

[2082] *Ders.*, JR 2008, 312 (316).

[2083] Siehe aber *Kersting*, JR 2008, 312 (316); *ders.*, S. 364.

[2084] Siehe hierzu schon oben ab Seite 210 ff.

[2085] Daneben erkennt *Kersting* eine Wahrheitspflicht im Bereich des Vorsatzes ausdrücklich an, *ders.*, S. 361.

vom Auftraggeber bestellte Gutachten wird hier von dem Sachverständigen zu dem Zweck angefertigt, Dritten vorgelegt zu werden, so dass im Verhältnis zu diesen Dritten aufgrund des geschaffenen Vertrauenstatbestands Einfluss auf Vermögen und Entscheidungsfreiheit genommen wird. Der Sachverständige erhält ein Honorar, welches er im Hinblick auf das von dem konkreten Gutachten für ihn ausgehenden Haftungsrisiko und dessen Versicherbarkeit selbst bestimmen kann. Wie oben bereits ausgeführt, hat der Sachverständige es auch in der Hand, durch entsprechende Angaben und Vermerke im Gutachten beispielsweise den Kreis der Dritten einzugrenzen oder Einschränkungen bereits auf der Ebene des Vertrauenstatbestands vorzunehmen.[2086]

Ferner führt der Ansatz, statt einer Wahrheitspflicht konkrete Verhaltenspflichten in Form einer „Verlässlichkeitspflicht" auf der Ebene von § 241 Abs. 2 BGB zu ermitteln, zu einer Verschiebung der im Rahmen von § 280 Abs. 1 BGB zu bestimmenden Frage von Pflichtverletzung und Verschulden.[2087] Soweit bereits auf der Ebene von § 241 Abs. 2 BGB bestimmt werden soll, ob „ein Gemälde im Original auf seine Echtheit untersucht werden muss" oder ob „röntgentechnische Untersuchungen vorzunehmen sind"[2088], würden wesentliche Aspekte der haftungsbegründenden schuldhaften Pflichtverletzung vorweggenommen.[2089] Dies ist aber nach §§ 280 Abs. 1, 276 BGB zu beurteilen.

IV. Voraussetzungen und Rechtsfolgen des Anspruches auf Schadensersatz

Liegen die Voraussetzungen des Vertrauenstatbestandes nach § 311 Abs. 3 S. 2 BGB vor, setzt ein Anspruch auf Schadensersatz des geschädigten Dritten gemäß § 280 Abs. 1 BGB die schuldhafte Verletzung einer Pflicht nach § 241 Abs. 2 BGB voraus.[2090] Es kann hier insoweit auf die bereits oben im Länderteil zum deutschen Recht erfolgten Darstellungen zu den Anspruchsvoraussetzungen nach § 280 Abs. 1 BGB verwiesen werden.[2091] Die Voraussetzungen von § 280 Abs. 1 BGB weisen für die hier betrachtete Dritthaftung keine Besonderheiten auf.[2092] Der dem geschädigten

[2086] Angesichts des hier vertretenen „engen" Vertrauenstatbestandes bedarf es auch keiner Eingrenzung eines „weiten" Vertrauenstatbestandes im Wege einer gesonderten Bestimmung von Verhaltenspflichten, siehe insoweit demgegenüber zum Ansatz von *Kersting*, S. 365, 371.

[2087] Insoweit auch *Kersting*, S. 366 ff., 370.

[2088] So aber *Kersting*, JR 2008, 312 (316).

[2089] A.A. *Kersting*, S. 371 ff.

[2090] Siehe bei BT-Drucks. 14/6040, S. 163; Palandt-*Grüneberg*, § 311 Rn. 27; MüKo-*Emmerich*, § 311 Rn. 260 ff.; *Kersting*, S. 437 ff.; *Medicus/Lorenz*, Rn. 512.

[2091] Siehe hierzu oben ab Seite 223 ff.

[2092] Für die Anspruchsvoraussetzungen trägt der geschädigte Dritte die Beweislast, das Verschulden wird nach § 280 Abs. 1 S. 2 BGB vermutet, vgl. MüKo-*Emmerich*, § 311 Rn. 266,

Dritten entstandene Schaden muss kausale Folge der schuldhaften Pflichtverletzung sein. Der Schadensersatz bemisst sich in seinem Umfang nach den §§ 249 ff. BGB.[2093] Ein etwaiges Mitverschulden des geschädigten Dritten findet nach § 254 BGB Berücksichtigung.[2094] Man wird dabei dem geschädigten Dritten nicht entgegenhalten dürfen, dass ihn ein Mitverschulden treffe, weil er auf das Gutachten vertraut hat.[2095] Verfügt der Dritte aber beispielsweise über eigene Sachkunde, kann im Einzelfall ein Mitverschulden zu berücksichtigen sein.[2096] Die Verjährung richtet sich nach §§ 195, 199 BGB.[2097]

V. Möglichkeiten zur Beschränkung der Haftung

Schließlich soll sich nun der Frage zugewendet werden, ob ein Sachverständiger seine Haftung auch gegenüber Dritten zu beschränken vermag. Neben den oben bereits im Rahmen der Reichweite dargestellten Aspekten, etwa durch konkrete Beschreibung von Art und Umfang der Begutachtung im Gutachten und sich daraus gegebenenfalls ergebenden Vorbehalten oder der Angabe des Gutachtenzwecks, geht es hier um die Wirkung haftungsbeschränkender Klauseln.

Soweit der Sachverständige im vertraglichen Verhältnis zu seinem Auftraggeber Haftungsbeschränkungen vereinbart hat, haben diese nach der hier vertretenen Ansicht im Verhältnis zu Dritten keine Wirkung.[2098] Dies hat seinen Grund in der Perspektive von § 311 Abs. 3 S. 2 BGB, der allein auf das Verhältnis zwischen dem Sachverständigen und dem Dritten abstellt. Anders könnte die Wirkung von haftungsbeschränkenden Klauseln zu bewerten sein, wenn diese Klauseln im Gutachten selbst enthalten oder diesem als Anlage beigefügt sind.[2099] Ein Ansatzpunkt könnte

---

276 ff.; PWW/*Medicus/Stürner*, § 311 Rn. 72; Bamberger/Roth-*Grüneberg*, § 311 Rn. 122. Siehe aber *Kersting*, S. 442 ff.

2093 Siehe hierzu bei MüKo-*Emmerich*, § 311 Rn. 266 ff.

2094 Siehe bei MüKo-*Emmerich*, § 311 Rn. 264; Hk-BGB/*Schulze*, § 311 Rn. 27; Jauernig-*Stadler*, § 311 Rn. 53. Siehe auch Eichler, S. 366 f., der zu Recht darauf hinweist, dass ein Verschulden des Auftraggebers, beispielsweise in Form falscher Angaben, aufgrund der Eigenständigkeit des Anspruchs von §§ 311 Abs. 3 S. 2, 241 Abs. 2, 280 Abs. 1 BGB nicht anspruchsmindernd zu berücksichtigen ist. Vgl. zur Berücksichtigung von § 254 BGB schon *Canaris*, Vertrauenshaftung, S. 533 f., 536, 542. Vgl. auch OLG Karlsruhe, NJOZ 2005, 3438 (3439).

2095 Siehe dazu bei MüKo-*Emmerich*, § 311 Rn. 264; siehe auch BGH NJW-RR 1988, 855 (856).

2096 Siehe *Kersting*, S. 468; siehe auch BGH NJW-RR 1988, 855 (856).

2097 MüKo-*Emmerich*, § 311 Rn. 279 ff.

2098 Siehe bereits oben ab Seite 288 f. Hierzu auch *Koch*, WM 2005, 1208 (1209 ff.) mwN; siehe auch bei *Eichler*, S. 364 f.

2099 Vgl. Baumbach/Hopt-*Hopt*, § 347 Rn. 38 a, wonach Freizeichnung von Dritthaftung „unmittelbar zwischen dem Vertrauenden und dem Haftenden“ erfolgen muss.

dabei im Merkmal der Inanspruchnahme von Vertrauen des § 311 Abs. 3 S. 2 BGB liegen. Haftungsbeschränkende Klauseln im Gutachten könnten einschränkend auf die Inanspruchnahme von Vertrauen wirken, wie dies etwa bei den oben dargestellten Einschränkungen respektive von im Gutachten enthaltenen Vermerken zu Art und Umfang der vorgenommenen Untersuchungen oder bestimmten Vorbehalten der Fall sein kann. Da der Vertrauenstatbestand allerdings an die im Gutachten verkörperte Gedankenerklärung und deren Richtigkeit anknüpft, haben haftungsbeschränkende Klauseln, die etwa eine Beschränkung auf eine bestimmte Haftungshöchstsumme beinhalten oder die Haftung auf Vorsatz und grobe Fahrlässigkeit beschränken, keine begrenzende Wirkung auf den Aussagegehalt des Gutachtens oder seines Zwecks, sie betreffen alleine die Rechtsfolgenseite.[2100] Denn mit einer Klausel, etwa nicht für leichte Fahrlässigkeit haften zu wollen, wird zum Ausdruck gebracht, dass nur in beschränktem Maße gehaftet, aber keine Restriktionen im Hinblick auf die Richtigkeit der im Gutachten enthaltenen Gedankenerklärungen vorgenommen werden sollen. Daher kommt eine Berücksichtigung von im Gutachten enthaltenen haftungsbeschränkenden Klauseln, die etwa den Verschuldensgrad betreffen, nicht über den Vertrauenstatbestand in Betracht.[2101]

In der Folge wurde von *Canaris* ein rechtsgeschäftlicher Ansatz vorgeschlagen. Danach liege, wenn man die im Gutachten enthaltenen Haftungsbeschränkungen gemäß §§ 133, 157 BGB objektiv interpretiere, in diesen ein Antrag auf Abschluss eines Vertrages zwischen dem Sachverständigen und dem Dritten.[2102] Das Einverständnis des Dritten mit diesem Vertragsangebot sei Voraussetzung, dass der Dritte das Gutachten seiner Entscheidung zugrunde legen dürfe.[2103] Nutze der Dritte das Gutachten als Grundlage für eine Entscheidung etwa zum Kauf eines Kunstwerkes, liege darin ein stillschweigendes Einverständnis mit der Haftungsbeschränkung.[2104] Auf den Zugang könne angesichts § 151 BGB verzichtet werden.[2105] Allerdings muss sich dieser Ansatz der Kritik insoweit ausgesetzt sehen, dass eine Ablehnung des Angebotes auf Abschluss der Haftungsbeschränkung durch den Dritten nicht ausgeschlossen werden kann.[2106] Dieser wird regelmäßig keine Ambitionen haben, eine entsprechende Vereinbarung einzugehen.

2100 *Canaris*, ZHR 163 (1999), S. 206 (231); eingehend auch *Koch*, WM 2005, 1208 (1212); siehe aber *Gerhardt*, JZ 1970, 535 (537 f.).

2101 *Canaris*, ZHR 163 (1999), S. 206 (230 f.); *Koch*, WM 2005, 1208 (1209 ff.); a.A. *Gerlach*, S. 115 ff.; *Eichler*, S. 365.

2102 *Canaris*, ZHR 163 (1999), S. 206 (231); auch *Kim*, S. 325 (328); krit. *Kersting*, S. 425.

2103 *Canaris*, ZHR 163 (1999), S. 206 (231).

2104 Siehe *Canaris*, ZHR 163 (1999), S. 206 (231); vgl. auch *Schneider*, ZHR 163 (1999), S. 246 (269).

2105 *Canaris*, ZHR 163 (1999), S. 206 (231).

2106 Siehe den Diskussionsbericht zu den Referaten von Canaris, Schneider und Bosch von *Schäfer*, in: ZHR 16 (1999), S. 286; *Koch*, WM 2005, 1208 (1213). Darüber hinaus wäre

Auch *Koch* tritt für einen rechtsgeschäftlichen Ansatz ein. Danach soll, im Unterschied zum Ansatz von *Canaris*, die Vertrauenswerbung unter die Bedingung gestellt werden, dass der Dritte eine Haftungsbeschränkung rechtsgeschäftlich vereinbart.[2107] Der Sachverständige könne danach eine Haftungsbeschränkung „erzwingen", wenn er eine entsprechende Bedingung stellt. *Koch* verweist insoweit auf § 158 BGB, wonach ein Rechtsgeschäft unter eine Bedingung gestellt werden kann. Da die Vertrauenswerbung jedoch eine geschäftsähnliche Handlung darstellt, wirft dies in der Folge die Frage nach der Anwendbarkeit von § 158 BGB auf.[2108] Geschäftsähnliche Handlungen haben mit Rechtsgeschäften zwar die willentliche Vornahme einer Handlung gemeinsam, allerdings ist zwischen ihnen dahingehend zu differenzieren, dass die Rechtsfolge von geschäftsähnlichen Handlungen aufgrund Gesetzes und unabhängig von einem darauf gerichteten Rechtsfolgewillen des Handelnden eintritt.[2109] Die Vertrauenswerbung des Sachverständigen erfolgt hier zwar willentlich, wird jedoch von keinem entsprechenden auf eine Rechtsfolge gerichteten Willen vorgenommen.[2110] Daher befürwortet *Koch* eine analoge Anwendung von § 158 BGB.[2111] Da die Vertrauenswerbung ausgeprägte privatautonome Elemente beinhalte und eine gewisse Disponibilität des Vertrauenstatbestandes zulasse, bestünden Ähnlichkeiten mit einer Willenserklärung, so dass eine analoge Anwendung gerechtfertigt sei.[2112] Die für die rechtsgeschäftliche Vereinbarung erforderliche Annahmeerklärung des Dritten könne dann konkludent mit der Vertrauensinvestition des Dritten erfolgen, auf den Zugang der Annahme würde nach § 151 S. 1 BGB verzichtet werden können.[2113]

Gegenüber dem Ansatz von *Koch* ist einzuwenden, dass eine geschäftsähnliche Handlung aber gerade keinen auf eine Rechtsfolge hin gerichteten Willen beinhaltet. Für geschäftsähnliche Handlungen ist es aber kennzeichnend, dass die Rechtsfolge unabhängig von einem darauf gerichteten Rechtsfolgewillen des Handelnden eintritt.[2114] Mit dem Ansatz von *Koch* würde die Differenzierung zwischen geschäftsähnlicher Handlung und Willenserklärung übergangen, da so die geschäftsähnliche

---

auch der Gedanke des Abschlusses einer entsprechenden Vergütungsvereinbarung mit dem Dritten nicht fernliegend. Dies hebt *Kersting* hervor, S. 315.

2107 *Koch*, WM 2005, 1208 (1213 ff.).

2108 *Koch*, WM 2005, 1208 (1213); siehe auch bei *Kersting*, S. 291 ff., zur Einordnung der Vertrauensinanspruchnahme als geschäftsähnlicher Handlung.

2109 *Larenz/Wolf*, § 22 Rn. 14, S. 396; *Koch*, WM 2005, 1208 (1213).

2110 Siehe *Koch*, WM 2005, 1208 (1213).

2111 *Koch*, WM 2005, 1208 (1213 f.). Zur analogen Anwendung der Vorschriften für Rechtsgeschäfte auf geschäftsähnliche Handlungen allgemein bei *Schiemann*, in: Staudinger, Eckpfeiler [2011], C, I, S. 105, Rn. 12; *Larenz/Wolf*, § 22 Rn. 14, S. 396.

2112 Eingehend *Koch*, WM 2005, 1208 (1214).

2113 *Koch*, WM 2005, 1208 (1215 f.).

2114 *Kersting*, S. 306.

Handlung zur Willenserklärung gemacht würde.[2115] Darüber hinaus lässt sich in der im Vertrauen vorgenommenen Handlung des Dritten auch nicht die stillschweigende Annahme des Angebotes durch den Dritten erblicken. Eine solche ist höchst fraglich, denn der Dritte hat regelmäßig kein Interesse an einer Beschränkung der Haftung des Sachverständigen zu seinen eigenen Ungunsten.[2116]

Gegenüber den Ansätzen von *Canaris* und *Koch* als vorzugswürdig stellt sich der Ansatz dar, eine nach § 241 Abs. 2 BGB bestehende Rücksichtnahmepflicht des Dritten anzunehmen, nach welcher es dem Dritten verwehrt ist, den Sachverständigen über die im Gutachten enthaltene Haftungsbeschränkung hinaus in Anspruch zu nehmen.[2117] Mit dieser Rücksichtnahmepflicht wird dem Schutz des Sachverständigen auch im Verhältnis zu vertragsfremden Dritten gedient, denn seine Interessen sind regelmäßig auf ein überschaubares und versicherbares Haftungsrisiko ausgerichtet. Aus § 241 Abs. 2 BGB folgt eine Verpflichtung zur Rücksichtnahme auf die Rechte, Rechtsgüter und Interessen des anderen Teils für jeden Teil, also auch für den Dritten.[2118] Nähme der Dritte den Sachverständigen über die Haftungsbeschränkung hinausgehend in Anspruch, könnte der Sachverständige die Verletzung der Rücksichtnahmepflicht dem Dritten im Wege eines Anspruches auf Schadensersatz als Einrede entgegenhalten.[2119] Denn der Dritte müsste dem Sachverständigen sogleich zurückgewähren, was er von ihm zu erlangen anstrebt (*dolo agit, qui petit, quod statim redditurus est*).[2120]

Dies wirft die Frage auf, unter welchen Voraussetzungen eine solche Rücksichtnahmepflicht besteht. Hierfür soll der Blick zunächst auf das englische Recht gelenkt werden. Es konnte im Rahmen der Darstellung zum englischen Recht gezeigt werden, dass dieses im Unterschied zur restriktiven Haltung der französischen Rechtsordnung die Möglichkeit eröffnet, die Haftung für reine Vermögensschäden auch gegenüber vertragsfremden Dritten im Wege eines *disclaimer* bzw. einer *notice*[2121]

[2115] Eingehend *Kersting*, S. 307 mwN, 315 ff. Grundsätzlich ablehnend gegenüber der Zulässigkeit von Bedingungen für geschäftsähnliche Handlungen, *Bork*, in: Staudinger [2010], Vorbem. zu §§ 158 ff., Rn. 46. Ablehnend auch *Wackerbarth*, in: AnwK-BGB, § 158 Rn. 33.

[2116] Siehe *Kersting*, S. 316. Der Ansatz von *Koch* trifft ferner auf Anwendungsschwierigkeiten, wenn keine ausdrückliche Bedingung im Gutachten enthalten ist, sondern lediglich eine haftungsbeschränkende Klausel. *Koch* befürwortet aber auch dann von einer wirksamen Bedingung auszugehen, *ders.*, WM 2005, 1208 (1215).

[2117] Siehe grundlegend *Kersting*, S. 429 ff.

[2118] Siehe hierzu auch bei *Kersting*, S. 429 ff.

[2119] *Kersting*, S. 429.

[2120] Siehe *Kersting*, S. 429, Fn. 2175. Zum dolo-agit-Einwand allgemein *Looschelders/Olzen*, in: Staudinger [2009], § 242 Rn. 281 ff.

[2121] Siehe zu den Begriffen von *disclaimer* und *notice* bereits oben. Im Folgenden wird allein der Begriff des *disclaimer* verwendet.

zu beschränken.[2122] Das englische Recht bedient sich zur Beurteilung der Wirksamkeit eines *disclaimer* im Verhältnis zu vertragsfremden Dritten des sog. *test of reasonableness* nach s. 11(3) UCTA 1977.[2123] Danach muss ein *disclaimer* im Verhältnis zu vertragsfremden Dritten billig und angemessen (*fair and reasonable*) sein. Für das deutsche Recht lässt sich vor diesem Hintergrund als Ansatzpunkt das Erfordernis eines „berechtigten Interesses" an der Haftungsbeschränkung heranziehen.[2124] Eine Rücksichtnahmepflicht besteht dann nur bei Vorliegen eines „berechtigten Interesses" des Sachverständigen an der Haftungsbeschränkung; zu den Einzelheiten im Folgenden.

Als primäre Voraussetzung für eine Rücksichtnahmepflicht aufgrund des Bestehens eines „berechtigten Interesses" des Sachverständigen ist es generell erforderlich, dass dem Dritten die Haftungsbeschränkungen bereits mit der Inanspruchnahme des Vertrauens offengelegt worden sind.[2125] Dies kann etwa durch haftungsbeschränkende Klauseln im Gutachten selbst erfolgen.[2126] Denn nur wenn der Dritte Kenntnis von der Haftungsbeschränkung hat, kann er diese berücksichtigen und seiner Entscheidung über die Verwendung des Gutachtens zugrunde legen.[2127] Diese Anforderung der Offenlegung findet auch eine Entsprechung im englischen Recht bei den Haftungsbeschränkungen gegenüber „vertragsfremden" Dritten. Danach ist auch im englischen Recht Voraussetzung für die Wirksamkeit des sog. *disclaimers*, dass dieser dem vertragsfremden Dritten rechtzeitig kundgegeben wird.[2128] Hierfür bedarf es der Möglichkeit der Kenntnisnahme durch den Dritten, bevor dieser im Vertrauen auf das Gutachten handelt.[2129]

In einem weiteren Schritt stellt sich die Frage nach „inhaltlicher Kontrolle" der Haftungsbeschränkungen.[2130] Nach welchem Maßstab ist zu bemessen, ob und in welchem Umfang ein Sachverständiger gegenüber einem Dritten seine Haftung be-

---

2122 Siehe oben ab Seite 190 ff.

2123 Siehe zu den Einzelheiten bereits ab Seite 187 ff.

2124 Siehe hierzu *Kersting*, S. 430. Zu den „berechtigten Interessen" im Rahmen der unangemessenen Benachteiligung von § 307 BGB siehe etwa *Wolf*, in: Wolf/Lindacher/Pfeiffer, § 307 Rn. 75. Es ließe sich aber auch von einem „anerkennenswerten Interesse" sprechen, vgl. MüKo-*Kieninger*, § 307 Rn. 22, oder von einem „legitimen Interesse", vgl. *Fuchs*, in: Ulmer/Brandner/Hensen, § 307 Rn. 101 a.E.

2125 Siehe *Kersting*, S. 430, 432.

2126 Auch könnten separat gedruckte Bedingungen beigefügt werden, etwa mit dem Gutachten als Anlage verbunden, vgl. bei *Katzenstein*, S. 343.

2127 Vgl. *Kersting*, S. 430.

2128 Siehe oben ab Seite 190 f.

2129 Siehe oben ab Seite 190 f.

2130 Siehe bei *Kersting*, S. 432. Auch *Canaris* sieht die Notwendigkeit einer Inhaltskontrolle als für nicht verzichtbar an, *ders.*, ZHR 163 (1999), S. 206, (232).

schränken darf? Das Kriterium des „berechtigten Interesses" bedarf insoweit weiterer Konkretisierung.[2131] Richtungsweisende Gesichtspunkte finden sich dabei im englischen Recht. Wie oben bereits dargestellt, wird die Wirksamkeit eines *disclaimer* im Verhältnis zu vertragsfremden Dritten anhand des sog. *test of reasonableness* beurteilt.[2132] Ein *disclaimer* im Verhältnis zu vertragsfremden Dritten ist danach nur wirksam, wenn er billig und angemessen (*fair and reasonable*) ist.[2133] Der *reasonableness* kommt dabei im englischen Recht eine ähnliche Funktion zu wie dem Grundsatz von Treu und Glauben im deutschen Recht.[2134] Auf den Grundsatz von Treu und Glauben stützte die deutsche Rechtsprechung vor Inkrafttreten des AGBG als Generalklausel die Inhaltskontrolle von Allgemeinen Geschäftsbedingungen.[2135] Auch nach dem Inkrafttreten des Gesetzes zur Modernisierung des Schuldrechts verbleiben als Anwendungsbereiche für die Inhaltskontrolle nach § 242 BGB etwa die Bereichsausnahmen nach § 310 Abs. 4 BGB.[2136] Die Grundsätze von § 242 BGB haben außerdem für die „Konkretisierung der Angemessenheitskontrolle" im Rahmen der Generalklausel von § 307 Abs. 1 S. 1 BGB Bedeutung.[2137] Danach wird die Unwirksamkeit mit dem Vorliegen einer „unangemessenen Benachteiligung" entgegen den Geboten von Treu und Glauben bestimmt.[2138] Zu Feststellung einer „unangemessenen Benachteiligung" wird eine Interessenabwägung vorgenommen.[2139] Bei dieser spielt auch die Berücksichtigung „berechtigter Interessen" oder ihr angemessener Ausgleich eine wichtige Rolle.[2140] Der Maßstab von Treu und Glauben nach § 242 BGB ermöglicht bei der Abwägung eine umfassende Berücksichtigung aller rechtlich anzuerkennenden Interessen.[2141] Auch vermag das Regelbeispiel von § 307 Abs. 2 Nr. 1 BGB hier weiter zu konkretisieren.[2142] Danach ist die „unangemessene Benachteiligung" mit dem Abweichen von der gesetzlichen Regelung verknüpft, die „mit wesentlichen Grundgedanken der gesetzlichen Regelung, von der abgewichen wird, nicht zu vereinbaren ist".[2143] Es wird dabei deutlich, dass die gesetzlichen Regelungen als Ausdruck eines angemessenen und gelungenen Interessenausgleichs

---

[2131] Hierzu *Kersting*, S. 430 ff.

[2132] Siehe zu den Einzelheiten bereits oben Seite 187 ff. Siehe auch bei *Büttner*, S. 157 ff.

[2133] Siehe oben ab Seite 187 ff. Siehe dazu auch bei *Clerk & Lindsell on torts*, Rn. 8-109.

[2134] *Weick*, ZHR 145 (1981), 68 (76).

[2135] Siehe Ulmer/Brandner/Hensen-*Fuchs*, § 307 Rn. 62; MüKo-*Roth*, § 242 Rn. 122.

[2136] Siehe bei MüKo-*Roth*, § 242 Rn. 122, 431; siehe zu den Bereichsausnahmen Ulmer/Brandner/Hensen-*Ulmer/Schäfer*, § 310, Rn. 108 ff.

[2137] *Roth*, in: MüKo, § 242 Rn. 122.

[2138] Siehe schon oben Seite 282 ff.

[2139] Zur Interessenabwägung s. bei Wolf/Lindacher/Pfeiffer-*Wolf*, § 307 Rn. 75, 174 ff.

[2140] Siehe etwa bei Wolf/Lindacher/Pfeiffer-*Wolf*, § 307 Rn. 75.

[2141] Wolf/Lindacher/Pfeiffer-*Wolf*, § 307 Rn. 173 f. (174), 181.

[2142] *Kersting*, S. 431. Siehe zur Funktion der Regelbeispiele Ulmer/Brandner/Hensen-*Fuchs*, § 307 Rn. 193.

[2143] *Kersting*, S. 431.

das Leitbild der Inhaltskontrolle darstellen.[2144] Bezogen auf die Konkretisierung des „berechtigten Interesses" lässt sich vor diesem Hintergrund der grundsätzliche Aspekt festhalten, dass je weiter durch die Haftungsbeschränkung von den wesentlichen, in §§ 311 Abs. 3 S. 2, 241 Abs. 2, 280 Abs. 1 BGB enthaltenen Grundgedanken in einem nicht zu vereinbarenden Maße abgewichen wird, desto weniger ein „berechtigtes Interesse" an einer solchen Haftungsbeschränkung angenommen werden kann.[2145] Berücksichtigt man bei alledem die Befunde des englischen Rechts, so lässt sich auch im deutschen Recht als Maßstab für die inhaltliche Kontrolle der Grundsatz von Treu und Glauben (§ 242 BGB) heranziehen, wobei dieser im Rahmen einer Interessenabwägung ähnlich dem *test of reasonableness* innerhalb des Kriteriums des „berechtigten Interesses" zur Anwendung gebracht werden kann.[2146]

An einem vollständigen Haftungsausschluss würde angesichts der dargestellten Voraussetzungen und Wertungen kein berechtigtes Interesse bejaht werden können.[2147] Demgegenüber werden für haftungsbeschränkende Klauseln keine Abweichungen zu den zwischen Vertragsparteien zulässigen Haftungsbeschränkungen bestehen. Vertragliche Haftungsbeschränkungen sind bereits im Verhältnis zwischen Sachverständigem und Auftraggeber des Gutachtens ohnehin nur in eng begrenztem Umfang möglich.[2148] Summenmäßige Haftungsbeschränkungen wird man auch im Verhältnis zu Dritten im Hinblick auf gesetzliche Sonderregelungen wie etwa § 51a BRAO, § 54a WPO oder § 67a StBerG als zulässig erachten können.[2149] Da es für den Bereich der Sachverständigenhaftung jedoch keine entsprechende gesetzliche Sonderregel gibt, bedarf es vor diesem Hintergrund der Beurteilung im Einzelfall. Dabei ließe sich ähnlich den Wertungen des Rechts der Allgemeinen Geschäftsbedingungen auch auf den typischen vorhersehbaren Schaden als Mindestsumme abstellen.[2150]

Stellt eine Haftungsbeschränkung eine unangemessene Benachteiligung dar, kommt eine geltungserhaltende Reduktion nicht in Betracht.[2151] Dies begründet sich darauf, dass im Falle einer unangemessenen Benachteiligung kein berechtigtes Interesse vorliegt, so dass keine Rücksichtnahmepflicht des Dritten besteht.[2152] Auch insoweit lassen sich Parallelen zum Recht der Allgemeinen Geschäftsbedingungen ziehen.

[2144] Ulmer/Brandner/Hensen-*Fuchs*, § 307 Rn. 193.

[2145] Siehe *Kersting*, S. 431; vgl. auch Ulmer/Brandner/Hensen-*Fuchs*, § 307 Rn. 193 im Hinblick auf die Bedeutung von § 307 Abs. 2 Nr. 1 BGB.

[2146] Siehe auch bei *Büttner*, S. 160 ff., zur Beurteilung von Haftungsbeschränkungen im Verhältnis zu Dritten nach § 242 BGB, ebenda, S. 160.

[2147] So auch schon *Kersting*, S. 431.

[2148] Siehe eingehend oben ab Seite 276 ff.

[2149] *Kersting*, S. 431; siehe zu diesem Aspekt auch bei *Büttner*, S. 166.

[2150] Siehe zu summenmäßigen Haftungsbeschränkungen bereits oben Seite 278 ff.,Seite 286 ff.

[2151] Siehe *Kersting*, S. 432.

[2152] *Kersting*, S. 432. Siehe insoweit auch das englische Recht, etwa bei *Anson' s Law of Contract*, S. 206 mwN; hierzu auch *Schmidt-Kessel*, S. 482 mwN.

Die voranstehenden Ausführungen haben gezeigt, dass Haftungsbeschränkungen in Gutachten auch Wirkung gegenüber Dritten haben können. Während die Ansätze von *Canaris* und *Koch* es ermöglichen, die entsprechenden haftungsbeschränkenden Klauseln direkt an den allgemeinen Vorschriften zu bemessen, bestehen diesen gegenüber allerdings verschiedene Bedenken. Dabei ist auch hervorzuheben, dass sich wesentliche Kritik am Lösungsweg der Rechtsprechung gerade an der fiktiven Annahme stillschweigend geschlossener Vertragsbeziehungen entzündet, aber bei der Beschränkung der Haftung im Rahmen der beiden Ansätze dann eine solche im Wege konkludent geschlossener Verträge konstruiert wird.[2153] Daher ist der Ansatz über die Annahme einer Rücksichtnahmepflicht des Dritten zu bevorzugen. Dabei kann zur Feststellung der Rücksichtnahmepflicht auf das Erfordernis eines „berechtigten Interesses" an der Haftungsbeschränkung abgestellt werden. Soweit im konkreten Fall eine Rücksichtnahmepflicht des Dritten nach § 241 Abs. 2 besteht, kann dieser den Sachverständigen nur im Rahmen der Haftungsbeschränkung in Anspruch nehmen.[2154] Dritte sind demgegenüber vor unangemessenen Haftungsbeschränkungen geschützt, da für solche kein „berechtigtes Interesse" besteht.

VI. Anwendungsbereich der Dritthaftung von Kunstsachverständigen auf der Grundlage von §§ 311 Abs. 3 S. 2, 241 Abs. 2 i.V.m. 280 Abs. 1 BGB

Die voranstehende Untersuchung hat gezeigt, dass eine Dritthaftung von Kunstsachverständigen sich im Wege der §§ 311 Abs. 3 S. 2, 241 Abs. 2 i.V.m. 280 Abs. 1 BGB begründen lässt. Im Folgenden soll noch abschließend der Frage nachgegangen werden, ob sich dies auf alle Fälle der Dritthaftung von Kunstsachverständigen beziehen lässt, da in der Literatur gewisse Einschränkungen befürwortet werden. Unter anderem von *Canaris* wird die Ansicht vertreten, dass für eine Dritthaftung auf der Grundlage eines Vertrages mit Schutzwirkung zugunsten Dritter ein verbleibender Anwendungsbereich bei den Fällen sog. „gleichlaufender Interessen" bestehen solle, wohingegen die Fallkonstellationen „gegenläufiger Interessen" auf der Grundlage von §§ 311 Abs. 3 S. 2, 241 Abs. 2 i.V.m. 280 Abs. 1 BGB zu entscheiden seien.[2155] Zur Begründung wird vorgebracht, dass die Figur des Vertrages mit Schutzwirkung zugunsten Dritter bei einer auf die Fälle gleichlaufender Interessen beschränkte Anwendung entlastet werden könne, weil sie dadurch von Uneinheitlichkeiten befreit werde und eine Rückkehr zum ursprünglichen Anwendungsbereich des Vertrages mit Schutzwirkung zugunsten Dritter ermöglicht wäre.[2156] Mit dieser Beschränkung

---

[2153] *Bosch*, ZHR 163 (1999), 274 (284); *Katzenstein*, S. 331.

[2154] Siehe *Kersting*, S. 432.

[2155] *Canaris*, ZHR 163 (1999), 206 (241 ff.); Erman-*Westermann*, § 328 Rn. 11; *Westermann*, in: FS-Honsell, S. 137 (150); *Kersting*, S. 318 ff. (321, 327 f.).

[2156] *Canaris*, ZHR 163 (1999), 206 (242).

des bislang von der Rechtsprechung stetig erweiterten Anwendungsbereichs werde die Möglichkeit eröffnet, zu einem Gebrauch der Tatbestandsvoraussetzungen ohne Widersprüche zurückzukehren.[2157]

Vor diesem Hintergrund soll, in Beantwortung der Frage nach dem Anwendungsbereich von §§ 311 Abs. 3 S. 2, 241 Abs. 2 i.V.m. 280 Abs. 1 BGB, zunächst kurz die Interessenlage bei der Begutachtung von Kunstwerken betrachtet werden. Bei Gutachten zur Echtheit eines Kunstwerks ließe sich bei oberflächlichem Blick als Argument für das Vorliegen von gleichgerichteten Interessen von Auftraggeber und Drittem darauf verweisen, dass die Person des Auftraggebers und zugleich Verkäufers daran interessiert ist, ein echtes Kunstwerk zu veräußern und den hierfür vereinbarten Kaufpreis zu erhalten, während auch der Dritte als Käufer daran interessiert ist, für sein Geld ein echtes Kunstwerk zu erwerben. Allerdings werden Gutachten zur Echtheit meist gerade für solche Werke angefertigt, deren Urheber nicht zweifelsfrei festgestellt werden kann. Der Eigentümer wird daher nur an einem positiven Gutachten interessiert sein, aus welchem hervorgeht, dass es sich um ein „echtes" Werk handelt, während der Kaufinteressent, der typischerweise nur ein „echtes" Werk erwerben möchte, an einem möglichst eingehenden und kritischen Sachverständigenurteil interessiert ist, da er nicht auf eine Kopie oder gar Fälschung hereinfallen will.[2158] Auch wäre der Fall denkbar, dass der Auftraggeber des Gutachtens dem Sachverständigen sogar eigene Kenntnis beispielsweise über eine „dubiose Provenienz" oder Ergebnisse von bereits durchgeführten Untersuchungen mit naturwissenschaftlichen Methoden verschweigt, mit dem Ziel ein positives Gutachten zu erlangen. Bei Wertgutachten spricht ebenfalls viel für das regelmäßige Vorliegen gegensätzlicher Interessen, da der Verkäufer in der Regel den höchstmöglichen Preis für sein Kunstwerk zu erzielen beabsichtigt, demgegenüber der Käufer so wenig wie möglich dafür zahlen möchte, worauf *Medicus* zu Recht hinweist.[2159] Bei Kunstgutachten bestehen insoweit vorwiegend gegensätzliche Interessen, so dass der in der Literatur vertretenen, eingangs dargestellten Differenzierung hinsichtlich der Anwendungsbereiche von §§ 311 Abs. 3 S. 2, 241 Abs. 2, 280 Abs. 1 BGB und des Vertrages mit Schutzwirkung Dritter hier nur geringe Relevanz zukommt. Im Unterschied zur vorgenannten Literaturansicht ist es allerdings vorzugswürdig, hier stattdessen auf das Tatbestandsmerkmal des „Schutzbedürfnisses" im Rahmen des Vertrages mit Schutzwirkung zugunsten Dritter abzustellen. Nach diesem entfällt die Schutzwirkung des Vertrages, wenn dem Dritten eigene vertragliche Ansprüche

[2157] *Kersting*, S. 327. Zur Kritik am Vertrag mit Schutzwirkung zugunsten Dritter oben ab Seite 258 ff.
[2158] Siehe zu einer „typischerweise bestehenden Gegenläufigkeit" im Verhältnis zwischen Auftraggeber und Drittem, *Quiring*, S. 137.
[2159] Siehe dazu *Medicus*, in: FS-*Schlechtriem*, 613 (622).

zustehen, die inhaltsgleich sind oder zumindest über einen gleichwertigen Inhalt verfügen.[2160] Ein solcher, dem Erfordernis der Schutzbedürftigkeit des Dritten entsprechender Anspruch stellt hier §§ 311 Abs. 3 S. 2, 241 Abs. 2, 280 Abs. 1 BGB dar, welcher eine Einbeziehung des Dritten in den Vertrag zwischen Auftraggeber und Sachverständigen ausschließt.[2161] Allerdings kann dieser Anspruch auch bei Vorliegen „gleichläufiger Interessen" bestehen, was gegen eine Rückführung der Dritthaftung von Sachverständigen bei „gleichläufigen Interessen" auf den Vertrag mit Schutzwirkung zugunsten Dritter, damit also gegen den dargestellten Ansatz der Literatur, und für eine alleinige Differenzierung im Wege des Tatbestandsmerkmals des „Schutzbedürfnisses" spricht. Stellt man auf das Merkmal der Schutzbedürftigkeit des Dritten ab, finden zugleich die grundlegenden Erwägungen der Literaturansicht gleichwohl Berücksichtigung. Denn auch auf diesem Wege wird eine Entlastung der Figur des Vertrages mit Schutzwirkung zugunsten Dritter erreicht. Durch eine möglichst einheitliche Anwendung von §§ 311 Abs. 3 S. 2, 241 Abs. 2, 280 Abs. 1 BGB bleibt darüber hinaus das individuelle Verhältnis zwischen dem Sachverständigen und dem Dritten der zentrale Anknüpfungspunkt, unabhängig von der Interessenlage des Auftraggebers und des Dritten. Schließlich erweist sich das Differenzierungskriterium des „Schutzbedürfnisses" im Rahmen des Vertrages mit Schutzwirkung zugunsten Dritter auch insoweit als vorteilhaft, als auf diesem Wege ebenso eine Lösung für die Problematik eines nichtigen Gutachtenvertrages begründet werden kann.[2162] Folglich ist die von Teilen der Literatur befürwortete interessengelagerte Differenzierung abzulehnen und eine über das Kriterium des „Schutzbedürfnisses" zu bemessende Anwendung von §§ 311 Abs. 3 S. 2, 241 Abs. 2, 280 Abs. 1 BGB zu bevorzugen.

2160 BGH NJW, 1996, 2927 (2929); 2004, 3420 (3421); Staudinger-*Jagmann* [2009], § 328 Rn. 106; Staudinger-*Vieweg*, Eckpfeiler [2011], J, V, S. 493, Rn. 86; MüKo-*Gottwald*, § 328 Rn. 127; Palandt-*Grüneberg*, § 328 Rn. 18; *Preuß*, in: Dauner-Lieb, AnwK-BGB, § 328 Rn. 16. Auch *Quiring* weist auf diesen Aspekt hin, *dies.*, S. 136, 156, spricht sich aber hinsichtlich verbleibender Anwendungsbereiche ebenfalls für eine interessengelagerte Differenzierung aus, wonach der Anwendungsbereich auf Konstellationen mit gleichlaufenden Interessen beschränkt sein solle, *dies.*, S. 169.

2161 Siehe auch *Quiring*, S. 136; *Pinger/Behme*, JuS 2008, 675 (677 f.).

2162 Siehe zum nichtigen Gutachtenvertrag etwa bei *Grunewald*, AcP 187 (1987), 285 (290).

C. Schlussbetrachtung

In den hier betrachteten Rechtsordnungen stellt der Kunstmarkt einen Markt mit außerordentlicher wirtschaftlicher Bedeutung dar, was in der Einleitung ausführlich dargestellt worden ist. Die Zahl der Fälle, in denen Schadensersatz wegen einer erworbenen Fälschung, Kopie oder aus ähnlichen Gründen geltend gemacht wird, nimmt in allen drei betrachteten Rechtsordnungen ständig zu. Die vorliegende Untersuchung der Haftung von Kunstsachverständigen und den Möglichkeiten ihrer Beschränkung in den betrachteten drei Rechtsordnungen hat Befunde zum Ergebnis, die zum Teil in bemerkenswerten Unterschieden, aber auch aufschlussreichen Konvergenzen bestehen. Im Folgenden sollen die Befunde abschließend bewertet werden.

1. In den hier betrachteten drei Rechtsordnungen Frankreichs, Englands und Deutschlands können Kunstsachverständige grundsätzlich ohne Zugangsvoraussetzungen die Tätigkeit als „freier" bzw. „privater" Sachverständiger ausüben.[2163] Konkrete Zulassungsvoraussetzungen werden an die Kunstsachverständigen nur gestellt, wenn sie in Deutschland von der zuständigen IHK als Sachverständiger nach § 36 GewO öffentlich bestellt und vereidigt werden. Die in England bestehende Möglichkeit, etwa Mitglied der RICS als *chartered surveyor* zu werden, hat keine vergleichbare Bedeutung wie die öffentliche Bestellung in Deutschland. Aufgrund der für diese rein private Mitgliedschaft in einer englischen Expertenorganisation wie etwa der RICS bestehenden Anforderungen und den aus dieser folgenden Pflichten, etwa zur Weiterbildung oder zum Abschluss einer entsprechenden Haftpflichtversicherung, zielt die Mitgliedschaft unter anderem darauf ab, fachliche Kompetenz gegenüber Dritten zu dokumentieren, da in England keine „staatliche" bzw. sonstige „offizielle" Anerkennung etwa ähnlich der öffentlichen Bestellung nach deutschem Recht besteht.

2. Bis zur Novellierung des Rechts der Versteigerungen durch das Gesetz vom 20. Juli 2011 konnten Kunstsachverständige in Frankreich durch den *CVV* als sog. *experts agrée* zugelassen werden. Aufgrund der jüngeren Gesetzesnovellen, die im Jahre 2004 in Kraft traten, wurde bereits die gesamtschuldnerische Haftung und die Pflicht zum Abschluss einer Berufshaftpflichtversicherung auch auf „freie" bzw. „private" Sachverständige ausgeweitet, die im Zusammenhang mit einer Auktion tätig werden. Damit hatte sich die Bedeutung des *agréments* durch den *CVV* für die Kunstsachverständigenhaftung in Frankreich auch bereits vor der Abschaffung durch

[2163] Siehe oben Seite 49 ff., sowie Seite 122 ff. und Seite 202 ff.

die Reform vom 20. Juli 2011 relativiert. Auch in der deutschen Judikatur wurde im Rahmen der jüngeren Rechtsprechung zur Dritthaftung von Sachverständigen aufgrund eines Vertrages mit Schutzwirkung zugunsten Dritter zum Ausdruck gebracht, dass die Frage, ob ein Sachverständiger über eine staatliche Anerkennung verfügt oder nicht, im Hinblick auf seine Haftung grundsätzlich keine Differenzierungen begründet.

3. In allen hier betrachteten Rechtsordnungen steht im Falle einer fahrlässig fehlerhaften Begutachtung die Frage des Ersatzes reiner Vermögensschäden im Fokus. Für die Haftung des Kunstsachverständigen im Verhältnis zu seinem Auftraggeber finden sich im Verhältnis der drei Rechtsordnungen Gemeinsamkeiten, aber zugleich auch erhebliche Unterschiede, die zum Teil auf grundlegende Systementscheidungen der untersuchten Rechtsordnungen zurückzuführen sind.

Ein vertraglicher Ersatzanspruch des Auftraggebers gegenüber dem Sachverständigen setzt nach deutschem Recht die Verletzung einer Pflicht aus dem Schuldverhältnis voraus. Im Rahmen der vertraglichen Haftung hat das Gesetz zur Modernisierung des Schuldrechts mit § 280 Abs. 1 BGB einen einheitlichen Haftungstatbestand für Schadensersatzansprüche bei der Verletzung schuldrechtlicher Pflichten geschaffen. Dies hat eine Annäherung an die *inexécution* nach Art. 1147 *C.civ.* des französischen Rechts und den englischen *breach of contract* bewirkt.

Die Pflichtverletzung, das zentrale Merkmal des § 280 Abs. 1 BGB, liegt in einem objektiven Zurückbleiben hinter dem Pflichtenprogramm des konkreten Schuldverhältnisses.[2164] Wenn der Sachverständige den Nachweis erbringen kann, dass er die Pflichtverletzung nicht zu vertreten hat, ist eine Haftung ausgeschlossen. Für das französische Recht ist bei der Frage hinsichtlich des Vorliegens von *inexécution*, die alle Formen der Nichterfüllung erfasst, zu differenzieren, ob die vertragliche Verpflichtung im Rahmen des Sachverständigenvertrages in einer *obligation de résultat* oder einer *obligation de moyens* besteht. Während bei einer *obligation de résultat* ein Erfolg versprochen wird und eine Haftung verschuldensunabhängig ist, werden im Rahmen der *obligation de moyens* nur sorgfältige Bemühungen um einen bestimmten Erfolg geschuldet, wobei dem geschädigten Auftraggeber insoweit der Nachweis von *faute* des Sachverständigen obliegt, wenn dieser nicht erreicht wird. Die englische Rechtsordnung, innerhalb derer vertragliche Verpflichtungen prinzipiell als Garantieversprechen zu charakterisieren sind, bemisst die Frage nach einem Anspruch auf Schadensersatz am Vorliegen eines *breach of contract*, wobei objektiv

[2164] Siehe BT-Drucks. 14/6040, S. 133 f. (134).

auf die Nichterfüllung abgestellt wird.[2165] Diese verschuldensunabhängige Haftung des englischen Rechts findet in *sect.* 13 *SGSA 1982* eine Ausnahme, die für die vorliegend betrachtete Haftung im Rahmen eines Sachverständigenvertrages von Relevanz ist. Ein *breach of contract* setzt die Verletzung der vertraglich geschuldeten Sorgfaltspflicht (*duty to exercise reasonable care and skill*) im Sinne von *sect.* 13 *SGSA 1982* voraus; der Nachweis hierüber obliegt dem Geschädigten. Insoweit stellt also auch das englische Recht im Rahmen der hier betrachteten Sachverständigenhaftung darauf ab, ob der Sachverständige diejenige Sorgfalt zur Anwendung gebracht hat, die von ihm in dem konkreten Verhältnis eingehalten werden muss.

4. Die Tätigkeit von Kunstsachverständigen weist in den hier betrachteten Rechtsordnungen in praktischer Hinsicht keine nennenswerten Unterschiede auf. Bei der Beurteilung, ob ein Sachverständiger die Begutachtung entsprechend der Anforderungen vorgenommen hat, die an ihn aufgrund des jeweiligen vertraglichen Pflichtenprogrammes gestellt werden, steht der Inhalt der vertraglichen Vereinbarung und das konkrete Objekt im Fokus. Im „Leben“ eines Kunstwerks, Kunstgegenstands oder einer Antiquität werden oftmals Zeiträume von wenigen Jahrzehnten bis hin zu vielen hundert Jahren überspannt, stellt man beispielsweise ein Werk von *Andy Warhol* (1928-1987), einem Gemälde von *Antoine Watteau* (1684-1721) oder einem Werk aus der Hand von *Jan van Eyck* (1390-1441) gegenüber. Der historische Kontext, das Oeuvre des fraglichen Künstlers, die materiellen Eigenschaften und die Individualität des einzelnen *objet d'art*, das womöglich durch die Hände vieler Personen gegangen ist und unter Umständen verschiedentlichen Restaurierungsmaßnahmen mit unterschiedlichem Erfolg ausgesetzt war, stellen besondere Anforderungen an Kunstsachverständige. Daher ist die Tätigkeit von Kunstsachverständigen ein Sonderbereich des Sachverständigenwesens, für den sich angesichts der besonderen Anforderungen und der Breite des Tätigkeitsfeldes vor allem in Bezug auf die zu begutachtenden Objekte nur wenige allgemeine Kategorien und generelle Anforderungen ermitteln lassen. Insoweit muss auf die Darstellungen in Rahmen der jeweiligen Länderteile verwiesen werden.[2166]

In jeder der hier betrachteten drei Rechtsordnungen bildet zunächst der Inhalt der vertraglichen Vereinbarungen den primären Ausgangspunkt für die Frage nach einer Haftung gegenüber dem Auftraggeber des Gutachtens. Dabei kann beispielsweise entscheidend sein, welche Form von Untersuchungen der Besteller des Gutachtens in Auftrag gegeben hat oder welche er im Gegensatz dazu sogar ausdrücklich nicht

---

[2165] Siehe hierzu aus rechtsvergleichender Perspektive schon *Rheinstein*, in: Beiträge zum ausländischen und internationalen Privatrecht, 1932, Heft 5, S. 7 (148 ff., 158 ff.).

[2166] Siehe ab Seite 68 ff., sowie Seite 168 ff. und Seite 226 ff.

gewünscht hat – man denke beispielsweise an Untersuchungen mit bestimmten naturwissenschaftlichen Verfahren. Soweit kein individuell vereinbartes Pflichtenprogramm geschuldet ist, knüpft die vertragliche Haftung in allen drei hier betrachteten Rechtsordnungen an die jeweiligen allgemeinen Regeln an.

Das deutsche Recht sieht vor, dass im Falle einer Pflichtverletzung der Sachverständige diese auch zu vertreten haben muss. Seine Verantwortlichkeit wird nach § 276 BGB beurteilt. Dabei wird ein objektiver Sorgfaltsmaßstab[2167] angelegt, der berufsgruppenbezogen auf einen ordentlichen, durchschnittlich besonnenen und gewissenhaften Kunstsachverständigen abstellt. Das französische Recht beurteilt das Vorliegen von *faute*, im Falle einer *obligation de moyens*, am Maßstab der durchschnittlichen Sorgfalt eines *bon professionnel de sa specialité*. Auch in der englischen Rechtsordnung beurteilt sich die Verletzung der vertraglich geschuldeten Sorgfaltspflicht (*duty to exercise reasonable care and skill*) am Maßstab eines durchschnittlich qualifizierten Mitgliedes seiner Berufsgruppe bei der Durchführung der konkreten Aufgabe („*the ordinary competent practitioner undertaking the relevant task*"). In allen drei Rechtsordnungen finden dementsprechend ähnliche Grundsätze Anwendung, wonach der Sachverständige zur Einhaltung der geschuldeten Sorgfalt verpflichtet ist, soweit keine abweichenden Vereinbarungen getroffen worden sind. Es gilt als Mindestmaß die Sorgfalt eines durchschnittlich qualifizierten Sachverständigen, wobei differenziert wird, ob es sich um einen „Generalisten" bzw. „Spezialisten" handelt.[2168] Im Unterschied etwa zum Bereich der Arzthaftung liegt für den Bereich der Kunstsachverständigen in der deutschen Rechtsordnung keine Rechtsprechung vor, so dass sich bislang kein entsprechendes Pflichtenprogramm konkretisiert hat. Auch das englische Recht wartet im Unterschied zur umfangreichen französischen Kasuistik nur mit wenigen Entscheidungen auf, die zu den hier betrachteten Fragen Relevanz aufweisen. Gründe hierfür sind in hohen Kosten eines Rechtsstreits zu vermuten, so dass nur wenige Fälle den Instanzenzug ausschöpfen.[2169] Es wird insoweit auf die konkretisierenden Darstellungen in den einzelnen Länderteilen verwiesen.[2170]

5. Im deutschen und englischen Recht können neben den vertraglichen Ansprüchen des Auftraggebers des Gutachtens grundsätzlich auch deliktsrechtliche Ansprüche bestehen. Das englische Recht, dessen *law of torts* zwischen über 70 verschiedenen

[2167] Siehe allgemein *Wagner*, in: Zimmermann, Grundstrukturen, S. 189 (256 ff.).

[2168] Siehe ab Seite 62 ff., sowie Seite 164 ff. und Seite 223 ff.

[2169] Zu den hohen Kosten der Rechtsverfolgung in England siehe etwa *Andrews*, in: Stürner/Kawano, S. 16 ff.

[2170] Zur Arzthaftung siehe etwa *Katzenmeier*, S. 76 ff., 150 ff.

Deliktstatbeständen[2171] differenziert, gewährt seit den sechziger Jahren auf Grundlage des *tort of negligence* Ersatz auch für fahrlässig verursachte reine Vermögensschäden. Gerade im Bereich der sog. *professional liability* wird der Differenzierung zwischen vertraglichen oder deliktsrechtlichen Anspruchsgrundlagen nur wenig Bedeutung beigemessen, was eine Erklärung in einer überwiegenden Deckungsgleichheit von vertraglicher *duty to exercise reasonable care and skill* und deliktsrechtlicher *duty of skill and care* findet. Aufgrund der historisch bedingten restriktiven Haltung des deutschen Deliktsrechts gegenüber dem Ersatz fahrlässig verursachter reiner Vermögensschäden haben deliktsrechtliche Ansprüche im Unterschied zum englischen Recht keine eigenständige Bedeutung für die Sachverständigenhaftung, hervorzuheben ist hier allein die Haftung nach § 826 BGB.[2172] Einen Sonderweg nimmt das französische Recht aufgrund des Prinzips des „*non-cumul*" ein, wonach im Unterschied zum englischen und deutschen Recht neben vertraglichen Schadensersatzansprüchen gegenüber dem Kunstsachverständigen solche aus Deliktsrecht regelmäßig ausgeschlossen sind.[2173] Durch das Prinzip des „*non-cumul*" soll vermieden werden, dass aufgrund der Weite des Deliktsrechts das Vertragsrecht verdrängt würde. Im Hinblick auf die besondere Haltung des französischen Deliktsrechts mit der weiten Generalklausel der Artt. 1382, 1383 *C.civ.* ist der für die vorliegende Betrachtung bedeutende Begriff des reinen Vermögensschadens nicht von Bedeutung und daher nahezu unbekannt.[2174] Wendet man vor diesem Hintergrund den Blick auf den Bereich der Dritthaftung von Sachverständigen, so hat im französischen Recht der von der deutschen Rechtsprechung gewählte Weg über einen Vertrag mit Schutzwirkung zugunsten Dritter keine Entsprechung gefunden; ein solcher ist aber auch nicht erforderlich, hierzu nun im Folgenden.

6. Im Bereich der Haftung von Kunstsachverständigen gegenüber vertragsfremden Dritten manifestieren sich die systematischen Unterschiede der betrachteten Rechtsordnungen zum Teil besonders deutlich. Während die Haftung von Kunstsachverständigen für fahrlässig verursachte Vermögensschäden gegenüber Dritten in den Rechtsordnungen Frankreichs und Englands eine deliktsrechtliche Grundlage findet, wurde im deutschen Recht angesichts der Wertentscheidungen des Gesetzgebers von der Rechtsprechung der Weg über eine „vertragsrechtliche Lösung" eingeschlagen, was in den Länderteilen jeweils im Einzelnen dargestellt worden ist.[2175] Die Annahme stillschweigend geschlossener Verträge oder die Erweiterung des vertraglichen Schutzes im Wege des Vertrages mit Schutzwirkung zugunsten Dritter sieht

[2171] Siehe *v.Bar*, Gemeineurop. Deliktsrecht, Bd. 1, S. 270 f., Rn. 254 a.E.
[2172] Siehe oben ab Seite 242 ff.
[2173] Siehe *Brüggemeier*, S. 608.
[2174] Siehe die Nachweise oben in Fn. 72.
[2175] Siehe oben ab Seite 245 ff.

sich weitreichender Kritik aus der Literatur ausgesetzt.[2176] Diese verweist dabei insbesondere auf die Fiktion der Annahme stillschweigend geschlossener Vertragsbeziehungen.[2177] Zum Teil wurde auch mit einer Aufweichung des Vorsatzerfordernisses von der Rechtsprechung der Anwendungsbereich des § 826 BGB ausgedehnt, was jedoch zur Folge haben kann, dass im Hinblick auf § 103 VVG n.F. (§ 152 VVG a.F.) der Versicherer des Sachverständigen keinen Deckungsschutz gewähren muss.[2178] Die Grundlage einer Dritthaftung für fahrlässig fehlerhafte Gutachten findet sich jedoch in den §§ 823 ff. BGB nicht.

Demgegenüber stellt die französische Rechtsordnung mit den Artt. 1382 ff. *C.civ.* weitreichende deliktsrechtliche Anspruchsgrundlagen zur Verfügung, die richterrechtlich ausgestaltet worden sind. Fahrlässig verursachte reine Vermögensschäden Dritter stellen daher keine dogmatische Hürde für das französische Recht dar. Grenzziehungen erfolgen im Wege der Kausalität und den tatrichterlich zu beurteilenden Besonderheiten des Einzelfalls. Im englischen Recht kam, wie bereits dargelegt, der Durchbruch hinsichtlich der Ersatzfähigkeit fahrlässig verursachter reiner Vermögensschäden in den sechziger Jahren mit der Entscheidung *Hedley Byrne & Co. Ltd. v. Heller & Partners Ltd.* Dabei wirkte das vielzitierte sog. „*floodgates*-Argument" von Richter *Benjamin Cardozo* des New Yorker *Court of Appeal* prägend auf die Entwicklung des *tort of negligence* im Bereich der Haftung für reine Vermögensschäden bei *negligent misstatements*.[2179] Denn traditionell steht das englische Recht dem Ersatz reiner Vermögensschäden im Bereich des *tort of negligence* restriktiv gegenüber. In der englischen Jurisdiktion ist daher die Kontrollierbarkeit, also auch die Ein- bzw. Abgrenzbarkeit dieser Haftung ein wesentlicher Aspekt. Im Zentrum geht es bei dieser Haftung um die Frage nach dem Bestehen einer *duty of care* im Verhältnis zum geschädigten Dritten. Die Fortentwicklung der englischen Rechtsprechung ist hier durch die Entwicklung objektiver und allgemein anwendbarer Haftungskriterien gekennzeichnet. Während Anfang der Neunziger Jahre in den Entscheidungen *Smith v. Eric S Bush (A Firm)*, *Harris and Another v. Wyre Forest District Council* und *Caparo Industries Plc v. Dickman* des *House of Lords* der *three-stages-test* zur Beurteilung der Frage nach dem Bestehen einer *duty of care* im konkreten Verhältnis zur Anwendung gebracht worden ist, wurde zugleich auch der sog.

2176 Siehe oben ab Seite 258 ff.

2177 Siehe eingehend ab Seite 258 ff.

2178 Siehe *Canaris*, ZHR 163 (1999), 206 (214). Zur Rechtsfolge des § 103 VVG n.F. siehe *Littbarski*, MüKo-VVG, § 103 Rn. 76. Vgl. zur Ausweitung von § 826 BGB *v.Bar*, RabelsZ 44 (1980), 455 (464 ff.).

2179 „*If liability for negligence exists, a thoughtless slip or blunder, the failure to detect a theft or forgery beneath the cover of deceptive entries, may expose accountants to a liability in an indeterminate amount for an indeterminate time to an indeterminate class*" *Ultramares Corporation v. Touche*, (1931) 174 N.E. 441 (449).

incremental approach begründet.[2180] Wenig später hat das *House of Lords* dann unter anderem in der Entscheidung *Henderson v. Merrett Syndicates Ltd.* den Ansatz der sog. „*assumption of responsibility*" zur Bestimmung der *duty of care* zur Anwendung gebracht. Die Diskussion dieser verschiedenen Ansätze wurde in der jüngeren Entscheidung *Merrett v. Babb* des *Court of Appeal* zur Sachverständigenhaftung fortgeführt. Auch das *House of Lords* hat sich wenig später in der Entscheidung *Commissioners of Customs & Excise v. Barclays Bank Plc* mit dem Verhältnis der drei Ansätze auseinandergesetzt.[2181] Es führte in dieser Entscheidung aus, dass der *incremental approach* und der Ansatz der *assumption of responsibility* als Kontrollmechanismen neben dem primär heranzuziehenden *three-stages-test* dienen.

7. Seit dem Gesetz zur Modernisierung des Schuldrechts eröffnet das deutsche Recht nun einen Weg für die Dritthaftung von Sachverständigen über §§ 311 Abs. 3 S. 2, 241 Abs. 2, 280 Abs. 1 BGB, was im letzten Abschnitt dargestellt worden ist, so dass hier nur nochmals die wesentlichen Aspekte hervorgehoben werden sollen.

Die weite Generalklausel des französischen Rechts in Artt. 1382, 1383 *C.civ.* erlaubt eine konsistente Begründung der Dritthaftung von Sachverständigen, da die französische Rechtsordnung die hier im deutschen Recht bestehenden dogmatischen Schwierigkeiten nicht kennt. Grenzziehungen im Hinblick auf die weite Generalklausel finden sich im französischen Recht im Erfordernis von *faute*, Fragen der Kausalität und auf Rechtsfolgenseite.[2182] Aufgrund der konkreten Eigenheiten der französischen Rechtsordnung[2183] lassen sich die Befunde jedoch nur punktuell für die hier betrachtete Dritthaftungsproblematik verwerten. Denn in der französischen Rechtsordnung ist für die Kunstsachverständigenhaftung vorwiegend die Frage von Relevanz, warum ein Sachverständiger im konkreten Fall *nicht* haftet. Demgegenüber zeigt das englische Recht auch im Rahmen des *tort of negligence* mit der in vorwiegend in der Judikatur geführten Diskussion der *tests of duty* verschiedene Gesichtspunkte auf, die für die hiesige Untersuchung wertvolle Aspekte beinhalten und den Begründungsansatz nach §§ 311 Abs. 3 S. 2, 241 Abs. 2, 280 Abs. 1 BGB zu unterstützen vermögen.

2180 Siehe oben ab Seite 157 ff.

2181 Siehe oben ab Seite 160 ff.

2182 *Wagner*, in: Reimann/Zimmermann, S. 1015; *ders.*, in: Zimmermann, Grundstrukturen, S. 213, er verweist darauf, dass sich die Reichweite nicht aus dem Gesetzestext, sondern aus Präjudizien ergibt, die die Begriffe des Tatbestands konkretisieren; s. auch ebenda, S. 224ff.

2183 So sind beispielsweise die kurzen Entscheidungsgründe französischer Gerichtsurteile regelmäßig nur auf den Einzelfall bezogen und beinhalten meist keine dogmatische Ausführungen, siehe auch schon *Lammel*, AcP 179 (1979), S. 337 (354).

a) Nach § 311 Abs. 3 S. 2 BGB ist eine Inanspruchnahme von Vertrauen in besonderem Maße für sich erforderlich.[2184] Eine Inanspruchnahme von Vertrauen kann alleine durch das Sachverständigengutachten erfolgen. Von dem Sachverständigengutachten muss objektiv eine Vertrauenswerbung des Sachverständigen ausgehen, in das Gutachten zu vertrauen. Die Inanspruchnahme des Vertrauens muss über das gewöhnliche Verhandlungsvertrauen hinausgehen. Dies ist der Fall, wenn der Sachverständige eine „persönliche Gewähr" übernommen hat. Das Merkmal der „persönlichen Gewähr" knüpft an die im Gutachten zur Anwendung zu bringende unabhängige Sachkunde des Sachverständigen an. Aufgrund der Objektivität und Neutralität von Sachverständigen verlassen sich Verhandlungspartner auf die Begutachtung, wodurch der Vertragsschluss entscheidend beeinflusst wird. Für diese ist es unerheblich, ob der Sachverständige nach § 36 GewO öffentlich bestellt und vereidigt ist, oder ob er als „freier" bzw. „privater" Sachverständiger ein Gutachten angefertigt hat. Für das Vorliegen einer persönlichen Gewähr bedarf es eines schriftlichen Gutachtens, welches den Sachverständigen als Autor erkennen lässt. Aufbau und Inhalt des Gutachtens müssen geeignet sein, die berechtigte Erwartung von Sachkunde, Zuverlässigkeit, Objektivität und Neutralität hervorzurufen.

b) Durch die „Inanspruchnahme von Vertrauen in besonderem Maße für sich" muss eine erhebliche Beeinflussung von Vertragsverhandlungen oder eines Vertragsschlusses erfolgt sein.[2185] Das Kunstgutachten muss also für den Verlauf der Vertragsverhandlungen oder den Vertragsschluss kausal geworden sein. Zugleich erfolgt mit dieser Voraussetzung eine Eingrenzung des Anwendungsbereichs der Norm auf den rechtsgeschäftlichen Verkehr. Im Vergleich mit dem englischen Recht hat sich gezeigt, dass nicht jedes Vertrauen geschützt wird. So verdient etwa „blindes Vertrauen" keinen Schutz. Das dem Gutachten entgegengebrachte Vertrauen ist daher am Kriterium der „Schutzwürdigkeit" zu bemessen.

c) Hinsichtlich der Reichweite von § 311 Abs. 3 S. 2 BGB sind zunächst die im Gutachten enthaltenen, klar und eindeutig formulierten Einschränkungen und Vorbehalte von Relevanz.[2186] Mit diesen können Art und Umfang der Begutachtung dargestellt werden, wodurch hinsichtlich bestehender Einschränkungen bzw. Vorbehalte kein Vertrauen in Anspruch genommen werden kann. Darüber hinaus hat der Vergleich mit den beiden übrigen Rechtsordnungen die Bedeutung des Gutachtenzwecks als relevanten Faktor für die Haftung gezeigt. Mit einer Angabe des Gutachtenzwecks kann auch im deutschen Recht die Reichweite von § 311 Abs. 3 S. 2

[2184] Siehe zu den Einzelheiten oben ab Seite 301 ff.
[2185] Zu den Einzelheiten siehe oben ab Seite 309 ff.
[2186] Zu den Einzelheiten siehe oben ab Seite 313 ff.

BGB eingegrenzt werden. Ist durch die konkrete Angabe des Zwecks für einen Dritten ersichtlich, dass er von diesem nicht umfasst ist, wird kein Vertrauen in Anspruch genommen. Enthält das Gutachten dagegen keinerlei Angaben zum Zweck, wird das Vertrauen jedes beliebigen Dritten in Anspruch genommen. Der Sachverständige haftet auch späteren Erwerbern eines Kunstwerkes und nicht nur dem ersten Käufer, da spätere Käufer nicht schutzlos gestellt sein dürfen. Durch die Möglichkeit, den Gutachtenzweck eindeutig in Gutachten anzugeben, kann der Kunstsachverständige aber die Reichweite eingrenzen und seinen Interessen hinsichtlich des Haftungsrisikos, seiner Versicherbarkeit und einer risikoangemessenen Honorierung des Gutachtens nachkommen.[2187]

d) Nach § 241 Abs. 2 BGB besteht ein Schuldverhältnis mit Pflichten nach § 241 Abs. 2 BGB im Verhältnis zu dem geschädigten Dritten. § 241 Abs. 2 BGB gibt keine konkreten Pflichten vor, so dass sich diese nach dem Inhalt des konkreten Verhältnisses richten. Im Verhältnis zwischen dem Kunstsachverständigen und dem Dritten wird eine Wahrheitspflicht hinsichtlich des im Gutachten enthaltenen Sachverständigenurteils angenommen.

e) Ein Anspruch auf Schadensersatz des geschädigten Dritten richtet sich bei Vorliegen des Vertrauenstatbestands gemäß § 311 Abs. 3 S. 2 BGB nach § 280 Abs. 1 BGB. Ein etwaiges Mitverschulden muss sich der Dritte nach § 254 BGB entgegenhalten lassen.

f) Mittels einer Dritthaftung von Kunstsachverständigen aufgrund von §§ 311 Abs. 3 S. 2, 241 Abs. 2 i.V.m. 280 Abs. 1 BGB kann die fiktive Annahme stillschweigend geschlossener Vertragsbeziehungen vermieden werden. Zugleich wird das konkrete Verhältnis zwischen dem Sachverständigen und dem Dritten in den Fokus einer objektiven Betrachtung gerückt.

8. Im Bereich der Dritthaftung von Kunstsachverständigen schlägt das Pendel hinsichtlich des schärfsten Haftungsregimes in Richtung Frankreich aus. Wie dargestellt, findet sich eine Tendenz der französischen Judikatur weg von einer *obligation de moyens* des Sachverständigen hin zu einer *obligation de résultat*.[2188] Zugleich ist jede Form der Beschränkung der Haftung gegenüber Dritten ausgeschlossen.[2189] Für

---

[2187] Zur Bedeutung der Haftpflichtversicherung aus vergleichender Perspektive schon *v.Bar*, RabelsZ 44 (1980), 455 (479).

[2188] Siehe oben ab Seite 92 ff.

[2189] Siehe oben ab Seite 79 ff. und Seite 116 ff.

eine Dritthaftung nach englischem Recht ist das Bestehen einer *duty of care* gegenüber dem geschädigten Dritten von wesentlicher Relevanz. Zugleich ermöglicht das englische Recht in einem gewissen Rahmen die Haftung gegenüber Dritten mittels eines *disclaimer* zu beschränken. Wie die vorliegende Untersuchung gezeigt hat, eröffnet auch das deutsche Recht mit §§ 311 Abs. 3 S. 2, 241 Abs. 2, 280 Abs. 1 BGB eine Grundlage für die Dritthaftung von Sachverständigen. Dabei erlaubt dieser Ansatz auch eine Beschränkung der Haftung gegenüber Dritten. Es ist eine einheitliche Anwendung von §§ 311 Abs. 3 S. 2, 241 Abs. 2, 280 Abs. 1 BGB auf alle Fälle der Dritthaftung der Kunstsachverständigen respektive einer berufsgruppenbezogenen Haftung zu bevorzugen. Dies gestattet zugleich auch die Erfassung derjenigen Fälle, denen ein nichtiger Gutachtenvertrag zugrunde liegt. Das Institut des Vertrages mit Schutzwirkung zugunsten Dritter wird dadurch entlastet.[2190]

9. Das französische Recht verfügt über vielfältige kunstmarktbezogene Normen, die auch für die hier betrachtete Dritthaftung von Kunstsachverständigen konkrete Bedeutung erlangen.[2191] Hierzu zählt etwa die aufgrund Art. L. 321-30 *C.com.* angeordnete Haftung von Kunstsachverständigem und Auktionator. Zugleich bestehen Interaktionen mit dem sog. „décret Marcus" vom 3. März 1981.[2192] Auch angesichts jüngerer Fälschungsskandale[2193] im deutschen Kunstmarkt verfügt die deutsche Rechtsordnung über angemessene Regelungen für die Haftung von Kunstsachverständigen, die keiner Annäherung an den französischen status quo bedürfen. Soweit es um die Einhaltung von gesetzlich geregelten, abstrakten Sorgfaltspflichten geht, liegt dies in der Hand der Marktteilnehmer. Grundsätzlich wäre insoweit an eine Selbstverpflichtung der Marktteilnehmer zu denken, konkrete noch zu erarbeitende Verhaltensstandards für die einzelnen Gattungen von Kunstwerken zu implementieren.

10. Von der Möglichkeit, einer Haftung gegenüber dem Auftraggeber des Gutachtens mit entsprechenden haftungsbeschränkenden Klauseln zu begegnen, können Sachverständige in allen hier betrachteten Rechtsordnungen Gebrauch machen. Allerdings weisen die hier betrachteten Rechtsordnungen auch nach Umsetzung der Richtlinie 93/13/EWG kein einheitliches Bild auf. Gründe hierfür sind in systematischen Unterschieden und rechtspolitischen Entscheidungen dieser Rechtsordnungen zu sehen. Der Rahmen des Zulässigen wird dabei unter anderem durch den Status des Auftraggebers wesentlich beeinflusst. Dabei ist etwa von Bedeutung,

---

2190 Siehe ab Seite 331 ff.

2191 Siehe im Einzelnen oben ab Seite 92.

2192 Siehe oben ab Seite 92.

2193 Siehe oben Seite 20 ff., insbesondere am Ende des Abschnitts.

ob dieser als Verbraucher handelt oder als professioneller Kunsthändler ein Gutachten in Auftrag gibt.

Das französische Recht verfügt im *Code de la consommation* mit Art. L. 132-1 über einen Mechanismus zur Klauselkontrolle bei Verträgen mit Verbraucherbeteiligung. Der Vergleich zeigt die Unterschiede in der Umsetzung der Richtlinie 93/13/EWG angesichts bestehender Gestaltungsspielräume. So erfolgt etwa die Inhaltskontrolle auf Grundlage der Generalklausel des Art. L. 132-1 *C.consom.*, die um einen Klauselkatalog mit sog. *clauses abusives* ergänzt wurde, die an die §§ 308 f. BGB erinnert. Wird ein erhebliches Missverhältnis („*déséquilibre significatif*") zwischen den Rechten und Pflichten des Sachverständigen zu Lasten des *consommateur* oder *non-professionnel* bezweckt oder bewirkt, ist die fragliche Klausel missbräuchlich. Für die hier betrachteten haftungsbeschränkenden Klauseln ordnet Art. R. 132-1 Ziff. 6 *C.consom.* n.F. aufgrund des *décret* Nr. 2009-302 ein Verbot von Klauseln an, welche die Beschränkung oder den Ausschluss von Ersatzansprüchen des *non-professionnels* bzw. *consommateurs* im Falle der Verletzung von vertraglichen Pflichten des *professionnel* bezwecken oder bewirken. Die Beurteilung von haftungsbeschränkenden Klauseln eines Sachverständigenvertrages ohne Verbraucherbeteiligung wurde von der Rechtsprechung bislang alleine an den allgemeinen Regeln bemessen. Die *Cour de cassation* hat hier in verschiedenen grundlegenden Entscheidungen Stellung genommen.[2194] Das englische Recht weist angesichts der Dualität von UCTA 1977 und UTCCR 1999 aus der Perspektive des deutschen Rechts eine uneinheitliche Struktur auf.[2195] So bestehen etwa Überschneidungen in den Anwendungsbereichen. Während der UCTA 1977 überwiegend nur auf haftungsbeschränkende und haftungsausschließende Klauseln Anwendung findet, unabhängig davon, ob es sich um Individualverträge oder vorformulierte Vertragsbedingungen handelt, erfassen die UTCCR 1999 jede Art von vorformulierten Vertragsbedingungen in Verträgen unter der Voraussetzung der Verbraucherbeteiligung.[2196] Während der UCTA 1977 über konkrete Klauselverbote verfügt, wird darüber hinaus ihre Wirksamkeit anhand des sog. *test of reasonableness* nach s. 11(1) UCTA 1977 bemessen.[2197] Die UTCCR 1999 unterwerfen demgegenüber alle Klauseln einer Inhaltskontrolle mit dem *test of unfairness* nach *reg.* 5.[2198] Darüber hinaus verfügt der Anhang 2 der UTCCR 1999 über eine Liste von Klauseln, die Indizwirkung für ihre Missbräuchlichkeit hat.

[2194] Siehe oben ab Seite 112.
[2195] Siehe dazu ab Seite 179.
[2196] Siehe oben ab Seite 192.
[2197] Siehe im Einzelnen oben ab Seite 187.
[2198] Siehe im Einzelnen oben ab Seite 193.

Im deutschen Recht findet sich demgegenüber für die Beurteilung der Wirksamkeit von haftungsbeschränkenden Klauseln die traditionelle Differenzierung in ihrer Eigenschaft als Individualabrede oder vorformulierte Vertragsbestimmung im Sinne der §§ 305 ff. BGB. Eine Verbrauchereigenschaft der Vertragsparteien steht dabei nicht in gleichem Maße im Vordergrund, wie in den beiden anderen hier betrachteten Rechtsordnungen. Im Hinblick auf das Verhältnis inter partes zwischen Sachverständigem und Auftraggeber weisen die hier betrachteten Rechtsordnungen zum Teil erhebliche Unterschiede zum status quo des deutschen Rechts auf. Während etwa im englischen und deutschen Recht in bestimmtem Umfang Haftungsbeschränkungen bei Verträgen mit Verbraucherbeteiligung möglich sind, schließt das französische Recht solche bei Verträgen mit Verbraucherbeteiligung vollständig aus.[2199] Dies dokumentiert insoweit erneut ein erheblich strengeres Haftungsregime für die Kunstsachverständigenhaftung nach französischem Recht.

Auch im Verhältnis zu vertragsfremden Dritten zeigt sich hinsichtlich der Beschränkung der Haftung ein uneinheitliches Bild. Das französische Recht ermöglicht keinerlei Haftungsbeschränkungen des Kunstsachverständigen gegenüber Dritten, da jegliche vertragliche Disposition über die deliktsrechtliche Haftung von Kunstsachverständigen ausgeschlossen ist.[2200] Demgegenüber eröffnet das englische Recht die Möglichkeit, die Haftung gegenüber Dritten für fahrlässig verursachte reine Vermögensschäden aufgrund des *tort of negligence*, mittels eines sog. *disclaimer* zu begrenzen.[2201] Die Wirksamkeit des *disclaimer* beurteilt sich nach dem sog. *test of reasonableness*, s. 11(1) UCTA 1977. Wendet man sich dabei nun dem deutschen Recht zu, können nach der hier vertretenen Ansicht im Gutachten enthaltene, haftungsbeschränkende Klauseln unter bestimmten Voraussetzungen auch vertragsfremden Dritten entgegengehalten werden. Unter der Annahme einer nach § 241 Abs. 2 BGB bestehenden Rücksichtnahmepflicht des Dritten ist es diesem verwehrt, den Sachverständigen über die im Gutachten enthaltene Haftungsbeschränkung hinaus in Anspruch zu nehmen.[2202] Für die Beurteilung der Wirksamkeit lässt sich nach der hier vertretenen Ansicht auf das Erfordernis eines berechtigten Interesses des Sachverständigen im Rahmen der Rücksichtnahmepflicht nach § 241 Abs. 2 BGB abstellen. Ein berechtigtes Interesse wird dann angenommen werden können, wenn die Haftungsbeschränkung keine unangemessene Benachteiligung entgegen dem Grundsatz von Treu und Glauben (§ 242 BGB) darstellt.[2203]

[2199] Siehe oben ab Seite 111 sowie ab Seite 195 und ab Seite 284.
[2200] Siehe hierzu oben ab Seite 116.
[2201] Zu den Voraussetzungen siehe oben ab Seite 190.
[2202] Siehe oben ab Seite 324.
[2203] Siehe im Einzelnen ab Seite 324.

Schließlich können Sachverständige innerhalb jeder der hier betrachteten Rechtsordnung durch die klare und dezidierte Angabe von Art und Umfang der durchgeführten Untersuchungen und eindeutig formulierten Vorbehalten im Gutachten beschränkend auf die Haftung einwirken.[2204]

[2204] Siehe hierzu ab Seite 117, sowie ab Seite 196, sowie ab Seite 290 und ab Seite 324.

Literaturverzeichnis

Adolff, Johannes	Die zivilrechtliche Verantwortung deutscher Anwälte bei der Abgabe von Third Party Legal Opinions, München 1997 (zit.: *Adolff*)
Ainsworth, Maryan Wynn	Implications of Revised Attributions in Netherlandish Painting, Metropolitan Museum Journal, 27.1992, S. 59
Aitken, Georgie	What´s it worth?, RICS Arts Surveyor, April 2009, S. 12
Almeroth, Thomas	Kunst- und Antiquitätenfälschungen, München 1987
Altenburger, Peter	Die zivilrechtliche Haftung des Architekten für Vermögensschäden Dritter - Eine Untersuchung zu den dogmatischen Grundlagen der Expertenhaftung anhand ausgewählter Probleme des Architektenrechts, Münster 1996
Alvermann, Jörg	Formularbuch Recht und Steuern, 7. Aufl., München 2011 (zit.: Alvermann-*Bearbeiter*)
Anderson, Jaynie	The Political Power of Connoisseurship in the Nineteenth-Century Europe: Wilhelm von Bode versus Giovanni Morelli, in: Gaehtgens, Thomas W./Schuster, Peter-Klaus, Jahrbuch der Berliner Museen, Bd. 38, 1996, Beiheft „Kennerschaft", Kolloquium zum 150. Geburtstag von Wilhelm von Bode, S. 107
Anderson, Jaynie	Giorgione, Paris 1997
Andreae, Clemens-August/Andreae, Bernard (Hrsg.)	Symposium Kunst und Wirtschaft, Köln 1983
Andrews, Neil	Tort Litigation Affecting `Business´: The English Perspective, in: Stürner, Rolf/Kawano, Masanori, Comparative Studies on Business Tort Litigation, Tübingen 2011, S. 16 ff.
Angeneyndt, Luise	Im goldenen Dreieck, Weltkunst 5/2009, S. 31
Anna, Susanne (Hrsg.)	WertWechsel: zum Wert des Kunstwerks, Köln 2001
Annesley, Noël	Attributing Old Master Drawings, in: Spencer, Ronald D. (Hrsg.), The Expert versus the Object, New York 2004, S. 79
Anton, Michael	Rechtshandbuch Kulturgüterschutz und Kunstrestitutionsrecht, Band 2: Zivilrecht - Guter Glaube im internationalen Kunsthandel, Berlin 2010
Anwaltkommentar/Heidel, Thomas/Hüßtege, Rainer/Mansel, Heinz-Peter (Hrsg.)	Anwaltkommentar BGB, Band 1, Allgemeiner Teil mit EGBGB, Bonn 2005 (zit.: Dauner-Lieb, AnwK-BGB-*Bearbeiter*)
Anwaltkommentar/Dauner-Lieb, Barbara/Langen, Werner (Hrsg.)	Anwaltkommentar BGB, Band 2, Teilband 1, Schuldrecht §§ 241 bis 610, Bonn 2005 (zit.: Dauner-Lieb, AnwK-BGB-*Bearbeiter*)
Anwaltkommentar/Dauner-Lieb, Barbara/Langen, Werner (Hrsg.)	Anwaltkommentar BGB, Band 2, Teilband 2, Schuldrecht §§ 611 bis 853, Bonn 2005 (zit.: Dauner-Lieb, AnwK-BGB-*Bearbeiter*)
Applebey, George	Contract Law, London 2001
Armbrüster, Christian	Rechtsfragen der Kunstversicherung, ZVersWiss 2004, S. 303
Arnau, Frank	Kunst der Fälscher, Fälscher der Kunst. Dreitausend Jahre Betrug mit Antiquitäten, 2. Aufl., Düsseldorf 1959
Arnheim, Michael	Caveat vendor!, SJ 1990, Vol. 134 Nr. 20, S. 580
Arnold, Arnd	Freizeichnungsklauseln für leichte Fahrlässigkeit in AGB, ZGS 2004, S. 16

Arnull, Christopher Professional advisers and limitations on liability, P.N. 2003, S. 494

Aschenborn, Wulf Stabile Wertanlage, Weltkunst 3/2004, S. 58

Assmann, Heinz-Dieter Grundfälle zum Vertrag mit Schutzwirkung für Dritte, JuS 1986, S. 885

Assmann, Heinz-Dieter/Schütze, Rolf A. Handbuch des Kapitalanlagerechts, 3. Aufl., München 2007

Azimi, Roxana France, in: Goodwin, James (Hrsg.), The international art markets: the essential guide for collectors and investors, London 2009, S. 134

Bailey, Stephen, H./Ching, Jane/Taylor, N.W. Smith, Bailey & Gunn on the modern English legal system, 5. Aufl., London 2007

Baillet Bouin, Frédéric Le commissaire-priseur responsable de plein droit envers l´adjudicataire d´une œuvre d´art, D. 2007, S. 2288

Ballerstedt, Kurt Zur Haftung für culpa in contrahendo bei Geschäftsabschluss durch Stellvertreter, AcP 151 (1950-51), S. 501

Bamberger, Heinz Georg/Roth, Herbert (Hrsg.) Kommentar zum Bürgerlichen Gesetzbuch, §§ 1 - 610, 2. Aufl., München 2007 (zit.: Bamberger/Roth-*Bearbeiter*)

Bamberger, Heinz Georg/Roth, Herbert (Hrsg.) Kommentar zum Bürgerlichen Gesetzbuch, §§ 611 - 1296, 2. Aufl., München 2008 (zit.: Bamberger/Roth-*Bearbeiter*)

Bar, Christian v. Negligence, Eigentumsverletzung und reiner Vermögensschaden in der neueren Entwicklung des Common Law, RabelsZ 56 (1992), S. 410

Bar, Christian v. Unentgeltliche Investitionsempfehlungen im Wandel der Wirtschaftsräume Deutschlands und Englands, RabelsZ 44 (1980), S. 455

Bar, Christian v. Gemeineuropäisches Deliktsrecht, Band 1, Die Kernbereiche des Deliktsrechts, seine Angleichung in Europa und seine Einbettung in die Gesamtrechtsordnungen, München 1996 (zit.: *v.Bar*, Gemeineurop. Deliktsrecht, Bd. 1)

Bar, Christian v. Gemeineuropäisches Deliktsrecht, Band 2, Schaden und Schadenersatz, Haftung für und ohne eigenes Fehlverhalten, Kausalität und Verteidigungsgründe, München 1999 (zit.: *v.Bar*, Gemeineurop. Deliktsrecht, Bd. 2)

Bar, Christian v. Vertrauenshaftung ohne Vertrauen, Zur Prospekthaftung bei der Publikums-KG in der Rechtsprechung des BGH, ZGR 1983, S. 476

Bar, Christian v. Verkehrspflichten: Richterliche Gefahrsteuerungsgebote im deutschen Deliktsrecht, Köln 1980 (zit.: *v.Bar*, Verkehrspflichten)

Bar, Christian v. Anmerkung zum Urteil des BGH vom 15.5.1979, VI ZR 230/76, JZ 1979, S. 728

Bar, Christian v. Vertragliche Schadensersatzpflicht ohne Vertrag?, JuS 1982, S. 637

Bar, Christian v. Unentgeltliche Investitionsempfehlungen im Wandel der Wirtschaftsverfassungen Deutschlands und Englands, RabelsZ 44 (1980), S. 455

Bar, Christian v. Entwicklungen und Entwicklungstendenzen im Recht der Verkehrs (sicherungs)pflichten, JuS 1988, S. 169

Bar, Christian v. (Hrsg.) Deliktsrecht in Europa, Landesberichte, Köln 1994 (zit.: v.Bar-*Bearbeiter*, Deliktsrecht in Europa, *Land*)

Barbieri, Jean-Jacques Contrats et obligations, Authenticité et reprise d´une thème connu, Anmerkung zu Cass., 1re civ., 16.10.2008, JCP G 2009, II, 10015, S. 25

Barker, Kit	Are We up to Expectations? Solicitors, Beneficiaries and the Tort/Contract Divide, (1994) OxJLS, Vol. 14, Nr. 1, S. 137
Barker, Kit	Wielding Occam's Razor - Pruning Strategies for Economic Loss, (2006) OxJLS, Vol. 26, Nr. 2, S. 289
Barker, Godfrey	The United Kingdom, in: James Goodwin (Hrsg.), The international art markets: the essential guide for collectors and investors, London 2009, S. 328
Barker, Kit	Unreliable Assumptions in the Modern Law of Negligence, 109 LQR (1993), S. 461
Bastien, Hervé	Circulation des biens culturels dans le cadre communautaire et international, J.-Cl. civ., Annexes, Propriété Littéraire et Artistique, Fasc. 1090 (Stand 1995)
Bätschmann, Oskar	Der Holbein-Streit: Eine Krise der Kunstgeschichte, in: Gaethgens, Thomas W./Schuster, Peter-Klaus, Jahrbuch der Berliner Museen, Bd. 38, 1996, Beiheft „Kennerschaft", Kolloquium zum 150. Geburtstag von Wilhelm von Bode, S. 87
Baumbach, Adolf/Hopt, Klaus J./Merkt, Hanno	Handelsgesetzbuch, 34. Aufl., München 2010 (zit.: Baumbach/Hopt-*Bearbeiter*)
Baumer, Ursula/Fiedler, Irene/ Koller, Johann	Die Bindemittel auf Dürers Tafelgemälden, in: Goldberg, Gisela/Heimberg, Bruno/Schawe, Martin (Hrsg.), Albrecht Dürer. Die Gemälde der Alten Pinakothek, München 1998, S. 102
Baus, Christoph A.	Die Dritthaftung der Wirtschaftsprüfer zwischen Vertrag und Delikt - Eine rechtsvergleichende Untersuchung des deutsch und englischen Rechts, ZVglRWiss 103 (2004), S. 219
Bayer, Thomas/Page, John R.	The Development of the Art Market in England: Money as Muse, 1730-1900, London 2011
Bayer, Walter	Vertraglicher Drittschutz, JuS 1996, S. 473
Bayer, Walter	Der Vertrag zugunsten Dritter, Tübingen 1995
Bayerer, Florian	Die Untersuchung von Kunstobjekten mit Hilfe der bildgebenden Spektroskopie, München 1996
Bayerlein, Walter/Aurnhammer, Klaus G. (u.a.)	Praxishandbuch Sachverständigenrecht, 4.Aufl., München 2008
Beale, H.G. (Hrsg.)	Chitty on Contracts, 30. Aufl., Volume I, General Principles, London 2008 (zit.: *Chitty on contracts*)
Beale, H.G. (Hrsg.)	Chitty on Contracts, 30. Aufl., Volume II, Specific Contracts, London 2008 (zit.: *Chitty on contracts*)
Beale, Hugh/Hartkamp, Arthur/Kötz, Hein	Contract Law: Casebooks on the common law of Europe, Oxford 2002
Beatson, Jack	Reforming the Law of Contracts for the Benefit of Third Parties: A second at the Cherry, (1992) OxJLS, Vol. 45, Nr. 2, S. 23
Beatson, Jack/Burrows, Andrew/Cartwright, John	Anson's Law of Contract, 29. Aufl., Oxford 2010
Becqué-Ickowicz, Solange	Opposabilité du contrat, Art. 1165, Fasc. 37-2 (Stand 2009)
Beever, Allan	Rediscovering the Law of Negligence, Oxford 2007
Behrens, Klaus/de Lazzer, Dieter (Hrsg.)	Recht, Steuern, Versicherungen für den Kunstmarkt, Neuwied 1993

Bénabent, Alain Clauses Abusives: le droit français et ses réactions à la directive européenne, ERPL 1995, Vol.3, Nr. 2, S. 211

Benesch, Otto Rembrandt: Werk und Forschung, Luzern 1970

Benjamin, Walter „Das Kunstwerk im Zeitalter seiner technischen Reproduzierbarkeit" in: Opitz, Michael (Hrsg.), Walter Benjamin, Ein Lesebuch, Frankfurt 1996

Benjamin, Walter Das Kunstwerk im Zeitalter seiner technischen Reproduzierbarkeit: Drei Studien zur Kunstsoziologie, Frankfurt 2003

Berg, Hans Zur Abgrenzung von vertraglicher Drittschutzwirkung und Drittschadensliquidation, NJW 1978, S. 2018

Berg, Karin Möglichkeiten des Fälschungsbeweises aus den Materialwissenschaften, in: Weller, Matthias/Kemle, Nicolai/Dreier, Thomas/Lynen, Michael (Hrsg.), Kunst im Markt - Kunst im Recht, Tagungsband des Dritten Heidelberger Kunstrechtstags am 09. und 10. Oktober 2009, Baden-Baden 2010, S. 163

Berger, Klaus Peter Haftung für unrichtige Bankauskunft, ZBB 2001, S. 238

Bernhard, Eric M. Kunst als Kapitalanlage, Wiesbaden 2005

Bernstorff, Christoph v. Einführung in das englische Recht, 3. Aufl., München 2006 (zit.: *v.Bernstorff*)

Bernstorff, Christoph v. Großbritannien: Neues Gesetz zum Vertrag zu Gunsten Dritter, RIW 2000, S. 435

Bernstorff, Christoph v. „Dokumente gegen unwiderruflichen Zahlungsauftrag" als Zahlungsform im Außenhandel, RIW 1985, S. 14

Berr, Claude J./Groutel, Hubert Anmerkung zu Cass., 1re civ., 14.05.1974, D. 1975, jur., S. 97 (98)

Bertolaso, Sabine Expert, J.-Cl. Resp. civ. et Ass., Fasc. 375 (Stand 2000)

Blankenhorn, Cornelia Die Neuregelung der Haftung des gerichtlichen Sachverständigen durch § 839a BGB, Diss., Regensburg 2005, http://nbn-resolving.de/urn:nbn:de:bvb:355-opus-5935 (zit.: *Blankenhorn*)

Bleutge, Katharina Achtung Auftrag - Was schuldet ein Sachverständiger?, DS 2010, S. 142

Bleutge, Peter Die Hilfskräfte des Sachverständigen - Mitarbeiter ohne Verantwortung?, NJW 1985, S. 1185

Bleutge, Peter Die Haftung des Sachverständigen für fehlerhafte Gutachten, Köln 2002 (zit.: *Bleutge*, Haftung)

Bleutge, Peter/Ganten, Hans Der Sachverständigenvertrag, Köln 2004 (zit.: *Bleutge*, Sachverständigenvertrag)

Bloch, Laurent L´ère post-Chronopost: le retour aux sources, Resp. civ. et ass. 2010, Nr. 10

Bloch, Peter Gefälschte Kunst, Zeitschrift für Ästhetik und Allgemeine Kunstwissenschaft, 1978, Bd. 23/1, S. 52

Blume Huttenlauch, Anna Appropriation Art - Kunst an den Grenzen des Urheberrechts, Berlin 2008

Blume Huttenlauch, Anna Die Haftung des Kunstexperten für seine Expertise, KUR 2004, S. 118

Blumenwitz, Dieter Einführung in das anglo-amerikanische Recht, 7. Aufl., München 2003

Boll, Dirk Der Kampf um die Kunst, Handel und Auktionen positionieren sich am Kunstmarkt, Diss. Ludwigsburg 2004, http://nbn-resolving.de/urn:nbn:de:bsz:93-opus-26017

Bongard, Willi	Kunst und Kommerz, Oldenburg 1967
Boos, Frank	Bewertung von Arzt- und Zahnarztpraxen im Rahmen des Zugewinnausgleichs, DS 2010, S. 166
Borricand, Jaques	Anmerkung zu Cass., 2ème civ., 28.11.1962, D. 1963, jur., S. 465
Bosch, Ulrich	Expertenhaftung gegenüber Dritten - Überlegungen aus Sicht der Bankpraxis, ZHR 163 (1999), S. 274
Bouloc, Bernard	Procédure pénale, 21. Aufl., Paris 2008
Bourgeois, Gilles/Julien, Pierre/Zavaro, Michel	La pratique de l'expertise judiciaire, Paris 1999
Braunfels, Florian	Die Haftung für Fehler und zugesicherte Eigenschaften bei Kunstauktionen, München 1993
Breidenstein, Petra	Die Restaurierung von Gemälden und die Festsetzung von Wertminderungen, KUR 2006, S. 34
Brieskorn, Konstanze	Vertragshaftung und responsabilité contractuelle, Tübingen 2010
Britton, Paul/O'Connel, Anna	Knowing the risks, RICS Arts Surveyor, Januar 2009, S. 10
Brock, Patrick	Der Schutz der Verbraucher vor mißbräuchlichen Klauseln im französischen Recht, Berlin 1998
Brors, Christiane	Vertrauen oder Vertrag - gibt es eine Haftung für Wertgutachten nach § 311 Abs. 3 BGB?, ZGS 2005, S. 142
Brox, Hans/Walker, Wolf-Dietrich	Allgemeines Schuldrecht, 32. Aufl., München 2007
Brückner, Sascha/Neumann, Lorenz	Die Haftung des Sachverständigen nach neuem Delikts- und Werkvertragsrecht, MDR 2003, S. 906
Brüggemeier, Gert	Gesellschaftliche Schadensverteilung und Deliktsrecht, AcP 182 (1982), S. 385
Brüggemeier, Gert	Deliktsrecht: ein Hand- und Lehrbuch, Baden-Baden 1986 (zit.: *Brüggemeier*, Deliktsrecht 1986)
Brüggemeier, Gert	Judizielle Schutzpolitik de lege lata, JZ 1986, S. 969
Brüggemeier, Gert	Prinzipien des Haftungsrechts, Baden-Baden 1999
Brüggemeier, Gert	Haftungsrecht - Struktur, Prinzipien, Schutzbereich, Heidelberg 2006 (zit.: *Brüggemeier*)
Brühl, Friederike v.	Marktmacht von Kunstexperten als Rechtsproblem: der Anspruch auf Erteilung einer Expertise und auf Aufnahme in ein Werkverzeichnis, Köln 2008
Brun, Philippe	Responsabilité civile extracontractuelle, 2. Aufl., Paris 2009
Brun, Philippe/Gout, Olivier	Panorama: Responsabilité civile, D. 2011, S. 35
Bruns, Alexander	Haftungsbeschränkung und Mindesthaftung, Tübingen 2003
Bucher, Eugen	Ferdinand Fromholzer: Consideration, US-amerikanisches Recht im Vergleich zum deutschen, ZEuP 1999, S. 399
Buck, Stephanie	Comparing drawings and underdrawings: the possibilities and limitations of a method, in: Van Schoute, Roger/Verougstraete, Hélène, La peinture et le laboratoire: procédés, méthodologie, applications, Le dessin sous-jacent et la technologie dans la peinture 13, Leuven 2001, S. 201
Bullinger, Winfried	Urheberrechtlicher Originalbegriff und digitale Technologien, KUR 2006, S. 106

Bullinger, Winfried — Kunstwerkfälschung und Urheberpersönlichkeitsrecht: der Schutz des bildenden Künstlers gegenüber der Fälschung seiner Werke, Berlin 2007

Burrows, Andrew — Remedies for Torts and Breach of Contract, 3. Aufl., Oxford 2004

Burton, Bruce W. — In search of John Constable´s The White Horse: a case study in tortured provenance an proposal for a torrens-like system of title registration for artwork, 59 Fla. L. Rev. [2007], S. 531

Bussani, Mauro/Palmer, Vernon Valentine (Hrsg.) — Pure economic loss in Europe, Cambridge 2003 (zit.: *Bussani/Palmer)*

Büttner, Benjamin — Umfang und Grenzen der Dritthaftung von Experten: eine rechtsvergleichende Untersuchung, Tübingen 2006

Bydlinski, Franz — Zur Haftung der Dienstleistungsberufe in Österreich und nach dem EG-Richtlinienvorschlag, JBl. 1992, S. 341

Cailleux, Jean — L´Art du Dix-huitième Siècle, A Note on the Pedigree of Paintings and Drawings, The Burlington Magazine, Vol. 104, Nr. 714 (Sept. 1962), S. I

Calais-Auloy, Jean/Steinmetz, Frank — Droit de la consommation, 7. Aufl., Paris 2006

Canaris, Claus-Wilhelm — Bankgeheimnis und Schutzwirkung für Dritte im Konzern, ZIP 2004, S. 1781

Canaris, Claus-Wilhelm — Schuldrechtsmodernisierung 2002, München 2002

Canaris, Claus-Wilhelm — Die Schadensersatzpflicht der Kreditinstitute für eine unrichtige Finanzierungsbestätigung als Fall der Vertrauenshaftung, in: Horn, Norbert (Hrsg.), Festschrift für Herbert Schimansky, Köln 1999, S. 43

Canaris, Claus-Wilhelm — Die Vertrauenshaftung im Lichte der Rechtsprechung des Bundesgerichtshofs, in: Geiß, Karlmann/Nehm, Kay/Brandner, Hans Erich u.a. (Hrsg.), Festschrift aus Anlass des fünfzigjährigen Bestehens von Bundesgerichtshof, Bundesanwaltschaft und Rechtsanwaltschaft beim Bundesgerichtshof, Band I, Köln 2000, S. 129

Canaris, Claus-Wilhelm — Grundstrukturen des deutschen Deliktsrechts, VersR 2005, 577

Canaris, Claus-Wilhelm — Schutzwirkungen zugunsten Dritter bei „Gegenläufigkeit" der Interessen, Zugleich eine Besprechung der Entscheidung des BGH vom 10.11.1994 - II ZR 50/94, JZ 1995, S. 441

Canaris, Claus-Wilhelm — Täterschaft und Teilnahme bei culpa in contrahendo, in: Habscheid, Walther (Hrsg.), Festschrift für Hans Giger zum 60. Geburtstag, Bern 1989, S. 91

Canaris, Claus-Wilhelm — Die Haftung des Sachverständigen zwischen Schutzwirkung für Dritte und Dritthaftung aus culpa in contrahendo, JZ 1998, S. 603

Canaris, Claus-Wilhelm — Die Reform des Rechts der Leistungsstörungen, JZ 2001, S. 499

Canaris, Claus-Wilhelm — Die Reichweite der Expertenhaftung gegenüber Dritten, ZHR 163 (1999), S. 206

Canaris, Claus-Wilhelm — Schutzgesetze - Verkehrspflichten - Schutzpflichten, in: Canaris, Claus-Wilhelm (Hrsg.), Festschrift für Karl Larenz zum 80. Geburtstag, München 1983, S. 27 (zit: FS-Larenz (1983))

Canaris, Claus-Wilhelm — Ansprüche wegen „positiver Vertragsverletzung" und „Schutzwirkung für Dritte" bei nichtigen Verträgen - Zugleich ein Beitrag zur Vereinheitlichung der Regeln über die Schutzpflichtverletzungen, JZ 1965, S. 475

Canaris, Claus-Wilhelm	Die Vertrauenshaftung im deutschen Privatrecht, München 1971
Caron, Mathilde	Les paradoxes de l´incertitude, LPA 2009, Nr. 250, S. 8
Carval, Suzanne	Contrats et responsabilité, La responsabilité contractuelle à l´épreuve des listes « noire » et « grise » du décret Nr. 2009-302 du 18 mars 2009, RDC 2009, S. 1055
Chagny, Muriel	L´article L. 442-6, I, 2, du code de commerce entre droit du marché et droit commun des obligations, D. 2011, S. 392
Chappuis, Christine	L'authentification d'œuvres d'art: Responsabilité de l'expert et qualification du contrat en droite suisse, in: Renold, Marc A./Gabus, Pierre/de Werra, Jacques (Hrsg.), L'expertise et l'authentification des œuvres d'art, actes de la journée d'étude de Genève, Centre du Droit de l'Art, 17 mars 2006, Genf 2007, S. 47
Charlesworth, John/Percy, Rodney	Charlesworth & Percy on negligence, 12. Aufl., London 2010
Chatelain, Jean	Œuvres d´art et objets de collection en droit français, Paris 1990 (zit.: *Chatelain*)
Cheshire, Geoffrey C./Fifoot, Cecil H./Furmston, Michael P.	Cheshire, Fifoot & Furmston´s Law of Contract, 15. Aufl., Oxford 2007
Chevalier, Claus	Der Anspruch auf Aufnahme von Werken der bildenden Kunst in das Werkverzeichnis, Weltkunst 72/2002, S. 1753
Chevalier, Claus/Viehweger, Klaus	Der Echtheitsnachweis im Kunstrecht, Weltkunst 72/2002, S. 191
Chevrier, Emmanuel	Anmerkung zu Cass. com. v. 21.02.2006, D. 2006, S. 717
Claret, Hélène	Protection du consommateur, J.-Cl. civ., App. art. 1109, Fasc. 10, fasc. 3-1 (Stand 2002)
Clarke, Malcolm	Fundamental Breach is Dead! Long Live ... the Rule against Absurdity!, CLJ (1984), Vol. 43, Nr. 1, S. 32
Coester, Michael/Markesinis, Basil	Liability of Financial Experts in German and American Law: An Exercise in Comparative Methodology, 51 Am.J.Comp.L. (2003), Nr. 2, S. 275
Constantinescu, Léontin	Grundfragen der Haftung für Verrichtungsgehilfen im französischen Recht, in: Kuchinke, Kurt (Hrsg.), Festschrift für Heinrich Lange zum 70. Geburtstag, München 1970, S. 416
Corboud, Patricia	Zwei Drittel aller Kunstgegenstände in Europa nicht versichert, VW 2005, S. 126
Cornu, Marie/ Mallet-Poujol, Nathalie	Droit, œuvres d´art et musées, 2. Aufl., Paris 2006
Cors, Klaus G.	Handbuch Sachverständigenwesen, 4. Aufl., Essen 2006
Coßmann, Stephanie	Klauselrichtlinie und französisches Zivilrecht, Münster 2002
Cottereau, Vincent	La clause réputée non écrite, JCP G 1993, I, 3691, S. 315
Crevel, Samuel	Commissaire-Priseur, Quand le commissaire-priseur se fait inquisiteur ou l´obligation de vérifier la provenance de l´objet qu´il adjuge, Anmerkung zu Cass. 1re civ., 18. Januar 2000, D. 2000, S. 901
Crewdson, Richard	Expert's authentication - a lawyer's view, in: ISWA 1993, S. 361
Cutting, Christopher D.	Protecting cultural property through provenance, 32 Seattle U.L.Rev. [2006], S. 943
Czöppan, Gabi	Richtig in Kunst investieren: Kauf und Verkauf, Wertsteigerung und Rendite, Chancen und Strategien, München 2002

Damm, Reinwald	Entwicklungstendenzen der Expertenhaftung, JZ 1991, S. 373
Dammann, Reinhard	Die Einbeziehung Dritter in die Schutzwirkung eines Vertrages, München 1990
Dantzig, Maurits M. van	Pictology: an analytical method for attribution and evaluation of pictures, Leiden 1973
Darraby, Jessica L.	Art, artifact, architecture & museum law, Bd. 1, Eagan MN, 2008 (zit.: *Darraby*, ArtArchLaw)
Daulte, François/ Lalive, Pierre/Byrne-Sutton, Quentin/Renold, Marc-André	L'Expertise dans la vente d'objets d'art, Schriftenreihe des Centre du droit de l'art, Zürich 1992 (zit.: *Daulte/Lalive*)
Daulte, François	Les Certificats d'experts et leur valeur internationale, in: ISWA 1993, S. 353-359
Dauner-Lieb, Barbara	Kodifikation von Richterrecht, in: Ernst, Wolfgang/Zimmermann, Reinhard (Hrsg.), Zivilrechtswissenschaft und Schuldrechtsreform (2001), S. 305
Dauner-Lieb, Barbara/Konzen, Horst/Schmidt, Karsten (Hrsg.)	Das neue Schuldrecht in der Praxis, Köln 2003
Dauner-Lieb, Barbara (Hrsg.)	Das neue Schuldrecht, Heidelberg 2002
Dauner-Lieb, Barbara/Heidel, Thomas/Lepa, Manfred/Ring, Gerhard	Anwaltskommentar Schuldrecht. Erläuterungen der Neuregelungen zum Verjährungsrecht, Schuldrecht, Schadensrecht und Mietrecht, Bonn 2002
Davo, Hélène	Clauses abusives: bref aperçu de la loi du 1er février 1995 transposant la directive 93/13/CEE, REDC 1995, S. 215
Davo, Hélène	Clauses abusives: loi du février 1995 transposant la directive 93/13/CEE en droit français, ERPL 1997, Vol. 5, Nr. 2, S. 157
Decku, Gregor W.	Zwischen Vertrag und Delikt, Grenzfälle vertraglicher und deliktischer Haftung, dargestellt am Beispiel der Berufs- und Expertenhaftung zum Schutze des Vermögens Dritter im deutschen und englischen Recht, Frankfurt 1997
Deecke, Thomas (Hrsg.)	Originale echt/falsch - Nachahmung, Kopie, Zitat, Aneignung Fälschung in der Gegenwartskunst, Heidelberg 1999
Deipenbrock, Gudula	Externes Rating - „Heilsversprechen für internationale Finanzmärkte"?: Eine kritische Analyse ausgewählter Rechtsfragen, BB 2003, S. 1849
Delebecque, Philippe	Règles particulières à la responsabilité contractuelle, Conventions relatives à la responsabilité, J.-Cl. civ., Art. 1146-1155, Fasc. 210, fasc. 115 (Stand 2005)
Delpech, Xavier	LME: renforcement du méchanisme de lutte contre les clauses abusives, D. 2008, S. 2220
Delvolve, Jean-Louis	Legal Aspects of International Art Trade: Some Positions in French Law, in: ISWA 1990, S. 725
Demogue, René	Traité des obligations en général, Band V, Sources des obligations, Paris 1925
Demogue, René	Traité des Obligations en Général, Band VI, Effets des obligations, Paris 1931
Denkinger, Fleur	Der Verbraucherbegriff, Berlin 2007
Deutsch, Erwin	Freizeichnung von der Berufshaftung, VersR 1974, S. 301

Deutsch, Erwin Die Fahrlässigkeit im neuen Schuldrecht, AcP 202 (2002), S. 889

Döbereiner, Walter/ Keyserlingk, Alexander v. Sachverständigenhaftung mit Haftungsbegrenzung sowie Versicherung des privaten und gerichtlichen Sachverständigen, Wiesbaden, Berlin 1979

Döhmer, Klaus Zur Soziologie der Kunstfälschung, Zeitschrift für Ästhetik und Allgemeine Kunstwissenschaft, 1978, Bd. 23/1, S. 76

Dreyer, Emmanuel Trompe-l'œil sur la fraude artistique, Anmerkung zu Cass., 1re civ., v. 18.07.2000, D. 2001, jur, S. 541

Drinkuth, Friederike Sophie Der moderne Kunsthandel, Köln [u.a.] 2003

DuBoff, Leonard/Caplan Sally H. The Desk Book of Art Law, 2. Aufl., St. Paul, Minn. 1993

Dugdale, Anthony (Hrsg.) Clerk & Lindsell on torts, 20. Aufl., London 2010

Dugdale, Anthony/Stanton, Keith Professional Negligence, 3. Aufl., London 1998

Dupuis-Toubol, Frédérique/ Bengana, Sofia Rapport national sur le sujet 3., Les certificats d'experts et d'authentification, in: ISWA 1993, S. 379

Duret-Robert, François La réforme des ventes publiques: les problèmes posés par la loi du 10 juillet 2000, in: Contrats - Concurrence - Consommation 2004, S. 8

Duret-Robert, François Droit du Marché de L'Art, 3. Aufl., Paris 2007 (zit.: *Duret-Robert*)

Duret-Robert, François Ventes d' œuvres d'art, Paris 2001 (zit.: *Duret-Robert*, Ventes d'œuvres d'art)

Ebitz, David Connoisseurship as Practice, in: Artibus et historiae, Vol. 9, Nr. 18 (1988), S. 207

Ebke, Werner F. Wirtschaftsprüfer und Dritthaftung, Bielefeld 1983

Ebke, Werner/Scheel, Hansjörg Die Haftung des Wirtschaftsprüfers für fahrlässig verursachte Vermögensschäden, WM 1991, S. 389

Ebling, Klaus/Schulze, Marcel (Hrsg.) Kunstrecht, München 2007 (zit.: *Ebling/Schulze*)

Edelmann, James/McKendrick, Ewan Employee's liability for statements, 118 LQR (2002), S. 4

Editions Legislatives Dictionnaire Permanent Épargne et Produits Financiers, Marché de l'art, Sommaire, Paris (Mise à jour 77, 01.12.2003) (zit.: *Dictionnaire permanent epargne*)

Eggert, Christoph Verträge mit Schutzwirkung zu Gunsten Dritter nach einem Verkehrsunfall, NZV 2009, S. 367

Ehmann,Horst/Sutschet, Holger Modernisiertes Schuldrecht, München 2002 (zit.: *Ehmann/Sutschet*)

Ehmann, Horst/Sutschet, Holger Modernisiertes Schuldrecht - Lehrbuch der Grundsätze des neuen Rechts und seiner Besonderheiten, München 2002

Eichler, Jochen Vertragliche Dritthaftung, Frankfurt 2007

Emmerich, Volker Zur Haftung eines Sachverständigen für ein unrichtiges Gutachten, Anmerkung zum Urteil des BGH v. 17.10.2000, X ZR 169/99, JuS 2001, S. 396

Epstein, Ellen Knowing it's the real deal, RICS Arts Surveyor, Januar 2008, S. 8

Esmein, Paul Anmerkung zu Cass., 2ème civ., 17.02.1955, D. 1956, jur., 17

Espagnon, Michel Rapports entre responsabilités délictuelle et contractuelle, J.-Cl. civ., Art. 1146-1155, Fasc. 176-10 (Stand 2002)

Etzel, Thomas Außergerichtliche Schadensfeststellung durch Sachverständige bei Straßenverkehrsunfällen, VersR 1993, S. 405

Faber-Castell, Christian v. Die Kunst zu investieren, Weltkunst 8/2005, S. 80

Fages, Bertrand Obligations et contrats spéciaux - Obligations en général, RTD civ. 2010, S. 551

Fähtke, Bernd Der Fall Jawlensky, Original-Kopie-Fälschung, Weltkunst 8/1998, S. 1502

Fäthke, Bernd Der Fall Jawlensky, Beilage zur Zeitschrift Weltkunst vom 1. März 1996, S. 3

Faust, Florian Der Schutz vor reinen Vermögensschäden - illustriert am Beispiel der Expertenhaftung, AcP 210 (2010), S. 555

Fauvarque-Cosson, Bénédicte Towards a New French Law of Obligations and Prescription? About the „Avant-projet de réforme du droit des obligations et de la prescription“, ZEuP 2007, S. 428

Fauvarque-Cosson, Bénédicte/François, Jérôme Commentaire de la loi du 17 juin 2008 portant réforme de la prescription en matière civile, D. 2008, S. 2512

Fenoll-Trousseau, Marie-Pierre/Mauger-Vielpau, Laurence Une nouvelle réforme des ventes volontaires de meubles aux enchères publiques?, D. 2008, S. 2232

Fenoll-Trousseau, Marie-Pierre/Prest, Philippe Réforme des ventes de meubles aux enchères publiques, JCP 2009, 1331, S. 16

Ferid, Murad Das französische Zivilrecht, Band 1: Allgemeine Lehren - Recht der Schuldverhältnisse, Frankfurt 1971 (zit.: *Ferid*)

Ferid, Murad/Sonnenberger, Hans-Jürgen Das französische Zivilrecht, Band 2, Schuldrecht: Die einzelnen Schuldverhältnisse, Sachenrecht, 2. Aufl., Heidelberg 1986 (zit.: *Ferid/Sonnenberger*)

Fezer, Karl-Heinz (Hrsg.)/Becker-Eberhard, Ekkehard Lauterkeitsrecht, Band 1, §§ 1-4 UWG, München 2010 (zit.: Fezer-*Bearbeiter*)

Fikentscher, Wolfgang/Heinemann, Andreas Schuldrecht, 10. Aufl., Berlin 2006 (zit.: *Fikentscher*)

Findlay, Michael The Catalogue Raisonné, in: Spencer, Ronald D. (Hrsg.), The Expert versus the Object, New York 2004, S. 55

Finn, Markus Explosion im Nitrierofen, ZGS 2003, S. 189

Finn, Markus Schadensersatz wegen fehlerhafter Wertgutachten - Möglichkeiten zur Begrenzung des Haftungsrisikos gegenüber Dritten, DS 2005, S. 11

Finn, Markus Zur Haftung des Sachverständigen für fehlerhafte Wertgutachten gegenüber Dritten, NJW 2004, S. 3752

Flannigan, Robert Privity - The End of an Era (Error), 103 LQR (1987), S. 564

Fleischer, Martina/Mairinger, Franz Der Amor in der Wiener Akademiegalerie - Kunsthistorische und technologische Untersuchungen, Die Kunst und ihre Erhaltung, Rolf E. Straub zum 70. Geburtstag gewidmet, Worms 1990, S. 148

Flescher, Sharon Anatomy of an Art Fraud, IFAR-Journal 2004, Vol. 7, Nr. 3&4, S. 12

Flescher, Sharon News and Updates: A Recipe for Art Fraud - Government Indicts Art Dealer Ely Sakhai, IFAR-Journal 2004, Vol. 7, Nr. 1, S. 2

Flume, Werner Allgemeiner Teil des Bürgerlichen Rechts, Zweiter Band: Das Rechtsgeschäft, 3. Aufl., Berlin 1979 (zit.: *Flume*, Rechtsgeschäft)

Friedländer, Max J. Von Kunst und Kennerschaft, Leipzig 1992

Friedländer, Max J. Über Fälschung alter Bilder, Kunst und Künstler, Monatsschrift für Kunst und Kunstgewerbe, 1928, S. 371

Friedländer, Max J. Über das Expertisenwesen, Kunst und Künstler, Monatsschrift für Kunst und Kunstgewerbe, 1928, S. 171

Friedländer, Max J. Über das Expertisenwesen, Jahrbuch für Kunstsammler, 1921, S. 7

Frier, Pierre-Laurent Effets des certificats d'expert et rôle des musées á cet égard, in: ISWA 1993, S. 369

Frossard, Joseph La distinction des obligations de moyens et des obligations de resultat, Paris 1965

Funck, Andrea Präventive Konservierung, DS 2009, S. 331

Funk, Horst Frans Snyders oder Paul de Vos?, in: Rohde, Georg (Hrsg.), Festschrift für Edwin Redslob zum 70. Geburtstag, Berlin 1955

Furmston, Michael Return to Dunlop v. Selfridge?, 23 M.L.R. (1960), S. 373

Gabus, Pierre Des différentes valeurs d'assurance et du rôle de l'expert, in: Renold, Marc A./Gabus, Pierre/de Werra, Jacques (Hrsg.), L'expertise et l'authentification des œuvres d'art, actes de la journée d'étude de Genève, Centre du Droit de l'Art, 17 mars 2006, Genève, Genf 2007, S. 75

Gaillard, Yann Le marché de l'art français aux enchères, Paris 2000

Galand-Carval, Suzanne France, in: Magnus, Ulrich/Busnelli, Francesco Donato, (Hrsg.), Unification of Tort Law: Damages, The Hague 2001, S. 77

Gallmeister, Inès Responsabilité du commissaire-priseur et de l'expert dans la vente d'un faux, Anmerkung zu Cass., 1re civ., 03.04.2007, D. 2007, S. 1201

Ganten, Hans „Unwesentliche" Pflichten des Sachverständigen? Ein Beitrag zur Haftungsbeschränkung in Sachverständigenverträgen, in: Siegburg, Frank (Hrsg.), Festschrift für Ulrich Werner zum 65. Geburtstag, Neuwied 2005, S. 301

Gärtner, Rudolf Rechtsprobleme bei der Versicherung von Kunstgegenständen, NJW 1991, S. 293

Gaultier, Geoffroy Action en responsabilité contre les professionnels des ventes publiques aux enchères, LPA 2005, Nr. 149, S. 25

Gautier, Pierre-Yves Le mystère de Sésostris III: erreur substantielle sur la datation d'une œuvre d'art anonyme, D. 2007, S. 1632

Gellmann, Niko Die Haftung von Experten gegenüber Geschäftspartnern ihres Auftraggebers für die fehlerhafte Erstellung von Gutachten: eine Fallgruppe des § 311 Abs. 3 S. 2 BGB?, Hamburg 2006

Gerlach, Tilo Die Haftung für fehlerhafte Kunstexpertisen, Diss., UFITA-Schriftenreihe 156, Baden-Baden 1998

Gernhuber, Joachim Gläubiger, Schuldner und Dritter - Eine Kritik an der Lehre von den „Verträgen mit Schutzwirkung für Dritte" und der Rechtsprechung zum „Haftungsausschluss mit Wirkung für Dritte", JZ 1962, S. 553

Gernhuber, Joachim Handbuch des Schuldrechts, Das Schuldverhältnis. Begründung und Änderung, Pflichten und Strukturen, Drittwirkungen, Tübingen 1989 (zit.: *Gernhuber*, Schuldverhältnis)

Gerven, Walter van/Lever, Jeremy/Larouche, Pierre Tort Law, Oxford 2000 (zit.: *van Gerven*)

Ghestin, Jacques Le droit français de la vente d'objets d'art et de collection, in: ISWA 1985, S. 131

Ghestin, Jacques Les clauses limitatives ou exonératoires de responsabilité en Europe, Actes du Colloque des 13 et 14 décembre 1990, Paris 1990 (zit.: Les clauses limitatives)

Ghestin, Jacques	Traité de Droit Civil, Les obligations, La Responsabilité: effets, Paris 1988
Ghestin, Jacques/Marchessaux-van Melle, Isabelle	L'application en France de la directive visant à éliminer les clauses abusives après l'adoption de la loi n. 95-96 du 1er février 1995, JCP 1995, Doctr. 3854, S. 275
Gibirila, Deen	Contrat d'entreprise, J.-Cl. civ., Art. 1787, Fasc. 10, fasc. 40 (Stand 2009)
Giliker, Paula/ Beckwith, Silas	The Law of Tort, 2. Aufl., London 2004
Glaser, Curt	Die gefälschte Kunst, Expertisen - Restaurierungen - Fälschungen, Kunst und Künstler, Monatsschrift für Kunst und Kunstgewerbe, 1928, S. 291
Glaus, Bruno	Die Haftung von Experten und Werkverzeichner nach schweizerischem Recht, KUR 2004, S. 112
Goepfert, Alexander	Haftungsprobleme im Kunst- und Auktionshandel, Berlin 1991
Gombrich, Ernst	Ziele und Grenzen der Ikonologie, in: Kaemmerling (Hrsg.), Ikonographie und Ikonologie: Theorien, Entwicklungen, Probleme, 6. Aufl., Köln 1998, S. 377
González, Thomas/Weis, Robert	Kunst-Investment, Die Kunst mit Kunst Geld zu verdienen, Wiesbaden 2000
Goodwin, James (Hrsg.)	The international art markets: the essential guide for collectors and investors, London 2009
Gotthardt, Peter	Länderbericht Frankreich, in: v.Bar (Hrsg.), Deliktsrecht in Europa, Köln 1994, S. 17
Gottwald, Peter	Haftung für Auskunft und Gutachten gegenüber Dritten: England, Deutschland, Schweiz, Genf 1994 (zit.: *Gottwald*, Haftung)
Graveleau, Philippe	Commissaires-priseurs, Suppression du monopole – Indemnisation, Gaz. Pal. 2004, jur., S. 1267
Gronemeyer, Achim	Der Vertrag zugunsten Dritter im englischen Common Law, Frankfurt 2009 (zit.: *Gronemeyer*)
Groß, Christian	Der Vertrag des Sachverständigen bei privater Gutachtentätigkeit, DS 2003, S. 134
Grubb, Andrew/Burnet, David	The Law of Tort, London 2002
Grunewald, Barbara	Haftungsrecht: Gutachtenvertrag mit Schutzwirkung zu Gunsten Dritter, BGHReport 2004, S. 1480
Grunewald, Barbara	Die Haftung des Abschlussprüfers gegenüber Dritten, ZGR 1999, S. 583
Grunewald, Barbara	Zur Haftung von Fachleuten im Zivilrechtsverkehr, JZ 1982, S. 627
Grunewald, Barbara	Die Haftung des Experten für seine Expertise gegenüber Dritten, AcP 187 (1987), S. 285
Guittard, Marcel	Anmerkung zu CA Rouen, 19.05.1987, Gaz. Pal. 1987, 2, Jur., S. 517
Haas, Lothar/Medicus, Dieter/Rolland, Walter/Schäfer, Carsten/Wendtland, Holger	Das neue Schuldrecht, München 2002
Haberstumpf, Helmut	Die Formel vom Anstandsgefühl aller billig und gerecht Denkenden in der Rechtsprechung des BGH - eine Untersuchung über juristische Argumentationsweisen, Berlin 1976

Haferkamp, Hans-Peter	Der Vertrag mit Schutzwirkung für Dritte nach der Schuldrechtsreform - ein Auslaufmodell?, in: Dauner-Lieb, Barbara/Konzen, Horst/Schmidt, Karsten (Hrsg.), Das neue Schuldrecht in der Praxis - Akzente - Brennpunkte - Ausblick, Köln 2003, S. 171
Halsbury's Laws of England	Band 4(3), Building contracts, architects, engineers, valuers and surveyors, building societies, 4. Aufl., London 2002
Halsbury's Laws of England	Band 9(1), Consumer credit, contempt of court, contract, 4. Aufl., London 1998
Halsbury's Laws of England	Band 12(1), Crown and royal family, crown proceedings and crown practice, crown property, custom and usage, damages, 4. Aufl., London 1998
Halsbury's Laws of England	Band 49 (1), Value added tax, valuers and surveyors, war and armed conflict, 4.Aufl., London 1996
Halsbury's Laws of England	Annual Abridgment 1999, 4. Aufl., London 2000 (zit.: *Halsbury's*, Annual Abridgment 1999)
Hamann, Wolfram	Der urheberrechtliche Originalbegriff der bildenden Kunst: unter besonderer Berücksichtigung grafischer Vervielfältigungsarten, Frankfurt 1980
Hamza, Gábor	Entstehung und Entwicklung der modernen Privatrechtsordnungen und die römischrechtliche Tradition, Budapest 2009
Häret, Daniel-Philipp	Auktionsrecht in Frankreich – Status Quo nach der jüngsten Reform, Bulletin Kunst & Recht 2/2012, S. 5
Häret, Daniel-Philipp	Der Einfluss des Urheberrechts auf die Restaurierung von Werken der bildenden Künste, DS 2008, S. 169
Harvey, Brian/Meisel, Franklin	Auctions Law and Practice, 2. Aufl., Oxford 1995
Hebborn, Eric	Kunstfälschers Handbuch, Köln 2003
Heermann, Peter (Hrsg.)/Hirsch, Günther (Hrsg.)	Münchener Kommentar zum Lauterkeitsrecht, Band 2, §§ 5-22 UWG, München 2006 (zit.: Heermann/Hirsch-*Bearbeiter*)
Hefermehl, Wolfgang/Köhler, Helmut/Bornkamm, Joachim	Wettbewerbsrecht: Gesetz gegen den unlauteren Wettbewerb, 26. Aufl., München 2008
Heinbuch, Holger	Kunsthandel und Kundenschutz, NJW 1984, S. 15
Heinbuch, Holger	Aktuelle Rechtsfragen des Kunsthandels in der Bundesrepublik Deutschland, in: ISWA 1985, S. 195
Hellwege, Phillip	Allgemeine Geschäftsbedingungen, einseitig gestellte Vertragsbedingungen und die allgemeine Rechtsgeschäftslehre, Tübingen 2010
Hellwig, Friedemann	Vom Umgang mit dem Original, Denkmalpflege und Restaurierung in Theorie und Praxis, München 1998
Henaff, Pierre	Le faux artistique devant la Cour de cassation, CCE 2008, Nr. 4, étude 9, S. 10
Henaff, Pierre	Définition juridique de l'authenticité d'une œuvre d'art, à propos de l'arrêt Cass. 1re civ., 15. Nov. 2005, CCE 2007, Nr. 9, S. 18
Hennrichs, Joachim	Haftungsrechtliche Aspekte des Ratings, in: Häuser, Franz (Hrsg.), Festschrift für Walter Hadding zum 70. Geburtstag am 8. Mai 2004, Berlin 2004, S. 875
Henrich, Dieter/Huber, Peter	Einführung in das englische Privatrecht, Heidelberg 2003
Henssler, Martin/von Westphalen, Friedrich (Hrsg.)	Praxis der Schuldrechtsreform, Köln 2003

Heppe, Hansjörg Nach dem Vertrauensverlust - Ist es Zeit, die Dritthaftung deutscher Abschlussprüfer zu verschärfen?, WM 2003, S. 753

Herberger, Maximilian/Martinek, Michael/Junker, Markus u.a. (Hrsg.) Juris-PraxisKommentar BGB, Bd. 2.1, Schuldrecht (Teil 1: §§ 241-432), 5. Aufl., Saarbrücken, 2010 (zit.: jurisPK-BGB-*Bearbeiter*)

Herberger, Maximilian/Martinek, Michael/Rüßmann, Helmut u.a. (Hrsg.) Juris-PraxisKommentar BGB, Bd. 2.3, Schuldrecht (Teil 2: §§ 631-853), 5. Aufl., Saarbrücken, 2010 (zit.: jurisPK-BGB-*Bearbeiter*)

Herchenröder, Christian Die Kunstmärkte: Sammelgebiete, Museumspolitik, Auktionsstrategien, Messemärkte, die großen Sammler, Fälschungen, Wert der Expertise, Düsseldorf 1979, S. 313

Herchenröder, Christian Silberstreif unter dunklen Wolken, Weltkunst 1/2009, S. 57

Herchenröder, Christian Der Floh in goldenen Kleidern, Weltkunst 1/2008, S. 38

Herchenröder, Christian Markt im Aufwind, Weltkunst 3/2005, S. 82

Herchenröder, Christian Kunstmärkte im Wandel: vom Jahrzehnt des Umbruchs in die Gegenwart, Düsseldorf 2000 (zit.: *Herchenröder* (2000))

Herchenröder, Christian Die Kunstmärkte, Sammelgebiete, Museumspolitik, Auktionsstrategien, Messemärkte, die großen Sammler, Fälschungen, Wert der Expertise Düsseldorf 1990

Herchenröder, Christian Die neuen Kunstmärkte, Analyse, Bilanz, Ausblick, Düsseldorf 1990

Herrmann, Harald Die Sachwalterhaftung vermögenssorgender Berufe - Zu den berufssoziologischen und wirtschaftsrechtlichen Grundlagen der culpa in contrahendo, JZ 1983, S. 422

Heuer, Carl-Heinz Die Bewertung von Kunstgegenständen, DStR 1995, S. 438

Heuer, Carl-Heinz Die Bewertung von Kunstgegenständen, NJW 2008, S. 689

Heuer, Carl-Heinz Die Bewertung von Kunstwerken im Steuer- und Erbrechtsstreit, in: Weller, Matthias/Kemle, Nicolai/Dreier, Thomas/Lynen, Michael (Hrsg.), Kunst im Markt - Kunst im Recht, Tagungsband des Dritten Heidelberger Kunstrechtstags am 09. und 10. Oktober 2009, Baden-Baden 2010, S. 121

Hirte, Heribert Berufshaftung, München 1996

Hodgin, Ray (Hrsg.) Professional Liability: Law and Insurance, 2. Aufl., London 1999 (zit.: *Hodgin*)

Höfer, Simone Die Umsetzung europäischer Richtlinien im Privatrecht: die Klauselrichtlinie in Deutschland, Großbritannien und Frankreich, Hamburg 2009

Hohloch, Gerhard „Vertrauenshaftung" - Beginn einer Konkretisierung?, NJW 1979, S. 2369

Hollein, Max Boom, Crash: Schauplatz Kunstmarkt, in: Pues, Lothar/Quadt, Edgar (Hrsg.), Art-Investor. Handbuch für Kunst und Investment, München 2002, S. 125

Homer, Debra B. Fine Art Appraisers: The Art, the Craft, and the Legal Design, Colum.-VLA J.L. & Arts 1984, S. 457

Honlet, Jean-Christophe/de Baecque La réforme des ventes volontaires de meubles aux enchères publiques (à propos de la loi nr. 2000-642 du 10 juillet 2000), D. 2001, S. 141

Honsell, Heinrich Die Haftung für Auskunft und Gutachten, insbesondere gegenüber Dritten, in: Waldburger, Robert (Hrsg.), Festschrift für Peter Nobel zum 60. Geburtstag, Bern 2005, S. 939

Honsell, Heinrich — Der Ersatz reiner Vermögensschäden in Rechtsgeschichte und Rechtsvergleichung, in: Rauscher, Thomas (Hrsg.), Festschrift für Werner Lorenz zum 80. Geburtstag, München 2001, S. 483

Honsell, Heinrich — Die Haftung für Gutachten und Auskunft unter besonderer Berücksichtigung von Drittinteressen, in: Beuthien, Volker (Hrsg.), Festschrift für Dieter Medicus zum 70. Geburtstag, Köln 1999, S. 211

Honsell, Heinrich — Probleme der Haftung für Auskunft und Gutachten, JuS 1976, S. 612

Honsell, Heinrich — Zur Herkunft und Kritik des Interessebegriffs, JuS 1973, S. 69

Hopt, Klaus J. — Berufshaftung und Berufsrecht der Börsendienste, Anlageberater und Vermögensverwalter, in: Lutter, Marcus (Hrsg.), Festschrift für Robert Fischer, Berlin 1979, S. 237

Hopt, Klaus J. — Dritthaftung für Testate, NJW 1987, S. 1745

Hopt, Klaus J. — Nichtvertragliche Haftung außerhalb von Schadens- und Bereicherungsausgleich - Zur Theorie und Dogmatik des Berufsrechts und der Berufshaftung, AcP 183 (1983), S. 608

Hopt, Klaus J. — Die Haftung des Wirtschaftsprüfers. Rechtsprobleme zu § 323 HGB (§ 168 AktG a.F.) und zur Prospekt- und Auskunftshaftung, in: Hofmann, Paul (Hrsg.), Festschrift Klemens Pleyer zum 65 Geburtstag, Köln 1986, S. 341

Höra, Niels — Haftung für fehlerhafte Informationen gegenüber Nichtvertragspartnern, Frankfurt 2008

Houtcieff, Dimitri — L´essentiel est dans la contradiction!, JCP G 2010, Nr. 28-29, S. 1450

Hoyningen-Huene, Gerrick v. — Zur Rechtsstellung und Haftung des Kunstsachverständigen, in: Mansel, Heinz-Peter, Festschrift für Erik Jayme, Band 2, München 2004

Hoyningen-Huene, Gerrick v. — Zur Haftung des Versteigerers und Sachverständigen, NJW 1975, S. 962.

Huber, Peter/Faust, Florian — Schuldrechtsmodernisierung, München 2002

Huber, Konrad — Verkehrspflichten zum Schutz fremden Vermögens, in: Ficker, Hans Claudius/König, Detlef/Kreuzer, Karl F. (Hrsg.), Festschrift für Ernst von Caemmerer, Tübingen 1978, S. 359

Hübner, Ulrich — Haftungsprobleme der technischen Kontrolle, NJW 1988, S. 441

Hübner, Ulrich — Vertrag mit Schutzwirkung für Dritte, VersR 1991, S. 497

Hübner, Ulrich/Constantinesco, Vlad — Einführung in das französische Recht, 4. Aufl., München 2001

Hudson, A.H. — Valuation of Jewellery for Insurance, AA&L, Vol. I, Nr. 3, August 1996, S. 293

IHK Frankfurt am Main — Richtlinien zur Anwendung und Auslegung der Sachverständigenordnung der IHK Frankfurt am Main vom 01.02.2002 (zit.: *Richtlinien*)

Informationszentrum Raum und Bau d. Fraunhofer-Gesellschaft (IRB) (Hrsg.) — Dendrochronologie, Red. Bearb.: Ulrich Rombock, Stuttgart 1993 (zit.: *Rombock*)

Ionescu, Lucian — Particularités de l´expertise, des signatures des tableaux, Rev. int. crim pol. tech., 1985, Vol. XXXVIII, S. 349

Jack, Adrian — English law and standard terms, Berlin 2005

Jackisch, Elisabeth — 11. Deutscher Kunstsachverständigentag in Köln - Archivierung und elektronische Datenbanken: Voraussetzung für die Tätigkeit des Kunstsachverständigen, DS 2010, S. 3

Jackisch, Elisabeth 10. Deutscher Kunstsachverständigentag im Museum Ludwig, Köln, Eine Gliedertaxe auch für Kunstwerke?, DS 2008, S. 363

Jackisch, Elisabeth Bericht vom 6. Kunstsachverständigentag am 5.5.2004 in Nürnberg - Restaurieren und Konservieren, DS 2004, S. 161

Jackson, Sarah The Art Loss Register - A Tool for Due Diligence, KUR 2006, S. 123

Jackson, Rupert M./Powell, John L. Jackson & Powell on professional liability, 6. Aufl., London 2007 (zit.: *Jackson & Powell*)

Jackson, Rupert M. Jackson & Powell: Professional Liability Precedents, London 2000

Jamin, Christophe/Mazeaud, Denis Les clauses abusives entre professionnels, Paris 1998

Jauernig, Othmar (Hrsg.) Bürgerliches Gesetzbuch mit Allgemeinem Gleichbehandlungsgesetz, 14. Aufl., München 2011

Jauregui, Raul Rembrandt Portraits: Economic Negligence in Art Attribution, UCLA L. Rev. 44 (1997), S. 1947

Jayme, Erik Original und Fälschung im Spannungsfeld von Persönlichkeitsschutz, Urheber-, Marken- und Wettbewerbsrecht. Beiträge des Rechts zu den Bildwissenschaften, in: Reichelt, Gerte (Hrsg.), Original und Fälschung im Spannungsfeld von Persönlichkeitsschutz, Urheber-, Marken- und Wettbewerbsrecht, Wien 2007, S. 23

Jayme, Erik Nationales Kunstwerk und Internationales Privatrecht, Band 1, Heidelberg 1999

Jean-Pierre, Didier Les conservateurs du patrimoine ne peuvent expertiser des œuvres d'art appartenant à des collections privées, La Semaine Juridique Administrations et Collectivités territoriales JCP A, 2002, S. 1341

Jenckel, Caspar Friedrich (auch *Neickelius*) Museographia oder Anleitung zum rechten Begriff und nützlicher Anlegung der Museorum oder Raritäten-Kammern (...), Leipzig/Breslau 1727, Reprint London 2000

Jones, Michel A. Textbook on Torts, 8. Aufl., Oxford 2002 (zit.: *Jones*)

Jornod, Naima Le catalogue raisonné, in: Renold, Marc A./Gabus, Pierre/de Werra, Jacques (Hrsg.), L'expertise et l'authentification des œuvres d'art, actes de la journée d'étude de Genève, Centre du Droit de l'Art, 17 mars 2006, Genf 2007, S. 19

Josserand, Louis Anmerkung zu Cass. civ., 06.12.1932, D. 1933, 1, S. 137

Jost, Fritz Vertragslose Auskunfts- und Berufshaftung, Baden-Baden 1991

Jourdain, Patrice Responsabilité fondée sur la faute, J.-Cl. civ., Art. 1382-1386, Fasc. 120-10, fasc. 120-10 (Stand 2006)

Jürgen-Fischer, Klaus/Sönmez, Necmi (Hrsg.) Kunstspektakel - Kunstdebakel, Kunstkritisches Tagebuch 1968-1982, Köln 2001

Kaemmerling, Ekkehard (Hrsg.) Bildende Kunst als Zeichensystem 1, Ikonographie und Ikonologie, 6. Aufl., Köln 1994

Kamara, Françoise/Roth, Cyril La Commission des clauses abusives, D. 2009, S. 1872

Karampatzos, Antonios Vom Vertrag mit Schutzwirkung für Dritte zur deliktischen berufsbezogenen Vertrauenshaftung: Zugleich ein Beitrag zum Ersatz fahrlässig verursachter reiner Vermögensschäden, Baden-Baden 2003

Kardel, Philip Die Lost Art-Datenbank auf www.Lostart.de, KUR 2006, S. 128

Karlen, Peter H. Fakes, Forgeries and expert opinions, in: ISWA 1985, S. 219

Karlen, Peter H. Appraiser's Responsibility for determining Fair Market Value: A Question of Economics, Aesthetics and Ehtics, in: ISWA 1990, S. 667

Kaschefi, Aris Sachmängelhaftung im französischen Kaufrecht vor und nach Umsetzung der Verbrauchsgüterkaufrichtlinie, Frankfurt 2008

Katter, Norman The Ambit of Duty of Care for Negligent Misstatement in the United Kingdom and Australia, P.N. 2002, Vol. 18, Nr. 2, S. 82

Kattinger, Matthäus Im Zweifel bin ich gegen das Bild, in: Original - Kopie, Parnass Sonderheft 7, 1991, S. 8 (zit.: *Bearbeiter*, in: Original – Kopie)

Katzenmeier, Christian Arzthaftung, Tübingen 2002

Katzenstein, Matthias Haftungsbeschränkungen zugunsten und zulasten Dritter, Berlin 2004

Kay, Maurice/Sime, Stuart/ French, Derek (Hrsg.) Blackstone´s Civil Practice 2011, Oxford 2011 (zit.: *Kay/Sime/French*, Blackstone´s Civil Practice)

Keilmann, Annette Vorsicht! - Zum Gehalt des § 311 II, III BGB, JA 2005, S. 500

Kelch, Jan (Hrsg.) Der Mann mit dem Goldhelm: Dokumentation der Gemäldegalerie Berlin, 1986

Kendérian, Fabien Expertise de mobiliers et d´œuvres d´art: quand l´obligation de moyens de l´expert devient source d´irresponsabilité civile, D. 2010, S. 749

Kersting, Christian Informationshaftung Dritter: Vertrauen auf Verlässlichkeit, JR 2008, S. 312

Kersting, Christian Die Dritthaftung für Informationen im Bürgerlichen Recht, München 2007

Kilbracken, John Raymond Godley Van Meegeren - a case history, London 1967

Kilian, Matthias Der Begutachtungsvertrag nach der Schuldrechtsreform, NZV 2004, S. 489

Kim, Sang-Joon Die Haftung des Experten für seine Expertise gegenüber Dritten: Ein Beitrag zur Diskussion über die Haftung für Vermögensschäden Dritter, Aachen 2003

Kirchmaier, Robert Bemerkungen zur Rubens-Werkstatt aus urheberrechtlicher Sicht, KUR 2010, S. 175

Klingmüller, Ernst (Hrsg.) Haftung für Gutachten und Sachverständigen Rat, Karlsruher Forum 1988, Karlsruhe 1989

Knetsch, Alfred Das Verhältnis von Vertrags- und Deliktsrecht, Köln 1975

Koch, Harald Prozessrechtsvergleichung: Grundlage europäischer Verfahrensrechtspolitik und Kennzeichnung von Rechtskreisen, ZEuP 2007, S. 735

Koch, Jens Haftungsbeschränkungen bei der Abgabe von Third Party Legal Opinions, WM 2005, S. 1208

Koch, Jens § 311 Abs. 3 BGB als Grundlage einer vertrauensrechtlichen Auskunftshaftung, AcP 204 (2004), S. 59

Kok, Jan Maarten The Valuer and his Liability, in: ISWA 1990, S. 707

Köndgen, Johannes Selbstbindung ohne Vertrag - Zur Haftung aus geschäftsbezogenem Handeln, Tübingen 1981 (zit.: *Köndgen*)

Köndgen, Johannes Die Einbeziehung Dritter in den Vertrag, in: Köndgen, Johannes/Bayer, Walter (Hrsg.), Karlsruher Forum 1998, Karlsruhe 1999 (zit.: *Köndgen*, Karlsruher Forum 1998)

Kothe, Wolfhard/Micklitz, Hans-W./Rott, Peter/Tonner, Klaus/ Willingmann, Armin Das neue Schuldrecht, Kompaktkommentar, Neuwied 2003 (zit.: Kompaktkom-BGB-*Bearbeiter*)

Kötz, Hein	Der Schutzzweck der AGB-Kontrolle – Eine rechtsökonomische Skizze, JuS 2003, S. 209
Kötz, Hein	Europäisches Vertragsrecht, Bd. 1: Abschluss, Gültigkeit und Inhalt des Vertrages, die Beteiligung Dritter am Vertrag, Tübingen 1996 (zit.: *Kötz*)
Koziol, Helmut	Generalnorm und Einzeltatbestände als Systeme der Verschuldenshaftung: Unterschiede und Angleichungsmöglichkeiten, ZEuP 1995, S. 359
Kramer, Mario	Joseph Beuys „DAS KAPITAL RAUM 1970-77", Heidelberg 1991
Kramer, Matthew	The new test of remoteness in contract, LQR 2009, 125 (Jul.), S. 408
Kräussl, Roman	Germany, in: James Goodwin (Hrsg.), The international art markets: the essential guide for collectors and investors, London 2009, S. 141
Krebs, Peter	Sonderverbindung und außerdeliktische Schutzpflichten, München 2000
Kühn, Hermann	Möglichkeiten und Grenzen der Untersuchung von Gemälden mit Hilfe von naturwissenschaftlichen Methoden, Maltechnik/Restauro (80), 1974, S. 149
Kurz, Otto	Fakes: a handbook for collectors and students, London 1948
Labarthe, Françoise/Noblot, Cyril	Le contrat d´entreprise, Paris 2008 (zit.: *Labarthe/Noblot*)
Lagarde, Xavier	Qu´est-ce qu´une clause abusive?, JCP G 2006, I, 110, Nr. 6, S. 255
Laithier, Yves-Marie	L´avenir des clauses limitatives et exonératoires de responsabilité contractuelle - Rapport français, RDC 2010, S. 1091
Lamarque, Gilles	Droit et fiscalité du marché de l´art, Paris 1992
Lambert-Faivre, Yvonne/Leveneur, Laurent	Droit des assurances, 12. Aufl., Paris 2005
Lammel, Siegbert	Zur Auskunftshaftung, AcP 1979 (1979), S. 337
Lamoureux, Marie	L´interprétation des contrats de consommation, D. 2006, S. 2848
Land, Volker	Wirtschaftsprüferhaftung gegenüber Dritten in Deutschland, England und Frankreich, Frankfurt [u.a.] 1996 (zit.: *Land*)
Landmann, Robert v./Rohmer, Gustav/Marcks, Peter	Gewerbeordnung und ergänzende Vorschriften: Kommentar, Stand: Mai 2011 (58. Erg.-Lfg.), München 2011 (zit.: Landmann/Rohmer-*Bearbeiter)*
Lang, Volker	Einmal mehr: Berufsrecht, Berufspflichten und Berufshaftung: Gedanken zu Inhalt und Dogmatik eines Berufsrechtes am Beispiel bankrechtlicher Informationspflichten, AcP 201 (2001), S. 451
Lange, Hermann/Schiemann, Gottfried	Handbuch des Schuldrechts, Schadensersatz, 3. Aufl., Tübingen 2003
Langheid, Theo/Wandt, Manfred	Münchener Kommentar zum Versicherungsvertragsgesetz, Band 2, §§ 100-191 VVG, München 2011
Larenz, Karl	Lehrbuch des Schuldrechts, Allgemeiner Teil, Erster Band, München 1987
Larenz, Karl	Anmerkung zu BGH, 25.4.1956, VI ZR 34/35, NJW 1956, S. 1193
Larenz, Karl	Zur Schutzwirkung eines Schuldvertrages gegenüber dritten Personen, NJW 1960, S. 78
Larenz, Karl/Canaris, Claus-Wilhelm	Lehrbuch des Schuldrechts II/2, 13. Aufl., München 1994

Larenz, Karl/Wolf, Manfred — Allgemeiner Teil des bürgerlichen Rechts, 9. Aufl., München 2004 (zit.: *Larenz/Wolf*)

Larroumet, Christian — Droit Civil, Les Obligations, Le Contrat, Band III, 3. Aufl., Paris 2003

Laurie, Arthur Pillans — A study of Rembrandt and the paintings of his school by means of magnified photographs, London 1930

Law Commission — Privity of contract: Contracts for the Benefit of third Parties, Item 1 of the sixth Programme of Law Reform: The Law of Contract, London 1996

Lawson, Richard — Exclusion Clauses and Unfair Contract Terms, 9. Aufl., London 2008 (zit.: *Lawson*)

Le Tourneau, Philippe — Droit de la responsabilité et des contrats, 6. Aufl., Paris 2006 (zit.: *Le Tourneau*)

Le Tourneau, Philippe — Responsabilité civile professionnelle, 2. Aufl., Paris 2005 (zit.: *Le Tourneau*, Responsabilité civile professionnelle)

Le Tourneau, Philippe/Poumarède, Matthieu — Principe de la distinction des obligations de moyens et des obligations des résultat, J.-Cl. civ., Art. 1136-1145, Fasc. 20, fasc. 19 (Stand 2008)

Leclerc, Frédéric — Droit des contrats spéciaux, Paris 2007

Leduc, Fabrice — Modalités de la réparation, Règles communes aux responsabilités délictuelle et contractuelle, J.-Cl. civ., Art. 1382-1386, Fasc. 201, fasc. 201 (Stand 2006)

Lehmann, Doris H. — Johann Joachim Winckelmann und die gefälschte Antike: Kritikkompetenz und Streit von Künstlern und Gelehrten um 1760, in: Baumann, Uwe/Becker, Arnold/Steiner-Weber, Astrid (Hrsg.), Streitkultur, Bonn 2008, S. 327

Lemaignan, Alain/Nechelis, Dominique — Expert-comptable, J.-Cl. Resp. civ. et ass., Art. 1382 - 1386, Fasc. 376 (Stand 2005)

Lemoine, Serge — Le rôle de l'expert dans la pratique, in: Byrne-Sutton, Quentin/Renold, Marc-André (Hrsg.), L´Expertise dans la vente d´objets d´art, Schriftenreihe des Centre du droit de l´art, Zürich 1992, S. 69 (zit.: Byrne-Sutton/Renold-*Bearbeiter*, L´Expertise)

Lenz, Christian (Hrsg.) — Adolf Friedrich Graf von Schack, München 1994

Lequette-de Kervenoael, Stéphanie — L´Authenticité des Œuvres d´Art, Paris 2006

Lermolieff, Ivan (=Giovanni Morelli) — Kunstkritische Studien über italienische Malerei, 3 Bände, Leipzig 1890-93

Lerner, Ralph E./Bresler, Judith — Art Law, Bd. 2, 3. Aufl., New York 2006

Leroyer, Anne-Marie/Rochfeld, Judith — Législation française, RTD civ. 2009, S. 373

Leturmy, Laurence — La responsabilité délictuelle du contractant, RTD civ. 1998, S. 837

Leveneur, Laurent — Code Civil 2010, 29. Aufl., Paris 2009 (zit.: *Leveneur*)

Leveneur, Laurent — Projet de la Chancellerie de réforme du droit des contrats: à améliorer, CCC 2008, Nr. 11, Repère 10, 1

Leveneur, Laurent — Tableau piège... pour qui? Pour le commissaire-priseur!, Anmerkung zu Cass., 1re civ., 15.11.2005, Az. 03-20597, CCC 2006, Nr. 2, comm. Nr. 33, S. 12

Leveneur, Laurent — Limitation de responsabilité, Anmerkung zu Cass., ch. mixte, 22.04.2005, CCC 2005, Nr. 8/9, comm. Nr. 150, S. 19

Leveneur, Laurent Contrats entre professionnels, Anmerkung zu Cass. com., 23.11.1999, CCC 2000, Nr. 3, comm. Nr. 40, S. 12

Leveneur, Laurent Contrats entre professionnels et legislation des clauses abusive, CCC 1996, Nr. 4, chron. 4, S. 1

Levenson, Rustin S. Examining the Techniques and Materials of Paintings, in: Spencer, Ronald D. (Hrsg.), The Expert versus the Object, New York 2004, S. 111

Levy, Steven Mark Liability of the Art Expert for Professional Malpractice, 1991 Wis. L. Rev., S. 595

Liebmann, Marc Der Vertrag mit Schutzwirkung zugunsten Dritter, Frankfurt 2006

Lindemann, Bernd Wolfgang Der Blick verrät den Kenner, Weltkunst 7/2010, S. 48

Lindon, Raymond Anmerkung zu CA Paris, 1re ch., 18.06.1957, JCP G 1957, II, 10134, 2ème espèce

Littbarski, Sigurd Die Berufshaftung - eine unerschöpfliche Quelle richterlicher Rechtsfortbildung?, NJW 1984, S. 1667

Locher, Horst Aktuelle Fragen aus dem Recht der bildenden Kunst, UFITA 55 (1970), S. 129

Locher, Horst Das Recht der bildenden Kunst, München 1970

Locher, Horst Die Haftung für Expertisen, NJW 1969, S. 1567

Loewenheim, Ulrich (Hrsg.) Handbuch des Urheberrechts, 2. Aufl., München 2010

Löffler, Joachim Künstlersignatur und Kunstfälschung, NJW 1993, S. 1421

Loges, Rainer Die Begründung neuer Erklärungspflichten und der Gedanke des Vertrauensschutzes, Berlin 1991

Löhnig, Martin Grundfälle zur culpa in contrahendo, Sachwalterhaftung und Vertrag mit Schutzwirkung für Dritte, JuS 2003, S. 727

Löhr, Marlies Haftung in der Kunstauktion, GRUR 1976, S. 411

Looschelders, Dirk Schuldrecht, Allgemeiner Teil, 6. Aufl., München 2008

Lorenz, Werner Das Problem der Haftung für primäre Vermögensschäden bei der Erteilung einer unrichtigen Auskunft, in: Paulus, Gotthard (Hrsg.), Festschrift für Karl Larenz zum 70. Geburtstag, München 1973, S. 575 (zit.: FS-Larenz (1973))

Lorenz, Werner Reform des englischen Vertragsrechts: Verträge zugunsten Dritter und schadensrechtliche Drittbeziehungen: JZ 1997, S. 105

Lorenz, Werner Anmerkung zu BGH, Urteil vom 6.7.1965, VI ZR 47/64, JZ 1966, S. 143

Lugt, Frits Echt oder unecht?, in: Ladendorf, Heinz (Hrsg.), Festschrift Dr. h.c. Eduard Trauscholdt zum siebzigsten Geburtstag, Hamburg 1965, S. 11

Lunney, Mark/Oliphant, Ken Tort law: text and materials, 4. Aufl., Oxford 2010

Macdonald, Elisabeth Unifying Unfair Terms Legislation, 67 M.L.R. (2004), Nr. 1, S. 69

MacLaren, Neil/Brown, Christopher The Dutch School: 1600-1900, 2 Bände, 2. Aufl., London 1991

Maguire, Peter Commercial valuations: recent developments in the liability of surveyors and valuers, J.I.B.L. 1992, 7(11), S. 429

Mairinger, Franz Gemälde - naturwissenschaftlich untersucht, in: Original - Kopie, Parnass Sonderheft 7, 1991, S. 20 (zit.: *Bearbeiter*, in: Original – Kopie)

Mairinger, Franz Strahlenuntersuchung an Kunstwerken, Bücherei des Restaurators, Bd. 7, Leipzig 2003

Maistre du Chambon, Patrick	Action en réparation, J.-Cl. Resp. civ. et Ass., Fasc. 223, fasc. 223 (Stand 2001)
Maket, Michel	Marché de l'art, l'expert dans tous ses états: actes du colloque, Université de Paris-Dauphine, jeudi 14 et vendredi 15 octobre 2004/organisé par le Syndicat français des experts professionnels en œuvres d'art et objets de collection, Paris 2006 (zit.: Actes du Colloque 2004)
Malaurie, Philippe/Aynès, Laurent/Gautier, Pierre-Yves	Les Contrats Spéciaux, 4. Aufl., Paris 2009
Malaurie, Philippe/Aynès, Laurent/Stoffel-Munck, Philippe	Les Obligations, 4. Aufl., Paris 2009
Malinvaud, Philippe	Droit des obligations, 10. Aufl., Paris 2007
Mangold, Stephan	Verbraucherschutz und Kunstkauf im deutschen und europäischen Recht, Frankfurt 2009
Mansel, Heinz-Peter	Die Neuregelung des Verjährungsrechts, NJW 2002, S. 89
Marette, Jacqueline	Connaissance des Primitifs par l´étude des bois XIIe au XVIe siècle, Paris 1961
Markesinis, Basil	An expanding tort law-the price of a rigid contract law, 103 LQR (1987), S. 354
Markesinis, Basil/Deakin, Simon/Johnston, Angus	Markesinis and Deakin´s Tort Law, 5. Aufl., Oxford 2003
Markesinis, Basil/Unberath, Hannes	The German Law of Torts, 4. Aufl., Oxford 2002
Markesinis, Basil/Unberath, Hannes/ Johnston, Angus	The German Law of Contract, 2. Aufl., Oxford 2006
Martiny, Dieter	Pflichtorientierter Drittschutz beim Vertrag mit Schutzwirkung für Dritte - Eingrenzung uferloser Haftung, JZ 1996, S. 19
Matthaes, Gottfried	Zur Echtheitsbestimmung von Gemälden, Weltkunst 6/1996, S. 2986
Mauger-Vielpeau, Laurence	Erreur sur la substance: restauration ne vaut transformation, D. 2009, S. 990
Mauger-Vielpeau, Laurence	Les ventes aux enchères publiques, Paris 2002
Maurice, René	Commissaire-priseur judiciaire et société de ventes volontaires de meubles aux enchères publiques, J.-Cl. Resp. civ. et ass., Fasc. 345 (Stand 2001)
Mazeaud, Denis	Clauses limitatives de réparation, la fin de la saga?, D. 2010, S. 1832
Mazeaud, Denis	Clauses limitatives de réparation: les quatre saisons, D. 2008, chron., S. 1776
McGregor, Harvey	McGregor on Damages, 18. Aufl., London 2009 (zit.: *McGregor on Damages*)
McKendrick, Ewan	Auctioneers, `Sleepers´ and Actions in Negligence, IJCP 1992, S. 207
McKendrick, Ewan	Contract Law, Text, Cases and Materials, Oxford 2003 (zit.: *McKendrick*)
Medicus, Dieter	Die „Identität des Schadens" als Argument für den Ersatz von Drittschäden, in: Schwenzer, Ingeborg/Hager, Günter (Hrsg.), Festschrift für Peter Schlechtriem zum 70. Geburtstag, Tübingen 2003, S. 613
Medicus, Dieter	Schuldrecht I, Allgemeiner Teil, 17. neubearb. Aufl., München 2006
Medicus, Dieter	Schuldrecht II, Besonderer Teil, 13. Aufl., München 2006

Medicus, Dieter/Petersen, Jens — Bürgerliches Recht: eine nach Anspruchsgrundlagen geordnete Darstellung zur Examensvorbereitung, 23. Aufl., München 2011

Medicus, Dieter — Anmerkung zu BGH, 10.11.1994, III ZR 50/94, JZ 1995, S. 308

Meier, Klaus — Haftungsfreizeichnungsklauseln, in: Brüggemeier, Gert (Hrsg.), Liber Amicorum Eike Schmidt zum 65. Geburtstag am 26.11.2004, Heidelberg 2005, S. 223

Meinzer, Michael — Der französische Revolutionskalender. Planung, Durchführung und Scheitern einer politischen Zeitrechnung, München 1992

Meisel, Frank — Auctioneers and Buyers: A Special Relationship?, P.N. 2005, 21(4), S. 250

Mercillon, H. — Les musées, institutions à but non lucratif dans l´économie marchande, Revue d´économie politique 1977, S. 632

Mercker, Florian — Photographie: Original und Fälschung, in: Reichelt, Gerte (Hrsg.), Original und Fälschung im Spannungsfeld von Persönlichkeitsschutz, Urheber-, Marken- und Wettbewerbsrecht, Wien 2007, S. 61

Mertens, Hans-Joachim — Diskussionsbeitrag, in: Klingmüller, Ernst (Hrsg.), Haftung für Gutachten und sachverständigen Rat, Karlsruher Forum 1988, S. 27 f. (zit.: *Mertens*, in: Karlsruher Forum 1988)

Mertens, Hans-Joachim — Berufshaftung. Haftungsprobleme aller Professionen, VersR 1974, S. 509

Mertens, Hans-Joachim — Deliktsrecht und Sonderprivatrecht, AcP 178 (1978), S. 227

Mestre, Jacques — Les principales clauses des contrats conclus entre professionnels, Colloque de l´Institut de Droit des Affaires d´Aix-en-Provence (17-18 Mai 1990), Aix-en-Provence 1990

Mestre, Jacques/Fages, Bertrand — Le doute profite au consommateur, RTD civ. 2003, S. 292.

Mestre, Jacques/Pancrazi, Marie-Ève — Droit commercial, 28. Aufl., Paris 2009

Mestre, Jaques/Cayron, Jocelyne — Obligations conjointes et solidaires, Obligation «in solidum», J.-Cl. civ. Art. 1197-1216, Fasc. 30, fasc. 3 (Stand 2007)

Michel, Patrick — Le Commerce du tableau à Paris dans la seconde moitié du XVIIIe siècle, Villeneuve d´Ascq 2007

Mignot, Marc — Stipulation pour autrui, J.-Cl. civ., Art. 1121-1122, Fasc. 7-3, (Stand 2008)

Morgan, Jonathan — The rise and fall of the general duty of care, P.N. (2006), Vol. 22, Nr. 4, S. 206

Möschel, Wernhard — Dogmatische Strukturen des bargeldlosen Zahlungsverkehrs, AcP 186 (1986), S. 187

Moulin, Raymonde/Quemin, Alain — La certification de la valeur de l´art, Annales Économies Civilisations Sociétés, 1993, Nr. 6, S. 1421

Mullany, Nicholas J. — Let the seller beware, 107 LQR (1991), S. 28

Müller, Fredy — Auskunftshaftung nach deutschem und englischem Recht, Berlin 1995

Müller, Hans-Friedrich — Die Einführung des Vertrages zugunsten Dritter in das englische Recht, RabelsZ 2003, S. 140

Münchener Kommentar zum Bürgerlichen Gesetzbuch — Band 1, Allgemeiner Teil, §§ 1-240, 6. Aufl., München 2012 (zit.: MüKo-*Bearbeiter)*

Münchener Kommentar zum Bürgerlichen Gesetzbuch — Band 2, Schuldrecht Allgemeiner Teil, §§ 241-432, München 2007 (zit.: MüKo-*Bearbeiter)*

Münchener Kommentar zum Bürgerlichen Gesetzbuch — Band 3, Schuldrecht, Besonderer Teil I, §§ 433-610, München 2008 (zit.: MüKo-*Bearbeiter)*

Münchener Kommentar zum Bürgerlichen Gesetzbuch — Band 4, Schuldrecht, Besonderer Teil II, §§ 611-704, 5. Aufl., München 2009 (zit.: MüKo-*Bearbeiter)*

Münchener Kommentar zum Bürgerlichen Gesetzbuch — Band 5, Schuldrecht, Besonderer Teil III, §§ 705-853, 5. Aufl., München 2009 (zit.: MüKo-*Bearbeiter)*

Münchener Kommentar zum Handelsgesetzbuch — Drittes Buch, Handelsbücher, §§ 238-342e HGB, 2. Aufl., München 2008 (zit.: MüKo-HGB-*Bearbeiter)*

Münchener Kommentar zum Strafgesetzbuch — Band 3, §§ 185-262 StGB, München 2003 (zit.: MüKo-StGB-*Bearbeiter)*

Murdoch, John — Professional Fees - How much is reasonable? [1981] Conv. 424, S. 425

Murdoch, John — Riding the market: 20 years of valuation negligence, P.N. 2005, 21(4), S. 233

Murdoch, John/Murrells, Paul — Law of surveys and valuations, London 1995 (zit.: *Murdoch*)

Musielak, Hans J. — Haftung für Rat, Auskunft und Gutachten, Berlin 1974

Müssig, Peter — Falsche Auskunftserteilung und Haftung, NJW 1989, S. 1697

Nagler, Georg/Andresen, Andreas — Die Monogrammisten und diejenigen bekannten und unbekannten Künstler aller Schulen, welche sich zur Bezeichnung ihrer Werke eines figürlichen Zeichens, der Initialen des Namens, der Abbreviatur desselben &c. bedient haben, Band 1-6, Reprint Nieuwkoop 1966

Neugass, Fritz — Glanz und Elend der Experten, Weltkunst 13/1967, S. 623

Neugass, Fritz — Errare humanum est. Zur Rolle der Experten im Kunsthandel, Weltkunst 20/1966, S. 955.

Neuner, Jörg — Der Schutz und die Haftung Dritter nach vertraglichen Grundsätzen, JZ 1999, S. 126

Nevejans, Nathalie — Chronique de droit de l'art, (Teil 1) LPA 2010, Nr. 32, S. 8, (Teil 2) LPA 2010, Nr. 33, S. 7

Nicklisch, Fritz — Technische Überwachungsorganisationen und öffentlich bestellte Sachverständige, DB 1982, S. 2277

Nicolau, Gilda — Anmerkung zu Cass., 1ère civ., 25.05.1992, D. 1993, jur., 87

Nicolas-Vullierme, Laurence — Pratiques restrictives sanctionnées civilement, Art. L. 442-6 du Code de commerce, J.-Cl. conc. consom., Fasc. 290 (Stand 2010)

Nieberding, Felix — Sachverständigenhaftung nach deutschem und englischem Recht, Frankfurt 2002

Niggemann, Friedrich — Haftung und Haftungsbegrenzungen bei Werk- und Anlageverträgen nach französischem Recht, RIW 1998, S. 192

Nißl, Günther — Die Haftung des Experten für Vermögensschäden Dritter bedingt durch unrichtige Gutachten im deutschen, englischen und amerikanischen Recht, München 1971

Nobis, Steffi — Missbräuchliche Vertragsklauseln in Deutschland und Frankreich, Baden-Baden 2005

O'Connor, Francis V. — Authenticating the Attribution of Art: Connoisseurship and the Law in the Judging of Forgeries, Copies, and False Attributions, in: Spencer, Ronald D. (Hrsg.), The Expert versus the Object, New York 2004, S. 3

Ohler, Klaus-Jürgen — Obligations de Moyens und Obligations de Résultat, Bielefeld 1971

Strauss, Gerhard/Olbrich, Harald (Hrsg.) Lexikon der Kunst, Band 7, Leipzig 1989 (zit.: *Strauss/Olbrich*)

Olsburgh, Carolyn Authenticity in the art market: a comparative study of Swiss, French and English contract law, Leicester 2005

Ormrod, David Dealers, Collectors and Connoisseurship in Seventeenth & Eighteenth-Century London 1660-1760, in: North, Michael (Hrsg.), Kunstsammeln und Geschmack im 18. Jahrhundert, Berlin 2002, S. 15

Ottofülling, Andreas Werbemöglichkeiten nach der Zeit als öffentlich bestellter und vereidigter Sachverständiger, DS 2011, S. 50

Paisant, Gilles Le décret portant listes noire et grise de clauses abusives, Décret du 18 mars 2009, JCP G 2009, Nr. 28, S. 48

Paisant, Gilles Les clauses abusives et la présentation des contrats dans la loi 95-96 du 1er février 1995, D. 1995, chronique, S. 99

Paisant, Gilles À la recherche du consommateur - Pour en finir avec l´actuelle confusion née de l´application du critère du „rapport direct", JCP G 2003, I, 121, Nr. 13, S. 549

Paisant, Gilles L´ambiguïté d´une clause dans un contrat conclu avec un consommateur peut lui conférer un caractère abusif, JCP G 2001, II, 10631, S. 2160

Paisant, Gilles Anmerkung zu Cass., 1ère civ., 24.01.1995, D. 1995, jur., 328

Paisant, Gilles Anmerkung zu Cass., 1ère civ., 28.04.1987, JCP 1987, II, 20893

Palandt, Otto Bürgerliches Gesetzbuch, Kommentar, 70. Aufl., München 2011 (zit.: Palandt-*Bearbeiter*)

Palmer, Norman The civil liability of the professional appraiser or attributer of works of art under English domestic law, in: Byrne-Sutton, Quentin/Renold, Marc-André (Hrsg.), L´Expertise dans la vente d´objets d´art, Schriftenreihe des Centre du droit de l´art, Zürich 1992, S. 19 (zit.: Byrne-Sutton/Renold-*Bearbeiter*, L´Expertise)

Panofsky, Erwin Sinn und Deutung in der bildenden Kunst, Köln 1975

Papadimitropoulos, Antonios V. Schuldverhältnisse mit Schutzwirkung zu Gunsten Dritter, Berlin 2007

Paulmann, Steffen Wirksamkeit von Haftungsausschlüssen und -begrenzungen im deutsch-französischen Warengeschäftsverkehr, Frankfurt 2005

Pearsall, Judy (Hrsg.) The New Oxford Dictionary of English, Oxford 2001

Peters, Chris The implication of terms in fact, CLJ 2009, 68(3), S. 513

Pfisterer, Paul Monogrammlexikon: Internationales Verzeichnis der Monogramme bildender Künstler, Berlin 1995

Phelan, Marilyn Museum Law, A Guide for Officers, Directors and Counsel, Evanston 1994

Philippsen, Gunther Zur Dritthaftung des Privat beauftragten Gutachters für fahrlässig verursachte Vermögensschäden, Karlsruhe 1998

Picker, Eduard Positive Forderungsverletzung und culpa in contrahendo, - Zur Problematik der Haftungen „zwischen" Vertrag und Delikt, AcP 183 (1983), S. 369

Picker, Eduard Gutachterhaftung - Außervertragliche Einstandspflichten als innergesetzliche Rechtsfortbildung, in: Beuthien, Volker (Hrsg.), Festschrift für Dieter Medicus zum 70. Geburtstag, Köln 1999, S. 397

Picker, Eduard Vertragliche und deliktische Schadenshaftung, JZ 1987, S. 1041

Picker, Günther	Kunstgegenstände und Antiquitäten: Kauf, Recht, Steuern, Versicherungen, München 2000 (zit.: *Picker* (2000))
Picker, Günther	Fälscher, Diebe und Betrüger, Die Kehrseite des Kunst- und Antiquitätenmarktes, München 1994 (zit.: *Picker* (1994))
Picod, Yves/Davod, Hélène	Droit de la consommation, Paris 2005
Pinger, Winfried/Behme, Caspar	Der Vertrag mit Schutzwirkung für Dritte als Rechtsgrundlage der Gutachterhaftung gegenüber Dritten, JuS 2008, S. 675
Pinkerton, Linda F.	Expert certificates from the art collector's point of view, in: ISWA 1993, S. 365
Planiol, Marcel	Études sur la responsabilité civile, Revue critique de législation et de jurisprudence 1905, S. 277
Planiol, Marcel/Ripert, Georges	Traité pratique de droit civil français, Bd. VI, Obligations, 2. Aufl., Paris 1952, (zit.: *Planiol/Ripert)*
Plötner, Michael	Die Rechtsfigur des Vertrages mit Schutzwirkung für Dritte und die sogenannte Expertenhaftung, Berlin 2003
Poissonnier, Ghislain	Mode d´emploi du relevé d´office en droit de la consommation, CCC 2009, Nr. 5, S. 10
Pommerehne, Werner W./ Frey, Bruno S.	Musen und Märkte, Ansätze einer Ökonomik der Kunst, München 1993
Ponick, Ann-Katrin	Die Richtlinie über missbräuchliche Klauseln in Verbraucherverträgen und ihre Umsetzung im Vereinigten Königreich, Münster 2003
Pradère, Alexandre	Die Kunst des französischen Möbels, München 1990
Prütting, Hanns/ Wegen, Gerhard/ Weinreich, Gerd	BGB, Kommentar, 6. Aufl., Köln 2011 (zit.: PWW-*Bearbeiter*)
Pues, Lothar/Quadt, Edgar	Artinvestor: Handbuch für Kunst und Investment, München 2002
Purrmann, Hans	Die gefälschte Kunst, Kunst und Künstler, Monatsschrift für Kunst und Kunstgewerbe, 1928, S. 292
Quemin, Alain	Code des ventes volontaires et judiciaires: loi du 10 juillet 2000 et décrets 2001-650, 2001-651, 2001-652 du 19 juillet 2001, Paris 2001
Quick, Reiner/Renault, Hélène	Die zivilrechtliche Haftung des französischen Abschlussprüfers, RIW 1993, S. 305
Quiring, Tabea	Die Dritthaftung von Sachverständigen, Frankfurt 2006
Radé, Christophe	Conditions de la responsabilité contractuelle, dommage, J.-Cl. civ., Art. 1146-1156, Fasc. 170, fasc. 10 (Stand 1999)
Raff, Adam	Über das Studium der historischen Maltechnik - Quellenschriften - Rekonstruktionsversuche - Naturwissenschaftliche Methoden, in: Die Kunst und ihre Erhaltung, Rolf E. Straub zum 70. Geburtstag gewidmet, Worms 1990, S. 36
Rajot, Bénédicte	Les clauses abusives: clauses „noires“ et clauses „grises“, nouvelle classification de ces clauses réputées non écrites, Resp. civ. et ass., 2009, Nr. 4, Alerte 7, S. 3
Ranieri, Filippo	Europäisches Obligationenrecht: ein Handbuch mit Texten und Materialien, 3. Aufl., Wien 2009 (zit.: *Ranieri*)
Raussmüller-Sauer, Christel (Hrsg.)	Joseph Beuys und das Kapital, Hallen für neue Kunst, Schaffhausen, 1988
Raymond, Guy	Clauses abusives, J.-Cl. Com., Clauses Abusives, Fasc. 906 (Stand 2010)

Raymond, Guy Droit de la consommation et prescription, CCC 2008, Nr. 7, S. 36

Reichelt, Gerte (Hrsg.) Original und Fälschung im Spannungsfeld von Persönlichkeitsschutz, Urheber-, Marken- und Wettbewerbsrecht, Wien 2007

Reitz, Manfred Große Kunstfälschungen, Frankfurt 1993

Rémy, Philippe La „responsabilité contractuelle“: histoire d'un faux concept, RTD civ. 1997, S. 323

Renault-Brahinsky, Corinne L´essentiel du Droit des Obligations, 2. Aufl., Paris 2004

Ressler, Otto Hans Der Markt der Kunst, Wien 2001 (zit.: *Ressler*)

Rétif, Samuel Conditions de la responsabilité délictuelle, le dommage, caractères du dommage réparable, J.-Cl. civ., Art. 1382-1386, Fasc. 101 (Stand 2005)

Reynolds, Francis Martin Baillie Unfair Contract Terms, 110 LQR (1994), S. 1

Rheinstein, Max Die Struktur des vertraglichen Schuldverhältnisses im anglo-amerikanischen Recht, in: Beiträge zum ausländischen und internationalen Privatrecht, Berlin 1932, Heft 5, S. 7

Rieble, Volker Die Kodifikation der culpa in contrahendo, in: Dauner- Lieb, Barbara/Konzen, Horst/Schmidt, Karsten (Hrsg.), Das neue Schuldrecht in der Praxis - Akzente - Brennpunkte - Ausblick, Köln 2003

Riederer, Josef Echt und Falsch - Schätze der Vergangenheit im Museumslabor, Berlin 1994

Riegl, Alois Stilfragen, Grundlegungen zu einer Geschichte der Ornamentik, Nachdruck der Ausgabe von 1893, München 1985

Rodney, Céline Clause abusive, une personne morale est protégeable, Anmerkung zu Cass., 1ère civ., 15.03.2005, D. 2005, Act. Jur., 887 f.

Rogers, W.V. Horton Fault under English Law, in: Widmer, Pierre (Hrsg.), Unification of tort law, The Hague 2005, S. 65

Rohe, Mathias/Winter, Matthias Der praktische Fall - Bürgerliches Recht: Vertrag mit Schutzwirkung für Dritte, JuS 2003, S. 872

Rollmann, Dietrich/Staudt, Michael „Wir deutschen öffentlich bestellten und vereidigten Sachverständigen...“, Eine Chronik des BVS, Augsburg 2007

Rosenberg, Pierre Expertise: l'avis d'un conservateur de musée, in: ISWA II, S. 715

Rosner, Robert „Der Kunstmarkt als Krisengewinner?“, in: der kunst.investor, Wien, Ausgabe Herbst/Winter 2009/10, S. 34

Rosner, Robert „Wie entstehen die Preise der Kunst?“, in: der kunst.investor, Wien, Ausgabe Herbst/Winter 2009/10, S. 30

Rousseau, Theodore The Stylistic Detection of Forgeries, The Metropolitan Museum of Art Bulletin, Vol. 26, Nr. 6, Feb. 1968, S. 247

Rudden, Bernard Le juste et l´inefficace, pour un non-devoir de renseignement, RTDciv. (84) 1985, S. 91

Sack, Rolf Der subjektive Tatbestand des § 826 BGB, NJW 2006, S. 945

Saint-Esteben, Robert L'introduction par la loi LME d'une protection des professionnels à l'égard des clauses abusives : un faux ami du droit de la consommation, RDC 2009, S. 1275

Saint-Pau, Jean-Christophe Condition de la responsabilité contractuelle: fait générateur, obligations, J.-Cl. civ., Art. 1146-1155, Fasc. 171-10, fasc. 11-10 (Stand 2003)

Sancroft-Baker, Raymond	Christie´s bulletin for professional advisers, Vol. 1, Nr. 4 (1995), S. 16
Sandmann, Melanie	Die Strafbarkeit der Kunstfälschung, Baden-Baden 2004
Sandrock, Otto	General Report: Appraisal, in: ISWA 1990, S. 611
Sanig, Karen	Not so picture perfect, SJ 10/2008, S. 16
Sass, Wolfgang	Die Zurechnung von Mitverschulden des Vertragsgläubigers bei der Schadensentstehung zu Lasten des in den Schutzbereich eines Vertrages einbezogenen Dritten nach §§ 254 Abs. 2 S. 2, 278 BGB, VersR 1988, S. 768
Sauphanor-Brouillaud, Natacha	Clauses abusives: les nouvelles clauses „noires“ et „grises“, à propos du décret du 18 mars 2009, JCP G, 2009, Nr. 14, Actualités 168, S. 5
Sauphanor-Brouillaud, Natacha	Clauses abusives dans les contrats de consommation: critères de l´abus, CCC 2008, Nr. 6, S. 7
Savaux, Eric	La fin de la responsabilité contractuelle?, RTD civ. 1999, S. 1
Schack, Haimo	Kunst und Recht, 2. Aufl., Tübingen 2009 (zit.: *Schack*)
Schädler-Saub, Ursula/Jakobs, Dörte (Hrsg.)	Cesare Brandi - Theorie der Restaurierung, Hefte des Deutschen Nationalkomitees - ICOMOS: 41, München 2006
Schaefer, Iris	Die gutachterliche Tätigkeit des Restaurators – Voraussetzungen, Methoden, Praxis, DS 2006, S. 173
Schaefer, Iris	Gemälderückseiten als Informationsquelle für den Kunstsachverständigen, DS 2004, S. 210
Schäfer, Hans Bernd/Ott, Claus	Lehrbuch der ökonomischen Analyse des Zivilrechts, 4. Aufl., Berlin 2005
Schäfer, Hans-Bernd	Haftung für fehlerhafte Wertgutachten aus wirtschaftswissenschaftlicher Perspektive, AcP 202 (2002), S. 808
Schaub, Renate	Gutachterhaftung in Zwei- und Mehrpersonenverhältnissen, Jura 1/2001, S. 8
Scheffler, Karl	Die gefälschte Kunst, Kunst und Künstler, Monatsschrift für Kunst und Kunstgewerbe, 1928, S. 251
Schenk, Rolf	Investition in Kunst, Weltkunst 1/2005, S. 30
Schimmel, Roland/Buhlmann, Dirk	Frankfurter Handbuch zum neuen Schuldrecht, Neuwied 2002
Schinkels, Boris	„Dritthaftung“ von Gutachtern in Deutschland und England im Lichte der Verordnung Rom II, JZ 2008, S. 272
Schlechtriem, Peter/Schmidt-Kessel, Martin	Schuldrecht, Allgemeiner Teil, 6. Aufl., Tübingen 2003
Schlechtriem, Peter	Vertragsordnung und außervertragliche Haftung, Frankfurt 1972
Schlögl, Rudolf	Geschmack und Interesse: Private Kunstsammlungen zwischen ästhetischen Idealen und sozialer Repräsentation, in: North, Michael (Hrsg.), Kunstsammeln und Geschmack im 18. Jahrhundert, Berlin 2002, S. 69
Schmid, Marc Frederic	„Ein Banksy für 1,7 Millionen Dollar“, Weltkunst 7/2010, S. 130
Schmidt-Kessel, Martin	Standards vertraglicher Haftung nach englischem Recht, Limits of Frustration, Baden-Baden 2003
Schmidt-Kessel, Martin	Implied-Term - auf der Suche nach dem Funktionsäquivalent, ZVglRwiss 96 (1997), S. 101
Schmidt-Räntsch, Jürgen	Vertrag und Haftung des Sachverständigen nach der Schuldrechtsmodernisierung, AUR 2003, S. 265

Schmidt-Räntsch, Jürgen — Das neue Schuldrecht, Anwendung und Auswirkungen in der Praxis, Köln 2002 (zit.: *Schmidt-Räntsch*)

Schmidt-Salzer, Joachim — Die „contrats d´adhésion“ und die sogenannte Unterwerfung unter Allgemeine Geschäftsbedingungen, AcP 167 (1967), S. 504

Schmitz, Bernhard — Die Vertragshaftung des Wirtschaftsprüfers und Steuerberaters gegenüber Dritten - Eine Auseinandersetzung mit den Haftungstendenzen der Rechtsprechung des BGH, DB 1989, 1909

Schneider, Annette — Auktionsrecht: Das Rechtsverhältnis zwischen Einlieferer, Versteigerer und Ersteigerer, Baden-Baden 1999 (zit.: *Schneider*, Auktionsrecht)

Schneider, Hannes — Die Reichweite der Expertenhaftung gegenüber Dritten, ZHR 163 (1999), S. 246.

Schneider, Winfried-Thomas — Abkehr vom Verschuldensprinzip?, Tübingen 2007 (zit.: *Schneider*, Abkehr)

Schreiner, Manfred — Kunst und Naturwissenschaft? Beitrag der Naturwissenschaften zur Erforschung und Erhaltung unseres kulturellen Erbes, in: Schreiner (Hrsg.), Naturwissenschaften in der Kunst, S. 9

Schroeter-Herrel, Christina — Der Weg zum erfolgreichen Kunstsammeln, in: González, Thomas/Weis, Robert, Kunst-Investment: die Kunst, mit Kunst Geld zu verdienen, Wiesbaden 2000, S. 68

Schuller, Gert — Die Reichweite der Haftung des Sachverständigen für Vermögensschäden Dritter, Dipl. Arb., Aachen 2006 (zit.: *Schuller*)

Schüller, Sepp — Fälscher, Händler und Experten, München 1965

Schulze, Reiner/Dörner, Heinrich u.a. *(Hrsg.)* — Bürgerliches Gesetzbuch, Handkommentar, 6. Aufl., Baden-Baden 2009, (zit.: Hk-BGB/*Bearbeiter*)

Schulze, Reiner/Schulte-Nölke, Hans — Die Schuldrechtsreform vor dem Hintergrund des Gemeinschaftsrechts, Tübingen 2001

Schumacher, Jörg/Lada, Valeska — Culpa in contrahendo und Sachverständigenhaftung nach neuem Schuldrecht, ZGS 2002, S. 450

Schütte, Reiner — Kunstgutachten, Grenzen des Sachverstandes, Weltkunst 15/2000, S. 2546

Schütz, Karl — Aus dem Umkreis des Meisters. Rembrandts zweifelhafte Autorenschaft, in: Original - Kopie, Parnass Sonderheft 7, 1991, S. 16 (zit.: *Bearbeiter*, in: Original – Kopie)

Schütz, Karl — Grußwort, in: Reichelt, Gerte (Hrsg.), Original und Fälschung im Spannungsfeld von Persönlichkeitsschutz, Urheber-, Marken- und Wettbewerbsrecht, Wien 2007, S. 3 (zit.: *Schütz*, in: Reichelt)

Schwab, Martin — Grundfälle zu Culpa in contrahendo, Sachwalterhaftung und Vertrag mit Schutzwirkung für Dritte nach neuem Schuldrecht, JuS 2002, S. 872

Schwarze, Roland — Das Recht der Leistungsstörungen, Berlin 2008

Schwarze, Roland — Vorvertragliche Verständigungspflichten, Tübingen 2001

Schwarze, Roland — Subsidiarität des vertraglichen Drittschutzes?, AcP 203 (2003), S. 348

Schweingruber, Fritz Hans — Der Jahrring: Standort, Methodik, Zeit und Klima in der Dendrochronologie, Bern 1983

Schwitanski, Heinz-Georg — Deliktsrecht, Unternehmensschutz und Arbeitskampfrecht. Versuch einer systemorientierten Harmonisierung, Berlin 1986

Sealy, Leonard Sedgwick — Unfair Contract Terms Act 1977, CLJ 1978, Vol. 37, Nr. 1, S. 15

Seipel, Wilfried — Original - Kopie - Fälschung. Über das Authentische im Zeitalter der virtuellen Wirklichkeit, in: Reichelt, Gerte (Hrsg.), Original und Fälschung im Spannungsfeld von Persönlichkeitsschutz, Urheber-, Marken- und Wettbewerbsrecht, S. 5

Serra, Yves — Anmerkung zu Cass., com., 29.04.1997, D. 1997, jur., 459

Siegel, Patricia — Signature Identification: From Pen Stroke to Brush Stroke, in: Spencer, Ronald D. (Hrsg.), The Expert versus the Object, New York 2004, S. 89

Siehr, Kurt — Die Umsetzung des UNESCO-Übereinkommens von 1970 in Deutschland aus Sicht der Wissenschaft: in: Weller/Kemle/Dreier/Lynen (Hrsg.), Kulturgüterschutz - Künstlerschutz, Tagungsband des Zweiten Heidelberger Kunstrechtstags am 5. und 6. September 2008 in Heidelberg, Baden-Baden 2008, S. 145

Siehr, Kurt — Was ist eine Fälschung? Rechtsfolgen des Handels mit gefälschten Kunstwerken, Vorlesungen und Vorträge, Ludwig-Boltzmann-Institut für Europarecht, Heft 27, Wien 2008 (zit.: *Siehr*, Was ist eine Fälschung?)

Siehr, Kurt — „The Own History“, Provenance Research in German Art Museums Compared with the Situation in Other Countries (Hamburg, Germany, February 20-22, 2002), International journal of cultural property (IJCP), Bd. 11 2002, 2, S. 342

Siehr, Kurt — Ist ein Carracci ein schlechter Poussin? Zum Irrtum beim Kauf von Kunstwerken, in: Aderhold, Eltje/Lipstein, Kurt/Schücking, Christoph/Stürner, Rolf (Hrsg.), Festschrift für Hans Hanisch, Köln 1994, S. 247-255

Siehr, Kurt — International Art Trade and the Law, RdC 243 (1993-VI), S. 9

Simler, Philippe — Interprétation des contrats, l'instrument: notion, normes, champ d'application, J.-Cl. civ., Art. 1156-1164, Fasc. 10, fasc. 30 (Stand 2009)

Simons, Simone — Fachliche Autorität im Kunsthandel und ihre haftungsrechtliche Bedeutung, Diss., Konstanz 1999

Simpson, Mark (Hrsg.) — Professional Negligence and Liability, London, Stand: Service Issue 4, September 2003 (zit.: Simpson-*Bearbeiter*)

Sladeczek, Franz-Josef — Art Collecting = Art Investing?, Weltkunst 9/2004, S. 65

Slapper, Gary/Kelly, David — The English Legal System, 7. Aufl., London 2004

Sobich, Philip — AGB-Kontrolle in Grossbritannien: the Unfair Terms in Consumer Contracts. Regulations 1999, RIW 2000, S. 675

Sobich, Philip — AGB-Kontrolle in Grossbritannien - The Unfair Terms in Consumer Contracts Regulations 1999, RIW 2000, S. 675

Soergel, Hans Theodor (Begr.)/ Siebert, Wolfgang/Mertens, Hans-Joachim (Hrsg.) — Bürgerliches Gesetzbuch mit Einführungsgesetz und Nebengesetzen, Band 2, Schuldrecht I, §§ 241-432, 12. Aufl., Stuttgart 1990 (zit.: Soergel-*Bearbeiter*, 12. Aufl.)

Soergel, Hans Theodor (Begr.)/ Siebert, Wolfgang/Teichmann, Arndt (Hrsg.) — Bürgerliches Gesetzbuch mit Einführungsgesetz und Nebengesetzen, Band 12, Schuldrecht 10, §§ 823-853, 13. Aufl., Stuttgart 2005 (zit.: Soergel-*Bearbeiter*)

Soergel, Hans Theodor (Begr.)/ Siebert, Wolfgang/Pfeiffer, Thomas (Hrsg.) — Bürgerliches Gesetzbuch mit Einführungsgesetz und Nebengesetzen, Band 5/3, Schuldrecht 3/3, §§ 328-432, 13. Aufl., Stuttgart 2010 (zit.: Soergel-*Bearbeiter*)

Soergel, Hans Theodor (Begr.)/ Siebert, Wolfgang/Baur, Jürgen/Wolf, Manfred (Hrsg.)	Bürgerliches Gesetzbuch: mit Einführungsgesetz und Nebengesetzen, Band 2, Allgemeiner Teil, (§§ 104-240), 13. Aufl., Stuttgart 1999 (zit.: Soergel-*Bearbeiter*)
Sonnenberger, Hans-Jürgen	Der Vorentwurf der Reform des Schuldrechts und des Verjährungsrechts des Code civil, ZEuP 2007, S. 421
Sonnenberger, Hans-Jürgen	Leistungsgewicht, Geschäftsgrundlage, prahlerische Anpreisung, in: Rauscher, Thomas/Mansel, Heinz-Peter (Hrsg.), Festschrift für Werner Lorenz zum 80. Geburtstag, München 2001
Sonnenberger, Hans-Jürgen/ Autexier, Christian	Einführung in das französische Recht, 3. Aufl., Heidelberg 2000
Sonnenberger, Hans-Jürgen/ Dammann, Reinhard	Französisches Handels- und Wirtschaftsrecht, 3. Aufl., Frankfurt 2008
Sonnenschein, Gerd	Inexécution, Nichterfüllung und Haftung im französischen Werkvertragsrecht, Krefeld 1971
Spencer, Ronald D.	Legal Liability: Are Opinions Dangerous Things to Give? Suits Against the Pollock-Krasner Authentication Board, IFAR-Journal 2006, Vol. 8, Nr. 3&4, S. 70
Spencer, Ronald D.	Introduction, in: Spencer, Ronald D. (Hrsg.), The Expert versus the Object, New York 2004, S. XI
Spencer, Ronald D.	The Risk of Legal Liability for Attributions of Visual Art, in: Spencer, Ronald D. (Hrsg.), The Expert versus the Object, New York 2004, S. 143
Spencer, Ronald D.	Authentication in Court: Factors Considered and Standards Proposed, in: Spencer, Ronald D. (Hrsg.), The Expert versus the Object, New York 2004, S. 189
Spenlé, Virginie	Die Dresdner Gemäldegalerie und Frankreich, Der „bon goût“ im Sachsen des 18. Jahrhunderts, Beucha 2008
Spiegler, Marc	„Kräftners großer Streich“, art - Das Kunstmagazin, Mai 2005, Heft 5, S. 120
Spinellis, Evangelos	Das Vertrags- und Sachenrecht des internationalen Kunsthandels, Osnabrück 1999
Sprenger, Carsten	Internationale Expertenhaftung: die Dritthaftung von Experten im internationalen Privat- und Zivilverfahrensrecht, Tübingen 2008
Stacey, Dan	Under the hammer, SJ 2004, S. 778
Stanton, Keith	Professional negligence: duty of care methodology in the twenty-first century, 22 P.N. 2006, S. 134
Stapleton, Jane	Duty of care and economic loss: a wider agenda, 107 LQR (1991), S. 249
Stapleton, Jane	Negligent Valuers and Falls in the Property Market, 113 LQR (1997), S. 1
Stauch, Marc	Risk- and Remoteness of Damage in Negligence, 64 M.L.R. (2001), Nr. 2, S. 191
Staudinger, Julius v. (Begr.)/ Habermann, Norbert u.a.	J. v. Staudingers Kommentar zum Bürgerlichen Gesetzbuch: mit Einführungsgesetz und Nebengesetzen, Buch 1, Allgemeiner Teil, §§ 1-14, Berlin 2004 (zit.: Staudinger-*Bearbeiter* [Erscheinungsjahr])
Staudinger, Julius v. (Begr.)/Bork, Reinhard u.a.	J. v. Staudingers Kommentar zum Bürgerlichen Gesetzbuch: mit Einführungsgesetz und Nebengesetzen, Buch 1, Allgemeiner Teil, §§ 139-

163 (Allgemeiner Teil 4b), Berlin 2010 (zit.: Staudinger-*Bearbeiter* [Erscheinungsjahr])

Staudinger, Julius v. (Begr.)/Gursky, Karl-Heinz u.a. J. v. Staudingers Kommentar zum Bürgerlichen Gesetzbuch: mit Einführungsgesetz und Nebengesetzen, Buch 1, Allgemeiner Teil, §§ 164-240 (Allgemeiner Teil 5), Berlin 2009 (zit.: Staudinger-*Bearbeiter* [Erscheinungsjahr])

Staudinger, Julius v. (Begr.)/ Looschelders, Dirk u.a. J. v. Staudingers Kommentar zum Bürgerlichen Gesetzbuch: mit Einführungsgesetz und Nebengesetzen, Buch 2, Recht der Schuldverhältnisse, Einleitung zum Schuldrecht §§ 241-243, Berlin 2009 (zit.: Staudinger-*Bearbeiter* [Erscheinungsjahr])

Staudinger, Julius v. (Begr.)/ Schiemann, Gottfried J. v. Staudingers Kommentar zum Bürgerlichen Gesetzbuch: mit Einführungsgesetz und Nebengesetzen, Buch 2, Recht der Schuldverhältnisse, §§ 249-254 (Schadensersatzrecht), Berlin 2005 (zit.: Staudinger-*Bearbeiter* [Erscheinungsjahr])

Staudinger, Julius v. (Begr.)/Bittner, Claudia u.a. J. v. Staudingers Kommentar zum Bürgerlichen Gesetzbuch: mit Einführungsgesetz und Nebengesetzen, Buch 2, §§ 255-304 (Leistungsstörungsrecht 1), Berlin 2009 (zit.: Staudinger-*Bearbeiter* [Erscheinungsjahr])

Staudinger, Julius v. (Begr.)/ Coester, Michael u.a. J. v. Staudingers Kommentar zum Bürgerlichen Gesetzbuch: mit Einführungsgesetz und Nebengesetzen, Buch 2, Recht der Schuldverhältnisse, §§ 305-310, UKlaG (Recht der Allgemeinen Geschäftsbedingungen, Berlin 2006 (zit.: Staudinger-*Bearbeiter* [Erscheinungsjahr])

Staudinger, Julius v. (Begr.)/Reuter, Dieter u.a. J. v. Staudingers Kommentar zum Bürgerlichen Gesetzbuch: mit Einführungsgesetz und Nebengesetzen, Buch 2, Recht der Schuldverhältnisse, §§ 311, 311a, 312, 312a-f (Vertragsschluss), Berlin 2005 (zit.: Staudinger-*Bearbeiter* [Erscheinungsjahr])

Staudinger, Julius v. (Begr.)/ Jagmann, Rainer u.a. J. v. Staudingers Kommentar zum Bürgerlichen Gesetzbuch: mit Einführungsgesetz und Nebengesetzen, Buch 2, Recht der Schuldverhältnisse, §§ 328-345, Berlin 2009 (zit.: Staudinger-*Bearbeiter* [Erscheinungsjahr])

Staudinger, Julius v. (Begr.)/Jacoby, Florian u.a. J. v. Staudingers Kommentar zum Bürgerlichen Gesetzbuch: mit Einführungsgesetz und Nebengesetzen, Buch 2, Recht der Schuldverhältnisse, §§ 631-651 (Werkvertragsrecht), Berlin 2008 (zit.: Staudinger-*Bearbeiter* [Erscheinungsjahr])

Staudinger, Julius v. (Begr.)/ Bergmann, Andreas u.a. J. v. Staudingers Kommentar zum Bürgerlichen Gesetzbuch: mit Einführungsgesetz und Nebengesetzen, Buch 2, Recht der Schuldverhältnisse, §§ 657-704 (Geschäftsbesorgung), Berlin 2006 (zit.: Staudinger-*Bearbeiter* [Erscheinungsjahr])

Staudinger, Julius v. (Begr.)/Hager, Johannes J. v. Staudingers Kommentar zum Bürgerlichen Gesetzbuch: mit Einführungsgesetz und Nebengesetzen, Buch 2, Recht der Schuldverhältnisse, §§ 823-825, Berlin 1999 (zit.: Staudinger-*Bearbeiter* [Erscheinungsjahr])

Staudinger, Julius v. (Begr.)/Hager, Johannes J. v. Staudingers Kommentar zum Bürgerlichen Gesetzbuch: mit Einführungsgesetz und Nebengesetzen, Buch 2, Recht der Schuldverhältnisse, §§ 823 E-I, 824, 825 (Unerlaubte Handlungen 1 - Teilband 2), Berlin 2009 (zit.: Staudinger-*Bearbeiter* [Erscheinungsjahr])

Staudinger, Julius v. (Begr.)/Hager, Johannes J. v. Staudingers Kommentar zum Bürgerlichen Gesetzbuch: mit Einführungsgesetz und Nebengesetzen, Buch 2, Recht der Schuldverhältnisse, §§ 826 – 829, ProdHaftG (Unerlaubte Handlungen 2, Produkthaftung), Berlin 2009 (zit.: Staudinger-*Bearbeiter* [Erscheinungsjahr])

Staudinger, Julius v. (Begr.)/Beckmann, Roland Michael u.a. (Hrsg.) J. v. Staudingers Kommentar zum Bürgerlichen Gesetzbuch: mit Einführungsgesetz und Nebengesetzen, Eckpfeiler des Zivilrechts, Berlin 2011

Stebbins, Theodore E. Jr. The Art Expert, the Law, and Real Life, in: Spencer, Ronald D. (Hrsg.), The Expert versus the Object, New York 2004, S. 135

Steffen, Erich Verkehrspflichten im Spannungsfeld von Bestandsschutz und Handlungsfreiheit, VersR 1980, S. 409

Stephan, Zilkens Kunstsachverständige, Kunsthistorische Arbeitsblätter (KAb) 2004, S. 55

Stevens, Robert The Contracts (Rights of Third Parties) Act 1999, 120 LQR (2004), S. 292

Stevenson, Angus Oxford Dictionary of English, 3. Aufl., Oxford 2010 (zit.: Oxford Dictionary of English)

Stillig, Mario Haftung des gerichtlich bestellten Sachverständigen, Frankfurt 2007 (zit.: *Stillig*)

Stoffel-Munck, Philippe Responsabilité civile, JCP G, 2007, I, 185, Nr. 10, S. 24

Stoll, Hans Vertrauensschutz bei einseitigen Leistungsversprechen, in: Festschrift für Werner Flume, Köln 1978

Stoll, Hans Richterliche Fortbildung und gesetzliche Überarbeitung des Deliktsrechts, Heidelberg 1984

Storm van Leeuwen, Jan The concept of pictology and its application to works by Frans Hals, in: Jaffé, Hans Ludwig/Storm van Leeuwen, Jan/Tweel, L.H., Authentication in the visual arts, Amsterdam 1979, S. 57

Straten, Roelof van Einführung in die Ikonographie, 2. Aufl., Berlin 1997

Strauch, Dieter Rechtsgrundlagen der Haftung für Rat, Auskunft und Gutachten, JuS 1992, S. 897

Strauch, Dieter Verträge mit Drittschutzwirkung, JuS 1982, S. 823

Strauss, Gerhard (Hrsg.)/Olbrich, Harald Lexikon der Kunst: Architektur, bildende Kunst, angewandte Kunst, Industrieformgestaltung, Kunsttheorie, Leipzig 1994

Sutschet, Holger Schutzansprüche und Schutzpflichten Dritter im Lichte des § 311 III BGB, in: Tradition und Moderne – Schuldrecht und Arbeitsrecht nach der Schuldrechtsreform, in: Sutschet, Holger (Hrsg.), Festschrift für Horst Ehmann, Berlin 2005, S. 95 (zit.: Sutschet, in: FS-Ehmann)

Sutschet, Holger Der Schutzanspruch zugunsten Dritter: Unter Berücksichtigung der Pflichtenlehre des Kommissionsentwurfs, Berlin 1999

Sutton, Peter C. Rembrandt and a Brief History of Connoisseurship, in: Spencer, Ronald D. (Hrsg.), The Expert versus the Object, New York 2004, S. 29

Tancock, John L. Issues of Authenticity in the Auction House, in: Spencer, Ronald D. (Hrsg.), The Expert versus the Object, New York 2004, S. 45

Tarman, Zeynep Derya Die Gutachterhaftung gegenüber dem Dritten im deutschen und schweizerischen Recht, 2006 http://nbn-resolving.de/urn:nbn:de:bsz:352-opus-22895

Taubert, Johannes Zur kunstwissenschaftlichen Auswertung von naturwissenschaftlichen Gemäldeuntersuchungen, München 2003

Teichmann, Arndt Strukturveränderungen im Recht der Leistungsstörungen nach dem Regierungsentwurf eines Schuldrechtsmodernisierungsgesetzes, BB 2001, S. 1485

Ten-Doesschate Chu, Petra — Courbet or not Courbet, that is the Question, IFAR Journal 2004, Vol. 7, Nr. 1, S. 19

Terré, François/Simler, Philippe/Lequette, Yves — Les Obligations, 10. Aufl., Paris 2009

Tettinger, Peter/Wank, Rolf, Ennuschat, Jörg — Gewerbeordnung, München 2011 (zit.: Tettinger/Wank/Ennuschat-*Bearbeiter*)

Thévenoz, Luc — La responsabilité de l'expert en objets d'art selon le droit suisse, in: Byrne-Sutton, Quentin/Renold, Marc-André (Hrsg.), L´Expertise dans la vente d´objets d´art, Schriftenreihe des Centre du droit de l´art, Zürich 1992, S. 36 (zit.: Byrne-Sutton/Renold-*Bearbeiter*, L´Expertise)

Thode, Reinhold — Die wichtigsten Änderungen im BGB-Werkvertragsrecht: Schuldrechtsmodernisierungsgesetz und erste Probleme - Teil 1, NZBau 2002, S. 297

Thomsen, Birgit — Käuferschutz bei Kunstauktionen, Vergleich der Rechte Deutschlands, Frankreichs, der Schweiz und Perspektiven spezialgesetzlicher Regelungen in den USA, Bielefeld 1989

Thurn, Hans Peter — Der Kunsthändler, Wandlungen eines Berufes, München 1994

Tietze, Hans — Die Frage der Expertisen, Kunst und Künstler, Bd. 26, 1928, S. 379

Tietze, Hans — Genuine and False, New York 1948

Tietze, Hans — Zur Psychologie und Ästhetik der Kunstfälschung, Zeitschrift für Ästhetik und allgemeine Kunstwissenschaft, Bd. 27, 1933, S. 209

Tiwisina, Daniel — Sachverständigenbeweis im deutschen und englischen Zivilprozess, Göttingen 2005

Tomasini, Natalie — L´art et la loi, Paris 1999

Tournafond, Olivier — Anmerkung zu CA Paris, 1re ch., 25.02.1994, D. 1994, som. com, S. 233

Treitel, Günther H. — The Law of Contract, 11. Aufl., London 2003

Ulmer, Peter/Brandner, Hans Erich/Hensen, Horst-Diether — AGB-Gesetz: Kommentar zum Gesetz zur Regelung des Rechts der allgemeinen Geschäftsbedingungen, 9. Aufl., Köln 2000

Ulrich, Jürgen — Der gerichtliche Sachverständige, 12. Aufl., Köln 2007

Ulrich, Jürgen — Gerichtliche Anhörung des privat tätigen Sachverständigen, DS 2006, S. 341

Unberath, Hannes — Schadensbegriff und Drittschaden - Neue Perspektiven im englischen Vertragsrecht, ZEuP 2001, S. 918

Utermann, Wilfried — Der Ort der Kunst - der Markt und die Sammlung, in: Pues, Lothar/Quadt, Edgar (Hrsg.), Art-Investor. Handbuch für Kunst und Investment, München 2002, S. 118

Utzschneider, Yann/Lamothe, Alexandra — Que penser d´une règle de protection contre les clauses abusives dans le Code de commerce, RDC 2009, S. 1261

van Eickels, Yvonne — Die Drittschutzwirkung von Verträgen, Baden-Baden 2005

Veith, Jürgen/Gräfe, Jürgen (Hrsg.) — Der Versicherungsprozess, 2. Aufl., München 2010 (zit.: *Bearbeiter*, in: Veith/Gräfe)

Verougstraete-Marq, Hélène — L'expertise scientifique des peintures: les faux et les nouveaux faux, in: Annales de droit de Louvain: Revue trimestrielle du Droit Belge XVIII, 1988, S. 415

Viandier, Alain — Anmerkung zu Cass., com., 02.06.1987, D. 1987, jur., S. 500

Vigneron, Sophie The authenticity of art: an insight into french law, AA&L October 2008, S. 297

Vigneron, Sophie The Implementation of the Unfair Contract Terms Directive in France, [2007] CIL 8 (2/3), S. 106

Vigneron, Sophie Étude comparative des ventes aux enchères publiques mobilières (France et Angleterre), Paris 2006 (zit.: *Vigneron*)

Viney, Geneviève La responsabilité du débiteur à l'égard du tiers auquel il a causé un dommage en manquant à son obligation contractuelle, D. 2006, S. 2825

Viney, Geneviève Traité de Droit Civil, Les effets de la responsabilité, 2. Aufl., Paris 2001

Viney, Geneviève/Jourdain, Patrice Les conditions de la responsabilité, 3. Aufl., Paris 2006

Voirin, Pierre/Goubeaux, Gilles Droit Civil, Band 1, 29. Aufl., Paris 2003

Völcker, Wolfram (Hrsg.) Was kostet Kunst?, Ostfildern 2011

Volze, Harald Die Grundlagen der Haftung des Sachverständigen, DS 2004, S. 48

Vray, Henri Anmerkung zu CA Paris, 22.03.2005, Gaz. Pal. 2005, somm. jur., 2260

Vray, Henri Anmerkung zu CA Paris, 09.11.2004, Gaz. Pal. 2005, somm. jur., S. 1461

Vray, Henri Anmerkung zu CA Paris, 14.03.1997, Gaz. Pal. 1997, 2, somm., S. 482

Wagner, Gerhard/Thole, Christoph Die Haftung des Wertgutachters gegenüber dem Versteigerer, VersR 2004, S. 275.

Wagner, Gerhard Comparative Tort Law, in: Reimann, Mathias/Zimmermann, Reinhard (Hrsg.), The Oxford Handbook of Comparative Law, Oxford 2008, S. 1003 (zit.: *Wagner*, in: Reimann/Zimmermann)

Wagner, Gerhard Grundstrukturen des Europäischen Deliktsrechts, in: Zimmermann, Reinhard (Hrsg.), Grundstrukturen des Europäischen Deliktsrechts, Baden-Baden 2003, S. 189 (zit.: *Wagner*, in: Zimmermann, Grundstrukturen)

Wallwitz, Angela Gräfin v. Schaden an Porzellan und dessen Bewertung, DS 2010, S. 175

Wandt, Manfred Gesetzliche Schuldverhältnisse, Deliktsrecht – Schadensrecht – Bereicherungsrecht - GoA, 5. Aufl., München 2012 (zit.: *Wandt*)

Wandtke, Artur-Axel/Bullinger, Winfried (Hrsg.) Praxiskommentar zum Urheberrecht, 3., neu bearb. Aufl., München 2009

Warburg, Aby Italienische Kunst und internationale Astrologie im Palazzo Schifanoja zu Ferrara, in: *ders.*, Gesammelte Schriften, Band II, Leipzig 1932

Warren, Jeremy/Turpin, Adriana Auctions, Agents and Dealers, The Mechanisms of the Art Market 1660-1830, Oxford 2007

Weber, Marc Liability for the Acquisition of Faked or Wrongly Attributed Works of Art in US Law, in: Kerstin Odendahl (Hrsg.), Kulturgüterschutz - Kunstrecht - Kulturrecht, Festschrift für Kurt Siehr zum 75. Geburtstag aus dem Kreise des Doktoranden- und Habilitandenseminars "Kunst und Recht", Baden-Baden 2010, S. 409

Weber, Martin Die Haftung des Abschlußprüfers gegenüber Dritten, NZG 1999, S. 1

Weick, Günter Unfair Contract Terms Act und AGB-Gesetz, ZHR 145 (1981), S. 68

Weir, J.A./Dias, R.W.M. Liability for Syntax, (1963) CLJ, S. 216 (zit.: *Weir*)

Wellmann, Carl R. Der Sachverständige in der Praxis, 7.Aufl., München 2004

Wertenbruch, Johannes Gewährleistung beim Kauf von Kunstgegenständen nach neuem Schuldrecht, NJW 2004, S. 1977

Westerholt, Margot v./Graupner, Rudolf Zur Haftung für die Echtheit von Kunstgegenständen, NJW 1978, S. 794

Westermann, Harm Peter/ Grunewald, Barbara/Maier-Reimer, Georg (Hrsg.) Erman, Bürgerliches Gesetzbuch, Band 1, 13. Aufl., Köln 2011 (zit.: Erman-*Bearbeiter*)

Westermann, Harm Peter/ Grunewald, Barbara/Maier-Reimer, Georg (Hrsg.) Erman, Bürgerliches Gesetzbuch, Band 2, 13. Aufl., Köln 2011 (zit.: Erman-*Bearbeiter*)

Westermann, Harm-Peter Vertragliche Dritthaftung im neuen Schuldrecht, in: Harrer, Friedrich (Hrsg.), Festschrift für Heinrich Honsell zum 60. Geburtstag, Zürich 2002, S. 137

Wester-Ouisse, Véronique Responsablilité délictuelle et responsabilité contractuelle: fusion des régimes à l'heure internationale, RTDciv. Nr. 3, 2010, S. 419

Westphalen, Friedrich Graf v./ Thüsing, Gregor (Hrsg.) Vertragsrecht und AGB-Klauselwerke, 28. Erg.-Lfg., München 2011 (zit.: *v. Westphalen*, AGB)

Wettengl, Kurt Frankfurter Sammlungen von 1700 bis 1830, in: North, Michael (Hrsg.), Kunstsammeln und Geschmack im 18. Jahrhundert, Berlin 2002, S. 69

Whincup, Michael H. Contract Law and Practice, 5. Aufl., Alphen 2006

Whittaker, John Professional LLPs: liability in negligence after Merrett v. Babb, J.B.L. 2002, S. 601

Wiegand, Annette Die „Sachwalterhaftung“ als richterliche Rechtsfortbildung, Berlin 1991

Wiesemann, Marjorie E. A Closer Look: Deceptions and Discoveries, Ausstellungskatalog „Close Examination: Fakes, Mistakes & Discoveries“, National Gallery, 28. Juni-12. September 2010, London 2010

Willmott, Lindy/ Christensen, Sharon/ Butler, Des Contract Law, 2. Aufl., Oxford 2005

Winfield, Percy/Jolowicz, J.A. Winfield and Jolowicz on Tort, bearbeitet von W.V.H. Rogers, 16. Aufl., London 2002 (zit.: *Winfield/Jolowicz)*

Witting, Christian Duty of care: an analytical approach, OxJLS 2005, Vol. 25(1), S. 33

Witting, Christian Liability for Negligent Misstatements, Oxford 2004

Witz, Claude Der Schutz gegen missbräuchliche Klauseln im französischen Recht - Eine Annäherung an das deutsche Recht?, in: Berger, Klaus Peter (Hrsg.), Festschrift für Otto Sandrock zum 70. Geburtstag, Heidelberg 2000, S. 1045

Witz, Claude/Wolter, Gerhard Frankreich: Die Umsetzung der EG-Richtlinie über missbräuchliche Klauseln in Verbraucherverträgen, ZEuP 1995, S. 885

Wolf, Andreas Die Expertise: Inhalt, Form und Rechtswirkungen von Kunstgutachten, Bonn 2001 (zit.: *Wolf*)

Wolf, Andreas Werkverzeichnisse als wertbildender und -vernichtender Faktor im Kunsthandel, in: Anna, Susanne/Dörstel, Wilfried/Schultz-Möller, Regina (Hrsg.), Wertwechsel: zum Wert des Kunstwerks, Köln 2001, S. 169 (zit.: *Wolf*, in: Anna/Dörstel)

Wolf, Manfred	Haftungsfreizeichnung durch Individualvereinbarung, WPK-Mitteilungen 1998, S. 197
Wolf, Manfred/Lindacher, Walter/Pfeiffer, Thomas	AGB-Recht, Kommentar, 5. Aufl., München 2009
Wolf, Manfred	Freizeichnungsverbote für leichte Fahrlässigkeit in Allgemeinen Geschäftsbedingungen, NJW 1980, S. 2433
Wölfflin, Heinrich	Kunstgeschichtliche Grundbegriffe, 18. Aufl., Basel 1991
Wolters, Christian	Die Bedeutung der Gemäldedurchleuchtung mit Röntgenstrahlen durch die Kunstgeschichte: dargestellt an Beispielen aus der niederländischen und deutschen Malerei des 15. und 16. Jahrhunderts, Frankfurt 1938
Wrede, Christian	Kopien-Imitationen-Fälschungen, Kunst und Kaufrecht: zur Entwicklung der Kunstmängelhaftung und dem Phänomen der Krypto-Regeln, Berlin 2005
Wurmnest, Wolfgang	Grundzüge eines europäischen Haftungsrechts, Tübingen 2003
Würtenberger, Thomas	Das Kunstfälschertum, 2. Aufl., Weimar 1970
Würtenberger, Thomas	Der Kampf gegen das Kunstfälschertum, Wiesbaden 1951
Zenner, Andreas	Der Vertrag mit Schutzwirkung zu Gunsten Dritter - Ein Institut im Lichte seiner Rechtsgrundlage, NJW 2009, S. 1030
Zerner, Henri	Giovanni Morelli et la science de l´art, Revue de l´art, Nr. 40/41, 1978, S. 209
Zerres, Thomas	Haftungsbeschränkungen und Haftungsausschluss im deutschen und englischen Kaufrecht, ZVglRWiss 104 (2005), S. 287
Zeuner, Albrecht	Haftung für Gutachten und sachverständigen Rat, in: Klingmüller, Ernst (Hrsg.), Karlsruher Forum 1988, S. 3
Zilkens, Stephan	Kunstsachverständige, Kunsthistorische Arbeitsblätter (KAb) 2004, S. 55
Zimmermann, Peter	Sachverständigenhaftung für Mangelfolgeschäden einer falsch durchgeführten Begutachtung – Teil IV: Allgemeine Deliktshaftung, DS 2008, S. 8
Zimmermann, Peter	Sachverständigenhaftung für Mangelfolgeschäden einer falsch durchgeführten Begutachtung – Teil II: Vertragliche Schadensersatzhaftung des Sachverständigen für Mangelfolgeschäden gegenüber Dritten, DS 2007, S. 328
Zimmermann, Peter	Sachverständigenhaftung für Mangelfolgeschäden einer falsch durchgeführten Begutachtung – Teil I: Vertragliche Haftung gegenüber dem Auftraggeber, DS 2007, S. 286
Zimmermann, Peter	Sachverständigenpflichten, DS 2006, S. 304
Zimmermann, Reinhard (Hrsg.)	Grundstrukturen des Europäischen Deliktsrechts, Baden-Baden 2003
Zimmermann, Reinhard/Dorn, Franz (Hrsg.)	Historisch-kritischer Kommentar zum BGB, Band II, 2. Teilband, Schuldrecht: Allgemeiner Teil, §§ 305-432, Tübingen 2007 (zit.: HKK/*Bearbeiter*)
Zugehör, Horst	Beraterhaftung nach der Schuldrechtsreform, Recklinghausen 2002
Zugehör, Horst	Berufliche „Dritthaftung" - insbesondere der Rechtsanwälte, Steuerberater, Wirtschaftsprüfer und Notare - in der deutschen Rechtsprechung, NJW 2000, S. 1601
Zweigert, Konrad/Kötz, Hein	Einführung in die Rechtsvergleichung, 3. Aufl., Tübingen 1996

FSC
www.fsc.org
MIX
Papier | Fördert gute Waldnutzung
FSC® C083411

Kolibri 360 GmbH
Ferdinand-Jühlke-Straße 7
99095 Erfurt, Deutschland
produktsicherheit@kolibri360.de